岱山岛
岱山港
高亭镇
岱山县
大峧山岛
秀山岛
秀山
秀东
秀北
秀南
长白岛
龙王宫
大猫洋
黄大洋
长涂南进港航道
定海工业园区
舟山岛
干碶镇
双桥街道
小沙街道
马岙街道
白泉镇
临城街道
千岛街道
东港街道
定海区
昌国街道
城东街道
环南街道
盐仓街道
舟山市
长岗山
舟山港
舟山海洋产业集聚区核心区域
舟山港综合保税区
舟山经济开发区
定海国际旅游度假区
浙江大学海洋学院
小干国际商务区（规划）
小干马岙岛
长峙岛
大猫岛
册子岛
普陀区
螺头水道
峙头洋
沈家门街道
展茅街道

DINGHAI YEARBOOK

2018

定海年鉴

《定海年鉴》编纂委员会 编

方志出版社
Publishing House of Local Records

图书在版编目(CIP)数据

定海年鉴（2018）/《定海年鉴》编纂委员会编 ·—北京：方志出版社，2019.1

ISBN 978-7-5144-3590-0

Ⅰ.①定… Ⅱ.①定… Ⅲ.①区（城市）—舟山市—2018—年鉴 Ⅳ. ①Z525.54

中国版本图书馆CIP数据核字(2019)第021308号

书　　名：定海年鉴（2018）

编　　者：《定海年鉴》编纂委员会

责任编辑：任容庆

出 版 人：冀祥德

出 版 者：方志出版社

地址　北京市朝阳区潘家园东里9号（国家方志馆4层）

邮编　100021

网址　http://www.fzph.org

发　　行：方志出版社图书经销中心

电话（010）67110500

经　　销：各地新华书店

印　　刷：舟山市乐诚印刷有限公司

开　　本：889×1194　1/16

印　　张：37

字　　数：781千字

版　　次：2019年1月第1版　2019年1月第1次印刷

印　　数：001～800册

ISBN　978-7-5144-3590-0　定价：258.00元

《定海年鉴（2018）》编纂委员会

编委会主任：周军刚
主　　　编：刘　波
副　主　编：朱朝辉

《定海年鉴（2018）》编辑部

主　　任：毛　媛
顾　　问：李世庭
总　　纂：吴宏军
副 总 纂：王英伟
责任编辑：吴宏军　陈　瑶　鲁学伟　王英伟
制　　图：王建富　袁晶晶
彩页摄影：陈炳群　姚　峰
英文翻译：王英伟
编　　务：陈冬飞

2017 年 1 月 18 日，定海区举行区长离任经济事项交接会议，图右为原区长庄继艳，左为代区长侯富光

2017 年 2 月 13 日，舟山市定海区监察委员会正式挂牌，图为区委书记庄继艳（左）和市纪委副书记陈宏（右）共同为区监察委员会揭牌

2017 年 11 月 30 日，定海区举行党的十九大精神专题报告会

2017 年 2 月 7-11 日，舟山市定海区第十七届人民代表大会第一次会议在定海召开

2017 年 2 月 10 日，区十七届人大一次会议第三次全体会议举行选举，余河通当选区第十七届人大常委会主任，图为区十七届人大常委会主任、副主任合影，从左至右为：王金康、孙忠定、范纲、余河通、林伟康、张伟旭、王华杰

2017 年 2 月 10 日，区十七届人大一次会议第三次全体会议举行选举，侯富光当选区人民政府区长，图为区长、副区长合影，从左至右为：屠定玉、吴红卫、王树辉、侯富光、毛铁年、应朝阳、夏泉

2017 年 2 月 6-10 日，中国人民政治协商会议第六届舟山市定海区委员会第一次会议在定海召开

2017 年 2 月 6 日，出席区政协六届一次会议的政协委员分组讨论审议五届区政协常务委员会工作报告和关于提案工作情况的报告

2017 年 2 月 10 日，区政协六届一次会议第三次全体会议举行选举，车志宽当选政协第六届舟山市定海区委员会主席，图为区政协主席、副主席、秘书长合影，从左至右为：华福耐、林志刚、柳跃军、车志宽、方家慧、夏江龙、陆翰恺

2017 年 7 月 22 日，舟山市定海区工会第十二次代表大会召开，选举产生定海区总工会第十二届委员会常委和主席、副主席，区总工会第十二届经费审查委员会主任，邵启明当选为定海区总工会第十二届委员会主席

2017 年 7 月 21-22 日，共青团舟山市定海区第十六次代表大会召开，选举产生共青团舟山市定海区第十六届委员会，方翰当选为共青团舟山市定海区第十六届委员会书记

2017 年 7 月 20-21 日，舟山市定海区第十四次妇女代表大会召开，选举产生区妇联第十四届执委委员、执委会常委和区妇联主席、副主席，丁梅当选为定海区妇联主席

2017 年 4 月 1 日，中国（浙江）自由贸易试验区正式挂牌，图为试验区定海双桥舟甬高速舟山进出口

2017 年 12 月 8 日， 宁波舟山港大浦口集装箱码头年吞吐量首次突破 100 万标箱

2017 年 8 月 15 日，全国首艘自主建造超低温金枪鱼冷藏运输船在舟山国家远洋渔业基地启航

2017 年 12 月 8 日，浙江增洲造船有限公司承接建造的舟山江海直达船型首制船——“江海直达 1”号正式下水

2017年2月，舟山国家远洋渔业基地被授牌为国家科技兴海产业示范基地

2017年9月，舟山国际粮油产业园区公用码头基本建成

2017年9月，浙江华业塑料机械有限公司被省经信委评为2017年浙江省“隐形冠军”企业，图为华业公司厂区全景

2017 年 1 月，定海科技大楼建成

2017 年 8 月，浙江舟山龙源双龙制药设备有限公司自主研发的电子数粒器全自动生产线投产

2017 年 12 月，浙江金鹰瑞翔新材料有限公司新能源项目三元锂电池正极材料项目一期投产

2017年6月21日，坐落于新城的舟山体育场启用

2017年9月18日，位于金塘镇的定海区第五福利院开院试运行

2017年9月19日，位于舟山市定海区白泉镇河东社区的上海瑞金医院舟山分院项目完成主体工程

2017 年 6 月 5 日，定海区城市管理局（区综合行政执法局）在解放东路开展环境综合整治活动，图为工作人员拆除广告牌

2017 年 12 月 22 日，位于青垒头路的定海体育公园开工奠基

2017 年 12 月，金塘镇柳行村获省农办批复为 2017 年度省级历史文化村落保护利用重点村

2017 年 12 月，干䃎镇新建社区获评“中国最美村镇 50 强”

2017 年 6 月 18 日，定海长春水库至南洞公路通过验收正式投入使用

2017 年 9 月 26 日，“蓬莱仙岛”首航仪式在定海三江客运码头举行

2017 年，定海城区打通三条“断头路”，分别是东河南路（横河路）、总府路延伸段、学林雅苑北侧道路，总长度约 1836 米，图为东河南路开通

2017年，定海实施“截、清、治、管、护”精准治水，159处劣Ⅴ类水体被提前剿灭并通过省级验收。

河道保洁员在巡河

志愿者在虹桥水库库区开展“青春助力五水共治，全面剿灭劣Ⅴ类水”环境卫生整治活动

经过治理后环城南路河道一景

环城东路旁河道及城市河道休闲景观带

经过治理后的金塘大柳河

入选2017浙江“最美家乡河”的盐仓大河

2017年，定海区城中村（旧城）改造力度空前，13个改造区块全部在100天内完成政策处理，签约率达到100%，完成改造44.8万平方米，超过旧城改造启动七年来的总和。

工作人员上门为征迁户解读政策、消除疑虑

征迁户在征迁办签订征收协议

拆除征迁地块房屋建筑

征迁地块完成土地平整

利用征迁地块建成的停车位

建设征迁安置房

2017 年 1 月 3 日，“我们的村晚”舟山·宁波文化走亲文艺演出在舟山市定海区白泉镇白泉社区文化礼堂举行

2017 年 1 月 19 日，位于定海盐仓的匈牙利国际广场正式启用，广场内的匈牙利馆正式对市民开放

2017 年 4 月 20 日，《人民文学》杂志社、浙江省作协、定海区委区政府主办的首届“三毛散文奖”颁奖典礼在定海举行

2017 年 7 月 31 日，区旅游局与团区委主办的舟山鸦片战争纪念馆建馆 20 周年暨柳永文化广场开馆仪式在柳永文化广场举行

2017 年 8 月 27 日，金华市金东区文化走亲活动“在希望的田野上－美丽金东”在定海海滨公园举行

2017 年 8 月 28 日晚，中共舟山市定海区委、舟山市定海区人民政府主办的“唱响定海”系列活动之“2017 唱响定海·我的文化我的团综艺 show”在海滨公园举行决赛

2017 年 10 月 25 日，舟山市定海区三毛研究会成立大会在定海举行

2017 年 11 月 27 日，央视“十九大”系列特别节目“我有传家宝”在定海摄制

2017 年 12 月 6 日，区委宣传部、区文体局主办的“唱响定海”·2017 定海农村文化礼堂创作节目暨种文化成果展演总决赛在舟山艺术剧院举行

2017 年 5 月 5 日，浙江省第三届体育大会登山比赛在定海举行

2017 年 8 月 7-11 日，浙江省第三届体育大会台球比赛在舟山定海区 0580 台球馆举行

2017 年 10 月 19-24 日，浙江省第三届体育大会嗒嗒球比赛在定海城北健身中心举行

2017年1月1日，“约定海那边”舟山群岛年味节之元旦“节节高”跑山赛在竹山公园举行

2017年11月4日，2017年定海区直机关“凝心聚力·奋勇向前”趣味运动会在檀枫小学举行

2017年11月12日，“神行定海山”2017年国家登山健身步道联赛总决赛在干磁南洞艺谷景区举行

2017 年 1 月 5 日，古城驿站在中大街开业，汇集区旅游协会百余家会员单位的旅游特色产品，面向市民进行集中展示

2017 年 1 月 14 日，舟山人游舟山旅游惠民季之“美丽军嫂游舟山”活动在东海大峡谷启动

2017 年 1 月 18 日晚，定海区环境卫生管理处、市千手公益基金会共同主办的“心系环卫工　温情年夜饭”众筹活动在环南招待所举行

编辑说明

一、《定海年鉴》是中共舟山市定海区委、区人民政府主办，由定海区史志办公室组织实施，区属各部门、单位撰稿，经《定海年鉴》编辑部编辑、总纂，并由《定海年鉴》编纂委员会审定的年度地方信息资料性文献。创刊于2004年，坚持“一年一鉴”。《定海年鉴（2018）》为第15部。

二、《定海年鉴（2018）》以马克思列宁主义、毛泽东思想、邓小平理论、“三个代表”重要思想、科学发展观和习近平新时代中国特色社会主义思想为编纂指导思想，系统记述定海区自然、政治、经济、文化、社会、生态建设等方面基本面貌和发展状况，为各级领导资政决策提供依据，为社会各界了解定海提供信息，为研究地情和编修续志积累资料。

三、本年鉴记述时限为2017年1月1日至12月31日，部分内容为保持完整性，适当有所追溯或延伸。2017年，定海区在区委、区政府的正确领导下，坚定不移地沿着“八八战略”指引的路子，以打好“五大会战”、建设“四个舟山”为工作主线，以开放、创新、城市化为发展路径，干在实处，走在前列，勇立潮头，圆满完成各项目标任务。

四、本年鉴采用分类法编辑，设类目、分目、条目三个层次，有41个类目、301个分目、1925个条目。类目依次为特载、专记、大事记、区情综述、中共舟山市定海区委员会、舟山市定海区人民代表大会、舟山市定海区人民政府、政协舟山市定海区委员会、中共舟山市定海区纪律检查委员会舟山市定海区监察委员会、新一届区人大、区政府、区政协领导简介、区直机关及镇（街道）负责人名录、民主党派、社会团体、法治、军事、农业农村、海洋渔业、工业经济和信息化、商务、旅游、城区管理与城乡建设、水利水务、环境保护、交通运输、港航、海事、邮政电信、财政税务、金融保险、经济综合管理、市场监督管理、教育、科技气象、文化体育、新闻媒体、卫生与计划生育、人力资源和社会保障、民政、街道镇、人物、文件目录选编。全书以条目为主要载体，条目标题加“【】”表示，其中“特载”类目采用综合性文体；“大事记”“文件目录选编”等类目因行文需要，分目下直接记述，不另设条目。卷首有地图3幅、彩页照片62张、中英文目录，正文配图照564张，卷尾附有要目索引和图表索引。

五、本年鉴文字称谓、数字、计量单位、纪年等均按国家有关规定书写，所用数据以统计部门提供为准，统计部门没有的，以职能部门提供的为准。因水、电、气、邮政、电信、保险、水务等均由市属机构统一经营管理，有关这些部门的统计数字与设施建设等内容，市、区难以厘清的，只记其大概。文中“是年”均指2017年，“上年”均指2016年。未具名的省、市、区，均指浙江省、舟山市、定海区。

六、《定海年鉴（2018）》的编纂出版工作在中共舟山市定海区委、区人民政府的领导下，得到区属各部门和街道、镇领导的大力支持，撰稿和编纂人员为年鉴的撰稿、编纂、校对付出了辛勤的劳动，谨此深表谢忱。由于时间紧、成书仓促、水平有限，难免有疏漏欠妥之处，恳请读者批评指正。

《定海年鉴》编辑部

2018年11月

目　录

中共舟山市定海区委员会

舟山市定海区人民代表大会

舟山市定海区人民政府

政协舟山市定海区委员会

中共舟山市定海区纪律检查委员会
舟山市定海区监察委员会

新一届区人大、区政府、区政协领导简介

区直机关及镇（街道）负责人名录

民主党派

社会团体

法　治

军 事

农业农村

海洋渔业

工业经济和信息化

商　务

旅 游

城区管理与城乡建设

水利水务

环境保护

交通运输

港　航

海　事

邮政电信

财政税务

金融保险

经济综合管理

市场监督管理

教 育

科技气象

文化体育

新闻媒体

卫生与计划生育

人力资源和社会保障

民　政

街道 镇

人 物

文件目录选编

索 引

Contents

Dinghai People' s Congress Standing Committee of Zhoushan

Dinghai Government of Zhoushan

Dinghai Committee of Zhoushan of the Chinese People' s Political Consultative Conference

Dinghai Discipline Inspection Commission and Supervisory Commission of Zhoushan of the Communist Party of China

Brief Introduction on the Leaders of Dinghai, Zhoushan

Leaders of the District Office, Streets and Towns

Democratic Parties and Association of Industry and Commerce

Mass Organizations

Rule of Law

Military Affairs

Agricultural Economy

Ocean Administration and Fishery

Industrial Economy and Informatization

Business Affairs

Tourism

Urban Administration and Municipal and Rural Construction

Water Conservancy and Environmental Protection

Environmental Protection

Transportation

Harbor and Shipping Affairs

Maritime Affairs

Postal Service and Telecom

Finance and Tax

Banking and Insurance

Comprehensive Management of Economy

Market Supervision Management

Education

Technology and Meteorology

Culture and Sports

News Media

Medical Treatment, Sanitation and Family Planning

Personnel Affairs, Labor and Social Security

Civil Administration

Towns and Streets

Figures

Files Contents Selection

Index

特　载

坚定不移走创新驱动之路 引领定海全面增创县域发展新优势

——在区委十三届四次全体（扩大）会议上的报告

中共舟山市定海区委书记　庄继艳
（2017年9月14日）

这次全会的主题是：紧密团结在以习近平同志为核心的党中央周围，深入贯彻落实省第十四次党代会、市委七届二次全会精神，坚定不移走创新驱动之路，推动定海各项工作在全省争先进位、在全市走在前列，引领定海全面增创县域发展新优势，早日实现赶超发展。

一、上阶段主要工作回顾

今年以来，区委按照中央、省委、市委决策部署，带领全区上下攻坚会战、狠抓落实，各项工作有力推进、成效明显，经济社会保持平稳较快发展。主要抓了以下工作：

（一）坚决贯彻执行上级重大决策部署精神。区委通过多种形式，认真组织学习习近平总书记系列重要讲话精神和治国理政新理念新思想新战略，教育引导干部增强“四个意识”，在思想上、政治上、行动上与以习近平同志为核心的党中央保持高度一致。省第十四次党代会、市委七届二次全会召开以后，第一时间召开区委常委会、领导干部大会进行传达部署，在全区迅速掀起学习宣传贯彻热潮，有力推动中央、省市各项决策部署在定海落地生根。

（二）攻坚奋进打出“五大会战”强大声势。区委坚决贯彻市委开展“五大会战”的决策部署，先后召开动员会和推进会，进行具体部署，狠抓工作落实，打出了定海声势，干出了实际成效。强化产业平台在推进系列国家战略落地中的主战场作用，全力提速平台开发开放步伐，中澳现代产业园水电路基础设施按计划顺利推进，粮油产业园区良海粮油、华和热电等项目年底前有望投产，远洋渔业基地集中签约了大洋世家等一批远洋渔业龙头企业，西部国际化油品储运交易基地边谋边建、加快打造，定海工业园区参与舟山江海联运服务中心建设取得积极进展，承建的国内首艘2万吨级江海联运直达船预计11月正式下水。把招商引资作为“一号工程”，抢抓机遇、发挥优势，精准定位、主动出击，实际利用市外资金58亿元，成功引进中国招商局集团、武船重工、中电科等一批“国字号”企业。聚焦品质推进城乡环境综合整治，部署开展城乡环境综合整治大会战和花园式国际人文港城建设十大专项行动，圆满完成旧城区、城中村4个区块、12万平方米房屋征迁，攻坚推进存量违建等专项“清零”行动，城乡环境明显改善。大力发扬定海铁军精神，提前圆满完成329国道舟山岑白段、宁波舟山港主通道等项目政策处理，积极配合推进甬舟铁路筹建，狠抓“断头路”“瓶颈路”改造建设，加快打造“外联”“内通”综合交通枢纽。深入推进“治水剿劣”工作，全区159处劣V类水体治理提前全面完成。

（三）精准发力推动经济稳中向好。区委高度重视实体经济发展，定期进行分析研判，提出对策措施。深入推进“最多跑一次”改革，全面开展“千名干部进百企”服务活动，修订出台进一步发展壮大工业经济的若干政策意见，以更优的制度、服务、政策环境提振实体经济信心。靠前指挥协调推进各级重点项目建设，实现区本级固定资产投资增长8%，新开工重点项目15个。稳中求进加快新旧动能转换，全面谋划打造定海海洋科学城，全区经济呈现出传统产业转型与新兴产业培育协同推进的良好势头。上半年，实现地区生产总值增长9.1%。新产品、高新技术产业、战略性新兴产业产值分别增长71.1%、26%、29.6%，明显高于规上工业增速。成功推动龙文精密设备挂牌新三板。

（四）办好关键小事增强群众获得感幸福感。区委始终坚持以民为本的施政理念，全力改善民生，维护和谐稳定。持续抓好低收入群体增收、社会救助、养老保障等工作。顺利通过省教育现代化基本达标区创建预评估。积极推动区中心医院创建二级甲等医院，建成瑞金医院舟山分院一期工程。启动建设国家登山健身步道示范工程，成功举办首届“三毛散文奖”颁奖典礼。扎实推进“四个平台”建设，制定出台部门派驻机构管理办法，全面实施全科网格管理。全区安全生产、信访维稳形势总体平稳，成功夺取“平安金鼎”。

（五）全面从严锻造忠诚干净担当定海铁军。区委牢固树立党建主业主责意识，全面加强党的思想、组织、作风、廉洁和制度建设，持续巩固风清气正良好政治生态。创新实施党建工作系数法，切实强化党建在整体工作推进中的统领作用。深入推进“两学一做”学习教育常态化制度化，大力开展党员党性锻炼专题培训，实行党员积分量化管理，全面强化党员意识，打造合格党员队伍。精心指导区人大、区政协换届选举，周密部署镇（街道）、社区（村）换届工作，实干导向选配干部，换出了心齐气顺劲足的好氛围。扎实推进监察体制改革试点，全面启动区委巡察工作。创新建立“实绩亮相”“双学双比”工作机制，把现场作赛场，激情创业、拼搏赶超已经成为全区共识。

今年以来，我们清醒地认识到新形势下定海传统海岛县域发展模式的局限性，怀着强烈的时代危机感和历史使命感，主动对标省委“两个高水平”、市委“四个舟山”建设要求，围绕增创县域发展新优势，全面加强系统谋划，部署推进开放、创新、城市化等重点领域专项课题研究，组织到省内外先进地区进行考察学习，持续深化对推动县域赶超发展的规律性认识。实践证明：县域赶超发展，必须要敢想敢闯敢试，大胆迈出第一步。习总书记深刻指出：“惟改革者进，惟创新者强，惟改革创新者胜”。一个地区发展，不摆脱思想上的束缚，没有一点“闯”的勇气、“试”的胆识，就不可能取得突破。县域赶超发展，必须要找准切入点，走出特色发展路径。世界上没有放之四海皆准的发展模式，关键要找到匹配自身特色优势的创新之路。一个地区发展，不想方设法在特色上去挖掘、求突破，就必然会事倍功半、泯然众人，甚至走入死胡同。县域赶超发展，必须要由内及外、形神兼备，持续增强内生动力。县域发展差异的本质是发展动力的可不可持续，核心在于是否具备持续创新这个“神”。时代变革永不停歇，任何地区一旦在创新上慢下脚步，就必然会丧失发展优势、停滞不前。县域赶超发展，必须要上下同欲、一以贯之，始终保持工作韧劲。县域发展方式转变，注定是一条“破旧立新”的道路，尤其要打破一些体制机制上的“瓶瓶罐罐”，也必然会动一些人的“奶酪”，唯有依靠高度统一的思想、步调一致的行动、持之以恒的坚持，一步一个脚印的走下去。深圳三十年如一日的创新历程，贵阳顶住“嘲讽”、创新突破的发展印记都是明证。归根结底，定海要全面增创县域发展新优势、实现赶超发展，必须坚定不移走创新驱动之路。

二、深刻认识定海创新驱动之路面临的挑战和机遇，正视差距、增强自信

当今是全面创新的时代，非创新无以生，非创新无以胜，非创新无以强。应当清醒的看到，作为正处在赶超发展阶段的后发地区，定海创新驱动之路仍面临着不少挑战，需要引起我们高度重视。观大势，日趋激烈的竞争对我们形成了强大的挤压态势。党的十八大以来，中央把创新作为引领发展的第一动力，列为五大发展理念之首，指明了创新在国家发展全局中的核心位置。时至今日，创新驱动已经深入人心，成为各地把握先机、赢得主动的制胜法宝，围绕科技、金融、人才等创新要素的争夺日趋白热化。诸如深圳等先进地区，凭借着深厚的创新基础和良好的创新生态，形成了对创新资源的强大虹吸效应，创新步伐越迈越快。同时，也不乏原来与定海处于同一起跑线甚至不如的地区，由于找到了符合自身特色的创新路径一跃实现后发赶超的案例。在这样的时代发展大势下，我们再不迎头赶上，就会陷入不进则退、举步维艰的困境。看省情，“特富美安”新县域标准对我们提出了更高的发展要求。省第十四次党代会明确提出要集中力量、集聚资源、集成政策，突出改革、创新、开放、人才“四个强省”工作导向，努力形成引领未来发展的新优势。在此基础上，省委深刻提炼了习近平总书记治国理政新理念新思想新战略的嘉善经验，确立了建设“特富美安”的新县域标准，要求各地着眼大都市、大湾区、大花园建设，重新审视谋划在区域战略格局中的定位，全面争创发展优势。这对定海长期以来粗放利用要素、投资驱动的传统发展模式提出了严峻考验，转变迫在眉睫。量自身，创新短板已经成为我们发展的“心头之患”。新形势下，当前在创新上有多大的投入，未来发展就有多大的产出、效益和动力。舟山正在实施的诸多国家战略，无一不涉及创新，没有惯例可以遵循，没有经验可以借鉴。对此，市委七届二次全会作出了以创新舟山为首的“四个舟山”建设重大决定，明确提出把舟山建设成为创新资源集聚、创新环境良好、富有海洋特色的创新型城市。近年来，我们在创新驱动发展上进行了积极探索，也取得了一定成绩，但创新投入少、能力弱、效率低和体系不完备的现状没有根本扭转，对照新时期创新驱动的发展要求存在明显差距，星星之火尚待燎原。

在当下全面创新的时代，唯有创新与梦想不可辜负。我们更要理性分析，深入挖掘定海走创新驱动之路的特色优势，坚定信念、毫不动摇。应当看到：“三区二中心”叠加实施，为我们提供了特有的战略优势。浙江舟山群岛新区，赋予了舟山实施海洋强国战略、探索海洋经济科学发展路径的神圣职责；中国（浙江）自贸试验区，把舟山推到了改革开放的最前沿；环杭州湾大湾区，让舟山更加紧密地融入到了长三角一体化发展的全局；舟山江海联运服务中心、国际农副产品加工贸易中心，为舟山统筹推进“一带一路”和长江经济带建设、服务国家开放发展大局提供了具体的战略抓手。舟山正在国家战略全局中扮演着不可替代的角色，正在逐步成为世界的舟山。定海作为核心区，建设“三区二中心”责无旁贷、格局空前、机遇无限。持续提升的综合交通条件，为我们提供了突出的区位优势。定海在空间上处于杭州湾与上海湾的叠加区域，是长三角乃至我国整个东部沿海地区的海上要冲，随着江海联运直达船的建成投用，通江达海的“龙眼”地位将更加凸显。同时，定海是义甬舟开放大通道、宁波舟山港主通道、甬舟铁路进入舟山的第一站，尤其是甬舟铁路始末站落户白泉后，势必加快补齐定海在陆路交通上的短板，并让定海一跃成为新区对外交通的桥头堡和陆岛联通的枢纽，区位优势更加突出。优良的生态和驻军资源，为我们提供了巨大的潜在优势。定海地处海岛，天蓝、地净、山青、水秀，空气质量位居全国前列，近年来，随着“五水共治”“四边三化”、平原绿化、美丽廊道等工作的深入开展，旧城有机更新、小城镇环境综合整治、全域美丽乡村建设的统筹推进，生产生活生态更加协调。同时，定海驻军高度密集，尤其是海军舰船装备保障、军队社会化后勤保障等需求强烈，军民融合特色鲜明。这些都是我们的隐性资源和潜在优势，只要合理运用就有可能成为特色竞争力，对于吸引人才、集聚项目具有积极的促进意义。过硬的铁军作风，为我们提供了强大的人和优势。实践证明，定海干部是一支有着昂扬精气神和顽强战斗力，善于攻坚克难、善于攻城拔寨、善于团队作战的队伍。全区上下形成了激情创业、拼搏赶超的浓厚氛围。这是我们最宝贵的优势，也是定海创新驱动发展最坚强的保障。

三、提高站位、精准发力，全力以赴走出一条具有定海特色的创新驱动之路

以创新引领定海全面增创县域发展新优势，是我区贯彻落实习近平总书记系列重要讲话精神和治国理政新理念新思想新战略的政治自觉和行动自觉；是对标省委“特富美安”新县域、市委“四个舟山”建设，准确把握定海发展历史方位的重大举措；是顺应时代发展大势，打造特色发展新引擎、推动定海加快赶超发展的历史抉择。我们要切实把创新摆在发展全局的核心位置，全面增进共识，凝聚强大合力，付诸实际行动，为定海发展注入不竭动力。

（一）率先突破理念创新。习近平总书记深刻指出，“思想重视程度有多高，工作支持力度就有多大，创新取得的成效就有多大”。我们要摆脱传统路径依赖，走创新驱动发展道路，必须向传统理念宣战。要认清大势，坚决打破保守僵化、自甘落后、妄自菲薄的思想桎梏，切实增强以创新思维、创新方式解决问题、开展工作的思想自觉和行动自觉，真正把创新理念贯穿到推动发展的全部工作之中。要拉高标杆，始终秉持拒绝平庸、追求卓越、超越自我的精神，敢于向先进发达地区看齐，敢于抢抓前沿产业发展机遇，以客观规律为遵循，大胆想、大胆闯、大胆试，努力创出定海发展特色优势，推动各项工作在全省争先进位、在全市走在前列。要保持定力，深入把握贵阳“把笑话变成真话”背后的丰富内涵，坚定对定海创新驱动之路的强大自信，咬定青山，久久为功，推动加快定海创新发展各项举措落地生根。要提升本领，时刻保持对新经济、新服务、新治理的敏锐嗅觉，持续开拓眼界、加强学习、勤思善谋，不断提高运用隐性资源、潜在优势驾驭创新驱动发展的能力和水平。

（二）全力提速平台创新。平台是定海集中发挥战略、区位、资源优势，打造产业特色、支撑经济发展的主力军和主战场。平台的创新发展水平，直接决定了定海未来经济的动力。要把定海海洋科学城建设作为一项龙头性工程来抓，高水平推进以“苗圃—孵化器—特色产业园”全程孵化为核心的创业创新体系，着力完善工商、金融、法律、人才、知识产权等园区公共服务，用足用好自贸区加快总部经济发展、重点产业培育等政策，加快推动海洋电子信息、军民融合发展为核心的高新技术产业集聚，成为引领定海创新驱动发展的核心。要积极推动定海工业园区、金塘西堠工业园区等成熟工业平台腾笼换鸟、二次开发，突出“亩产效益”导向，大力提升科技研发、产品检测等创新配套服务，科学设置项目准入门槛，积极探索重组、倒逼等多元低效退出机制，把有限的土地、岸线、资金等要素向高端产业、优质企业集聚，不断提高全要素生产率，促进船舶、石化、机械等传统制造向产业链两端延伸，形成集群优势。要聚焦国际农副产品加工贸易基地建设，加快推进中澳现代产业园、舟山国际粮油产业园、舟山国家远洋渔业基地开发开放，培育发展高端动物蛋白等高端产业，不断开拓定海产业发展新空间。要在对接自贸区油品全产业链发展上加快破题开局，依托定海西部现有油品储运优势，着力打造国际化油品储运交易基地。

（三）着力补齐科技创新短板。当今世界，谁牵住了科技创新这个“牛鼻子”，谁走好了科技创新这步先手棋，谁就能抢占先机、赢得优势。一直以来，定海发展主要依赖港口岸线等资源条件，产业形态相对粗放，科技创新各项指标长期处于全省后列。我们要切实加强对科技创新的前瞻性研究和推动，积极谋划建设定海科技成果转化中心，瞄准涉海、涉军科技创新的前沿领域，加强与国家重点研究院所、大型央企国企的紧密对接，主动承接推动先进技术转化应用，“无中生有、有中生优”打造定海未来支柱产业。要旗帜鲜明地突出企业在创新驱动发展中的主体地位，大力实施企业上市、“军转民”以及“专精特新”等专项培育工程，引导企业高水平建设研究院、研发中心、院士工作站等科技创新载体，促进企业科技、管理、资本、市场等的全面创新，打造一批有核心竞争力的创新型旗舰企业、“隐形冠军”和创新集群。要大力完善公共科技创新服务，加快建设“展示、交易、共享、服务、交流”五位一体的科技大市场，积极构建多渠道、多层次、多元化科技投融资服务体系，为科技创新提供强有力的支撑。

（四）突出抓好人才工作。人才是创新的根基，是创新的核心要素。创新驱动本质上是人才驱动。我们要切实把加快集聚创新人才摆在重中之重位置，瞄准科技创新潮流和企业发展需求，大力实施创新创业领军人才引育工程，着力引进一批能够引领产业转型发展、推动企业自主创新的科技领军人才和紧缺急需人才，加快培养打造数量充足、充满活力的专业技术带头人和后备力量。牢固树立人才招引的国际化理念，积极探索开展定海籍海内外人才“雁归计划”，进一步发挥海外人才工作站、留学生协会、海外社团等作用，加快在海外高层次人才团队引进上取得明显突破。要积极创造条件充分发挥人才作用。用足用活人才新政，集中力量加大对高端人才创业创新的支持力度，努力达到“引进一名人才，落地一个项目，吸引一批团队，催生一个产业”的效应。积极畅通企业与人才的无缝对接，促进人才与产业相融、与企业互动、与项目对接，为人才施展才能提供广阔空间。要持续优化人才发展环境，加强储备人才、柔性引才、职称评聘等制度的科学设计，着力解决人才服务“最后一公里”问题，让人才干事有舞台、成事有地位、生活有关怀。

（五）全面深化体制创新。制度创新是创新发展的保障。我们走创新驱动之路，就是要坚决破除体制机制障碍，不断推进改革创新，哪个领域、哪个环节问题突出，就把猛药下到哪里，用改革撕开口子，用创新打开通道。要全面优化服务创新的政府供给。以“最多跑一次”改革为牵引，在更高起点、更深层次上掀起一场“效能革命”，不断改善服务、政策和制度环境，全方位提高运营创新资源的能力和水平，让创业创新主体活力竞相迸发。要全面强化加快创新的工作导向。成立区加快创新发展工作领导小组，切实加强加快创新发展各项工作的统筹协调，推动创新驱动发展战略有效实施。加快制订完善各镇（街道）、部门创新发展在年度考评体系中的指标设置，加强各地创新发展工作评价和督查督办，加快形成以创新为引领的鲜明导向。要全面营造鼓励创新的整体氛围。进一步优化“容错免责”机制，积极倡导敢为人先、宽容失败的创新实干精神，让更多的党员干部“甩开膀子”谋改革、谋创新。深入开展各类创业创新主题活动，积极选树创业创新成功典型，积极营造大众创业、万众创新的浓厚氛围，不断提升尊重劳动、尊重知识、尊重人才、尊重创造的创业创新生态环境。

同志们，以创新引领定海全面增创县域发展新优势、实现赶超发展，使命光荣，任务艰巨，意义深远。我们要振奋精神、拼搏赶超，克难攻坚、一往无前，努力完成时代赋予的重大历史使命，以优异成绩迎接中共十九大胜利召开。

舟山市定海区人民代表大会常务委员会工作报告

——在舟山市定海区第十七届人民代表大会第一次会议上

舟山市定海区人大常委会主任　余河通

（2017年2月8日）

五年主要工作回顾

五年来，区人大常委会在中共舟山市定海区委的坚强领导下，高举中国特色社会主义伟大旗帜，以邓小平理论、“三个代表”重要思想、科学发展观为指导，全面贯彻党的十八大和十八届三中、四中、五中、六中全会精神，深入贯彻习近平总书记系列重要讲话精神，紧紧依靠全体代表和全区人民，切实履行宪法和法律赋予的职权，为促进全区经济平稳较快增长、社会事业协调发展、人民生活持续改善、民主法治不断进步作出了积极贡献。任期内共召开常委会会议46次、主任会议55次，听取和审议“一府两院”各项工作报告115个，作出决议决定69项，组织开展调研、视察、执法检查、督查等126次，较好完成了本届人大常委会各项工作任务。

一、坚持围绕中心，依法履行职责，在推动经济社会发展上取得新成效

五年来，常委会立足全区工作大局，深入贯彻区委各项决策部署，聚焦大事要事，强化重点工作监督，实现了依法行使职权与支持“一府两院”开展工作的有机统一。

全力以赴推动中心工作。常委会紧紧围绕舟山群岛新区建设目标任务，助力“五水共治”“三改一拆”“四边三化”、美丽乡村建设、实事项目推进、“树标杆、补短板、求突破、走前列”大行动等全区中心工作，按照新区急需、政府关注、群众关切的要求，着力把握人大工作与新区建设的结合点和切入点，促进我区经济社会平稳发展。2012年，面对经济下行压力加大的严峻形势，从经济运行、招商引资、文化产业、基础建设和社会管理等热点难点入手，精心选题，扎实开展监督工作，支持政府综合运用各种措施，着力化解要素制约，优化发展环境，经济转型升级有了新突破。2013年、2014年，继续以服务新区建设发展为主线，持续关注全区重大项目，先后对交通运输、科技创新、重点实事项目、政府投资BT项目等工作推进情况进行跟踪监督，及时听取“十二五”规划实施情况的中期评估报告，促进了规划的刚性实施。2015年，高度关注“十三五”规划编制工作，就规划重大内容及时提出意见建议，使整个规划更全面、更符合定海发展实际。同时，还听取和审议了农村股改、财政专项资金绩效评估、宗教事务等方面工作报告。2016年，紧扣“十三五”规划的全面实施，认真调研上半年度经济社会运行情况，提出审议意见，加强对危房改造、现代服务业推进、劳动仲裁等事项的关注，加大监督力度，助推政府积极破解难题，抓好各项任务落实。

科学民主决定重大事项。五年来，围绕我区重大规划编制、行政区划调整、教育布局、旧城改造、历史文化名村保护、安置小区建设、依法治区等涉及全区经济社会发展和广大人民群众利益的全局性工作，常委会组织力量深入调研，听取人大代表、群众和有关专家的意见，做到集思广益，使每一次重大事项决定权的行使都成为一次科学决策、民主决策的过程。

牢固树立全局观念，着力保障计划、预算的综合平衡，不断提高全区统筹发展的能力。严格审查批准各年度本级财政决算，认真贯彻落实新《预算法》，定期听取和审议计划、预决算及预算执行情况审计等报告，通过监督来支持政府工作，更好地服务经济社会发展。加强部门预算管理，每年安排10个部门预算提交人代会审议，提高公共资金的使用效益，更好地发挥地方财政的保障作用。

严格依法进行人事任免。常委会坚持党管干部和人大依法任免干部相统一的原则，不断完善人事任免程序，严肃工作纪律。建立健全了拟任干部法律知识考试、任职表态发言、颁发任命书等制度，认真举行向宪法宣誓仪式，增强了被任命人员的宪法意识、公仆意识和责任意识，为推进我区科学发展提供了组织保证。五年来，共依法任免国家机关工作人员448人次，接受辞职37人次，任免人民陪审员146人次。届期内，为保障代表履职，保持代表队伍的合理结构，常委会根据相关规定，接受了27名市、区代表的辞职请求，补选了16名区人大代表和18名市人大代表。

积极参与立法调研工作。常委会专门组织力量调研舟山市首部地方性实体法规《舟山市海洋特别保护区管理条例（草案）》，召开不同层面的座谈会，进行认真讨论，征询建议。认真做好省十二届人大常委会五年立法项目征集，提出8条立法项目建议。对上级人大的十三部法律、法规草案提出修改意见，有17条被采纳。积极参与全省人大关于“查找不适应全面深化改革要求法律法规条文”活动，收集意见建议82条，推动了相关法律法规的立、改、废工作。同时，充分发挥好基层立法点作用，反映基层群众立法建议和意见。健全规范性文件备案审查制度，对区政府报送的100件规范性文件进行备案审查，提出修改意见11条，保证文件的合法性和有效性。

二、坚持以人民为中心，关注基层基础，在维护群众利益上取得新成果

五年来，常委会始终坚持察民情、听民声、聚民智，不断拓展监督领域，强化监督力度，努力实现好、维护好、发展好人民群众的根本利益。

致力推进民生福祉改善。始终把提高民生福祉作为常委会工作的重中之重，持续关注教育、医疗、食品安全、住房改造等各项社会事业。在教育发展方面，先后就学前教育三年行动计划实施情况、职业教育和成人教育、中小学校布局调整等工作开展专项监督，支持和促进政府不断加大对教育事业的投入，改善教学环境，有效促进了我区教育事业的快速均衡发展。在医疗卫生方面，重点对医疗卫生体制改革、医疗机构运行情况开展监督，提出要努力办好区中心医院，进一步加大资金投入、保障基层医疗设施建设、注重公共卫生服务的均衡发展、加强药品和医疗器械使用监督管理等意见，有力推动了我区医疗卫生水平的提升。在食品安全方面，先后开展《食品安全法》实施和“菜篮子”基地建设调研，深入食品生产、流通一线摸查情况，推动政府建立食品行业诚信体系、大力整治食品安全违法行为、严把产品质量安全关。在改善群众居住条件方面，重视农民公寓房布局建设，相继就农村宅基地管理、农房改造、小区物业管理等热点问题开展调研，全面了解城镇、农渔村住房现状及存在问题，督促政府积极推进农房改造集聚建设，整合利用区域内土地资源，有效优化城乡居住环境。在群众普遍关注的公共服务、民生保障、社会管理等方面，先后对全民健身、文体设施建设、社会救助、养老服务、残疾人保障、社区矫正、消防安全等问题，精心组织监督，强化跟踪落实，使一批社会热点问题得到及时解决。

坚持不懈推动环境保护。环境保护是一项根本的民生事业，协调好经济增长与生态保护的关系是发展中面临的重要课题。常委会高度关注重大环境保护举措的落实，在2013年执法检查、2014年专题询问的基础上，2015年又通过视察、暗访、督查等多种方式跟踪问效，开展了“人大代表监督已治理的河流”主题活动，查找在“五水共治”中存在的薄弱环节和产生“黑臭河”的问题及根源，2016年重点就如何巩固“五水共治”成果提出相关要求。常委会还致力于推进环境治理系列问题的解决，连续开展了生态区建设、“森林定海”建设、污水处理、中小河流综合整治、美丽乡村建设、大气污染防治等一系列执法检查和专项监督，就进一步加大环保投入、合理规划布局、理顺执法体制、扩大宣传教育等提出意见要求。近几年来，绿色、生态、可持续发展的理念逐渐深入人心，生态文明建设明显加强。

紧扣热点促进司法公正。强化执法监督，落实法治保障，是常委会加强法律监督的重点。对全区综合行政执法体制改革、法治宣传教育五年规划实施进行专题调研，督促政府加强全民普法，提高依法行政能力。不断深化司法监督，制定实施《定海区人大常委会监督司法机关工作办法（试行）》，建立了司法机关重要情况和重大事项向区人大常委会报送、报告制度；每年听取法院、检察院半年度工作报告；根据省人大统一部署，连续两年组织开展对公检法司机关工作人员规范执法、公正司法的专项监督活动，深入查找问题，跟踪整改落实，确保司法权规范运行。先后对法院关于农村集体土地征用补偿款分配纠纷案件审理、涉企民间借贷案件、民事诉讼法贯彻实施等开展调研，开展对检察机关的刑事诉讼法律监督、职务犯罪预防和惩治等工作进行检查，在此基础上就树立正确理念、完善工作机制、提高司法水平等方面提出意见。区法院和检察院从队伍建设、内部监督、工作程序、规范司法行为等方面着手，采取有效措施，维护司法公正。

注重做好人大信访工作。把人大信访工作作为联系人民群众的重要窗口，与时俱进加强和改进信访受理、办理工作，在法治信访、阳光信访推行等方面取得了新进展。五年来共受理人民群众来信来访 451件，接待来访群众560余人次，推动解决了一批事关群众切身利益的突出问题。重视信访调研和综合分析，梳理和总结带有普遍性、代表性和规律性的问题，为常委会监督提供了重要参考。

三、坚持求真务实，创新监督方法，在提高监督实效上取得新突破

五年来，常委会牢牢把握人大工作发展的重要契机，认真贯彻落实中央和省、市、区委关于加强县乡人大工作和建设的意见精神，按照敢于监督、善于监督的要求，不断创新工作方式，切实增强监督工作的针对性和实效性。

创新监督方式。对“一府两院”开展工作询问是法律赋予人大常委会的一项重要职权，这既是落实监督法、改进监督方式的具体实践，也是推进政府工作的有效举措。2012年，首次以询问形式开展监督，选择群众普遍关心的“农村宅基地管理和农房改造集聚建设”作为主题。常委会对此高度重视，在开展询问之前，通过组织调研组听取专项报告、实地视察等掌握第一手材料，为询问依法有序进行奠定了坚实的基础。询问就如何提高审批效率、遏制违法违规建筑、加强农居小区后续管理等内容展开，区政府领导及相关职能部门主要负责人虚心听取意见，实事求是回答询问。常委会根据询问中发现的问题，及时将意见要求反馈给政府，督促政府认真落实。2014年、2016年常委会继续运用这一监督方式，分别对社会共同关注的“五水共治”和城区危房改造进行专题询问，全力推进这两项工作的深入开展，促进政府加大力度改善城区居民住房条件和生活环境。

加大监督力度。五年来，结合监督议题的特点，深入基层群众和执法一线了解情况，积极运用问卷调查、现场察看、委托第三方专业机构评估、审议意见落实情况满意度测评等办法，确保调研内容翔实，提出的意见建议客观、全面、准确。聘请专业人员担任各工委兼职委员和常委会法律顾问，配合常委会开展各项调研、视察和评议工作，使监督更加精准到位。为确保议题审议有深度，从2014年开始，每次常委会会议安排中心发言人，围绕议题重点审议发言，使审议更具针对性和有效性，常委会审议质量有了新的提高。坚持监督工作公开，充分运用现代信息技术，建立定海人大网站、代表履职平台，及时将常委会行使职权与“一府两院”接受监督的情况向代表通报并向社会公开，确保权力在阳光下运行。

推动工作落实。常委会将问题解决与否作为评价监督实效的重要标准，灵活运用专题视察、现场督办、跟踪督办等形式，积极探索监督的有效途径。继续深化对职能部门的工作评议。先后对区交通运输局、区安监局、区经信科技局等5个部门履职情况进行全面评议，通过此项举措，既推进了被评议部门的工作，同时也把对事的监督与对人的监督有效地结合起来，实现了选举、任命和监督干部的一体化，使监督效果更加显著。督促审议意见落实。通过跟踪调研、听取专题汇报、与政府负责人约谈、满意度测评等形式，对“一府两院”所作承诺兑现情况进行对照检查，确保各项审议意见落实到位。

四、坚持强化服务，完善工作机制，在发挥代表作用上取得新进展

人大代表是人大的主体，做好代表工作既是人大工作增强活力的内在要求，也是人大密切与群众联系的重要途径。五年来，常委会重视发挥代表主体作用，丰富活动内容，提高服务质量，为代表履职提供有效的保障。

健全代表接访制度。大力推进代表联络站建设。目前，全区共有镇、街道联络站12个，联络点59个。每月安排一定数量的各级代表定期接待群众，积极推行社区接访、回访、走访等多种形式，实现了代表接访常态化。重点收集民情民意和对“一府两院”工作

的建议要求，做好相关政策的宣传解释等工作。省、市、区领导代表带头主动到站接访群众，深受群众好评。本届以来，根据省、市人大统一部署，联络站相继开展了查找“短板”“查找基层群众办事审批难事项”“转型升级十大组合拳落实情况”等主题监督活动。代表联络站自2014年建立运作以来，各级代表进站活动达300余人次，接访群众660余人次，收集意见建议要求306件，相关意见建议及时反馈给“一府两院”及相关职能部门和基层政府，并跟踪督促落实，解决率达到88%。与此同时，积极做好网上阵地工作，使代表联系群众全天候与便捷化。同时，从城建、水利、交通等政府组成部门中选聘业务骨干作为各联络站“咨询员”，帮助解决和回答群众关心的热点、难点问题。

督办代表议案建议。坚持以提高议案建议的解决率为突破口，推进办理工作从答复型向落实型转变。健全办理制度。坚持主任会议成员督办、政府领导领办重点议案建议、重点建议办理情况满意度测评、办理进度月报、好议案好建议评比、议案建议办理优秀单位及先进个人评比等制度，从制度上保证代表议案建议的解决和落实。加强检查督促。每年听取和审议区政府关于议案建议办理情况报告，并把督办议案建议同代表定向视察、执法检查、听取专项工作报告、现场办理视察、上门督办等多种形式结合起来，促进议案建议办理工作落到实处。注重跟踪督办。每年对本届人大代表议案建议办理工作进行“回头看”，重点检查政府部门承诺解决的议案建议办理落实情况。本届以来，代表提出的448件议案建议全部办结，办复率和满意率均为100%。其中，已经解决和基本解决的292件，占65.2%；正在解决和列入计划解决的87件，占19.4%。26件大会重点建议全部得到解决。

搭建代表履职平台。五年来，常委会围绕代表议案建议办理、民生热点问题等，组织开展调研、会前集中视察、代表学法、工作评议、代表小组联系交流、进“一府两院”单位部门、“联选民、融网格、进家庭”、旁听庭审等活动90余次，加深了代表对政情民意的了解，保障了代表权力的行使。邀请代表参与常委会监督工作、列席常委会会议等360余人次，推广和应用“浙江省人大代表履职服务平台”，从而拓宽代表知情知政渠道。每年开展代表向选民述职活动，进一步密切代表与选民的联系，增强代表的职务意识和责任意识。五年来，共有24名市人大代表、122名区人大代表分别向区人大常委会和原选举单位述职。

精心部署换届选举。2016年是区、镇人大代表换届选举年，这是全区人民政治生活中的一件大事。根据省、市、区委要求，区人大常委会领导区选举委员会依法主持和指导了区、镇两级人大代表同步换届选举。在深入调研的基础上，精心组织，周密部署，及时报请区委转发常委会党组关于做好换届选举工作的意见。选举委员会多次召开会议，对选举工作各个阶段的主要环节提出指导要求，严格依法按程序开展工作，确保换届选举风清气正，顺利有序进行。通过全区各级选举工作机构的共同努力和广大选民的积极参与，依法选出区十七届人大代表210名、镇人大代表195名。选民参选踊跃，参选率达97.1%。及时举办新一届代表培训班，帮助新当选的代表熟悉有关法律法规和人大知识，为代表履职打下了良好基础。

五、坚持素质提升，深化自身建设，在增强履职能力上取得新进步

强化自身建设是常委会依法行使职权的重要保证，也是改革和发展对人大工作的必然要求。区十六届人大常委会根据新形势和新任务要求，深化思想作风建设，完善机构设置、工作制度，加强机关建设，发挥指导职能，不断提高履职能力。

重视思想政治建设。深入学习贯彻党的十八大以来党中央治国理政新理念新思想新战略、习近平总书记系列重要讲话精神，深入贯彻党章和《廉洁自律准则》《纪律处分条例》《党内监督条例》《党内问责条例》，认真落实《关于新形势下党内政治生活的若干准则》，切实增强“四个意识”“四个自信”。五年来，按照区委的统一部署，相继组织开展了党的群众路线教育实践活动、“三严三实”专题教育和“两学一做”学习教育，学习中央和省市区委关于加强县乡人大工作和建设若干意见精神，不断深化思想认识。在人民代表大会制度建立60周年之际，组织举办座谈会，回顾总结人民代表大会制度在我区的生动实践，研究探讨做好新形势下人大工作的新思路新举措。每年举办全区人大干部学习会，认真学习政治理论、法律法规，及时学习新《组织法》《代表法》和《选举法》。通过一系列教育学习活动，常委会领导班子和机关干部的思想政治素质和业务能力有了新的提高，在守纪律、讲规矩上作表率，牢固树立“一线”意识，激发担当精神，为做好人大各项工作奠定了基础。

加强工作作风建设。切实改进工作作风，常委会领导经常深入基层了解民情民意，工作中敢于较真、敢于碰硬，坚持察实情、讲实话、办实事。五年来，共形成专题调研报告67篇，审议意见22个，为推进全区相关工作提供了决策依据。坚持民主集中制原则，从重大问题的决定到具体工作的部署，都经过常委会组成人员认真讨论审议，集体作出决定。坚持邀请公民旁听区人代会，提高人大工作透明度。启动人代会、常委会会议电子表决器，使每位代表更好地表达自己的意志。注重党风廉政教育，认真落实党风廉政建设主体责任，支持区纪委派驻第一纪检组开展工作，严格执行中央八项规定，自觉接受监督。规范公务接待等制度，在常委会及其机关形成了廉洁自律、干净干事的良好风气。

推进基层人大建设。五年来，常委会组成人员经常深入镇、街道，了解情况，指导工作。定期组织召开全区镇、街道人大工作会议及研讨会，提出年度和阶段性工作意见。邀请镇、街道人大负责人列席常委会会议，参加常委会组织的视察、调研等活动。指导镇人大依法一年两次开好人代会、督办议案建议、开展闭会期间活动等，实施镇级政府重点实事项目代表票决制，推动基层人大工作跃上新台阶。参与指导街道民主议事会组织建设工作，拓宽街道人大工委的监督渠道。

完善机构制度建设。根据中央、省市对规范县级人大及其常委会办事机构和工作机构设置的要求，筹备设置法制内务司法委员会、财政经济委员会，本次大会将表决通过相关决定。撤销城镇建设与农业资源环境保护工作委员会，新设置城乡建设与环境资源保护工作委员会、农渔业与农渔村工作委员会，有关机构的设置和完善将有力保障人大及其常委会各项职能的充分履行。按照《监督法》的要求，对常委会及其机关各项规章制度进行梳理，把工作实践中形成的、较为成熟的程序和做法，上升为制度规范。五年来，先后制定了《关于改进人代会会务会风的若干意见》《进一步提高常委会会议质量的意见》《监督司法机关工作办法》《常委会审议意见落实情况满意度测评办法》《镇（街道）人大工作考评实施办法》等16项规章制度。

强化机关内部管理。完善各工作委员会的工作职责，充分发挥其在调查研究、评议审议及跟踪监督等方面的职能作用。重视机关干部培养、使用和交流，积极做好离退休干部工作。发挥党支部、工会等组织作用，增强机关的凝聚力。强化信息宣传，积极发挥区人大网站功能，加强对人民代表大会制度和全区人大工作的报道宣传。每年有150余篇信息和新闻稿件被各级刊物和相关媒体录用，常委会机关两次被评为全省人大宣传工作先进集体。

各位代表！过去五年，常委会工作取得的成绩，是区委坚强领导的结果，是全体人大代表共同努力的结果，是“一府两院”和各镇、街道人大协同工作、密切配合的结果，也是全区人民和社会各方面大力支持帮助的结果。在此，我谨代表区十六届人大常委会，向全体代表，向所有关心、支持和帮助我区人大工作的同志及社会各界人士，表示衷心的感谢和崇高的敬意！

过去五年的工作实践，使我们进一步加深了对人民代表大会制度和人大工作规律性的认识，也深刻地体会到，要做好人大工作：

必须自觉坚持党的领导，坚定履职方向。坚持党的领导是我们做好各项工作的根本保证，也是必须严格遵循的一项重大政治原则。五年来，我们始终把人大工作置于党的领导之下，无论是监督、决定、任免，还是代表工作、自身建设，都紧紧围绕区委的决策部署来开展和推进。坚持重大事项、重要工作向区委请示报告，严格按照法定程序办理，确保党的主张通过法定程序成为全体人民的意志，切实把党的思想领导、政治领导和组织领导贯穿于人大工作的全过程。

必须维护人民群众利益，牢记履职根本。人大及其常委会由人民按照法定程序选举产生，对人民负责、受人民监督。五年来，我们始终把实现好、维护好、发展好最广大人民群众根本利益作为人大工作的出发点和落脚点，时刻关注民生改善，自觉把人大工作放在全区改革发展稳定大局中来谋划，奋力推进定海现代化建设战略部署的深入实施，把群众最关心和社会最关注的教育、住房、医疗卫生、社会保障、司法等方面的热点难点作为人大监督的重点，积极作为，努力使发展成果更多更好地普惠人民群众。

必须坚持民主集中制，明确履职程序。民主集中制是人民代表大会制度的组织原则，也是人大及其常委会依法行使职权必须遵循的原则。五年来，我们牢固树立宪法意识和法治观念，严守党的政治纪律和政治规矩。按照民主集中制原则，正确处理充分发扬民主与在民主的基础上实行正确集中的关系，最大限度地集中常委会组成人员的意志，听取和采纳人大代表、人民群众的意见，依照法定程序，集体行使职权、决定问题，使人大通过的决议决定具有坚实的民意基础。

*必须解放思想与时俱进，创新履职举措。*全面深化改革、全面依法治国不断向前推进，社会主义民主法治建设不断迈出新步伐，这给新时期人大工作提出了新的任务和要求。人大工作既要严格依法按程序办事，也要解放思想、与时俱进，顺应新形势的发展要求和人民的期望，充分体现时代精神和时代特征。五年来，我们坚持用新理念谋划工作大局、用新方法强化工作的落实，努力找准人大工作与经济建设、政治建设、文化建设、社会建设和生态文明建设的最佳结合点和切入点，不断增强人大工作实效。

在肯定成绩、总结经验的同时，我们也清醒认识到，常委会工作中还存在着一些不足和问题，主要是：综合运用法定职权发挥人大职能作用还需进一步探索；监督工作针对性、实效性还不强，跟踪监督力度还不够；代表发挥作用的途径还需不断拓展，在增强代表履职意识、履职能力方面还需提高；人大常委会自身建设有待加强，工作作风仍需持续改进。这些都需要在今后的工作中认真加以研究，切实予以解决。

今后五年的工作建议

各位代表，区第十三次党代会为我们描绘了未来五年定海发展的宏伟蓝图。新的形势、新的任务对人大工作提出了更高的要求，人大工作已进入一个新的发展阶段。我们建议新一届人大常委会要在区委的坚强领导下，以邓小平理论、“三个代表”重要思想、科学发展观为指导，深入贯彻习近平总书记系列重要讲话精神，围绕统筹推进“五位一体”总体布局和协调推进“四个全面”战略布局，落实五大发展理念，紧扣新区“四岛一城”、舟山自由贸易港区、舟山江海联运服务中心建设的目标任务，坚持党的领导、人民当家作主、依法治国有机统一，充分行使宪法和法律赋予的各项职权，努力开创人大工作新局面，为奋力谱写高水平全面建成小康社会新篇章发挥应有作用。高度关注国家战略在定海的实施，积极助推海洋经济转型升级，全力支持生态宜居海上花园城建设，坚持把事关经济发展大局和社会普遍关注的重大问题作为监督重点，寓支持于监督之中，努力推动经济社会持续健康发展。不断规范讨论决定重大事项的程序，及时对事关我区改革发展稳定的各项规划、民生问题等重大事项进行审议，适时作出决议决定，并加强跟踪监督，推动其有效落实。密切与人大代表联系，发挥代表主体作用，深化拓展代表工作的方式方法，积极为代表履职提供优质高效的服务保障。进一步完善工作机制，坚持在继承中完善、充实和发展，抓好自身建设，努力提高依法履职能力。强化同基层人大的联系，加强工作指导和协调,提升全区人大工作的整体水平。

各位代表，坚持和完善人民代表大会制度，使命光荣，责任重大，需要继往开来、长期不懈地努力奋斗。我们完全相信，在区委的坚强领导下，在全区人民的大力支持下，新一届人大及其常委会一定能与时俱进，开拓创新，扎实工作，再创我区人大工作新局面，为率先高水平全面建成小康社会作出新的更大贡献！

政府工作报告

——在舟山市定海区第十七届人民代表大会第一次会议上

中舟山市定海区人民政府代区长　侯富光

（2017年2月7日）

一、过去五年工作回顾

区十六届人大一次会议以来的五年，是定海锐意攻坚克难、奋力走在前列的五年。五年来，在新区党工委管委会、市委、市政府和区委的正确领导下，在区人大及其常委会和区政协的监督支持下，我们紧紧团结并依靠全区人民，开拓创新，砥砺奋进，圆满完成了区十六届人大一次会议确定的主要目标任务。2016年，全区实现地区生产总值502亿元，人均地区生产总值10万元，年均分别增长10.4%、9.6%；财政总收入51.6亿元，一般公共预算收入32.2亿元，其中区本级一般公共预算收入17.5亿元，年均分别增长11.3%、9.6%、10.9%；城镇和农渔村常住居民人均可支配收入分别达到53035元、28392元，年均分别增长9.8%、10.5%。节能减排各项指标完成省、市下达目标任务。连续两年入选全国中小城市综合实力和投资潜力“双百”强区。

过去的五年，我们创新转型壮大提升现代海洋产业，经济综合实力跃上新台阶。“七中心一基地”①建设深入实施，海洋经济快速发展。2016年，实现海洋经济增加值276亿元，是2011年的1.7倍。工业经济跻身全省第二方阵，获评省工业强区综合评价先进单位。以定海工业园区等四大工业平台为主阵地的工业布局体系进一步确立，海洋战略性新兴产业加速崛起。2016年，区本级规上工业增加值达到148亿元，是2011年的2.6倍；战略性新兴产业产值年均增长33.9%，比规上工业产值年均增速高13个百分点；累计新增产值十亿元以上企业5家、百亿元以上企业1家。金塘国际物流岛等现代服务业平台加快建设，定海凯虹广场、缤纷天地商业广场等一批重大商贸项目建成投用，东海大峡谷成功晋升国家AAA级旅游景区。2016年，港口货物吞吐量、集装箱吞吐量分别达到1.4亿吨、86.9万标箱，是2011年的1.3倍、5倍；全社会消费品零售总额、旅游总收入分别达到186亿元、126亿元，是2011年的1.7倍、4.8倍。成功创建省级现代农业综合区，建成粮食生产功能区2万亩、高标准基本农田4万亩，培育区级以上农渔业龙头企业28家，南美白对虾等3个优质农产品获省级以上金奖，远洋渔业捕捞生产能力突破33万吨。科技创新能力不断增强，累计建成院士工作站5家，新认定高新技术企业17家，新增中国驰名商标2个、国家发明专利897项，省“千人计划”人才培育引进取得零突破。获评全国科学发展百强区。

过去的五年，我们克难攻坚全面深化改革开放，区域发展增添新活力。政府机构运行更加高效，市、区规划建设管理体制进一步理顺，政府系统行政体制

① “七中心一基地”：是指临港制造业中心、集装箱国际物流中心、国际粮油集散中心、国际水产品集散中心、现代农业发展中心、港口物流和现代海事商贸服务中心、海洋文化产业中心和国际海洋旅游度假基地。

创新取得阶段性成果，综合行政执法体制创新优化，累计削减行政审批事项935项，项目审批全程代办服务、“五证合一”“先照后证”商事登记模式①全面推行。资源要素市场化配置深入推进，获评全国国土资源节约集约模范县区，海域使用权招拍挂、土地计划指标差别化分配机制建立实施；城乡建设集团、旅游发展集团等五大国资平台整合组建，定海海洋农商银行改制成立，区民间投融资服务中心建成投用，企业债、公司债等直接融资方式创新拓展；农渔村集体资产股份合作制改革基本完成，区农村产权交易服务中心建成运行。区域开放合作持续深化，累计完成外贸进出口总额228亿美元；新增口岸开放面积95.1平方公里，岑港港区列入首批国家进境粮食指定口岸，金塘港区实现属地报关；“3+4+X”专业招商工作机制②优化建立，新引进亿元以上投资项目47个，累计实际利用市外资金410亿元。

过去的五年，我们持续发力统筹推进全域城市化建设，人居环境展现新面貌。“南生活、北生产、中生态”区域协调发展战略深入实施，常住人口城镇化率从66%提升至70%。城乡规划体系进一步完善，辖区内控制性详细规划和城市设计覆盖率分别达到80%和50%。城市有机更新持续推进，累计投入52亿元实施旧城改造建设项目25个，完成拆迁40.8万平方米、建设60万平方米，盐仓开发建设步伐加快，中心城区功能形象显著提升。金塘镇列入第二批省级小城市培育试点镇，白泉镇被授予“全国重点镇”称号。获评省美丽乡村创建先进县区，累计建成省级历史文化保护与利用村落8个、“美丽海岛”社区50个，投用农民公寓房项目13个，新建社区入选中国最美休闲乡村，紫微村获得中国最美村镇文明风尚奖。金塘北部围垦、中央小型农田水利重点县建设全面完成，北向疏港公路、快速公交1号线定海段、220千伏舟北智能变等一批重大设施建成使用。有力支持了新城建设。“五四三二一”组合拳③取得阶段性成效，马路市场整治、城乡生活垃圾分类处置等专项行动向纵深推进，城乡环境明显改善。成功创建国家环保模范城市，累计关停电镀、印染等重污染行业企业8家，空气质量保持全国前列。

过去的五年，我们倾力投入强化民生保障和科学治理，社会发展取得新进步。累计财政民生支出占一般公共预算支出比例达到75%，50件为民实事项目全部兑现。就业创业服务体系进一步健全。社会保障从制度全覆盖向人群全覆盖加快转变，被征地农民养老保险与职工基本养老保险实现并轨，原集体捕捞渔民生活补贴制度全面实行，“一门受理、协同办理”社会救助机制创新建立，区第五福利院、社区居家养老服务照料中心等一批民政设施相继建成。成功创建全国义务教育发展基本均衡区，新投用中小学校8所、幼儿园14所，“零择校”制度全面实施。医疗卫生服务体系进一步健全，区中心医院组建运行，新引进民营医院6家，获评国家慢性病综合防控示范区和省级卫生强区。“文化零距离”项目获得全国群众文化群星奖，舟山名人馆、城北健身馆等一批文体设施建成启用，新增农渔村文化礼堂47家，荣获“全国群众体育先进单位”称号。创新建立三级群众工作中心社会治理体系，建成运行区社会服务管理指挥中心，公共安全、网络空间、流动人口等重点领域服务管理不断加强，信访工作法治化水平持续提高，连续11年获评“省平安区”，成功入选全国法治县（市、区）创建活动先进单位和首批省级文明区。

过去的五年，我们牢记初心转职能优作风强服务，行政效能实现新提升。区政府班子成员带头坚决落实中央“八项规定”精神，高标准开展党的群众路线教育实践活动、“三严三实”专题教育活动和“两学一做”学习教育，制定出台廉政风险防控、“三公”经费管理等一系列配套制度，组建成立政府投资项目预算（造价）编审中心，党风廉政建设和作风建设更加制度化、常态化。顺利完成“六五”普法和

①“五证合一”“先照后证”商事登记模式：“五证合一”是指将原载有15位注册号的营业执照和各具编码的组织机构代码证、税务登记证、社会保险登记证、统计登记证改为由工商行政管理部门核发加载法人和其他组织统一社会信用代码的营业执照；“先照后证”是指从事后置许可经营项目的市场主体，先向工商部门申请办理营业执照，再到许可审批部门办理许可审批手续。

②“3+4+X”专业招商工作机制：“3”是指区招商局内设的三个专业招商部；“4”是指四个园区管委会分别设立的产业招商局；“X”是指各部门专业招商局、驻外招商局和镇（街道）。

③“五四三二一”组合拳：是指“五水共治”“四边三化”“三改一拆”“两路两侧”“一打三整治”等五项省委省政府部署开展的重点工作。

“五五”依法治区任务。积极推行府院联席会议制度、政府法律顾问制度。自觉接受人大、政协监督，建立重大决策协商民主制度、重大决策出台前向人大报告制度，累计办理人大代表建议448件、政协提案689件。制定实施“四张清单一张网”①，创新建立基层服务清单制度，稳步推动政务服务网向镇（街道）、社区（村）延伸，获评浙江政务服务网建设绩效考核优秀单位。

军民、军政联系更为紧密，获评省双拥模范区、省国防动员工作先进单位。档案、史志、民族宗教、物价、人防、反邪教、侨务、对台、老龄、慈善、供销、气象等工作取得了新成绩。

各位代表！刚刚过去的2016年，面对复杂严峻的发展环境，全区上下保持定力，迎难而上，扎实推进各项工作，经济社会保持平稳健康发展，实现了“十三五”良好开局。

一年来，我们牢牢把握新区发展阶段性特征，扎实推进国家战略实施，促进经济稳增长提质量。主动对接舟山自由贸易试验区、舟山江海联运服务中心等重大国家战略，狠抓重大平台、重点项目攻坚，全年完成区本级固定资产投资385亿元，增长16%。中澳现代产业园顺利落户金塘，园区规划展览馆建成运营。大浦口国际集装箱货运航线增至12条。西部国际化大型油品储运贸易基地建设稳步推进，油品仓储能力突破550万方。舟山国际粮油产业园区新开工10亿元以上投资项目2个，实现粮油贸易额增长27%。定海工业园区综合实力持续攀升，成为全市首家省级循环化改造示范试点园区。舟山国家远洋渔业基地获批国家海洋生物产业示范基地，万向控股旗下大洋世家成功引进。宁波舟山港主通道、329国道舟山岑白段、500千伏联网输变电工程全面启动，大沙调蓄水库房屋征迁任务圆满完成。积极落实供给侧结构性改革要求，大力实施创新驱动发展战略。全年减免企业各类税费4.6亿元，推动上市挂牌后备企业股改1家，超额完成房地产“去库存”任务。7412工厂获“浙江制造”品牌认证。

一年来，我们坚持尽力而为、量力而行，着力提标准、兜底线，促进民生普惠优质发展。全面开展扶贫开发奔小康工程，年收入9000元以下低收入群体动态消除。顺利完成机关事业单位养老保险制度改革。全面实施残疾人福利四项补贴②制度。新增社区居家养老服务照料中心24家。建成保障性住房1194套。获评全省首批农产品质量安全放心县。檀枫小学、定海七中新校舍投入使用，普惠性幼儿园、等级幼儿园覆盖率分别达到86%和98%，全省小班化教育现场会圆满召开。成功创建省体育强区，“三毛散文奖”入选省三大文学奖，建成运营城市书房2家。进一步做强区中心医院，基本建成瑞金医院舟山分院一期，成功创建省级卫生应急示范区。积极落实“全面二孩”政策。

一年来，我们聚焦制约发展的重点环节和短板问题，精准施策破难题、增优势，促进区域环境持续优化。扎实推进33项年度重点改革任务，行政许可事项审批办结时间比法定时限提速94%，不动产统一登记制度、耕地保护补偿机制全面实施，“三位一体”农民合作经济组织体系③建立运行，农渔村社区体制调整优化，户籍制度改革全面启动，顺利完成机关公务用车制度改革。攻坚推进“百日环保执法专项行动”，390家排放不达标畜禽养殖场实现关停，29条黑臭河全部摘帽，改造建设城乡污水管网29公里。着力补齐城乡建设短板，完成城镇D级危房解危57幢，拆除存量违法建筑43.8万平方米，新增城区公共停车位293个，解放路、双小线等一批道路实现改造提升。深入推进平安建设，毛竹山旧木材市场消防安全隐患整治完毕，水路货运船舶整治工作取得阶段性成效，96艘港内小船全部纳规管理，圆满完成G20杭州峰会等重大节庆会议维稳安保任务，有力保障了人民群众生命财产安全。

各位代表，成绩来之不易，这是新区党工委管委会、市委、市政府和区委正确领导的结果，也是全区干部群众齐心协力、顽强拼搏的结果。在此，我代表区人民政府，向全区广大人民和外来建设者，表示崇高的敬意和衷心的感谢！向人大代表、政协委员，向各民主党派、工商联、各人民团体、社会

①四张清单一张网：是指政府权力清单、企业投资项目负面清单、财政专项资金管理清单、责任清单和浙江政务服务网。

②残疾人福利四项补贴：是指困难残疾人生活补贴、重度残疾人护理补贴、残疾人康复补贴、残疾人社会保险补贴。

③“三位一体”农民合作经济组织体系：是指将农民合作经济组织和各类为农服务组织联合起来，建立具有生产、供销、信用“三位一体”服务功能的农民合作经济组织体系。

各界人士和离退休老同志，向驻定部队和武警官兵，向关心和支持定海发展的海内外朋友们，表示衷心的感谢！

回首过去五年的奋斗历程，我们深深地体会到：

*必须始终坚持以新区战略统领发展全局。*眼界决定境界，思路决定出路。只有放眼全局、着眼长远，以科学的战略目标引领方向，才能不断开创定海跨越发展的新局面。五年来，我们始终坚持发展第一要务不动摇，积极抢抓舟山自由贸易试验区、舟山江海联运服务中心等重大战略机遇，牢固确立争当浙江舟山群岛新区建设排头兵的发展目标，精心谋划推进“七中心一基地”大平台建设，全面部署促进经济增长、加快转型发展的有力举措，胜利开启了新区时代定海现代化建设的新华章。

*必须始终坚持以改革创新驱动发展步伐。*解放思想永无止境，改革创新永无止境。只有全面、深入、持续地推进改革创新，在变中求进、变中突破，才能建立新的发展优势，开辟新的发展路径。五年来，我们切实把深化改革作为适应新常态的关键之举、治本之策，立足自身实际，统筹推进经济体制、文化体制、社会体制、生态文明体制等一揽子改革，在众多领域取得了具有定海特色的成功经验。我们深入实施创新驱动发展战略，着力搭建创新平台、集聚创新资源、优化创新环境，积极培育发展新经济，不断增强定海发展的新动能。

*必须始终坚持以民本思想践行发展宗旨。*执政之道，民生为本。只有从最广大人民群众的根本利益出发想问题、办事情，用实实在在的亲民富民惠民举措赢取群众的信任和拥护，才能干群同心共创高水平全面小康。五年来，我们始终坚持以增进民生福祉为出发点和落脚点，更加突出问题导向，积极回应民生关切，持续加大民生投入，着力提升公共服务供给质量，加速城乡一体化进程，不断增强群众获得感。我们积极创新社会治理，深入推进法治定海、道德定海、平安定海建设，充分发挥社会组织作用，确保了群众安居乐业、社会和谐稳定。

*必须始终坚持以担当实干谋求发展实效。*重任千钧唯担当。只有拿出猛虎扑食的狠劲、抓铁有痕的干劲和钉钉子的韧劲，永不满足、毫不懈怠，才能创造出经得起历史检验的一流业绩。五年来，我们牢固树立“翻篇归零、从头再越”的工作理念，强化务实、高效、为民的工作导向，坚决贯彻省委“八八战略”和新区“四岛一城”战略布局，自觉挑起新区建设主战场的发展重担，坚定不移打好重点工作、重大项目攻坚战，创新建立区政府年度重点突破项目责任清单等工作推进机制，扑下身子抓关键、抓难点，有力推动了新常态下定海经济社会发展行稳致远。

在充分肯定成绩和总结经验的同时，我们也清醒地看到，定海发展还存在不少困难和问题：主导产业竞争力不强，重大项目与创新资源储备不足，部分企业生产经营困难，财政收支矛盾突出；生态环境和土地、资金等要素制约加大，城乡建设品质与管理水平仍有较大提升空间；基本公共服务还存在薄弱环节，安全生产、金融、网络等领域潜在的风险隐患还不少；部分政府工作人员的创新意识、担当精神、服务水平还不能适应新区发展要求。对此，我们将在今后工作中切实加以解决。

二、今后五年的奋斗目标

今后五年是定海负重奋进的关键阶段、乘势跨越的黄金阶段和全面小康的决胜阶段。站在新的历史起点，我们认为，尽管宏观经济形势依然错综复杂，经济发展新常态特征更加明显，但是，我国仍处于发展的重要战略机遇期，经济发展长期向好的基本面没有变；浙江舟山群岛新区“四岛一城”建设框架全面拉开，舟山自由贸易试验区、舟山江海联运服务中心等国家战略深入实施，一批重大功能性项目和重大基础设施工程加快推进，新区发展格局正在发生根本性变化。我们必须深刻把握当前形势下定海所处的历史方位，时刻牢记新区加快发展势在必行、勇立潮头、华丽转身的历史使命，切实增强发展自信，找准突破路径，上下同欲、实干争先，不断开创定海发展的美好未来。

根据区第十三次党代会精神，今后五年政府工作的总体要求是：高举中国特色社会主义伟大旗帜，以邓小平理论、“三个代表”重要思想、科学发展观为指导，深入贯彻习近平总书记系列重要讲话精神特别是在浙江（舟山）视察时的重要讲话精神，围绕统筹推进“五位一体”总体布局和协调推进“四个全面”战略布局，落实五大发展理念，以“八八战略”为总纲，按照“秉持浙江精神，干在实处、走在前列、勇立潮头”的新要求，紧扣新区“四岛一城”、舟山自由贸易试验区、舟山江海联运服务中心建设的目标任务，勇担使命，实干强区，以改革开放为动力，以创新驱动为引擎，以民生幸福为根本，着力打造全面开放合作先行区、海洋经济转型升级先导区、美丽海岛示范区，推动各项事业发展迈上新台阶，奋力谱写高水平全面建成小康社会新篇章。

围绕上述工作要求，今后五年，要努力实现以下目标和任务。

——*经济综合实力更加雄厚*。经济总量持续攀升，地区生产总值年均增长10%以上，人均地区生产总值年均增长9%以上，两项指标提前实现比2011年翻一番；区本级一般公共预算收入年均增长8%以上；区本级固定资产投资年均增长15%以上。海洋经济转型升级先导区建设取得实效，“2+7”现代海洋产业集群①基本形成。到2021年，海洋经济增加值突破450亿元；规上工业增加值、社会消费品零售总额年均分别增长13%以上、9%以上。

——*创新开放竞争力更加凸显*。“大众创业、万众创新”深入开展，城西“双创”走廊初具规模，区域创新能力显著增强。到2021年，全区研究与试验发展经费支出占地区生产总值比重在1.8%以上，高新技术企业、科技型中小企业分别达到50家和200家，国家“千人计划”人才培育引进取得突破。新区重大战略全面落实，重大平台开发开放水平明显提升，现代综合交通等基础设施配套更加完善，全面开放合作先行区建设取得新突破。到2021年，港口货物吞吐量、集装箱吞吐量分别达到1.8亿吨和140万标箱，粮食、油品仓储能力分别达到200万吨、1300万方；外贸进出口总额突破42亿美元，累计实际利用市外资金700亿元以上。

——*城乡区域更加协调*。多规融合深入推进，城乡空间、功能及产业布局进一步优化，加快向花园式国际港城转变。中心城区品质持续提升，古城核心区块保护性开发和沿海活力区块、环山宜居区块改造建设深入推进，盐仓与主城区基本实现一体化，城市承载能力明显增强。小城镇环境综合整治全面完成，金塘、白泉“两极”城市功能进一步完善，海岛城镇特色化发展格局加快形成。实现美丽乡村全域化，建成一批美丽乡村景观线、美丽环境宜居带和美丽经济示范点。到2021年，常住人口城镇化率达到72%以上。“811”美丽定海建设行动②全面推进，生态环境保持全国前列，创成国家生态文明建设示范区。

——*人民生活更加幸福*。确保新增财力75%以上用于社会民生事业，努力让定海的发展更有“温度”、群众的幸福更有“质感”。创业就业更加充分，城镇和农渔村常住居民人均可支配收入年均分别增长9%以上、9.5%以上，全面消除年收入12000元以下低收入群体。社会保障水平稳步提高，城乡居民基本养老保险、基本医疗保险参保率保持在95%以上，“9643”养老服务总体格局③基本形成，一体化社会救助体系建立完善。省教育现代化达标区创建成功，中小学校、幼儿园布局进一步优化，优质民办教育加快发展，成为新区教育发展最优区。健康定海建设深入实施，医药卫生体制改革持续深化，卫生服务能力不断提升，每千人执业（助理）医师数达到3.5人以上。人口发展更加均衡。海洋文化繁荣发展，公共文化设施不断健全，文化惠民工程蓬勃开展，群众文化生活更加丰富多彩。

——*治理体系更加完善*。重点领域和关键环节改革取得重大突破，一批制约经济社会发展的体制机制障碍加快破除。“放管服”改革④深化推进，行政审批更加便捷，服务管理更加贴心，成为“三最”城市⑤示范区。县域经济体制综合改革取得明显进展，资源要素实现高效配置，市场作用得到有效发挥。农村

①“2+7”现代海洋产业集群：是指临港装备、绿色石化两个500亿级产业集群和粮油加工、水产精深加工、机械加工制造、港航物流、健康与旅游、海洋信息、远洋渔业七个100亿级产业集群。

②“811”美丽定海建设行动：是指美丽定海建设的八个方面目标（绿色经济培育、环境质量、节能减排、污染防治、生态保护、灾害防控、生态文化培育、制度创新）和十一项专项行动（绿色经济培育行动、节能减排行动、“五水共治”行动、大气污染防治行动、土壤污染防治行动、“三改一拆”行动、深化美丽乡村建设行动、生态屏障建设行动、灾害防控行动、生态文化培育行动、制度创新行动）。

③“9643”养老服务总体格局：是指96%的老年人居家接受服务，4%的老年人在养老机构接受服务；不少于3%的老年人享有养老服务补贴。

④“放管服”改革：是指简政放权、放管结合、优化服务改革。

⑤“三最”城市：是指审批事项最少、速度最快、效率最高的城市。

“三权”改革[1]有序推进，农村发展活力进一步激发。法治定海、道德定海、平安定海建设稳步推进，民主法治和社会诚信体系更加健全，基层治理基础更加夯实，群众“舌尖上的安全”更有保障，安全生产三项指标保持“零增长”，和谐稳定大局不断巩固。

三、2017年政府工作主要安排

2017年是新一届政府的开局之年，是供给侧结构性改革的深化之年，也是高水平全面建成小康社会的关键一年。做好今年的政府工作，意义十分重大。综合分析发展形势和自身条件，建议今年全区经济和社会发展的主要预期目标为：在优化结构、提高质量的基础上，实现地区生产总值增长10%；区本级固定资产投资增长8%；区本级一般公共预算收入增长5%；城镇和农渔村常住居民人均可支配收入分别增长8.5%、9%；节能减排各项指标完成省、市下达任务。

为实现上述目标，我们要进一步增强“等不起”的紧迫感、“慢不得”的危机感和“坐不住”的责任感，全力以赴抓好各项工作落实，促进经济平稳健康发展和社会和谐稳定，以优异成绩迎接中共十九大胜利召开。重点做好以下六方面工作。

（一）紧扣新区重大战略提速区域开发开放。我们要坚持把承接舟山自由贸易试验区和舟山江海联运服务中心建设摆在突出位置，着力抓好标志性工程建设，着力提升开放水平，抢占新区新一轮大开发大开放大发展的制高点。以澳牛、粮油、油品为主攻方向，高标准推进国际化储运加工交易体系建设。全面启动建设中澳现代产业园。围绕中澳自贸协定产业合作示范区的定位，一揽子推动政策处理、项目审批、招商引资等各项任务清单落实，加快建成水、电、路、气、通讯等园区配套基础设施，力促澳洲肉牛进口加工项目竣工投产。加速拉开舟山国际粮油产业园区建设框架。深化与宁波舟山港集团的全方位战略合作，进一步理顺园区开发体制；突出全产业链发展方向，加大国内外大型知名粮商招引力度，积极推进良海粮油、江海粮食物流等项目建设，谋划建立进口粮油交易中心，确保热电联产项目建成启用。着力做大西部国际化大型油品储运贸易基地规模。力争光汇石油储运一期项目建成启用，基本建成外钓油品应急储运库区和实华码头二期工程，确保浙石化库区项目开工建设；大力推动油品贸易本地化，积极拓展油品中转、交割等业务，引导提高油品商储比例。以金融、航运为核心，加快探索建设服务贸易集聚区。深化省级金融创新示范区建设，探索发展离岸金融服务，引导创新大型设备融资租赁、大宗商品仓单质押、航运保险等业务。提升金塘国际集装箱集疏运能力，力争大浦口港列入国际集装箱启运港和目的港，积极开拓西非、东非、俄罗斯等国际航线，稳步推进金塘物流园区建设和上岙智能化集装箱码头前期工作。加快航运业结构调整，支持有条件企业拓展江海联运及油品运输，力争中国招商局集团汽车滚装物流基地建成运行。积极培育发展综合补给、航运咨询、海员培训等海事服务业。加快推进区域性重大基础设施建设，努力增强开发开放支撑能力。全力保障宁波舟山港主通道、329国道舟山岑白段、500千伏联网输变电、大沙调蓄水库等“三重”项目实施，确保72省道至329国道连接线、金塘上岙至金塘互通疏港公路通车，力争启动长白东南部海域滩涂围垦工程，完成耕地垦造1000亩以上。持续增强口岸服务保障能力，加快推进金塘港区、马岙港区部分区域开放划定工作。强化区域联动发展，主动接轨上海大都市圈、浙江海港一体化和甬舟都市圈建设，深化加强与海洋产业集聚区、绿色石化基地、航空产业园等新区功能性平台的紧密合作。

（二）攻坚转型促进产业优化升级。我们要坚持以项目为支撑，激活存量、做优增量，不断提升经济发展质量与效益，切实增强产业核心竞争力。深入实施“中国制造2025浙江行动”，推动互联网与工业深度融合，促进制造业高端发展。确保区本级规上工业增加值增长13.5%。推动临港装备制造产业高新化，积极引导发展江海联运船、LNG船等高技术船型的研发、制造、维修，力争太平洋海工技改项目竣工，加快科鑫重工、东方海缆项目进度，力促武船重工海洋装备产业合作项目落地。提升发展绿色石化产业，确保中海油舟山石化技改项目投产，加快推进泰富石油项目建设。推动远洋渔业产业集群发展，基本建成兴业公司迁建、大洋兴和项目，顺利启用远洋渔业发展

①农村“三权”改革：是指农民土地承包经营权、农户宅基地用益物权、农民集体资产股权改革。

研究院、中国鱿鱼交易中心，积极开拓过洋性远洋渔业合作项目，加快设立南美海外服务基地，精心打造远洋渔业小镇。推动塑机螺杆块状经济提质升级，有效发挥塑机螺杆创意研发中心、检测中心作用，引导行业向“微笑曲线”①两端攀升。积极顺应消费结构升级趋势，做精做优休闲服务业。加快全域旅游发展，重点打造以新建生态村为龙头的“定海十八岙”乡村旅游品牌，有序推进东岠岛海洋旅游示范岛开发，启动东海大峡谷国家AAAA级旅游景区创建。大力培育都市消费新热点，引导推动传统商贸向特色商贸以及线上线下融合转型，加快建设和平路商业中心、西部商业中心等商贸综合体，集聚提升消费人气。促进房地产业、建筑业健康平稳发展。突出高效生态，稳步提升海岛现代农渔业。基本完成农村土地承包经营权确权登记颁证，引导推动土地规模成片流转。全面建成省级农业综合开发现代园和岑港、马岙现代生态循环农业示范区，积极推进规模化农业园区和家庭休闲农场建设。深化“互联网+农渔业”发展，加强“定海山”公共品牌宣传推介，打响定海特色农渔产品知名度。聚焦“高精尖”，大力发展新兴产业。以海洋电子信息产业为重点，加强项目谋划和精准招商，紧盯成都、武汉、西安等内陆发达城市，主动上门开展“一对一”招引对接，力争中电科39所落户。积极培育海洋新材料、海洋新能源等产业，加快金鹰三元锂电池新材料项目建设。

（三）创新驱动增强区域发展活力。我们要坚持把创新作为第一动力，深入推进“大众创业、万众创新”，加快建设创新活力竞相迸发、创新成果持续涌现的新高地。切实增强实体经济市场主体活力。制定实施创业创新扶持政策，着力破解企业融资、创新、管理等共性问题。进一步减轻企业负担，促进企业降本增效。全面开展工业企业综合评价，支持优势企业兼并重组、逆势扩张。加大低效闲置产能转化处置力度，着力防范和化解“两链”风险，稳妥推进“僵尸企业”出清和重生。鼓励企业加大创新投入，实施重点行业“机器换人”120项，完成工业技改投资100亿元。深入实施小微企业三年成长计划，加强科技型中小企业培育，确保新增高新技术企业6家以上。积极推动企业上市挂牌，重点培育11家上市挂牌后备企业，新增新三板挂牌企业2家。鼓励企业“民参军”②，力争企业军品生产取得实质性突破。持续优化创业创新环境。全面强化平台支撑和服务保障，高标准推进城西“双创”走廊建设，积极打造中国（舟山）海洋科学城定海园区，加快启用定海科创大楼、伍玖文化创意产业园区，提升发展舟山海大研究院、定海科技大市场等公共创新服务平台。建立创业企业审批服务绿色通道，深化社会信用体系建设，积极创建省级知识产权示范区。强化科技金融服务，加快设立区科创基金。制定出台人才新政，加强海洋科技创新、现代企业管理等重点领域高层次人才的引进、培育和使用，强化人才落户跟踪服务保障，努力为创业创新提供强大的智力支撑。

（四）加强全域统筹提升城乡品质。我们要坚持围绕具有海洋历史文化特色的花园式国际港城建设目标，着力改善城乡人居环境，加快提升承载服务功能，努力打造生态宜居美丽定海，让老百姓感受到看得见、摸得着的变化。组合发力推进中心城区有机更新，着力提升城市功能形象。加大旧城改造力度，确保东门交通综合体、锦鸿雅苑项目建成使用，加快推进奋斗岙、和平路等区块建设，适时启动环南庆丰、沿港西路等区块征收。示范推进古城核心区保护性开发，积极谋划打造特色街区，加强公园广场及道路景观提升改造，着力塑造城市形象新亮点。不断完善盐仓城市功能，基本建成新天地广场项目。全面实施城市交通畅通工程，率先打通环城南路至三官堂等8条“断头路”，基本建成百里滨海大道定海段，深入整治违法停车、占道经营等顽疾，加大公共停车场（站）配建力度，切实改善城区交通。积极推进“智慧城市”建设，进一步拓展“互联网+公共服务”应用领域，加快打破部门信息“孤岛”现象，提高城市管理智能化水平。强势推进小城镇环境综合整治，大力提升环境卫生、城镇秩序、镇容街貌，确保完成马岙、白泉、干䃎整治任务。深化金塘小城市培育。继续支持新城建设。坚持点线面结合，推动美丽乡村全域化。依托自然山水、历史人文等资源禀赋，加快“一村一品”的美丽定海示范村建设，创建省级历史文化

①“微笑曲线”：来源于宏碁集团创办人施振荣先生提出的“微笑曲线”理论。曲线形状像微笑嘴型，中间低、两端高；用来形容产业链，曲线左端是设计研发，曲线右端是营销和服务，附加值高；曲线中间是制造，附加值最低。

②企业“民参军”：是指民营企业参与军事装备的研发、制造、维修和服务。

保护与利用村落4个、“美丽海岛”社区3个，建成美丽风景示范线20公里。逐步推广房票安置方式，有序引导农村人口集聚。坚决打好“治危拆违”攻坚战，全面消除存量违法建筑和城镇D级危房，严控新增违建行为，实施城中村综合改造2个。强化源头管控，持续优化生态环境。深入开展水岸同治，全面启动19条支流河道综合治理，整体提升烟墩工业区块环境，加快环城南路、兴舟大道等城区污水主管网建设，实施干䂬污水处理厂扩建工程，确保成功创建省“清三河”达标区。切实巩固“四边三化”“两路两侧”整治成效，加强抛荒土地绿化彩化与开垦复耕。深入推进大气、土壤污染防治，全面淘汰10蒸吨以下高污染燃料锅炉。

（五）改善民生增进共享发展福祉。我们要坚持把增进民生福祉作为一切工作的出发点和落脚点，做实做细民生实事，织密织牢平安网络，努力让人民群众更有获得感。进一步加强社会保障。深入实施扶贫开发奔小康工程，全面开展支出型贫困家庭救助，精准帮扶残疾人等困难人群增收。积极落实全民参保计划，稳步提升城乡居民基本养老保险基础养老金，启动实施医保支付方式改革。进一步健全养老服务体系，加快推进区居家养老综合服务中心、华康颐养园建设，积极发展“医养结合”养老服务模式。扎实办好文化教育卫生事业。全面启用定海匈牙利国际广场、国家级登山步道，持续打响三毛、“两黄”①等名人文化品牌，积极推进全民阅读，做好省第三届体育大会赛事承办工作。进一步优化教育资源布局，加快实施中小学校、幼儿园新改扩建工程，促成优质民办教育机构落户办学，不断提高教学质量，力争创成省教育现代化基本达标区。着力提升医疗服务水平，推动区中心医院区域医疗中心建设，完善区—乡—村医疗卫生一体化运行机制，规范发展民营医疗机构，确保瑞金医院舟山分院开业运行。着力改进和创新社会治理。切实提高基层自治水平，积极培育发展社会组织，确保顺利完成社区村（居）民委员会换届选举。深化重大涉稳问题联合会商、重大决策社会稳定第三方评估机制，提高社会治安防控体系立体化、信息化水平，有效预防化解社会矛盾纠纷和风险隐患，加强重点行业领域安全监管和应急联动，积极争创省食品安全区，坚决遏制较大及以上事故发生，确保圆满完成十九大维稳安保任务，成功夺取“平安金鼎”②。

（六）深化自身建设提高施政能力和服务水平。区政府全体组成人员必须以身作则，拿出更加豪迈的激情、更加昂扬的斗志、更加充足的干劲，坚定忠诚，自律干净，担当实干，争做“定海铁军”表率，打造人民更加满意的法治政府、服务政府和廉洁政府。全面加强依法行政。深入实施区政府常务会议学法制度，严格按照法定权限、法定程序行权履职，切实规范各项行政行为。加大政府信息“五公开”③力度，不断扩大群众的知情面、参与面。加强行政规范性文件合法性审查，重视做好行政复议工作。自觉接受人大依法监督、政协民主监督以及监察监督，强化政府内部层级监督、审计监督、舆论监督。广泛听取各民主党派、工商联、人民团体和社会各界人士的意见。支持工青妇等群团组织开展工作。切实当好企业和群众的“店小二”。按照“最多跑一次”的要求，深入推进“三最”城市示范区建设，积极探索实施企业投资项目承诺制④，大力发展网上审批、网上中介服务，进一步提高审批效能。创新镇（街道）综治工作、市场监管、综合执法、便民服务“四个平台”运行机制，完善基层政务服务网建设，不断提高基层服务水平。全面推行“双随机一公开”⑤，健全综合行政执法体制，杜绝重复检查、多头执法。加大政府向社会力量购买服务力度，不断提升公共服务水平。持续改进工作作风。牢固树立政治意识、大局意识、核心意识、看齐意识，严守政治纪律和政治规矩。旗帜鲜明地为敢担当的干部担当，坚决整肃懒政、怠政行为。狠抓执行力建设，积极创新实绩亮相工作推进机

①两黄：是指黄式三和黄以周。

②平安金鼎：是指连续十二年获得“省平安区”称号。

③政府信息“五公开”：是指行政决策公开、执行公开、管理公开、服务公开、结果公开。

④企业投资项目承诺制：是指“政府定标准，企业作承诺，过程强监管、失信有惩戒”的新型企业投资项目管理框架和模式，是一种便捷高效、责任明确的“轻审批、重监管”的新型审批制度。

⑤“双随机一公开”：是指随机抽取检查对象，随机选派执法人员，及时公布查处结果。

制[①]，全面营造“比学赶超”氛围。深入推进党风廉政建设，强化工程招投标、基层小微权力等重点领域腐败问题的预防与惩治，构建“亲”“清”新型政商关系。全力支持监察体制改革。严格落实中央“八项规定”精神，厉行节约、节俭办事，集中有限的财力用于发展和改善民生。

各位代表，今年我们首次实施政府民生实事项目人大代表票决制，这是推进政府决策科学化、民主化、规范化的一项重要举措。我们将严格按照票决结果，认真组织实施，保质保量完成，努力把政府民生实事项目办成百姓满意的民心工程。

各位代表，奋斗成就伟业，拼搏铸造辉煌。历史，总是在继往开来中谱写；事业，总是在接续奋斗中发展。让我们更加紧密地团结在以习近平同志为核心的党中央周围，在新区党工委管委会、市委、市政府和区委的坚强领导下，紧紧依靠全区人民，勇担使命，实干强区，为率先高水平全面建成小康社会而努力奋斗！

①实绩亮相工作推进机制：是指将重点项目、重点工作、招商引资和城市建设的年度目标完成情况，在区委区政府“重点工作实绩亮相台”上，每月公开亮晒出实绩，并纳入单位年终综合考评。其中，按时完成月度工作目标任务的用“★”标示，未按时完成月度工作目标任务的用“▲”标示，年度任务全部完成的用“”标示。

中国人民政治协商会议
第五届舟山市定海区委员会常务委员会工作报告

——在政协第六届舟山市定海区委员会第一次会议上

舟山市定海区政协主席　　车志宽

（2017年2月6日）

五年工作回顾

过去五年，是定海站在新区建设的崭新起点上，锐意进取、奋力拼搏的五年，也是全区政协事业传承创新、深入发展的五年。五年来，在中共舟山市定海区委的正确领导下，区政协高举中国特色社会主义伟大旗帜，认真贯彻中共中央和省委、市委、区委要求，围绕中心、服务大局，解放思想、积极作为，切实履行政治协商、民主监督和参政议政职能，努力推动协商民主在我区的实践，为率先高水平全面建成小康社会，加快“两美”定海和新区时代现代化定海建设发挥了积极作用。

一、围绕中心，倾智建言，倾力服务发展

坚持融入新区，议大事促提升。紧扣区委中心工作关键点，依托政协全会，就每年的政府工作等重要报告开展讨论协商，五年来收集意见建议300多条，得到党政相关部门的充分肯定，助推了全区工作更好开展。采取听政、座谈、协商等各种形式，持续关注、积极建言定海“十三五”规划的编制，先后提出意见建议80多条，为“新区梦”在定海的实现理思路、谋长远。扭住新区项目建设牛鼻子，围绕项目的引进，举办“提升履职能力，强化招商水平”主题培训班，五届十次常委会会议专题听取全区招商引资工作，常委会和主席会议专题调研协商了招商引资、行政审批、“四单一网”等课题，不少议政成果得到相关部门的重视和采纳。围绕项目的落地，常委会调研提出加大法治定海建设力度，优化定海发展环境，保障重大项目有序推进；主席会议听取并视察了百里滨海大道定海段建设、新区汽车滚装物流、金鹰公司三元锂电池材料等重点项目，并通过对口协商提出了一批加快建设进度的针对性意见。

坚持前瞻思维，优产业促升级。常委会主动着眼新兴产业，及时提出创新发展的可行路径。“舟山江海联运服务中心建设”调研组立足我区实际，建议通过做大产业、做强服务业、做优环境谋求发展先机，机构整合、港航信息化、船型设计等工作不断提速。相关界别采取大会发言、集体提案等形式积极建言新兴产业发展，“加快发展我区海洋战略性新兴产业”的提案面商会在区政府主要领导主持下，很多建议得到采纳。常委会调研组提交的“海上氧吧，千年定海，打造长三角生态健康养生基地”调研报告，为我区推进健康产业发展提供了有益参考。常委会高度关注传统产业，积极提出稳固提升的破解办法。围绕传统捕捞业转型，指导专委会开展专题调研，并重点调研国际远洋水产品产业园区建设，提出“建设国际一流远洋渔业基地”的观点，拓展布点、加强基建、推进招商等建议相继得到落实。围绕传统制造业发展，对口专委会开展“船舶行业安全监管工作”、“塑机螺杆产业转型升级”、“企业营改增试点”等调研，并经常深入企业明情支招，助力传统产业再造优势。

坚持城乡并重，谋全域促建设。围绕现代城市发展，常委会着眼新区“四岛一城”框架下定海的战略定位，开展海上花园城建设、旧城区改造等重点调研，从城市空间布局、重点区块打造、老城有机更新

等角度，提出一系列新观点、新思路；以重大事项协商形式，与党政领导共商“市政园林建设”，组织视察我区无违建县（区）创建，指导专委会开展交通道路建设、城区防堵治堵等调研，还通过微信平台征集防堵畅行“金点子”，为定海城市更宜居、治理更现代集思广益。围绕美丽乡村建设，常委会秉持“以城带乡、城乡互促”理念，深入开展“促进我区城乡一体化发展”调研，协助党委、政府明晰城乡互动发展的方法路径。组织对口领域委员，相继调研农渔村管理体制、高效生态农业发展、土地抛荒整治等农村重点工作，提交了一批调研报告，并与党政领导和部门负责人重点协商“农村集体资产股份制改革”“村规民约修订完善”等工作，为推动美丽乡村建设发挥积极作用。

*坚持问题导向，抓监督促转型。*常委会针对全区发展中各类焦点问题，持续开展监督议政活动，倒逼转型、助推升级。五届一次会议以来，广大委员通过发言、提案等形式，提出了一大批保护生态、美化环境的意见建议。2013年，在主席会议专题视察全区中小河流治理基础上，借势借力、全员行动，通过“三级政协联动，万名委员同行、助推五水共治”这一集体联动监督形式，把治水作为五届区政协一号监督议题。三年多来，覆盖全区各镇、街的11个视察监督组，明察与暗访相结合，定期与不定期相结合，检查巡察80多批次，报送意见建议300多条，参与捐款100多万元，有效推动了全区治水进程，我区的实践还在全省政协“五水共治长效机制建设”专项集体民主监督视频会议上作了典型发言。几年来，广泛组织委员参与“三改一拆”“两路两侧”“四边三化”等专项整治，巡察改拆情况、查看问题点位，反馈了整改建议120多条，并从源头防控、综合治理、精细管理等方面，助言专项整治工作落实长效管理机制。

——“促进发展”始终是政协履职的第一要务。五届区政协围绕“党委所想、政府所急、发展所需”的重大课题和重要议题，运用各种参政建言形式，群策群力，集思广益，提交的40多篇调研报告、协商纪要，120篇发言材料，党政领导批示采纳率达80%，为区委、区政府把大局、作决策提供智力支持。实践证明，政协组织只有始终把工作置于党委统一领导下，围绕中心，服务大局，才能切实发挥“智库”和“参谋”作用，助推一方发展。

二、情系民生，聚焦热点，聚力社会和谐

*民生提案代言民众利益。*坚持民有所托，我有所为，广泛发动政协委员通过提案形式反映群众利益诉求、推动民生改善。五届一次会议以来，各界委员致力于精准反映人民群众的要求和呼声，积极行动，深入群众，努力获取第一手资料，以提案形式提出意见建议772件，立案702件。这些小到普通群众衣食住行、大到全区发展宏观战略的民众意愿“晴雨表”，成为党委政府倾听各界声音、把握民意走向的有效载体。坚持提有所据，办有所成，五年来，各界委员深入调研、认真探讨、主动融合多方智慧，提案委员会积极引导、强化指导、严格审查把关程序，提案质量每年都有新的提高。常委会坚持党政领导领办、主席督办、现场办理、二次办理等传统形式，采取主席会议集体督办、重点提案集中协商等新形式，积极促进提案建议落到实处。区政府和区属各承办单位深化认识、认真研究，扎扎实实办成了一批群众欢迎的实事，委员满意率和基本满意率连年保持在高位，群众真正通过政协提案得到实惠。

*民意信息反映群体诉求。*社情民意反映是政协组织富有特色的参政为民形式。常委会高度重视这项工作，指导建立了区政协特约信息员队伍，明确信息员的工作职责和表彰办法；主动创新工作方法，建立社情民意信息季度研判机制、完善信息反映载体，并通过加强队伍教育培训、联合区委区政府督办落实等手段，把分散在社会上的各类诉求搜集上来，为群体热难问题的解决创造条件。五年来，以《政协专报》、《政协信息》等形式反映社情民意信息364篇，被区委、区政府采用116篇，市政协采用46篇，转部门处理30篇。“提升城乡社区服务功能”“促进我市菜篮子价格合理化”“发挥舟山名人馆作用”“加强住宅小区物业管理”“不动产两证不全制约企业发展”等53篇信息得到了市区领导的批示，一批与群众生产生活息息相关的问题引起政府重视、纳入解决日程。

*民计调研纾解群众痛点。*常委会积极关注热点民生和基本民生议题，通过灵活多样的参政手段表达观点、发出声音、推动工作、促进和谐。在教育卫生方面，指导开展关于我区学校布局、各类教育机构建设、卫生计生工作体制、合理应对全面二孩政策等调研视察活动，并通过调研报告、大会发言等形式向党委、政府献计献策，区政协关于促进我区教育均衡发展的履职做法，还在省政协“民生论坛”上作交流发言。在公共服务方面，深入调研、掌握实情，及时开

展“12345”公共服务平台建设对口协商，协商成果得到多位区领导批示；及时开展我区公共文体设施布局、学校体育场地开放等调研和协商，为补上公共文体设施短板动脑筋、出主意。在特殊群体扶助方面，积极开展了城乡养老服务建设、推进居家养老服务、残疾人托养服务等调研，为应对老龄化社会、关爱特殊群体献计献策；组织送温暖下乡服务5次，发放各类书刊三千余册，送医送药近十万元，回应各类政策咨询500多人次，受到当地群众欢迎。

民情平台践行履职为民。政协委员工作室（联络室）是政协组织延伸职能、政协委员服务基层的新载体。自2012年在全市首批成立3个委员工作室起，我区政协委员工作室历经发展、调整和壮大，完成了由个体向集体履职、单兵向团队作战的整合转型，服务功能不断丰富、服务群体得到拓展。在行业委员抱团服务基础上，2014年以来，相继成立区政协委员盐仓、白泉和岑港工作室（联络室），为政协委员服务本辖区群众创造条件。五年来，各委员工作室（联络室）结合自身特点，主动深入到辖区群众中，收集社情民意300多条，并在解答群众疑惑、关爱弱势群体、协调民间纠纷、化解群众矛盾等方面发挥作用。区政协委员盐仓和岑港联络室还围绕辖区热点，分别开展“加大整治力度，优化人居环境”“加强农民公寓房物业管理”等基层民主协商，为所在街道推动民生工作集智助力。

——“履职为民”始终是政协组织的价值追求。五届区政协切实把履行职能的实践与群众利益的实现结合起来，勤谋利民之策，常为惠民之举，提交了超千件源于民间的社情民意和百姓提案，形成了可观的民生调研成果，推动了社会民生事业新发展。实践证明，只有把“人民对美好生活的向往”作为履职目标，贯穿于各项工作的始终，才能更好回应人民群众的期盼，更好体现人民政协的人民性，才能不忘初心、不负使命。

三、联合各界，合作汇智，合力增进团结

营造以商促同大环境。协商民主是我国社会主义民主政治中独特的、独有的、独到的民主形式。五年来，常委会致力于更好发挥政协组织作为协商民主重要渠道和专门协商机构作用，不断规范政协协商的内容、对象和程序，切实推进协商民主在我区的广泛多层制度化发展。2014年8月，首次尝试全区重大事项面对面专题协商，邀请区委、区政府主要负责同志与各界委员零距离互动，各抒已见、求同存异、形成共识，为全面铺开各种形式的政协协商提供样板。协助区委召开政协工作会议，为《中共舟山市定海区委关于发挥人民政协在发展协商民主中重要作用的意见》的形成深入协商，完善了五届区政协规范开展各类协商的政策基础。两年多来，常委会主动与党委、政府协调联动，开展重大事项专题协商5次，对口协商8次，界别协商9次，提案办理重点协商18次、普通面商数百次，基层民主协商2次，形成了一大批共识意见，扩大了相关政策的民意基础，“有事多商量，遇事、做事多商量”日益成为全区民主决策的规范程序。

书写以情凝心大文章。界别是政协组织联系各界的根脉。2013年，首次召开政协界别工作会议，确定各界别召集人，明确界别职能，为界别履职奠定组织基础。五年来，围绕界别作用发挥、委员风采展示，开设“凝公德心、聚正能量”界别论坛，就加强社会公德建设，邀请委员互动交流、专家现场点评，主题鲜明、形式独特，取得良好社会反响。“两美定海委员风采”活动，通过展板展示、事迹讲述、才艺表演等形式，多方位展示25个界别先进委员立足本职、尽心履职的社会形象，弘扬了乐善好施、乐于奉献的社会正气。纪念中国人民抗战暨世界反法西斯战争胜利70周年“界别歌会”上，全区政协委员、特邀委员和定海的市政协委员深情唱响18首革命歌曲，不断掀起政协委员的爱国豪情和奉献激情。组织全体委员拍合照、写寄语，以“一缘五年，相伴成长”为主题，集成了“五届区政协委员履职纪念册”，强化了政协组织与委员、委员相互之间的情感联结。

推进以文化人大工程。优秀文化历来为政协组织所倡导和践行。常委会专题视察定海名人故居现状及名人文化资源整合情况，提出了尽快建设名人文化馆的建议和配套建馆方案。2014年底，在政协方案的基础上，综合各方面专家学者的意见，“舟山名人馆”在定海总府路建成开馆，为舟山群众和外来游客开辟了了解海洋历史文化的窗口。建立了文史工作者队伍，潜心编辑出版了《清代儒学大师·定海黄式三黄以周》一书，促进了“两黄”文化的传承弘扬；寻访100余位定海老者，采编舟山解放前后的亲身经历，形成了《定海印痕》上下两册口述史料，扩大了政协文史工作的社会影响。针对我区公德教育存在的问题，常委会从“明大德、守公德、严私德”等角度，提出了针对性建议。着眼新区公民素质提升，常委会深入调研、及时报送“大力提升新区时代定海企业职工素质”的调研报告，并指导相关专委会会同政府有关部门，共建职工素质提升试点，促进调研成果落地生效。

——“团结民主”始终是政协组织的工作主题。五届区政协的五年历程，高举爱国主义、社会主义伟大旗帜，在协商民主上迈出的新步伐，在团结联谊上展现的新气象，在弘扬文化上取得的新进展，为社会主义民主的发扬、全区上下合力的凝聚发挥了积极作用。实践证明，只有紧紧围绕团结民主两大主题，坚持求同存异、联情联心，才能切实做好团结各界、争取人心的工作，为全区发展减阻力、增动力。

四、求真务实，着眼长远，着力优化提升

强化作风建设，保持一线状态。常委会全面开展党的群众路线教育、“三严三实”“两学一做”等学习教育活动，尤其是认真组织参与第二批党的群众路线教育实践活动，集中查找班子成员在“四风”方面存在的问题，并通过召开民主生活会，从理想信念、群众观念、党性修养、政治纪律等方面，认真开展批评与自我批评，既“红了脸，出了汗”，更增强了为民、务实、清廉意识。坚决贯彻落实中央及各级党委关于党风廉政建设的有关要求，着力精简会议、严控开支、规范履职、改革公车管理，修订完善《政协领导联系常委、常委联系委员制度》《区政协提案工作规则》等一系列规章制度，实施专委会与办公室月例会、办公室周例会等工作制度，积极改进调研视察方式，切实加强与基层的联系，保障参政议政务实有序、高效运作。五年来，区政协参政密度不断增加，协商频度不断提高，调研成果不断丰富，创新亮点不断显现，体现了责任担当，彰显了一线风采。

强化管理服务，激发队伍活力。根据政协章程和省、市政协有关规定，制订实施了《区政协委员履行职责情况统计与通报办法》，为政协委员各类履职活动赋分，配套建立“一人一档”的委员履职档案，主席会议每年对委员队伍总体履职情况进行评估，向全体委员进行通报，并在组织和统战部门进行备案，引导和激发政协委员主体作用。在区委支持下，区政协在全市各县区政协中率先建立委员工作委员会，为实现委员管理专业化、精细化，奠定了组织基础。五年来，广大政协委员本着高度的责任感、使命感，合理兼顾政协工作和本职工作，履职身影频繁出现在大会发言讲台、协商议政现场，出现在重大建设工地、救灾扶贫一线，出现在企业生产车间、困难群众家庭，传递了社会温暖，传播了政协能量，23人次委员获评政协信息工作先进，73人次委员所提提案获评优秀提案，74人次委员获评参政议政积极分子，引领了政协委员队伍不断前进。

强化学习培训，提高履职水平。常委会发扬善于学习的政协传统，着力通过常委会、主席会议、专委会等各类会议平台和专题报告会、暑期读书会等学习平台，依托《定海政协》杂志和网络自媒体等手段，组织广大委员认真学习领会中共十八大，十八届三中、四中、五中、六中全会精神，学习习近平总书记系列重要讲话，尤其是在舟山考察期间的重要讲话精神，切实把思想统一到深化改革、加快发展的战略部署上，用科学的理念、发展的眼光和创新的思维推进政协工作。实施“强化履职能力”三年集中轮训计划，全体政协委员分三批，以“招商”“协商”和“发展”为主题，分别在江苏江阴市委党校、江西井冈山红色文化教育学院和福建福州大学集中学习了招商引资、“中国梦”、一带一路、自贸区建设等知识和政协业务知识，有效增强了政协委员的参政意识，拓展了履职视野，提升了履职本领。

强化对外宣传，扩大履职影响。结合形势发展，积极丰富宣传手段，创办《定海政协》杂志，按季编发18期，定海政协网站两度优化，整体形象更简洁明了，区政协委员QQ群和政协之家微信群成为公文传达、委员议政的新平台，政协微博和微信公众号编辑内容120多期、发布信息380条，一大批主题鲜明、内容鲜活的活动报道及时传递到委员和群众身边。依托新闻单位，积极展示政协形象，五年来，政协委员积极履职的500多条（次）活动信息被中央和省、市、区级媒体刊登。其中，江海联运服务中心协商活动、“四边三化”监督活动等被人民政协报（网）、全国工商联网刊登，65篇履职信息被省政协《联谊报》录用（其中5篇头版，2篇头条），政协年度重点工作组稿在《今日定海》专版刊登，达到了“日常工作经常宣传、重大活动重点宣传、专题活动集中宣传、委员风采多向宣传”的立体化宣传效果，区政协连续几年被评为省政协新闻宣传先进集体。

——“强基固本”始终是政协组织的永恒课题。面对不断变化发展的形势，五届区政协在规范中提升、在继承中创新，努力改善工作状态、激发委员作用、树立对外形象，“委员工作室”“两美定海委员风采界别活动”“专题协商周”等系列创新推动政协事业不断发展。实践证明，只有把握时代脉博和政协工作规律，不断改革创新，精心打造品牌，才能确保政协工作契合形势、与时俱新，保持政协事业的旺盛活力。

各位委员、各位同志！五届区政协工作所取得的成绩，是中共舟山市定海区委正确领导的结果，是区政府支持帮助的结果，是有关部门、单位和社会各界积极配合的结果，也是历届区政协奠定的良好基础上五届区政协各参加单位、全体政协委员共同努力的结果。在此，我代表五届区政协常委会，表示衷心的感谢。我们清醒地认识到，区政协的工作还存在一些不足，主要是：政协协商质量还需进一步提高，调研成果的转化还需进一步创新，委员作用的发挥还需进一步探索。对此，区政协要深入研究，着力改进。

对今后五年工作的建议

各位委员、各位同志！今后五年，是我区全面落实“十三五”发展规划、率先高水平全面建成小康社会的决胜阶段，做好新一届政协工作，责任重大，使命光荣。为此，建议六届区政协工作的指导思想是：高举中国特色社会主义伟大旗帜，以邓小平理论、“三个代表”重要思想、科学发展观为指导，深入贯彻落实习近平总书记系列重要讲话精神，全面贯彻落实区第十三次党代会精神，在中共舟山市定海区委的坚强领导下，牢牢把握团结、民主两大主题，认真履行三大职能，深入实践协商民主，充分发挥协调关系、汇聚力量、建言献策、服务大局的作用，为我区率先高水平全面建成小康社会而努力奋斗。

*突出一个中心，始终坚持党对政协工作的领导。*政协事业是党的事业的重要组成部分。建议新一届政协要认真学习贯彻中共十八大和十八届三中、四中、五中、六中全会精神，围绕中心发挥优势，确保中央和省市区委的决策部署不折不扣地贯彻到区政协的履职实践中。要紧扣新区“四岛一城”、舟山自由贸易试验区、舟山江海联运服务中心建设重点，紧盯我区“十三五”规划和率先全面建成小康社会目标任务，谋同一盘棋、唱同一首歌，协助区委在新区建设大局中贡献定海力量、体现定海作为。区政协党组要充分发挥政治领导作用，按照全面从严治党新要求，全面推进人民政协自身建设，与全区上下共同肩负起率先高水平全面建成小康社会的历史使命。

*把握两大主题，努力开创全区团结民主新局面。*团结民主是人民政协的任务和使命。要发挥政协组织社会“润滑剂”和矛盾“减震器”作用，协助党委政府协调关系、凝聚人心，共同推动定海在新区跨越发展中华丽转身；要广泛开展联谊交流活动，重点加强与港澳台同胞、海外侨胞、异地商会、非公经济人士的联系交流，努力为我区经济发展拓宽渠道、牵线搭桥；要营造宽松有序的民主氛围，更好地保障各民主党派、工商联、人民团体和社会各界人士在政协平台履行职能、发挥作用；要加强与各级政协的联系，在产业对接、文化传承、民生保障、政协机制等方面，开展经验交流，寻求支持合作；要致力于完善城市功能，彰显城市特色，建言定海古城建设和现代城市配套，丰富历史文化元素，编著定海乡土史料，存史育人、美化家乡。

*立足三项职能，为全面小康事业凝聚更大合力。*政治协商、民主监督、参政议政是政协之责、履职之要。建议新一届政协要根据区第十三次党代会确定的目标任务，着眼全局性、现实性重大问题和系统性、短板性的紧迫课题，围绕“全面开放合作先行区、海洋经济转型升级先导区、美丽海岛示范区”相关内容，为全区经济向“上”向“好”、人居环境变“美”变“优”深入调研视察，广泛协商议政。要紧紧围绕提升社会公共服务水平，在加快发展人民满意教育，提高人民健康水平，健全社会公共服务体系，推进水、气、土壤污染治理等方面加强监督、积极建言；要坚持以实现社会治理体系和治理能力现代化为导向，紧紧围绕创新社会治理、深化法治道德建设、加强区域风险防控、促进安全生产、维护社会和谐稳定明实情、谋实招、谏真言。

*着眼四种能力，促进履行职能水平不断提升。*人民政协只有努力提高政治把握能力、调查研究能力、联系群众能力、合作共事能力，才能在推进国家治理体系和治理能力现代化中发挥更大作用。要团结带领政协各参加单位、人民团体、各专委会和广大委员，通过协商理念的深化和“书香政协”的建设，坚定理想信念，增进政治认同，更加自觉地接受党的领导，切实提高政治把握能力；要在手段、途径、方法上动脑筋，在做深、做细、做透上下功夫，切实增强调查研究能力，在难点焦点问题的破解上，在重大建设项

目的攻艰上，提出针对性办法；要不断提高联系群众能力，创新委员联系群众的方法，畅通民生诉求表达渠道，助力民生短板的补齐和社会事业的进步；要发扬求同存异、体谅包容的优良传统，重点加强对界别工作的领导，激发界别优势，发挥界别专长，确保各界别在政协平台上合作共事、团结共进。

推进五类协商，着力展现政协协商民主新气象。广泛、多样、有序地开展专题协商、对口协商、界别协商、提案办理协商和基层民主协商是新时期推进政协工作的主要着力点。建议新一届区政协在坚持全体会议、常委会会议、主席会议协商的基础上，进一步深化各类协商，进一步彰显协商成效。要精选协商课题，围绕扩大开放、改革创新等宏观课题积极作为，围绕提升法治定海建设水平、增强人民群众获得感、促进社会公平正义等热点议题主动协商，助推我区向高水平全面小康加快迈进；要创新协商形式，探索通过网络平台，发动社会各界群众和专业人士广泛参与、群策群力，为社会热点问题纳群言、筹民智；要进一步理顺和规范各类协商，指导专委会、界别开展“短、平、快”的对口协商和界别协商，指导委员工作室围绕所在区域热点问题铺开基层民主协商；要关注协商成果落地，推进协商与议政、监督与反馈环环紧扣，彰显协商民主实际成效。

各位委员、同志们，使命因担当而光荣，履职因有为而出彩！在五届区政协任期届满，六届区政协迎风起航之际，我们更加感到人民政协前程远大，协商建言任重道远。让我们更加紧密团结在以习近平同志为核心的中共中央周围，在中共舟山市定海区委的坚强领导下，奋发图强、开拓创新，为圆满完成区“十三五”规划目标、全面落实区第十三次党代会精神而努力奋斗！

专　记

“最多跑一次”改革

【概况】　2017年，区审批服务与公共资源交易管理办公室以“最多跑一次”为目标任务，进一步创新审批服务方式、优化审批服务流程、精简审批材料、提升窗口服务，推进“最多跑一次”改革，打造高效优质的服务环境，提升群众和企业满意度和获得感。

是年，各窗口受理各类行政审批事项10.79万件，比上年增加2.6%，办结数10.75万件，提前办结数10.72万件，占办结总数99.71%，日均办件430件，其中即办件3.17万件，网上申报数1.54万件，承诺时限较法定时限提速58.82%。收到社会各界送来锦旗34面，表扬（感谢）信195封。根据《浙江省“最多跑一次”改革抽样调查评估专报》，全区“最多跑一次”改革实现率89.5%，列全省89个县市区第七名，满意率99.5%，列全省89个县市区第四名。

区公共资源交易平台成交项目514宗，合计交易总金额43.58亿元，比上年增长99.42%，增收节支金额5.62亿元；各镇（街道）基层交易平台成交项目405宗（其中在区公共资源交易网上发布信息项目273宗），成交金额合计1.57亿元，增收节支金额734.20万元。

【推进行政审批服务“最多跑一次”改革】　梳理公布“最多跑一次”事项目录　公布全区事项清单1264个，可以实现“最多跑一次”事项1239个，涉及32个部门，占全部审批事项98.02%。确定全区镇（街道）权力事项106项，可以实现“跑一次”的事项94项，城市社区可以实现“跑一次”的服务事项58项，农村社区可以实现“跑一次”的服务事项67项。

规范事项受理标准和材料　梳理办理条件、材料等，清理不必要的各类证明和材料59份，消除模糊表述和隐性审批条件，制定标准化规范化的办事指南，为群众办事提供清晰的指引，解决群众和企业因事项受理标准不规范导致“反复跑”“来回跑”的问题。

落实“一窗受理、集成服务”改革　统一推进不动产登记、投资项目审批、商事登记、公安服务、其他综合事务等五大系列板块的整合工作，到综合窗口“一个窗”就能把“一件事”办成，不让申请人“多头跑”。不动产统一登记实行“一次叫号、一窗受理”模式，不动产登记事项实现“最多跑一次”，实施不动产转移登记与水电气过户联动。投资项目审批方面，整合发改、消防、住建、规划、环保、国土、水利、安监8个窗口，推行“前台综合受理、后台分类审批、统一窗口出件”模式。商事登记服务方面，将原先各类商事登记、许可登记两大类型窗口统一整合为商事登记综合受理窗口，增设商事登

实现“一窗受理、集成服务”

记咨询、发证窗口。公安服务方面，整合居民身份证、户籍迁移、许可等服务，设立3个公安对外专窗。其他综合事务业务方面，涉及“五小行业”的审批，在实施先照后证后，实行每周二、五的联合踏勘、联合会签等办法。至年底，组织联合勘察84次，涉及236家“五小行业”。

加快投资项目审批速度　推进投资项目领域“最多跑一次”改革，加快审批速度。在总结企业投资项目“零审批”改革的基础上，探索企业投资项目承诺制改革，建立“轻审批、重监管”的新型审批制度。运行应用投资项目审批在线监管平台2.0版本，实现4个百分百目标（100%应用平台、100%网上申报、100%网上审批、100%系统打通），对投资项目进行全流程网上审批。是年，有34个项目通过平台进行办理。加大投资项目审批代办力度。利用区审交办审批资源集中的平台优势，为更多的企业提供“一个项目、一窗受理、一人全程代办、一个审批路线图和时间表”的保姆式服务。全年区级平台代办7个项目，其中政府投资项目2个，企业备案项目5个，涉及投资金额约15.88亿元。

整合政务资源　开展行政服务平台整合工作，将定海区7个分中心整合成2个分中心，形成全区政务服务“一主两副”的新格局，解决审批资源分散、群众办事“到处跑”问题，提升行政服务中心办事集中度。进一步深化“两集中、两到位”，全区进驻行政服务中心事项由808项增加到1198项，占全部事项96.2%，提升比例19.3%。为强化分中心的管理，制定出台《定海区行政服务中心分中心管理制度（试行）》《定海区行政服务中心分中心巡查制度（试行）》，按期对两个分中心进行巡查指导。

区行政服务中心东山分中心大楼

推进基层“最多跑一次”改革　以昌国街道和双桥街道进行“两集中、两到位”（事项全集中、人员全到位）试点改革，落实“中心以外无权力”。全区镇（街道）全面推进“一窗受理”改革，建立健全“5+X”的便民服务中心窗口设置，推行便民服务中心规范化建设。落实多级联动事项，完成事项目录52项网上配置，办结多级联动事项800余件。推进基层“办事不出岛”，梳理公布“办事不出岛”事项67项，办结“办事不出岛”事项3000余件，建立全程代办制度，打通群众办事“最后一公里”。

全区镇、街道“最多跑一次”现场会

【规范公共资源交易操作】　加强公共资源交易监管控制采用邀请招标和直接发包的项目数量和规模，组织召开工程招投标审核小组会议6次，比上年同期减少5次。对42个政府投资项目改变招标方式的申请予以审核，项目总金额比上年同期减少4.5亿元，否决4个政府投资项目改变招标方式的申请，涉及金额2500万元。牵头做好政府投资建设项目标后履约情况检查，对5个项目的施工单位、监理单位总计扣60.25分的处理。督促、协调相关单位妥善处理异议、投诉、信访（举报）件等10余件，均得到解决。

规范基层公共资源交易　建立健全相关制度，调整基层平台项目交易限额，修订完善适用于基层的招投标配套资料。联合区监察委员会、区财政局、区住建局、区审计局开展镇（街道）公共资源交易平台工

开展镇（街道）招投标制度专项检查

免费 “快递送证”上门

程招投标制度执行情况专项检查，规范招投标与基建程序，保障基层工程建设有序加快推进。

【建设公共资源交易电子交易平台】 上线运行电子招投标系统 5月，电子招投标系统正式试运行，完成“线下实体交易场所”到“网上虚拟电子场所”的转变，招投标资料提交、交易信息发布、招标文件获取、场地预定、专家抽取、投标保证金缴退等交易环节实现“零跑腿”。是年，有140宗项目通过电子招投标系统完成招标。

升级政府采购电子化采购平台 完成区级“网上询价系统”与市级“网上竞价采购系统”、省级“政采云”平台平稳过渡，建立网上超市系统、询价、竞价采购系统，协议+批量采购系统、集中采购系统并上线运行。是年，完成协议询价项目和网上竞价项目200余宗，涉及资金3000余万元。抓好平台上线运营宣传培训，分3批组织电子招投标系统应用操作培训，制作“电子招投标系统操作手册”，宣传推介电子招投标系统，切实服务平台各交易主体。

【主动服务提升服务效率】 创新窗口服务方式 完善窗口考核制度，建立健全一次性告知、限时办理、容缺受理等制度，推行“即来即办”。实行免费“快递送证”服务、延时服务、上门服务、预约服务、网络预审、陪同服务等特色便民服务，做到让群众“跑一次”。是年，各窗口利用休息和节假日时间为企业和群众提供便民服务523次，其中预约服务111次，延时服务314次，上门服务98次。实施免费送证服务1210件次。

服务招投标参与方 推动“最多跑一次”改革向公共资源交易领域延伸，进场工程建设项目实行线上核准，仅保留2项进场招标项目核准材料。持续推行服务重点项目五个“优先”，优先服务区级重点项目、市级“三重项目”，提前介入、主动对接小城镇环境综合整治试点工程等招投标项目，为项目招投标提供招标指导和开标服务，建立健全绿色通道机制，实行容缺受理，优先安排开标场地，提前完成招标工作。全年完成重点项目招投标38个。其中，中澳现代产业园基础配套设施建设PPP项目，总投资22亿元，是全市第一个水利重大基础设施PPP项目，通过公开招标确定社会资本方进行投资、建设、运营，运营期满后无偿、完整地移交招标人。

【打造清廉高效审批服务平台】 以党章为根本遵

举办中共十九大精神专题学习报告会

循，学习贯彻省、市、区党代会精神、中共十九大精神和习近平新时代中国特色社会主义思想，推进“两学一做”学习教育常态化、制度化。结合行政审批服务与公共资源交易工作实际，不断增强党员干部的政治意识、大局意识、核心意识、看齐意识。严明党的政治纪律和政治规矩，强化政治理论及廉政知识学习，落实中央八项规定，反对“四风”，不断正风肃纪，自觉践行“三严三实”。坚持正确用人导向，规范权力运行，树立坚定的理想信念和宗旨意识，从源头上杜绝腐败，打造风清气正的审批服务平台。

（撰稿：吕建飞）

（本分目照片由区审交办提供）

“五水共治”重点工程

【概况】 “五水共治”是浙江省委、省政府在各地治水初步实践基础上，作出治污水、防洪水、排涝水、保供水、抓节水为突破口倒逼转型升级的决策部署。定海区在2016年完成全年“五水共治”任务的基础上，以定海区实际为依据，制定《定海区2017年“五水共治”项目实施计划》，打响“五水共治”大会战

全区“五水共治”工作会议

省级最美家乡河——盐仓大河

和剿劣工作攻坚战。2017年全年计划实施项目81个，总投资9.64亿元。至年底，累计完成投资10.15亿元，完成进度为105%，“清三河”和剿劣工作通过省级验收，盐仓大河获评省级最美家乡河，全域水环境治理成效明显。

【剿灭劣Ⅴ类水】 定海区将“剿灭劣Ⅴ类水提升水环境质量”作为治水工作的重中之重，综合施策、精准发力、狠补短板，剿灭劣Ⅴ小微水体159处，累计投入剿劣资金7648万元，完成年度计划的153%，于2017年10月通过省级剿劣销号验收。

细化治理方案 采用现场检查、水质监测等方式，对全区2124处水体进行排查检测，确定劣Ⅴ类水体159处，印发劣Ⅴ类小微水体清单，制定出台剿灭劣Ⅴ类水提升水环境质量行动方案。逐一制定区、镇（街道）剿劣作战图，划定重点作战区，确定项目表、时间表和责任表，挂图上墙，销号作战。对每一处劣Ⅴ类水编制“一点一策”方案，明确各类水体的污染原因、水质状况、治理措施、完成时间节点等情况。针对剿劣难度较大的城区河道，邀请省治水专家集中会诊，召开专家评审会，为科学剿劣提供技术支撑。

打造剿劣样板工程 以花园式国际人文港城为目标打造治水特色亮点，打造一批可看、可学、可比的剿劣样板工程。累计开展精品剿劣治理工程19个，覆盖10个镇（街道），使昔日被人唾弃的污水池，华丽转身成为居民夏季纳凉、散步的好去处，让周边居民真真切切地享受到了剿劣带来的红利。在全区8个镇（街道）推广设置洗刷平台，将洗涤废水统一收集后纳入污水管网或一体化设备，满足居民实际需求，减少生活用水对水体的污染，得到广大渔农村群众的欢迎和肯定。

科技支撑助推治水成效 在城区12条河道和碶门、闸门及重要的排水口安装360度旋转夜视高清“千里眼”，实现对河道24小时不间断的远程监控。应用无人机进行巡河工作，扫除巡查死角。在解放河、新河、城东河等河道安装超磁水体净化站，将河水进行分离净化。应用河道浮岛工程，种植荷花、菹草等水生植物，净化水质，美化水上景观。实施中水回用与生态配水，实施“西水东调”战略，将盐仓流域水源泵送到城区，解决城区河道无上游补充水源的问题。

【清三河】 定海区将“清三河”作为治污工作的重中之重，狠抓落实，推进“清三河”达标区创建工作，于年底通过省级验收，获评“清三河”达标县（区）。

提升污水管网建设 截污纳管工程累计投资2.48亿元，完成进度100%。新建城镇污水配套管网27.11公里，检测污水管网20千米，修复管网26.531千米。完成金塘镇大浦口污水处理中心提标改造工程、中心城区、金塘镇、小沙街道、马岙街道、双桥街道、干石览镇、定海工业园区、粮油产业园区污水管网建设。

严防黑臭河反弹 对城区12条河道以政府购买服务方式委托专业公司通过曝气、超磁分离、生态绿化等手段进行综合治理，同时采用生态配水、中水回用、主要排污口截污引流、结合旧城改造和道路改造分步推进截污纳管等措施，严防水质反弹。对城区941个入河排水口全部实现“身份证”管理，按照“一口一策”要求，对雨污混排口一律采取截污纳管或封堵措施，完成整治30个，完成率100%。

【水岸同治 源头治理】 贯彻标本兼治的理念，协同推进生产、生活两大污染源的综合治理。2017年，全区投入1.97亿元用于源头整治，完成年度计划的107%。

工业面源整治方面 开展岑港烟墩、干石览等重点产业区块和化工、船舶、水产等重点行业污染整治工作。完成小山干工业区块污水治理工程和干石览污水处理厂提升改造及污水纳管基础设施建设，启动烟墩工业区块环境整治提升工程。实施“一月一次”夜查制和错时环保执法行动机制，建立环保24小时在线监控平台，坚决淘汰化工、造纸、铸造等高污染企业。累计环保执法检查企业5147家次，关闭企业4家，整治提升企业46家。

农业农村面源治理方面 执行畜禽养殖禁养区、限养区规划，关闭低小散养殖场43家，完成美丽牧场建设10家。推广应用商品有机肥3200吨，完成水产养殖塘生态化改造500亩。以政府购买服务形式，建立渔农村生活污水运维监控中心，将分散在各镇（街道）的湿地全部纳入远程流量监控系统，实现农村生活污水处理终端智能化管理。2017年，新增化成寺、虹桥、蚂蟥山、东岠岙水库水源地农村生活污水治理1315户。

开展城乡垃圾分类处理 借助村庄整治和美丽海岛建设，按照“户分、村收、镇运、区处理”运行方式，实现农村生活垃圾集中收集处理行政村全面覆盖。针对日常保洁难持久、成片整治难串联等问题，建立健全农村环境卫生管理等制度，配备农村保洁员748人，实行8小时跟踪保洁，实现农村生活垃圾日产日清，推进14个试点村的农村生活垃圾分类处理工作。

【长效管护 巩固成果】 深化“河长制”各项工作落实全区554条河道各级河长380人，实现河长巡河全覆盖。构建“以制度为保障、以措施为手段、以考核为促动”的河长制管理模式，促进各级“河长”主动深入包干河道开展巡查、掌握情况，发现解决问题，强化责任意识。按照《定海区“河长制”管理工作考核办法》，对“河长”履职情况进行定期、不定期督查暗访。严格按照“六个有”（河道基本信息、河长姓名、河长职责、整治目标、河道保洁信息、监督电话）要求规范河长公示牌设置，累计更新制作河长公示牌723块，库长公示牌80块，小微水体公示牌1490块。建立河道保洁长效机制，落实巡查保洁员285名，河道警长64名，小微水体警长40名，配备保洁船90艘，实现河道保洁全覆盖。

建立健全联动执法机制 区综合执法部门牵头，联合环保、住建、水利、农林、公安等部门，协同各镇（街道）执法力量，以水体周边环境及排污口治理为抓手，开展餐饮、洗涤等行业偷排偷倒行为联合执法检查及河道涉渔违法行为综合整治行动。开展网鱼、电鱼、毒鱼等破坏水生态违法行为集中整治，排查电鱼、网鱼现象重点地段60处，查处并销毁网具2000余顶，移交公安机关处理3人。

河道保洁员在西园商业街旁河道清理垃圾

【协同推进 四水治理】 2017年，全区投入4.5亿元统筹推进防洪水、排涝水、保供水、抓节水工作。以全国中小河流治理重点县及小型农田水利重点县建设为契机，推进河道综合整治、水库山塘除险加固、闸门改造提升等工程建设。投入资金1.38亿元，完成河道综合整治17.2千米，库塘除险加固1座，闸门加固6座，改造易涝点1处，增强易涝区域的排涝能力。完成34座水库、10座山塘、67条海塘、18座堤防、15座水闸和5座泵站等149项水利工程标准化创建。实施农村饮水安全提升工程，全年提升人口0.99万人。在全省率先开展库河联网、库库联网、厂厂联网以及翻水入库工程，提高全区供水保证率，开展节水社会建设，发展节水农业，加强企业中水回用，推进公共机构节水。

（撰稿：谢林婕）

首届“三毛散文奖”

【概况】 2016—2017年，定海区挖掘名人文化资源，推出“三毛散文奖”。该奖项是以定海籍当代女作家三毛命名的散文类文学奖项，由《人民文学》杂志社、浙江省作家协会、区委区政府主办，以弘扬三毛文学精神为主旨，关照人类精神家园，抒写社会时代变迁，鼓励浪漫诗意的美文写作，注重汉语叙事传统的继承和创新，与富阳郁达夫小说奖、海宁徐志摩诗歌奖并列为浙江省三大文学奖项。

【举行首届“三毛散文奖”新闻发布会】 2016年10月26日，以“宣传定海人文特色，体现三毛文学价值，鼓励散文创作繁荣”为目的的首届“三毛散文奖”新闻发布会在定海举行。央视四套（海峡两岸）、人民日报海外版、香港文汇报、台湾联合报、葡新报等36家境内外媒体，20位三毛粉丝、三毛姐姐等亲属以及首届“三毛散文奖”主办、承办、协办单位代表，文化界代表参加发布会。发布会后，媒体对“三毛散文奖”进行宣传，截至2016年12月底，有12家亚、欧、美、澳四洲境外媒体及24家中央、省、市各级媒体刊播“三毛散文奖”原创报道60余篇（期），“三毛散文奖”被列为百度词条，百度搜索结果150多万个。

【开展首届“三毛散文奖”征集、评选工作】 首届“三毛散文奖”征集工作于2016年10月26日启动，

首届“三毛散文奖”新闻发布会

面向全球各地汉语作家征集2014年至2015年期间，公开出版的汉语散文作品集和公开发表的单篇散文作品（不含网络发表）。到2017年1月15日截止日，征集到中国大陆、港澳台地区及美国、加拿大、荷兰、马来西亚、奥地利等国外参评作品590件，奖项影响范围广泛。整个评奖过程历经审评、终评两个环节。审评根据《三毛散文奖评奖条例》和《三毛散文奖审读委推选细则》，在每位委员均审读所有作品的基础上，对590件参评作品进行实名制投票评选，经过七轮投票， 评选出36部（篇）入围作品进入终评。终评由张炜、徐可、彭程、袁敏、洪治纲、陆春祥、来其七名作家、评论家、资深编辑组成评委会，中国作协副主席张炜任评委会主任，中国作协副主席贾平凹、陈杰（三毛之弟）、陈田心（三毛之姐）任顾问，经评委会8轮投票，评出获奖散文集9部、单篇散文9篇。

【举办首届“三毛散文奖”颁奖典礼】 2017年4月

首届“三毛散文奖”颁奖典礼

首届“三毛散文奖”获奖作品一览表

表1

奖项	作品	作者
散文集奖一等奖	《沙漠里的细水微光》	杨献平
散文集奖二等奖	《白银的水罐》	鲍尔吉·原野
散文集奖二等奖	《烤神仙》	蔡怡（台湾）
散文集奖二等奖	《梯子的眼睛》	干亚群
散文集奖三等奖	《流失的岁月》	尧山壁
散文集奖三等奖	《知是花魂》	东珠
散文集奖三等奖	《马坊书》	耿翔
散文集奖三等奖	《布景集》	黄立宇
散文集奖三等奖	《吉尔尕朗河两岸》	梁晓阳
单篇散文奖一等奖	《十八岁的墓碑》	王宗仁
单篇散文奖二等奖	《苏轼：困厄中的光辉》	陈世旭
单篇散文奖二等奖	《斐波那切数列》	任林举
单篇散文奖二等奖	《两个额吉》	刘爱萍
单篇散文奖三等奖	《惊喜记》	杨永康
单篇散文奖三等奖	《我的杨庄》	扎西才让
单篇散文奖三等奖	《草之夭夭》	刘梅花
单篇散文奖三等奖	《草木笺》	柴薪
单篇散文奖三等奖	《乡巫》	林渊液

4月19日晚，中国作协副主席叶辛作《从〈蹉跎岁月〉到〈孽债〉——我的创作和知青生涯》讲座

首届三毛散文奖获奖作家赠书、签名售书活动

20日，首届“三毛散文奖”颁奖典礼在定海举行，由著名主持人曹可凡主持。典礼以《一定去海边》为主题，分为“我想回来看看”“不要问我从哪里来”“我的故乡在远方”“为什么流浪远方”“一定去定海”等五个篇章，富有三毛文化气息。现场，发布评委会给予18件获奖作品的颁奖词。获奖作家代表杨献平、东珠、任林举和台湾地区获奖作家蔡怡发表获奖感言。首届“三毛散文奖”颁奖典礼还举行从《蹉跎岁月》到《孽债》——我的创作和知青生涯”名家讲座，中国当代散文创作研讨会，首届三毛散文奖获奖作家赠书、签名售书活动，“名家走进定海”采风活动等4大系列活动。

【打造三毛名人文化品牌】 围绕“三毛散文奖”，开展了三毛作品征文活动、三毛作品朗诵会、三毛微电影征集大赛等“三毛记忆”系列活动，建立三毛书吧、三毛纪念馆，成立三毛研究会，以三毛名人文化品牌的打造，增强定海在全国的影响力。通过“三毛散文奖”及系列相关活动，在3—5年的时间内，把定海打造成国际性的三毛文学奖的主办地、颁奖地，三毛文化的传播地，三毛粉丝的聚集地，三毛旅游的首选地。

（撰稿：方优维）

责任编辑：王英伟

大事记

1月

2日，区档案馆向社会开放第九批馆藏档案。此次开放的档案是形成于1981—1985年的部分馆藏档案，涉及152个全宗、1135卷档案资料，包括中共定海区委、总工会、妇联、团区委、民政局等机关和企事业单位的档案资料，内容涉及经济贸易、群团组织、科技创新以及工资人事政策等，是研究定海改革开放初期社会经济和各项事业发展的第一手材料。

3日，由20名盐仓新居民出租车司机组成的新居民义工拥军车队成立仪式在盐仓街道新居民服务管理中心举行，这是全市成立的首个拥军车队。军人只要凭军官（士兵）证，可在岛城内乘坐免起步费的拥军车。

5日，由定海区慈善总会承办的全区首家慈善商店“慈游埠”正式开业，地址位于县前街12号，其主要功能是接收善款、捐赠物品进行直接捐助、慈善公益活动或进行义卖筹集善款等，是市民献爱心的公益平台。

6日，《定海区远洋渔业小镇旅游总体规划》由区规划办正式印发。该规划由舟山国家远洋渔业基地建设指挥部委托省旅游发展研究中心编制，规划区总面积约3.18平方千米，旨在依托西码头中心渔港，立足“远洋渔业”特色，围绕“绿色海洋健康产业”方向，打造省级特色小镇与国家AAA级旅游景区。

7日，民盟舟山市定海区支部第六次全体盟员大会在舟山新华侨饭店召开，选举产生以林志刚为主委的新一届支部委员会。副市长、民盟市委会主委徐燕峰，区领导林世军、郝理金、屠定玉、方家慧出席会议。

9日，舟山国家远洋渔业基地渔船修造中心加盟企业签约授牌大会举行。基地建设指挥部分别与舟山市9家渔船修造加盟企业签订合作协议，并向获准认定的加盟企业授牌。区委常委、舟山国家远洋渔业基地建设指挥部常务副总指挥陈剑出席会议。

10日，区公安分局宁波舟山港主通道工程、329国道舟山岑白段工程岑港警务室揭牌成立，系区公安机关主动服务新区建设，保障重点项目建设高效推进的重要举措。区领导孙忠定、应朝阳出席揭牌仪式。

10—11日，省妇联副主席童丽君一行到白泉镇新港社区、金山社区开展走访慰问活动，向困难妇女、退休老妇女主任、妇女先进人物等送去慰问品及新春祝福。

12日，定海区2017年新春军政座谈会举行。区领导周军刚、林剑彪、屠定玉，驻定部队领导潘立锋、王坤、张后胜、段小平、张学亮等出席座谈会。

14日，“舟山人游舟山”旅游惠民季之“美丽军嫂游舟山”活动在东海大峡谷景区举行。副市长徐燕峰，驻舟91257部队政委吕东方，区委常委、常务副区长毛铁年出席活动启动仪式。

是日，白泉镇被浙江省关注森林组织委员会授予“浙江森林城镇”称号。

19日，舟山市人大常委会党组副书记、副主任苗振清一行到金塘调研中澳现代产业园项目，定海区和金塘管委会领导张捷、张伟旭、丁水华陪同调研。

是日，位于盐仓街道的匈牙利国际广场正式启用，广场内的匈牙利馆正式对市民开放。

21日，位于定海凯虹广场的舟山首家拥有4K杜比全景声影城——上影联和影城正式投入使用，实现舟山本岛影院定海至东港基本涵盖城区人口和商业集聚区多厅影院全覆盖的布局。

23日，区纪委十三届二次全会召开。区委书记庄继艳参加会议并发表讲话，区领导侯富光、余河通、车志宽、周军刚、毛铁年、顾飞舟、林世军、陈海平、林剑彪、邵辉等出席会议，市纪委第二纪检监察室主任邱浩勇到会指导。

24日，金塘管委会浙商回归座谈会暨项目签约仪式在新城举行，两个项目现场签约，总投资2亿元人民币，系全市2017年浙商回归的第一批签约项目。副市长许小月，金塘管委会主任、区委副书记张捷出席会议。

27日，合源新村13幢508室发生爆燃事件，造成2人受伤。此次爆燃事件系该幢508室业主陈某某个人原因引发，人为造成所致。

是月，太平洋海洋工程（舟山）有限公司的“750海洋工程生活平台”项目被省经信委、财政厅联合评为2017年浙江省优秀工业新产品（新技术）一等奖，获省财政50万元专项资金支持，系定海区首次获得该奖项一等奖。

2月

3日，省人大常委会副主任姒健敏一行到定海开展新春下基层调研活动，查看部分河道，详细了解定海新年度工作部署、推进落实省委省政府重点工作及努力实现经济社会发展“开门红”等情况。市、区领导钟达、钱军、庄继艳、余河通、车志宽、周军刚、顾飞舟等陪同调研。

6—10日，区政协六届一次会议召开。

7—11日，区第十七届人民代表大会第一次会议召开。

13日，区监察委员会挂牌成立，区委书记、区深化监察体制改革试点工作小组组长庄继艳和市纪委副书记陈宏共同为区监察委员会揭牌。监察委员会作为监督执法机关，履行监督、调查、处置职责，赋予谈话、询问、留置等调查权限。

是日，金塘管委会投资1.2亿元的6个小城镇环境综合整治项目集中开工。

14日，区政府第一次全体会议举行。会议回顾总结2016年区政府工作，部署2017年区政府重点工作任务。区委副书记、区长侯富光，副区长王树辉、应朝阳、吴红卫、夏泉、屠定玉、唐小明、鲍瑞安及其他区政府全体会议组成人员出席会议。

15日，区农林与海洋渔业局完成140个海岛的统计数据收集汇总工作。

16日，《中国（舟山）海洋科学城定海园区建设实施方案》公布，定海海洋科学城建设项目启动。

22日，舟山群岛新区党工委书记、舟山市委书记俞东来到定海区调研，庄继艳、侯富光、余河通、车志宽、张捷、周军刚等区领导参加调研。

23日，舟山长宏国际船舶修造有限公司首制的25万吨矿砂船“厚恒5号”签字交付。

25日，区工商联（总商会）四届二次主席（会长）扩大会议暨区光彩事业促进会一届二次会议举行。区委常委、统战部部长、区委区府办主任林世军出席会议。

28日，首届“三毛散文奖”初评会议举行。由《人民文学》杂志社、浙江文艺出版社、《人民日报》等知名报刊杂志社的编辑组成的审读委员会对参评作品进行初评，评审出单篇散文18件、散文集18部。

是月，舟山国家远洋渔业基地被授牌为国家科技兴海产业示范基地。

3月

1日，全区“最多跑一次”事项清单向社会公布，涉及28个部门的819个事项，占区级行政审批管理服务事项总数的85%以上。

4日，“同心共创文明城志愿服务我先行”——“3·5”学雷锋志愿服务月启动暨新区党员志愿者总队成立仪式在定海文化广场举行。

6日，全区领导干部会议举行，传达学习市第七次党代会精神，区委书记庄继艳主持会议并发表重要讲话。

7日，“定海这么美 我想去看看”摄影展开展，区委常委、宣传部部长何徐华出席开展仪式。

8日，30万吨级的巴拿马籍“丹尼尔”号油轮靠泊宁波舟山港册子实华原油码头，卸载26.97万吨伊朗原油。

9日，宁波舟山港主通道工程、329国道舟山岑白段工程政策处理业务培训会举行。区人大常委会副主任孙忠定出席培训会。

10日，农业部公布第二批国家农产品质量安全县（市）创建试点单位名单，定海区成为舟山市唯一入选的县（区）。

11日，香港定海联谊会、海外金塘人联谊会十周年庆祝晚会在香港举行。区委副书记、区长侯富光等领导出席联谊会。

14日，区总工会举行成立90周年座谈会。

15日，舟山市旅游协会旅行社分会和定海区旅游协会组织全市60余家旅行社来到金塘李子苑、中澳现代产业园、册子月亮湾风景区、南洞艺谷景区等地开展“走进春天，乡约定海”春游踩线考察活动。

17日，由中国新闻社、浙江日报、浙江之声等6家新闻媒体组成的“2017平安浙江千里行”采访组走进环南街道，采访了解定海“海上的士”的创新管理经验。

18日，洲际酒店集团进驻定海签约仪式举行。洲际酒店是全球最大、网络分布最广的酒店管理集团，落户定海地址位于环南街道的宋都海滨新天地项目，酒店总面积约10000平方米，预计2019年初开业。副区长夏泉出席签约仪式。

20日，区委2017年度巡察工作动员部署会举行，标志着年度区委巡察工作正式启动。

21日，区政协六届一次常委会会议举行。区政协主席车志宽，副主席方家慧、夏江龙、陆翰恺，秘书长华福耐出席会议。会议传达学习中国人民政治协商会议第十二届全国委员会第五次会议精神，审议通过《关于政协舟山市定海区委员会专门委员会设置变动的决定》和人事有关事项，通报《区委、区政府、区政协2017年度重大协商工作计划》。

是日，定海区残疾人电商孵化基地揭牌成立，副区长鲍瑞安为基地揭牌。

24日，区侨联七届二次全委会议举行，区委常委、统战部部长林世军出席会议。

29日，舟山市小城镇环境综合整治行动“车乱开”治理推进会在白泉镇举行。省公安厅交通管理局政委何卸洪，区委常委、白泉镇党委书记林剑彪出席推进会。

31日，全区“五水共治”暨剿灭劣V类水行动推进会举行。会议回顾总结上阶段“五水共治”及剿劣工作进展情况，查找问题和不足，部署下阶段治水剿劣任务。副区长王树辉出席会议并讲话。

是日，定海区人民政府与阿里巴巴集团就农村淘宝项目举行签约仪式。定海区人民政府副区长鲍瑞安，阿里巴巴集团农村淘宝事业部区域经理李和平分别代表双方签约。

是月，区发改局正式排定全区重点项目实施计划，涉及89个重点项目，总投资559亿元，全年计划投资120.2亿元，涵盖港航物流、先进制造、商贸金融、基础设施、安居工程和社会事业六大领域。

是月，全区开始推行财政票据电子化，各单位的财政票据全面实行机打模式，通过电子化的管理方式做到“凡开票据，必在非税系统留有记录”。

是月，全区小城镇环境综合整治规划编制工作完成。

4月

1日，中午十二时起，东海海域为期5个月半的梭子蟹禁渔期正式开始。

5日，由省海洋与渔业局副巡视员陈军民率领的省剿劣专项督导组莅临定海，通过实地查看、走访座谈等形式，开展剿灭劣V类水督导工作。区领导王树辉、唐小明、鲍瑞安等出席座谈会或陪同督导。

6日，中澳现代产业园警务服务中心揭牌仪式举行，区领导和金塘管委会领导应朝阳、张立、丁水华出席揭牌仪式。

8日，舟山市七届人大一次会议开幕。市委副书记、市长、新区党工委副书记、管委会常务副主任温暖以代表身份参加定海代表团，参与审议政府工作报告。庄继艳、余河通、张捷、陈剑、林伟康等区领导参加审议。

是日，2017“爱满定海”春季山地毅行徒步活动在东海大峡谷举行。

11日，清华博商会赴定海考察座谈会举行，该会30多位会员和定海区相关部门负责人就相关招商合作事宜进行现场交流。副区长吴红卫参加座谈会。

13日，省政府副秘书长夏海伟调研中澳现代产业园项目，并召开项目推进研究会，推进中澳现代产业园项目建设。市领导黄国华，金塘管委会领导张捷、林旭波陪同调研。

是日，市委常委、宣传部部长徐张艳到定海区调研宣传思想文化工作，区委常委、宣传部部长何徐华陪同调研。

14日，市国安局、区委政法委、环南街道等单位联合92118部队，开展授课讲座、座谈、观看微电影等多形式的国家安全宣教活动。

15日，浙江省城市规划学会年度会议暨古城保护更新与活化利用主题研讨会在定海举行，与会人员围绕古城保护和活化利用进行探讨交流，提出许多对定海古城保护开发的意见建议。省住房和城乡建设厅总规划师顾浩，区领导侯富光等出席会议。

是日，2017年第四届长三角运动休闲体验季首站活动在定海南洞艺谷举行开幕式。江浙皖沪的200余名户外运动爱好者参加活动。

18日，台湾国姓小学的32人参访团到定海小学，和定海小学学生结对交流，体验课堂教学。副区长鲍瑞安参加活动。

19日，定海区宁波舟山港主通道工程政策处理工作动员部署会举行，相关负责人宣读政策处理指挥部关于下达2017年度宁波舟山港主通道工程政策处理工作第一批任务清单。区领导孙忠定、王树辉出席会议。

20日，《舟山市定海区志（1988—2007）》首发式举行，区委副书记周军刚、副区长唐小明出席仪式。

是日，首届“三毛散文奖”颁奖典礼在定海举行。著名作家、中国作协副主席叶辛，省作协党组副书记曹启文，《人民文学》杂志社副编审杨海蒂，市、区领导徐张艳、侯富光、周军刚、陈剑、何徐华等出席颁奖典礼。

21日，定海区第二十一届中小学生田径运动会在定海六中举行。

24日，市委常委、宣传部部长徐张艳一行到定海专题调研文化礼堂建设。区委副书记、金塘管委会主任张捷，区委常委、宣传部部长何徐华陪同调研。

25日，全区农渔村工作会议举行。会议旨在贯彻落实中央、省、市农村工作会议精神，总结回顾2016年全区农渔村工作，研究分析当前形势，部署安排2017年重点工作。侯富光、余河通、车志宽、周军刚等区领导出席会议。

是日，市委副书记、新区党工委副书记徐旭到白泉镇调研治水工作，区委副书记周军刚参加调研。

26日，全区重点项目建设推进会举行。会议旨在贯彻落实全市重点项目建设推进会的相关部署，回顾一季度重点项目的推进情况，分析梳理问题、拿出具体措施，进一步加快重点项目建设，确保完成全年投资任务。区委副书记、区长侯富光，副区长王树辉出席会议。

28日，纪录片《定海与鸦片战争》研讨会举行，6位来自省内外的专家围绕该纪录片的创作特色、创作意义等进行研讨。区委常委、宣传部部长何徐华出席会议。

5月

1日，从12时起，东海进入全面伏季休渔期，全区渔船禁止出海捕鱼。该次休渔期至9月16日12时结束，历时四个半月，为1995年实行海洋伏季休渔制度以来，维持时间最长的伏休。

3日，全区宣传思想文化工作例会举行，传达学习全国宣传部长会议，全省、全市宣传思想工作会议精神，总结2016年宣传思想文化工作特色亮点，部署安排2017年各项重点工作，通报2016年度宣传思想文化领域市级以上各项先进。

4日，全区民主党派工作会议举行，研究商讨2017年民主党派工作任务，表彰2016年度民主党派先进集体、个人及对口联系工作先进单位。

是日，2017中国·浙江舟山群岛新区全球海洋经济创业大赛新闻发布会暨启动仪式在上海举行。定海区在发布会现场推介定海工业园区、舟山国际粮油产业园区、舟山国家远洋渔业基地、金塘西堠工业园区、中澳现代产业园、定海海洋科学城六大产业平台，诚邀国内各类人才来定海创业创新。

5日，由浙江省人民政府主办的浙江省第三届体育大会登山比赛在定海举行。

12日，副市长方维到定海调研文体、教育、卫计工作，实地走访外滩一号幼儿园和岛上书店。

10日，省国土资源厅党组书记、厅长陈铁雄率调研组走进小沙国土中心所和盐仓国土资源所，专题调研基层国土资源所规范化建设工作。区委书记庄继艳、副区长王树辉陪同调研。

15日，省水利厅党组副书记、副厅长徐国平率调研组到定海调研防汛工作。副区长王树辉陪同调研。

16日，澳大利亚国民银行组织澳大利亚昆士兰州、西澳州、维多利亚州近40名农场主到金塘镇，考察了解中澳现代产业园项目建设进展、市场需求等情况。区委副书记、金塘管委会主任张捷陪同考察。

19日，区委全面深化改革领导小组会议举行，了解重点改革项目进展情况，研究部署2017年区委全面深化改革各项工作。区领导庄继艳、周军刚、何徐华、顾飞舟、林世军、邵辉等出席会议。

20—23日，浙江省第三届体育大会无线电测向比赛在马岙街道举行，来自全省7个地市136名运动员参加该次比赛。最终金华市、宁波市、杭州市分获金牌数前三名。

22—26日，区招商局牵头组织的定海区赴中西部招商推介活动先后走进四川省成都市、湖北省武汉市、陕西省西安市。

23日，省政府参事室调研组到定海专题调研“最多跑一次”改革工作。

25日，市人大常委会副主任周松宽带领市人大城建环资委一行到定海就“剿灭劣Ⅴ类水”工作开展专题调研。

26日，定海举行推进“两学一做”学习教育常态化制度化工作座谈会，学习贯彻习近平总书记关于推进“两学一做”学习教育常态化制度化的重要指示和中央、省委、市委座谈会精神，部署定海“两学一做”学习教育常态化制度化工作。

6月

2日，全市国土资源所规范化建设现场会在定海举行，与会人员参观盐仓国土资源所，实地了解该所规范化建设和“阳光工程”建设情况，听取区政府和盐仓街道办事处在推进基层国土资源所规范化建设上的经验做法。副市长姜建明，区委副书记、区长侯富光，副区长王树辉出席会议。

2—4日，浙江省非物质文化遗产中心委托橙石（北京）文化传媒有限公司到定海专门拍摄舟山锣鼓的抢救性记录档案片。

4日，定海举行创建生态文明示范区启动仪式暨“6·5”世界环境日主题活动，区领导周军刚、王金康、吴红卫、夏江龙出席启动仪式。

6日，省“一打三整治”协调小组到定海开展2017年第一次综合执法督察。

19日，全区领导干部会议召开，传达学习省第十四次党代会精神，部署贯彻落实工作。侯富光、余河通、车志宽、周军刚等区四套班子领导，法检两长，金塘管委会班子成员，其他副处级领导，担任过实职正县（处）级以上职务的老领导，区管正科级领导干部参加会议。

22日，第七届“古韵马岙”文化艺术节暨“星动马岙”大型群文活动启动仪式在马岙法治广场举行。

23日，定海区法学会成立暨第一次会员代表大会举行。会议审议通过《舟山市定海区法学会第一届理事会常务理事选举办法（草案）》，选举区法学会第一届常务理事，会长、常务副会长、副会长、秘书长。

27日，市委书记、新区党工委书记、管委会主任俞东来到白泉镇指导基层学习贯彻省党代会精神。区委书记庄继艳陪同视察。

28日，定海举行新的社会阶层人士统战工作联席（扩大）会议，研究部署定海当前和今后一个时期新的社会阶层人士统战工作。

是日，最高人民法院、司法部在北京联合召开全国人民调解工作会议，表彰一批全国模范人民调解委员会和模范人民调解员。定海区人民调解员姚心放获全国模范人民调解员称号。

29日，定海区与浙江商业职业技术学院签订政校战略合作框架协议。区委副书记、区长侯富光，副区长吴红卫出席签约仪式。

是月初，长春水库至南洞公路项目交工通车。该公路起点位于定海长春水库附近，终点与南洞现状道路相接，采用准四级公路建设标准，设计车速15千米/小时，全长4.239千米，系定海首条主打“生态休闲”特色的观景公路。

7月

3日，宁波舟山港主通道工程定海段房屋征收工作启动，政策处理组工作人员对工程红线内的涨次、烟墩、马目和坞垢等4个社区正式展开房屋调查摸底工作。

4日，全国政协常委、省政协副主席吴晶带领部分省政协委员莅临定海，开展“最多跑一次”改革举措落实情况专项集体民主监督集中行动。市政协副主席忻海平，区委书记庄继艳，区政协主席车志宽，区委常委、常务副区长毛铁年参加督查。

6日，由区政府主办的2017中国·浙江舟山群岛新区全球海洋经济创业大赛·蓝海智造行业赛哈尔滨城市赛在哈尔滨创业公社举行。区委书记庄继艳，区委常委、组织部部长邵辉出席活动。定海区17位重点企业负责人、新生代企业家观摩了大赛。

是日，由世界金枪鱼围网组织轮值主席弗朗西斯科·修·劳伦带领的该组织成员企业家一行10余人，应邀参加舟山国家远洋渔业基地举行的座谈会，参观该基地和相关企业。

是日，位于中国（舟山）海洋科学城定海园区的舟山创客邦开业，标志着全区首个“众创空间”项目正式运营。

7日，区委区政府举行定海区甬舟铁路建设动员会暨领导小组第一次会议，动员部署推进甬舟铁路建设工作。

10日，全市海上花园城市建设暨城乡环境综合整治大会战推进现场会在定海举行。副市长蔡洪，副区长夏泉参加现场会

11日，区十七届人大常委会举行第五次会议。区人大常委会主任余河通主持会议，区人大常委会副主任林伟康、范纲、张伟旭、孙忠定、王华杰、王金康出席会议，副区长屠定玉列席会议。

15日，定海（上海）商会第三届会员大会在上海市长宁区兴国宾馆举行。会议听取和审议定海（上海）商会第二届理事会工作报告，表决通过《定海上海商会章程》，选举产生以林小平为会长的定海（上海）商会第三届理事会。

17日，舟山市全科网格暨网格员队伍建设试点现场会在定海举行，省综治办副主任朱益军，市、区领导魏明、周军刚、陈海平出席会议。

19日，舟山长宏国际船舶修造有限公司制造的1004TEU集装箱船入水。该船系“长宏国际”与外籍船东合作的“4+4”艘1004TEU集装箱船建造的首制船舶。

19—23日，由区委统战部、定海海外联谊会、香港定海联谊会定海青年联合会联合组织开展的“梦想·寻根”定海籍香港青年访问团一行20人来到定海，开展为期5天的考察访问活动。

20—21日，定海区第十四次妇女代表大会举行。

21—22日，共青团舟山市定海区第十六次代表大会举行。

22日，定海区总工会第十二次代表大会举行。

24日，2017年度区委第二轮巡察工作启动。

25日，全区全力推进企业发展暨招商引资大会举行，区委副书记、区长侯富光，区人大常委会主任余河通，区政协主席车志宽，区委副书记周军刚等出席会议。

是日，旅美高层次人才舟山群岛新区定海行暨人才交流参访团座谈会在定海举行。区领导侯富光、周军刚、邵辉、吴红卫出席座谈会。

是日，全区征兵工作会议举行，区委常委、常务副区长毛铁年，区人武部部长汪勇健出席会议。

27—28日，由团省委书记朱林森带领的团省委党组理论学习中心组一行到定海开展学习研讨活动。

28日，公安边防部队第五届“十大边防卫士”颁奖典礼在北京举行，干䃭镇西码头边防派出所四级警士长张润亮成为2017年浙江省唯一一位入选“十大边防卫士”的民警。

31日，根据区委统一部署，区委第三巡察组巡察定海城乡建设集团有限公司工作动员会举行，这是第十三届区委首次对区属国企进行巡察。

是日，由区旅游局与团区委主办的舟山鸦片战争纪念馆建馆20周年暨柳永文化广场开馆仪式在柳永文化广场举行。

是日，定海区公务员“学法用法三年轮训行动”暨第一期轮训班在市委党校开班，全区203名公务员

作为首批学员参加轮训。

是月，干礁镇新建社区南洞艺谷景区获评国家AAA级旅游景区。

是月，定海区印发《2017年花园式国际人文港城建设十大专项行动实施方案》。根据方案，2017年定海将启动或完成34类工程54个项目，具体包括打造四条特色街区，启动定海公园、东山全景公园改造，完成50千米国家级建设步道——神行定海山绿道改造提升等，涉及投资额达47.56亿元。

8月

1日，定海区2017年征兵体检首检仪式在区中心医院举行，标志着定海区2017夏秋季征兵进入上站体检阶段。

2日，舟山市2017年度《军事设施保护法》宣传周活动在区文化广场启动。市军事设施保护委员会常务副主任、舟山警备区副司令员王辉出席活动。

3日，由省妇联副主席张丽萍带领的省妇联基层组织改革督查组到定海督查妇联改革工作。区委副书记周军刚，区委常委、白泉镇党委书记林剑彪陪同督查。

是日，由80余人组成的“四海一家·浙港同行”香港青年交流团走进干礁镇新建社区南洞艺谷景区考察交流。

4日，由中国动物学会鸟类学分会主办、浙江自然博物馆承办的2017年舟山濒危动物保护论坛在盐仓金鹰大酒店举行，来自省林业厅、台湾中央研究院、中国科学院动物研究所、鸟类省级自然保护区、全国各高校等单位的40余名专家参加论坛，并赴五峙山列岛进行实地考察。

10日，区政协委员工作室集中授牌仪式举行。区政协主席车志宽为区政协委员盐仓街道工作室、区政协委员小沙街道工作室、区政协委员岑港街道工作室等9个工作室授牌。区政协副主席方家慧、柳跃军、夏江龙、林志刚、陆翰恺，秘书长华福耐出席授牌仪式。

15日，全国首艘超低温金枪鱼冷藏运输船在干礁镇舟山惠群远洋渔业冷链物流基地1号万吨级码头举行启航仪式。副市长、舟山国家远洋渔业基地建设指挥部总指挥姜建明，区委常委、舟山国际远洋渔业基地建设指挥部常务副总指挥陈剑出席仪式。

17—18日，区政协六届二次常委会会议暨常委读书会举行。区政协主席车志宽，副主席方家慧、柳跃军、夏江龙、林志刚、陆翰恺，秘书长华福耐出席会议。副区长吴红卫应邀出席会议。

23日，省严重精神障碍患者服务管理工作专项督查组到定海开展督查。

26日，2017定海区残疾人运动会在檀枫小学举行，全区11个镇（街道）的96名运动员参加。

28日，省委常委、秘书长陈金彪到基层联系点定海调研。省委副秘书长张才方，市、区领导温暖、刘永艺、庄继艳、余河通、车志宽、张捷、周军刚等陪同调研或参加座谈会。

是日，区政协“长白岛发展规划”专题协商会举行。区政协主席车志宽、副主席夏江龙、秘书长华福耐出席会议。

29日，定海出台人才新政20条，首提设立“回归人才专项奖励基金”。

9月

1日，区十七届人大常委会第六次会议举行，区人大常委会主任余河通主持会议，副主任林伟康、范纲、张伟旭、孙忠定、王华杰、王金康出席会议。区委常委、常务副区长毛铁年，副区长夏泉列席会议。

是日，2017年定海区定兵会议举行，会议集体审定135名新兵名单及去向，部署下阶段征兵工作。警备区副司令员王辉，区委常委、常务副区长毛铁年，区人武部部长汪勇健出席会议。

是日，全区“两非”车辆综合整治行动启动，公安、城市管理、市场监管、道路运输等部门及相关镇（街道）联合开展集中整治，严查非法上路、非法营运车辆。

2日，中国民主建国会舟山市工作委员会定海区支部成立大会举行，会议选举产生以王军安为主委的民建定海区支部第一届领导班子，民建浙江省委会秘书长、组织处处长高波授予民建定海区支部印章。民主党派定海各支部（支社、总支）、区工商联、区党外知联会代表到场祝贺。区领导林世军、林伟康、屠定玉、方家慧出席会议。

3日，定海区工商联（总商会）四届二次常委（扩大）会议举行，区委常委、统战部部长林世军出席会议。

7日，定海区举行青年企业家座谈会，搭建党委政府与青年企业家之间的对话沟通平台。

8日，定海区佛教协会举行第五次代表大会，选举产生以释印忠为会长的区佛教协会第五届理事会。

是日，9·9东海寻欢自驾游推介会暨自驾游服务电台项目签约仪式在册子岛月亮湾风景区举行。来自长三角的9家交通电台代表点亮各自地市到舟山的路线，启动该次东海寻欢自驾游项目。

12日，定海区举行船舶企业安全管理研讨会，交流研究船舶修造行业事故防范课题，推进全区船舶修造企业安全风险管控和隐患排查治理双重预防机制建设。

13日，中国石油天然气管道局第三工程分公司光汇石油储运基地项目T1206#储罐保温施工完毕。

14日，区委举行十三届四次全体（扩大）会议。区委常委会主持会议，区委书记庄继艳代表区委常委会作题为“坚定不移走创新驱动之路引领定海全面增创县域发展新优势”的报告。

20日，定海区社科联第二次代表大会举行。省社科联副主席陈先春、市社科联主席韩建成到会致辞，区领导庄继艳、侯富光、余河通、车志宽、何徐华到会祝贺。

21日，省法制办副主任杨必明一行到定海督查全省《法治政府建设实施纲要（2015—2020年）》等重要改革举措贯彻落实情况。

是日，以“缘起千年情结定海”为主题的2017中国·舟山国际渔绳节在海滨公园启动。

24日，由区委宣传部主办的喜迎中共十九大——“古韵定海——我们一起来朗读”活动在柳永文化广场举行。

10月

7日，舟山市治水办到定海督查治水剿劣工作。

9日，中国城市经济学会中小城市发展委员会等单位日前发布2017年中国中小城市科学发展指数研究成果，定海区入围“2017年度全国中小城市综合实力百强县市”和“2017年度全国投资潜力百强区”两个榜单。

11日，浙江增洲造船有限公司一艘名为“porthos”的5000载重吨多用途船命名暨下水仪式举行。

14日，浙江省第三届体育大会车辆模型比赛在浙江海洋大学东海科学技术学院举行。

18日，由市人大常委会副主任张明带领的调研组到定海调研剿灭劣V类水工作。区领导张伟旭、王金康、王树辉陪同调研。

是日，以“海洋大数据”为核心业务的新航海技术创新型企业——浙江易航海信息技术有限公司入驻舟山海洋科学城定海园区。

19日，副市长蔡洪到定海督查城中村（旧城）改造工作。副区长夏泉参加督查。

20日，定海区新的社会阶层人士联谊会成立大会举行，选举产生以马洁为会长的第一届理事会。区委常委、统战部部长林世军为新联会授牌，区领导王华杰、方家慧出席会议。

25日，定海区三毛研究会成立大会举行，选举产生第一届定海区三毛研究会理事会，聘请9名顾问及20名专家。区委常委、宣传部部长何徐华出席会议。

27日，全区领导干部会议举行。区委书记庄继艳主持会议，传达中共十九大精神，并就抓好学习贯彻落实工作进行部署。余河通、车志宽、周军刚等区四套班子领导，法检两长，金塘管委会班子成员，其他副处级领导；担任过实职正县（处）级以上职务的老领导；区管正科级领导干部出席会议。

29日，庆祝区老年人体育协会成立三十周年大会暨区第三届老年人体育运动会开幕式在海滨公园举行。大会颁发区第二届“十大健康老年人奖”和“十大惠老模范奖”等奖项。区领导周军刚、何徐华、孙忠定、屠定玉、柳跃军出席会议。

11月

2日，市委常委、副市长李岩到定海调研经济社会发展情况。区委副书记、区长侯富光，区政协副主席林志刚参加调研。

7日，以舟山籍台胞贝有添命名的第十七届“贝有添奖教奖学助学金”颁发仪式在定海二中教育集团北校区举行。定海21名优秀教师，50名优秀学生，480名困难学生获得总额60万元的奖励和资助。区领导周军刚、王华杰、屠定玉、夏江龙出席颁发仪式。

9日，小洋岙城中村（旧城）改造区块项目指挥部在城东街道小洋岙村挂牌成立，标志着定海首个整村改造项目——小洋岙城中村改造工作正式启动。该改造区块东至虎山、南至昌洲大道、西至外山头、北至长岗山，占地面积500亩左右，涉及住户532户。

11日，十余名来自美国、英国、德国、加拿大等多个国家的海外高层次人才应邀到定海考察交流，走访海洋科学城定海园区、定海伍玖文化创意园区（二期），了解定海产业基础和经济发展环境，参加定海区专场创业项目对接会。

12日，“神行定海山”2017年国家登山健身步道联赛总决赛举行，来自全国各地1600余名参赛选手及登山运动爱好者集聚干碳镇新建社区南洞艺谷，在全国首条海岛国家登山健身步道上进行比拼。经过两个多小时的角逐，邱旺东和郑文荣分别夺得竞速男、女组冠军；团队接力组的冠军则由贵州世纪跑友队获得。

13日，全市水路货运船舶安全专项整治推进会暨“黑名单”船舶拆解经验交流在定海举行。

17日，全国精神文明建设表彰大会在北京举行，定海区岑港街道册北社区（村）、金塘镇柳行社区（村）获得全国文明村镇，舟山港海通轮驳有限责任公司获得全国文明单位，舟山市定海小学获得第一届全国文明校园。

18日，区工商联举行定海杭州商会回乡考察座谈会，近30名定海杭州商会企业家参加会议。区委常委、统战部部长林世军出席会议并讲话。

21日，省委中共十九大精神宣讲团走进昌国街道合源社区。省委宣讲团成员、省委党史研究室副主任王祖强为该街道宣讲团成员解读十九大报告。区委常委、宣传部部长何徐华与宣讲团成员一起聆听宣讲。

26日，安徽省驻浙江省舟山市流动人口卫生计生区域协作服务站（计生协联合会）在盐仓街道新居民委员会揭牌成立。

28日，宁波舟山港主通道的重要组成部分——舟岱跨海大海上项目部分全线开工，标志着宁波舟山港主通道项目进入快速建设阶段。

31日，“全省公安系统功模表彰大会”在杭州举行。区公安分局获“全省模范公安局”称号，西码头边防派出所获“全省模范公安基层所队”称号，城东派出所副所长王英获“全省优秀人民警察”称号，交通派出所辅警林波获“全省优秀警务辅助人员”称号。

12月

2日，定海古城建筑保护战略合作框架协议签约仪式举行，旧城区改造建设办公室与浙江匀碧文物古建筑工程有限公司签订战略合作框架协议。

6日，舟山金塘全产业招商推介会在宁波举行，现场有14个项目签约，投资总额超过100亿元。区委副书记、金塘管委会主任张捷作金塘投资环境和全产业招商项目推介。

是日，2017“唱响定海”农村文化礼堂创作节目暨种文化成果展演总决赛在舟山市艺术剧院举行。

是日，中国少年先锋队舟山市定海区第五次代表大会举行，区委副书记、区长侯富光出席会议并讲话。

6—8日，由省综治办专职副主任、第九督查组组长李景高带领的省委第九督查组到定海督查“五水共治”“三改一拆”等工作。区领导周军刚、林剑彪、王树辉、夏泉陪同督查或参加反馈会。

8日，浙江增洲造船有限公司建造的2万吨级江海联运直达首制船型——“江海直达1”号正式下水。

14日，由省、市、区三级人大代表组成的视察组就2017年度区政府部分民生实事代表票决项目推进情况开展会前集中视察活动。区人大常委会主任余河通，副主任林伟康、范纲、张伟旭、孙忠定、王华杰、王金康参加视察，区委常委、常务副区长毛铁年，副区长夏泉陪同视察。

是日，由区民政局牵头发起，整合全区社工机构、社会工作者资源的全区首家社会工作者协会正式成立，旨在协调社会工作之间、社会工作与其他行业和有关部门之间的关系，推进全区社会工作的联动，使行业利益、社会利益实现和谐统一。

17日，“2017中国最美村镇”颁奖典礼在上海举行。干碶镇新建社区获评“中国最美村镇50强”，为全市唯一获评社区；新建社区党支部书记余金红获“中国最美村镇50人”称号。

19日，省妇联主席王文娟到定海调研妇联基层组织改革工作，区委副书记周军刚参加调研。

22日，定海区招拍挂地块SF-2017-008号地块通过浙江省土地使用权网上交易系统顺利成交，系定海区实施首宗国有土地使用权网上交易。

26日，舟山市智慧城市运营有限公司定海分公司揭幕仪式举行。

29日，定海区召开残疾人联合会第六次代表大会。会议听取并审议定海区残疾人联合会第五届主席团工作报告，选举产生定海区残疾人联合会第六届主席团委员和执行理事会班子成员。区领导庄继艳、侯富光、余河通、车志宽、周军刚出席开幕式。市残联理事长张友定应邀出席会议。

（撰稿：王英伟）

责任编辑：王英伟

区情综述

历史沿革

定海历史悠久，早在四五万年前，就有哺乳类动物和人类在此共同生息繁衍。1999—2003年，在金塘海域打捞出水的各类晚更新世古哺乳动物骨骼化石1吨，其中有古菱齿象牙齿、德氏水牛上颌骨、四不像鹿左角等，还有人工痕迹木棒化石，经中科院古脊椎动物与古人类研究所鉴定确定，分别是2.5万年前的和4至5万年前定海古人类活动的可靠物证。在20世纪70年代，定海白泉十字路、马岙三星社区等地考古发现大量新石器时代的陶器、石器。

春秋时属越，称“甬东”。秦王政二十五年（前222），置会稽郡，“甬东”为会稽郡鄮县东境。两汉、三国（吴）及晋、宋、齐梁、陈因之。隋开皇九年（589）废会稽郡，并鄞、鄮、余姚三县为句章县，“甬东”随鄮县并入句章县。唐武德四年（621）以句章、鄞、鄮地置鄞州，“甬东”归鄞州。八年（625），又废鄞州置鄮县，“甬东”属之。

唐开元二十六年（738），江南东道采访使齐澣奏请，析越州鄮县地，置鄮、慈溪、奉化、翁山（今定海）4县。古甬东境始为翁山县，下辖富都、安期、蓬莱3乡。鄮县县令王叔通兼翁山县首任县令。宝应元年（762）翁山设富都监，隶朝庭盐铁使。宝应元年袁晁率众起义，据翁山。大历六年（771），翁山县废，属鄮县。五代开平三年（909），原翁山属吴越国明州望海军鄞县。

北宋太平兴国三年（978），翁山入浙东道明州。端拱二年（989）置巡检司。熙宁六年（1073）七月，应原鄞县令王安石奏请，析鄞之富都、安期、蓬莱3乡建昌国县。隶浙东道明州。元至元十五年（1278），因“海道险要”和“户口倍万”，升县为州，隶庆元路。明洪武二年（1369），昌国州复为县，隶明州府。十二年，置昌国守御千户所。十四年，改明州府为宁波府，昌国随属之。二十年（1387）六月，废昌国县，徙昌国卫于象山县南天门山。此后，始称昌国境为舟山，在舟山置中中、中左两千户所，隶昌国卫，二十五年改隶定海卫（今镇海）。

清康熙二十三年（1684），朝廷颁“展海令”，开海禁，舟山展复，被驱迁的原住民及外地移民陆续上岛垦荒，重建家园。移定海镇总兵于舟山。二十六年（1687）五月，康熙帝以“山名为舟，则动而不静”诏改舟山为定海山，并题“定海山”匾额。二十七年（1688），建定海县，原定海县改为镇海县。

道光二十年（1840），鸦片战争爆发，定海陷落。二十一年二月，释放安突德等18名战俘，英军撤离定海。定海镇总兵葛云飞、寿春镇总兵王锡朋、处州镇总兵郑国鸿率兵进驻定海，重建定海防务。是年四月，升定海县为直隶厅，隶宁绍台道。八月，英军再犯定海，三总兵率军激战六昼夜，壮烈牺牲，城陷。道光二十六年（1846）三月，《英军退还舟山条约》签订，六月，英国撤出定海。宣统三年（1911）八月，辛亥革命爆发。九月，浙江宣布独立，是月二十一日，定海光复，改直隶厅为县。

1949年7月，中共定海县委、定海县人民政府在宁波庄桥成立。1950年5月17日，定海解放，县委、县政府迁至定海城关。1953年3月16日，舟山专员公署成立。6月，原定海县析为定海、普陀、岱山3县（从江苏划入嵊泗县）。新设定海县辖城关镇及盘峙、金塘、小沙、盐仓、白泉、干磯、临城7区，78乡，基本确立现定海区境域。1967年3月，舟山专区改为舟山地区，县随属。1987年1月，撤销舟山地区，建立舟山市，辖定海、普陀两区和岱山、嵊泗两县。3月14日，中共定海区委、区人民政府成立。

1987年3月，定海区设金塘直辖区（包括沥港镇、大丰乡、柳行乡、山潭乡，1989年撤销，所辖乡镇由定海区直辖），城关镇（1988年10月撤销，设昌国、解放、环南3个街道）、白泉镇、临城镇、岑港镇等4个直辖镇，小沙、长白、大沙、烟墩、马目、册子、石礁、盐仓、紫微、洞岙、荷花、长峙、皋泄、北蝉、干 、马岙、洋岙、盘峙、大猫19个直辖乡。

2001年7月，乡镇街道行政区划调整，全区设白泉、小沙、岑港、双桥、金塘、干 、马岙7个镇，北蝉、册子、长白3个乡，昌国、解放、环南、城东、盐仓、临城6个街道。2004年9月，临城街道由区政府委托舟山市新城管委会管理；2008年5月，金塘镇建立舟山市金塘开发建设管理委员会，由市人民政府授权，在所辖区域内行使相关的市级经济管理权限和县级社会行政管理职能。

2013年9月，行政体制创新，撤销北蝉、册子、长白3个乡，并入白泉、岑港、小沙，全区设城东、环南、昌国、盐仓、小沙、岑港、马岙、双桥、临城9个街道，金塘、白泉、干 3镇。

2017年8月，经舟山市人民政府批准同意，由舟山群岛新区新城管理委员会代为管理的临城街道，一分为二，分为两个街道。“以千岛路西侧—329国道南侧—临长路、尖峰岗隧道西侧”为界，界线以东区域命名为千岛街道，街道办事处驻海天大道1555号；以西区域设置为新的临城街道，街道办事处驻海景道528号。

（撰稿：李世庭）

地理概况

定海位于舟山群岛西南部，处于北纬29°55′—30°15′，东经121°38′—122°15′之间。东与舟山市普陀区接壤，西与杭州湾海域相连，南与宁波市北仑区隔海相望，北与岱山县为邻。处中国沿海南北航线与长江水道交汇点，是长三角地区对外开放的海上门户和江海联运重要枢纽，中国南北海运和远东国际航线的主通道之一。

境域总面积1444平方千米，其中陆域面积531.06平方千米，滩涂面积37.74平方千米，海域面积875.20平方千米。有大小岛屿127.5个，其中住人岛27.5个。有海礁120个，其中明礁12个、干出礁61个，暗礁47个。海岸线总长428.07千米，其中水深10米以上深水岸线68.70千米、水深20米以上深水岸线43.10千米。

区境大地构造处华夏古陆北东端，在浙东华夏褶皱象山嵊泗构造隆起带，属华南地层区，地质构造复杂。出露地层以中生界侏罗系上统为主，主要是火山喷出岩，属陆相酸性火山沉积岩构造。境内岛屿呈西南—东北排列。丘陵面积356平方千米，占陆地面积65%，由低山、高丘向低丘、平原延伸，呈环形分布。

介于舟山岛与金塘岛之间有横水洋，距城区西北42千米有灰鳖洋，北面长白岛与岱山县之间有大猫洋，南面大猫、摘箬诸岛与宁波穿山之间有崎头洋。金塘岛与穿山半岛间的金塘水道是定海通往宁波必经航道。册子岛与金塘岛之间的西堠门则是上海、沥港船舶往来常用通道。定海港东侧十六门，是定海通往沈家门必经航道。此外，小盘峙与小岠山之间的火烧门、大盘峙岛与西蟹峙岛之间的蟹峙门都是南来北往船舶进出定海港之必经航道。主要港口有定海港、老塘山港、岑港、西码头港、沥港、岙山港、三江港和册子港。

（撰稿：李世庭）

气候气象

2017年，全区平均气温比常年偏高，降水量偏少，日照时数偏多；降水、大风和灰霾日数出现偏少，大雾日数偏多。年内冬雨与夏雨偏少，梅雨与秋雨偏多；春季日照多，梅期光照少，盛夏多晴天，秋季少阳光；夏季气温高，35℃及以上高温日，出现23天；年内有台风影响2次，其中第20号台风“卡努”结合冷空气带来的全区大暴雨，致部分公路、供电等中断，海塘、堤防等损坏。是年，气候总体评价：全年多高温、暴雨，天气气候异常，气象灾害中等偏重。

全年平均气温为17.8℃，比常年偏高1.0℃，与上年持平。年平均气温之高仅次于2007年，除6月和12月平均气温比常年略偏低外，其他月份都偏高。1月、7月和8月平均气温分别为8.2℃、29.3℃和29.4℃，比常年偏高2.3℃、2.1℃和1.9℃，都为历年同期之最高。同比常年，冬季、春季、夏季、秋季分别偏高1.7℃、1.4℃、1.3℃、0.6℃。冬季气温与1999年并列为历年同期之最高，春季气温之高仅次于2002年同期，夏季气温为历年同期之最高。3月26日入春，比常年推迟11天；5月30日入夏，比常年提早9天；10月12日入秋，比常年推迟10天；12月27日入冬，比常年推迟18天。年极端最高气温39.3℃，出现在8月7日。年极端最低气温—1.7℃，出现在2月12日。年35℃及以上高温23天，为历年之最多。年降水量1375.4毫米，比常年偏少3%，比上年偏少24%。年雨日139天，比常年偏少10.5天，比上年偏少32天。年日照时数1956.9小时，比常年偏多4%，比上年偏多14%。

2017年定海区主要天气日数一览表

表2　　　　　　　　　　　　　　　　　　单位：天

雨日（≥0.1毫米）	大风日	大雾日	霾
139	6	21	10

（撰稿：李文蜜）

人口状况

2017年末，全区总户数150579户，总人口394040人，其中男性193920人，女性200120人，男女性别比为96.90（女性=100）。总人口同比增加4168人，年增长率为10.69‰。全区省内迁入450人，省外迁入2315人，迁往省内1015人，迁往省外939人，人口机械增加1357人。全年出生登记3498人，死亡注销3439人，自然增长59人。全区人口按年龄段分布，18岁以下55883人，18岁—35岁73465人，35岁—60岁167632人，60岁以上97060人，60岁以上占总人口的24.63%。总人口中城东街道51825人，环南街道36820人，昌国街道54469人，临城街道40524人，千岛街道33570人，盐仓街道19707人，小沙街道20481人，岑港街道18737人，马岙街道9989人，双桥街道18641人，金塘镇41135人，白泉镇37856人，干䃎镇10286人。

至2017年6月30日，全区有暂住人口189202人（数据包括临城，不包括为122022人），比2016年增加8971人。其中，男性115168人，占60.9%；女性74034人，占39.1%。

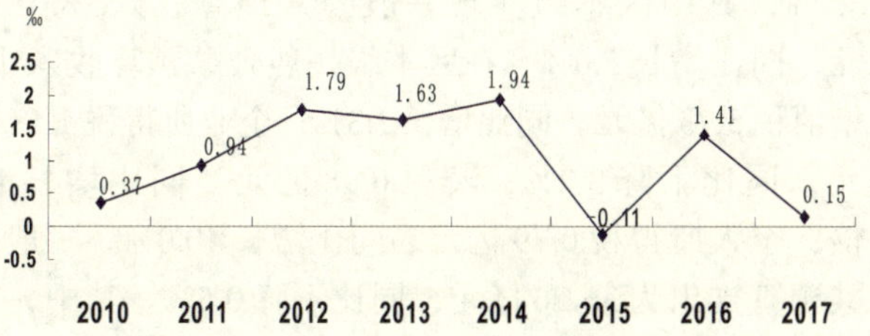

2010—2017年定海区人口自然增长情况

（撰稿：张　燕）

经济和社会发展

【概况】　2017年，定海区沿着“八八战略”指引的路子，以打好“五大会战”、建设“四个舟山”为工作主线，坚持稳中求进工作总基调，积极推动供给侧结构性改革，加快培育新兴产业，改造提升传统产业，激发实体经济活力，新经济发展态势良好，社会民生持续改善，经济运行呈现“总体平稳、稳中向好”的良好发展态势。

2017年，全区实现地区生产总值508.71亿元，按可比价计算，比上年增长8.5%。其中，第一产业增加值13.50亿元，同比增长1.0%；第二产业增加值229.78亿元，同比增长9.3%；第三产业增加值265.43亿元，同比增长8.2%。三次产业比例为2.6:45.2:52.2。按户籍人口计算，人均地区生产总值129805元，约19225美元，同比增长7.7%。

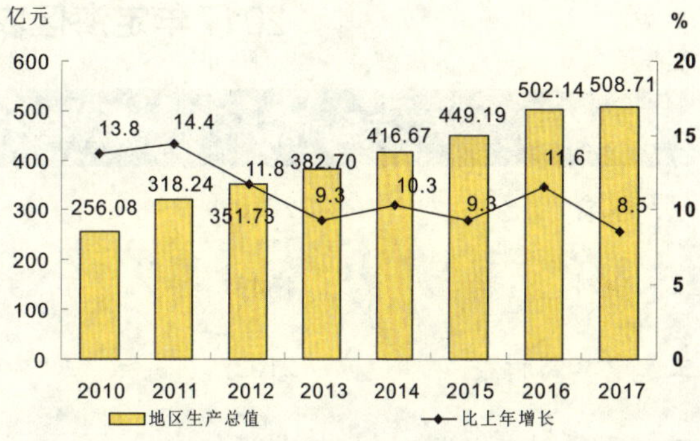

2010—2017年定海区地区生产总值及其增长速度

全年全区实现海洋经济增加值282.54亿元，按可比价计算，同比增长8.7%。海洋经济增加值占全区GDP的比重为55.5%，比上年提高0.4个百分点。

全年全区实现财政总收入53.00亿元，同比增长2.7%，实现一般公共预算收入32.65亿元，同比增长

3.4%，其中区本级实现一般公共预算收入18.03亿元，同比增长5.0%。在区本级一般公共预算收入中，增值税5.73亿元，同比增长3.3%；企业所得税1.51亿元，同比下降3.2%；契税0.98亿元，同比增长1.3倍；个人所得税0.79亿元，同比增长40.0%。一般公共预算支出为36.26亿元，同比下降0.5%。其中，一般公共服务支出3.49亿元，同比增长12.4%；教育支出6.24亿元，同比增长2.2%；社会保障和就业支出3.58亿元，同比增长45.3%；医疗卫生与计划生育支出3.69亿元，同比增长17.3%。

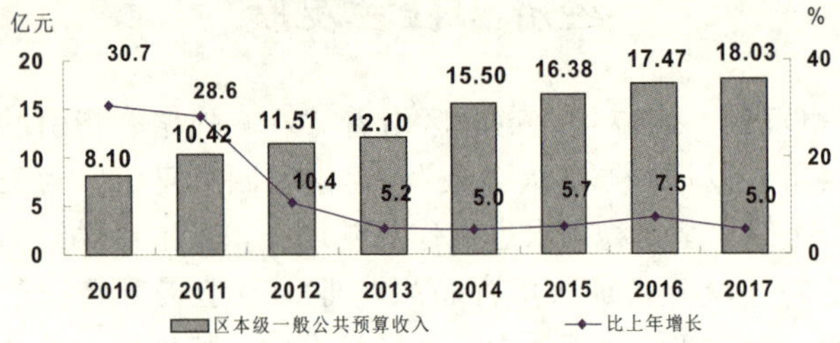

2010—2017年定海区本级一般公共预算收入及其增长速度

全年全区新增城镇就业人员9884人，城镇登记失业率为2.53%。年末农渔村从业人员17.96万人，比上年末减少0.05万人。

【农林牧渔业】 全年农林牧渔业总产值23.93亿元，同比增长1.6%。其中，渔业总产值16.31亿元，同比增长5.1%；农业总产值5.46亿元，同比增长3.1%；畜牧业总产值1.82亿元，同比下降27.7%；林业总产值0.05亿元，同比增长1.8倍。

全年农作物总播种面积9483公顷，与上年持平。其中，粮食作物播种面积3921公顷，同比下降1.2%，粮食产量2.22万吨，同比下降2.7%；蔬菜播种面积3679公顷，同比增长2.2%，蔬菜产量8.35万吨，同比增长4.9%。全区有果园面积3807公顷，与上年持平，全年实现水果产量3.49万吨，同比增长1.8%；有茶园面积132公顷，同比下降5.0%，全年实现茶叶产量8吨，同比下降33.3%。

年末生猪存栏2.76万头，同比下降27.2%；全年生猪出栏5.36万头，同比下降44.3%。年末家禽存栏14.35万只，同比下降51.7%；全年家禽出栏38.08万只，同比下降38.9%。全年肉类总产量0.57万吨，同比下降39.4%，其中猪肉产量0.46万吨，同比下降40.8%。全年鸡鸭鹅蛋产量1077吨，同比下降48.8%。

全年水产品总产量16.11万吨，同比下降9.1%。其中，近海捕捞产量4.00万吨，同比下降17.0%，远洋捕捞产量11.50万吨，同比下降5.9%。全区海水养殖面积642公顷，同比下降4.6%，海水养殖产量3819吨，同比下降1.0%；淡水养殖面积712公顷，同比下降21.2%，淡水养殖产量2245吨，同比下降19.8%。

年末全区有无公害农产品36个（国家级）、无公

2017年定海区农渔业主要产品产量一览表

表3

农畜产品	产量（吨）	比上年±%	水产品	产量（吨）	比上年±%
一、粮食	22210	−2.7	一、海水产品	161143	−9.1
二、油料	1543	−2.2	1.近海捕捞	40040	−17.0
三、中草药材	2102	9.1	#鱼类	20971	−18.1
四、蔬菜	83495	4.9	甲壳类	17228	−16.1
五、茶叶	8	−33.3	2.海水养殖	3819	−1.0
六、水果	34900	1.8	3.远洋捕捞	115039	−5.9
七、肉类	5697	−39.4	#鱿鱼	79512	−26.6
八、鸡鸭鹅蛋	1077	−48.8	二、淡水产品	2245	−19.8

害养殖水产品12个（国家级）、绿色食品6个。全区有省级无公害农产品产地21个，面积4.91万亩；省级无公害水产品产地13个，面积294.62公顷。

年末全区有机动渔船456艘，比上年末增加37艘，其中，生产渔船416艘，增加41艘；辅助渔船40艘，减少4艘。渔船总吨位12.08万吨，增加3.93万吨，其中，生产渔船总吨位11.46万吨，增加3.99万吨。渔船总功率16.58万千瓦，增加5.04万千瓦，其中，生产渔船14.88万千瓦，增加5.11万千瓦。年末全区拥有远洋渔船124艘，比上年末增加48艘；总吨位达到9.25万吨，增加4.02万吨；总功率11.09万千瓦，增加5.22万千瓦。

【工业和建筑业】 全年全区144家规模以上工业企业产值同比增长13.5%。其中，重工业同比增长17.8%；轻工业同比下降3.5%。年末有工业产值上亿企业65家，工业总产值同比增长17.8%，占全部工业总产值的比重为94.1%。全区规模以上工业增加值按可比价计算同比增长11.3%。全区战略性新兴产业产值同比增长27.3%；装备制造业产值同比增长26.5%；高新技术产业产值同比增长23.1%。

全年规模以上工业企业资产总计同比下降1.8%；主营业务收入同比增长16.3%；利税总额同比下降26.4%，其中利润总额同比下降13.7%。

全年规模以上工业企业综合能源消耗量71.31万吨标准煤（等价值），同比下降2.0%，单位工业增加值能耗同比下降12.0%。全区工业用电量11.65亿千瓦时，同比增长11.2%。

全年全区实现建筑业总产值190.16亿元，同比增长9.7%。年末区本级具有资质等级的总承包和专业承包建筑业企业76家，实现总产值166.04亿元，同比增长13.1%；房屋施工面积738.84万平方米，同比下降2.7%，其中新开工面积190.36万平方米，同比增长17.0%。

【固定资产投资和房地产开发】 全年区本级固定资产投资同比增长5.1%。其中，建筑安装工程投资同比增长1.5%；基础设施投资同比增长0.9%；民间投资同比增长23.0%。

从三次产业看，第一产业投资同比增长2.5倍；第二产业投资同比增长7.6%，第三产业投资同比增长2.1%，其中，水利、环境和公共设施管理业投资同比下降18.2%，交通运输、仓储和邮政业投资同比增长35.9%。工业投资同比增长9.1%，工业技改投资同比增长8.8%。

全年全区房地产开发投资同比增长19.8%，其中区本级同比下降23.2%。年内房地产开发施工面积513.49万平方米，同比增长0.2%，其中年内新开工面积192.15万平方米，同比增长2.4倍；房地产开发竣工面积148.47万平方米，同比下降19.5%。年内商品房销售面积125.34万平方米，同比增长58.5%，其中住宅销售面积118.58万平方米，同比增长68.7%；实现商品房销售额171.55亿元，同比增长1.0倍。

【交通、邮电和旅游业】 年末全区海上货物运输船舶664艘，海运总运力达到251.84万载重吨，其中，万吨级以上船舶73艘，比上年增加2艘，运力147.95万载重吨，比上年增加3.46万载重吨。年末全区集装箱运输车辆数1660辆，总吨位5.06万吨。年末全区民用汽车拥有量8.98万辆，同比增长14.1%，其中私人汽车拥有量7.31万辆，同比增长15.7%。

全年定海港域港口货物吞吐量1.46亿吨，同比增长5.3%。从主要品种看，石油及天然气吞吐量5846.22万吨，同比增长9.6%；矿建材料3584.26万吨，同比下降4.1%；金属矿石吞吐量2020.50万吨，同比增长9.7%；粮油类吞吐量756.66万吨，同比下降3.5%；煤炭及制品吞吐量586.92万吨，同比增长5.4%。全年集装箱吞吐量104.11万标箱，同比增长19.8%。

年末全区固定电话用户13.25万户，比上年末下降17.2%；移动电话用户94.99万户，同比增长19.1%；互联网宽带接入用户24.63万户，同比增长16.3%。年末全区有线电视用户数为13.02万户，有线电视入户率为86.4%。

全年全区接待国内外游客1157.34万人次，同比增长20.2%，其中，国内游客1148.53万人次，同比增长20.3%，国际游客8.80万人次，同比增长6.2%。旅游总收入164.80亿元，同比增长20.1%。其中，国内旅游收入161.37亿元，同比增长20.3%；国际旅游收入5013.50万美元，同比增长6.2%。年末全区有星级宾馆（饭店）6家，旅行社38家，AAA级旅游景区2个，AA级旅游景区6个，A级旅游景区6个，农（渔）家乐项目72家。

【国内贸易、对外经济】 全年全区全社会消费品零售总额205.00亿元，同比增长10.3%，其中限额以上消费品零售额69.50亿元，同比增长10.5%。分地区看，城镇地区实现零售总额177.43亿元，同比增长11.1%；农村地区实现零售总额27.56亿元，同比增长5.2%。全年批发零售业商品销售额1773.93亿元，同比增长21.2%；住宿餐饮业营业额30.83亿元，同比增长11.9%。

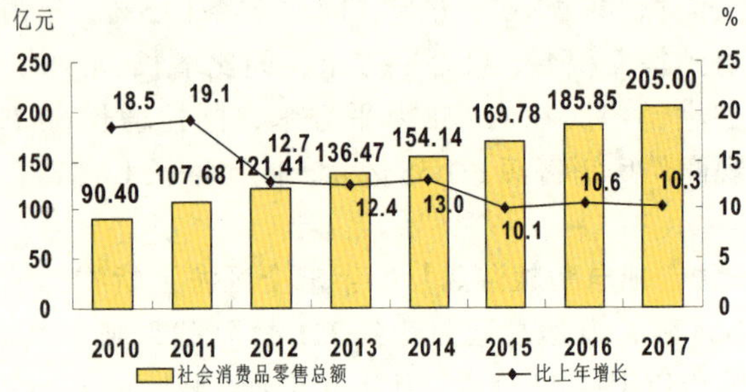

2010—2017年定海区社会消费品零售总额及其增长速度

在限额以上批发零售业零售额中，汽车类商品实现零售额23.77亿元，同比增长6.1%；石油及制品类商品零售额10.82亿元，同比增长12.0%；粮油、食品类商品零售额6.20亿元，同比增长11.0%；中西药品类商品零售额6.35亿元，同比增长17.2%；服装、鞋帽、针纺织品类商品零售额3.84亿元，同比增长27.3%；家用电器和音像器材类商品零售额3.76亿元，同比增长14.7%；金银珠宝类商品零售额0.93亿元，同比增长20.5%。

年末全区有商品交易市场59个，其中消费品市场52个，生产资料市场7个；全年商品交易市场成交额98.24亿元。年末全区有亿元市场16个，全年实现成交额117.61亿元。

全年全区完成外贸进出口总额31.03亿美元，同比下降3.5%。其中，进口总额22.02亿美元，同比增长14.3%；出口总额9.01亿美元，同比下降30.1%。从出口产品分品种看，油品实现出口额1.91亿美元，同比下降53.5%；机电产品实现出口额3.21亿美元，同比下降37.1%，其中船舶实现出口额1.95亿美元，同比下降52.0%；水产品实现出口额2.34亿美元，同比增长43.2%；纺织品实现出口额0.28亿美元，同比下降17.4%。分出口国别（地区）看，对日本的出口额为1.50亿美元，同比下降47.3%；对欧盟的出口额为1.16亿美元，同比增长68.5%；对美国的出口额为0.39亿美元，同比下降42.7%；对韩国的出口额为0.85亿美元，同比下降38.7%。

全年批准外资项目2个，协议利用外资金额0.14亿美元，实际利用外资金额0.65亿美元。全年实际利用市外资金116.5亿元，浙商回归省外到位资金40.50亿元。

【金融和保险业】 年末市级及定海金融机构本外币存款余额1291.30亿元，其中金融机构人民币存款余额1239.40亿元，比上年末增长9.0%。年末市级及定海金融机构本外币贷款余额1159.37亿元，其中，金融机构人民币贷款余额1143.45亿元，比上年末增长16.7%。

全年全区保险公司保费收入20.42亿元，同比增长10.3%。其中，财产保险费收入9.24亿元，同比增长9.4%；人身保险费收入11.18亿元，同比增长11.1%。保险公司赔款支出6.36亿元，同比增长1.0%；给付支出1.35亿元，同比下降13.0%。

【科学技术和教育】 全年全区申报各类科技项目171项，比上年多10项，被立项139项，比上年多2项，其中，省级90项，市级11项；受理专利申请2266项，授权1332项，其中授权发明365项；获奖科技成果18项，其中市级8项。年末全区有国家高新技术企业34家，比上年增长11家。省级科技型中小企业157家，比上年增长43家，省级企业院士工作站1家，省级企业研究院6家，省级高新技术企业研发中心17家，省级创新型试点、示范企业3家，省级农业科技企业研发中心8家。

年末全区有浙江名牌11个，其中工业名牌7个，农业名牌2个，服务名牌2个。年末全区有各类注册商标2964件，其中国际注册商标176件，中国驰名商标5件，省著名商标41件，市著名商标63件，地理标志证明商标2件。

年末全区有普通高中3所，全年招生456人，在校学生1457人；普通初中（含一贯制）11所，全年招生2612人，在校学生7311人；普通小学20所，全年招生2774人，在校学生17375人；幼儿园38所，全年招生2623人，在园幼儿8223人。全区小学毕业生升学率100%，初中毕业生升高中段率达到99.55%。

【文化、体育和卫生】 年末全区有文化艺术表演团体16个，艺术表演场所4个，文化馆1个，文化站11

个。举办群众文化活动280场，开展送戏下乡、文化走亲活动102场，农村电影放映1500场，送书下乡1万册，百姓课堂培训562期次。建成城市书房2家，新增图书流通点14家。

全区举办体育活动与赛事85次，参加活动人数5.1万人次。定海国家登山健身步道61千米并通过国家体育总局登山运动管理中心验收，新建全民健身路径30套，建成农民健身工程10个，新增体育场地2万平方米。年内建设中心村全民健身广场1个，市级中心村体育休闲公园1个，创建小康体育村30个。

年末全区有医疗卫生机构（含村卫生室）161家，其中医院6家；卫生机构开放床位2713张。卫生技术人员（含村卫生室）3784人，其中，执业（助理）医师1432人，注册护士1670人。全区有社区卫生服务中心（卫生院）13个，社区卫生服务站68个。全年社区卫生服务人口覆盖率97.14%，全年报告传染病3981例，报告发病率每10万人为831.97人。全区免费婚检率81.96%，产前检查率为98.72%，孕产妇住院分娩率100%，孕产妇死亡率0，计划生育率99.10%，5岁以下儿童死亡率为1.25‰。

【人民生活和社会保障】 全年全区全体居民人均可支配收入49181元，同比增长8.8%。其中，城镇常住居民人均可支配收入57519元，同比增长8.5%；农渔村常住居民人均可支配收入30879元，同比增长8.8%。全体居民人均生活消费支出28687元，同比增长5.4%，其中城镇常住居民人均生活消费支出33257元，同比增长5.2%，农渔村常住居民人均生活消费支出18655元，同比增长4.7%。城镇、农渔村居民收入比为1.86:1。城镇居民恩格尔系数为34.87%，农渔村居民恩格尔系数为37.36%。年末城镇居民人均住房面积43平方米，农渔村居民人均住房面积61.1平方米。

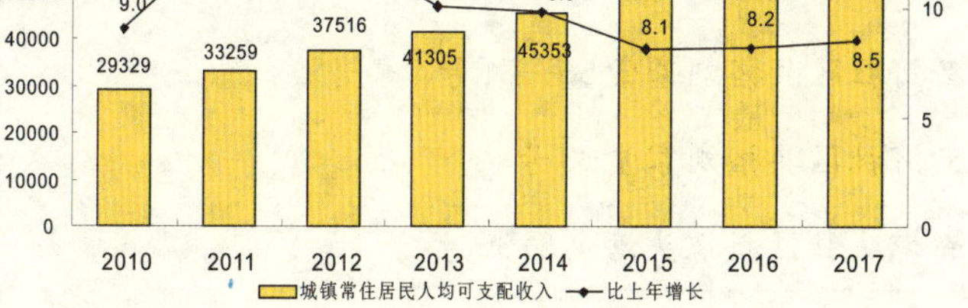

2010—2017年定海区城镇常住居民人均可支配收入及其增长速度

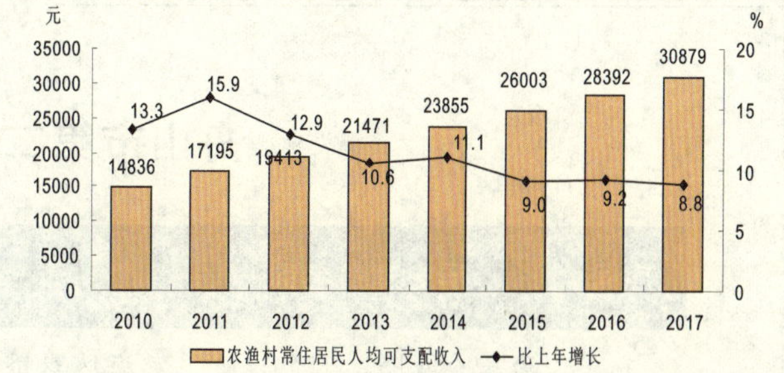

2010—2017年定海区农渔村常住居民人均可支配收入及其增长速度

年末全区参加城乡居民基本医疗保险人数21.36万人，参保率为98.78%；参加城乡居民基本养老保险人数4.37万人，参保率为96.56%。全区被征地农民参加养老保险人数1.27万人。

年末全区有敬老院11所，社会福利院4所，总收养人数744人。城镇“三无”对象集中供养率92.9%，农渔村“五保”老人集中供养率97.4%。城乡居民得到政府最低生活保障人数3815人，其中农渔村低保对象3159人；城乡低保对象最低生活补助标准均为每人每月664元。

【新农渔村建设、环境和公共安全】 全年创建“美丽海岛”社区5个、省级重点历史文化保护与利用村落2个，建成美丽风景示范线25千米、彩色健康森林2200亩。推进渔农村困难群众危房改造，全年完成改造103户；城中村改造全面铺开，竹山门、小洋岙工业区等13个区块征迁签约率全部达到100%，完成改造44.8万平方米。

全区集中式饮用水源水质达标率100%，城区区域环境噪声平均等效声级49.1分贝，烟尘控制区总面积23.11平方千米，全区累计建成生态公益林21.3万亩，森林覆盖率50.0%。“五水共治”工程扎实推进，建设污水管网32.5千米，推进24个强排系统建设，完成河库清淤37.6万立方米。

全年全区发生各类生产安全事故16起，各类生产安全事故死亡（失踪）17人；亿元GDP生产安全事故死亡人数为0.033人。全年发生道路交通事故6起，死亡人数7人。

（撰稿：徐　波）

责任编辑：吴宏军

舟山市第二批历史建筑名录

序号	历史建筑名称	地址
1	西皋岭城墙	定海区双桥街道桥头施社区东侧西皋岭上
2	石礁庙	定海区双桥街道石礁社区石礁田岙弄 34 号
3	继思桥	定海区双桥街道南山社区南山后房 6 号民居西南 2 米
4	徐公桥	定海区双桥社区紫微社区紫微下新屋 10 号门前 2.5 米
5	寺岭桥	定海区小沙街道光华社区寺岭西侧约 100 米处
6	南岙贺氏民居	定海区岑港街道南岙社区文化广场西侧 10 米
7	花岩庙	定海区岑港街道烟墩社区烟墩 101 号
8	烟墩夏氏祠堂	定海区岑港街道烟墩社区烟墩 198 号
9	涨次庙	定海区岑港街道涨次社区涨次岑港船厂院内
10	里钓山11号民居	定海区岑港街道司前社区里钓山 11 号
11	里钓山16号民居	定海区岑港街道司前社区里钓山 16 号
12	里钓山18号民居	定海区岑港街道司前社区里钓山 18 号
13	里钓山19号民居	定海区岑港街道司前社区里钓山 19 号
14	里钓山45号民居	定海区岑港街道司前社区里钓山 45 号
15	钓山72号民居	定海区岑港街道司前社区钓山 72—74 号
16	钓山76号民居	定海区岑港街道司前社区钓山 76 号
17	里钓山91号民居	定海区岑港街道司前社区里钓山 91 号
18	里钓山111号民居	定海区岑港街道司前社区里钓山 111 号
19	里钓山112号民居	定海区岑港街道司前社区里钓山 112 号
20	里钓山礼堂	定海区岑港街道司前社区里钓山 135 号
21	摘箬山军火库	定海区环南街道五联社区摘箬山岛北岙
22	刘家塘56号民居	定海区盐仓街道叉河社区共裕刘家堂56—61号
23	共裕刘氏祠堂	定海区盐仓街道叉河社区共裕刘家堂33号
24	螺头大庙	定海区盐仓街道新螺头社区新螺头湾里厢55号

中共舟山市定海区委员会

区委领导

书　记：庄继艳
副书记：侯富光
　　　　张　捷
　　　　周军刚
常　委：陈　剑
　　　　何徐华
　　　　毛铁年
　　　　顾飞舟
　　　　林世军
　　　　陈海平
　　　　林剑彪
　　　　邵　辉

概　述

2017年，区委在省委、市委的正确领导下，团结带领全区各级党组织、广大党员和干部群众学习贯彻中共十九大精神，围绕“五位一体”总体布局、“四个全面”战略布局，沿着“八八战略”指引的路子，以打好“五大会战”、建设“四个舟山”为工作主线，科学决策、真抓实干，推动各项事业取得新成绩，朝着率先高水平全面建成小康社会迈出坚实步伐。全年实现地区生产总值508.71亿，比上年增长8.5%，城乡居民人均可支配收入为49181元，分别比上年增长8.5%、8.8%。连续三年入选全国综合实力、投资潜力“双百”强区。

【推动经济发展提质增效】　加速转化新区系列国家战略优势，重点产业平台开发开放走向更高能级。全年新引进亿元以上产业项目21个，一批世界500强、“中”字头企业相继落户。中澳现代产业园首期澳牛进境加工项目建设实现政策重大突破，澳洲跨境商品直购体验中心一期投入运营。国内首艘2万吨级江海联运直达船在定海工业园区建成下水。舟山国际粮油产业园区新投产良海粮油油脂加工、精功农业优质稻米加工项目。舟山国家远洋渔业基地获批国家科技兴海产业示范基地，远洋渔业特色小镇创建位居全省第二梯队。西部国际化油品储运交易基地规模持续攀升，光汇石油储运一期基本建成。全面实施加快创新发展三年行动计划，经济调结构转方式进入提速期。定海区成功列入省两化融合示范区，新认定高新技术企业12家、省级企业研究院1家，金鹰三元锂电池正极材料项目建成投产，太平洋海工国内首艘液化天然气存储及再气化船开工建设，华业塑机获浙江省“隐形冠军”企业称号，龙文精密设备成功挂牌新三板，全区新产品产值占规上工业比重从17%提高到23%。定海海洋科学城建设取得突破性进展，海洋电子信息产业从无到有。编制实施《军民融合产业“十三五”规划》，军民融合产业加速集聚。现代服务业发展势头良好，集装箱吞吐量首次突破100万标箱，乡村旅游持续发展壮大，基本建成“三农”农副产品综合批发市场。精品生态农渔业稳中有进，华晟牧场国家数字农业建设试点项目加快建设，远洋渔业管理更加规范有序。

【建设品质生态美丽家园】　进一步理顺城市建设管理体制，组建成立区城市管理局。优化调整城市功能布局，完成城区公共服务设施等规划研究，实现重点改造街区控规全覆盖。城中村（旧城）改造上演定海版“速度与激情”，13个改造区块在100天内完成政策处理，全年征迁面积达到44.8万平方米，超过旧城改造启动七年来的总和。加快打造特色街区、城市转角、道路景观等城市细节，完成第一批小城镇环境综合整治项目，新建社区获评“中国最美村镇50强”，基本无违建区创建取得阶段性成效，人民南路夜市街、东河南路“断头路”等顽疾得到破解，城市整体面貌明显提升。宁波舟山港主通道、329国道岑白段、500千伏联网工程等重大基础设施项目建设得到有力保障。生态文明建设向纵深推进，159处劣V类水体提前剿灭并通过省级验收，舟山渔场修复振兴暨“一打三整治”行动取得新成果，支持配合中央督察组开展环境保护督查工作，关停环保不达标企业16家，新增彩色健康森林面积2200亩。

【提高体制机制活力效率】 掀起以“最多跑一次”改革为突破口的效能革命，行政服务理念、模式、标准、效率进一步提升。构建完善区—镇街—社区村三级行政服务体系，“最多跑一次”事项比例达到98.02%，“一窗受理、集成服务”模式全面推行，网上联合审批、“办事不出岛”成为现实，企业投资项目承诺制试点开展，企业、群众办事获得感不断增强。实施“双随机一公开”监管联合执法机制（指执法人员、检查对象随机抽取，执法检查结果及时公开，多部门联动的事中事后监管机制），“放活”与“管好”实现有机统一。推进资源要素市场化配置改革，各类市场主体的活力得到进一步释放。开展工业企业亩产效益综合评价，制定实施差别化耕地占补平衡管理政策。完成群团改革、行业协会脱钩等工作。新入选“省千”人才1名，“国千”人才引进取得突破。工作机制在创新探索中逐步完善，党员干部干事创业的劲头得到进一步激发。区委区政府领导重点突破工作项目实施清单管理，镇（街道）、部门年度重点任务实行实绩亮相，形成上下同欲抓落实的工作局面。建立“六位一体”（指以督考为中心，容错、比选、问责、舆论监督和绩效六位一体的督考机制）联动督考、“双学双比”（双学，指区属部门之间、镇（街道）之间互相学工作思路、学工作方法、学工作作风。双比，指部门之间比服务指导、比协作配合、比工作支持；镇（街道）之间比工作进度、比工作绩效、比工作干劲）、重点攻坚项目专项考核、改革创新容错免责等机制，构建以全面评价为基础、突出工作亮点的综合评价体系。

【增进民生福祉普惠优质】 开展以扶持就业创业为核心的低收入群体增收工作，零就业家庭基本实现动态归零。17个集体经济薄弱村全部摘帽。实施全民参保计划，完成机关事业单位养老保险改革。全年交付使用保障性住房1869套，城区75幢D级危房完成解危。建成第五社会福利院、区居家养老综合服务中心等民政设施，慈善、救济等工作取得新进步。省公共文化服务重点区建设全面启动，完成首届“三毛散文奖”评选颁奖活动，新投用城市书房2家，建成全国首条海岛国家登山健身步道，“徒步中国·神行定海山”活动影响力持续扩大。通过省教育基本现代化区创建评估，新改扩建幼儿园7所，推进“县管校聘”改革试点，教育质量继续保持全市前列。深化“双下沉、两提升”（指实施城市医院下沉和医学人才下沉，推进县域医疗服务能力提升和群众满意率提升）工作，瑞金医院舟山分院一期竣工落成。夺得“平安金鼎”，完成中共十九大等重大会议、节庆维稳安保任务，建立实施网络舆情快速预警和联动处置机制，民间信仰活动场所实现分类规范管理，一批信访积案得到化解，社会治安发案总量实现“六连降”，安全生产事故三项指标连续13年保持“零增长”，群众安全感满意率位居全省前列。

【强化管党治党全面从严】 把抓党建作为最大的政绩，释放出党建引领整体工作的信号。首次在镇（街道）年度综合考评中实施党建工作系数法，聚焦问题推行党建责任落实清单制、项目制，开展党建工作专项巡查，探索实施“清单式”督导，形成持续发力、精准发力抓党建责任落实的工作格局。统筹推进党的各项建设，持续增强基层党组织的凝聚力战斗力创造力。推进“两学一做”学习教育常态化制度化，规范党支部“3+X”主题党日活动，制定实施党员积分量化管理办法。做好换届后领导干部调配，完成社区村换届工作，一批基层骨干和“90后”充实进区管后备干部，一线、实干成为选人用人的鲜明导向。创新干部教育培训形式，提升党员领导干部理想信念、能力素质。推进党建阵地标准化建设，“一镇街一品”基层党建工作特色初步形成。开展党风廉政建设和反腐败斗争，营造风清气正的良好政治生态。完成监察体制改革试点。加大对中央和省、市、区委决策部署贯彻落实情况检查力度，加大对“一岗双责”履行情况监督问责力度，严明政治纪律和政治规矩。高标准贯彻执行中央八项规定精神。制定实施实践监督执纪“四种形态”（第一种形态是指党内要经常开展批评和自我批评，对苗头性、倾向性问题多提醒，对轻微违纪问题，应当与本人见面，及时教育、提醒和帮助。第二种形态是指对违反党的纪律行为，情节较轻，给予党纪轻处分和组织调整。第三种形态是指对违反党的纪律行为，情节较重，给予党纪重处分和重大职务调整。第四种形态是指违反党的纪律行为，情节严重且涉嫌违法，移送司法机关）办法。突出问题靶向，在全市率先启动区委巡察，创新建立个性问题联系区领导督办制、共性问题分管区领导领办制，推动巡察工作取得实效，起到正本清源，形成震慑的效果。

重要会议

【区委十三届二次全体会议】 于1月4日在区行政中心一号会议厅举行。会议圈选定海区出席中国共产党第十九次代表大会和中国共产党浙江省第十四次代表大会代表候选人推荐人选。

【全区法治建设暨政法信访工作会议】 于3月20日在新华侨会议中心二楼大会议室举行。会议贯彻落实中央和省市政法信访工作会议精神，总结2016年度法治建设和政法信访工作，表彰先进，研究部署2017年全区法治建设和政法信访各项工作任务。

【全区组织、宣传、统战工作会议】 于4月12日在区行政中心一号会议厅举行。会议深入贯彻落实中央、省市组织、宣传、统战会议精神，以及市第七次党代会和区第十三次党代会精神，总结2016年度组织、宣传、统战工作，通报表彰先进，研究部署2017年组织、宣传、统战等各项工作任务。

【区委十三届三次全体会议】 于8月11日在区行政中心一号会议厅举行。会议推荐可提拔的正科级后备干部。

【区委十三届四次全体（扩大）会议】 于9月14日在区行政中心一号会议厅举行。会议听取区委十三届常委会工作报告；审议《中国共产党舟山市定海区委员会工作规则》；征求《定海区加快创新发展三年行动计划》意见。

重大决策与重要工作

【“双学双比”活动】 为深入实施“十三五”规划，加快攻坚克难、创新突破，动员全区上下进一步提振精气神，打好打赢攻坚战，营造加快工作推进、合力攻坚、奋勇争先的浓厚氛围，按照2017年区委、区政府下达的各项目标任务，按照“一活动一主题”的工作思路，镇（街道）在城市化建设、平安定海建设、三改一拆、五水共治、基层党建、重大项目攻坚、重点工作突破等各个方面开展比学赶超活动；发展服务部门围绕服务保障，结合本单位职能工作，在服务水平、办事效率、工作作风等方面开展比学赶超活动。

【平安定海创建】 2017年，全区围绕服务保障经济社会发展大局，以全力打造“平安建设标杆区”为目标，以打好“五大会战”、建设“四个舟山”为主线，健全完善平安宣传、督查、防范等工作机制，深入开展系列平安创建活动，积极创新社会治理方式，稳妥化解各类社会矛盾，着力打造共建共治共享的平安建设工作格局，维护全区社会和谐稳定。是年，获得首批省级“平安金鼎”县区荣誉。

【区委巡察工作】 按照区委一届任期内巡察全覆盖要求，在全市率先开展镇街道、部门巡察工作。突出政治巡察定位和问题靶向，对群众反映强烈、问题突出的3个街道、5个区属部门、3个国企单位分三轮进行巡察，期间开展谈话564人次，发现各类问题246个，移送问题线索39个，提出相关意见建议115条，党纪政务立案10件，诫勉谈话12人。创新建立个性问题联系区领导督办制、共性问题分管区领导领办制，确保巡察意见整改落到实处。

区委区政府办公室工作

【概况】 2017年，区委区政府办公室围绕区委区政府的中心工作和决策部署，坚持以建设首善机关、精品机关为目标，实干攻坚、奋勇争先，较好地服务保障了区委区政府各项工作的运转。

【综合协调】 发挥承上启下、联系左右、沟通内外的统揽作用，为党委政府高效顺畅运转提供坚强保障。协助区领导做好工作计划安排，统筹推进重大活动的组织、联络、协调和服务工作，全年牵头组织各类会议200余场，顺利完成中央、省、市领导到定海视察、巡视以及外地党政代表团到定海考察的接待任务。紧扣发展大局、紧贴区情实际，全年起草各类文稿300余篇。提倡“发短文、发精文”，严把质量关，拟办文件640余份。探索实行区领导调研课题限时结题制，每月跟进度，每季出成果，推动区领导调研提档升级。深化月调研制，聚焦领导关注、基层期盼的重点课题，对油品全产业链、城市建设管理体制等开展专题调研，形成可供区领导决策参考的优质调研成果。

【信息管理】 加快政务服务网、门户网站、政府信息公开网三网融合，政府网站全年更新信息2.8万余条，运用政务微博、微信等新媒体做好政策解读和舆论引导，发布政务微博1700条，政务微信265条 。优化精品信息调研采编，持续提高信息质量，编发《工作动态》《情况反映》《领导参阅》《工作交流》《上报》五类信息刊物392期，其中区领导批示25篇（次）。被上级党委政府录用信息稿件227篇，获省市领导批示20篇，省政务信息列全省各县区第15名，评获2017年度省政务信息工作考核二等奖，信息考核分数连续十年蝉联全市第一。

【督查考核】 创新开展“双学双比”“实绩亮相”等活动，围绕城乡环境综合整治、重点项目推进、基层党建等主题开展“双学双比”5场。建立健全“六位一体”联动督考机制，首次在镇街年度综合考评中实施党建工作系数法。全年组织开展专项督查12次，联动督查5次，刊发督查通报35期、督查专报22期，区委区政府主要领导批示5次。突出抓好媒体曝光项目整改，及时上报整改方案，全程督促责任单位做好整改工作，进一步发挥了督查问效的“指挥棒”作用。承办区人大代表建议115件、区政协提案161件，代表、委员对办理结果满意率为99.6%。办理区领导批示件和抄告单795件。

【队伍建设】 践行“五个坚持”，坚持思想教育与业务培训两手抓两手硬，持续带动全区各部门办事水平提升。强化思想建设锤炼党性修养，始终把对党的忠诚作为首要政治原则和首要政治品质，推进“两学一做”学习教育常态化制度化，提高各党支部专题学习会频次，要求全办党员干部读原著、学原文、悟原理，紧跟时事热点，学深悟透中共十九大精神，切实用习近平新时代中国特色社会主义思想武装头脑、指导工作。强化专业引领开展业务培训，组织开展全区党政系统办公室工作会议和业务培训，帮助指导全区各地各部门开展调研、信息等工作，提升办文办会的规范性。强化“传帮带”打造高素质队伍梯队，畅通年轻基层干部到办公室挂职提拔渠道，保持办公室旺盛活力。坚持以老带新、以学促干，多给科室负责人压担子、多为年轻干部搭舞台，切实提升办公室同志独立思考、独当一面的能力。

【服务保障】 2017年，各归口管理部门守土有责、守土尽责，各方面工作取得显著成效。法制办落实行政规范性文件“三统一”制度，强化复议应诉职责，扎实推进执法监督，为企业帮扶、港内小船整治等全区重点工作提供有力法律支持，在三轮车行政强制案中发挥重要作用。信访局完成新区12345平台转办业务承接工作，来电信访业务步入正轨。开展“大排查、大接访、大调处”活动，推进信访督查“百千万”专项行动，全力做好中共十九大期间等重要敏感时期信访维稳工作，营造安全稳定的政治社会环境。外侨办全年接待海外华人华侨、港澳同胞、外国友人22批次，145人次，搭建了与海外高层次人才的沟通桥梁，全方位服务人才强区战略。台办借助“三毛散文节”、青少年校际交流、商会参访团互访等活动深入推进定台两地交流合作。口岸海防办全力保障浙石化等全区重点项目口岸开放，全年新增口岸开放点2个，新增水陆域开放划定点3处。三管办继续做好三轮车资源退市工作，加强三轮车运营市场管理，全年妥善处置18起三轮车纠纷重大上访苗头案件。档案局加快数字化建设步伐，在全市率先实现馆室一体化全覆盖，完成《定海区志》首发。应急联动、社会服务管理等工作扎实推进，保障公共安全和处置突发事件的能力不断提升，全年政务服务类办结率和群众满意率均在95%以上。

（撰稿：赵世凯）

组织工作

【概况】 2017年，区委组织部在区委的坚强领导和上级组织部门的关心指导下，贯彻落实全国、全省组织部长会议精神，以全面从严治党为主线，推进“两学一做”学习教育常态化制度化，加强干部队伍建设、夯实基层党建基础、引领人才集聚，为推动定海各项工作在全省争先进位、在全市走在前列提供坚强组织保障。

至年底，全区有基层党组织1056个，其中党委71个，党总支77个，党支部908个。有党员19443名，其中，女党员6847人，占党员总数35.22%；30岁及以下2565人,占13.19%；31岁到40岁3488人，占17.94%；41岁到50岁3513人，占18.07%；51岁到60岁3723人，占19.15%；61岁以上6154人，占31.65%。研究生303人，占1.56%；大学本科4989人，占25.66%；大学专科3273人，占16.83%；中专1184人，占6.09%；高中中技2908人，占14.96%；初中及以下6786人，占34.90%。

全区有科级领导干部559名，其中正科级136名，副科级423名；部门局办科级领导干部380名，乡镇（街道）科级领导干部179名；女干部121名，非中共党员34名。大学及以上学历的495名，大专学历的62名，中专及高中以下学历的2名。

【推进“两学一做”学习教育常态化制度化】 收集40余个基层党组织特色做法，编印《知悟践行——定海“两学一做”学习教育案例精选》。进一步规范基层党组织设置，对党员人数少于3名和多于50名的67个基层党组织予以撤销或升格。督促指导全区11个镇（街道）和部分区属单位党组织开好“两学一做”专题民主生活会；开展“立标尺、强党性”主题组织生活会，落实问题整改清单制度，收到批评意见2800余条。组织开展区委常委“基层党建工作月”专题调研活动，领衔解决基层党建重点难题20个。组织120余名区管正科级干部、社区（村）书记等党员干部赴井冈山、嘉兴南湖、余姚四明山等革命圣地接受红色教育。严肃党内政治生活，出台《关于规范全区基层党组织党建活动的实施意见（试行）》《定海区社区（村）专职干部“底线”考核管理办法（试行）》，推行党支部“3+X”主题党日活动，实施党员积分量化管理。

开展党员积分量化考评

【选优配强干部队伍】 开展换届后干部调配，调配区管干部4批次142人次，新提任干部40人次，同级交流干部88人次。提拔重用市级、区级大行动好干部6名。围绕纪检监察、城市管理行政体制改革和工青妇等群团组织换届，先后开展专项人事调配3批次34人次。深化综合分析研判，组织召开全区党外干部、年轻干部等座谈会，听取各方意见，全面掌握换届后干部队伍思想动态和工作状态。实施“双向约谈制

开展“一桥一路”干部 “双向约谈”

度”，区委组织部部务会议成员走访“五水共治”“一桥一路”等项目指挥部11个，约谈干部62人。

【推进干部培养锻炼】 制定出台《定海区重点攻坚项目干部管理办法》，推出重点挂职单位、专项工作组23个，选派160余名干部。举办井冈山党性教育专

2017年6月，定海区领导干部党性教育专题班在井冈山开班

公开选拔“90后”优秀年轻干部

题班、深圳创新发展与自贸区建设研修班、花园式国际人文港城建专题班等各类主体班次9期，培训各级领导干部3200余人次，安排“一把手”上讲台12人次，首次将军事训练纳入年轻后备干部培训课程。启动新一轮区管后备干部调整，确定正、副科级后备干部277名。开展“90后”优秀年轻干部公开选拔，择优纳入区管副科级后备干部名单25人。推出12个中层岗位面向全区开展竞争上岗。

【强化干部日常监督管理】 开展新一轮科级干部个人事项报告填报工作，完成550余名科级干部个人重大事项信息填报。联合相关部门，开展领导个人事项内容真实性抽查，函询干部5名。按照“凡提必查”要求，对2批次38人次拟提拔和转任重要岗位人员的廉洁自律、婚姻和房产变动等情况进行核查，16名岗位变动的领导干部进行离任经济责任事项工作交接。强化干部正向激励，选树15名长期在一线埋头苦干、实绩突出的“优秀基层干部”典型。

【做好村社组织换届】 构建“一村社一表”选情透视网，建立区领导联系制度，强化资格关把控，对201名主职干部候选人提前进行预审，对1586名候选人（自荐人）实行“清单式”审查。严肃换届风气，畅通群众举报渠道，妥善调处信访件15起。5月中旬，全面完成村社组织换届工作，选举产生新一届党组织班子成员608名、村（居）民委员会成员553名。

【加强基层党建品牌打造】 制定出台《关于开展定海区基层党建工作“比学赶超”活动的实施方案》，“一村（社）一特”“一镇（街）一品”的党建品牌集聚效应初步显现。推进基层党建阵地提升，出台《定海区基层党建阵地标准化建设细则》，开展基层党建“双学双比”、党建阵地PK赛等活动，打造提升党建示范点52个。推进项目党建工作，成立重点项目临时党支部34个，选派党员干部600余人。

开展比学赶超之党建阵地PK赛

【加强基层党员队伍教育管理】 2017年，发展党员268名。推行“党建项目领办”制度，各党组织书记领办基层党建项目133个。搭建社区（村）书记学习交流平台，举办2期“书记大讲坛”。开展党员骨干轮训工作，举办368批次，轮训3200人次；举办入党积极分子培训班4期，培训337人次。开展党员慰问活

举办比学赶超之社区书记大讲坛

动，慰问困难优秀党员423人次，发放金额73.8万元，下达老年党员生活困难补助37.3万元，惠及生活困难老党员633名，下达任职满5年以上的离任社区（村）书记补贴经费128.6万元。加大经费保障力度，下拨党员教育培训经费194.14万元。

【抓实两新组织党建工作】 加强双重管理两新组织党组织“一企一品”建设，形成螺炘华园、螺海扬帆、军地连心桥等一批两新党建品牌。推进党的组织和工作覆盖，着力打造定海工业园区、西堠螺杆小镇以及华业塑机等特色党建阵地。围绕“五大会战”工作目标，开展“先锋领航”“两新党建助治水，全力剿灭劣Ⅴ类”等专项行动，依托各类两新组织“党员突击队”“党员创新团队”“党员服务队”助力服务中心工作。

【完善人才服务保障机制】 制定出台区人才新政20条，升级全区人才政策。调整完善区党管人才工作领导小组成员单位，落实党政领导联系高层次人才制度，全区32位高层次人才与区领导实现结对联系。组建区创业创新服务联盟，成立4支服务团队，组团服务高层次人才创业创新。强化人才精准服务，组织开展人才体检90余人，完成人才认定三批次96人，发放人才安居工程购房补贴近1000万元。

【拓宽引才渠道】 继2016年实现省“千人计划”零突破后，2017年，舟山麦克斯韦物联网科技有限公司技术总监秦培元入选省“千人计划”，定海区成为全市唯一连续两年有人才入选省“千人计划”的县区。新落户5313科技创业领军人才企业8个；引进“国千”人才创业3人，团队项目2个。加大紧缺人才引进，发布全区紧缺人才需求白皮书，新引进各类人才504名，为浙江华业塑料机械有限公司、太平洋海洋工程（舟山）有限公司等4家重点企业引进外国专家15人。首次尝试举办全球海洋经济创业创新大赛蓝海智造行业赛，2个项目在全市总决赛上获创业资助奖项，1个项目获最具成长性项目奖项。

11月11日，举办定海区专场创业项目对接会

全球海洋经济创业大赛蓝海智造行业赛

【注重本土人才培育】 加强高技能人才培养，新增高技能人才1227人，新增职业技能定点培训机构5家。加强区人才储备中心建设，新招聘水利、财政等方面专业人才3人。加强企业家人才培育，举办区企业家创新能力提升培训班，组织18位企业家赴东北大学等高校研究院所开展技术项目对接和交流学习。加快推进科技创新平台建设，定海科技大楼、海洋文化产业园和定海工业园区科创大楼等科创平台正式投入使用。

（撰稿：陈　刚）

（本分目照片由区委组织部提供）

宣传思想工作

【概况】 2017年，全区宣传思想文化工作全面贯彻中共十九大精神，以习近平新时代中国特色社会主义思想为指导，贯彻落实中央、省、市、区重要会议精神，增强政治意识、大局意识、核心意识、看齐意识，全面落实意识形态工作责任制，紧紧围绕创新、开放、城市化的发展路径，强化思想理论建设，提高舆论引导能力，培育和践行社会主义核心价值观，推进文化体制改革，为推动定海发展提供有力思想舆论保证和良好精神文化条件。

【中共十九大精神学习宣传】 依托区委理论学习中心组、定海讲坛等平台举办中共十九大精神学习会、报告会，举办十九大精神宣讲骨干培训班，组建“十九大精神宣讲团”，发动各级各类宣讲团队开展基层巡回宣讲700余场次。全面推进十九大精神学习宣传全媒体报道，及时转载发布权威媒体重要稿件150余篇，推出“聆听十九大”“学习贯彻十九大·全力打好五大会战”等专题专栏，刊播相关报道440余篇；深化网上正面宣传，组织网评员转发十九大相关稿件400余篇，累计8500余条，“定海山”微信平台推出十九大报告诵读活动、有奖竞猜活动。举办“迈进新时代·开启新征程”十九大精神宣传进文化礼堂巡演等文化文艺活动。

中共十九大精神宣传进文化礼堂巡演活动

【理论学习中心组制度化规范化特色化建设】 精心组织党中央治国理政新理念新思想新战略重大主题宣传活动，抓好中共十九大、十八届六中全会、省第十四次党代会、市委七届二次全会和区委十三届四次全

省第十四次党代会精神专题报告会

会等重要会议精神及“两学一做”学习宣传教育。发挥理论学习中心组的龙头作用，将原原本本学与联系实际学相结合，围绕新区系列国家战略、城市化建设、学哲学用哲学等主题召开区委理论中心组学习会5次，举办自贸区法律问题、军民融合、“开放、创新、城市化”等主题的“定海讲坛”3期。加强对基层党委（党组）理论学习中心组的督查指导，表彰一批优秀党委（党组）理论学习中心组。《舟山日报》理论版刊登区委理论学习中心组所撰理论文章《坚定不移沿着“八八战略”指引的路子，奋力谱写自贸港区时代定海勇立潮头的新篇章》，头版刊登《定海实施区委理论学习中心组学习精准化，围绕五大会战，直面痛点难点》；理论学习中心组建设成果获省委宣传部副部长来颖杰批示肯定。

【开展社科理论研究】 《美丽中国要靠美丽乡村打基础——美丽乡村建设的定海实践》在《浙江日报》发表，并入选省社科联“四个强省实践的基层典型案

9月20日，区社科联第二次代表大会

例研究”专项课题。围绕区委区政府中心工作及定海区亟待解决的重大理论和现实问题开展调查研究。完成区级重点课题立项15项，入选市级重点课题立项4项。参加市“‘四个全面’战略和‘八个战略’”理论研讨会征文征集活动，《从三个维度探究“四个全面”深刻内涵》获全市优胜奖。召开区社科联第二次代表大会，完成换届选举。

【组建“理论宣讲连锁超市”】 以理论宣讲名嘴工作室为“总店”，公民素质教育讲师团、各类草根讲师团为“分店”，建立“理论宣讲连锁超市”，开展点单式理论宣讲配送服务。创新成立“郝理金讲堂”宣

剿灭劣V类水宣讲走进礼堂

讲特色品牌，通过名师带徒强化对基层宣讲骨干的教育引领，全年开展基层巡回宣讲600余场。开展“定海最强音”活动，重点围绕习近平总书记系列重要讲话精神、党中央治国理政新理念新思想新战略等中央重大决策，省、市、区重要会议，以及系列国家战略落地、剿灭劣V类水、城乡环境综合整治等地方重要工作部署，深入公民素质讲习所等阵地，开展各类学习宣讲活动2000余场次。《郝理金的宣传情结——记省十大基层优秀宣讲员郝理金》在《浙江宣传半月刊》刊登。“理论宣讲连锁超市”入选全省宣传思想文化工作“三贴近”优秀案例。

【建设文化礼堂长效机制】 完成2017年度5个文化礼堂的建设。至年底，全区建成农渔村文化礼堂52家，农渔村覆盖率达71%。制定《2018—2020年定海区文化礼堂三年提升计划及新建规划》及《关于推进定海区农渔村文化礼堂长效机制建设的实施意见》。推进文化礼堂“四季飘香”主题活动，开展春季“礼

1月3日，在白泉举行舟山·宁波文化走亲活动

仪耀礼堂”、夏季“宣讲聚礼堂”、秋季“美德润礼堂”及冬季“欢腾悦礼堂”系列活动600余场。推进“文化礼堂活动菜单你点我送”“文化礼堂锣鼓响万家”、文化结对等活动，点击送戏100余场，送电影210余场，开展各类培训170余期次。开展文化礼堂星级评定工作，推荐新建、柳行等2家社区文化礼堂参评省级五星级礼堂，6家获评市级四星级礼堂，36家获评区级三星级礼堂。拓展宣传文化阵地，开展定海城市文化公园、香园社区文化家园和森森集团企业文化俱乐部建设。

【宣传文化人才培育】 坚持宣传文化精品培育理念，创新采用项目化人才培养模式，组织开展2017年度定海区宣传文化人才培养扶持专项资金项目评选工作，以项目培养形式加强对全区宣传思想文化领域作品创作创新的鼓励和扶持。征得理论社科类、新闻传播类、文艺精品类、文化经营管理类等四大类人才项目43项，择优评定精品项目30个。夏雨缀、朱国安等宣传文化人才多次获义乌文交会工艺美术金奖、全国农民画作品展最高奖、2017香港回归祖国20周年庆典演出大奖赛银奖等省级以上大奖。做好全市宣传文化系统“五个一批”人才培养推荐工作，文艺类人才张瀚云获评第三批市宣传文化系统“五个一批”人才。推荐朱先马参评省宣传文化系统“五个一批”人才。

【网络舆情导控机制建设】 探索建立网络舆情快速预警和联动处置机制，根据网络舆情的发酵程度、进展情况和整体热度确定应急响应等级，对舆情处置的流程进行规范，明确分级响应、监测预警、信息报

送、联动处置、公开发布、网评引导、后续跟踪、网络管理等各个环节的工作要求和相关部门工作职责。

【互联网属地管理】 组织开展区级网络安全检查行动，重点落实中国定海门户网站、定海政协网站、协同办公系统和政务云4家关键信息基础设施网络安全自查工作。召开关键信息基础设施网络安全工作协调会，督促4家关键信息基础设施单位进一步落实主体责任，保障关键信息基础设施安全稳定运行。开展“净化网上舆论环境整治专项行动”，对属地新闻网站、政府网站和重点商业网站开展巡查。开展属地网站落实主体责任督查工作，重点做好对新闻网站的指导，督促其严格落实审核制度。

【政务新媒体管理】 开展全区新媒体发展情况调查工作，面向全区各级党政机关、事业单位、国有企业、群团组织、重点企业、社区（村）、学校、旅游景点等，对各单位开设的微博、微信公众号基本信息进行整理、登记、存档，根据调查汇总情况、存在问题等现状，研究制定政务类两微平台管理办法，明确要求全区各级党政机关、企事业单位及所属部门履行认证备案程序，落实主管主办责任，严格信息发布审核程序，严把信息发布内容关口等。

【“点赞定海”网络宣传系列活动】 4—12月，策划开展“点赞定海”网络宣传系列活动，分“文明在身边”“发展在身边”“温情在身边”三季，每季主动设置3—6个小议题，结合全区开展的剿灭劣V类水、旧城改造等重点工作，发动网民通过“随手拍”聚焦定海的文明行为、发展成就和温暖人事，增强其获得

“点赞定海”网络宣传系列活动

感与幸福感，通过“定海山”微信公众号征集和舟山108社区轮播图、专题等形式重点推送。该活动吸引众多网民参与，相关文章、帖子等总浏览量超11万人次、点赞量超2000次，征集到作品1000余幅。

【网络主题宣传】 做好中共十九大、世界互联网大

中国之声记者采访新建社区发展成就

会、中国梦、治国理政、一带一路、五大会战、剿灭劣V类水、最多跑一次、小城镇综合整治、甬舟铁路、网络安全周等网络主题宣传，加强在定海新闻网、“中国定海”官方微博、“定海山”“定海发布”微信公众号等新媒体的宣传力度。深入推进习近平总书记“4·19”重要讲话一周年宣传，做好“绿水青山就是金山银山”和习近平总书记到舟山视察二周年系列报道，做好省第十四次党代会前期预热、会议期间等各项报道工作。集纳和链接相关重点专题13个，发表相关稿件800余篇，微博、微信相关文章浏览量50余万人次，展现新建社区新农村建设的稿件首次登上“浙江发布”头条。

【首届三毛散文奖颁奖典礼宣传报道】 邀请凤凰周刊、台湾联合报等40余家境内外媒体刊播报道首届三毛散文奖颁奖典礼相关报道130余篇，传播范围跨亚、欧、美、澳、非五大洲。在浙江新闻APP策划“约定海那边——首届三毛散文奖系列活动”图文直播报道，阅读量达27.1万人次。4月，和腾讯大浙网合作，举办“行走三毛故里”网宣活动，组织15名三毛粉丝（其中5名为网红）参加三毛散文奖颁奖典礼，并游览柳永广场、三毛祖居、舟山名人馆等景点，腾讯文学频道、腾讯新闻APP文化页卡进行重点

“行走三毛故里”网宣活动

推送，单篇文章阅读量超33万人次，颁奖典礼相关活动通过微信朋友圈进行定点推送，曝光量10万余次。粉丝撰写的多篇游记式体验文章在乐途、马蜂窝等平台作重点推荐，总点击量达60余万人次。

【正面主题宣传】 全年刊发各类新闻稿件3万余篇(条)，推出“定海这五年”“喜迎两会·五年看变化”“大众创业，万众创新”等专栏；推出以定海区“创新”“开放”“城市化”三大发展路径为主题的系列报道。在“定海山”微信增设“为您读新闻”新栏目，每周一至周五语音播报国内外新闻和定海新闻。持续推进720度全景定海摄制，以醉美定海、重点项目等为主题，推出“720°全景定海·小沙”“720°全景定海·岑港”等10期。

【舆论引导服务中心工作】 策划推出全媒体“聚焦五大会战”专栏之“丈量定海·见证跨越”“城市成长·同心同行”“深化五水共治·剿灭劣Ⅴ类水”“城乡环境综合整治大会战”“定海故事”五大子系列。开设“最多跑一次”专栏，重点推出“一把手”访谈系列报道。加强《海山聚焦》栏目建设性舆论监督力度，聚焦三改一拆、五水共治、城乡环境综合整治中出现的反面典型和市民不文明行为进行建设性舆论监督，达到促进整改、推动工作的良好效果。加强与舟山广电合作，制作“最多跑一次”“平安定海”建设等公益音频插件在舟山广播进行高频次、滚动式、全域式播放；制作“最多跑一次”“平安定海”建设等公益宣传片在舟山广播、舟山城市公交移动电视等平台投放；在“无限通”手机移动平台与“无限舟山”微信公众号推出定海“最多跑一次”专题。

【对外宣传报道】 全年接待中央、省、市媒体300余批次，2000余篇重点稿件在境外、中央、省、市各大主流媒体刊播，其中中央级媒体刊登报道188篇，境外媒体刊登报道60篇，浙江日报刊登报道67篇。《我有传家宝》《城市1+1》等7批次央视栏目组走进定海拍摄专题片，播出《生态中国沿海行——浙江定海：生态带来山海财》等。组织开展“中央媒体看定海”等重大主题外宣活动，策划推出“习总书记视察浙江舟山（定海）两周年”“学习贯彻省党代会精神”等特别报道。

央视一套《我有传家宝》栏目在新建社区拍摄

【改版外宣杂志《定海视野》】 邀请国新办主管的

《定海视野》外宣杂志改版封面

五洲传播出版社旗下的《城市漫步》杂志编辑团队深入定海实地采编，采用中英文双语写作，立足“开放、创新、城市化”定位，从经济、文化、历史、旅游等方面展现定海花园式国际人文港城魅力，以国际视角解读定海在国际国内经济社会发展中的角色定位。发行区域由舟山市区扩展至亚马逊（国际）、五洲传播社海内外各大销售点，投放于国际海岛旅游大会等重要会议活动，赠阅国内政府机构、中国驻外使领馆，发行量突破3万册，助力提升定海知名度和美誉度。

【建设“全民阅读、全民学艺、全民善行”循环机制】 通过线上线下信息共享、分层分类全民体验、以文养文良性激励等方式，搭建阅读、学艺、志愿服务三大系统的转换通道。推出“三个全民”APP，集成化开展信息发布，注册用户数超12.5万人次。针对不同群体需求，创新推出“名家有约”“小麦姐姐讲故事”等系列“全民阅读”活动，“文化采购”“百姓课堂”“海尚艺苑”等“全民学艺”平台，“平安志愿者”“守书人”等“全民善行”载体。推行“乐币”概念，鼓励广大阅读者、文艺爱好者和志愿者通过参与活动积累“乐币”，兑得相应文化类奖励。全年开展活动420场次，参与数10万余人次。

（撰稿：胡绿源）

（本分目照片由区委宣传部提供）

精神文明建设

【概况】 2017年，全区精神文明建设工作以培育和践行社会主义核心价值观为根本，深入推进全国文明城市创建工作，着力开展“德行定海山”建设，持续深化群众性精神文明创建活动，推进未成年人思想道德教育，切实提升公民文明素质和社会文明程度。至年底，区文明办有主任1名，副主任3名，工作人员5人，其中临时工作人员1人，借调工作人员2人。

【“我靓我家”文明创建擂台赛】 分城市社区和重点区域两个系列，每季度组织参赛单位进行评比打擂、竞争排名，通过媒体跟踪、曝光通报、奖惩措施等方式，推进全国文明城市创建任务的量化分解和扎

5月24日，社区擂台赛在昌东社区检查

实落实，形成街道、社区落实主体责任，职能部门联动配合的创建工作格局。全年完成擂台赛7期，发放奖励资金52万元，38个城市社区和11个重点管理区域以赛促改、以比促提，部分难点问题得到有效整改，常态化管理水平得到显著提升，责任主体的创建积极性充分调动。

【“礼让斑马线 停车讲秩序 共建花园城”活动】 6月1日起，协调职能部门和各镇（街道）全面推进该项活动，通过建立党政机关车辆信息数据库、推出“为文明加油，送一吨汽油”微信助力活动、认领爱心斑马线、开展文明交通劝导志愿服务、安装20套拍摄系统加强管控、开设“违法曝光台”专栏等工作措施，引导广大机动车驾驶员养成斑马线前主动礼让行人的良好驾车习惯，规范机动车、电瓶车、自行车分类有序停放。全区斑马线礼让率基本稳定在80%以上。

5月27日，“礼让斑马线 停车讲秩序 共建花园城”活动工作会议

【"德行定海山"十百千万行动】 以"垃圾不落地、出行讲秩序、办酒不铺张、邻里讲和睦"为主要内容，通过十项最美评比、百场志愿服务、千米文明墙、万人公德宣讲四大系列行动，发动党员干部带头示范，志愿者广泛参与，社会群众主动融入，联动补齐小城镇精神文明建设短板。完成定海区第二届道德标兵、最美墙体、最美治水人等评比活动十项；开展礼让斑马线、停车讲秩序、剿灭劣V类水等主题的文明志愿劝导活动百余场；绘制体现社会主义核心价值观、讲文明树新风、移风易俗等内容的公益宣传墙千余米；开展"传承真善美争做文明有礼人""倾听治水的声音"等主题宣讲活动500余场次，受众万余人次。

【定海区第二届道德标兵评选表彰】 该活动是全区道德领域的最高荣誉。2017年9月至2018年1月，区文明办经广泛推荐、考察审核、集中评审、区委常委会确定、社会公示等程序，确定定海区第二届道德标兵13人。荣誉获得者除一次性重奖10000元现金外，还可根据《舟山市定海区道德标兵、道德模范优待政策若干规定（暂行）》，享受包括生活、医疗、教育、住房、就业等全方位优待。2018年1月8日，在中国共产党舟山市定海区第十三次代表大会第二次会议上，对道德标兵予以隆重表彰。

11月7日，第二届道德标兵初选评审会

第二届定海区道德标兵基本情况

表4

姓名	性别	出生年月	籍贯	身份（职业）
包国华	女	1974年1月	浙江定海	城东街道紫竹社区居民，定海五中副校长兼教导主任
葛平安	男	1984年7月	浙江定海	小沙街道三龙社区居民，小沙街道长白社区卫生服务中心负责人
黄耀棉	男	1981年6月	广西河池	舟山纳海油污水处理有限公司操作部主任
蒋茶青	女	1956年2月	浙江定海	白泉镇金山社区居民
潘信宽	男	1957年3月	浙江定海	双桥街道紫微社区居民
彭淑希	男	1977年8月	湖南益阳	定海玉兰花园小区保安
王锦棠	男	1945年7月	浙江定海	昌国街道虎山社区居民
武夏琴	女	1963年8月	浙江定海	盐仓街道虹桥社区居民
徐成栋	男	1990年1月	浙江余姚	定海西码头边防派出所民警
徐厚军	男	1970年12月	浙江定海	金塘镇新丰社区居民，个体经营户
虞爱文	女	1969年3月	浙江定海	金塘镇大浦社区居民，金塘阳光志愿者协会会长
郑文波	男	1972年7月	浙江定海	城东街道畚金社区居民，盲人推拿师
钟耿平	男	1964年12月	浙江定海	城东街道东园社区居民，定海区环卫处环卫工人

【全国文明城市创建工作】 全市首推“区域分治”模式，印发《关于进一步深化推进创建全国文明城市工作的通知》，根据区域位置、基础设施、问题类型、严重程度等，将主城区分为一、二、三类18个区域，以街道、社区为责任主体，针对区域内停车秩序、卫生保洁、跨门经营等反复性、动态性、突击性强的城市管理问题实行差别化管理。做好舟山市文明程度指数测评工作（街道每季一次，县区每半年一次），全区没有1个社区列入测评最后两位。加大督查督办力度，以主要责任单位、专项问题、《新区聚焦》曝光问题为对象开展实地督查，通过整改督办单将查摆问题集中反馈至责任单位，限期整改，全年发放督办单46份，查摆各类问题206个。联合区督考办开展联合督查，难点问题100%得到整改。

【启动实施小城镇文明行动】 制定小城镇文明行动三年计划，根据地理区位，梳理确定马岙、干礁、白泉、岑港、小沙、双桥、长白和册子8个整治片区，通过开展文明劝导、志愿服务、基层巡讲、市民巡访等群众性精神文明创建活动，在三年内着力解决小城镇居民在思想观念、生活习惯、社会风气中存在的突出问题。确定12项任务清单和5项重点专项行动，排定8个片区分批达标时间，并确定干礁为示范样板小城镇。

10月27日，小城镇文明行动考察干礁

【省城市文明程度指数测评工作】 针对全年6次集中的省、市城市文明程度指数测评，召开专题部署会、协调会6次。按照《浙江省城市文明程度指数测评体系（2017年）》，开展实地考察点整改集中攻坚行动，梳理出103个实地考察点现状，并对发现问题的20家责任单位发放整改抄告单，现查现改，推动各考察点达标水平有明显提升。在全市城市文明程度指数测评中，4个街道排名明显提升，其中城东街道两次获得第一，城东街道、昌国街道全年综合排名均进入前三。

【镇街道文明指数测评工作】 对全区11个镇（街道）在基础设施、环境卫生、群众性精神文明创建活动等方面的文明程度进行测评，其中城区4个街道结合4个季度的市文明指数测评成绩和“我靓我家”社区文明创建擂台赛成绩综合进行排名，农村7个镇街道结合实地考察、材料审核、镇（街道）日常工作开展情况综合进行排名。安排20万元资金，用于奖励测评优秀乡镇（街道）。城东街道、干礁镇分列城区街道、农村镇（街道）的第一。

【核心价值观普及活动】 在城区4个街道，以社区为

9月30日，首场礼仪讲座走进
干礁镇新建社区文化礼堂

服务平台，发动机关、企业、学校、社会团体、公众等社会力量群策群力，开展核心价值观践行活动，有近千群众参与，并同步在《舟山日报》上开设“核心价值进社区”专栏进行宣传。在农村区域开展“传承真善美争做文明有礼人”系列礼仪讲座，邀请高级礼仪培训师陈涛传授礼仪知识。在学校开展“核心价值我践行”主题德育活动，确定友善、明礼、责任、诚信、文明等8个分主题，并选取檀枫小学等8所学校，按一校一月一主题，全年接力开展。每场分主题活动均采取“常态化系列活动+仪式化现场活动”的模式，有4000余名学生参与。

【落实道德标兵、道德模范优待政策】 根据《舟山市定海区道德标兵、道德模范优待政策若干规定（暂行）》，发放2017年生活补助96926.4元，惠及7人；发放医疗补助37656元，惠及18人；节日慰问道德先进23人，慰问金43000元。

【身边好人推荐活动】 钟耿平、武夏琴获评省第五届道德模范。夏志祥等5人获评市第六届道德模范及提名奖。推荐“舟山好人”候选人33人，入选26人，其中梁宝迪等5人获得“浙江好人”称号，姚卡等26人获“舟山好人”称号。

【“讲文明树新风”公益广告宣传】 投入30余万元制作公交候车亭、自行车遮阳篷、灯箱、路牌等广告700余块，公益广告覆盖率达到30%以上；规范施工围挡公益广告，重点对城区房屋拆除改造、市政道路施工、建筑工地、沿街装修等4类工程的施工围挡，采用绿色仿真草皮装饰，统一广告牌样式；协调区城管局、街道、社区等单位，规范户外公益广告事宜。

【“我的中国梦”主题教育实践活动】 以清明祭英烈、童心向党、向国旗敬礼、学习和争做美德少年四大系列活动为主要内容，抓住清明节、六一、十一等重要时间节点，坚持网上网下相结合、继承创新相结合，深入开展形式多样、青少年喜闻乐见的教育实践活动，近3万名学生参加。其中，舟山市“向国旗敬礼”现场展示会在定海举行，市文明办副主任陈泽、区政府副区长屠定玉等领导出席，2000余人在活动中接受教育。

10月9日，“我的中国梦”主题教育实践活动在定海小学举行

【“春泥计划”工作】 健全“社会、学校、家庭”“三结合”春泥工作网络，有70个村（社区）实施“春泥计划”，镇（街道）实现全覆盖。发挥全区4所乡村学校少年宫的阵地作用，与“春泥计划”的互促互动。开展暑期春泥活动近840场，参与青少年近1.3万人，寒暑假期间每个实施社区（村）周周都有活动。

【城乡基层创建】 11月，新增舟山港海通轮驳公司1家全国文明单位；新增金塘镇柳行社区、岑港街道册北社区2个全国文明村，新增盐仓街道兴舟社区、岑港街道烟墩社区、金塘镇和建社区3个省文明村；定海小学获评首届全国文明校园，成为全市唯一获此殊荣的单位。全年有69家文明单位参与文明交通劝导志愿服务活动，志愿者上街劝导近1200人次。

【探索“微信督查”工作模式】 邀请26家创建主要责任单位加入联动督办微信群，各单位将发现的问题实时拍照或录制小视频上传至微信群并@责任单位，实现发现问题、单位认领、整改反馈一站式实时处理。至年底，微信群有群成员98人，整改率达70%。

（撰稿：翁超慧）

（本分目照片由区文明办提供）

统一战线工作

【概况】 2017年，全区统一战线工作在区委的领导和上级部门的指导下，坚持以习近平新时代中国特色社会主义思想和中共十九大精神为指导，围绕省第十四次党代会提出的“两个高水平”目标、省委“特富美安”新县域标准以及市委“五大会战”“四个舟山”的决策部署，把握大团结大联合主题，广泛凝聚思想共识，汇聚智慧力量，推动全区统战工作创新发展，为定海全面推进花园式国际人文港城建设贡献力量。

【学习贯彻中共十九大精神和省第十四次党代会精神】 紧扣“学习贯彻中共十九大精神”主线，举办全区党外代表人士理论学习中心组学习会、十九大精神报告会、主题座谈会等各类专题学习32次。全面贯彻落实省第十四次党代会精神，以统一战线读书会、党外代表人士培训班等活动为载体，组织各

11月13日，学习贯彻党的十九大精神报告会

类主题讨论20次，进一步巩固统一战线共同思想政治基础。

【强化四大主题学习实践活动】 在全区统一战线各领域分别开展各具特色的主题活动，组织“不忘合作初心·继续携手前进”专题教育、“守法诚信·坚定信心”理想信念教育、“同心同行·共建和谐”特色社会主义理论教育和“爱国爱乡”同根海联主题教育等活动，进一步增强统一战线成员“四个自信”。

6月30日，在嘉兴南湖开展理想信念教育活动

【服务中心工作】 组织“剿灭劣V类水·党外代表人士在行动”主题活动，开展三大行动九项活动，引导全区党外代表人士凝聚剿劣共识，投身治水行动。新成立定海广东商会和定海广州工商界联谊会，举办主题座谈会、招商推介会等，力促以商引商、定商回归。组织各民主党派实地体验区审交办和镇（街道）办事大厅和服务窗口，提出意见建议40余条，形成调研报告，助力“最多跑一次”改革。

5月3日，“剿灭劣V类水·党外代表人士在行动”动员会

【发展多党合作局面】 制定出台《中共舟山市定海区委2017年民主协商计划》，开展“优化修订定海区人才政策”等专题协商。首次召开全区民主党派主委联席会议，调整明确23家区属单位与5个民主党派结为对口联系单位，拓宽民主党派知情渠道。组织民主党派成员开展“剿灭劣V类水”联合视察活动、“最多跑一次”专项督查活动，查找短板，提出意见建议。鼓励民主党派参政议政，在区政协六届一次会议上，各民主党派提交各类提案65件，占总数的40.6%，其中集体提案27件，占总数的90%。围绕“能力提升年”主题，举办“微课堂”4期，不断激发民主党派组织活力和凝聚力。新成立民建定海区支部，全区民主党派基层组织达到6个。

4月13日，民主党派主委联席会议

【拓展党外知识分子工作】 围绕精品化建设要求，指导区知联会完成换届，调整、配备好各基层知联会领导班子成员，开展“创五好争四星”活动。培育“书香知联”特色品牌，完善“同心·知联”社会服务品牌，开展送书送教、“剿劣”宣传、困难慰问、捐资助学、社会服务等活动，激发党外知识分子活

力。全面摸排并整体掌握全区新的社会阶层人士基本情况，建立新的社会阶层人士统战工作联席会议制度，成立全市首家县区级新的社会阶层人士联谊会。

6月28日，新的社会阶层统战工作联席（扩大）会议

【推进“两个健康”工作】　推进非公有制经济代表人士综合评价工作，更新完善全区非公有制经济代表人士数据库，完成综合评价2批次107人次。全区创建十大专委会平台的做法入选全省工商联系统工作成果选编。11月，成立全市工商联系统首家金融服务中心“定海区总商会投融资服务中心”，至年底，解决小额贷款1.2亿元，转贷2.3亿元，有效缓解民营企业融资难问题。引导企业家履行社会责任，组织各类集中学习12次，召开企业家座谈会、专题学习会5次，区光彩事业促进会收到各类善款78万元。建立新生代企业家培养教育联席会议制度和培养锻炼制度，推动实施新生代企业家到区属单位挂职锻炼。

【深化民族宗教工作】　完成全区少数民族基本情况调查，指导社区以“三分”（分时联合排查、分类管理调处、分层回访维稳）管理模式加强少数民族流动

11月15日，宗教界代表人士培训班

人口特别是重点人员的动态管理，指导海山小学、檀枫小学开展民族团结进步创建工作。围绕“同心同行·共建和谐”主题教育，开展全区宗教界代表人士培训班、红色教育学习考察等各类专题学习35次，学习人数2500多人次。引导宗教界发扬扶危济困传统，举办首届佛教“爱心助学·情暖学子”等各类公益活动6次，全区宗教界捐款80余万元。拍摄完成佛教文化宣传片《定海佛音》。巩固“三改一拆”涉宗违法建筑处置成果，在全省率先完成场所视联网建设工程，制定出台《定海区宗教（民间信仰）活动场所巡查制度》，保障全年特别是中共十九大期间全区宗教领域和谐稳定。省内首创民间信仰活动场所分类管理模式，该做法入选国家宗教局《民间信仰工作经验材料选编》典型案例。

【加强港澳台海外联络联谊】　重视培育青年代表人士，精心打造“梦想·寻根”同根文化品牌，组织定海籍香港青年走进定海、2017香港青少年游学团走进

7月24日，“梦想·寻根”香港籍定海青年走进定海活动

定海等活动，首次举办在港定海籍中青年人士红色主题教育培训班，有效增强归属感和认同感。召开定海海联会二届二次常务理事会议。做好海外客商、华人华侨及社团的回乡考察接待服务工作，接待港澳台同胞、海外华人华侨、外国友人35批次，435人次。走访慰问重点及困难华人华侨、归侨侨眷、台胞台属143人，送上慰问品、慰问金7万余元，妥善处理涉侨涉台信访事件30余件。

【加强党外代表人士队伍建设】　调整完善党外后备干部库，优化党外代表人士队伍结构。将党外代表人

士教育培养、选拔使用纳入全区人才和干部队伍建设总体规划。健全组统两部联席会议制度，推进党外代表人士实职安排，新提拔党外干部7名，交流2名。高标准完成市、区两级人大、政协党外人事安排，党外代表人士在区人大代表、区政协委员和常委中的安排比例都高于上级规定。

【提升统战工作科学化水平】 调整区委统战工作领导小组，健全党委统一领导、统战部门牵头协调、有关部门各负其责、密切配合的大统战工作格局。以“两学一做”学习教育常态化制度化为载体，实施每月一次机关干部主题发言和每两月一次领导干部党课宣讲制度，不断提升干部政治素养和业务水平。开设“定海统战”微信公众号，推送微信90余期200余条，不断拓展统战宣传新路径。

（撰稿：朱专洁）

（本分目照片由区委统战部提供）

机构编制工作

【概况】 2017年，区编委办围绕花园式国际人文港城建设、率先建成“两个高水平”这个核心任务，牢牢把握“深化改革、服务大局、优化资源配置”三大工作主体，勇立改革潮头，深入推进政府职能转变、行政管理体制改革、事业单位分类改革和机构编制管理等工作，为定海经济社会发展保驾护航。

至年底，全区有行政单位44家（其中镇、街道11家），事业单位241家；有行政编制1485名（其中镇、街道行政编制378名），事业编制4838名。全区行政单位实有人员1502名（其中镇、街道行政实有人员356名），事业单位实有人员4555名。全年核定招聘用编计划200名，调动用编计划34名。

【完善权责清单编制】 完成23家区级部门及10家镇（街道）在浙江政务服务网中权力事项的动态调整和比对规范，调整权力事项160项，提升全区各级权力清单全覆盖的质量。强化部门职责管理办法执行力度，对各镇（街道）、区属部门年度重点工作目标进行调整。会同区综合执法局、市国土局定海分局等有关部门完成职责协调分工案例。

【梳理政务服务事项】 对区级列入编制公共服务事项工作范围的25家单位进行工作培训，通过“两报两审”方式，重点审查办事环节、服务流程、标准时限和办事次数等内容，为群众和企业办事提供指南和流程引导。区级梳理408项公共服务事项，全部在浙江政务服务网公开。

【推进“双随机、一公开”抽查监管】 指导25个政府部门制定完善“一单两库一细则”（随机抽查事项清单，随机抽查对象库和执法检查人员名录库）。全区列入随机抽查事项243项，入库检查对象7129个，执法检查人员390名。2017年，各部门开展“双随机”（随机抽查检查对象，随机选派执法检查人员）抽查工作1057次。

【推进基层治理“四个平台”建设】 作为基层治理体制的一项重点改革，“基层治理四平台”（综治工作平台、市场监管平台、综合执法平台、便民服务平台）建设是浙江省打造共建共治共享社会治理格局的创新实践，列入省委省政府重点改革工作。是年，区编委办重点从六个方面全力推进工作。

抓组织领导 成立区、镇（街道）两级“四个平台”建设工作领导小组，明确镇（街道）主要领导直接负责，形成一级抓一级、层层抓落实的工作格局。并多次组织召开专题部署会，明确重点工作、阶段目标、工作清单和时间节点，会商讨论难点工作，确保工作按期推进。

抓样板建设 精心打造盐仓街道、白泉镇两个试点，总结可操作、可推广、可复制的经验做法，形成一系列的文件和“样板”。3月，全市“四个平台”建设现场会在定海召开，定海经验在全市“四个平台”建设工作中得到推广。

抓指挥体系 理顺区指挥中心基层治理综合指挥和区信访局“12345”热线管理职能，设置镇（街道）综合信息指挥室，推进基层治理综合信息系统平台建设，按照“四有”标准加强软硬件建设，构建区、镇（街道）两级综合指挥体系，实现信息收集、研判、交办、处置、督办、考核一体的全流程管理。

抓难点突破 在全市率先制定出台区级部门派驻机构管理办法，赋予镇（街道）对派驻机构人事任免的否决权和对派驻机构的工作考核权。根据派驻机构融入镇（街道）情况，分类提升派驻机构工作人员薪酬待遇。至年底，纳入管理的市、区两级部门派驻人

员534名全部到位，基层统筹协调能力得到加强。在全市率先制定出台全科网格实施办法，完成网格无缝化整合，落实网格工作考核和经费发放镇（街道）属地管理。

抓督查考核　制定出台“四个平台”建设工作规范，各镇（街道）每月对标规范开展自查和总结。制定出台镇（街道）“四个平台”建设工作专项考核细则，强化镇（街道）主体责任，以考核引领镇（街道）将工作向纵深推进。发挥督查作用，在完成各镇（街道）实地专项督查全覆盖的基础上，10月开始再次组织“回头看”专项检查，做好查漏补缺工作。4—10月，迎接省专项督查4次。

抓舆论宣传　制定“四个平台”宣传方案，依托《今日定海》新闻、纸质报刊、“定海山”微信和广场大屏等媒体平台，将“四个平台”建设意义及相关情况进行宣传报道，并发放宣传用品2万余份，提升社会知晓度。

“四个平台”建设推进会

【深化行政体制改革】　会同制定海洋综合行政执法工作实施方案，成立区海洋行政执法局，划转海洋渔业、港航、国土、水利围垦、文物等227项执法事项类。至年底，全区有承担行政职能的事业单位40家，从事公益服务的事业单位158家（其中，公益一类144家、公益二类14家）。

推进事业单位清理规范工作　推进政事分开、事企分开，按照“去两端、留中间”的改革思路，全面完成生产经营类事业单位的撤销改制工作。撤销整合规模小、职能相近、职能弱化的公益类事业单位14家，基本实现全区各事业单位实体化运作。

促进民办公益事业发展　以瑞金医院舟山分院为试点，在市内率先开展医疗领域民办公益服务机构事业单位统一登记工作，并按一定比例核定报备员额，专项用于招聘卫生专业技术人员，是年签约录用临床医生5名。进一步推进事业单位法人治理结构试点工作，组建成立瑞金医院舟山分院理事会，召开首届理事大会，审议通过理事会职责、理事权利及义务、资产的管理及使用等事项。

【规范创新机构编制管理】　优化机构编制资源配置　严格按照“撤一建一”的原则，优化内设科室及下属事业单位设置，确保机构数量只减不增，调整设置正科级事业单位1个，调整优化内设机构9个、股级事业单位5个。在严控总量的前提下，加强编制有效使用，新增核事业编制20名，主要是用于保障镇（街道）、教育、卫生和综合执法工作。

规范股级职数使用管理　以区委巡察意见反馈为契机，全面开展全区各机关事业单位的中层配备调查摸底工作，会同相关部门完善股级职数使用和中层干部配备管理办法，建立股级职数使用线上预审、线下备案监管机制，在全市首创将股级职数管理纳入各基层党组织年度述职的重要内容，与单位党委（党组）主要负责人及相关负责人年度考核挂钩。

规范编外用工管理　开展全区编外用工核查比对工作，在全面梳理各机关事业单位编外人员使用情况基础上，针对编外用工使用管理中存在的问题，吸收外地的经验做法，会同区财政局、区人力社保局研究修订编外用工管理办法，重点对用工岗位、招聘程序、经费列支、工资待遇和日常管理等5个方面进行全面提升。2017年，根据公车改革后车辆保留情况，完成涉改单位编外用工控制数调整工作，核减驾驶员编外控制数110名。至年底，全区纳入编外用工管理2175人。

简化实名制管理流程　根据机构编制办理事项“最多跑一次”理念，提高实名制系统实用性，全面实施用编计划网上申报审批和出（入）编手续网上办理工作，大力简化优化办理流程、大幅压缩办理时限，审核时限从10个工作日压缩到5个工作日。持续完善机构编制基础数据，实施实名制系统人员信息日常更新和年度核对双保障制度，进一步提高实名制数据时效性和准确性。

创新机构编制督查　实行机构编制违纪违规问题清单制度，建立机构编制审批与问题整改联动机制，将机构编制违纪违规问题审查列入机构编制审批的前置条件。强化与纪检、组织、审计等部门的协调，用好巡视、选人用人及机构编制审计“三大平台”，截至目前，借助审计力量对15个部门开展机构编制审计工作。连续5年开展机构编制年度督查工作，督查内容涵盖机构编制日常管理中的各个方面，对发现的机构编制违纪违规问题进行通报，对问题突出的单位提出书面整改意见，督促单位限期整改。至年底，涉及单位均按要求整改完毕。

【加强事业单位登记管理】 实现登记管理“最多跑一次” 通过将审核、核准合并为一个环节进行，将审核时限从20个工作日压缩到小于3个工作日，做到无特殊情况当日提交，当日审核。2017年，全区一次性办结4家事业单位设立登记，52家事业单位变更登记，2家事业单位注销登记，263家事业单位年度报告公示，完成5家机关单位统一社会信用代码赋码和27家机关单位统一社会信用代码证书信息变更工作。持续推进中文域名注册管理工作，完成5家单位中文域名注册和28家单位的中文域名续费工作。

清理规范事业单位法人登记 在全面排查基础上，对7家镇（街道）敬老院发送整改通知书。至年底，有6家镇（街道）敬老院完成整改。稳步推进镇（街道）环卫所注销工作，对6家镇（街道）环卫所发抄告函要求注销，各相关镇（街道）基本完成相关人员及资产的划转事宜。

强化事业单位法人管理 重点核对各单位的统一社会信用代码、名称等基本信息是否存在录入错误及字段内容缺失等情况，排查纠错包括事业单位经费来源、法人身份等6大类内容323条信息。强化事业单位法人事中事后监管，随机抽取廷佐小学、区中心医院、区新闻中心等3家事业单位，开展法人年度报告公示抽查工作，并落实问题整改工作。

（撰稿：鲍璟婧）

（本分目照片由区编委办提供）

区直机关工委工作

【概况】 2017年，区直机关党建工作以邓小平理论、“三个代表”重要思想、科学发展观为指导，深入贯彻习近平总书记系列重要讲话精神，抓好党的十八届五中、六中全会、中共十九大和省市区各级党代会精神的落实，推动从严治党各项要求延伸到基层、规范到支部、落实到党员，着重在强化思想建设、夯实组织基础、融入中心抓服务、深化作风建设、繁荣机关文化等方面下功夫，着力建设一支“干在实处、走在前列、勇立潮头”的定海机关“铁军”，为定海率先高水平全面建成小康社会提供组织和队伍保障。

【深化思想政治工作】 突出重点，全面抓好党的十八届六中全会、习近平总书记系列讲话精神和中共十九大、省十四次党代会、市第七次党代会及区第十三次党代会精神的学习贯彻。继续抓好机关党员特别是党组织书记的理论学习和思想教育，举办党务干部培训班，组织37名机关党组织书记、副书记赴义乌党校进行系统学习，进一步强化党务干部的党性，提升业务水平。

党务干部在义乌党校学习

【推进“两学一做”学习教育常态化制度化】 按照省、市、区的要求，对党组织规范化建设、党内组织生活开展情况及党员发展等工作进行集中督查。围绕提素质、讲忠诚，加强机关党员的党性教育；走前列、作表率，争当助推服务中心建设的机关铁军；抓联动、凝人心，打造“快乐工作、健康生活”文化品牌等三大版块18项内容，开展“勇立潮头亮实绩，机关党员献礼十九大”活动，发挥机关党组织战斗堡垒和党员先锋模范作用，进一步推进“两学一做”学习教育常态化制度化。

【深化学习型机关党组织建设】 完善学习制度，开展“讲党课、送党课、评党课”系列活动。4月，举办两场“勇立潮头话担当——我为定海代言”微型党课机关赛区比赛，40余名机关党员参加。组建优秀党课宣讲团到区人社局等13家单位的党组织巡讲，有800余名机关党员干部听课。开展“‘五大会战’建新功 勇立潮头当先锋”和“学理论、读经典、强修养”等读书征文活动，其中4篇获得市级一、二、三等奖。以党建研究会为平台，开展党建理论研究，组织开展专题调研等活动，2017年形成调研成果40余项，其中5项获得市级优秀党建成果。

微型党课比赛现场

【落实党建主体责任】 围绕主责主业，重点抓好“灯下黑”问题的整治，继续开展机关党组织书记“双向述职评议”工作。召开区直机关党建工作述职大会，区政协机关党总支、区委组织部党支部等14家机关党组织书记现场进行口头述职，在会上还传达省、市机关党建会议的精神。

区直机关党建工作述职会议

【实施“常规+X”项目化清单管理】 机关党组织实施项目化清单式管理，对机关党建工作的重点、难点问题和薄弱环节进行论证，梳理汇总党组织规范化建设、“党员培养计划”等重点工作、教育培训计划、特色工作及公益活动等170余项。

【抓好基层组织规范化建设】 指导29家基层党组织做好按期换届选举和委员出缺补选工作，新成立区海洋科技产业园管理处党支部，调整区市政园林管理中心等3家单位的党组织隶属关系，划归区城市管理局（综合行政执法局、环保局）直属机关委员会管理。加强以组织生活制度为重点的制度建设，以上率下、层层落实《关于进一步落实区直机关党组织“三会一课”制度、严格党内组织生活的通知》，认真做好党员民主评议，重点抓好党员先锋指数考评，落实领导干部双重组织生活会制度，年底对优秀“三会一课”和最佳“主题党日”活动进行评选表彰。完成党员和党组织基本信息采集工作，在全市率先引入党费云网上操作系统，建立党员活动经费专户，实行专款专用，激活基层党组织活力。

区委书记庄继艳参加所在支部的党员大会

【加强党员队伍建设】 建立完善入党积极分子和预

入党积极分子培训班进行现场教学

备党员等分类信息库，切实加强计划调控、过程监督、程序审核和质量把关。2017年，发展党员37名，50名党员参加党史知识测试，按期转正50名。严把党员入口关，继续实施入党积极分子百分制考核。4月，举办第七期入党积极分子培训班，75名入党积极分子参与培训。继续按照规定程序做好党员的发展和不合格党员的处置工作。

【巩固品牌创建成果】 拉高标杆，巩固创建成果，实施机关党建工作品牌提升工程，围绕“五有”要求，着力在拓展创建活动载体、丰富创建工作内容、夯实创建工作基础上下功夫，按照一个机关党组织打造一个工作品牌的要求积极创建，组织第二轮优秀机关党建工作品牌评选活动，对品牌标识LOGO和开展情况进行评选，新增优秀机关党建工作品牌单位5家。

【“三大行动”发挥党员作用】 通过宣教、倡议和实践等形式组织引导机关党员立足岗位承诺践诺、比学赶超、积极奉献。

“微行动”计划 发挥机关党员带头倡导社会文明新风作用，带头遵守社区公约、邻里公约，带头参与“礼让斑马线 停车讲秩序 共建花园城”活动，工委向1000余名机关党员发放“一贴两书”。

“服务基层”行动计划 发挥党员联系群众的作用，推行“党建+志愿者”服务模式，拓展微心愿网上征集认领平台，机关在职党员和入党积极分子注册1800余人。2017年，征集和认领微心愿1000余个，走访完成率100%。在年底专题通报存在的问题，表彰奖励征集数量多、质量高的20家单位。

机关党员送“微心愿”到基层

“建功五大会战”行动计划 发挥机关党员助推

“助力旧城改造”主题实践日活动现场

中心工作的作用，开展“助力旧城改造”主题实践日活动，组织新发展的60余名机关党员到旧城改造项目——白虎山路和小洋岙等区块协助做好400余户征迁户的政策处理工作。

【狠抓“两个责任”落实】 强化主体责任落实情况在机关党建考核评价体系中的权重，进一步增强机关党组织抓机关党风廉政建设职责范围内的主体责任意识，切实承担起落实责任、推进责任、教育责任、监督检查责任和管理责任，把维护党章和其他党内法规作为首要任务，加强党员教育管理，加大党内监督力度，深入推进机关反腐倡廉建设，增强党员干部的组织观念和纪律意识。

【开展党风廉政教育】 开展“强宗旨、转作风、优服务、提效能”为主题的“六个一”廉政文化进机关活动，举办“身边的正能量”手机摄影比赛，不断强化党章党规党纪教育和廉洁从政意识，筑牢思想防线。活动收到廉政读书征文30余篇、廉政主题党日活动方案10余篇、手机摄影作品百余幅。

【保持正风肃纪强劲势头】 以建设为民、务实、清廉机关为目标，贯彻落实中央“八项规定”和省委“六项禁令”精神，持之以恒地纠正“四风”，抓住节庆假期等重要节点，聚焦“四风”隐形变异新问题，高标准抓好中央“八项规定”精神的落实，配合区纪委采取明察暗访、实地核查等方式，强化监督执纪问责，按照党员干部的管理权限，立案查处违反党纪案件1起，并配合区纪委立案查处1起违反党纪案件。

【健全党内关怀帮扶机制】　继续开展帮扶关爱、临时救助、金秋助学等活动。七一前夕，对困难党员进行慰问；六一儿童节期间，组织区直机关各基层女职委看望慰问特困女职工子女。推荐上报2013—2016年度市级劳动模范1名，区级劳动模范8名和模范集体1个。

推进职工医疗互助保障机制的实施。2017年，43家工会2788名干部职工参保13万余元，120人报销费用9万余元，实现全覆盖。发挥“女职工工作室”和“妈咪暖心小屋”作用，为女职工提供更为人性化的温馨服务。

“妈咪暖心小屋”开设“美丽微课堂”

【推进群团组织规范化建设】　指导12家区直机关基层工会进行换届选举和委员出缺补选，组建1家联合工会，新成立1家工会组织，做好区直机关工会组织设置合并及新成立9家工会组织的指导工作。提高工会干部业务素质，组织区直机关工会干部、财务人员培训会，加强基层工会组织建设、工会财务及基层工会经费收支等方面的管理。

举办区直机关工会干部培训会

【打造机关文化品牌】　继续做好“快乐工作、健康生活”机关文化品牌打造。举办“翰墨飘香·喜迎十九大”书画比赛等“七一”系列主题活动，组织开展“书香沁家风”读书征文活动。新成立区直机关摄影俱乐部；指导4个俱乐部举办机关体育联赛和采风活动，700余名机关干部参加；举办“凝心聚力·奋勇向前”千名职工趣味运动会，有39个区直机关单位、1003名运动员参赛。以“职工学堂”为载体，开设微景观制作、手机摄影等培训课程。组织机关女职工参加垃圾分类擂台赛，其中区委宣传部和区民政局获得市级团队第一名和第三名的好成绩。

“凝心聚力·奋勇向前”千名职工趣味运动会开幕式

（撰稿：何舟娜）

（本分目照片由区直机关工委提供）

民族宗教工作

【概况】　2017年，全区民族宗教工作在区委、区政府的领导和上级部门的指导下，坚持以中共十九大和十八届六中全会精神为指导，深入贯彻落实中央民族工作会议和全国、全省宗教工作会议精神，把维护宗教领域和谐稳定作为第一目标，把促进民族团结进步作为第一职责，牢记政治责任、坚持法治思维、创新工作机制、着力攻坚克难，较好地完成各项任务，为全区率先高水平全面建成小康社会做出了积极的贡献。

【依法管理宗教事务】　开展宗教活动场所和场所负责人年度考核，召开全区民族宗教工作会议，对9处考核优秀场所和12名优秀个人进行表彰奖励。制定出台《定海区宗教（民间信仰）活动场所巡查制度》，开展宗教（民间信仰）领域安全隐患排查整治工作，

3月28日，全区民族宗教工作会议

隐患整改率达100%。在全省率先完成场所视联网建设工作，普及率、入重点场所率、重点部位安装率均达到100%。做好宗教活动期间各项安全工作，确保全年10余次宗教活动安全有序举行。

【政策法规学习活动】　深入学习领会中共十九大精神，组织各宗教团体、宗教界代表人士观看中共十九大开幕式，并开展学习讨论。开展“同心同行·共建和谐”主题教育活动，组织全区各宗教团体、宗教活动场所负责人学习中共十九大报告精神和新修订的国务院《宗教事务条例》，组织天主教、基督教代表人士赴江西革命根据地和管理先进场所学习考察。开展以“法润宗教——普法进宗教活动场所”为主题的宗教政策法规学习月活动，到各宗教活动场所举行法制宣传图板巡回展。是年，组织宗教界开展各类专题学习35次，学习人数2500多人次，分发各类宣传资料8000余份。指导区佛协召开第五次代表大会，选举产生常务理事9名，理事25名。拍摄完成佛教文化宣传

8月18日，“爱心助学·情暖学子”公益慈善活动

片《定海佛音》。举办首届佛教“爱心助学·情暖学子”等各类公益活动6次，全年全区宗教界为社会慈善事业捐款80余万元。

【民间信仰事务管理】　根据《定海区民间信仰活动场所考核办法》，对全区91处民间信仰场所进行全面考核。组织召开全区民间信仰事务工作会议，对91处场所进行授牌，对厉浦清庙、小沙大庙等9处优秀场所进行表彰奖励。首创省内民间信仰活动场所分类管理模式，将全区91处场所按照规范管理型、传统文化型、信仰文化型和旅游文化型进行分类管理，评选出四大类10个示范点。《因俗而治·因势利导·民间信仰事务规范管理迈入新台阶》的工作管理经验成功入选国家宗教局《民间信仰工作经验材料选编》。

6月2日，民间信仰事务工作培训会

【城市民族工作】　完成全区少数民族基本情况调查。指导社区以分时联合排查、分类管理调处、分层回访维稳的“三分”管理模式加强少数民族流动人口特别是重点人员的动态管理。支持海山小学、檀枫小学开展民族团结进步创建工作，搭建校园民族文化长廊，组织民族团结主题班会、民族运动会等活动，进一步融洽民族关系。是年，未发生涉及少数民族治安案件。

（撰稿：袁峥峥）

（本分目照片由区民宗局提供）

政策研究工作

【概况】　2017年，区政研室围绕区委区政府中心工

作和重要部署，积极组织协调区级重点课题调研，扎实推进全面深化改革工作，参与完成重要文稿起草工作。

【开展重点课题调研】 完善区领导调研课题选题、调研课题限时结题、调研成果交流转化等相关制度。每月跟进37个区领导调研课题进展情况，协调推进城市管理与社会治理课题组、油品储运课题组开展相关调研。围绕中心主动调研，牵头起草《加快创新发展三年行动计划》，牵头开展城市建设管理体制、城区路网等专题调研并形成针对性报告。开展关于完善基层干部干事从创业体制机制的专题调研，课题报告获主要领导批示。编发《定海政研》10期，其中2篇获得主要领导批示。完善评选激励机制，评选出13篇全区优秀调研成果，并在《今日定海》上专版刊登。

【推进全面深化改革工作】坚持问题导向，梳理形成全区年度改革工作要点并确定36项重点突破改革项目，谋划区领导改革课题25项，对每一项改革任务配套跟进责任清单，明确路线图、时间表。召开区委全面深化改革领导小组会议，完善区领导联系重点突破改革项目、联合督查等工作推进机制。召开专题改革推进会3次、改革专题协调会16次，对“最多跑一次”等重点改革项目开展联合督查20余次，发布改革进度通报2期。围绕军民融合、“放管服”改革等重点改革项目，及时总结提炼经验做法，编写上报改革案例12篇，9篇改革工作信息获得省领导批示。检验检测机构证后监管、镇（街道）“四个平台”建设等改革经验做法在省、市推广。

【起草重要文稿】 参与起草区委十三届五次全会、区第十三次代表大会第二次会议等重大会议报告，完成“树标杆、补短板、求突破、走前列”大行动推进会讲话稿、关于2017年度履行全面从严治党主体责任情况的工作报告等重要文稿。

（撰稿：王晶晶）

信访工作

【概况】 2017年，区信访局受理群众来信来访1049件（批）2522件（人）次，上年同期901件2001件（人）次，同比分别增加16.4%和26.0%。其中，受理来信377件，同比增加2.4%；受理个访589批915人次，同比分别增加23%和31.8%；受理集体访86批1233人次，同比分别增加39.5%和37.8%；群众去市上访208批1008人次（集体访40批776人次），同比分别增加68.5%和减少15.3%。新区社会公共服务与监督平台定海分中心受理群众来电来件9187件。

【构建良好信访生态】 推进“网上信访、精准信访、阳光信访、法治信访”建设，将浙江省统一政务咨询投诉举报平台触角向基层延伸，与“综治、监管、执法、便民”四大平台有机融合，实现互联互通。制定《2017年度定海区信访工作责任制实施细则》，对因决策不当、不作为、乱作为引发信访问题或造成矛盾激化的，按照规定提出责任追究意见，树立失责必问、问责必严的导向。

【规范信访基础业务】 落实信访事项受理办理规定，研究细化各环节的具体标准与要求，强化信访部门与事权部门的工作对接，确保标准统一、程序规范、责任明确、衔接顺畅。10月起，新区社会公共服务与监督平台定海分中心的业务从区指挥中心划转至区信访局。为进一步规范平台的操作与信访基础业务，区信访局于9月13日举办全区信访工作业务培训会，详细讲解并演示平台的操作流程，剖析并纠正日常信访件办理过程中的常见错误。

9月13日，定海区信访工作业务培训会

【加快信访法治建设步伐】 召开全区法治建设暨政法信访工作会议，进一步明确信访法治化的指导思想、工作目标。根据《法定途径分类处理信访投诉请求清单》，进一步理顺信访工作体制、厘清信访工作权限，压实职能部门解决信访问题主体责任和镇（街道）疏导化解信访矛盾属地责任。是年，坚持法定途径优先原则，对应当通过诉讼、仲裁、行政复议等途径解决的信访件，出具不予受理告知书，对多次非访、闹访、缠访的信访人，配合公安机关依法予以处置。

区信访局召集各镇（街道）开展积案培训会议

【做好重要时期信访工作】 加强统筹协调，做好全国“两会”、中共十九大、“一带一路”国际合作高峰论坛、第四届世界互联网大会等重要会议、重大活动期间的信访工作。建立由政法、维稳、公安、网宣、信访等部门组成的信访维稳安保指挥部，实行“每日维稳形势会商研判”和信息“零报告”机制。区四套班子领导每天轮流到区信访局视频会议室值班坐堂接访。是年，区信访局被市委市政府评为“中共十九大和第四届世界互联网大会安保先进单位”。

【推动信访积案化解】 开展信访积案化解情况“回头看”，对尚未化解的，继续加大攻坚力度；对已经化解的，巩固工作成效。是年，省交办信访积案1件，市交办信访积案9件。至年底，1件省级积案积案承诺息诉，化解率为100%；9件市级积案化解7件，化解率为78%。全区确定的13件重点信访案件化解稳控10件，化解率为77%。

【深化领导干部接访机制】 制定“区委书记大接访”活动工作方案，区委书记、区长一月一次到镇（街道）下访调研，分管副区长专题会商，区四套班子领导一月一次定点接访，每周一安排一名区领导坐堂接访，镇（街道）、社区领导每周安排开门接访，着力畅通调处渠道，有效将矛盾化解在基层。是年，区委区政府领导下访调研接待群众24批77人次，区四套班子领导坐堂接访43批165人次，每月定点下访接待群众257批681人次。

区委书记庄继艳到干碰镇接访

（撰稿：刘珊珊）
（本分目照片由区信访局提供）

保密工作

【概况】 2017年，全区保密工作深入贯彻落实省委、市委保密（密码工作）委员会的决策部署，以确保党和国家秘密绝对安全为总体目标，加大工作举措，狠抓工作落实，各项工作任务都取得一定成效。

【落实保密工作责任】 召开保密委员会领导小组会议，及时传达保密工作新要求，部署工作、通报问题。各镇（街道）、区属各单位保密工作领导小组贯彻落实上级保密委员会会议精神，研究解决保密工作中存在的问题，指出保密工作新方向。各单位保密工作领导小组成员严格贯彻执行会议精神，层层压实责任，形成全方位多层次的保密教育责任体系。健全完善全区保密考核办法，各镇（街道）、区属各部门均将保密工作纳入干部考核体系。

【推进涉密工程建设】 高标准推进政务内网建设，指导区纪委、区教育局、区财政局等25家建设单位完成保密机房选址建设及设备采购工作，明确计算机管理员、安全保密员、安全审计员“三员”管理人员。推进全区涉密部门涉密计算机、“三合一”设备及红黑电源灯防护设备配备。落实保密库房，供各单位内部资料销毁前暂存。实行保密资料、内部资料统一集中定点销毁，实现“零死角”保密管理。

【加大保密监督检查力度】 成立由保密检查中心工作人员、计算机管理技术专家、保密专职人员为成员的5人保密检查组，采取各单位保密员跟班学习、互查互评模式，既充实区级保密检查力量，又提升保密员技术检查水平。全年检查互联网计算机500台、涉密计算机26台、保密台账120余次，收缴硬盘10个。利用互联网敏感信息监测系统和党政内网监测体系“两网”监管平台对全区范围内的互联网和内网计算机进行远程监管，以是否违规存储涉密文件等为重点，全年检查各类计算机2000台次。配合市国家保密局，检查全区军工企业、印刷企业和考试中心保密室，切实消除涉密隐患点。

【创新保密宣传活动】 举办全区保密培训班，各镇（街道）、区属各部门保密分管领导、专职保密工作者、档案文书等500余人次参训。在科级领导培训班中开设保密知识课程，进行保密“两识”教育。坚持查教结合，在每次保密检查反馈中，对各部门存在的问题进行专门的指导培训，特别是针对宣传部门、政法部门等重点涉密单位主动上门服务对接，及时解难释疑。举办国家安全警示案例图片展，面向全区干部，分单位、分时段安排参观教育。

（撰稿：王璐璐）

档案史志工作

【概况】 2017年，定海区档案局（史志办）以中共十九大为指引，深入贯彻习近平新时代中国特色社会主义思想，在区委区政府的坚强领导和上级档案史志部门的有力指导下，紧紧围绕“最多跑一次”改革，助力“五大会战”，扎实推动档案史志事业发展，圆满完成各项工作。

是年，区档案局（馆）有馆藏档案239个全宗、53845卷（册）/131896（件）（其中照片6234张）、资料4030册，其中开放档案183个全宗，7803卷（册）。

【助力“最多跑一次”】 根据省、市“最多跑一次”事项电子化归档工作的要求，对区本级行政审批事项的纸质及电子文件材料的归档范围与保管期限开展审批。6月底，完成38家单位行政许可事项归档范围的审批工作。举办档案信息化培训班2期，参训120余人，讲解“最多跑一次”事项电子化归档模块业务流程、权限设置、归档范围和保管期限配置及审核等操作要求。开展行政许可事项归档配置，逐步建立“最多跑一次”事项在线归档、保存、移交、利用的长效机制，至11月底，全区所有单位归档配置完成率为96.6%。

5月31日，开展档案信息化培训

【打造馆室一体化舟山样板】 在成功试点智慧档案云综合利用平台的基础上，进一步扩大档案数据利用范围。完成83个全宗862442条数据系统上传工作，全区范围内馆室一体全覆盖并实现自主查档。《定海新闻》为此做《定海实现馆室一体化全覆盖》专题报道。

【通过省级规范化登记备份中心测评认证】 按照《浙江省档案登记备份工作规范》要求，建立定海区档案登记备份中心工作流程，制订完善定海区档案登记备份中心工作人员岗位职责、保管利用、鉴定销毁、机房管理等制度，配备服务器4台，磁盘阵列3套，存储空间约146TB，在电子政务外网上部署了档案登记备份平台，确保各单位通过平台进行自主登记、备份和上传。11月底，通过省市档案局检查组的测评验收，成功创建全市4个县区中的首家省级规范化档案登记备份中心。

【完成档案数字化任务】 坚持“馆室联动、平衡发展”的原则，完成馆藏204个全宗档案数字化，计44912卷，134086件，馆藏现有档案应数字化率达100%。全区65家进馆单位全部完成2015年前室藏档案数字化及在线系统数据挂接工作。

【数字档案室创建】 按照“宜多不宜少，留有余地”的原则，拟定三阶段创建规划，有层次、有重点地开展创建工作。11月底，完成区委政法委、区直机关工委等20家单位数字档案室创建工作，其中区财政局、城东街道等7家单位为省级示范数字档案室，其余13家为市级规范化数字档案室。

【重点建设项目档案指导和验收】 完成区级重点建设项目档案管理登记表，配合市交通局对73省道舟山市定海区白泉段改建工程进行档案验收；联合市港务局完成舟山鑫和石业有限公司大猫岛冷坑山2000吨级石子出运码头工程、舟燃2000吨级码头工程档案等2个项目的专项验收工作；对区级重点建设项目定海工业园区公用码头进行档案专项验收，对太平洋海洋工程舟山分公司企业、舟山国际粮油集散中心散粮输送带改扩建工程项目、西码头中心渔港扩建工程项目等3个项目开展档案业务指导。

【加强档案业务指导】 将定海中心医院、区卫生监督所列入进馆单位，对单位性质职能发生变化的单位开展归档范围的重新申报指导工作。8月，开展2016年度归档工作实地年检。至11月底，完成全部进馆单位的年度归档工作检查。根据“双随机”抽查实施方案，对区人力资源与社会保障局、区司法局等2家单位开展重点民生档案安全监管及执法检查。

【编制民生档案指南】 摸排全区各部门，进行民生档案调查汇总，编印《定海区本级第一批重要民生档案指南》（以下简称《指南》），收录53种56项重要民生档案的名称、主管部门、形成部门、保管部门、档案内容、查阅方法、查阅地点、咨询电话。在《今日定海》、定海山微信公众号、定海档案史志网等媒体平台上全文公布《指南》，在查档窗口、区行政服务中心，以及各类宣传活动上免费发放《指南》，为群众查档提供便利。

定海区本级第一批重要民生档案指南

【提升档案公共服务水平】 公布“最多跑一次”事项9项，在114查询台和12345服务热线预留查档电话。提供电话预约查档、免费快递等服务，全方位提升群众获得感。强化微笑服务，提高服务质量。将馆藏民生档案的门类按年度汇编成册发放给市民，助力群众查档“最多跑一次”。全年查档窗口累计接待利用档案1400人次，调卷319卷，1845件次。出具证明1923份，复印档案707页、打印6718页、拍摄8张、摘抄1张，异地查档10份，来电来访咨查询855人次。

服务查档群众

【馆藏档案资源建设】 按照《档案法》和国家档案局令第8号、第9号要求，开展档案接收工作，完成区民政局、盐仓街道等2家单位的婚姻专题档案接收，计336卷；完成区纪委、区人大、区委组织部、区委宣传部等19家单位179742件档案的移交接收工作；完成金塘镇股改档案1868件的接收工作，合计完成23家单位的档案接收工作。

【档案征集】 征集到长峙岛开发建设相关照片24张，主要反映90年代初长峙岛开发建造兴中石油码头，以及部分省市领导视察长峙岛的情况。本地书画家胡仲安向区档案馆捐献《秀丽冬景》《国之大庆》

《长征宣言》等34幅书画作品，涵盖篆、隶、楷等种类书体。

全区档案意识逐年提高，部分群众主动联系区档案馆捐献家庭档案，其中2份民国时期的品相较完整的家族分书，完整记录家族财产、父母供养和祭祀的分配情况，是研究民国时期定海社会情况的珍贵史料。

征集到的部分照片档案

【“千村档案”和“百年百镇百梦”建设】 “千村档案”建设 加强与区农办、各镇（街道）的对接，多次前往相关镇（街道），召集地方文史专家、老同志开展座谈，了解村落历史文化信息资源；根据建档对象的实际情况，指导社区工作人员按照标准搜集反映村落历史文化的各类档案、资料，科学分类，规范整理，有效整合，灵活采用文字、图片、音频、视频、电子文档等形式进行建档。至12月底，完成马岙社区、叉河社区、紫微社区、光华社区、金山社区等5家单位的实体建档和档案数据库建立工作。

“百年百镇百梦”建设 根据省档案局（馆）和浙江日报报业集团联合开展的浙江“百年百镇百梦”网络征集珍藏活动，积极与马岙街道合作，在10月完成相关拍摄工作，并和马岙街道负责人出席浙江“百年百镇百梦”主题梦想珍藏仪式。

【推进党史二卷编写工作】 根据党史二卷编纂工作总体方案，以组织编纂组成员撰写定海党史二卷初稿为主要任务，推进编写工作顺利开展。

合编专题初稿 审核完成各单位上交的专题初稿，形成58万字的合编本，以各编纂组成员初次审阅为基础，开展二次审阅，印发供编纂组成员参阅。收集综合各专题单位的原始资料及其目录，供以后备查。

开展二卷初稿撰写 3月初制订撰写进度表，明确任务要求。各编纂组成员开展撰写工作，11月底基本完成全书19章、52节、150多个目的撰写。年底，各编纂组成员继续对初稿进行修改补充。

组织业务学习交流 组织编纂组成员两次参加市史志办的业务座谈会，开展业务交流；开展座谈会，对参会交流章节提出修改意见，征求他人意见；听取省委党史研究室专家专题业务辅导；组织编纂组成员内部交流会，解决编写业务难题。

适时组织补查资料 11月初，分批组织编纂组成员到宁波档案馆查找档案，充实二卷原始资料。

【完成新四军老战士口述资料抢救工作】 对征集到的10位新四军老战士的口述资料进行整理完善，建立人物史料档案，制作完成《红色记忆》电子光盘，并赠送给省委党史研究室、市新四军历史研究会和部分学校。

《红色记忆》电子光盘

【《舟山市定海区志（1988—2007）》首发式】 4月20日，在定海区行政中心举行。区委副书记周军刚、市史志办副主任胡光、副区长唐小明等领导出席会议；副区长、区志编委会副主任唐小明主持会议；区志编辑部成员，定海区文史专家代表，区委宣传部、区教育局、区人武部、区民政局等20多家单位的代表参加会议。区图书馆、舟山名人馆、定海小学等机构的代表接受赠书。该志书是1994年版《定海县志》的续志，分上、下两册，总计265万字，包含34编、87章、643节，彩页照片62张，地图21幅，随文图片394张，随文表格500张，另有大事记964条，专记6篇，丛录45条，入志人物504人，以及目与子目索引、人名索引、表格索引和图片索引等4种索引，反映定海在市区管理体制调整后20年间全区经济、政治、文化、社会、生态等各方面的发展状况。

4月20日，《舟山市定海区志（1988—2007）》首发式

【《定海年鉴（2017）》编纂出版】 3月初，根据区委区政府办公室《关于认真做好〈定海年鉴（2017）〉编纂工作的通知》要求，向区属各承编单位约稿，布置年鉴稿件撰写任务。9月中旬完成全书编辑总纂，10月送审定稿，11月中旬排版印刷，12月底出版。《定海年鉴（2017）》由中国文史出版社出版，约99万字，印刷1000 册，记载2016年定海区政治、经济、社会、文化的基本面貌和发展状况，是舟山市定海区史志办公室编辑出版的第十四部年鉴，是集资料、信息、知识于一体的大型年度资料性文献。该年鉴为精装大16开本，包含类目、分目、条目三个层次，设有特载、专记、区情综述、大事记、政治卷、经济卷、文化卷、社会卷等41个类目、373个分目、1817个条目。全彩印刷，有随文图片525张，卷首末有地图3幅、彩页照片52张及中英文目录。为便于读者检索，卷末还附有要目索引和图表索引。

【《〈舟山市定海区志（1988—2007）〉编修始末》编辑出版】 该书由区史志办负责收辑汇编，于是年底正式出版。全书约44万字，为32开本，除卷首的“编纂回顾”“编纂纪事”和卷尾的“编后记”之外，主体部分由“文件辑存”“讲话发言”“区志初审”“区志复审”“区志终审”“志海漫谈”“修志掠影”等部分组成。全书记载区志编修十年间，编纂人员秉承“党委领导、政府主持、部门参与、众手成志”修志方针，经过组织发动、组建班子、制定纲目、培训人员、收集资料、编撰资料长篇、精选提炼、组织内审、结集初审、复审、终审至最终的出版印刷等程序的全过程，总结定海区二轮修志工作经验，为下届修志工作提供借鉴和参考。

【开展地方志援疆援藏工作】 11月，按照省市地方志部门有关要求，参加省方志办举办的援疆援藏业务培训班，与西藏那曲市尼玛县开展工作对接，以实现“两全”目标为抓手，以二轮志书为重点，以到2020年完成为目标，对尼玛县地方志工作实行“一对一”全程指导帮扶。是年，对《尼玛县志》（终审稿）、《尼玛年鉴（2017）》（送审稿）进行审读，梳理修改意见和建议，供尼玛县志办吸收采纳；寄送《定海年鉴（2017）》《〈舟山市定海区志（1988—2007）〉编修始末》及其他定海地情历史文化丛书，开展业务交流。

【加强读志用志工作】 利用修志掌握的大量地情资料的独特优势，开发志鉴资源，推动读志和用志工作。向区行政机关、各事业单位、镇（街道）、社区及企业等有关部门和领导赠送区志、年鉴及其他地情资料。扩大地情方志展厅的开发、开放和利用力度，发挥老照片、老地图、家族谱及其他珍贵方志资料的存史和育人功能；推进旧志翻印工作展开；与区新闻中心合作，以“兰台撷英”栏目为平台，挖掘地情史料，扩大地方志事业社会影响力。

【档案史志宣传教育】 6·9国际档案日宣传 是年，以“档案—我们的共同记忆”为主题，提前部署、开展系列宣传活动。在文化广场设点，指导群众制作家庭档案，并赠送《家庭大事记》《家庭照片档案册》；布置老定海图片展，集中展示百年定海的深厚底蕴；和舟山人民广播台现场连线，介绍档案日活动安排及意义，同广大听众互动和交流。

纪念《档案法》颁布30周年 组织开展档案法律法规知识有奖竞赛活动；在微信客户端、单位网站推送省档案局制作的档案法治动漫宣传片，共同营造法治档案氛围；12月4日与区普法办联合开展“12·4”

在文化广场开展6·9国际档案日宣传

宪法宣传日暨全国法制宣传日活动，在文化广场设置摊位，发放各种宣传册，普及档案法律法规知识，提升群众的档案法律意识。

开展党史“六进”活动　为白泉新港社区文化礼堂提供东海游击总队的文字和图片资料；为《流韵白泉》一书提供革命历史资料；配合市新四军历史研究会，在烈士陵园举办的革命烈士事迹展板陈列纪念活动；陪同新四军老战士参观定海小学校史室，为定海小学学生讲述金维映的革命故事。

【档案史志队伍建设】　开展“两学一做”常态化制度化学习教育。制定党建工作清单，落实“三会一课”制度，着力抓好党建，组织党员干部观看中共十九大，畅谈心得体会。开展政治理论业务学习。集中学习中共十九大报告精神，省十四次党代会精神，积极撰写心得体会，继续开展党员干部“每人每月一本书活动”。积极派年轻干部参加全区微型党课大赛、“海上清风来”，以及“学理论、读经典、强修养”征文活动，均取得不错的成绩。积极培养入党积极分子，发展入党积极分子2人。选拔推荐年轻干部，成功推荐区管副科级后备干部1人。组织干部参加省市档案部门组织各类培训、考试，增强专业技能。

赴县工委旧址开展“重温党史明初心”活动

（撰稿：鲁学伟　王英伟）

（本分目照片由区档案局提供）

责任编辑：吴宏军

定海山系列文化——古桥（一）

序号	名称	地址	简介
1	青云桥	城东街道青云桥16号东面	始建于明朝，清乾隆十九年（1754），光绪七年（1881）重修，为条石结构。20世纪60年代遭损坏，1982年4月由城东街道胜利村出资大修，20世纪90年代末因开发而改道。
2	洞桥	城东街道陆家湾	建于清。桥拱似洞，故名洞桥，为定海城区出东门要口。老洞桥造型颇为壮观，是一座拱式石桥，上桥有阶石，桥栏上雕有石狮子。抗战时期，日军为通行军车，将其改成平面桥梁。后小碶村建碶门，在“Y”字形河口下方建成新洞桥，方便东乡百姓进城。1966年建定沈公路时改建为钢砼结构。
3	孝娘桥	环南街道环城南路65号附近	孝娘桥跨越城中河,因桥南侧有孝娘池得名。解放前为木板桥，解放后，孝娘桥经多次改建，现为1988年建原329国道时重建的公路桥。
4	南珍桥	环南街道人民路	始建于南宋，横跨护城河，早期为南城门外吊桥。1032年，改建为石桥，名“陈太翁桥”。民国初年，朱葆三捐资改建为双拱石桥。为纪念朱葆三造桥功德，取方位“南”与葆三名佩珍的“珍”合为桥名。1923年，朱葆三又捐巨资建水泥钢筋结构平桥。之后多次重修。现桥长9.5米，宽30米。
5	状元桥	昌国街道西大街东头	状元桥，也称市桥，连接东、西大街。南宋淳熙十六年（1189），昌国县令王阮所建之石砌拱桥。东边19个石阶，西边21个石阶。因掘得张家碶闸下旧石上镌“人从石上行，状元此时生”故名状元桥。明洪武年间住桥边的张信状元及第，新刻桥铭“天开文运，石著谶符，张公应魁，启我后儒”。民国20年（1931）潘尚林捐资改建钢筋混凝土桥，长5米，宽4.5米，1969年填河拆除。
6	开源桥	昌国街道香源新村北大门旁	城东河流之源头，故名之。连接文化路与土城墩路。原为人行石桥，1979年改建为钢砼结构，长7米,宽3米，可通行小型车辆。桥名含开源节流之意，语出《荀子·富国》。
7	昌国桥	昌国街道昌国路	建于民国年间，位于城东护城河上，东西走向。因定海宋朝称昌国县，元称昌国州而名之。原为东门护城河石桥；后改简易公路桥；1969 年改建为钢砼结构桥；1991年重建。桥长 15 米，宽 21 米。

下转第142页

舟山市定海区人民代表大会

区人大领导

主　　任：余河通
副 主 任：郝理金（续—2017.02）
　　　　　林伟康（2017.02—）
　　　　　范　纲
　　　　　张伟旭
　　　　　孙忠定
　　　　　王华杰（2017.02—）
　　　　　王金康（2017.02—）
党 组 书 记：余河通
党组副书记：郝理金（续—2017.03）
　　　　　林伟康
党 组 成 员：范　纲
　　　　　张伟旭
　　　　　孙忠定
　　　　　王华杰（2017.03—）
　　　　　卢建军

概　述

2017年，区十七届人大常委会以邓小平理论、“三个代表”重要思想、科学发展观、习近平新时代中国特色社会主义思想为指导，坚持党的领导、人民当家作主、依法治国有机统一，贯彻落实中央和省市区委各项决策部署，聚焦中心，关注民生，务实创新，全面有效行使宪法和法律赋予的各项职权。是年，举行常委会会议9次，主任会议12次，听取和审议“一府两院”工作报告38个，作出决议决定14项，完成各项工作任务。

重要会议

【区十七届人大一次会议】　于2月7—11日在定海召开。210名区人大代表出席会议。区人民政府组成人员、金塘管委会负责人和在定海区的省十二届、市六届人大代表，区委常委，区六届政协委员，区人武部、区属有关单位、群众团体主要负责人，区人民法院、区人民检察院负责人，各镇、街道党（工）委书记，镇长、街道办事处主任，镇人大主席、副主席，区人大常委会各工委（办）负责人、各工委兼职委员，区人大常委会街道工作委员会负责人，市以上垂直管理单位在定派设机构的主要负责人，金融保险机构主要负责人，驻定部队和武警负责人，大会秘书处各组组长，定海区部分原领导干部共244人列席会议。会议审议定海区2016年国民经济和社会发展计划执行情况及2017年国民经济和社会发展计划草案的报告、2016年财政预算执行情况和2017年财政预算草案的报告。听取和审查区人大常委会、区人民政府、区人民法院、区人民检察院的工作报告，审查批准2017年定海区国民经济和社会发展计划、区本级财政预算，并作出相应决议。大会依法选举产生新一届区人大常委会、区政府领导班子和区监察委员会主任，区法院院长、区检察院检察长，通过区十七届人民代表大会各专门委员会组成人员名单及定海区出席舟山市第七届人民代表大会的代表，首次对政府民生实事项目进行票决。

大会期间，代表们坚持以邓小平理论、“三个代表”重要思想、科学发展观为指导，贯彻落实党的十八大、十八届三中、四中、五中、六中全会精神，贯彻习近平总书记系列重要讲话精神，紧扣新区“四岛一城”、舟山自由贸易试验区、舟山江海联运服务中心建设的目标任务，履行宪法和法律赋予的职责，向大会提出议案。至大会规定的议案截止时间，大会秘书处收到代表10人以上联名提出的议案83件，其中政法内务方面18件，财政经济方面17件，教科文卫方面16件，城建环资方面26件，农业农村方面6件。大会秘书处收到代表提出的建议、批评和意见（以下简称建议）31件。经议案审查委员会研究，将83件议案均作为建议，将邵燕红等23名代表提出的《关于推进古城核心区块整体开发保护 提升城区品味的议案》（第1号）、徐辉等12名代表提出的《关于鼓励制造业企业技术创新发展的议案》（第2号）、赵建昌等33名代表提出的《关于解决定海城区停车难问题的议案》（第4号）、洪伟平等13名代表提出的《关于要求对农村公益性建设用地指标支持的议案》（第41号）、罗幼芬等11名代表提出的《关于加强出租房管理的议案》（第49号）、戴瑜等10名代表提出的《关于要求加大开启“智慧课堂”建设力度的议案》（第60号）、杨文跃等12名代表提出的《关于大力发展我区健康养生产业的议案》（第74号）等7件建议作为大会重点建议。大会结束后，114件建议由区人大常委会办事机构和区委区政府办公室交有关机关、组织研究处理，并负责答复代表，其中涉及临城街道范围内的建议，由区委区政府办公室集中转交市人民政府办公室，待市人民政府有关部门提出处理意见后，由区委区政府办公室答复代表。

【区十六届人大常委会会议】 区十六届人大常委会四十五次会议　于1月6日召开。讨论提出区十七届人大一次会议议程草案、日程草案、主席团和秘书长名单草案、主席团常务主席名单草案、主席团执行主席分组名单草案、副秘书长名单草案、议案审查委员会组成人员名单草案、代表议案截止日期的决定草案、各项名单和决议草案的表决办法草案，通过代表团组成及召集人名单草案，决定列席人员名单。审议通过区人大常委会在区第十七届人大一次会议上的工作报告稿。讨论提出《舟山市定海区第十七届人民代表大会第一次会议关于设立舟山市定海区人民代表大会法制内务司法委员会、财政经济委员会的决定（草案）》。审议通过《关于实施区政府民生实事项目代表票决工作的决定》。审议通过《关于召开定海区十七届人大一次会议的决定》。

区十六届人大常委会四十六次会议　于1月13日召开。听取和初审区发改局和区财政局分别受区政府委托所作的《关于舟山市定海区2016年国民经济和社会发展计划执行情况与2017年国民经济和社会发展计划草案的报告》《关于舟山市定海区2016年财政预算执行情况和2017年财政预算草案的报告》《2017年上会审议部门预算编制情况》，审查区十六届人大五次会议上十个上会审议部门预算执行情况，提出《定海区第十六届人民代表大会常务委员会关于定海区2016年财政预算执行情况和2017年财政预算草案的初步审查报告》。会议认为，报告客观地反映过去一年定海区国民经济和社会发展计划、财政预算的执行情况。会议要求，2017年区政府要结合当前经济运行态势，坚持稳中求进，统筹发展和民生保障，积极推动产业转型升级，做好“十三五”期间各项规划的有效落实。同时要深化财政体制改革，培植新的税源，加强财政资金管理，有序化解政府性债务。听取《关于舟山市定海区2017年政府民生实事候选项目形成情况的报告》。会议认为，实施政府民生实事项目代表票决工作是推进民主政治建设的一项实践创新，2017年区政府民生实事候选项目形成过程合理，为票决工作在区十七届一次人代会上的首次实施奠定较为扎实的基础。会议指出，区政府要进一步明确候选票决项目的立项目的、内容、责任主体等方面，提高政府民生实事项目代表票决工作的民主化、规范化和科学化。

【区十七届人大常委会会议】 区十七届人大常委会一次会议　于2月11日召开。决定人事任免事项。

区十七届人大常委会二次会议　于3月29日召开。决定人事任免事项。听取和审议区人民法院院长赵晖所作的《关于人民法院执行工作情况的报告》。通过《舟山市定海区人民代表大会常务委员会关于进一步推动人民法院执行工作的意见》。审议通过舟山市定海区人大常委会2017年工作要点。审议通过区十七届人大常委会代表资格审查委员会组成人员名单。

区十七届人大常委会三次会议　于4月26日召开。听取区综合执法局局长冯志鸣受区人民政府委托所作的《关于〈舟山市定海区生态文明建设示范区建设规划〉情况的报告》，听取区人大常委会城建环资工委主任蒋玲军所作的《关于定海区生态文明建设示范区建设规划编制情况的调查报告》。经过认真审议，会议通过《舟山市定海区人民代表大会常务委员会关于批准〈舟山市定海区生态文明建设示范区建设规划〉的决定》。4月27日，会议听取区水利围垦局局长刘世君受区人民政府委托所作的《关于全区防洪排涝（强排系统）建设情况的报告》，听取了区人大常委会农业农村工委主任徐汉云所作的《关于全区防洪排涝（强排系统）建设情况的调查报告》。会议认为，定海在防洪排涝（强排系统）建设过程中坚持规划引领，落实责任体系，强化设施建设，为保障全区经济社会发展和人民生命财产安全发挥了重要作用。会议要求，在做好全区防洪排涝工作，推进强排系统建设过程中，要继续坚定信心，进一步形成共识；要坚持科学治水，推进工程建设；要加强统筹兼顾，完善功能建设；要做到建管并重，提升工程维护与管理水平。4月27日，会议听取区教育局局长鲍治杰所作的《关于定海区中小学德育工作开展情况的报告》，听取区人大常委会教科文卫与民宗侨工委主任叶立占所作的《关于全区中小学德育工作开展情况的调查报告》。会议认为，全区中小学德育工作围绕“立德树人”这一根本任务，责任机制不断完善，德育队伍持续壮大，巩固德育阵地，推进中小学德育工作的全面开展。会议要求，要加大宣传教育力度，拓宽德育宣传渠道；增加建设投入，提供良好的德育条件；健全工作机制，保障德育工作有序开展；整合德育工作资源，不断创新德育载体；加强队伍建设，增强教师开展德育工作的责任感和使命感。

区十七届人大常委会四次会议　于6月21日召开。听取和审议区财政局局长何红受区人民政府委托所作的《关于定海区2016年财政决算情况的报告》，听取区审计局局长傅忠国受区人民政府委托所作的《关于2016年度区本级财政预算执行及其他财政收支情况的审计工作报告》，听取区人大财经委主任石江洋所作的《关于定海区2016年度财政决算和其他财政收支情况的调查报告》。经过审议，会议通过《关于批准2016年度区本级财政决算的决议》。审议通过区人大常委会主任会议提请的关于撤销区人大常委会五个决议的议案。听取区水利围垦局局长刘世君受区人民政府委托所作的《关于定海区剿灭劣Ⅴ类水工作情况的报告》，听取了区人大常委会城建环资工委主任蒋玲军所作的《关于我区剿灭劣Ⅴ类水工作情况的调查报告》。经过审议，会议提出《关于全区剿灭劣Ⅴ类水工作情况的审议意见》。听取区人民政府副区长屠定玉代表区人民政府所作的《关于修改后行政诉讼法贯彻执行情况的报告》，区人民法院院长赵晖所作的《关于行政诉讼法贯彻实施情况的工作报告》，区人民检察院检察长乐志盛所作的《关于〈中华人民共和国行政诉讼法〉贯彻实施情况的报告》，区人大常委会法制内司工委主任俞嫦女代表执法检查组所作的《关于贯彻实施〈中华人民共和国行政诉讼法〉情况的执法检查报告》。会议认为，《行政诉讼法》修订实施两年来，全区学习贯彻新法理念，落实各项改革措施，区人民法院加强行政审判工作，区人民检察院依法履行法律赋予的监督职责，区人民政府及相关职能部门自觉接受司法监督，提高依法行政能力，推进法治政府建设，促进《行政诉讼法》在定海的贯彻实施，为全面深化改革、建设法治定海提供司法保障。会议要求，“一府两院”要加强学习宣传，把握新法的宗旨理念，增强司法为民、依法行政的意识；区人民法院要提升办案质效，完善审判权运行机制，推进“裁执分离”机制的运行，保障相对人的合法权益；区人民政府要提高依法行政能力，加强一线执法队伍建设，严格规范性文件制定管理，强化监督严格执法责任，源头预防化解行政争议；区人民检察院要创新行政检察的良性互动监督机制，有效预防和化解行政纠纷，注重发挥检察建议作用，促进审判机关公正司法和行政机关依法行政。会议通过《舟山市定海区人民代表大会常务委员会关于区政府民生实事代表票决项目的监督实施办法（试行）》。

区十七届人大常委会五次会议　于7月11日召开。决定人事任免事项。听取和审议区人民政府提交的《舟山市定海区人民政府关于提请审议定海区部分街道行政区划调整方案的议案》。通过《舟山市定海区人民代表大会常务委员会关于同意实施舟山市定海区部分街道行政区划调整方案的决定》。

区十七届人大常委会六次会议　于9月1日召开。听取和审议区“镇治办”受区小城镇环境综合整治行动领导小组委托所作的《关于定海区小城镇环境综合整治工作的报告》和区人大常委会城建环资工委主任蒋玲军所作的《关于我区小城镇环境综合整治行动调查报告》。经过审议，会议提出《舟山市定海区人民代表大会常务委员会关于深入推进我区小城镇环境综合整治行动的审议意见》。审议通过《舟山市定海区人民代表大会常务委员会关于设立区人大常委会千岛街道工作委员会的决定》。审议通过《舟山市定海区人民代表大会常务委员会关于修改区人大常委会相关制度的决定》《舟山市定海区人民代表大会常务委员会关于规范性文件备案审查的实施办法》《舟山市定海区人民代表大会常务委员会信访工作暂行办法》。听取和审议区发改局负责人、区财政局局长何红分别受区人民政府委托所作的《关于定海区2017年上半年国民经济和社会发展计划执行情况的报告》《关于舟山市定海区2017年财政预算上半年执行情况的报告》，听取区人大常委会财经工委主任石江洋所作的《关于舟山市定海区2017年上半年国民经济和社会发展计划、财政预算执行情况的调查报告》。经过审议，会议提出《舟山市定海区人民代表大会常务委员会关于全区2017年上半年国民经济和社会发展计划执行情况及财政预算执行情况的审议意见》。听取和审议区委区政府办公室副主任邵佳磊受区人民政府委托所作的《关于舟山市定海区第十七届人民代表大会第一次会议代表议案、建议办理情况的报告》，听取区人大常委会代表工委主任王跃芳所作的《关于区十七届人大一次会议代表建议办理情况的调查报告》。经过审议，会议提出《舟山市定海区人民代表大会常务委员会关于定海区第十七届人民代表大会第一次会议代表议案建议办理情况的审议意见》。

区十七届人大常委会七次会议 于9月22日召开。会议决定人事任免事项。

区十七届人大常委会八次会议 于10月31日召开。听取区人民政府副区长、区公安分局局长应朝阳受区人民政府委托所作的《关于〈中华人民共和国禁毒法〉贯彻实施情况的报告》，听取区人大常委会法制内司工委主任俞嫦女所作的《关于全区禁毒工作情况的调查报告》。会议认为，近年来定海贯彻实施《中华人民共和国禁毒法》《浙江省禁毒条例》，采取措施，在预防吸毒制毒、打击毒品犯罪、禁毒综合治理、禁毒宣传教育等方面狠抓工作，推进禁毒工作的深入开展，取得明显成效。会议要求，政府及职能部门要提高思想认识，加强协作配合，狠抓责任落实，完善考评机制，推进社会共治，形成依法履职合力，做好治毒工作；要注重打防并举，加大犯罪打击力度，深化堵源截流，健全和完善禁毒综合治理工作机制，遏制毒品蔓延势头；要依托各类媒体，以案释法开展宣传教育，动员社会各界参与禁毒工作，营造全民禁毒防毒良好氛围；要强化基础保障，重视禁毒社工队伍建设，配足配好人员、资金等要素，不断提升禁毒工作水平。听取区人民检察院检察长乐志盛所作的《定海区检察院关于司法体制改革情况的报告》《定海区检察院关于公益诉讼工作情况的报告》。会议认为，区人民检察院抓住司法体制改革这个关键，做好基础测算、方案制定和工作实施，推进司法人员分类管理和检察官"员额制"，谋划公益诉讼，对接监察体制改革，统筹推进各项改革任务，符合司法规律的体制机制逐步形成。会议提出，区人民检察院要坚定不移推进司法体制改革，完善绩效评价机制，进一步激发改革带来的内生动力；要深化拓展，围绕全区中心工作，主动作为服务大局，不断巩固和深化改革成果；要凝心聚力，发挥队伍骨干作用，打造高效团队，不断提升司法质量和公信力。听取区民宗局局长沈雁受区人民政府委托所作的《关于全区民族工作情况的报告》，听取区人大常委会教科文卫与民宗侨工委主任叶立占所作的《关于我区少数民族工作的调查报告》。会议认为，定海少数民族工作围绕"各民族共同团结奋斗、共同繁荣发展"的民族工作主题，以少数民族流动人口管理和服务、民族团结进步创建等工作为重点，建立组织网络，加强宣传引导，提升管理与服务水平，促进民族团结稳定，民族工作取得成效。会议要求，政府及职能部门要完善机制，健全工作网络，贯彻落实民族工作有关政策，形成民族工作整体合力；要夯实基础，充实基层服务队伍，开展法律法规宣传教育，保障民族工作健康发展；要优化服务，建立健全少数民族动态信息库，搭建沟通联络平台；要创新管理，深化网格作用，善于运用社会力量，建立健全跨区域协作机制，依法保障民族工作健康发展。听取区发改局局长刘世君受区人民政府委托所作的《关于2017年定海区政府民生实事票决项目推进情况的报告》，听取区人大常委会财经工委主任石江洋所作的《关于2017年定海区政府民生实事票决项目推进情况的调查报告》。会议认为，定海在推进政府民生实事项目工作中，区政府组织各承办单位采取有效措施，多方筹措建设资金，加强协作配合，项目推进情况基本平稳，项目进展总体良好。会议要求，政府及职能部门要统筹协调，完善联动机制，狠抓工作进度，加快政策处理，推进项目建设；要多方筹措，强化银企对接，探索投融资体制改革，多渠道争取资金，保障项目稳步实施；要加强监管，充实管理队伍，创新管理手段，加快项目后续进度，建立起科学、合理的项目管养长效机制；要加大宣传力度，加强教育引导，提高群众知晓度，拓宽群众参与渠道，

营造良好的建设氛围。听取和审议区财政局局长何红受区人民政府委托所作的《关于要求调整2017年度定海区财政预算的报告》。经过审议，会议通过《关于批准调整2017年度定海区财政预算的决议》。听取区农林与海洋渔业局局长王家通受区人民政府委托所作的《关于定海区林果业发展情况的报告》，听取区人大常委会农业农村工委主任徐汉云所作的《关于全区林果业发展情况的调查报告》。会议认为，近年来定海以市场为导向，以结构调整为主线，优化品种布局，加快传统林果业逐步向产业优势、经济优势、生态旅游优势转变，实现林果业持续健康发展。会议要求，政府及职能部门要进一步提升对林果产业作用及地位的认识，坚持基础投入与美丽乡村建设、休闲旅游同步推进，营造良好的发展环境；要合理布局，优化结构，提升区域传统林果，做精做优小林果，拓宽销售渠道，不断完善和提升品牌战略；要强化示范，着眼长远，落实支农惠农政策，做好新型主体培育，拓展多种经营模式，不断提升林果业组织化、产业化程度；要加大力度，研究对策，发挥农技人员作用，增加产业发展的技术供给，对接土地流转新政策落地，促进林果产业健康可持续发展。

区十七届人大常委会九次会议　于12月25日召开。决定相关人事任免事项。听取和审议区财政局局长何红受区人民政府委托所作的《关于要求调整2017年度定海区社会保险基金收支预算的报告》。经过审议，会议通过《关于批准调整2017年定海区社会保险基金收支预算的决议》。听取区人民政府常务副区长毛铁年所作的《关于全区剿灭劣V类水工作情况的审议意见落实情况的报告》《关于深入推进我区小城镇环境综合整治行动审议意见落实情况的报告》《关于全区2017年上半年国民经济和社会发展计划执行情况及财政预算执行情况审议意见落实情况的报告》《关于区第十七届人民代表大会第一次会议代表议案建议办理情况的审议意见落实情况的报告》。会议对《舟山市定海区人民代表大会常务委员会关于全区剿灭劣V类水工作情况的审议意见》《舟山市定海区人民代表大会常务委员会关于深入推进我区小城镇环境综合整治行动的审议意见》《舟山市定海区人民代表大会常务委员会关于区第十七届人民代表大会第一次会议代表议案建议办理情况的审议意见》的落实情况进行满意度测评。听取区发改局局长刘世君受区人民政府委托所作的《关于2017年区政府民生实事代表票决项目完成情况的报告》。会议认为，2017年以来，区政府坚持以人为本、民生为重，回应社会关切，全方位、广覆盖地推出惠及民生的实事项目，通过分解目标任务、协调统筹、强化建章立制、加大要素保障等举措，推进政府民生实事代表票决项目的落实，取得一定成效。会议要求，区政府及相关职能部门要深化思想认识，合理、精准甄选政府民生实事代表票决候选项目，进一步提高保障和改善全区社会民生的水平；要强化查漏补缺，坚持问题导向，研究针对性的改进措施，报告项目变更原因和理由，维护项目严肃性和连贯性；要注重资源共享，探索群众参与机制，加大在主流和新兴媒体上的宣传报道力度，让广大人民群众共享项目建设成果，实现民有民管、民享民惠的目标。会议对2017年区政府民生实事代表票决项目的完成情况进行满意度测评。审议通过《关于召开舟山市定海区第十七届人民代表大会第二次会议的决定》。讨论提出区十七届人大二次会议议程草案、日程草案、主席团和秘书长名单草案、主席团常务主席名单草案、主席团执行主席分组名单草案、副秘书长名单草案、议案审查委员会组成人员名单草案、议案截止日期的决定草案、各项名单和决议案的表决办法草案，通过各代表团组成及召集人名单草案，决定列席人员名单。

监督、信访、指导工作

【概况】　是年，区人大常委会树立大局观念，立足自身职能，找准依法履职与服务全区改革发展的切入点和着力点，推动中心工作和重点任务落到实处，促进区域经济持续健康发展。

【支持经济转型升级】　加强对国民经济和社会发展“十三五”规划实施情况的监督，听取和审议区政府关于计划、财政等工作报告，强调要以深化改革和创新驱动为引领，以“五大会战”为载体，以问题为导向，推动政府加快国家战略实施、重视实体经济稳定发展、积极防范和化解各类风险。区政府抢抓“三区二中心”叠加实施的战略优势，进一步优化产业结构，破解发展难题，全面增创县域发展新优势，推动经济稳中向好。加强对全口径预算的审查和监督。组织力量对上会部门预算开展调研会审，推进“零基预算”，督促上会部门严格按照预算执行。加大对政府重大投资项目、民生政策落实、财政资金绩效等领域的监督力度，确保财政资金真正用在稳增长保民生、调结构促转型上。围绕全区林果业发展短板问题，常委会提出要优化产业结构、增强主导产品引领、完善提升品牌战略、加大扶持力度等审议意见，推动传统林果业逐步向产业优势、经济优势、生态旅游优势转变。专题调研全区土地流转工作情况，提出针对性对策举措，为区委区政府决策提供参考。在“招商引资”“五水共治”“三改一拆”“最多跑一次”改革等全区重点工作中主动参与，保障推进。

【重大事项决定】 围绕社会重大关切，通过法定程序和履职实践，保证区委决策部署得到贯彻和执行。支持定海生态宜居海上花园城市的建设，审议批准《舟山市定海区生态文明建设示范区建设规划》，要求政府加强规划执行实施力度，不断提高区域生态文明建设水平。配合和支持临城行政区划调整工作，适时作出《关于同意实施舟山市定海区部分街道行政区划调整方案的决定》，确保行政区划调整依法顺利进行。做好行政区划调整后人大派驻机构的新设工作，决定设立区人大常委会千岛街道工作委员会。加强年度财政预算管理，对预算安排的合法性、完整性、可行性以及重点支出、重大投资项目等进行认真审查，批准2016年区本级财政决算，同意2017年度定海区公共财政支出预算和社会保险基金收支预算调整方案。坚持对这些决议决定跟踪问效，综合运用听取审议专项报告、专题调研、代表视察等多种方式进行督查，推动各项目标任务落实。

【实践票决制工作】 首次在区十七届人大一次会议上推行政府民生实事代表票决制，全体与会代表投票表决确定2017年度政府重点实施的10项民生实事项目。常委会关注项目实施，人代会后启动跟踪监督，出台《关于区政府民生实事代表票决项目的监督实施办法》，明确常委会领导监督联系项目，落实各个项目牵头联系工委，实行代表联系项目责任制。打出专题调研、定期督查、代表集中视察等监督组合拳，助推民生实事项目的实施。年底，常委会会议专题听取政府关于票决项目的完成情况，进行满意度测评，对完成不理想、测评结果满意度低的个别项目要求政府分析原因、落实举措、继续推进。10项民生实事项目总体完成情况良好。

【聚焦生态保护】 着眼长期长效，连续几年对水环境开展跟踪监督。开展水质提升和管网改造工程监督，专项督查“剿灭劣V类水”工作，实地检查施工现场，听取管理人员和群众意见，召开部门和社区座谈会，审议政府专项工作报告，推动政府进一步强化治水责任、完善长远规划、坚持科学治水，提升全区水域环境质量；调研强排系统，提高区域防洪排涝能力，保障人民生命财产安全。要求政府在完善城乡防洪排涝布局、加快全区排涝工程建设、健全相关责任体系上下功夫，补齐短板，提高防御自然灾害能力。

【重视宜居环境改善】 关注城乡品质建设，专题视察城乡环境综合整治工作，听取区政府关于小城镇环境综合整治工作的报告，围绕规划制定、要素保障、盲区整治、长效机制建立等提出针对性意见。组成调研组开展美丽乡村建设情况调研，深入全区多个村落实地走访座谈，细致分析基础条件、特色优势和发展路径，形成《打造“美丽定海·风情乡村”引领全区美丽乡村建设再上新台阶》专题调研报告，提出建设性意见。

【关注社会事业进步】 专题审议全区中小学德育工作情况，在推进建设教育实践基地、优化师资、深化内涵、拓宽德育途径等方面提出意见要求。要求政府职能部门高度重视人大意见，落实相关举措，提升学校德育工作水平。针对定海外来少数民族群体逐渐增多的现状，常委会开展专项调研，提出强化基层基础、优化服务管理、构建工作网络等建议。督促政府从完善工作联动、信息共享、教育管理、权益保障等方面落实，维护社会和谐稳定。

【强化执法检查】 开展执法检查，维护法律权威，加强行政执法监督。执法检查组检查行政诉讼法贯彻实施情况，采取实地察看、查阅资料、走访群众、民意测验、听取汇报等方法，掌握实情，对检查过程中发现的问题，提出改进意见，督促“一府两院”落实整改，促进行政诉讼法在定海区的贯彻实施，维护行政诉讼制度的权威。针对人民群众深恶痛绝的毒品问题，检查组通过暗访摸底、实地视察、广纳民意等多种形式深入了解禁毒法律法规执行情况，在常委会会议上进行专题审议，推动政府在预防吸毒制毒、打防并举、宣传教育等方面不断强化举措，推进禁毒工作的深入开展。

【促进依法行政和公正司法】 审查政府关于全区第七个五年法治宣传教育工作情况，推动“法治定海”

建设进程。听取法院、检察院年中工作情况报告，关注司法体制改革的推进和完善，支持检察院开展公益诉讼工作。助推法院有效解决执行难问题，听取审议法院执行工作报告，制定出台《关于进一步推进人民法院执行工作的意见》。推进规范性文件备案审查工作，修订完善工作程序，实现网上报备系统规范化运行，全年对区政府16件规范性文件进行备案审查，提出相关修正意见。

【任免国家机关工作人员】 坚持党管干部和人大依法任免相统一的原则，完善人事任免程序，健全拟任干部法律知识考试、表态发言、任后公告等制度，组织宪法宣誓仪式，增强干部的宪法意识和责任使命。区十七届人大一次会议后，任命新一届区政府组成人员，举行颁发任命书仪式，确保政府工作正常运行。根据国家监察体制改革试点工作要求，任命区监察委员会组成人员。全年依法任免国家机关工作人员102人次，依法补选市人大代表6名，为各项事业发展提供组织保证。

【受理群众来信来访】 把人大信访工作作为联系人民群众的重要窗口，加强和改进信访受理、办理工作，在法治信访、阳光信访推行等方面取得新进展。坚持把办理群众来信来访作为畅通民意、维护民权的一项重要工作，依法处理涉法涉诉信访，对重要信访件落实专人跟踪督办。是年，受理人民群众来信来访78件，一批信访问题得到依法妥善处理。

【参与立法调研工作】 常委会配合做好上级人大立法工作，参与市人大《舟山市文明促进条例》《舟山市城市绿化条例》等立法调研活动，反映基层意见建议，推动有关法律法规的进一步完善和实施。

【加强基层人大工作指导】 常委会领导班子成员经常深入镇、街道，了解情况，指导工作，推进基层人大工作。定期组织召开全区镇、街道人大工作会议及研讨会，提出阶段性工作意见。邀请镇、街道人大负责人列席常委会会议，参加常委会组织的视察、调研等活动。指导镇人大依法开好一年两次的人代会、督办议案建议、开展闭会期间活动，完善镇级政府民生实事项目代表票决制。探索街道民生实事项目民主议事会议成员票决工作，报请区委批转实施意见，推动基层人大工作创新发展。

代表与议案工作

【加强议案建议办理】 跟踪督办区十七届人大一次会议代表议案建议。对大会7件重点建议采取常委会主任会议成员牵头和工作机构分工负责相结合的办法予以积极督办。区政府领导带头领办重点建议，与代表沟通，通报办理进展，得到代表肯定。组织开展现场督办、代表视察、满意度测评和办理进度月报等活动，促进办理质量得到提高，一批事关经济社会发展和群众生产生活的议案建议得到较好解决。区十七届人大一次会议期间，区人大代表提出议案建议114件（包括涉及临城街道的15件），其中议案83件，建议31件。按照“分级负责，归口办理”原则，区政府将其中99件议案建议分别交由区委区政府办公室及28家区属有关单位具体承办；其余涉及到临城街道的15件议案建议，区委区政府办公室及时与市政府办公室协调沟通，移交市属相关部门办理。是年，114件议案建议得到全部答复。其中，代表所提问题已解决或基本解决的51件（A类），占总数的44.7%，相较上年的50%有所下降；正在解决或列入计划解决的30件（B类），占总数的26.3%，相较上年的25%有所上升；所提问题需待条件成熟后逐步解决的共31件（C类），占总数的27.2%，相较上年的25%有所上升；所提建议未被采纳或留作参考的2件（D类），占总数的1.8%，相较上年的0件有所上升。从反馈意见来看，代表们对各承办单位办理态度满意113件，基本满意1件；对办理结果满意100件，基本满意13件，不满意1件（所提建议与现行政策相违背），满意率为99.1%。

【组织代表参与视察、培训等活动】 举办新一届代表培训班，帮助新当选的代表掌握有关法律法规和人大知识，增加代表的责任感和使命感，提升代表依法履职能力。拓展代表参与常委会工作的广度和深度，全年组织参加各类视察检查、列席会议、旁听庭审、立法调研等活动250余人次，代表们发挥专业特长，深入基层调研，提出客观、有价值的意见建议。继续深化“两站一平台”的建设与利用，形成常态化的社情民意汇聚渠道，市、区领导代表带头主动到站接访。是年，有300余名各级人大代表进站开展活动，收集意见建议270余条，督促解决问题240余个。加强对代表小组活动的联系和领导，组织代表小组开展定向视察、省市区三级人大代表会前集中视察等活动，继续开展各专业组代表进“一府两院”单位部门听取工作汇报，按照省人大统一部署，组织开展“剿灭劣V类水、人大代表在行动”主题活动，为代表履职创造条件。

【先进集体和个人评选】 是年，经各代表小组自荐和相互推荐，区人大常委会主任会议审定，评选出2个区人大代表活动先进小组和20名区人大代表活动积极分子。第十代表小组（岑港街道）、第十一代表小组（马岙街道）被评为2017年度区人大代表活动先进小组；方敏、俞水飞 、王红军、舒亚君、叶妙君、刘菲、钱军、朱旻盛、徐泽军、方伟芳、卢国平、袁友法、董国庆、周善南、徐辉、史小国、陆岳军、罗幼芬、郭如刚、朱松芬等20名区人大代表被评为区人大代表活动积极分子。

【好议案、好建议评选】 是年，评选出2017年度区人大代表好议案、好建议6件，评选出4个承办议案建议先进单位和7名承办代表议案建议先进个人。好议案、好建议一等奖1件：邵燕红等23名代表提出的《关于推进古城核心区块整体开发保护 提升城区品味的议案》；二等奖2件：代表乐伟国提出的《关于要求迁移人民南路夜市的建议》、徐辉等12名代表提出的《关于鼓励制造业企业技术创新发展的议案》；三等奖3件：洪伟平等13名代表提出的《关于要求对农村公益性建设用地指标支持的议案》、戴瑜等10名代表提出的《关于要求加大开启“智慧课堂”建设力度的议案》、代表陈依坪提出的《关于加快推进社区居家养老服务的建议》。区民政局、区住建局、区交通运输局、市市场监管局定海分局被评为承办代表议案建议先进单位。区委区府办王玲、区公安分局王春辉、区民政局贺凤艳、区住建局李黎、区卫计局张傅侯、区农房管理处叶洁、定海交警大队王祖峰被评为承办代表议案、建议先进个人。

【优秀镇（街道）人大代表联络站评选】 是年，金塘镇人大代表联络站和环南街道人大代表联络站被评为2017年度优秀镇（街道）人大代表联络站。

自身建设

【思想政治建设】 坚持把学习教育作为提高履职水平的重要抓手，树立“四个意识”，坚定“四个自信”，学习中共十九大精神，学习领悟十九大报告中有关人大性质地位的论述，推进“两学一做”学习教育常态化制度化，增强做好人大工作的自觉性和坚定性。举办人大知识学习会，组织参加全省人大干部培训班。坚持通过党组理论学习、各类专题学习等形式，充实常委会组成人员法律法规知识，明确人大工作性质要求，增强把握大局、服务发展的能力，为常委会履行职责提供保障。

【工作作风建设】 树立宗旨意识，常委会领导班子坚持民主集中制原则，对重大事项实行民主讨论、集体决定。深入开展调查研究，开展调查、视察和执法检查活动30多次，形成调查和执法检查报告19篇，提出针对性审议意见和要求。加强党风廉政教育，贯彻落实中央八项规定要求，执行新形势下党内政治生活若干准则，落实党风廉政建设主体责任，支持区纪委派驻第一纪检组开展工作，自觉接受监督。注重制度建设，修订完善若干制度规定，保持常委会工作的连续性、传承性和与时俱进，促进新一届常委会各项工作有序运行。

【机构制度建设】 落实中央和省委关于加强县乡人大工作和建设意见文件精神，完善工作机构建设，明确新设立的法制内务司法委员会、财政经济委员会工作职责，发挥其在调查研究、评议审议及跟踪监督等方面的职能作用。聘请5名具备较高专业素质的律师作为新一届常委会法律顾问，17名社会各界人士作为常委会各工委兼职委员，提高监督质量和审议水平。坚持邀请公民旁听区人代会，提高人大工作透明度。启用人代会、常委会会议电子表决器，使每位代表更好地表达自己的意志。重视机关干部培养、使用和交流，做好离退休干部工作。发挥党支部、工会等组织作用，增强机关的凝聚力。加强对人民代表大会制度和全区人大工作的报道宣传，全年有150余篇信息被各级刊物和相关媒体录用。

（撰稿：方 祎）

责任编辑：王英伟

舟山市定海区人民政府

区政府领导

代　区　长：侯富光（续—2017.02）
区　　　长：侯富光（2017.02—）
常务副区长：毛铁年
副　区　长：王树辉
陈海平（续—2017.02）
唐小明（续—2017.09）
鲍瑞安
应朝阳
屠定玉
刘　波（2017.07—）
区长助理：朱炳全
党组书记：侯富光
党组副书记：毛铁年
党组成员：王树辉
陈海平（续—2017.02）
唐小明（续—2017.09）
鲍瑞安（续—2017.09）
应朝阳
刘　波（2017.07—）
孙福康（续—2017.09）
夏怡辉（2017.09—）
林剑彪
丁水华（续—2017.05）

区政府重要会议

【区政府全体会议】　2月14日，区政府召开第一次全体会议。贯彻落实中央、省委、市委经济工作会议、全市“树补求走”总结表彰暨再动员部署大会以及区党代会、区“两会”精神，回顾总结2016年区政府工作，全面部署2017年区政府重点工作任务，动员全区政府机关工作人员积极投身定海率先高水平全面小康社会建设。会议通报表彰2016年度政府工作创新奖、政府质量奖获奖单位，通报2016年度全区重点项目完成情况。

【区政府常务会议】　2017年，区政府召开常务会议15次。

1月12日，主要讨论、研究事宜：审议《舟山市定海区2016年国民经济和社会发展计划执行情况与2017年国民经济和社会发展计划草案》；审议2017年区政府候选民生实事项目；审议《关于舟山市定海区2016年财政预算执行情况和2017年财政预算草案的报告》；审议《政府工作报告》；审议2016年区政府工作创新奖获奖项目；审议2016年区政府质量奖获奖单位。

1月20日，主要讨论、研究事宜：审议《实绩亮相活动方案》；审议《中国（舟山）海洋科学城定海园区建设实施方案》；审议《定海区突出环境问题领导包案任务分解方案》；审议《关于进一步加强耕地占补平衡管理工作的实施意见》；审议《定海区城市改造建设攻坚行动实施方案》。

2月23日，主要讨论、研究事宜：学习《如何处理依法行政与维护稳定的关系》；审议《金塘北部PPP实施方案》；审议2016年度定海区招商引资工作先进建议名单；听取关于和平路新泰区块三期处置方案事宜的汇报；审议2016年度定海区工业、科技各类奖项建议名单；审议《舟山市定海区生态文明建设示范区建设规划》。

3月15日，主要讨论、研究事宜：审议2016年度定海区固定资产投资考核优秀单位建议名单；审议2016年度定海区服务业发展奖和服务业明星企业建议名单；审议《定海区开展行政审批服务“最多跑一次”改革实施方案》；审议《关于建设占用耕地指标费用调整涉及历史遗留问题处置的指导意见》；审议《定海区2017年度土地整治工程计划》；审议定海区“五水共治”相关政策及2016年度先进建议名单；听取浙江增洲造船有限公司帮扶事宜的情况汇报。

4月29日，主要讨论、研究事宜：审议定海区安全生产委员会及专业安委会组织结构设置及工作规则；审议《关于沿港西路（竹山门）旧城改造区块房屋征收的决定》；审议《关于定海环南工业园区（一期）旧城改造区块房屋征收的决定》；审议关于舟山弘生房地产有限公司申请抵押借款相关事宜。

5月14日，主要讨论、研究事宜：审议《舟山市定海区个人住宅划拨用地补交出让金标准》；审议《城区建设开发公司、城乡建设集团闲置房产处置方案》；审议舟山弘生房地产有限公司抵押借款相关事宜；审议《桔园南区5幢C级危房解危方案》；审议《关于旧城改造、农民公寓房等项目公共配套用房补办土地使用权出让手续有关事项的汇报》。

6月12日，主要讨论、研究事宜：审议2017年定海区融资计划；审议关于定海区长白岛南外塘外涂围垦工程前期咨询研究及工程设计工作内容采用整体打包邀请招标的有关事宜；审议关于百里滨海大道定海段一期（Ⅳ标段）绿化和相关景观配套工程采用直接发包的有关事宜；审议舟山市定海区交通大会战方案；听取中澳现代产业园基础配套设施建设PPP项目实施方案编制情况汇报；审议定海区拟入围行业发展引领企业和创新成长型企业；审议关于进一步发展壮大工业经济的若干政策；审议定海区“千名干部进百企”服务季活动实施方案；听取区城区建设开发公司、区城乡建设集团闲置房产处置工作汇报；审议关于支持上海瑞金医院舟山分院人才队伍建设的若干政策意见。

6月28日，主要讨论、研究事宜：审议嘉德远洋有限公司帮扶政策；审议定海区经济担保公司2017年度代偿方案。

7月19日，主要讨论、研究事宜：学习《行政协议的法律特征、主要类型及司法适用》；审议《中共舟山市定海区委区政府办公室关于进一步完善专业招商工作机制的通知》；听取德勤集团破产重整工作汇报；听取华晟牧场数字农业建设试点项目情况汇报；讨论审议《定海区水利工程运行维修养护管理办法》；听取区交投集团组建方案汇报；听取关于补助东海舰队后勤部马龙山经济适用房项目建设资金的汇报；听取中澳现代产业园基础配套设施建设PPP项目情况汇报。

8月22日，主要讨论、研究事宜：讨论决定运输建筑装潢垃圾单项工程进盐仓街道交易平台邀请招标的事宜；审议《定海区非法上路、非法营运车辆综合整治工作实施方案》和“两非”车辆回收奖励政策；审议《关于加快发展农渔村集体经济的若干意见》；听取德勤破产重整涉及国资处置情况的汇报；听取73省道匝道线型优化方案的汇报；听取建立定海区城市建设文明施工制度的汇报；听取新泰（三期）区块处置方案的汇报；听取旧城改造相关项目委托建设管理事宜的汇报；审议白虎山路、工农路、小洋岙区块征收的决定；听取下半年工农路等5个旧城改造区块新旧房产基准价相关问题的汇报；听取关于要求调整白泉区级乡村居住小区综合用房用地性质的汇报；讨论决定关于对上海瑞金医院舟山分院提前补助贷款贴息的相关事宜。

9月21日，主要讨论、研究事宜：听取关于区行政服务中心东山路分中心装修改造工程相关情况的汇报；审议《定海区社会治安动态视频监控系统建设三年规划（2017—2019年）》；听取关于浙江科力尔环保设备有限公司股改帮扶工作方案的汇报；听取关于调整2017年度定海区公租房分配政策的汇报。

10月25日，主要讨论、研究事宜：学习《海事审判突出法律问题分析》；审议《中共舟山市定海区人民政府党组工作规则》；听取关于调整澳牛项目用地结算标准的情况汇报。

12月3日，主要讨论、研究事宜：听取关于中石油、中石化加油站新建、迁建相关情况汇报；听取关于招商局港口滚装物流基地项目相关情况的汇报；审议《2018年定海区重点建设项目及政府投资项目年度计划》；审议《关于2017—2019年镇（街道）财政管理体制的实施意见》；审议《关于舟山市新茂百货有限责任公司向国资借款事宜的报告》；审议《2013—2016年度区劳动模范和模范集体评选结果》；审议

《关于进一步加快农渔业发展的若干意见》；听取关于新一轮基准地价更新工作的汇报；审议《关于小洋岙、念亩墩区块房屋征收的决定》；听取关于要求解决相关规划编制经费的汇报。

12月4日，主要讨论、研究事宜：听取关于定海区服务业发展"十三五"规划情况的汇报；听取关于329国道舟山段改建工程互通优化项目报批情况的汇报。

12月29日，主要讨论、研究事宜：审议《关于舟山市定海区2017年政府民生实事代表票决项目完成情况和2018年政府民生实事候选项目情况的报告》；听取"定海十景"评选工作情况汇报；审议《区长坐堂"最多跑一次"活动实施方案》和《局长坐班"最多跑一次"活动实施方案》；审议《全面深化行政复议体制改革实施方案》；听取关于"风情乡村"建设名单的汇报；听取关于宇培舟山冷链产业园项目招商奖励政策兑现情况的汇报；听取关于舟山波士特气体有限公司"两证不全"补办情况的汇报；审议《中共定海区委定海区人民政府关于推进安全生产领域改革发展的实施意见》；审议《定海区城市精致建设"十大公约"》；审议《关于进一步加强安置房建设管理的意见》；审议《首届定海花卉节活动方案》。

【区长办公会议】 2017年，召开区长办公会议10次。主要议题为听取上月内区政府各口子工作汇报及对政府月度工作进行部署。

【区政府专题会议】 2017年，区政府召开专题会议44次。主要议题有：研究富翅门大桥弃土和石料装运处置相关事宜；研究舟山供电公司仓储物流基地项目土地取得、政策处理等相关事宜；研究港内小船整治纳规工作相关事宜；研究环南街道蓬莱社区管理用房不动产登记相关事宜；研究艾格拆迁安置小区（一期）工程相关事宜；研究馨港苑（原名弘生世纪城北侧小区）二期项目审批相关事宜；研究环南工业园旧城改造区块涉及舟山市城市建设综合开发管理办公室房屋征收政策处理事宜；研究2017年下半年旧城改造工作计划；研究定海区原电影放映站机构撤销后资产处置等相关事宜。研究马龙山经济适用房项目相关事宜；研究马岙街道青竹园不动产登记相关事宜；研究协调上圆山民爆物品运输装卸相关事宜；研究长宏国际项目城市建设配套费减免事宜；研究浙江增洲造船有限公司帮扶有关事宜。研究舟山富申纸业有限公司整体搬迁相关事宜；研究定海凯虹广场项目综合验收相关事宜。研究定海西部海域烟墩航道设施移交相关事宜；研究定海交警大队盐仓中队营房建设相关事宜；研究生猪定点屠宰监督管理职责移交相关事宜；研究浙江金鹰集团有限公司里廻峰厂区剩余土地开发利用相关事宜；研究S321（72省道）定海至盐仓段改建工程相关事宜；研究环南街道大猫村拆迁安置房屋价格结算事宜；研究城市建设管理项目分工调整事宜；研究宁波舟山港主通道工程水电、通信管线迁建相关事宜；研究舟山市定海区白泉镇金山村福寿禅寺暂缓拆除相关事宜；研究嘉杰汽车综合销售服务中心项目竣工验收相关事宜；研究定海区东园新村111—113号2014年解危翻扩建及权证办理相关事宜；研究定海成才机电厂拆迁安置地块开发相关事宜；研究岑港"7·20"石油长输管道泄漏抢修相关事宜；研究马岙变新设10千伏双回线路至干䃎环网工程相关事宜；研究大陆引水三期工程大沙调蓄水库料场弃渣的处理及运输等相关事宜；商议册子大沙湾围区垦造水田项目相关事宜；研究西大塘围垦土地出让金结算等相关事宜；研究盐仓城乡环境综合整治项目（废品收购处理点）相关事宜；研究东风雪铁龙4S店一期、东风悦达起亚4S店二期项目不动产登记证办理事宜；研究环南新村7号楼602室等三套房屋产权划转事宜；研究舟山市华日物资再生利用有限公司政策处理问题；研究文化创意产业园运营事项；研究浙江精功农业发展有限公司综合楼房产证办理事宜；研究富翅门大桥工程料场弃渣处置等相关事宜；研究规范利用西大塘围垦土地相关事宜；研究马岙小舟黄岩涂塘及区域内河道水系工程建设相关事宜；研究金塘北部东片区基础配套设施建设项目（一期）石渣回填工程建设程序完善及质量监督相关事宜；研究三江污水处理厂项目相关事宜。

区政府重要工作和重大决策

【推进海洋经济转型升级】 推进供给侧结构性改革，现代海洋产业集群发展框架全面拉开，海洋经济增加值增长8.8%。"工业强区"综合评价升至全省第32位，区本级规上工业总产值、增加值分别增长14.2%、13.5%。船舶制造研发取得新突破，首制2万吨级江海联运直达船，国内首艘液化天然气存储及再气化船开工建设。机械制造业加快转型，金鹰三元锂电池正极材料、科鑫重工耐腐蚀钢管项目建成投产。农副食品加工业列入传统制造业改造提升省级试点，集聚大洋世家、兴业集团等一批远洋水产品捕捞加工龙头企业。海洋战略性新兴产业发展取得突破，中电科39所等海洋电子信息企业相继落户，成功招引军民融合企业6家。现代服务业持续向好，集装箱吞吐量首次突破100万标箱，港口货物吞吐量达到1.46亿吨。和平路商业中心等商贸综合体和三农农副产品综合批发市场基本建成。南洞艺谷成功获评国家AAA级景区，舟山群岛旅游咨询服务中心基本建成。农渔业稳步发展，省级农业综合开发现代园和岑港、马岙现代生态循环农业示范区全面建成。粮食生产功能区、"菜篮子"蔬菜基地面积分别达到2万亩、1.1万亩。新增水产精养面积273亩，远洋渔业捕捞产量突破10万吨。

【深化改革开放创新】 把握系列国家战略机遇，区域发展新动能逐步积聚。实施加快创新发展三年行动计划，工业技改投资增长8%，成功列入省两化融合示范区。建立运行定海海洋科学城，挂牌国家海洋电子信息产业基地定海园区，注册引进企业63家。中集集团、正威集团等6家"中"字头、世界500强企业与本地企业开展并购重组，龙文精密设备挂牌新三板。新认定高新技术企业 12 家、省级企业研究院1家，华业塑机获评省"隐形冠军"企业（指某个领域占据国内或国际市场绝大部分份额，但社会知名度不高的中小企业），落户"5313" （指"5313"行动计划，即从 2013 年起，力争在 5 年内，紧紧围绕新区发展战略，重点在海洋新兴产业和传统优势产业领域引进 500 名左右海内外科技创业领军人才，引进 30 个科技创业领军团队，培养 100 名科技创业家，力争 30 名列入国家、省"千人计划"）科技创业领军人才企业7家，引进"国千"赴定创业人才3名。重点平台开发开放水平不断提升，区本级固定资产投资增长5.1%。加快推进中澳现代产业园基础设施建设，澳洲跨境商品直购体验中心一期建成投用。舟山国际粮油产业园区热电联产及散粮输送带基本建成，良海粮油一期竣工验收，精功农业顺利投产。国家远洋渔业基地获批国家科技兴海产业示范基地，远洋渔业小镇考核位居全省前列，远洋进口水产品交易市场主体完工，宇培舟山冷链产业园项目等加快推进。西部国际化油品储运交易基地油品库容持续提升，外钓油品应急储运油库基本建成。加快实施定海工业园区中小企业孵化基地项目，武船重工、招商局集团等大型企业相继引入。新增口岸开放面积28.7平方千米。宁波舟山港主通道政策处理刷新"征迁速度"，329国道舟山岑白段、500千伏联网输变电工程顺利开工，甬舟铁路首末站落户白泉。招商区域拓展至中西部城市，新引进亿元以上产业项目21个。"最多跑一次"事项比例达到98%以上，不动产登记、商事服务、项目审批等实现"一窗受理、集成服务"，长白、盘峙等地实现"办事不出岛"。完成临城街道行政区划调整，挂牌成立城市管理局、海洋行政执法局，建立安全生产专委会制度。成功发行17.76亿元公司债和4.5亿元项目收益债。基本完成土地承包经营权确权登记颁证，获评全国农村集体"三资"管理示范区。

【提升全域城市化水平】 深化品质城市建设，全域统筹向纵深拓展。城中村（旧城）改造力度空前，竹山门、小洋岙工业区等13个区块征迁完成"百日攻坚"，签约率100%，完成改造44.8万平方米，超过旧城改造启动7年来的总和。创新实施"六个当年"工作机制，提前完成所有改造区块控规和城市设计，半年内上李家等区块实现征迁启动到土地摘牌。创新实施环南工业区土地招标挂牌复合式出让。推进定海湾建设，区体育公园开工奠基，电视塔灯光亮化工程启动实施。细化完善对古城核心区的保护和活化利用及五山公园绿道规划方案。加快建设芙蓉洲路等4条特色街区。城市细节更加精致，全面推行绿色围挡，深入开展"啄木鸟"行动。推进城乡环境综合整治十大专项行动，完成户外广告整治任务，重点区域废品收购站实现"清零"。"两非"车辆综合整治顺利推进。人民南路夜市成功退市。东河南路、横河路全面贯通，西山路、环城北路、蟠洋山路等8条断头路、瓶颈路完成政策处理或启动建设，新增停车位1779个。金塘、白泉城市化步伐不断加快。完成首批小城镇环境综合整治。创建"美丽海岛"社区5个、省级重点历史文化保护与利用村落2个，新建社区、柳行社区分别入选"中国最美村镇50强""全国文明村镇"。建成美丽风景示范线25千米、彩色健康森林2200亩，"南洞最美公路"建成通车，获评省级首批"四好农村路”示范区。成功创建“清三河”达标区，159处劣Ⅴ类小微水体提前剿灭并通过省级验收，西北污水处理厂启动试运行，农村生活污水终端监控实现全覆盖，盐仓大河获评省级“最美家乡河”。超额完成“三改一拆”三年任务，拆后利用土地223万平方米。通过中央环保督察和国家海洋专项督察，关停污染企业16家。建成强排泵站19座，完成河道治理18.2千米。有力保障大陆引水三期等项目顺利推进。

【社会民生事业加快发展】 坚持以人民为中心，十个方面民生实事项目高质量完成，民生支出达到26.2亿元，占一般公共预算支出的72.2%。加快推进扶贫开发奔小康工程，建立零就业家庭动态归零帮扶机制。实现医保跨省就医直接结算，全面承接市级下放的人力资源与社会保障职权。定海第五社会福利院、区居家养老综合服务中心、环南敬老院投入使用。残疾人家庭无障碍设施服务实现全覆盖。交付使用保障房1869套，城区75幢D级危房全部解危。柳永文化广场建成开放，金塘文化中心建成投用，新建农渔村文化礼堂5座。建成全国首条海岛国家登山健身步道，举办首届“三毛散文奖”“神行定海山”国家登山健身步道联赛总决赛。通过省教育基本现代化区创建评估，白泉高中、廷佐小学等中小学完成改扩建，城北、和平路、金塘大丰等7个幼儿园建设加快推进。瑞金医院舟山分院一期建设完成，区中心医院救治能力有效提升。完善精准化社会治理源头防控体系，建成基层治理体系“四个平台”，全科网格规范化试点建设稳步推进。打击“三强三霸”、非法集资等违法行为，电瓶车物联网智能管控取得实效。推进互联网金融风险整治，取缔相关机构36家。完成水路货运船舶安全三年整治行动，安全生产三项指标持续下降。成功夺取“平安金鼎”，圆满完成中共十九大等维稳安保任务。

【提高政府效能】 严守政治纪律和政治规矩，按照全面从严治党的要求从严治政，政府行政能力和水平持续提升。深入学习贯彻中共十九大精神和习近平新时代中国特色社会主义思想，推进“两学一做”学习教育常态化、制度化。建立健全区政府党组工作规则，开展“担当‘棋’中争先锋”活动。全面加强党风廉政建设，领导干部带头履行主体责任、落实“一岗双责”。严格执行中央八项规定精神，一般性支出削减5%以上。行政效能持续提升，深入实施“互联网+政务服务”，全面落实“两集中、两到位”。“千名干部进百企”活动成效显著，走访企业600余家次，解决实际困难121个。建立“六位一体”联动督考、“双学双比”、实绩亮相等机制，完成“最后一平米”攻坚22项。全面实施“七五”普法规划。建立实行公益诉讼联席会议制度、区政府常务会议“学法30分钟”制度。自觉接受区人大及其常委会的法律监督、工作监督和区政协的民主监督。坚持城中村（旧城）改造计划、规划等重大事项决策出台前向人大报告、与政协协商。办理人大议案建议、政协提案276件，满意率和基本满意率达99.6%。军民、军政联系更为紧密，档案、史志、民族宗教、物价、人防、反邪教、侨务、对台、老龄、慈善、供销、气象等工作取得新成绩。

（撰稿：周燕峰）

政府信息化工作

【概况】 2017年，围绕“智慧定海”政务信息云建设目标，整合集约，巩固提升，确保安全，保障互联网大会等重要时期全区政府门户网站群系统、OA办公系统安全、稳定，为全区各单位做好信息化协调、指导和技术支撑工作。

【拓展政府信息服务功能】 深化全区视频监控共享平台建设，完成全区视频监控平台升级改造和视频资源地图展示建设，为全区各镇（街道）、区属单位提供视频共享服务。配合完成浙江省“最多跑一次”政务服务网电子印章系统建设，加快系统对接，为全区

7月25日，举办定海区政务移动办公系统建设培训会

各单位登记发放电子印章。配合做好基层治理体系“四个平台”信息系统建设。

【完成政府信息云搬迁】　2017年，配合全市信息化平台统一，进行整合资源、集约建设，将区政务信息云、政府门户网站群、协同办公系统及其他应用系统整体迁移到市海洋云平台。搬迁前，做好IP地址、设备、网络结构等资料的整理准备和技术讨论工作，搬迁时，做好各相关厂商的协调工作和新平台的技术学习及维护工作。9月，区政府网站群（7台虚拟机）整体迁移到网络环境更安全稳定的舟山市电子政务云平台（有1个主站和101个子站），内网部署，外网单一端口访问，实现“统一平台，统一运维，统一安全保障”。

【加强区级网站防护】　为加强全区政府网站的安全管理和防护，保障网站安全稳定运行，有效应对各种网络安全威胁，根据全区政府网站分布特点和安全现状，按照“明确责任、统一管理、实时监测、集中防护”的原则，在全区集中开展政府网站安全防范专项建设。完成政府网站信息安全等级保护工作和安全加固工作，以各网站单位主体负责制原则，完成网站群102个网站信息安全等级保护测评，并根据测评结果，对存在的问题进行查漏补缺。开展政府网站安全监测，通过专业单位对网站群进行漏洞扫描和7×24小时不间断监测，及时发现问题，并要求网站维护单位随时待命，排除问题，降低网站安全风险。2017年全区网站未发生安全事故。

【做好技术维护工作】　2017年，先后为区人劳社保局、区统计局、区财政局、区机关事务局等20多家单位网站入驻电子政务云平台做好服务器配置、IP规划、安全防护工作，为社会服务受理平台市区合并做好技术支撑工作。新增OA联合发文流程及文件模板171次、新增电子章143个、变更OA账号154次、网络远程处理OA故障411次、日常故障维护技术支持及现场维护处理582次、参与视频会议技术支撑79次、大院内机房全面巡检11次。

（撰稿：郭　祥）
（本分目照片由区指挥中心提供）

政务服务管理

【概况】　2017年9月15日，区社会服务管理指挥中心体制调整，原由区指挥中心承接的市社会公共服务与监督中心（市“12345”热线）下达的政务服务工单正式由区信访局承办，6名经办工作人员划归区信访局。12月13日，应急联动工作正式划归区公安分局，区指挥中心2名原应急联动工作人员负责培训跟班工作。根据区委基层治理“四个平台”建设协调会议精神，11月13日起，区指挥中心承担镇（街道）与区属部门之间的“四个平台”信息综合协调工作。

4月20日，召开定海区社会服务工作联席会议

【畅通服务渠道】　2017年1月1日至12月31日，区指挥中心受理各类群众诉求9489件。受理件中，市社会公共服务与监督中心下达6110件，市应急联动中心下达1604件，网络问政612件，平安通114件，四个平台1049件。经回访，政务服务类办结率为96.3%，满意率为95.5%。

（撰稿：郭　祥）
（本分目照片由区指挥中心提供）

外事侨务、港澳事务

【概况】　2017年，区外侨办（侨联）在区委区政府的正确领导和市外侨办、市侨联的精心指导下，围绕区委区政府中心工作，团结全区广大归侨侨眷、留学人员及其眷属，服务侨界群众，各项工作取得一定成绩。

【因公出国（境）及外国人来华审核】　2017年，区外侨办审核因公赴港自组团组2批次13人次，因公出国自组团组2批次12人次；审核参加省市因公赴港团组1人次，参加省市因公出国团组6人次。为13家涉外企业办理40份邀请函，邀请外国人68人次。

【推进友城工作】 加强定海与友好城市之间的交流合作，着重做好定海与匈牙利文化交流活动，提升定海海外知名度

匈牙利国际广场正式启用 1月19日，主题为“美丽匈牙利·魅力定海山”的匈牙利国际广场正式启用仪式在定海区盐仓街道举行。区委常委、常务副区长毛铁年以及匈牙利驻上海总领事馆文化和教育领事辛莉薇和领事安德烈·拉尤西出席仪式。

1月19日，匈牙利国际广场正式启用

匈牙利驻沪总领事访问定海 12月13日下午，区委副书记、区长侯富光会见匈牙利驻上海总领事馆总领事博岚。双方就商贸往来、文化提升等方面如何进一步加强交流合作进行深入沟通。侯富光对博岚一行的到访表示欢迎，并简要介绍定海经济社会发展情况，以及匈牙利馆的建设情况。博岚一行感谢定海区的热情接待，希望通过匈牙利馆及其他各个领域项目的合作，拉近两国城市之间的距离，互通有无，促进双方的共同繁荣发展。

【深化千校结对】 将千校结对工作列为区外侨办年度重点工作，搭建国际交流平台，开拓千校结对领域，加强与海（境）外中小学的交流工作。7月4日，定海六中研学团赴香港，与“姐妹学校”香港钟声慈善社胡陈金枝中学开展教育交流访问。7月19日，定海五中与定海二中两个研学团赴新西兰，分别与新西兰布洛克豪斯海湾中学和新西兰诺斯科特中学开展教

12月13日，区长侯富光与匈牙利驻沪总领事博岚互赠礼物

育交流访问。在一系列互动交流、相互了解后，定海五中和兰布洛克豪斯海湾中学、定海二中和诺斯科特中学分别签订友好合作协议，正式结为姐妹学校。

【以侨引才引智】 做好海外高层次人才工作，服务人才强区战略。

续签引才引智工作站协议 1月4日，在区外侨办（侨联）办牵线下，区人才办与留美博士姚海涛签订《共建中国定海·美国海外引才引智工作联络站续签协议书》。姚海涛继续全面负责联络站的工作，定期向海外人才宣传定海经济社会发展概况、重点产业布局和产业政策信息，物色带技术、带项目、带资金的高层次人才和团队到定海落户创业，为定海引进一批海洋经济发展急需的领军人才。

旅美高层次人才参访团走进定海 7月25—26日，举行旅美高层次人才舟山群岛新区定海行暨人才

7月25日，旅美高层次人才参访团举办座谈会

交流参访团座谈会，姚海涛带领10位美籍华人走进定海，开展考察访问。活动期间，参访团成员与各相关单位负责人、专业人士进行座谈，在投资创业、国际金融、社会管理、城市规划及建设、自贸区建设及大宗商品交易等多方面进行广泛交流和探讨，为舟山新区建设提出大量宝贵的意见和建议。参访团还在项目落地、人才引进等方面与所考察的园区和企业负责人进行洽谈。

【加强联络联谊】 2017年，区外侨办接待重点华人华侨、港澳居民、外国友人22批次，145人次。

开展形式多样的活动 2月9日，组织归侨侨眷、港澳居民眷属、留学人员眷属40余人参加市侨联在“侨之家”举办的元宵活动。5月27日，组织归侨侨眷、港澳居民眷属、留学人员眷属30余人开展“粽情定海迎端午”包粽子联谊活动。9月11日，组织归侨侨眷参加中医养生讲座。9月30日，组织归侨侨眷、港澳居民眷属、留学人员眷属40余人参加市侨联“新区梦、故乡情”2017全市侨界迎国庆·庆中秋茶话会。11月16日，区外侨办（侨联）与昌国街道“侨之声”艺术社共同策划，在舟山剧院举办以“共宣十九大·同筑中国梦”为主题的文艺演出，并组织定海区200余名侨胞侨眷观看。

11月16日，举办“共宣十九大·同筑中国梦”文艺演出

6月，香港特区行政长官林郑月娥给定海区发来感谢函，感谢定海区委区政府在她当选香港特区第五任行政长官人选时的发函致贺。感谢函说，香港与内地交流频繁，林郑月娥祖籍舟山，对之尤其怀有一份乡情。作为国家对外经贸现代化建设的重点试验场，舟山发展前景无可限量，而香港在金融、贸易、物流方面能担当各省市理想的合作伙伴。她期待今后香港舟山携手并肩，把握当前机遇，为国家与两地人民创造更大繁荣。她亦表示希望能早日再访舟山，了解舟山最新的发展。

【构建和谐侨界】 关注归侨侨眷民生 2017年，区外侨办（侨联）走访慰问重点及困难归侨侨眷、港澳居民眷属、外籍华人眷属110人次，发放慰问品、慰问金6.4万元。做好涉侨信访工作，维护侨胞合法权益。为华侨华人、港澳居民的子女办理入学证明4人次，受理华侨回国定居手续2人次。接待受理涉侨来信来访5件7人次。浙江省爱乡楷模、舟山市荣誉市民王福元的夫人逝世，区外侨办（侨联）特向家属发唁电慰问；海外金塘人联谊会会长林伟祥的父亲去世时，区外侨办（侨联）专程前往吊唁慰问。

筹建长白“侨思馆” 爱国爱乡华侨滕宝友于20世纪70年代捐赠的长白友谊电厂被长白电管所接收，为妥善处置友谊电厂变卖后的款项，区外侨办（侨联）与小沙街道多次沟通，在征得捐赠人子女的同意后，共同决定将该款项用于长白社会公益事业和建造长白“侨思馆”。相关各方对“侨思馆”的选址、风格定位、装修布局、展馆内容做了讨论，长白籍华侨傅岳云捐赠1套房产作为“侨思馆”场馆。

【区侨联工作】 3月23日，召开区侨联六届二次全委会，增免区侨联七届委员、常委、主席，审议通过区侨联工作报告决议。6月21日，组织各镇、街道统战工作分管领导、侨务干部和有关社区“侨之家”负责人参加市侨联举办的侨务干部培训班，进一步做好新时期侨联工作明确方向。6月22日，组织学员赴丽水进行交流，学习利用侨务资源、打造侨联品牌、发展侨乡特色等方面的经验。

【基层侨台联工作】 1月6日，小沙街道侨台联合会第一次代表大会召开。会议审议通过街道侨台联合会章程，选举产生第一届理事会理事。全区11个镇、街道全部建立侨台联合会，实现侨台联组织的全覆盖。是年，定海区各基层侨联在各个节假日期间，走访探望侨胞，举办多项丰富多彩的联谊活动，如迎新春侨胞座谈会，元宵灯谜竞猜，立夏送蛋送温暖，端午送上“爱心粽”，迎中秋·庆国庆联谊会、重阳暖侨敬老，暑期进社区为孩子们开展道德讲座等。定海区环南街道侨台联、定海区昌国街

5月27日，“粽情定海迎端午”包粽子联谊活动

道侨台联、定海区金塘镇侨台联被评为2012—2017年度全市侨联系统先进集体。

（撰稿：王　凯）

（本分目照片由区外侨办提供）

台湾事务

【概况】　2017年，区台办在区委、区政府的正确领导下，在上级台办和区委统战部的关心指导下，按照中央对台工作方针政策和省委、市委对台工作会议精神及部署，以做好台湾人民工作为主线，围绕全区工作大局，推进定台两地经济社会等领域的交流合作，开创全区对台工作新局面。

【加强接待联谊】　以乡情、亲情、友情为纽带，加强与舟山籍台胞、“大陆配偶”及其第二三代的联络联谊。做好台胞到定海的接待服务工作，重点是同乡会到定海考察、重点人士返乡探亲的安排接待。是年，接待台北、基隆舟山同乡会、姐妹互助协会、重点人士等9批125人次。

在新年、春节等传统节日之际，通过电话、微信、邮箱、贺卡等各种形式，向在台湾的同乡会、重点人士和第二三代台胞等送去节日的问候与祝福，增进相互间的感情。新建定海籍大陆学生微信群，做好日常的联系沟通，加强陆生的管理和服务工作。

6月6日，参加浙台邻里节暨第三期“海相连心相印”——舟山籍台湾家庭寻根之旅的10户台湾家庭走访定海，到岑港万花谷休闲农庄与定海当地家庭，开展“舌尖上的美食”——定海台湾联谊活动。定海当地家庭为来访的台湾同胞现场制作麻球、海苔粢饭糕、鸡蛋卷等，让台湾客人品尝到家乡传统特色点心的味道。台湾家庭现场演示制作珍珠奶茶，让在场的定海朋友领略奶茶的正宗台湾口味；大家把用台湾高山茶、高粱酒和梅子制作的茶冻摆成“心”形，寓意两岸一心。

【对台交流工作】　借助三毛名人效应开展文化交流　是年，定海区通过新建三毛纪念馆和三毛书吧、成立三毛研究会、开展“三毛散文奖”活动等，深化台湾女作家三毛——“定海小沙女”这篇文章。自首届“三毛散文奖”新闻发布会召开后，联络台湾联合时报、旺报两家媒体以电子和纸质形式，在台湾地区开展“三毛散文奖”作品征集活动的宣传。征集到台湾作者的单篇散文5件、散文集2部，其中蔡怡的《烤神仙》入选散文集终评备选篇目，杨荞思的《真怕死集市》入选单篇散文终评备选篇目。邀请陈杰夫妇、陈田心母女及台湾联合时报记者参加4月20日举行的“三毛散文奖”颁奖典礼，并出席“当代散文创作研讨会”，向获奖者赠送从台湾带来的三毛书集。组织定海小学和台湾国姓小学的学生，在以《一定去海边》为主题的颁奖典礼上，共同演唱三毛作词的歌曲《橄榄树》。10月21日，联合文化部门开展“梦与远方，故乡情怀”三毛作品诵读会，用诵读、歌曲、演奏、交流的方式，表达对三毛的追忆和喜爱之情。

校际互访深化青少年交流　围绕“相亲相爱一家人”主题，做好两岸青少年交流。4月18—20日，邀请台湾南投县国姓小学教育参访团一行32人，到定海小学开展校际交流活动。21位台湾小学生与定海小学小学生进行“1+1伙伴”结对并互赠礼物。台湾

10月21日，“梦与远方 故乡情怀”三毛作品诵读会

小学生还到结对小伙伴家作客，进一步了解定海的风土人情。

台湾南投县国姓小学参访团与定海小学师生代表在定海小学合影

12月10日，定海小学应邀赴台湾基隆信义小学和南投县国姓小学进行互动交流。课程和活动融语文、历史、地理、素质拓展、爱国主义教育于一体，让孩子们接受知识与中华文化的洗礼。定海小学与国姓小学签订友好合作协议，建立两所学校长期合作和互访机制。

服务大局推进基层交流　是年，通过“请进来、走出去”相结合的方式，推进民间基层交流。4月，基隆市商业总会一行39人到定海参访。在交流过程中，区招商局介绍定海的基本区情、投资环境、产业布局等相关情况，并就有关交流合作事项与参访团进行探讨。9月，区台办随市参访团赴台湾，回访基隆市商业总会，到南投县国姓乡，与国姓乡民代表会、农会、有关小学、社区和部份村里长进行交流，结交新朋友，增进与老朋友的友情。10月23日，国姓乡农会的农业交流团一行20人到定海区参访。考察新建社

10月23日，定海—南投国姓农业交流座谈会现场

区南洞艺谷，参观白泉镇舟泉果艺园的葡萄和红心火龙果种植基地。与舟泉果艺园负责人交流火龙果的培育、种植技巧，相互分享种植经验，了解本地精品水果的种植情况。与定海区农民合作经济组织联合会有关人员进行座谈，就联合会、农会的组织运行机制，农民种植技术提高帮扶，通过电商平台扩大农产品销售等方面进行交流。

【服务台胞台属】　2017年，定海区有定居台胞15人，滞留台胞7人，在定海就读中小学的台湾籍学生29人，在台湾就读大学的陆生14人。在春节、中秋、重阳等节日，走访慰问困难定居台胞、滞留台胞34人次，重点台胞台属15人次，发放慰问金4万余元。做好涉台信访服务工作。为台胞子女办理台胞身份证明、协助办理遗产继承、寻人等涉台事务10起，调解处理金塘租屋、马岙、双桥房屋纠纷、白泉祖堂等涉台信访事件10余起，接待来访来电30余人次。

10月21日，为庆祝“中共十九大”胜利召开，迎接重阳节，区台办联合民革定海支部、定海团区委、环南街道在西园社区小公园开展“共庆十九大、共度重阳节、共圆中国梦”主题宣传庆祝活动。区台办在现场布置10余块涉台政策和“十九大”介绍的宣传画板；民革定海支部、定海团区委的医生志愿者到现场为社区居民、台胞台属等开展免费推拿、针灸、义诊、送药等活动。活动期间，区台办、民革定海支部走访慰问环南街道9户台胞老人，区台办为每位台胞送上重阳礼物，民革定海支部的专家医生为每一位老人送上一份常用药品。

社区居民观看“共庆十九大　共度重阳节　共圆中国梦”涉台政策宣传画板

【因公赴台管理】 2017年，审核因公赴台自组团组1批次6人次；审核参加省市因公赴台团组6人次。

【捐赠资金管理】 做好台胞贝有添家属、王颜林家属与区教育局之间的联系沟通，加强捐赠资金的跟踪监督管理，确保捐赠资金按相关规定合理使用。是年，贝有添奖教奖学助学金30万元，杨兆雄助学金增加到10万元，张荫亚助学金增加到5万元，王颜林助学金增加到10万元，新增定海龙源四方企业总经理陈璟森助学金5万元，总计60万元。至2017年，贝有添及家人累计捐赠资金400万元，王颜林累计捐赠资金78万元。

【台联会工作】 区台联会每季度召开学习座谈例会，组织学习相关涉台政策，开展联络联谊活动。10月26日，组织全体理事，学习中国共产党第十九次全国代表大会会议精神。指导理事做好在台亲属的联络交流，督促理事工作室做好台胞台属的信访接待和困难台胞走访工作，并将有关情况上报区台办。

（撰稿：王　凯）

（本分目照片由区台办提供）

审批服务与公共资源交易

【概况】 2017年，区审批服务与公共资源交易管理办公室以“最多跑一次”为目标任务，进一步创新审批服务方式、优化审批服务流程、精简审批材料、提升窗口服务，深入推进“最多跑一次”改革，打造高效优质的服务环境，切实提升群众和企业满意度和获得感。

各窗口受理各类行政审批事项10.79万件，比上年增加2.6%，办结数10.75万件，提前办结数10.72万件，占办结总数99.71%，日均办件430件，其中即办件3.17万件，网上申报数1.54万件，承诺时限较法定时限提速58.82%。收到社会各界送来锦旗34面，表扬（感谢）信195封。根据《浙江省“最多跑一次”改革抽样调查评估专报》，全区“最多跑一次”改革实现率89.5%，列全省89个县市区第七名，满意率99.5%，列全省89个县市区第四名。

区公共资源交易平台成交项目514宗，合计交易总金额43.58亿元，比上年增长99.42%，增收节支金额5.62亿元；各镇（街道）基层交易平台成交项目405宗（其中在区公共资源交易网上发布信息项目273宗），成交金额合计1.57亿元，增收节支金额734.20万元。

【推进行政审批服务“最多跑一次”改革】 梳理公布“最多跑一次”事项目录　公布全区事项清单1264个，可以实现“最多跑一次”事项1239个，涉及32个部门，占全部审批事项98.02%。确定全区镇（街道）权力事项106项，可以实现“跑一次”的事项94项，城市社区可以实现“跑一次”的服务事项58项，农村社区可以实现“跑一次”的服务事项67项。

规范事项受理标准和材料　全面梳理办理条件、材料等，清理不必要的各类证明和材料59份，消除模糊表述和隐性审批条件，制定标准化规范化的办事指南，为群众办事提供清晰的指引，解决群众和企业因事项受理标准不规范导致“反复跑”“来回跑”的问题。

落实“一窗受理、集成服务”改革　统一推进不动产登记、投资项目审批、商事登记、公安服务、其他综合事务等五大系列板块的整合工作，到综合窗口“一个窗”就能把“一件事”办成，不让申请人“多头跑”。不动产统一登记实行“一次叫号、一窗受理”模式，不动产登记事项实现“最多跑一次”，并实施不动产转移登记与水电气过户联动。投资项目审批整合发改、消防、住建、规划、环保、国土、水利、安监8个窗口，推行“前台综合受理、后台分类审批、统一窗口出件”模式。商事登记服务将原先各类商事登记、许可登记两大类型窗口统一整合为商事登记综合受理窗口，增设商事登记咨询、发证窗口。公安服务整合居民身份证、户籍迁移、许可等服务，

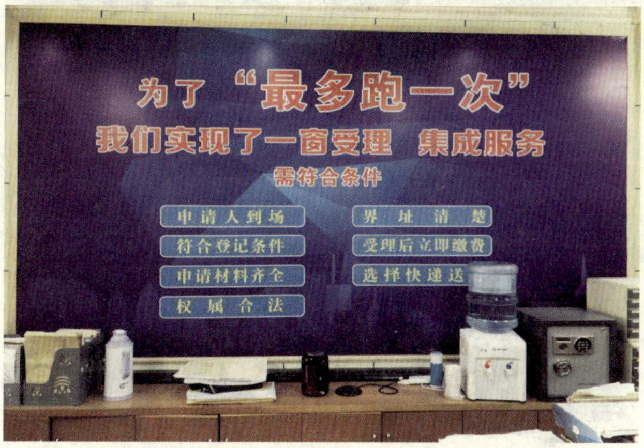

实现“一窗受理、集成服务”

设立3个公安对外专窗。其他综合事务业务涉及“五小行业”的审批，在实施先照后证后，实行每周二、五的联合踏勘、联合会签等办法。至年底，组织联合勘察84次，涉及236家“五小行业”。

加快投资项目审批速度　推进投资项目领域“最多跑一次”改革，加快审批速度。在总结企业投资项目“零审批”改革的基础上，探索企业投资项目承诺制改革，建立“轻审批、重监管”的新型审批制度。运行应用投资项目审批在线监管平台2.0版本，实现4个百分百目标（100%应用平台、100%网上申报、100%网上审批、100%系统打通），对投资项目进行全流程网上审批。是年，有34个项目通过平台进行办理。加大投资项目审批代办力度。利用区审交办审批资源集中的平台优势，为更多的企业提供“一个项目、一窗受理、一人全程代办、一个审批路线图和时间表”的保姆式服务。全年区级平台代办7个项目，其中政府投资项目2个，企业备案项目5个，涉及投资金额约15.88亿元。

整合政务资源　开展行政服务平台整合工作，将定海区7个分中心整合成2个分中心，形成全区政务服务“一主两副”的新格局，解决审批资源分散、群众办事“到处跑”问题，提升行政服务中心办事集中度。进一步深化“两集中、两到位”，全区进驻行政服务中心事项由808项增加到1198项，占全部事项96.2%，提升比例19.3%。为强化分中心的管理，制定出台《定海区行政服务中心分中心管理制度（试行）》《定海区行政服务中心分中心巡查制度（试行）》，按期对两个分中心进行巡查指导。

区行政服务中心西园分中心大楼

推进基层“最多跑一次”改革　以昌国街道和双桥街道进行“两集中、两到位”（事项全集中、人员全到位）试点改革，落实“中心以外无权力”。全区镇（街道）全面推进“一窗受理”改革，建立健全“5+X”的便民服务中心窗口设置，推行便民服务中心规范化建设。落实多级联动事项，完成事项目录52项网上配置，办结多级联动事项800余件。推进基层“办事不出岛”，梳理公布“办事不出岛”事项67项，办结“办事不出岛”事项3000余件，建立全程代办制度，打通群众办事“最后一公里”。

【规范公共资源交易操作】　加强公共资源交易监管控制采用邀请招标和直接发包的项目数量和规模，组织召开工程招投标审核小组会议6次，比上年同期减少5次。对42个政府投资项目改变招标方式的申请予以审核，项目总金额比上年同期减少4.5亿元，否决4个政府投资项目改变招标方式的申请，涉及金额2500万元。牵头做好政府投资建设项目标后履约

区行政服务中心东山分中心大楼

全区镇、街道“最多跑一次”现场会

情况检查，对5个项目的施工单位、监理单位作出总计扣60.25分的处理。督促、协调相关单位妥善处理异议、投诉、信访（举报）件等10余件，均得到顺利解决。

规范基层公共资源交易　建立健全相关制度，调整基层平台项目交易限额，修订完善适用于基层的招投标配套资料。联合区监察委员会、区财政局、区住建局、区审计局开展镇（街道）公共资源交易平台工程招投标制度执行情况专项检查，规范招投标与基建程序，有力保障基层工程建设有序加快推进。

【建设公共资源交易电子交易平台】　上线运行电子招投标系统　5月，电子招投标系统正式试运行，完成“线下实体交易场所”到“网上虚拟电子场所”的转变，招投标资料提交、交易信息发布、招标文件获取、场地预定、专家抽取、投标保证金缴退等交易环节实现“零跑腿”。是年，有140宗项目通过电子招投标系统完成招标。

开展镇（街道）招投标制度专项检查

升级政府采购电子化采购平台　完成区级“网上询价系统”与市级“网上竞价采购系统”、省级“政采云”平台平稳过渡，建立网上超市系统、询价、竞价采购系统，协议+批量采购系统、集中采购系统并上线运行。是年，完成协议询价项目和网上竞价项目200余宗，涉及资金3000余万元。抓好平台上线运营宣传培训，分3批组织电子招投标系统应用操作培训，制作“电子招投标系统操作手册”，宣传推介电子招投标系统，服务平台各交易主体。

【主动服务提升服务效率】　创新窗口服务方式　完善窗口考核制度，建立健全一次性告知、限时办理、容缺受理等制度，推行“即来即办”。全面实行免费“快递送证”服务、延时服务、上门服务、预约服务、网络预审、陪同服务等特色便民服务，做到让群众“跑一次”。是年，各窗口利用休息和节假日时间为企业和群众提供便民服务523次，其中预约服务111次，延时服务314次，上门服务98次。实施免费送证服务1210件次。

服务招投标参与方　推动“最多跑一次”改革向公共资源交易领域延伸，进场工程建设项目实行线上核准，仅保留2项进场招标项目核准材料。持续推行服务重点项目五个“优先”，优先服务区级重点项目、市级“三重项目”，提前介入、主动对接小城镇环境综合整治试点工程等招投标项目，为项目招投标提供招标指导和开标服务，建立健全绿色通道机制，实行容缺受理，优先安排开标场地，提前完成招标工作。全年完成重点项目招投标38个。其中，中澳现代产业园基础配套设施建设PPP项目，总投资22亿元，是全市第一个水利重大基础设施PPP项目，通过公开招标确定社会资本方进行投资、建设、运营，运营期满后无偿、完整地移交招标人。

免费“快递送证”上门

【打造清廉高效审批服务平台】　以党章为根本遵循，深入学习贯彻省、市、区党代会精神、中共十九大精神和习近平新时代中国特色社会主义思想，推进“两学一做”学习教育常态化、制度化。结合行政审批服务与公共资源交易工作实际，不断增强党员干部的政治意识、大局意识、核心意识、看齐意识。严明党的政治纪律和政治规矩，强化政治理论及廉政知识学习，严格落实中央八项规定，坚决反对“四风”，不断正风肃纪，自觉践行“三严三实”。坚持正确用人导向，规范权力运行，树立坚定的理想信念和宗旨意识，从源头上杜绝腐败，打造风清气正的审批服务平台。

举办中共十九大精神专题学习报告会

（撰稿：吕建飞）
（本分目照片由区审交办提供）

口岸海防和反走私

【概况】 2017年，区口岸与海防管理办公室紧紧围绕区委区政府决策部署，开拓创新、砥砺奋进，口岸扩大开放取得新突破，海防军民融合取得新进展，反走私综合治理取得新成效。

【水陆域扩大开放取得新突破】 金塘港区北部海洋产业及配套码头区、小李岙作业区和马岙港区干礁作业区开放划定获得东部战区同意并发文，新增开放面积28.7平方千米，全区口岸开放面积达511.8平方千米。调整马岙港区小沙作业区、干礁作业区（新增）上报市政府列入“十三五”首批扩大开放项目。

【重点项目口岸开放顺利推进】 浙江海洋石油化工有限公司、舟山金海船业有限公司（舟山市华丰船舶修造有限公司）通过省政府组织的口岸开放正式验收，新增口岸监管点2个，全区口岸开放企业达17家。

【重大项目口岸开放提前谋划】 紧密对接已建成项目口岸开放需求情况，加强已开放区域内建成项目口岸基础设施建设指导力度，为重大项目顺利实施保驾护航。做好光汇石油、应急油品等多个绿色石化基地配套项目开放前期准备工作。跟踪对接中澳产业园区、实华原油等项目口岸申报业务指导工作。继续保持和完善与省市口岸部门、各口岸查验单位和部队的联系，建立一种顺畅的沟通渠道，确保口岸开放工作顺利进行。

【完成定海口岸开放图册发行】 该图册是定海区首套口岸开放图册，涵盖金塘港区、岑港港区、马岙港区、定海港区等已开放区域、拟开放区域，图册包含全区深水岸线分布利用情况、开放航线和口岸监管点等内容。

【持续推进海防项目建设】 完成2016年度5条海防执勤道路建设任务，建设资金1965万元。获批2017年度海防项目12个，争取资金1556万元，分别占全市、全省投资额约 39.8% 、21%，继续位列全省各县区首位。提前完成2017年东岙底海防执勤道路和东山海防直升机停机坪建设任务并投入使用。完成全区“十三五”期间新增拟建海防执勤道路摸底调查，全省首创建成海防项目储备库并作为全省经验复制推广。完成2018年度海防基础设施建设项目申报，向上申报资金2215万元，含海防执勤道路7条19.5千米、海防视频监控站升级5座。

【着力规范基础设施养护管理】 建立健全海防基础设施巡查机制，适时组织巡查，及时发现问题，妥善处理。继续深化镇（街道）海防管理新模式，积极推进海防管理试点，不断完善委托管理责任，贯彻落实《舟山市定海区海防基础设施养护管理办法》，做好海防基础设施养护委托协议签订后的督查工作，全年组织巡查和重点检查三次，支付海防养护经费约12万元。

【深入开展海防宣传教育活动】 组织开展海防法制宣传教育活动，利用报纸、电视、网络等手段增强干部群众学法用法、知法守法意识。在重点行政渔村、社区建设（租赁）一批海防宣传橱窗、电子屏、综合信息平台开展多渠道、多形式、富有特色的宣传教育。制作海防宣传牌、标志牌、警示牌10块，在舟视新闻、定海新闻节目播放海防宣传新闻2条，在报纸、网站发布信息若干次。

【推进反走私基础基层建设】 落实属地管理制度，将反走私责任签订工作从区各职能部门、镇（街道）延伸到重点社区（村）、重点进出口企业，签订各类责任书310份。在全区4个社区、2家企业、2处公共场所进行现场宣传教育活动，现场张贴宣传资料。开展“反走私综合治理示范村”建设，在盐仓街道新螺头社区和马岙街道三江社区建立反走私示范点和反走私巡防队伍试点工作。

【开展反走私专项行动】 开展“国门利剑2017”“护航自贸·舟山利剑”等反走私联合专项行动，成效显著。共查获无合法齐全手续买卖成品油案件8起，缴获成品油505.4吨，查获走私毒品案件1起，缴获毒品大麻42.5千克，查获非法运输危险品案1起，缴获危险品二甲苯150吨。同比2016年，案件查处率增长233%，缴获走私品数量增加65%。

【推进企业守法诚信体系建设】 贯彻落实《关于深入推进反走私领域企业守法诚信体系建设的意见》，结合《海关认证企业标准》，制定《定海区2016—2017年度进出口企业诚信体系建设工作计划》，确定培育对象。扩大高资信企业覆盖面，积极做好宣传、推广和培训等工作，加强对现有高资信认证企业的指导和服务，最大限度地减少高资信企业降级风险。

（撰稿：郑海波）

突发事件应急管理

【概况】 2017年，全区应急管理工作坚持以人为本、防处结合的原则，围绕“加快形成源头治理、动态管理、应急处置相结合的社会管理机制”总目标，充分发挥统筹协调职能，按照“强基础、建机制、抓重点、补短板”的工作思路，多措并举、狠抓落实，全面提升应急管理科学化水平，保障社会经济健康发展。

【预案体系建设】 是年，根据上级文件精神，结合工作实际，查漏补缺，修订《定海区环保局突发环境事件应急预案》《舟山市市场监督管理局定海分局特种设备事故应急预案》《舟山市定海区输油气管道生产安全事故应急预案》等预案，全区应急预案体系更为完整健全。

【应急预案演练】 统筹部署全区应急预案演练工作。区公安分局、区交通运输局、区卫计局、区安监局等部门有计划、有组织、分层次地组织开展危化企业化学品泄漏、防火防灾应急疏散演练、突发交通事故应急演练、海上溢油突发事件应急演练、重大传染病疫情应急演练、突发森林火灾应急演练等各类演练16次。通过演练，提高了应急队伍的快速反应处置能力，增强了群众参与应急工作的意识。

建桥油库油罐火灾事故应急救援预案演练

【应急知识宣教】 根据《2017年定海区应急知识宣传教育》要求，结合森林消防宣传日、世界气象日、全国土地日、全国科普日、全国消防日等18个主题日，利用网络媒体、印发宣传单、张挂标语等多种渠道、多种形式，针对各类易发公共事件，面向社会公众，深入开展应急管理知识宣传教育，普及预防、避险、逃生、自救、互救、防灾、减灾等知识和技能，营造良好的社会舆论氛围。

【应急通讯保障】 根据省、市政府相关规定，完善应急指挥通讯网络，组建定海区应急联动对讲机通讯群。通讯群依托中国电信CDMA移动通信网络，确保全区应急指挥调度的畅通，促进部门间信息快速互联互通，提高区政府在应对突发事件时应急响应速度。

【风险隐患排查】 严格落实《区委区政府办公室关于建立健全突发公共事件风险隐患排查监管常态化工作机制的通知》，做好各镇（街道）、区政府相关单位风险隐患常态排查每季度数据上报汇总分析工作。2017年，排查出建筑工程、特殊设备事故、公共卫生、地质灾害等风险隐患190项。从排查情况看，各项风险隐患基本可控，各责任单位和镇（街道）都落实具体防范措施，有效预防了相关突发事件的发生。

【应急值守工作】 制定下发《中共舟山市定海区委区政府办公室关于进一步加强紧急信息报送工作的通知》等文件，明确信息报告责任、报送主体、报告范围、报告时间、报告程序、续报方式和值班要求，严格规范工作程序、信息报告规定和责任追究制，保证政令畅通。进一步健全完善信息报送制度，把信息报告工作的责任落实到岗位、落实到人，规定因特殊情况不能书面报告的先口头报告，再书面报告，内容不完整的，实行续报等。

（撰稿：郭 祥）

（本分目照片由区指挥中心提供）

接待工作

【概况】 2017年，区接待办围绕贯彻落实区委、区政府决策部署，履职尽责，强化责任担当，在全面推进花园式国际人文港城建设中发挥“第一窗口”作用，以微笑接待、“五心”（公心、用心、细心、关心、信心）服务为抓手，创新工作方法，强化工作措施，发挥接待工作的服务和保障能力，把接待工作干在实处、工作谋划走在前列。是年，全区完成接待任务126余次1560人次，其中重大接待任务21余次。

【发挥接待窗口作用】 2017年，商务接待100余次。各类企业考察、调研、洽谈的商务团体比上年明显增多，接待工作越来越多地参与到全区的商务行动、招商行动。在工作中，坚持把每一次接待作为一次推介定海、发掘信息、牵线搭桥、沟通感情的机遇，作为一次争取政策倾斜、金融助力、资金支持的过程，最大限度地发挥接待效益，使全区公务接待工作更具政治性和实效性。

【提升接待服务质量】 是年，围绕特色接待，着重在接待中融入地方文化元素。

接待服务中宣传地方文化 通过“舟山名人馆”“鸦片战争遗址公园”等让来宾了解定海承载的深厚文化，知道古城背后的故事，让外界更好的了解定海，让定海更好的走向外界。推出晚稻杨梅、岑港喜来岛草莓、红心火龙果等特色农产品，为定海区农产品打好广告。

接待物品中融入地方文化 推陈出新，挖掘特色，开发制作一批展现定海文化的席位卡、餐卡、礼品袋等接待用品。在采购、设计的礼品，以“最轻的礼传最真的情”，选择体现定海悠久的渔米文化、古城文化的接待礼品，让客人感受来自这片大地上久远的历史和丰厚的人情。

【强化接待网络保障】 依托市接待办，和县区兄弟接待办，合理利用全市资源，弥补定海接待资源上的薄弱环节。加强和局办、镇街道联动，建立通畅、高效、协作的接待网络，保障政务接待活动顺利开展。

【完善接待制度】 制定完善政务接待制度、接待信息反馈制度、保管使用制度、接待审批制度和财务报销规定等业务工作制度。公务（商务）客人一律凭公函接待，每次接待必须填写公务（商务）来宾记录单，记录主要来宾、陪同领导、接待人员和审批意见，并在接待事记中记录。规范化接待工作财务管理，财务报销凭公函、公务（商务）来宾记录单、发票，进行逐级审批，实行三单合一。与定海大部分酒店签订协议，住宿报销标准和财政部规定接轨，将公务接待优先安排机关食堂和定海优质的农渔家乐。

（撰稿：刘佳丽）

机关事务管理

【概况】 2017年，区机关事务局在区委区政府的正确领导下，全局上下按照“秉持浙江精神，干在实处、走在前列、勇立潮头”的新要求，紧抓服务、管理、保障工作重点，走创新驱动之路，推进各项工作。

【行政中心管理】 3月，召开行政中心管理委员会全体会议。会议明确各成员单位责任分工，向各成员单位征求机关事务工作的建议，进一步提升行政中心综合管理水平，促进机关事务管理工作向法治化、规范化、精细化发展。

【会务服务】 是年，机关服务中心进一步规范会务工作流程，细化会务管理办法，提升会务服务水平。会议室软硬件设施不断改善，完成各会议室瓷杯、毛巾配备及一、二号会议室会标升降杆自动化升级，完成视频会议室空调改造与设备对接，配备室外会议讲

3月9日，召开行政中心管委会全体会议

解系统。制定完善会务人员岗位职责，规范工作流程，确保各司其职、团队协作。规范会场工作纪律，确保服务效率与服务质量。会议中心工作人员一律不准带手机进会场，会场工作人员配备对讲机，提高会议现场突发情况的处置效率，做到第一时间发现问题、解决问题。是年，提供会务服务908场次，服务与会人员48840余人次。

【餐饮服务】 3月，投入1万余元打造“阳光食堂”投入使用，通过在食堂操作间等重要区域安装摄像头，用外接的显示屏公开播放，让干部职工随时监督菜肴制作过程。严把货源采购关，经实地考察后，机关食堂与定海区和盛果蔬基地建立合作关系，果蔬直接定点供应，确保食材新鲜安全。建立完善机关食堂考核制度，实行机关服务中心巡查工作小组打分和每季度后勤服务满意度测评相结合的评分机制，评分结果直接与食堂托管费相挂钩，督促托管单位不断提升食堂卫生、菜肴品质、服务质量。

【财务服务】 编报11家财务服务单位的年度预决算，做好11家财务服务单位工资福利发放、公积金、社保计算缴存等工作，准确编报区委区府办和区机关事务局财务分析报告，为领导决策提供参考依据。与各服务单位和财政部门进行工作对接，为各财务服务单位提供合理化的财务意见并做好流水结报，保障各单位的正常运转。全年完成现金、内转、银付托收等11466笔，合理管理并监督11家单位资金16394.12万元。

【综合服务】 完成行政中心办公楼群屋顶、墙体防水，墙体、天花板粉刷等日常维修任务360余次。完成空调、消防、照明、供电等系统的维护保养工作610余次。对机关理发室进行重新布局，更换家具、配备毛巾消毒柜等设施设备，进一步改善服务环境和服务体验。全年为机关干部职工提供洗、剪发服务5487人次。交换中心认真做好邮件收发、报纸分发工作，完成50多家区属单位（部门）日常邮件和每月2.4万份报刊的分发工作。

【公务用车平台管理】 按照省市统一安排部署，完成区级公务用车平台接入全市公务出行“一张网”建设工作。落实省市关于公务用车标识喷涂工作相关要求，完成全区公务用车平台83台公务用车的标识喷涂工作。重新规划公务用车停放场地，进行停车位划线，实现集中停放，做到每辆公务车与停车位的一一对应。建立车辆档案，实行一车一档、一车一账，及时准确记载车辆的基本信息、事故记录、修理记录、公务用车使用人、所涉费用等情况。制定出台《定海区机关车辆服务中心管理若干规定》，建立机关车辆服务中心驾驶员考勤制度和24小时值班制度并严格落实。1—12月，公务用车平台为全区涉改单位提供公务用车服务9120余次，安全行驶达56万千米，服务机关干部3.5万人次。

公务用车停车位划线

【行政中心安保管理】 与行政中心内26家单位签订《定海区行政中心治安、消防安全工作责任书》，细化安全责任目标。完成行政中心大门门禁系统升级改造、防爆设备架、防火毯、钢叉、消防沙箱等设备的配置以及视频监控点、模拟数字设备、巡更系统等监控设备的维修更新，巩固区行政中心治安防控体系。1—12月，劝阻上访事件68起1776人次，个访288人次。将邮件快件接收安检工作纳入治安综合治理防范体系，严密防范暴恐犯罪，接收安检快递包裹4200余件。是年，区机关事务局获“创建治安安全单位活动成绩突出单位”“2017年度市级治安安全防范单位”等荣誉。

【公共机构节能管理】 是年，经国务院机关事务管理局、国家发改委、财政部专家组评审，三部委联合下发《关于第一批节约型公共机构示范单位创建名单的通知》，明确定海区入围“全国第一批节约型公共机构示范单位”创建名单。为加快全区LED改造工作进度，将LED改造纳入政府考核分中。是年，全区90%区级单位进行LED节能灯改造，37家单位节能改造率100%。推进节水型单位创建，遴选4家公共机构作为节水型公共机构创建单位，确保到2020年，50%以上区公共机构完成节水型单位创建工作。全国节能宣传周期间，举办以节能和垃圾分类为主要内容的知识竞答专题活动；在定海文化广场面向社会举办一场“节能有我、绿色共享”为主题的节能宣传活动；利用“定海山”微信公众号推送《你是不是“节能达人?”快来测试一下，还能赢奖品!》的节能知识有奖竞答活动，阅读量达到5000余次。

6月5日，“节能有我、绿色共享”节能宣传活动

【推进重点工程】 根据“最多跑一次”改革目标任务，坚持服务工作跟进改革总基调，确保行政服务中心整合工作的如期完成。

东山路分中心改造　8月底，启动东山路分中心改造工程，施工面积约3000平方米。在工期要求紧、项目复杂的情况下，经充分沟通协调，督促设计和施工单位全力开展相关工作。10月15日，工程完工，原计划70天的工期缩短至45天。

解放西路分中心改装修　9月底，启动解放西路分中心改装修工程，施工面积约924平方米。为确保装修改造如期完成，组织施工人员于“双节”8天休息期间全力以赴完成施工项目。10月30日前，各单位入驻办公。

港务大厦设施设备维护　为配合旧城区改造工作，完成港务大厦设施设备检修、维修，食堂改装修前期准备和安保、物业进驻等工作，并抽调人员成立港务大厦管理处专职负责港务大楼后勤管理工作。11月初，确保区教育局、区财政局、区交通局3家单位搬迁入驻。

【加强制度建设】 为推进“法治后勤”建设，确保在法治轨道内正确行使机关事务工作职能。2017年初，结合内控制度建设工作，启动局规章制度汇编，对2009年区机关事务局正式成立以来所制定的各类规章制度进行全面梳理。根据工作实际，对涉及办公用房、公务用车、财务经费、公共机构节能、安全保卫、人事管理等方面的规章制度进行废、改、立，建立起较为规范、完善机关事务工作制度体系。10月，《舟山市定海区机关事务管理局制度汇编》完成编印，全局干部职工人手一册，并组织全体干部职工进行系统的制度学习。

舟山市定海区机关事务管理局制度汇编

（撰稿：陈思思）

（本分目照片由区机关事务局提供）

责任编辑：吴宏军

政协舟山市定海区委员会

区政协领导

主　　席：车志宽
副 主 席：方家慧
　　　　　柳跃军
　　　　　夏江龙
　　　　　林志刚
　　　　　陆翰恺（2017.02—）
秘 书 长：华福耐（2017.02—）
党组书记：车志宽
副 书 记：方家慧
成　　员：柳跃军
　　　　　夏江龙
　　　　　华福耐

概　述

2017年，区政协常委会把贯彻落实中共十九大精神和省委、市委、区委要求作为工作主线，注重改革创新，强化工作实效，履行政治协商、民主监督、参政议政职能，汇聚方方面面的智慧和力量，为实现“十三五”发展良好开局，推动定海高水平全面建成小康社会发挥作用。

是年，召开常委会议4次、主席会议9次、协商会议6次，组织开展一批协商建言活动，形成一系列建言献策成果；报送协商纪要6篇、调研报告6篇，有36件次参政建言材料得到区委区政府领导的批示。注重社情民意信息工作，反映群众关注的热点、难点问题，提出的相关意见建议被党政部门采纳，推动党政决策的科学化、民主化，促进社会稳定和谐发展。注重宣传工作，完善定海政协网站、《定海政协》杂志、定海政协微信信息正常推送发布机制；继续主动加强与省政协《联谊报》等媒体合作，进一步扩大社会影响力。加强自身建设，采取政情通报、座谈交流、看望走访、履职通报等举措，推动全体政协委员参与政事，强化沟通联系。

重要会议

【六届一次会议】　2月5—10日，政协第六届舟山市定海区委员会第一次会议在舟山剧院召开。会议审议通过车志宽代表政协第五届舟山市定海区委员会常务委员会所作的工作报告和柳跃军代表政协第五届舟山市定海区委员会常务委员会关于提案工作情况的报告；表彰区政协五届五次会议优秀提案、提案办理工作先进单位、先进个人和2016年度参政议政积极分子；选举政协第六届舟山市定海区委员会主席、副主

政协六届一次会议召开

席、秘书长和常务委员；审议通过关于政协第六届舟山市定海区委员会第一次会议提案审查情况的报告；审议通过政协第六届舟山市定海区委员会第一次会议决议；其间与会人员列席区十七届人大一次会议，听取并讨论政府工作报告，听取定海区2016年国民经济和社会发展计划执行情况与2017年国民经济和社会发展计划草案报告，及定海区2016年财政预算执行情况和2017年财政预算草案报告；关于区政府民生实事候选项目形成情况的报告。收到以提案形式提出的意见建议177件，立案161件；委员大会发言材料26份，12位委员作大会发言。区委书记庄继艳在会上作重要讲话。

【常委会会议】　六届一次常委会会议　于3月21日召开。区政协主席车志宽，副主席方家慧、夏江龙、陆翰恺，秘书长华福耐出席会议。会议由主席车志宽主持。会议传达学习中国人民政治协商会议第十二届全国委员会第五次会议精神；审议通过《关于政协舟山市定海区委员会专门委员会设置变动的决定（草案）》；审议通过人事有关事项；通报《区委、区政府、区政协2017年度重大协商工作计划》。

六届二次常委会会议暨常委读书会　于8月17—18日召开。区政协主席车志宽，副主席方家慧、柳跃军、夏江龙、林志刚、陆翰恺，秘书长华福耐出席会议。区委副书记、区长侯富光代表区政府向全区政协委员作全区上半年经济社会发展和重点工作推进情况的通报。会议审议通过区政协常委会《关于“提亮点·求特色·补短板，全面推进小城镇环境综合整治行动”的调研报告》（审议稿）；听取讨论区政府关于

六届二次常委会会议召开

提案办理情况的通报；召开“聚焦经济新动能，助推企业新发展”主题座谈会。

六届三次常委会会议　于10月18日召开。区政协主席车志宽，副主席方家慧、柳跃军、夏江龙，秘书长华福耐出席会议。会议由主席车志宽主持。会议审议通过区政协《关于“推进古城与活化利用·建设花园式国际人文港城”的调研报告》（审议稿）；通过人事相关事项。

六届四次常委会会议　于12月27日召开。区政协主席车志宽主持会议，副主席方家慧、柳跃军、夏江龙、林志刚、秘书长华福耐出席会议。会议审议通过关于召开区政协六届二次会议的决定（草案）；审议区政协六届二次会议议程（草案）和日程（草案）；审议通过区政协六届二次会议各次大会执行主席和主持人名单（草案）；审议通过区政协六届二次会议秘书长、副秘书长名单（草案）；审议通过区政协六届二会议提案截止时间（草案）；审议通过区政协常委会工作报告（审议稿）和提案工作报告（审议稿）；审议通过区政协常委会工作报告和提案工作报告报告人名单（草案）；听取区检察院相关工作情况通报；审议通过六届区政协常委、委员调整名单（草案）。

【专题协商会议】　“定海特色街区建设·城区路网畅通改造”专题协商会议　于3月8日下午召开。区政

区政协召开“定海特色街区建设·城区路网畅通改造”专题协商会议

协主席会议成员及相关调研视察组成员出席会议。区长侯富光、副区长夏泉应邀参加会议。区住建局、区交通运输局、区旅游局、区综合执法局（环保局）、旧城区改造办公室、市市场监管局定海分局、市规划局定海分局、定海交警大队、城东街道、环南街道、

昌国街道、盐仓街道主要负责人列席会议。近20名政协委员分别围绕议题作现场发言。

“专题协商周”活动　于8月17日召开。内容涉及常委会关于“小城镇环境综合整治”专题、主席会议关于“城区商贸业发展合理布局”专题和“军民产业深度融合”提案办理专题。区政协主席车志宽、副主席方家慧、夏江龙、秘书长华福耐秘书长出席会议。区长侯富光、副区长夏泉参加。

举办“专题协商周”活动

“花园式国际人文港城建设”专题协商会　于10月18日召开。区政协主席车志宽、副主席方家慧、夏江龙、秘书长华福耐秘书长出席会议。区委书记庄继艳、常务副区长毛铁年参加。

“花园式国际人文港城建设”专题协商会

【委员培训】　5月23—26日，区政协在江苏省扬州市委党校开展政协委员专题培训班。主席车志宽，副主席柳跃军、夏江龙，秘书长华福耐和区政协25个界别的60名政协委员参加培训。培训围绕花园式国际人文港城建设目标，以“书香政协·品读城市”为主题，以现代城市开发建设、品质提升、历史街区保护为重点内容，针对性学习扬州城市设的好经验好做法，通过专题理论学习和实践考察，不断提高参政议政水平。

【专题报告会】　11月17日，区政协举行学习贯彻中共十九大精神专题报告会，邀请中共浙江省委党校、浙江行政学院党史党建教研部副主任徐彬，以“迈向新时代新征程中国共产党的政治宣言和行动纲领”为主题对十九大报告进行解读。区政协主席车志宽，副主席方家慧、柳跃军、夏江龙，秘书长华福耐和100余名区政协委员聆听报告。

召开学习贯彻中共十九大精神专题报告会

【工作研讨会】　11月29日，区政协召开政协工作研讨会。主席车志宽、副主席方家慧、柳跃军、夏江龙、林志刚和区政协办公室、各专委会负责人，各民主党派、各委员工作室负责人参加会议并交流发言。会议总结交流2017年主要工作亮点；重点探讨2018年工作思路，为进一步把定海政协事业向前推进出谋划策。车志宽作重要讲话。

职能工作

【政治建设】　常委会坚持把政治建设放在首位，不断巩固政协履职的思想政治基础，将各方面的积极性、主动性、创造性凝聚到推动定海各项工作在全省争先进位、在全市走在前列的具体实践中。

坚持党的领导　接受和依靠中共舟山市定海区委的领导，突出抓好区第十三次党代会精神的贯彻落实，按照区委总体工作部署制定政协年度工作要点，协助区委区政府出台年度重大协商工作计划，将区委的重大决策部署和重要指示精神落实到政协履职的各个方面。坚持党的政治领导、思想领导和组织领导，引领政协委员严明政治纪律，严守政治规矩，增强“四个意识”，进一步凝聚全体委员的共同意志，确保政协工作与区委中心工作更好地相协调、相呼应、相促进。

重视思想引领　把学习贯彻中共十九大精神和习近平新时代中国特色社会主义思想，以及省、市、区重要会议精神作为重要政治任务。组织机关干部集中收看十九大开幕式，邀请省委党校教授作专题报告、参加所在单位学习培训等方式，组织委员学习中共十九大报告、《中国共产党章程（修正案）》，在弄懂学通做实上下功夫。宣传党的路线方针政策，引导全体政协委员和各界人士，认识中国特色社会主义制度的优越性，增强道路自信、理论自信、制度自信、文化自信。

完成换届工作　坚持和完善中国共产党领导的多党合作和政治协商制度，按照换届工作要求，发扬民主，严格组织程序，推荐产生新一届政协委员186名，选举产生新一届政协班子，完成换届选举工作。完善专委会、委员活动小组等设置，明确界别负责人。政协组织机构、活动平台、工作体系更趋完善，为新一届委员发挥作用奠定基础。

【政治协商】　常委会按照懂政协、会协商、善议政的要求，把政协工作置于全区工作大局中谋划部署，政治协商由此着眼，民主监督向此发力，参政议政依此展开，彰显政协工作在服务全局中的独特价值。

全会协商　在区政协六届一次会议上，广大委员认真履职，围绕“一府两院”工作报告和其他报告进行广泛协商讨论，对经济发展、社会管理、城市更新、文化建设、民生事业等方面提出28条富有建设性的意见建议，为区委、区政府科学决策提供有益参考。26名委员就打造配套产业强区、培育工匠精神、唤醒定海古城记忆、构建区域创新创业生态圈、助推美丽乡村建设等全区中心工作和群众普遍关心的热点难点问题，进行大会发言，发表的意见得到与会领导的肯定，区委区政府主要领导对发言材料批示29篇次，提出的许多建议措施转化为党政决策。

年度协商　常委会通过政协找题、区委区政府点题，围绕花园式国际人文港城建设，选择古城保护与活化利用、小城镇环境综合整治两大课题到区属部门和有关镇街调研，到外地学习取经，形成《加快推进古城保护与活化利用，提升花园式国际人文港城建设》《提亮点、求特色、补短板，全面推进小城镇环境综合整治行动》等调研报告和“通山达海抱古城——推进古城保护与活化利用，建设花园式国际人文港城”专题协商纪要，得到区委区政府主要领导批示，提出的以完善机制为突破、推进古城建设，探索建立小城镇管理长效机制等调研意见被纳入党政决策。主席会议组织各专委会、界别小组，分别就特色街区建设、加快定海产业深度融合、长白岛规划发展、加大低小散企业环保整治、城区商贸业发展合理布局、加快旧城改造步伐等课题，开展专题协商、界别协商、对口协商和提案办理协商，广泛征求意见，提出定海争取成为国防和经济建设双赢发展、海洋特色鲜明的省级军民融合创新示范区；长白岛建设大湾区国际交通驿站；规划引领、创新驱动，努力再造定海城区商贸业新格局等许多前瞻性、可操作性的意见和建议，推动相关工作加快落实，取得成效。

献计献策　发挥自身优势，注重加强学习调研，为推动经济转型升级贡献智慧力量。区政协主席会议成员带头参与中心工作，协助区委、区政府争取招商引资项目，深入重点项目建设一线和联系点检查指导，协调解决问题，推动工作落实。区政协委员参加“千名干部进百企”服务季活动，先后多次走访金鹰集团、西峰水产、宋都集团、兴业集团等重点企业，寻计谋策。常委会组织委员到浙江华业公司考察学习，召开“聚焦经济新动能，助推企业新发展”调研座谈会，围绕扶持和助推企业发展，推动金融系统与海洋实体产业有机融合，加快物流业、旅游业、现代农业发展，强化科技创新，优化审批服务工作等提出近30条意见建议。

【履职为民】　常委会坚持把履行职能的实践与群众利益的实现结合起来，把履职的着力点聚焦到人民群众日益增长的美好生活需要上，促进改革发展成果更多更公平地惠及全体人民，彰显政协责任。

提案督办　把提案工作作为民主监督的重要形式，将区委区政府领导领办、区政协领导督办等传统形式与主席会议督办、建议落实协商等新形式相结合，提高提案办理工作的办复率和满意率。区政协六届一次会议以来，收到以提案形式提出的意见建议177件，立案161件，内容涉及事关定海区经济社会发展的重要问题和群众切身利益的实际问题，得到区委区政府及相关部门的回应，提案办复率100%，委员对办理结果满意率和基本满意率为100%。

专项监督　发挥界别和专业优势，推动民主监督工作创新发展和民生问题的解决。参与省政协“三级联动、五水共治”专项集体民主监督暨“查、找、督万千行”活动，成立专家督察小组，实行委员入村联点，实现对全区所有11个镇街159处劣V类水体监督全覆盖，为全面剿劣工作贡献政协智慧和力量；针对城区路网畅通改造等民生重点工程，区政协领导带队多次视察总府路延伸段等项目现场，组织委员参与定海公园改造等项目的专题研讨会和意见征询会，出实招献良策；围绕“最多跑一次”、大众评机关等监督活动，组织委员参与监督，促进窗口部门的党风廉政和机关作风建设，增强群众的获得感、幸福感。

开展“最多跑一次”监督

深化基层　依托各民主党派、各界别，组织委员开展慈善捐赠、送医送药、扶贫帮困、法律服务等活动10余次，受到基层群众和社会各界好评。12月初，组织农技、医卫、法律等领域的政协委员和特邀人士30多人，到岑港街道南岙社区开展以“送科技 送法律 送医卫”为主题的“三下乡”为民服务活动，为当地群众义诊送药、免费针灸推拿、免费维修家电等，受到当地群众欢迎。

【团结民主】　常委会坚持求同存异、联情联心，切实做好团结各界、争取人心的工作，发挥协调关系、凝聚力量、增进和谐的作用。

深化联谊　重视与各民主党派、工商联的合作共事，邀请各民主党派、工商联和无党派人士参加政协的各种会议和活动，推荐党外委员参加党委、政府部门的各种政情交流会和检查、督察、评议活动，发挥各界人士在协商监督、参政议政、反映民意中的重要作用。进一步密切与海外人士、港澳台侨、外来引进人才、新的社会阶层人士以及在外定海人、异地商会的联络联谊，发挥群团组织和社会新阶层的作用，搭建好参政议政平台，举办“喜迎十九大，协力圆梦想”国庆中秋茶话会等活动。加强与上级政协、兄弟县市区政协联系与交流，宣传推荐定海，提高定海对外知名度。

举办“喜迎十九大，协力圆梦想”国庆中秋茶话会

畅通民意　注重发挥社情民意“直通车”作用，高度重视社情民意的收集和反映。年初，组织召开区政协年度信息工作会议，调整并聘任一批特约信息员，每季度召开社情民意信息研判会，根据民情走向和热点动向提出指导性意见。是年，收集社情民意信息73条，编报区委、区政府和区属部门31篇，上报市政协办38篇。委员们反映的《关于探索建立民主党派智库的几点建议》《推进高污染燃料锅炉整治应从管控服入手》《关于开展乡镇卫生院托管试点工作的建议》等一批重要信息得到区委区政府领导的批示，促进相关问题的解决，获全市政协系统反映社情民意信息工作先进单位。

拓展平台　加大基层协商民主探索力度，建立镇街和界别委员工作室，拓宽委员联系服务群众的渠道，扩大政协组织的社会影响力。是年，调整成立盐仓、小沙、岑港、双桥、金塘、白泉等6个镇街工作室和青联、医卫、社保社福等3个界别工作室，统一制作委员亮相台、工作室职责牌、社情民意信息薄等，为区域、界别委员联合履职、促进联谊、加强基层协商民主建设搭建平台。

颁发界别委员工作室牌匾

【组织建设】 常委会把加强自身建设摆在突出位置，坚持强化学习提素质，激发活力促履职，建设高素质的政协委员队伍和打造高效能的政协机关，树立定海政协新形象。

加强学习　发扬善于学习的政协传统，在专委会与办公室双月例会等各类会议平台增加理论业务学习环节。推动委员学习制度化常态化，修订完善《定海区政协委员学习培训制度》，制定下发《区政协“人文定海·书香政协”实施意见》，组织开展常委读书会、新委员履职培训、微征文等活动，邀请解放军装备学院等单位的专家教授开展军民产业深度融合发展专题培训，围绕古城核心区保护与活化利用，在江苏扬州市委党校举办“书香政协·品读城市”专题培训，为委员履职奠定业务基础。

健全制度　探索委员服务管理的新途径、新方法，建立健全各项配套制度，提升委员服务管理实效。联合区委组织部、区委统战部联合下发《关于建立定海区政协委员退出机制的暂行规定》，完善区政协委员管理机制；出台《区政协班子成员联系常委、常委联系委员制度》，继续开展优秀提案和参政议政积极分子的评优评先，激发委员履职的活力和动力；出台《政协考察视察制度》，促进考察视察等活动的规范化。把区政协机关建成“委员之家”，机关党建品牌“凝聚政协情、共筑定海梦”着眼于服务保障委员履职，入围区直机关第二轮优秀机关党建服务品牌项目。

强基固本　2017年，政协委员深入调研发言现场、协商议政会场，出现在重大项目工地、企业生产车间、贫帮困一线、困难群众家庭履职。改进政协宣传，是年《定海政协》杂志正常发送，定海政协微信公众号扩大信息推送面，建立委员微信群，为委员履职交流、知情明政搭建平台。编辑出版《海岳芷兰——定海文化名人口述录》，推动海洋文化传承发展。加强与新闻媒体的合作，省、市、区级媒体对区政协工作的报道频度更高、内容更多、形式更新，上稿50余篇，提高社会各界对政协工作的关注和认同，被省政协办公厅评为宣传工作先进集体。

（撰稿：徐　芬）

（本类目照片由区政协提供）

责任编辑：王英伟

中共舟山市定海区纪律检查委员会
舟山市定海区监察委员会

区纪委领导

书　记：顾飞舟
副书记：方思宏
　　　　朱存波
常　委：康汉钧
　　　　吴慧琴
　　　　陈　军
　　　　潘琼颖

区监委领导

主　任：顾飞舟（2017.02—）
副主任：方思宏（2017.02—）
　　　　朱存波（2017.02—）
委　员：康汉钧（2017.02—）
　　　　吴慧琴（2017.02—）
　　　　陈　军（2017.02—）
　　　　王功跃（2017.02—）

概述

2017年是纪检监察体制深刻变革，工作格局深入调整，方式方法重大改变的一年。区纪委、区监委推进党风廉政建设和反腐败工作，以上率下严格落实管党治党政治责任。全区各级纪检监察组织以党章为遵循，以纪律为戒尺，以改革为动力，坚持全面从严治党，突出主责主业，取得党风廉政建设和反腐败工作新成效。

重要会议

【区纪委十三届二次全体会议】 于1月23日召开。会议回顾总结2016年全区党风廉政建设和反腐败工作，部署2017年工作任务。区委书记庄继艳出席会议并作重要讲话，区委常委、纪委书记顾飞舟代表区纪委常委会作题为《强化政治担当，全面从严治党，为率先高水平全面建成小康社会提供坚强保障》的工作报告。区四套班子领导出席会议，区纪委委员、各镇（街道）及区属各单位主要负责人、区纪委区监委派

1月23日，召开区纪委十三届二次全会

驻纪检监察组及市以上垂直管理单位在定派设机构负责人140余人参加会议。

【区监察委员会组建暨转隶工作会】 于2月13日召开。同日，舟山市定海区监察委员会正式挂牌成立。

【履行党风廉政建设主体责任情况汇报会】 于2月24日召开。会议听取城东街道、双桥街道、区农林与海洋渔业局和区卫计局党工委（党组）书记责任履行情况汇报，并通过现场点评、询问质询等方式从严督促其进一步履行“第一责任人”职责。会后，发放《反馈问题整改落实的函》，22项整改意见得到全面落实。

2月24日，召开履行党风廉政建设主体责任情况汇报会

【区纪委常委会】 是年，区纪委召开常委会会议24次，部署安排全区纪检监察工作会议的召开及有关议程，讨论有关人事安排等事项，研究监察体制改革、区委巡察工作、党风政风监督、信访举报、执纪审查、宣传教育、案件审理、基层党风廉政建设等工作。

监察体制改革

【完成监察体制改革试点】 2017年2月，区监察委员会在全市率先完成机构组建，增设纪检监察室1个，赋予派驻机构部分监察职能。区纪委、区监委实行合署办公，监察对象由改革前3835人上升到6504人，实现对行使公权力的公职人员监察全覆盖。2017年，区监委采取监察措施9种，出具各类监察文书200余份，监察立案13件13人，采取留置措施7人，其中办理的徐某某、乐某某2起留置案件，成为全省试点工作总结的典型案例，为监察体制改革在全国范围内推开提供了可复制的样本。

工作人员对有关单位开展监察工作

区委巡察工作

【开展区委巡察工作】 2017年，成立区委巡察工作领导小组及其办公室，增设巡察工作室，建立巡察组长库和人才库。是年，分三轮对3个街道、5个区属部门、3个区属国企单位进行巡察，开展谈话564人次，发现各类问题246个，移送问题线索39个，提出意见建议115条，党纪政务立案10件，诫勉谈话12人，采取留置措施3人，挽回直接经济损失135万余元。开展全区农渔村社区党风廉政建设巡察“回头看”，重点抽取10个社区村，进行交叉巡察，对整改不力的1名社区书记予以党纪处分。开展扶贫领域专项督查、低保低边专项巡察，发现性问题8个，核实问题线索3条。

3月21日，召开2017年度巡察工作动员部署会

【严肃巡察整改】 创新建立巡察发现的个性问题联

系区领导督办制和共性问题分管领导领办制。个性问题，由12名联系区领导跟踪督办，定期听取整改推进情况、协调解决整改中的问题、督促指导建章立制等。20个共性问题由12名区分管领导和16个责任部门领办，落实整改措施81条，出台制度规定8个。

党风廉政建设

【着力落实“两个责任”】 协助区委制定出台《2017年全区党风廉政建设和反腐败工作组织领导与责任分工》，细化分解任务54项145条，以函告书形式落实到19位区领导。落实全面从严治党主体责任考核及情况报告制度，对全区11个镇（街道）、54个区属单位落实全面从严治党主体责任情况进行集中考核，并选取7家单位举行落实主体责任情况汇报会。以城东街道、小沙街道、区交通运输管理局为试点，开展主体责任全程纪实制，3个试点单位定制纪实手册43本，纪录主体责任内容2300余条。健全责任倒逼机制，3名领导干部因落实“两个责任”不力被问责。

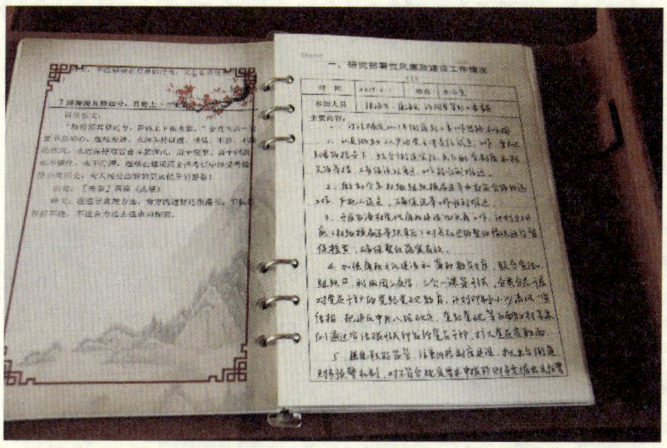

主体责任全程纪实手册

【打造党规党纪教育“微时代”】 推出“海山清风”廉政教育平台，面向科级以上领导干部每周发送廉政短信，累计受众2.8万余人次。创立“预防职务犯罪”警示教育项目，组建“纪法讲师团”，开展廉政警示教育宣讲等活动7场，受众千余人次，该项目被评为2017年全市法治宣传教育精品项目。用活“定海四风举报投诉”微信公众号，设置案例通报、要闻聚焦、廉情快讯，及时传递最新资讯。全面落实“四廉制度”，对38名新提任区管领导干部开展任前财产

开展新提任区管领导干部廉政谈话

公示、廉政考试、廉政谈话、廉政承诺，成为全省监督执纪问责特色工作之一。

【规范“小微权利”运行】 创新开展农渔村“小微权力”规范化运行工作，进一步明确社区（村）干部职责权限，厘清“小微权力”清单6类20项，并配套建立规范运作流程图20张。严格按“清单”内容开展村级民主决策3500余次，监督村级工程项目1580余次，公开村级财务收支5.7万余笔、涉及资金19亿元，查处村干部违纪违规案件12件（次），给予党政纪处分11人。该做法受到副省长孙景淼及省纪委副书记暨军民的批示肯定。

作风建设

【强化重大决策部署监督检查】 出台《服务保障重点项目建设实施意见》《影响重点工作和重大项目建

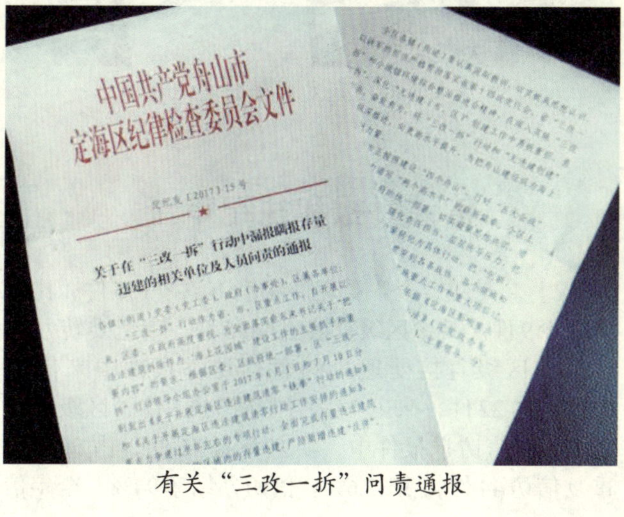

有关“三改一拆”问责通报

设推进行为的问责办法》，有3个镇（街道）因违反“三改一拆”存量违建上报要求被责令作出书面检查，7名干部被问责，其中5名被政务处分。出台《机关工作人员网络行为规范》，严肃专项工作纪律。围绕“最多跑一次”改革，开展各类监督检查45次。开展新一轮“大众评机关”活动，回收评议表2900余份。制定《改革创新容错免责机制操作细则》，明确实施主体、认定权限及认定程序。

【巩固深化正风肃纪】 开展公务接待情况专项检查，全面筛查公款购买消费烟酒问题线索，对38张问题发票进行重点核查。开展违规收送红包礼金问题专项治理，56家单位200余名区管领导干部作出拒收承诺，上交礼金礼卡13.6万余元。加强对津补贴发放、职工疗休养制度执行情况的监督检查，对20余家单位外出考察学习情况、个别单位疑似公款旅游问题进行核查。开展违规使用公务加油卡、“私车公养”专项整治行动，检查单位110家，处理人员11人，其中党纪政务处分2人。全年组织正风肃纪检查105次，运用税务发票管理系统等大数据平台检查单位442家次，处理人员31人，其中党纪政务处分7人，通报曝光2人。

工作人员对问题发票进行重点核查

信访举报和执纪审查

【概况】 是年，全区受理群众信访举报135件，比上年减少9件。其中区级直接受理85件，市纪委转办50件。在区级直接受理的85件信访举报件中来信56件，来访22件，来电4件，网络举报3件。区级办理的135件信访举报件中，实名举报76件，占56.3%；重复信访44件，占32.6%。信访办结率94%。全年信访谈话15人次，函询8人次。

【践行监督执纪“四种形态”】 在全省率先制定《实践监督执纪“四种形态”办法》，实现履责具体化、规范化、常态化。加大约谈提醒力度，约谈镇（街道）、区属部门主要领导116人次，发放函询通知书102件。建立科级领导干部廉政档案519份，对8家单位72人进行廉政谈话。按照监督执纪“四种形态”，全年处理526人次。其中，处理第一和第二种形态516人次，占98.1%，批评教育、谈话函询、纪律轻处分成为绝大多数；处理第三和第四种形态10人次，纪律重处分和立案审查成为少数。

【加大执纪审查工作力度】 是年，全区各级纪检监察组织处置问题线索66件，比上年上升11.8%；立案53件，比上年上升20.5%，结案39件；给予党纪政务处分39人。重点查办浙江海洋大学原教授级高级工程师徐某某贪污案、浙江国际海运职业技术学院海洋旅游学院原院长乐某某贪污案等严重违纪违法案件。

组织建设

【实现派驻监督“提档升级”】 制定出台《定海区镇（街道）纪委（纪工委）及派驻纪检监察组2017年度目标责任考核办法》，实行派驻机构和副科级以上负责人单列考核，有效强化派（驻）的权威。推行纪检监察室包片联系制，3个纪检监察室分头联系16家派驻机构，督促充分履职。各派驻机构落实向区纪委汇报工作制度，全年发现问题195个，提出整改建议162条。

【提升干部队伍综合素质】 高度重视自身建设，出台《区纪委议事会议规则》，完善13项内部管理机制。建立纪检监察干部廉政档案148份，推行负面言行清单做法。以“争做岗位模范标兵，争创一流工作业绩”主题活动为重要抓手，推进“两学一做”学习教育常态化制度化。9月，2名同志被授予全省纪检监察系统先进工作者，1名同志受到全省纪检监察系统嘉奖。

（撰稿：阮　芳）

（本类目照片由区纪委提供）

责任编辑：吴宏军

新一届区人大、区政府、区政协领导简介

舟山市定海区第十七届人大常委会主任、副主任简介

余河通　男，生于1960年10月，汉族，浙江舟山人。1978年9月参加工作，1982年3月加入中国共产党。1978年9月至1982年5月，任定海县北蝉公社广播站报道员。1982年5月至1984年4月，任定海县北蝉公社团委副书记。1984年4月至1986年11月，任定海县北蝉乡党委委员。1986年11月至1990年4月，任舟山市定海区（县）北蝉乡党委副书记、纪委书记（1986年5月至1988年12月在浙江广播电视大学党政管理干部基础专修科在职大专学习）。1990年4月至1992年6月，任舟山市定海区北蝉乡乡长、党委副书记。1992年6月至1993年3月，任舟山市定海区北蝉乡党委书记。1993年3月至1995年11月，任舟山市定海区北蝉乡党委书记、乡人大主席。1995年11月至1998年3月，任舟山市定海区干𥔲镇党委书记、人大主席（1996年4月任）。1998年3月至1998年4月，任舟山市定海区区委委员、区纪委副书记、区监察局局长、干𥔲镇党委书记、镇人大主席。1998年4月至2001年11月，任舟山市定海区委委员、区纪委副书记、区监察局局长。2001年11月至12月，任舟山市定海区临城街道党委书记（1999年8月至2001年12月在中央党校函授学院行政管理专业在职大学学习）。2001年12月至2004年7月，任舟山市临城新区开发建设管委会副主任（副处级）、定海区临城街道党委书记。2004年7月至2006年10月，任舟山市定海区委副书记。2006年11月至2007年3月，任舟山市定海区人大常委会党组书记，区委委员。2007年3月起，任舟山市定海区人大常委会主任、党组书记，区委委员。

林伟康　男，生于1960年11月，汉族，浙江舟山人。1981年8月参加工作，1985年1月加入中国共产党。1978年10月至1981年7月，在浙师院舟山分校化学专业学习。1981年8月至1987年8月，在定海一中任教师、校团委书记（1984年11月任）。1987年8月至1988年12月，任共青团定海区委书记。1988年12月至1989年2月，任舟山市定海区纪委办公室主任。1989年2月至1992年10月，任舟山市定海区纪委常委。1992年10月至1994年4月，任舟山市定海区供销社党委副书记、纪委书记。1994年4月至1995年11月，任舟山市定海区供销社党委副书记、纪委书记、副主任、定海商贸（集团）总公司副总经理。1995年11月至1998年3月，任舟山市供销社（供销集团总公司）办公室副主任、工会工委副主任（1995年11月任，1996年10月明确为实职正科）（1993年8月至1995年12月，在中央党校函授学院经济管理专业在职大学学习）。1998年3月至2001年9月，任舟山市司法局定工处处长（定海区司法局局长）、局党组成员。2001年9月至2003年4月，任舟山市定海区司法局局长、党组书记。2003年4月至2006年10月，任舟山市定海区委办公室主任（2001年9月至2004年7月，在华东政法学院成教学院法学专业在职大学学习）。2006年10月至2006年11月，任舟山市定海区委常委。2006年11月至2011年11月，任舟山市定海区委常委、区委宣传部部长。2011年11月至2016年11月，任舟山市定海区委常委、区委统战部部长。2016

年11月至2017年2月，任舟山市定海区人大常委会党组副书记。2017年2月起，任舟山市定海区人大常委会副主任、党组副书记。

范 纲 男，生于1964年6月，汉族，籍贯浙江宁波，在浙江舟山出生。1984年8月参加工作，1990年6月加入中国共产党。1979年9月至1984年7月，在浙江丝绸工学院丝绸机械专业学习。1984年8月至1987年1月，在定海县乡镇企业局工作。1987年1月至1990年1月，在舟山市定海区经济技术协作办公室工作。1990年1月至1992年12月，任舟山市定海区白泉镇镇长助理、副镇长（1992年8月任）。1992年12月至1994年7月，任舟山市定海区乡镇企业局副局长、党组成员。1994年7月至1995年9月，任舟山市乡镇企业局生产经营管理科副科长、科长（1994年12月任）。1995年9月至1998年9月，任舟山市定海区计划与经济局副局长、党组成员。1998年9月至2001年8月，任舟山市定海区计划与经济局副局长、区乡镇企业服务总站主任。2001年8月至2003年4月，任舟山市定海区总工会党组书记、主席（2002年5月任）。2003年4月至2004年5月，任舟山市定海区科技局党组书记、局长（2003年6月任）。2004年5月至2005年4月，任舟山市定海区发展计划局局长、党组书记。2005年4月至2006年5月，任舟山市定海区发展和改革局局长、党组书记。2006年5月至2008年4月，任舟山市定海区发展和改革局局长、党组书记、区统计局局长。2008年4月至2013年8月，任舟山市金塘开发建设管理委员会副主任、党委委员。2013年8月至2014年1月，任浙江舟山群岛新区金塘管委会副主任、党委委员。2014年1月至2月，任舟山市定海区人大常委会副主任候选人。2014年2月起，任舟山市定海区人大常委会副主任、党组成员、粮油产业园区管委会主任（2015年1月任）。

张伟旭 男，生于1960年1月，汉族，浙江舟山人。1975年9月参加工作，1987年8月加入中国共产党。1975年9月至1978年1月，在定海县马岙公社任电影放映员。1978年2月至1982年1月，在解放军89354部队服役。1982年1月至1993年3月，任舟山市定海区马岙乡会计。1993年3月至1995年2月，任舟山市定海区马岙乡党委委员。1995年2月至11月，任舟山市定海区马岙乡党委副书记。1995年11月至1996年8月，任舟山市定海区马岙乡党委副书记、纪委书记。1996年8月至1998年10月，任舟山市定海区马岙乡党委副书记、乡长（1995年8月至1998年6月，在浙江省委党校函授学院企业政工干部大专班在职学习）。1998年10月至2001年9月，任舟山市定海区册子乡党委书记 （2000年9月至2001年9月，任区渔港办负责人）。2001年9月至2002年1月，任舟山市定海区经济贸易局副局长兼旅游局局长、党组成员。2002年1月至2003年5月，任舟山市定海区经济贸易局副局长兼旅游局局长、党委副书记、纪委书记。2003年5月至2007年4月，任舟山市定海区旅游局局长（2003年7月，任党组成员）。2007年4月至2010年1月，任舟山市定海区农林局局长、党组书记。2010年1月起，任舟山市定海区人大常委会副主任、党组成员。

孙忠定 男，生于1960年1月，汉族，浙江舟山人。1977年10月参加工作，1980年4月加入中国共产党。1977年10月至1979年7月，在定海县小沙中学任代课老师。1979年7月至1984年6月，在定海县小沙广播站任报道员。1984年6月至1989年11月，任定海县（区）小沙乡干部、党委委员（1984年8月任）（1985年5月至1988年9月，在浙江省中等刊授政治专业学校政治工作专业在职中专学习）。1989年11月至1990年3月，任舟山市定海区岑港镇党委副书记、镇长候选人。1990年3月至1992年4月，任舟山市定海区岑港镇党委委员、副镇长（1992年4月任）。1992年4月至7月，任舟山市定海区长白乡党委副书记。1992年7月至1995年11月，任舟山市定海区临城镇党委委员、镇长助理。1995年11月至1998年10月，任舟山市定海区临城镇党委副书记、镇长（1996年3月任）。1998年10月至2001年9月，任舟山市定海区盘峙乡党委书记、人大主席（1999年1月任）。2001年9月至2003年4月，任舟山市定海区委宣传部副部长。2003年4月至2005年4月，任舟山市定海区解放街道党委书记（2000年8月至2003年6月，在省委党校大专班经济管理专业在职大专学习；2001年8月至2003年12月，在省委党校中青年干部本科班经济管理专业在职大学学习）。2005年4月至2008年12月，任舟山市定海区卫生局局长、党委书记。2008年12月至2013年9月，任舟山市定海区卫生局局长、党组书记，区委卫生工委书记。2013年9月至2014年1月，任舟山市定海区卫生和计划生育局局长、党组书记。2014年1月至2月，任舟山市定海区人大常委会副主任候选人、党组成员。2014年2月，任舟山市定海区人大常委会副主任、党组成员。

王华杰 男，生于1963年12月，汉族，籍贯浙江长兴，在浙江舟山出生。1983年8月参加工作，1995年6月加入中国共产党。1980年9月至1983年7月，在浙江师范学院舟山分校物理专业学习。1983年8月至1988年12月，在定海县（区）白泉中学任教师。1989年1月至1993年11月，在舟山市定海区检察院工作（1989年2月任助理检察员）。1993年12月至1996年2月，任舟山市定海区检察院检察员。1996年2月至1999年10月，任舟山市定海区检察院调研室主任、正科级检察员（1998年5月任）。1999年10月至2007年4月，任舟山市定海区检察院副检察长、党组成员（1997年9月至2000年4月，在中共浙江省委党校检察干部本科班法律专业学习；2001年9月至12月，在全市中青年干部培训班学习）。2007年4月至2011年6月，任舟山市定海区人事劳动社会保障局局长、党组书记，区委组织部副部长（兼）（2010年9月至12月，在全市中青年干部培训班学习）。2011年6月至2017年2月，任舟山市定海区人力资源和社会保障局局长、党组书记，区委组织部副部长（兼）。2017年2月至3月，任舟山市定海区人大常委会副主任，区人力资源和社会保障局局长、党组书记，区委组织部副部长（兼）。2017年3月，任舟山市定海区人大常委会副主任、党组成员。

王金康 男，生于1967年7月，汉族，浙江舟山人，九三学社社员。1988年8月参加工作。1986年9月至1988年7月，在浙江农业大学农技推广专业学习。1988年8月至1991年9月，任舟山市定海区马目乡办事员。1991年9月至1993年9月，任舟山市定海区岑港农技站办事员、副站长。1993年9月至1994年9月，任舟山市定海区白泉农技站副站长。1994年9月至2006年7月，任舟山市定海区农林局（农经委）工作（2004年1月任办公室主任）（2003年10月至2006年2月，在四川农业大学远程教育农业高新技术与管理专业学习）。2006年7月至2011年7月，任舟山市定海区城东街道办事处副主任。2011年7月至2014年1月，任舟山市金塘管委会经济发展处（经济发展局）处长（局长）。2014年1月至2017年2月，任浙江舟山群岛新区金塘管委会经济发展局局长。2017年2月至3月，任舟山市定海区人大常委会副主任，浙江舟山群岛新区金塘管委会经济发展局局长。2017年3月，任舟山市定海区人大常委会副主任。

新一届舟山市定海区人民政府区长、副区长简介

侯富光 男，生于1970年9月，汉族，浙江岱山人。1992年8月参加工作，1991年6月加入中国共产党。1988年9月至1992年7月，在浙江农业大学土壤农化系土壤与植物营养专业学习。1992年8月至1994年4月，在舟山市定海区土地管理局任办事员。1994年4月至1996年9月，任舟山市土地管理局办事员。1996年9月至2002年6月，任舟山市土地勘测规划所副所长（1998年4月至1999年9月，研究生课程结业；2001年9月至12月，干部培训班）。2002年6月至2005年9月，任舟山市国土资源局地籍管理处处长（2005年12月免）。2005年9月至2006年11月，在舟山市定海区挂职，任区长助理。2006年11月至2009年9月，任舟山市定海区副区长、党组成员（2007年9月至11月，在市委党校干部进修班学习；2010年3月至12月，在新加坡国立大学公共行政与管理专业在职研究生学习，获公共行政与管理硕士学位）。2009年9月至2011年11月，任舟山市定海区副区长、党组成员、舟山市定海区农渔村住房建设管理委员会主任（兼）。2011年11月至2012年4月，任舟山市定海区委常委、副区长、区政法委副书记、区政府党组副书记、区农房委主任（兼）。2012年4月至2013年8月，任舟山市定海区委常委、副区长，区政府党组副书记、政法委副书记（2013年9月免），舟山海洋产业集聚区管委会副主任（兼）（2012年1月至2013年11月，兼任舟山陆军预备役高炮团副政委兼57高炮一营政治教导员）。2013年8月至2014年7月，任中国（舟山）海洋科学城建设管理局党组副书记、副局长，新区新城管委会党委副书记。2014年7月至2016年10月，任中国（舟山）海洋科学城建设管理局局长、党组副书记，新区新城管委会党委副书记。2016年10月至11月，任中国（舟山）海洋科学城建设管理局局长、党组副书记，新区新城管委会党委副书记，定海区委副书记、区长候选人。2016年11月至2017年2月，任舟山市定海区委副书记，区政府代区长、党组

书记。2017年2月起，任舟山市定海区委副书记，区政府区长、党组书记。

毛铁年 男，生于1971年8月，汉族，浙江岱山人。1994年9月参加工作，1994年5月加入中国共产党。1990年9月至1994年7月，在吉林大学行政管理专业学习。1994年9月至1998年2月，任舟山市定海区检察院审查起诉科干部、书记员（1996年2月任）、助理检察员（1997年4月任）。1998年2月至2000年1月，任舟山市定海区检察院审查起诉科副科长、检察员（1999年6月任）。2000年1月至2003年5月，任舟山市定海区检察院反贪局副局长、副科级检察员（2000年3月任）（1999年9月至2001年12月，在浙江省委党校检察干部法律本科班法律专业在职大学学习；2000年8月至2001年7月，在盐仓乡挂职，任党委副书记；2001年7月至2003年4月，在盐仓街道挂职，任党委副书记、纪委书记）。2003年5月至2004年7月，任舟山市定海区政府办公室副主任。2004年7月至2005年10月，任舟山市定海区白泉镇党委副书记、政府主要负责人、镇长（2005年3月任）。2005年10月至2008年12月，任舟山市定海区北蝉乡党委书记、人大主席（2006年3月任）。2008年12月至2009年12月，任舟山市定海区发改局局长、党组书记，区统计局局长。2009年12月至2011年5月，任舟山港务集团有限公司副总经理、党委委员。2011年5月至2012年7月，任舟山港股份有限公司副总经理、党委委员。2012年7月至2015年11月，任舟山港股份有限公司副总经理、党委委员、舟山港集团有限公司党委委员。2015年11月起，任舟山市定海区委常委、区政府副区长、党组副书记，区委政法委副书记（兼）。

王树辉 男，生于1973年12月，汉族，浙江舟山人。1992年11月参加工作，1995年12月加入中国共产党。1992年11月至1994年6月，任舟山市定海区沥港镇渔业经营管理员。1994年6月至1995年8月，任舟山市定海区沥港镇团委副书记。1995年8月至1997年10月，任舟山市定海区沥港镇团委书记。1997年10月至1999年2月，任舟山市定海区沥港镇党委委员、企办主任（1996年8月至1999年6月，在省委党校函授学院企业政工专业在职大专学习）。1999年2月至2001年7月，任舟山市定海区沥港镇党委委员、副镇长。2001年7月至2002年1月，任舟山市定海区金塘镇政府负责人。2002年1月至2004年11月，任舟山市定海区金塘镇副镇长（2001年8月至2003年12月，在省委党校经济管理专业在职大学学习）。2004年11月至2005年7月，任舟山市定海区金塘镇党委副书记、副镇长。2005年7月至2006年5月，任舟山市定海区金塘镇党委副书记、纪委书记。2006年5月至2007年1月，任舟山市定海区金塘镇党委副书记、政府主要负责人。2007年1月至2008年6月，任舟山市定海区金塘镇党委副书记、镇长。2008年6月至2009年2月，任舟山市定海区金塘镇党委副书记、镇长，市金塘开发建设管委会办公室主任、财政财务处处长。2009年2月至7月，任舟山市定海区金塘镇党委书记、镇长。2009年7月至2012年2月，任舟山市金塘开发建设管委会副主任、党委委员，金塘镇党委书记、区委委员（2011年12月任）。2012年2月起，任舟山市定海区政府副区长、党组成员，区委委员（2012年6月至11月，在浙江省交通运输厅挂职锻炼，任规划计划处副处长；2010年9月至2013年7月，在省委党校区域经济学专业在职研究生学习）。

应朝阳 男，生于1969年12月，汉族，浙江舟山人。1989年8月参加工作，1992年8月加入中国共产党。1987年9月至1989年7月，在浙江省人民警察学校公安专业学习。1989年8月至1992年8月，任舟山市公安局普陀区分局展茅派出所民警。1992年8月至1994年9月，任舟山市公安局普陀区分局民警、科员。1994年9月至1997年4月，任舟山市公安局普陀区分局户政科副科长。1997年4月至1998年4月，任舟山市公安局普陀区分局沈中派出所副政治指导员。1998年4月至1999年3月，任舟山市公安局普陀区分局沈中派出所政治指导员。1999年3月至2001年10月，任舟山市公安局普陀区分局平阳浦派出所所长（1999年7月，为副科级）。2001年10月至2003年4月，任舟山市公安局普陀区分局沈中派出所所长。2003年4月至2007年6月，任舟山市公安局普陀区分局副局长、党委委员、正科级治安员（2004年7月任）。2007年6月至2010年5月，任舟山市公安局普陀区分局政委、党委副书记。2010年5月至2013年11月，任舟山市公安局副县处（长）级干部、西藏那曲地区公安处副处长。2013年11月至2015年11月，任舟山市普陀山风景名胜区管委会副主任（兼）、党委委员。2015年11月至2016年11月，任新区普陀山—朱家尖管委会（市普陀山风景名胜区管委会）党委委员，新区普陀山—朱家尖管委会副主任（兼）、市普陀山风景名胜区管委会副主任（兼）。2016年11月，任舟山市定海区政府副区长、党组成员，区公安分局局长（2016年12月任）、党委书记、督察长，区委政法委副书记（兼）。

吴红卫 男，生于1975年10月，汉族，浙江舟山人。1998年11月参加工作，2000年12月加入中国共产党。1997年7月，舟山水产学校水产品加工专业毕业。1998年11月至2004年1月，在舟山市定海区册子乡工作（2000年8月，任团委书记）。2004年1月至12月，任舟山市定海区册子乡团委书记、乡长助理。2004年12月至2006年7月，任舟山市定海区册子乡政府负责人、副乡长（2005年3月任）（2004年8月至2006年12月，在中央党校函授学院经济管理专业在职大学学习）。2006年7月至2007年5月，任舟山市定海区环南街道办事处副主任。2007年5月至2009年6月，任舟山市定海区环南街道党工委副书记。2009年6月至2011年2月，任舟山市定海区政府办公室副主任、党组成员。2011年2月至2012年11月，任舟山市定海区岑港镇党委副书记、镇长（2011年3月任）、浙江定海工业园区管委会副主任（2012年4月兼）。2012年11月至2013年9月，任舟山市定海区岑港镇党委书记，浙江定海工业园区管委会副主任（兼）。2013年9月至2014年9月，任舟山市定海区岑港街道党工委书记，浙江定海工业园区管委会副主任（兼）。2014年9月至2017年2月，任舟山市定海区岑港街道党工委书记、区委委员（2016年12月任）。2017年2月至3月，任舟山市定海区政府副区长，岑港街道党工委书记，区委委员。2017年3月起，任舟山市定海区政府副区长、党组成员。

夏　泉 男，生于1975年4月，汉族，浙江舟山人。1995年9月参加工作，1997年4月加入中国共产党。1991年9月至1995年7月，在宁波农业学校农学专业学习。1995年9月至1998年10月，任舟山市定海区长白乡人武部干事。1998年10月至2002年1月，任舟山市定海区长白乡人武部副部长、党政办副主任（2000年1月任）。2002年1月至2004年3月，任舟山市定海区长白乡人武部副部长、企办副主任（兼）（2003年5月至12月，借调定海区经贸局任协作科科长；1999年8月至2002年6月，在中共浙江省委党校函授学院大专班经济管理专业学习）。2004年3月至2006年6月，任舟山市定海区经济贸易局协作科科长（2002年8月至2004年12月，在中共中央党校函授学院本科班法律专业学习）。2006年6月至2007年1月，任舟山市定海区白泉镇政府负责人。2007年1月至2010年2月，任舟山市定海区白泉镇副镇长、党委委员（2007年7月任）。2010年2月至2011年6月，任舟山市定海区白泉镇党委副书记、纪委书记、工会主席（2010年4月任）。2011年6月至2013年9月，任舟山市定海区环南街道党工委副书记、办事处主任。2013年9月至2017年2月，任舟山市定海区环南街道党工委书记、区委委员（2016年12月任）（2010年9月至2014年1月，在浙江省委党校区域经济学专业在职研究生学习；2016年3月至6月，参加舟山市中青年干部培训）。2017年2月至3月，任舟山市定海区政府副区长、环南街道党工委书记、区委委员。2017年3月，任舟山市定海区政府副区长、党组成员，区委委员。

屠定玉 女，生于1982年1月，汉族，贵州六盘水人，民革党员，2004年4月参加工作。1999年9月至2003年6月，在江南大学食品科学与工程专业学习。2003年8月至2004年4月，在舟山市港明食品有限公司工作。2004年4月至2005年8月，任舟山市农林局产业信息处干部。2005年8月至2009年12月，任舟山市农机管理中心站助理工程师、工程师。2009年12月至2012年4月，任舟山市农林局团委书记（2009年3月至2011年6月，在浙江海洋学院食品加工与安全领域农业推广硕士专业在职硕士学习）。2012年4月至2013年7月，任舟山市农机管理中心站副站长、市农机监理所副所长（主持工作），市农林局团委书记。2013年7月至2016年5月，任舟山市农机管理中心站站长、市农机监理所所长。2016年5月至11月，任浙江舟山群岛新区普陀山—朱家尖管委会主任助理（正科长级）。2016年11月起，任舟山市定海区政府副区长。

唐小明 男，生于1971年7月，汉族，湖南东安人。1993年7月参加工作，1992年12月加入中国共产党。1993年7月至1994年8月，任化工部广东地质勘查大队地质员。1994年8月至1996年7月，在中国地质大学（武汉）地貌与第四纪地质学专业进行硕士研究生学习。1996年7月至1999年7月，在中国地质大学（武汉）第四纪地质学专业进行博士研究生学习。1999年7月至2000年10月，任浙江省地质矿产研究所工程师。2000年10月至2001年3月，任浙江省地质矿产研究所地质研究室副主任。2001年3月至2002年2月，任浙江省地质矿产研究所地质研究室主任。2002年2月至2004年2月，任浙江省地质矿产研究所高级工程师。2004年2月至2006年6月，任浙江省地质矿产研究所地质环境研究室主任。2006年6月至2007年6月，任浙江省地质矿产研究所党委委员。2007年6月至2013年8月，任浙江省地质矿产研究所副所长、党委委员（2004年12月至2010年1月，中国地质大学（武汉）地质资源与地质工程博士后流动站博士后）。2013年8月起，任浙江省地质矿产研究所副所长、党委委员，总工程师（兼）（2015年8月至2017年9月，在舟山市定海区政府挂职，任副区长、党组成员）。

鲍瑞安　男，生于1978年12月，汉族，浙江象山人。2001年7月参加工作，1997年6月加入中国共产党。1997年9月至2001年7月，在中央财经大学财政系理财学专业学习。2001年7月至2008年6月，在中瑞华恒信会计师事务所工作。2008年6月至2009年7月，在中国证监会宁波监管局机构监管处工作，未定职。2009年7月至2010年7月，任中国证监会宁波监管局机构监管处副主任科员。2010年7月至2012年8月，任中国证监会宁波监管局机构监管处主任科员。2012年8月至2015年11月，任中国证监会宁波监管局稽查处主任科员。2015年11月至2016年4月，任中国证监会宁波监管局稽查处副处长。2016年4月起，任中国证监会宁波监管局机构监管处副处长（2016年7月至2017年9月，在舟山市定海区政府挂职，任副区长、党组成员）。

刘　波　男，生于1980年10月，汉族，山东济宁人。2003年8月参加工作，1999年8月加入中国共产党。1999年9月至2003年7月，在浙江大学材料与化学工程学院化学工程与工艺专业本科学习。2003年8月至2005年8月，在浙江大学材料与化学工程学院团委工作（2004年3月任团委副书记）。2005年9月至2007年6月，浙江大学材料与化学工程学院高分子工程研究所化学工程专业硕士研究生。2007年6月至2009年3月，在浙江大学材料与化学工程学院工作。2009年3月至6月，任浙江大学化学工程与生物工程学系团委副书记（主持工作）。2009年6月至2011年7月，任浙江大学化学工程与生物工程学系团委书记（副科职）（2010年9月晋升讲师（思政））。2011年7月至9月，任浙江大学化学工程与生物工程学系团委书记（正科职）。2011年9月至2015年3月，任浙江大学纪委办公室（监察处）正科职纪检员（2012年9月至2014年1月借调至教育部纪检组监察局工作）。2015年3月至2016年11月，任浙江大学求是学院紫云碧峰学园党总支副书记兼副主任。2016年11月起，任浙江大学求是学院党委副书记、紫云碧峰学园副主任（2017年7月起，在舟山市定海区人民政府挂职，任副区长、党组成员（2017年9月任））。

政协第六届舟山市定海委员会主席、副主席简介

车志宽　男，生于1960年3月，汉族，浙江嵊泗人。1979年10月参加工作，1979年10月加入中国共产党。1979年9月至1982年10月，任嵊泗县委宣传部办事员。1982年10月至1984年9月，任嵊泗县枸杞乡党委组纪委员。1984年9月至1986年7月，在浙江省委党校干部专修班党政干部专业学习。1986年7月至10月，任嵊泗县整党办联络组联络员。1986年11月至1990年2月，任嵊泗县嵊山镇党委副书记、组织委员。1990年2月至1993年4月，任嵊泗县纪委常委（1990年9月兼任纪检室主任，1992年9月任副主任科员）。1993年4月至1997年4月，任嵊泗县纪委副书记（1993年9月任主任科员）。1997年4月至1997年5月，任舟山市纪委副县（处）级纪检员。1997年5月至2002年6月，任舟山市纪委常委（2000年8月至2002年12月在中央党校函授学院法律专业在职大学学习）。2002年6月至2004年2月，任舟山市纪委常委、市监察局副局长。2004年2月至7月，任舟山市人民检察院党组副书记（正县处级）。2004年7月至2006年10月，任舟山市定海区委副书记、区纪委书记（正县处级）。2006年11月至2007年3月，任舟山市定海区政协党组书记（正县处级），区委委员。2007年3月起，任舟山市定海区政协主席、党组书记，区委委员。

方家慧 男，1960年3月，汉族，籍贯浙江宁波，在浙江杭州出生。1976年12月参加工作，1985年9月加入中国共产党。1976年12月至1979年11月，舟山市电力公司修造厂职工。1979年11月至1990年7月，任舟山地区（市）公安处（局）办事员、科员（1986年8月任）（1984年9月至1986年7月，在浙江广播电视大学舟山分校党政管理干部基础专修科全脱产学习）。1990年7月至1995年8月，任舟山市公安局出入境管理科副科级侦察员、副科长（1990年11月任）（1993年1月至1995年8月在舟山制药厂挂职锻炼）。1995年8月至1996年3月，任舟山市公安局后勤管理科科长。1996年3月至2001年8月，任舟山市定海区公安局政委、党委副书记、纪委书记、督察长（1999年1月任）（1998年8月至2000年12月在中央党校函授学院经济管理专业在职大学学习）。2001年8月至2003年4月，任舟山市定海区委办公室主任。2003年4月至8月，任舟山市定海区委统战部部长。2003年8月至2011年11月，任舟山市定海区委常委、区委统战部部长。2011年11月至2012年1月，任舟山市定海区政协党组副书记。2012年1月起，任舟山市定海区政协副主席、党组副书记。

柳跃军 男，1966年1月，汉族，浙江舟山人。1985年10月参加工作，1988年11月加入中国共产党。1985年10月至1987年9月，海军上海基地后勤部汽车营战士。1987年9月至1989年7月，在解放军天津运输工程学院汽车分队指挥专业学习。1989年7月至1992年3月，任海军观察通信第三团后勤处汽车排排长兼技术员（技术十四级）。1992年3月至1993年12月，任海军观察通信第三团雷火地侦察雷达站油井分队副连职分队长。1993年12月至1995年5月，任海军舟山基地汽车营修理所所长。1995年5月至1997年2月，任海军舟山基地后勤部码头维修队政治指导员（1992年9月至1995年7月在解放军海军政治学院干部人事管理专业在职大专学习）。1997年2月至1998年1月，任海军舟山基地后勤部汽车修理所副政治教导员。1998年1月至1999年2月，任海军舟山基地后勤部汽车修理所代理政治教导员（副营职）。1999年2月至2000年3月，任海军舟山舰船器材仓库政治处副营职干事（1997年8月至1999年12月在中央党校函授学院政法专业在职大学学习）。2000年3月至6月，任海军舟山基地装备部汽车修理所助理工程师（技术十一级）。2000年6月至2002年3月，任海军舟山基地装备部汽车修理所助理工程师（技术十级）。2002年3月至2002年12月，任海军舟山基地装备部计划财务处正营职参谋。2002年12月至2005年2月，任海军舟山基地装备部计划财务处管理办主任（副团职）。2005年2月至2006年1月，任海军舟山保障基地装备部综合计划处副处长。2006年1月至11月，任海军定海离职干部休养所所长（副处级）。2006年11月至2010年3月，任海军定海离职干部休养所所长（正处级）（2006年12月获华中科技大学（函授）软件工程专业硕士学位）。2010年3月至10月，退出现役待安排。2010年10月至2011年2月，任舟山市定海区政协副主席候选人。2011年2月起，任舟山市定海区政协副主席、党组成员。

夏江龙 男，1963年1月，汉族，浙江舟山人。1982年7月参加工作，1985年8月加入中国共产党。1980年10月至1982年7月，在浙江省人民警察学校公安专业学习。1982年8月至1984年9月，任定海县公安局白泉派出所（内勤）民警。1984年9月至1989年1月，任定海县（区）公安局白泉派出所副所长、所长。1989年1月至1993年10月，先后任舟山市定海区公安分局盐仓、石礁、临城派出所所长（1990年7月任副科级）。1993年10月至1996年9月，任舟山市定海区人大法工委副主任（1992年4月至1995年10月在中国人民公安大学公安管理专业自考大专学习）。1996年9月至1999年7月，任舟山市定海区社会治安综合治理委员会办公室主任。1999年7月至2002年9月，任舟山市定海区纪委常委、监察局副局长兼纪检监察室主任。2002年9月至2003年1月，任舟山市定海区纪委副书记、监察局副局长兼纪检监察室主任。2003年1月至2003年4月，任舟山市定海区纪委副书记兼纪检监察室主任。2003年4月至2004年12月，任舟山市定海区纪委副书记。2004年12月至2010年4月，任舟山市定海区纪委副书记、监察局局长。2010年4月至2012年1月，任舟山市定海区政府党组成员，区政府办公室主任、党组书记。2012年1月，任舟山市定海区政协副主席、党组成员。

林志刚 男，生于1966年4月，汉族，浙江舟山人，民盟盟员，1988年8月参加工作。1984年9月至1988年7月，在杭州电子工业学院计算机应用专业学习。

1988年8月至1994年7月，任舟山市定海区统计局综合股办事员、科员。1994年7月至1995年9月，任舟山市统计局计算机站科员。1995年9月至1999年3月，任舟山市定海区计划与经济局统计科科员、副主任科员（1998年10月任）。1999年3月至2001年11月，任舟山市定海区计划与经济局计划投资科副科长、统计科副科长（2001年1月任）（1999年11月至2001年2月，抽调至区第五次全国人口普查办公室，任办公室副主任）。2001年11月至2004年10月，任舟山市定海区计划与经济局统计科科长（2003年5月至2004年9月下派到定海区盐仓街道，任办事处副主任）。2004年10月至2006年6月，舟山市定海区发展计划局副局长、统计局局长。2006年6月至2011年7月，任舟山市定海区昌国街道办事处主任。2011年7月至2012年1月，任舟山市定海区统计局局长。2012年1月，任舟山市定海区政协副主席。（政协舟山市第六届委员会常务委员）

陆翰恺 男，生于1975年6月，汉族，浙江舟山人，九三学社会员，1996年11参加工作。1992年9月至1996年6月，在浙江林学院木材加工专业学习。1996年10月至2003年12月，在舟山市农林局工作。2003年12月至2004年7月，任舟山市林科所办公室主任。2004年7月至2008年12月，任舟山市城建委城市城乡规划管理工作（2004年9月月至2005年7月在浙江大学城乡规划专业脱产学习；2007年11月至2008年12月在岱山县建设局挂职，任副局长）。2008年12月至2009年12月，任舟山市城建委金塘规划管理处副处长，金塘管委会开发建设处副处长（兼）。2009年12月至2010年9月，任舟山市城建委村镇建设处副处长。2010年9月至2012年3月，任舟山市发改委产业体改处处长（2011年3月至12月在市政府驻北京联络处任综合处处长）。2012年4月至2013年9月，任舟山市定海区海洋综合开发试验区建设办公室主任，区发展和改革局副局长。2013年10月至2014年6月，任舟山市定海区商务局局长、区经济信息化和科学技术局副局长。2014年6月至2017年2月，任舟山市定海区双桥街道办事处主任，舟山国际粮油产业园区管理处副主任（2015年9月至12月参加全市中青年干部培训一班学习）。2017年2月至3月，任舟山市定海区政协副主席，双桥街道办事处主任，粮油产业园区副主任。2017年3月起，任舟山市定海区政协副主席。

（撰稿：沈　萍）

责任编辑：吴宏军

区直机关及镇（街道）负责人名录

区委工作部门

区纪委

书　记：顾飞舟

副书记：方思宏

朱存波

常　委：康汉钧

吴慧琴

陈　军

潘琼颖

干部室：

主　任：倪柳霞

宣传教育室：

主　任：张燕君（续—2017.09）

党风政风监督室（区政府纠正行业不正之风办公室）：

主　任：王康利

信访室：

主　任：许国华

案件监督管理室：

主　任：阴冠平

第一纪检监察室：

主　任：梅　盛

第二纪检监察室：

主　任：支　洁

第三纪检监察室：

主　任：刘明东（2017.04—）

2017年1月，根据定海区深化监察体制改革试点实施方案，整合区人民检察院的转隶机构，增设第三纪检监察室。

巡察工作室：

主　任：任高峰（2017.09—）

2017年5月，因工作需要，区纪委、监委机关增设巡察工作室。

区监委

主　任：顾飞舟（2017.02—）

副主任：方思宏（2017.02—）

朱存波（2017.02—）

委　员：康汉钧（2017.02—）

吴慧琴（2017.02—）

陈　军（2017.02—）

王功跃（2017.02—）

2017年1月，根据定海区深化监察体制改革试点实施方案，成立区监察委员会。

区委区政府办公室

主　任：林世军（续—2017.03）

董凯龙（2017.03—）

常务副主任：孙福康（续—2017.09）

夏怡辉（2017.09—）

副主任：杨明春（续～2017.09）

蒋东前

王维洲（续—2017.09）

邵燕玲（续—2017.12）

周　斌（续—2017.03）

王　平

陈　悦

陈　晖（续—2017.03）

李增平

伍宏伟

潘燕娜
方　翰（续—2017.03）
徐君芬（兼，续—2017.09）
林海艇
林铁坤
王成华（2017.03—）
吴　柳（2017.03—）
邵佳磊（2017.03—）
王亚儿（兼，2017.09—）
何　光（2017.09—）

区纪委派驻第一纪检组：
组　长：吴青青（续—2017.05）
副组长：应功浩（续—2017.05）

区纪委、区监委派驻第一纪检监察组：
组　长：吴青青（2017.05—）
副组长：应功浩（2017.05—）

2017年5月，为整体推进全区监察体制改革试点工作，经区委研究，所有区纪委派驻纪检组更名为区纪委、区监委派驻纪检监察组。

政策研究室：
主　任：蒋东前
副主任：蒋　华

信访局：
局　长：徐君芬（续—2017.09）
王亚儿（2017.09—）
副局长：王良刚（续—2017.03）
周　斌
林　聪
李双勇

法制办公室：
主　任：吕凌飞
副主任：屠科增

区委台湾工作办公室：
主　任：方家彪
副主任：宋金燕

区政府外事与侨务办公室：
主　任：翁岳龙
副主任：夏志兵
王燕波

口岸与海防管理办公室：
主　任：张海燕

区委组织部

部　长：邵　辉
副部长：王华杰　（兼，续—2017.03）
苏　苹
孙艳青
洪祖益
王旭东
竺锐航（兼，2017.03—）
部务会议成员：吴燕波
王永良
滕茂彪
黄小刚（续—2017.03）
潘　君（续—2017.09）
顾锡顶
穆菲菲（2017.05—）

区纪委派驻区委组织部纪检组：
组　长：滕茂彪（续—2017.05）
副组长：袁　莹（兼，续—2017.05）

区纪委、区监委派驻区委组织部纪检监察组：
组　长：滕茂彪（2017.05—）
副组长：袁　莹（兼，2017.05—）

机构编制委员会办公室：
主　任：苏　苹
副主任：何　波

直属机关工作委员会：
书　记：洪祖益
副书记：谢文伟
袁　莹
纪工委书记：袁　莹

两新工委：
书　记：孙艳青（兼）
副书记：黄小刚（续—2017.03）

老干部局：
局　长：王旭东
副局长：俞亚雪

人才办：
主　任：吴燕波

区委宣传部

部　长：何徐华
副部长：曾莉群
夏怡辉（续—2017.09）

陈珍艳（续—2017.03）
胡国海（兼，续—2017.09）
冯季红
林国海（2017.03—）
孙福康（兼，2017.09—）
项玲静（兼，2017.09—）
部务会议成员：庄剑超
季　勤
林国海（续—2017.03）
王备军（2017.03—）

区纪委派驻第二纪检组：
组　长：林国海（续—2017.03）
王备军（2017.03—2017.05）
副组长：杨　维（续—2017.05）

区纪委、区监委派驻第二纪检监察组：
组　长：王备军（2017.05—）
副组长：杨　维（2017.05—）

文化建设领导小组办公室：
主　任：冯季红（兼）
副主任：黄　芬（续—2017.01）

区政府新闻办：
主　任：季　勤

区委统战部

部　长：林世军
副部长：林孟科
夏芬芳（续—2017.03）
沈　雁
沈红军（续—2017.09）
陈珍艳（2017.03—）
谢海良（2017.09—）
部务会议成员：翁岳龙（兼）
方家彪

区委政法委

书　记：陈海平（2017.03—）
副书记：江　腾（续—2017.09）
曹志栋
张宣杰（续—2017.03）
顾培斐
毛铁年（兼）
徐君芬（兼，续—2017.09）
应朝阳（兼）
裘海祖（2017.03—）
黄艳庭（2017.09—）
王亚儿（兼，2017.09—）

区纪委派驻第三纪检组：
组　长：王亚儿（续—2017.05）
副组长：袁　芳（续—2017.05）

区纪委、区监委派驻第三纪检监察组：
组　长：王亚儿（2017.05—2017.09）
杨明春（2017.09—）
副组长：袁　芳（2017.05—）

政治处：
主　任：周　玲

维稳办：
副主任：周林杰

平安办：
副主任：王永良

社会治安综合治理委员会办公室：
主　任：江　腾（兼，续—2017.09）
黄艳庭（兼，2017.09—）
副主任：袁善龙
周炬伟

610办公室：
副主任：陆宠懿（续—2017.03）

区档案局（史志办）

局　长、主　任、党组书记：张　樱
副局长、党组成员：鲍　军
刘其刚

区社会服务管理指挥中心

主　任、党组书记：张文追
副主任、党组成员：乐波明
沈小岳
颜善波
李丕利（2017.03—）

区精神文明建设委员会办公室

主　任：夏怡辉（兼，续—2017.09）
项玲静（2017.09—）
副主任：徐燕红
薛珊珠

王远荣（2017.12—）

区新闻中心

主　任：胡国海（续—2017.09）
孙福康（2017.09—）
副主任、党组成员：郑泓湖
顾益君
副主任：应海玲

区流动人口服务管理局

局　长：曹志栋
副局长：张　辉
顾　军
刘传瑞

区人大常委会工作部门

法制内务司法委员会

主任委员：俞嫦女（2017.02—）
副主任委员：郑思金（2017.02—）

财政经济委员会

主任委员：石江洋（2017.02—）
副主任委员：杨文跃（2017.02—）

办公室

主　任：卢建军
副主任：方　祎
周战磊

财政经济工作委员会

主　任：石江洋
副主任：孔松对
杨文跃（2017.02—）

法制工作委员会

主　任：俞嫦女
副主任：郑思金
王广栋（2017.09—）

代表工作委员会

主　任：王跃芳
副主任：俞岩松
陈小波

教育科技文化卫生与民族宗教侨务工作委员会

主　任：叶立占
副主任：王广栋（续—2017.09）
叶松康
张赛枫（2017.09—）

城乡建设与环境资源保护工作委员会

主　任：蒋玲军
副主任：张志平

农渔业与农渔村工作委员会

主　任：徐汉云
副主任：何国成

信访办公室

主　任：傅世腾

2017年2月8日，舟山市定海区第十七届人民代表大会第一次会议第二次全体会议通过，设立法制内务司法委员会、财政经济委员会两个专门委员会。

区政府工作部门

区发展和改革局（统计局）

党组书记：傅继昂（续—2017.09）
刘世君（2017.09—）
党组副书记：徐　徐
周利军
发展和改革局：
局　长：傅继昂（续—2017.09）
刘世君（2017.09—）
副局长：刘惠珠
夏元沪（续—2017.03）
毛　凯
郑依娜
潘海龙

高　刚（2017.03—）

统计局：

局　长：周利军

副局长：程　翊

总统计师：徐志元

区纪委派驻第四纪检组：

组　长：徐　徐（续—2017.05）

区纪委、区监委派驻第四纪检监察组：

组　长：徐　徐（2017.05—）

金融办：

主　任：夏元沪（续—2017.03）

高　刚（2017.03—）

物价局：

局　长：刘惠珠

区经济信息化和科学技术局（商务局）

党组书记：吴锡平

党组副书记：陈　婷（续—2017.03）

周　斌（2017.03—2017.09）

周军波（2017.09—）

副局长：余海江

韩亚玲（续—2017.09）

张　局

周　斌（2017.03—2017.09）

黄小刚（2017.03—）

周军波（2017.09—）

叶国光（2017.09—）

总经济师：张宏辉（2017.03—）

经济信息化和科学技术局：

局　长：吴锡平

副局长：陈　婷（续—2017.03）

吴雄佳

总经济师：杨文跃（续—2017.01）

商务局：

局　长：陈　婷（续—2017.03）

吴锡平（2017.03—）

副局长：杨文跃（续—2017.01）

区纪委派驻第五纪检组：

组　长：汤乃勇（续—2017.05）

区纪委、区监委派驻第五纪检监察组：

组　长：汤乃勇（2017.05—）

地震局：

局　长：陈　婷（续—2017.01）

吴锡平（2017.03—）

贸促会：

会　长：陈　婷（续—2017.01）

吴锡平（2017.03—）

专职副会长：张　局

黄小刚（2017.03—）

区教育局

局长、党组书记、党工委书记：

董凯龙（续—2017.03）

鲍治杰（2017.03—）

党组副书记、党工委副书记：乌燕华

副局长、党组成员、党工委委员：应朋志

朱建军

胡　斌

党组成员、党工委委员：徐良浩

区纪委派驻区教育局纪检组：

组　长：徐良浩（续—2017.05）

区纪委、区监委派驻区教育局纪检监察组：

组　长：徐良浩（2017.05—）

区政府教育总督学：毛　媛

区民族宗教事务局

局　长：夏芬芳（续—2017.09）

沈　雁（2017.09—）

副局长：季文华

卢仲锋

区文化体育新闻出版局

局　长：冯季红

副局长：庄剑超

钟志平

方　立

黄　芬（续—2017.01）

区公安分局

局长、党委书记：应朝阳

政　委：罗彬涛（续—2017.11）

周怀逸（2017.11—）

党委副书记：罗彬涛（续—2017.11）
徐　洲
周怀逸（2017.11—）
副局长：徐　洲
钟　波
杜志钢
冯松海（续—2017.08）
纪委书记：徐满国（续—2017.11）
纪委书记：刘　军（2017.11—）
政治处主任：张　伟

区监察局

局　长：方思宏（续—2017.03）
副局长：陈　军（续—2017.03）

2017年3月，根据上级监察体制改革文件精神和定海区深化监察体制改革试点实施方案，决定撤销区监察局，相关职能整合划入区监察委员会。

区民政局

局长、党组书记：何　斌
党组副书记：潘光跃（续—2017.09）
李松存（2017.09—）
副局长：张伟忠
应燕芬（续—2017.09）
周海芳
周　斌（2017.12—）

区司法局

局长、党组书记：鲍治杰（续—2017.03）
张伟祥（2017.03—）
党组副书记：楼晓波
副局长：楼晓波
叶海蓉
林益健
张　洁（2017.12—）
金塘司法所：
所　长：孙科宇
白泉司法所：
所　长：林　杰

区财政局

局长、党组书记：何　红
副局长：戴水婷
李汉定
杨英俊
总会计师：蒋科卫
区纪委派驻财政局（区国资局）纪检组：
组　长：钟国勇（续—2017.05）
区纪委、区监委派驻财政局（区国资局）纪检监察组：
组　长：钟国勇（2017.05—）
国有资产监督管理局：
局　长：何　红（兼）
副局长：宣宏伟（续—2017.09）
张静波（续—2017.09）
预算局：
局　长：高　刚（续—2017.03）
赵　静（2017.03—）
预算执行局局长：宣宏伟（2017.09—）
财政国资监督局：张静波（2017.09—）

区人力资源和社会保障局

局长、党组书记：王华杰（续—2017.03）
竺锐航（2017.03—）
党组副书记：傅追棠
副局长：傅追棠
何银夫
沈松波
区纪委派驻第六纪检组：
组　长：潘嗣斌（续—2017.05）
区纪委、区监委派驻第六纪检监察组：
组　长：潘嗣斌（2017.05—）
退管办：
主　任：肖宏林
培训中心：
主　任：沈松波（兼）
社保中心：
主　任：刘婧婧

区住房和城乡建设局

局长、党组书记：朱兴岳
党组副书记：李松存（续—2017.09）
鲍　明（2017.09—）
副局长：陈洪亮
黄艳庭（续—2017.09）

虞彭挺
李松存（续—2017.09）
汪国存
庄旭东（兼，续—2017.03）
陈官平（兼，续—2017.03）
鲍　明（2017.09—）
总工程师：田　娟
党组成员：沈宏斌
庄建军（2017.03—）
沈红军（2017.09—）
区纪委派驻第七纪检组：
组　长：沈宏斌（续—2017.05）
区纪委、区监委派驻第七纪检监察组：
组　长：沈宏斌（2017.05—）
人民防空办公室：
主　任：黄艳庭（续—2017.09）
沈红军（2017.09—）
副主任：徐绍堂
王光兵
环境卫生管理处：
主　任：苗世军（续—2017.05）
住房保障和房产管理局：
局　长：方　涛（续—2017.03）
庄建军（2017.03—）
市政园林管理中心：
主　任：金春林（续—2017.05）

2017年9月，经区委研究，区市政园林管理中心、区环境卫生管理处由区住房和城乡建设局成建制划归区城市管理局。

区交通运输局

局长、党组书记：赵志军（续—2017.09）
孙继达（2017.09—）
党组副书记：周军波（续—2017.09）
副局长、党组成员：李鹏飞
乐科军
陈志刚
黄海舟
副局长：刘奋勇
党组成员：张成业
刘璋宏
张建伟
区纪委派驻区交通运输局纪检组：
组　长：刘璋宏（续—2017.05）
区纪委、区监委派驻区交通运输局纪检监察组：
组　长：刘璋宏（2017.05—）
公路管理局：
局　长：张成业
道路运输管理局：
局　长：张建伟

区水利围垦局

局长、党组书记：刘世君（续—2017.09）
胡国海（2017.09—）
副局长、党组成员：顾玲科
童晓燕
副局长：徐国中
总工程师：陈　平

区农林与海洋渔业局

局长、党组书记：王家通
党组副书记：鲍　明（续—2017.09）
副局长、党组成员：胡光远
陈忠苗
易荣新
洪海涛
副局长：费萍波
杨继明
总农艺师：谢忠海
区纪委派驻第八纪检组：
组　长：章守腾（续—2017.05）

2017年9月，因机构职能调整，撤销中共舟山市定海区农林与海洋渔业局党组，原党组成员职务自行免去。

区农林与海洋渔业局（海洋行政执法局）

党组书记：王家通（2017.09—）
党组成员：胡光远（2017.09—）
陈忠苗（2017.09—）
章守腾（2017.09—）
易荣新（2017.09—）
谢忠海（2017.09—）
洪海涛（2017.09—）
海洋行政执法局：

局　长：王家通（2017.09—）
副局长：洪海涛（2017.09—）
区纪委、区监委派驻第八纪检监察组：
组　长：章守腾（2017.05—）
2017年9月，因机构职能调整，建立中共舟山市定海区农林与海洋渔业局（海洋行政执法局）党组。

区卫生和计划生育局

局长、党组书记、党工委书记：章文斌
副局长、党组副书记、党工委副书记：王帮贤
副局长、党组成员、党工委委员：许庆华
胡秀贞
曾晓伟
吴松波
党组成员、党工委委员：芮世光
区纪委派驻区卫生和计划生育局纪检组：
组　长：邵海颖（续—2017.05）
区纪委、区监委派驻区卫生和计划生育局纪检监察组：
组　长：邵海颖（2017.05—）

区审计局

局长、党组书记：傅忠国
副局长、党组成员：范燕君
陈岳华
总审计师、党组成员：贺海波

区旅游局

局长、党组书记：张臣达
副局长、党组成员：傅　勇
张　辉
戴惠萍
应海康

区安全生产监督管理局

局长：夏高方
党组书记：王　荫
副局长、党组成员：马　烈
舒剑锋
胡伟义
张惠洲（2017.12—）

区综合行政执法局（环境保护局）

党组书记：竺锐航（续—2017.03）
冯志鸣（2017.03—2017.05）
党组副书记：贺海珠（续—2017.05）
方静卫（续—2017.05）
副局长：方静卫
吴瑞玲
综合行政执法局：
局　长：竺锐航（续—2017.03）
冯志鸣（2017.03—）
副局长：何　杰（续—2017.09）
夏燕辉
陆卫国
白泉分局：
局　长：柯　科
环境保护局：
局　长：竺锐航（续—2017.03）
副局长：王建明（续—2017.09）
郑　杰（续—2017.09）
夏爱萍（续—2017.09）
夏燕辉（兼）
局长、党组书记：冯志鸣（2017.03—）
2017年5月，因机构职能调整，撤销中共舟山市定海区综合行政执法局（环境保护局）党组。

区城市管理局（综合行政执法局、环境保护局）

党组书记：冯志鸣（2017.05—）
党组副书记：方静卫（2017.05—）
贺海珠（2017.05—）
党组成员：王建明（2017.05—）
苗世军（2017.05—）
何　杰（2017.05—2017.09）
郑　杰（2017.05—）
夏爱萍（2017.05—）
陆卫国（2017.05—）
柯　科（2017.05—）
金春林（2017.05—）
吴瑞玲（2017.05—）
应燕芬（2017.09—）
副局长：贺海珠（2017.09—）
苗世军（2017.09—）

城市管理局：

局　长：冯志鸣（2017.09—）

副局长：方静卫（2017.09—）

吴瑞玲（2017.09—）

夏燕辉（兼，2017.09—）

城市管理局（综合行政执法局）：

副局长：王建明（2017.09—）

郑　杰（2017.09—）

夏爱萍（2017.09—）

城市管理局（环境保护局）：

副局长：陆卫国（2017.09—）

环境卫生管理处：

主　任：苗世军（2017.05—2017.09）

应燕芬（2017.09—）

市政园林管理中心：

主　任：金春林（2017.05—）

2017年5月，因机构职能调整，建立中共舟山市定海区城市管理局（综合行政执法局、环境保护局）党组。

2017年9月，经区委研究，设立舟山市定海区城市管理局，与区综合行政执法局、区环境保护局合署办公。区市政园林管理中心、区环境卫生管理处由区住房和城乡建设局成建制划归区城市管理局。

政协定海区委员会工作部门

办公室

主　任：华福耐

副主任：陈建江

叶晓波（续—2017.09）

洪立军（2017.09—）

提案委员会

主　任：陈伟珠

副主任：蒋海裕

林孟科（兼，续—2017.02）

陈　晖（兼，续—2017.02）

李增平（兼，续—2017.02）

委员工作委员会

主　任：吴一泉

副主任：夏舟群

经济科技委员会

主　任：陈　晟

副主任：周王卫　（兼，续—2017.02）

应仁飞

许跃军

教育文化卫生体育与文史资料委员会

主　任：乐加恩

副主任：包　磊

许庆华　（兼，续—2017.02）

应朋志　（兼，续—2017.02）

刘春燕

社会法制民族宗教与港澳台侨外事委员会

主　任：戴永良（2017.03—）

副主任：傅追棠（兼，续—2017.02）

叶海蓉（兼，续—2017.02）

王建绪（续—2017.03）

陈国富

王良刚（2017.03—）

农业农村与资源环境委员会

主　任：傅岳平

副主任：唐志钢

费萍波　（兼，续—2017.02）

鲍　明　（兼，续—2017.02）

2017年2月，舟山市定海区六届政协一次会议上，各委员会兼职职务自行免去。

区政府派出机构、直属正科事业单位

区审批服务与公共资源交易管理办公室

党组书记：毛铁年（2017.09—）

主　任、党组书记：张伟祥（续—2017.03）

庄旭东（2017.03—2017.09）

主　任、党组副书记：庄旭东（2017.09—）

副主任、党组成员：张　旻

孙李琼

卢桂臣
王士钦
公共资源交易中心：
主　任：张　旻

浙江定海工业园区管委会

主　任、党组书记：林　光（续—2017.09）
周　斌（2017.09—）
党组副书记：魏大波（2017.09—）
副主任、党组成员：王旭东
林科峰
魏大波
总工程师：周　鑫（2017.09—）
区纪委派驻定海工业园区纪检组：
组　长：张小艇（续—2017.05）
区纪委、区监委派驻定海工业园区纪检监察组：
组　长：张小艇（2017.05—）

区供销合作社联合社

主任、党委书记：胡学锋
党委副书记：许跃良
副主任：林海波
副主任、党委委员：庄建军（续—2017.03）
党委委员：陈君良

区机关事务管理局

局长、党组书记：方　杰
副局长、党组成员：包世良
林永光
吴黎明（2017.12—）
副局长：江　静

盐仓商贸建设开发管理处

主　任：邬学文（续—2017.03）
副主任：朱彦波（续—2017.03）
沈小伍（续—2017.03）
张　明（续—2017.03）
郑卫民（续—2017.03）
李丕利（续—2017.03）

2017年3月，经区委研究，决定撤销区盐仓商贸建设开发管理处。

定海旧城区改造建设办公室

党组书记：朱兴岳（兼，续—2017.09）
主　任、党组副书记：庄旭东（续—2017.03）
陈官平（2017.03—2017.09）
主　任、党组书记：陈官平（2017.09—）
党组副书记：林　军（2017.09—）
副主任、党组成员：林　军
邵海君
王赛亲
翁红峰
王　勇
李志业
林志光
余志军（2017.09—）

区农渔村住房开发管理处

党组书记：朱兴岳（兼，续—2017.09）
主　任、党组副书记：陈官平（续—2017.03）
夏芬芳（2017.03—2017.09）
主　任、党组书记：夏芬芳（2017.09—）
副主任、党组成员：黄海明
余志军（续—2017.09）
丁耀亮
朱其波
陈　刚（2017.09—）

舟山国际水产品产业园区管理处

主　任：林志刚
副主任：谢海良（续—2017.09）
王天明
何优芬
刘纪波
陈　益（续—2017.09）
虞建军
孙　霞

区招商局

党组书记：吴海斌
局　长：吴海斌（续—2017.09）
张松军（2017.09—）
副局长、党组成员：严旭波
干盛军

副局长：杨　薇（兼）
周邦国（兼）
林　洁
包于忠（兼）
石红辉

舟山国际粮油产业园区管理处

主　任：范　纲
常务副主任：姚　庆（2017.09—）
副主任：陆翰恺（续—2017.03）
孙继达（续—2017.09）
刘江辉
王茂叶
徐　捷

海洋科技产业园管理处

党组书记：夏元沪（2017.09—）
主　任：夏元沪（2017.03—2017.09）
韩亚玲（2017.09—）
副主任：沈小伍（2017.03—）
朱燕华（2017.03—）
党组成员：沈小伍（2017.09—）

2017年9月，因工作需要，建立中共舟山市定海区海洋科技产业园管理处党组。

区级人民团体

区总工会

主　席、党组书记：邵启明
副主席、党组成员：叶红芳
鲍汉君
俞建平

共青团定海区委

书　记、党组书记：夏培一（续—2017.03）
方　翰（2017.03—）
副书记、党组成员：鲍紫燕
副书记：陈争光

区妇女联合会

主　席、党组书记：丁　梅
副主席、党组成员：陈祎红
唐宏燕

区文学艺术界联合会

主　席：冯季红
副主席：朱先马

区科学技术协会

主　席：陈　婷（续—2017.03）
吴锡平（2017.03—）
副主席：叶国光（续—2017.09）
朱建军（兼）
许庆华（兼）
杨文跃（兼，续—2017.09）
谢忠海（兼）
王建明（兼）
许　斌
张燕君（2017.09—）

区归国华侨联合会

主　席：翁岳龙
副主席：杨文跃（兼）
王燕波

区残疾人联合会

理事长、党组书记：袁燕江
副理事长、党组成员：张福成
林　伟
顾静静

区红十字会

会　长：郑飞芬（兼）
副会长：芮世光

区计生协会

会　长：周军刚（兼）
副会长：章文斌（兼）
胡秀贞（兼）
屠定玉（兼）

区社会科学界联合会

主　席：曾莉群（兼）

副主席：张　屹
何　红（兼，续—2017.09）
徐　徐（2017.09—）
钟国勇（2017.09—）
蒋　华（2017.09—）

区工商业联合会

主　席：范国锋（兼）
党组书记、副主席：林孟科
副主席、党组成员：刘既帮
吴永昌
王苗军

区人民法院

院　长、党组书记：赵　晖
副院长：王东明
党组副书记：王东明（2017.06—）
副院长、党组成员：李平央
副院长：陈建群
党组成员：陆富军
张崇华
审判委员会专职委员：张崇华
顾龙裕
区纪委派驻区人民法院纪检组：
组　长：陈志龙（续—2017.05）
区纪委、区监委派驻区人民法院纪检监察组：
组　长：陈志龙（2017.05—）
政治处主任、党组成员：林　琼
执行局局长：陆富军
临城人民法庭庭长：董　艳
岑港人民法庭庭长：王立平
金塘人民法庭庭长：袁　龙
白泉人民法庭庭长：陈　健

区人民检察院

检察长、党组书记：乐志盛
党组副书记、副检察长：张曙光
副检察长、党组成员：应福明
乐红兵
党组成员：王功跃
方红亚
检察委员会专职委员：钱汗飞
金塘检察室主任：陈　雷
区纪委派驻区人民检察院纪检组：
组　长：方红亚（续—2017.05）
区纪委、区监委派驻区人民检察院纪检监察组：
组　长：方红亚（2017.05—）
政治处主任、党组成员：夏坚德
反贪污贿赂局：
局　长：王功跃（续—2017.12）
反渎职侵权局：
局　长：刘明东（续—2017.12）

2017年3月，根据上级监察体制改革文件精神和定海区深化监察体制改革试点实施方案，决定撤销区检察院反贪污贿赂局、反渎职侵权局，相关职能整合划入区监察委员会。

镇、街道

城东街道

党工委书记：舒　华
办事处主任：裘海祖（续—2017.03）
王雄飞（2017.03—）

环南街道

党工委书记：夏　泉（续—2017.03）
朱彦波（2017.03—）
办事处主任：林建刚

昌国街道

党工委书记：冯志鸣（续—2017.03）
张宣杰（2017.03—）
办事处主任：姚　庆（续—2017.09）
王燕芳（2017.09—）

盐仓街道

党工委书记：邬学文
办事处主任：朱彦波（续—2017.03）
余世炯（2017.03—）

小沙街道

党工委书记：朱朝辉
办事处主任：王文杰（续—2017.03）
夏培一（2017.03—）

岑港街道

党工委书记：吴红卫（续—2017.03）
乐志军（2017.03—）
办事处主任：乐志军（续—2017.03）
王文杰（2017.03—）

马岙街道

党工委书记：严　华
办事处主任：贺孝磊

双桥街道

党工委书记：孙继达（续—2017.09）
林　光（2017.09—）
办事处主任：陆翰恺（续—2017.03）
陈　晖（2017.09—）

金塘镇

党委书记：张　立（续—2017.09）
镇　　长：陈　军

白泉镇

党委书记：林剑彪
镇　　长：孙　亮

干礅镇

党委书记：谢海良（续—2017.09）
徐君芬（2017.09—）
镇　　长：陈　益

（撰稿：沈　萍）

责任编辑：吴宏军

上接第84页

定海山系列文化——古桥（二）

序号	名称	地址	简介
8	颂河甩龙桥（颂河鲍家桥）	盐仓街道叉河社区长春村长春礼堂边29号北侧约250米	颂河甩龙桥原为石板桥。为从长春岭流经颂河区域河道之上的桥梁之一。民国初年，石板桥被毁，改建为单孔石拱桥。该桥是定海地区保存完整的一处乱石拱桥。
9	颂河洞桥	盐仓街道叉河社区长春颜家1号西边100米	因桥洞圆形如洞，故名洞桥。清康熙《定海县志·颂河岙图》中已标有此桥，光绪《定海厅志·颂河庄图》中注有“洞桥”两字。旧时桥面用鹅卵石铺设。1989年加宽，改为混凝土路面。该桥是定海地区保存完整的一处乱石拱桥。
10	晓峰桥	盐仓街道城西晓峰河上	元大德《昌国州图志》载：“虹桥，去州北十里，枕大溪形如卧虹”。故名虹桥。清康熙《定海县志·盐仓岙图》有“虹桥”标注，桥南尝有宋太师余天锡虹桥书院遗址。1970年建造虹桥水库改河道，另建一新虹桥。2011年经当地政府挖掘，老虹桥出土供人参观。桥为平板石，勒字“虹桥嘉庆二年重修”。
11	老虹桥	盐仓街道虹桥村	南宋宝庆《昌国县志》载：“城西有晓峰岭、晓峰岭下有晓峰河、晓峰河上有晓峰桥”。又载，宋淳熙十五年（1188）西监盐监鲍谓修扩建此桥。元大德《昌国州图志》和明天启《舟山志》均有相同记载。民国26年（1937）前后改建成石板桥。2002年又改建为混凝土桥，石栏板刻 “晓峰桥”。
12	继思桥	双桥街道南山社区南山村南山后房6号民居西南2米	建于清乾隆五年（1740），嘉庆七年（1802）重修。2000年重立桥栏板。横跨从蚂蟥山水库流出的小溪，桥面由9块条石板和2块长条石板组成，长3.4米，宽2.29米。继思，意为“继思祖迹”。
13	甩龙桥	小沙街道光华社区新华村大溪坑上游	甩龙桥,建于清道光二十四年（1844），同治年间重修。东北—西南走向，横跨小沙大溪坑,单孔石拱，桥长7.7米，宽2.36米，净跨3.7米，栏板北面中间刻有“桥栏傅奕秀造”6字。因桥身如一条倒甩蛟龙而得名，是研究舟山桥梁建筑工艺的珍贵资料。1998年5月被列为区级文物保护单位。

下转第152页

民主党派

民革定海区支部

【概况】　2017年，中国国民党革命委员会舟山市委员会定海区支部（以下简称民革定海区支部）有正式党员30人，支委6人，刘勇平任主任委员，汪和芬、徐国中任副主任委员，郑国庆、陈雪芬、何琪玲任委员。男女比例为8:7，平均年龄50.2周岁，其中1980年以后出生的6人，1970—1979年出生的13人，1960—1969年出生的5人，1960年以前出生的6人，具有大学及以上学历党员24人。有区六届政协委员7人，其中常委2人；七届市政协委员2人，其中常委1人；区人大常委1人，市人大常委1人。具有高级技术职称的10人，占33%；中级职称13人，占43%。是年，从其他支部转入党员3名：沈永康、储慧、寿似波；发展新党员1名：沈优红。

【学习教育】　妇女节期间，组织女党员到宁波参观非物质文化遗产调研活动。5月，组织党员参加“观故居走多党合作之路”活动，走访安徽六安朱蕴山故居。组织党员代表参加区委统战部组织的“红船精神”教育实践活动，到湖南毛泽东故居接受红色文化洗礼，等等。使党员感受到正确思想观念的熏陶，汲取振奋人心的榜样力量。通过集中学习、调研参观、专题研讨等形式各异、丰富多彩的活动，相继学习全国两会精神、中国共产党第十九次代表大会精神、浙江省第十四次党代会报告等基本要义和民革党史。

组织学习中共十九大精神

组织参观朱蕴山纪念馆

【组织建设】　以“五好”基层组织创建为主线，在实践中不断提炼基层组织工作方法，主动关怀党员，为党员提供好服务，通过上门看望老年党员、重阳节慰问、妇女节关爱等多种方式、多种途径加强组织与党员、党员与党员之间的联系。10月14日，组织党员到王家大院培训基地开展学做中式面点活动，增进新、老党员交流，以老党员的先进思想和行动来引导、感染新党员融入组织活动，增强组织的凝聚力和向心力。是年，民革定海区支部获评民革浙江省委会2012—2016年度先进集体称号，连续2年被区委统战部评为先进支部，顺利通过民主党派“五好”基层组织复评，被评为2014—2016年五好基层组织创建工作优胜单位，被民革市委会评为2017年度参政议政先进集体和2017年度信息先进支部。

【参政议政】 2017年，郑国庆当选为定海区第十七届人大常委会委员，徐国中、储慧当选为定海区政协第六届常委会委员。刘勇平当选为舟山市政协第七届常委会委员，袁优红当选为舟山市第七届人大常委会委员。

市、区“两会”期间，支部提交人大建议案3件，政协集体提案7件（其中1件政协大会发言转），个人提案14件（不包括区转市），内容涉及生态旅游、城乡规划、旧城改造、招商引资、人文历史和社会生活等各个领域，其中《关于加强乡村规划设计和农房设计工作的建议》被市政协列为重点提案，《关于从百姓感知最强烈的事情抓起，加快推进定海城市有机更新的建议》被区政协列为重点提案，《进一步落实垃圾分类、合力推进“基本解决执行难”》《打击非法集资行为》《加快海绵城市建设》《加快老城区有机更新》等被市委会采纳为市政协集体提案。

是年，支部党员撰写社情民意、信息60余篇，其中孙剑刚撰写的《刘委员治水》被省政协录用，何琪玲撰写的《公共健身设施建好更要管好》被联谊报录用，多名党员的社情民意被市、区两级政协办录用，并多次受到市区领导的批示。

【民主监督】 通过参与调研视察、督办提案议案、建言专题协商、参加阳光热线和电视问政平台等途径，多措并举开展民主监督工作。是年，刘勇平参加阳光热线直播节目10期，话题涉及远光灯乱象、公共文明指数、市民文明意识、城市管理精细化等城市管理和社会生活方方面面；参加“电视问政”直播节目4期，问政“最多跑一次”、共谋“全域旅游”“聚焦城市治理短板”等内容，以特约评论员身份问政建言，更好地服务新区建设、服务经济社会发展；以地方立法专家身份参与《舟山市文明行为促进条例》立法修订工作。袁优红在市人大常委会会议中，建言“家庭暴力执行建议”“舟山市教育均衡发展”等话题。党员中的市、区政协委员分别参加全市小城镇环境综合整治情况专题视察活动、定海特色街区建设及城区路网畅通改造专题协商会、“五水共治”民主监督活动，垃圾分类调研等，对一些群众关注的热点难点提出问题，使民主监督更有针对性、更有透明度。

【服务联谊】 2017年，依靠全体党员，集纳优势资源，组建民革定海区支部“博爱”党员服务队，开展社会服务活动，打造“博爱”民革品牌。相继开展法治宣传、医疗服务、定点义诊、免费咨询、法律服务等各类服务40余场次；孙剑刚等党员律师开展公益讲座16场，其中到偏远海岛开展普法讲座3场；党员蔡锡顶到嵊泗人民医院儿科帮扶3个月，发挥其儿童生长发育专科特长，帮助建立儿童生长发育诊疗规范，在医院网站进行儿童生长发育的科普宣传；服务队牵手民工子弟，相继走进育才学校、海润学校、蓝天学校和城西小学，开展“关爱成长 护航校园”系列活动。

开展“博爱”社会服务活动

加强与区台办、区法律援助中心合作，宣传对台工作方针、政策，开展扶贫济困法律服务工作，对符合条件的侨台胞主动提供法律援助，维护侨台胞的合法权益。为台湾籍犯罪嫌疑人提供法律援助，安排律师分别在公安、检察院、法院等各个阶段担任其辩护人，维护和保障其合法权益。在工农路区块旧城改造项目中，发挥工作职能优势，为在香港、台湾、英国等地的7户侨台胞产权户，当好“收集员”“联络员”“引导员”，搜集相关信息，传达征收工作相关政策，引导产权户进行委托公证，保障侨台胞的合法权益，确保征收工作顺利推进。重阳节前夕，支部“博爱”

服务队与区台办共同组织，牵手滞留台胞开展社会服务，组织专家医生上门走访、一对一进行义诊、送药、送温暖。

【表彰名录】 2017年，支部党员联系工作实际，取得可喜的成绩。赵大伟完成设计任务10余项，得到总院及业主的好评；袁优红在科学教育专业奖学金项目中荣获优秀辅导员称号，其教学论文在全国专业刊物上发表；汪和芬被评为“舟山市妇女儿童工作彩虹奖”；叶天星获评市G20维稳安保先进个人；何琪玲获评定海区政法综治工作先进个人；林洁获评招商工作先进个人；储慧在定海十九大书香定海微征文中获三等奖。林洁、孙剑刚和叶天星3名党员在民革市委会举办的纪念民革组织成立70周年知识竞赛活动上，代表支部参赛，获得一等奖。林洁代表市委会参加省委会的知识竞赛，获得二等奖。刘勇平被评为市政协优秀委员、市政协反映社情民意信息先进个人。徐国中被评为区政协2017年度参政议政积极分子，钟小义被评为市政协反映社情民意信息先进个人、区政协2017年度社情民意工作先进个人，陈雪芬被评为区政协优秀信息员。

（撰稿：汪和芬）

（本分目照片由民革定海区支部提供）

民盟定海区支部

【概况】 2017年，中国民主同盟舟山市委员会定海区支部（以下简称民盟定海区支部）新吸收盟员2名，1名盟员因工作调动，转到新城支部，实到1名。至年底，民盟定海区支部人数达到26人，有中级以上职称者21人，其中高级职称者11人；大学本科以上学历者21人，其中研究生学历者2人；平均年龄50.3岁，分散在教育、医疗、行政、营销等各领域，盟员分布更合理，年龄梯队更优化。

【积极参政议政】 坚持发挥民主党派“参政议政、民主监督”的政治职能，围绕定海区经济社会发展重点，开展相关工作。

深入基层进行重点调研。针对年初确定的工作计划安排，形成专门的提案写作和调研团队，制定详细的调研方案和计划，定期深入一线开展专项调研，走访相关部门、镇街道及基层企业，听取意见建议，形成详实的一手资料，收集提案17件，其中集体提案《关于进一步加大科研投入，促进定海工业经济提质增效的建议》被区政协作为重点提案办理。2017年1月，提案《服务新区大战略大项目，全力打造配套产业强区》获区政协优秀提案，并获区委书记庄继艳批示。

结合自身工作开展专业调查。针对支部成员在教育、医疗、行政、营销等方面的专业背景，要求各盟员细心观察身边的实际问题，运用专业视角，利用自身及支部资源对相关问题进行深入调查，并提出专业建议，形成各类社情民意、信息等25篇。其中王凤的信息《关于将心理健康教育纳入日常教学的建议》被区政协录用，朱旭东的信息《关于海鲜运输过程中抛洒滴漏情况反应》被区政协录用，钟舟杰的《关于移除非机动车道中央路灯等障碍物的建议》刊登在市政协2017年10月的社情民意期刊上。

【开展盟务建设】 *加强理论学习*。1月15日，组织全体盟员参加学习中共十八大六中全会精神；4月14日，组织20名盟员参加“舟山民盟三十年”学习会；5月7日，组织芮海峰等9名盟员参加陈淑芳同志先进事迹学习会暨民盟舟山市委会参政议政工作培训会；10月21日，组织全体盟员学习中共十九大报告精神学习会。

组织学习中共十九大报告

开展服务基层活动。1月7日，召开民盟定海区支部第六次盟员全体会议，选举新的领导班子。3月10日，芮海峰、毛凯、曹春宇等8名盟员加入舟山市民

盟志愿者服务队，并积极参加志愿者活动。5月4日，林志刚、芮海峰、毛凯等盟员参加“剿灭劣V类水”党外人士在行动动员会，并领取金塘1条河流作为结对河流，积极调研监督，参与水体治理，还洁净于乡民。

民盟定海区支部换届合影

做好社区结对金名片。长期与昌国街道文昌社区结对，进社区进行服务。7月26日，联合开展暑期公益活动，举办硬笔书法讲座；8月2日，进行结对义教活动等，深受居民喜爱。

组织参加各种社会公益活动。6月2日，盟员夏亚萍赴新民学校进行科普知识授课。10月21日，为抗美援朝老战士、老党员朱瑞根捐款，并经常赴医院看望，长期关心朱老的健康，社会反响良好。是年，盟员李艳华、曹春宇积极参加各种形式的医疗下乡活动，为社会服务，为支部增光添彩。

向老党员朱瑞根捐款

【展示支部风采】 是年，支部被区委统战部评为2016年参政议政先进集体；被市委统战部评为2014—2016年五好党派；被市委统战部评为2016年民主监督工作先进集体，洪俊留同志被评为2016年度民主党派先进个人。

8月，盟员王凤、李毅在俄罗斯第十五届“歌唱世界——福林克国际合唱比赛”，代表舟山市爱乐乐团参赛并获得混声组第一名；盟员石意志的论文获得2017年舟山市义教劳动与技术教学论文一等奖；盟员芮海峰的多幅水彩画《来自七号码头的信号》等入选浙江省群星画集，浙江省第十五届水彩、粉画作品展等；盟员俞舟波主持的《水色童话》拓展性课程被评为浙江省优秀拓展课程；盟员李毅获定海区中小学优秀艺术指导老师；盟员钟舟杰获2017年定海区先进工作者等。

（撰稿：芮海峰）

（本分目照片由民盟定海区支部提供）

民建定海区支部

【概况】 2017年9月2日，中国民主建国会舟山市工作委员会定海区支部（以下简称民建定海区支部）成立。至年底，民建定海区支部有会员21名，平均年龄47岁，大专以上学历占95%，硕士研究生以上学历占10%，中级职称以上占57%，经济界会员占80%，其中企业高级管理人员16人，政府机关公务员2人，科研院所2人。市人大代表3人，区政协委员2人。

民建定海区支部成立

【加强政治思想教育】 要求会员始终以坚持中国共产党的领导，坚持走中国特色社会主义道路为民建发展的旗帜和方向，要坚定自觉地同以习近平同志为核心的中共中央在思想上政治上行动上保持高度一致，正确认识和理解中国的政治制度和政党制度，夯实多党合作共同的思想政治基础，形成基本政治共识，牢记政治责任、强化政治担当。

【履行参政议政】 发挥民建经济界别优势，注重调查研究，围绕中共定海区委的中心工作和社会热点问题，做好社情民意信息的收集和整理。在舟山市第七届人民代表大会第三次会议期间，支部3位人大代表提交《关于加快舟山市城管立法的议案》《关于加强非法理财机构监管合力的议案》《关于普陀山景区尽快实施手机端支付方式的议案》《关于建立新区重大项目与本地企业产能对接机制的议案》和《关于建造塔式立体停车库解决停车难的议案》等6件议案，其中《关于大力扶持舟山快递物流业转型升级、助力舟山自贸区发展和美丽花园城市打造的议案》被列为重点建议、批评和意见。在定海区政协六届二次会议期间，支部1位政协委员提交《关于推进定海公厕建设管理、提升城市形象的建议》《关于共享单车管理的几点看法》和《关于提高国优项目覆盖、降低出生缺陷的建议》等3件提案。

支部主委王军安（中）、委员洪溪彪（左）、委员蒋涛（右）出席市七届人大三次会议

【提升思源品牌效应】 以服务社会为重点，发挥优势，整合资源，创新方式，发挥党派特色优势，不断提升社会服务“思源工程”品牌效应，不断扩大党派社会影响力。12月18日，围绕民建省委会关于帮扶贵州黔西县脱贫攻坚的工作部署，发挥优势，主动对接，在支部会员的踊跃参与下，收到募捐款19800元。彰显民建会员的优良传统，传承民建“爱国、民主、建设、团结、创新、奉献”的共同价值理念，实强化民建思源品牌的影响力，提升支部社会服务履职能力。

【加强自身建设】 以思想建设为核心，以制度建设为保障，以组织建设为基础，筑牢党派自身建设的战斗堡垒。积极引导和组织会员学习“五一口号”历史、全国“两会”相关工作报告、十九大报告、习近平总书记系列讲话以及民建十一大等精神，不断夯实共同思想政治基础。全面加强制度建设和组织建设，形成顾全大局、发扬传统、团结奋进的氛围，增强创新活力和工作能力。

开展纪念“五一口号”70周年学习会

（撰稿：朱瑾瑾）

（本分目照片由民建定海区支部提供）

民进定海支部

【概况】 2017年，中国民主促进会舟山市委员会定海支部（以下简称民进定海支部）有会员21名，其中在职会员16名，委员5名。男女比例11：10，平均年龄53周岁，其中1975年后出生会员6人。有大学及以上学历会员18人，占85.7%；具有高级技术职称的13人，中级职称8人。有市人大代表2名，市政协委员2名；区人大代表1名，区政协委员3名，其中区政协常委1名。会员行业分布：医卫界1名，占4.8 %；教育界12人，占57.1%；科技、环保、行政8人，占38.1%。2017年，支部被市委会、区委统战部评为综合先进支部。柴娜、范碧芬、李军伟被市委会评为先进个人。

【思想建设】 学习贯彻中共十九大精神。组织会员观看中共十九大会议，开展学习中共十九大会议精神专题活动，开展十九大报告精神心得体会征稿等活动，引领会员把思想和行动全面统一到中共十九大精神上，凝聚全会的思想共识。组织会员参加全市党外人士科级干部培训班、全区党外代表人士理论学习中心组学习会、统一战线读书会、党外代表人士培训班等，全面提高会员政治把握能力。进一步完善学习制度，丰富学习载体，定期组织开展思想教育活动，全面把握会员思想动态。组织开展以“不忘合作初心，继续携手前进”主题教育活动，引导支部会员凝聚合作共识，激励继续同中国共产党携手前进。

【组织建设】 加强组织建设，完善相关制度，持续激发支部组织活力，发挥支部组织和成员作用，打造“班子团结星”“队伍积极星”“制度规范星”“活动多彩星”和“作用有效星”，争创市级“星级”基层组织，顺利通过市级“五好支部”复评，并通过民进市委会验收，被推荐为五星级基层组织。凝聚组织向心力，组织开展 “三八妇女节”庆祝送鲜花活动、第三十三个教师节庆祝座谈活动、重阳节敬老等活动。在组织队伍建设上，按照讲数量、求质量，成熟一个发展一个，以德为先的会员发展原则，吸收优秀人才加入支部，为组织发展增添新鲜血液。创新开展“夜学会”活动，利用夜晚的休息时间，组织会员定期开展理论知识学习，不断提高会员综合素质。在建言献策队伍建设方面再次取得多方面的突破，多名会员分别担任民进省委会、市委会及区政协特约信息员，傅必鹏、赵翔、莫金刚等会员连续几年被评为市委会、区政协信息工作先进个人。支部多次被民进市委会和区政协评为信息工作先进单位。

【履职尽责】 在2017年市区“两会”上，提出市政协提案、人大议案5件，其中“加强校外民办教育培训机构监管的议案”作为市人大定海代表团主题发言，并被列为重点议案。向区人大、政协提交集体提案5件，个人提案议案6件，提案内容涉及到社会发展、经济建设、民生问题等。其中，《关于群策群力加强青少年生命教育的建议》的提案被选为口头发言；《关于保护定海村落生态、促进海岛民宿发展的几点建议》被评为重点提案。会员姚益海的社情民意《关于“建议增加51路公交上下学时段班次”》反映到市交通运输局后，该问题顺利得到解决；会员柴娜《关于将房屋交易职责划归不动产登记机构的建议》被市政协专报录用，得到市委副书记、市长温暖的批示；其他如《关于探索建立民主党派智库的几点建议》《关于加快城市书屋建设的几点想法》《关于在特色小镇建设中推行PPP模式的几点建议》等多篇社情民意和调研文章被市、区政协以专报的形式录用。

【社会服务】 参与剿灭劣Ⅴ类水活动，多次走进山潭监督治水情况，会员方晓华、李军伟参与到“为百名河长画像”及“醉美清和净水”党外代表人士书画摄影活动，展现党外人士为剿灭劣Ⅴ类水活动的担当和作为。在浙江舟山群岛新区旅游与健康职业学院旅游分院举办的以“弘扬传统文化·打造魅力旅游”为主题的第三届旅游文化节上，会员赵翔组织刺绣、渔民画、剪纸、雕刻、香道、茶道等非遗项目的民间艺人全程参与。联合对口联系单位区文体局到育才学校开展社会服务活动，送去篮球、羽毛球拍等价值近5000元的体育用品，姚益海、赵翔、范碧芬、李军伟等4名会员给学生们送去4堂不同主题的“微课堂”，受到学生们的喜爱。组织会员为贵州幼儿捐绘本50多册，为民进服务岛虾峙的孤寡老人捐棉被2条。

【做好本职工作】 支部会员在本职岗位上，努力践行民进会员责任，树立良好的民进会员形象，在本职工作上不断取得突破。赵翔被国家语委、中国语言资源保护研究中心聘为“中国语言资源保护工程之定海方言发音人”。方晓华作品入围“第三届全国青年水彩画展览”，成为唯一一件入围该次展览的舟山作品，其与李军伟的作品亮相“浙水千秋·最美舟山”美术作品展。刘立获市委宣传部、市治水办授予的2017年度舟山市“最美治水人”称号。范碧芬获2017年区先进生产（工作）者称号。

（撰稿：莫金刚）

农工党定海区总支部

【概况】 2017年，中国农工民主党定海区总支部（以下简称农工党定海区总支部）有党员36人。其中男党员17名，女党员19名，医卫界17人，文化教育界4人，经济界6人，行政界9人。中级职称22人，高级职称11人。是年，新发展虞宁、林洁、陈园3名党员， 韩亚玲任主委，俞晓燕、何优芬任副主委，俞晓燕兼任组织委员、郑斌任宣传委员、吴常裕任社会服务委员。党员中有市人大代表1名，市政协委员4名，市政协常委1名，区政协委员7名，区政协常委1名。

【学习教育】 是年，组织党员学习中共十九大精神和习近平新时代中国特色社会主义思想，学习习近平总书记“7·26”讲话精神，学习领会农工党十六大精神和全国、省、市、区两会精神。组织骨干党员参加农工党市委会组织的报告会、读书会、培训班等。参加区委统战部、区政协组织的各类学习会、情况通报会、座谈会、征求意见会等。1名党员参加全省农工党县（市、区）基层组织负责人培训班，1名党员参加农工党省委会在省社会主义学院举办的全省通讯员骨干培训班，1名党员参加舟山市党外科级干部培训班，1名党员参加市委统战部举办的民主党派骨干成员培训班，4名党员参加区委组织部、区委统战部联合在湖南大学举办2017年度定海区党外代表人士培训班。

【参政议政】 发动党员针对当前定海经济社会发展中的突出问题和党委、政府关注的重大问题，以及人民群众反映强烈的热点问题，深入开展调查研究，收集第一手资料，撰写大会发言和提案，发挥参政议政作用。区“两会”期间，提交大会发言件1件、集体提案8篇：《关于加快推进我区军民融合产业发展的建议》《关于加大我区科技型中小企业培育力度的建议》《关于定海古城核心区建设的几点建议》《关于加快推进定海远洋渔业小镇海洋健康产业发展的建议》《关于在“十三五”期间以南洞为核心打造定海乡村精品旅游带的建议》《关于加快定海城区公共停车场建设、改善城市停车压力的建议》《关于加快推进定海区实行分级诊疗制度的建议》《关于在金三角大酒店路口建立“定海古城”入口的建议》。主委韩亚玲代表总支作《关于加快推进我区军民融合产业发展的建议》的大会发言，《关于加大我区科技型中小企业培育力度的建议》被列为区重点提案，《关于定海古城核心区建设的几点建议》被评为优秀提案。区两会期间委员提交个人提案8件。市两会期间提交集体提案2件，1件被列为市重点提案；个人提案6件，人大个人建议2件。向农工党市委会、区政协、区委统战部报送信息20多条。其中：《关于做好甬舟高速出入岛车辆分流疏导工作的建议》《关于尽快建立旅游景区游客预警机制的建议》《关于对接江海联运与自由贸易港建设推动大宗散货进出口业务健康发展的建议》等社情民意信息被编入市、区《政协专报》，并获市、区领导批示。

【社会服务】 参加市委会组织的以“送医下乡”为主题的“国际科学与和平周”、民主党派联合送医下乡等活动。30名党员加入舟山农工党志愿者服务队，6名党员加入农工党市委会健康服务基地中的名医工作室。党员们经常主动放弃双休日休息时间，到定海小沙、干礁、册子甚至远赴嵊泗、岱山的偏远小岛，为当地群众开展义诊，免费赠送相关的药品。组织党员到彩虹堂特殊儿童关爱中心社会服务基地开展服务活动，为特殊儿童开展心理疏导等关爱活动。开展“助力剿灭劣V类水志愿者服务行”活动。党员鲍豫仁运用自身所掌握的健康知识和医疗知识，义务在社区为老年人开展健康知识讲座，为老年人指导健身知识及急救知识。党员刘同宇亲手制作海螺、海藻标本、绳结标本，到城东街道及相关社区开展海洋科普知识的普及宣传活动。是年，农工党定海区总支部被农工党省委会评为“浙江省社会服务工作先进集体”。

【爱岗敬业】 总支党员立足本职、爱岗敬业、勇于创新，积极投身于坚持和发展中国特色社会主义学习实践活动，为定海经济社会发展贡献智慧和力量，塑造了农工党员的良好形象。韩亚玲被农工党中央评为开展坚持和发展中国特色社会主义学习实践活动先进个人，何优芬被评为2016年度定海区“树标杆、补短板、求突破、走前列”大行动好干部，鲍红璐被评为市政协优秀委员，王贵清、徐兰萍、鲍忠根、陈华等4名党员作为优秀党员在农工党舟山市组织成立30周年大会上受到表彰，朱治琼获2017年舟山市“最美治水人”称号，竹晓岚获区级先进生产工作者，党员金德章编著出版《金涛文集》，其中《金涛文集》第3卷《金涛聊海》获定海区第五届文学艺术成果政府奖银奖，有多名党员被所属的业务系统评为先进个人。

（撰稿：韩亚玲）

九三学社定海支社

【概况】 2017年，九三学社定海支社有社员25人（退休5人），平均年龄49.7岁，其中女社员11人。

本科及以上学历21人，高级职称9人（其中正高1人），中级职称12人，中高级职称占比84%。副科级及以上领导干部6人。市人大代表1名，区人大代表2名，市政协委员2名，区政协委员5名（其中区政协常委1名）。社员分别来自农林、经济金融、医卫、司法、民政及民营企业等多个行业、部门。

【加强政治理论学习】 把思想政治工作放在首位，把政治理论学习作为加强自身建设的首要任务，在支社例会上及时传达学习中共十九大、浙江省第十四次党代会、九三学社省第八次代表大会、舟山市第七次党代会、市委七届二次（扩大）会议、“五大会战”动员大会等系列重要会议精神。将相关学习资料上传至支社微信群、QQ群，便于社员自行开展学习，增强学习时效性，提高学习便利性，扩大学习覆盖面。积极参加社市委社史教育大会、区委统战部党外理论中心组学习、全区党外代表人士理论学习中心组学习会、全区统一战线读书会、区政协茶话会、区民主党派“微课堂”等学习活动。10月28—30日，为进一步深入了解中国共产党领导的多党合作历史，专题组织社员前往九三学社的发祥地、中国统一战线传统教育基地重庆考察学习。通过丰富政治理论学习形式，不断巩固学习成果，持续提高社员政治理论素养。

【提升参政议政水平】 围绕美丽乡村建设这一主题，主动开展各类调研和参政议政工作，在定海区政协第六届委员会第一次会议上，梅娜代表支社作“夯实农村产业基础，助推美丽乡村建设”的大会发言，得到区委书记庄继艳的批示。为推进定海杨梅产业发展，5月12—14日，组织专家和社员赴江苏苏州考察中国杨梅资源圃建设单位江苏太湖常绿果树技术推广中心。10月10—11日，选派骨干社员参加区民主党派联合调研组，赴湖州德清县开展以“发展壮大村级集体经济”为主题的联合调研活动。支社主要领导参加由中共定海区委主要负责人主持的全区党外干部座谈会，就党外干部培养、定海区城市建设等方面提出建议，并多次应邀参加中共定海区委区政府就《党代会工作报告》《政府工作报告》、经济社会发展重大事项等主题举行的政治协商座谈会、征求意见会。参与“最多跑一次”专项督查活动，通过实地体验窗口服务、跟踪暗访具体审批事项等方式，深入了解突出问题和薄弱环节，为“最多跑一次”找短板、献良策。参加政协委员参与体验式食品安全民主监督活动，对定海食品安全工作的各个环节进行体验式监督，有效促进定海区食品安全工作。依托市、区两会这一民主党派参政议政的主要平台，精心准备，积极建言献策。是年，提交市、区“两会”大会发言1件（其中获领导批示1件），集体提案4件，个人提案2件。其中《关于防范互联网金融风险几点建议》被列为重点提案，《关于加快推进政府向社会力量购买服务工作的建议》被评为优秀提案。个人议案2件；提交社情民意15篇次。

在江苏调研中国杨梅种质资源

【强化组织自身建设】 响应市委统战部和社市委号召，开展“五好支社”创建活动。7月，通过深化支社规范化建设，获评“五好支社”称号。在社市委指导下，对支委分工作部分调整。注重人才队伍培养，先后组织社员参加社省委参政议政骨干培训班、社省委青年骨干培训班、全市新任政协委员培训班、市民主党派骨干成员培训班、区统一战线骨干培训班、区党外代表人士培训班等，社员的理论素养、政治觉悟和履职能能力进一步提升。持续壮大支社队伍，积极发展优秀人才入社。社市委和区委统战部大力支持，为支社提供发展参考人选、帮助考察把关，让支社队伍得以不断充实，支社工作健康有序向前进展。2017年，新吸收发展社员2名，入社考察对象1名。

【持续开展特色活动】 发挥社员专业领域特长，开展特色社会服务活动。由邱立军牵头，携手农产品营销管理中心、悠果公众微信号等媒体举办“晚稻杨梅媒体品鉴会暨定海农产品推广论坛”，宣传和推广定海区晚稻杨梅。受区委统战部邀请，开展品味“定海山”芽茶活动，宣传定海茶文化。密切各支社之间的联系，11月18日，联合新城支社，开展浙江大学海洋工程考察观摩活动，通过参观各种国内领先、世界一流的国家大工程科研配套实验设备，让社员们领略到浙江大学的百年文化底蕴和科技内涵，推动支社与支社之间、社员与社员之间的进一步了解。组织社员参加“2017年新区科技活动周”、《你我同心》主题朗诵会、“同心同行 助力‘五大会战’”送戏下乡等各类社会服务活动。

【立足岗位建功立业】 是年，陆翰恺受组织选派，挂职两江新区管委会经济运行局。叶晓波调任市委会机关办公室副主任（主持工作）。朱燕华被提拔为定海海洋科技产业管理处副主任，获评社市委坚持和发展中国特色社会主义学习实践活动先进个人，“一社员一建议”活动先进二等奖。梅娜被社省委评为坚持和发展中国特色社会主义学习实践活动先进个人；叶红雷获评省优秀注册造价工程师；周备军的阳光装饰有限公司获评第11届省消费者信得过单位；邱立军获评舟山市第八届专业技术拔尖人才，2017年度“菜篮子”工作先进标兵；刘瑞廷被评为2017年度区级先进生产者，并作为舟山“世纪曙光”首倡者，被《舟山晚报》“舟山记忆”整版宣传；江静获评社市委坚持和发展中国特色社会主义学习实践活动先进个人，区政协“书香政协——读好书、写心得，献礼十九大”微征文活动三等奖。

（撰稿：叶晓波）

（本分目照片由九三学社定海支社提供）

责任编辑：吴宏军

上接第142页

定海山系列文化——古桥（三）

序号	名称	地址	简介
14	寺岭桥	小沙街道光华社区寺岭自然村西侧约100米	建于清嘉庆年间。横跨小沙寺岭与诛倭岭之间的峡谷溪坑上，南北走向，长20米，宽约3.2米，桥面厚1.2米，桥拱高7米，宽3米。桥面上铺垫土石。寺岭古桥始建于清代，为舟山现存古老的原生态单孔石拱桥之一，整桥全为山石堆砌，没有任何粘合材料，经久不损，殊为不易。
15	东明桥	小沙街道庙桥社区新光华村老街121号墙外	东明桥始建于清初，光绪二十八年（1902）重修。占地面积12平方米，桥面长6.6米，宽1.88米。因在造桥时辰，见太阳从东边升起而得名。
16	文明桥	小沙街道大沙老街上街和中街之间	文明桥连接大沙老街之上街和中街，原为木桥。为方便方家人出入而建。始建约在清康熙年间，桥梁上刻有“文明桥”3字并“乾隆甲午年”和组织、捐资修建者名字等，当为重修时的见证。
17	长春桥	马岙街道	长春桥，又名长清桥、马岙桥。有“马岙桥己酉孟春月造”勒石。明嘉靖四十三年（1564），塌于龙卷风，万历四十三年（1615）重建。天启《舟山志》载有桥铭“水性本清，泥泽淆之。溶而澄焉，逝者如斯。”经清康熙、道光、光绪年间多次重修。是定海连接三江码头驿道上主要桥梁之一。原桥址在今长春岭水库底中段靠南面淹漫区，1958年底造水库时被迁移至淹漫区以上60米处。
18	徐公桥	双桥街道紫微社区紫微自然村紫微下新屋10号民居门前	建于清，约200余年。南北走向，架于穿村而过的大溪坑。由条石砌筑的四个桥墩支撑桥面，桥面中间由20块石板排列而成，两边各用5条长石条平铺。明天启《舟山志》载为：“去城西三十里”。相传为徐家人和侯家人共同筹资建造。
19	吉星桥	双桥街道桥头施社区桥头施村桥头施小区80号民居东	建于民国2年（1913），是一座没有护栏的石板桥，桥西侧面刻“民国二年岁次癸丑”字样，桥长4.50米，宽1.87米，桥面厚0.25米，桥头施地名的来源即为此桥和施家井。吉星桥过去为当地交通节点，是定海连接石礁、紫微、岑港等地的主要通道。

下转第178页

社会团体

定海区总工会

【概况】　2017年，区总工会获评全市禁毒先进单位，区文明单位、全市禁毒先进单位等荣誉。

是年，全区有镇（街道）总工会11个，区属工会工委7个，行业工会2个，基层工会1271个（其中独立工会1091家，联合工会180个，覆盖企业5040家）。区总工会机关内设办公室、财务部、基层工作部、权益保障部、经济保护部5个职能科室，下辖舟山市定海区工人文化宫、舟山市定海区职工服务中心2家事业单位，有机关干部职工24人。

【“两学一做”教育】　推进“两学一做”学习教育常态化制度化，以庆祝定海工会成立90周年为契机，把学习教育与系列活动相结合，开展重走习总书记舟山考察路线和座谈学习。深入学习贯彻中共十九大精神，组织各类专题学习5次。注重把十九大精神宣传融入到职工精神文化生活中，组织职工文艺演出队先后赴金塘、马岙等镇（街道）12个重点企业开展“迈进新时代·开启新征程”十九大专题巡回演出。同时，依托定海区总工会微信公众号，发布各类十九大宣传信息28条。

【工会改革】　成立由主席任组长，副主席、各部室负责人参加的区总工会改革工作领导小组，制定《舟山市定海区工会改革实施方案》，同步拟定区总工会改革4个配套方案和《区总工会改革工作清单》，条目式列出5方面16项改革重点内容，明确责任部室和完成时间，挂图作战，推进各项任务有效落实。

【全委扩大会议】　3月24日，定海区总工会第十一届委员会第八次全体（扩大）会议召开。会议总结2016年定海区总工会取得的成绩，部署2017年工会主要工作，审议通过《2016年经费审查工作情况和2017年经费审查工作安排》，通报表彰2016年度优秀工会工作者。

【工会代表大会】　7月22日，召开区总工会第十二次代表大会，按照专职、挂职、兼职相结合的方式，在原有班子成员基础上增加挂职副主席1名，兼职副主席3名；进一步提高先进模范、一线职工、基层工会工作者等三类人员在工会机构中的比例，其中区工会代表中增加19名，比例由70%增至80%；在区总工会委员会中增加10名，比例由30%增至40%；在常委会成员中增加劳模2名，比例达到40%。

定海区工会第十二次代表大会

【劳动竞赛和技能比武】　筹划定海远洋渔业小镇参与第二批省级特色小镇创建立功竞赛活动。配合市总工会组织开展的“比学赶超”立功竞赛活动，定海凯虹广场劳动竞赛活动获评全市优胜奖。启动城中村改造专项立功竞赛活动，以“六比六赛”为主要内容，实施区级、街道分层比赛，评选优胜社区（村）3个、先进个人20名。开展2017年度“安康杯”竞赛活动， 8家单位，11个班组，23名个人参与比赛。进一步整合培养资源，组织职工开展起重机驾驶员、船舶水手、电焊工、钳工、消防、应急救护等导向性、实用性技能比武，覆盖面达到80%。组织辖区内8家重点油储企业共同参与举办首期油品安全论坛。

参与全市重大项目劳动竞赛

【劳模选树和服务管理】 启动2013—2017年度定海区劳动模范和模范集体的评选活动。2017年，新打造1家劳模创新工作室，新挂牌2家技能大师工作室，培育区级企业名师67名。定海区浙江华业塑料机械有限公司生产总监程斌获全国五一劳动奖章，浙江金达电机电器有限公司模具车间获全国工人先锋号；浙江舟山中集国际集装箱货运有限公司总经理韩海东获浙江省五一劳动奖章，华之友定海店获浙江省五一劳动奖状；弘业建设集团有限公司、舟山市汇邦建材有限公司获舟山群岛新区五一劳动奖状，森森集团股份有限公司林芬、舟山市东海电机实业有限公司陈本平、舟山中天重工有限公司黄胜海获舟山群岛新区五一劳动奖章。

全区各级“五一劳动奖”获奖者

【职工疗休养】 承接磐安、云和等疗休养推进会，进一步加强“山海”深度合作，推动疗休养工作互利共赢共同发展。是年，全区建有4家浙江省劳动模范休养基地接待站和10家定海区劳模（职工）休养基地接待站，年度接待省级以上劳模37名，其他劳模疗养团队2600余人次。加大关爱服务劳模工作力度，2017年分批次组织54名劳模外出疗休养。

“磐安—定海”职工疗休养对接会

【和谐劳动关系创建】 开展企业劳动关系调研， 对近100家企业进行走访座谈。成立工会劳动法律监督委员会，进一步规范工会劳动法律监督工作，维护职工合法权益。2017年，新增区级工资集体协商试点企业2家，镇（街道）级18家，全区规范化开展工资集体协商企业达300余家。实施专项督导，对发现的12处问题提出明确整改意见。

【普法宣传】 加强“定海工会”法律志愿服务团队建设，聘请专业律师11名、法律援助中心骨干3名，开展各类法律宣讲、咨询服务等活动10余场次。以流动服务巡回宣传、女职工维权行动月、“送法进企业”、数字化平台宣传等为载体，开展工会法律宣传服务，全年走进企业、走近职工开展流动服务12次，发放各类宣传资料3000余册。

【走访慰问】 是年，区总工会走访226个基层工会，208家企业，走访职工1200余人次，收集意见建议近百条。投入高温慰问经费17余万元，慰问一线职工

7000余人。

困难职工救助　2017年度，建档困难职工229名，帮扶救助困难职工家庭350户次，发放金额86.42万元。出台《定海工会特殊病种困难职工医疗专项救助实施办法》，专项救助5名患特殊病种的困难职工1.8万元。

职工医疗互助　完成2016年医疗互助报销工作，全年报销543人740人次59.85万元。4月，如期完成2017年医疗互助参保工作，参保单位达到210家，参保人数14569人，筹集保障金72.85万元。加大对职工医疗互助工作的宣传，发放各类宣传资料2000余份。2017年，在保障年度内，发生报销507人次，报销总金额45.7万元。

职工交友　全年举办青年职工交友联谊活动2期，约150名职工参加。

免费体检　开展农民工免费体检活动，有500名农民工参加免费体检。

“相约金秋·幸福你我”交友联谊活动

【职工文化活动】　紧扣“中国梦·劳动美”主题，举办千名职工健步走活动、“劳动筑梦·实干强区”

定海区千名职工健步走活动

职工书法、摄影、微影视大赛和进企业送服务等系列宣传活动16次。深入开展职工文化家园创建活动，全年送演出6场，送书籍、文体器材8万元，送电影152场，有3家单位申报省级职工书屋示范点。

【工会建设】　专业化工会干部队伍打造　11月底，组织区总工会全体干部以及全区基层工会主席、副主席赴南京师范大学进行为期5天的工会干部素质提升专题培训班。组织开展全区工会财务（经审）人员培训班、基层工会干部培训班、工会信息员培训班、工会统计年报培训班、工会劳动法律监督员培训班。

基层工会建设　按照“六有”（有依法选举的工会班子、有独立健全的组织机构、有服务职工的活动载体、有健全完善的制度机制、有自主管理的工会经费、有会员满意的工作绩效）示范工会三年任务目标要求，培育区级示范基层工会8家，创建市级示范基层工会9家。推进镇（街道）区域组建片区工会，加强区域性行业工会建设，新建联合工会10家，覆盖企业176家，职工1939人。

工会经费收支审计　区总工会经费审查委员对镇（街道）总工会、系统工会及基层工会30余家单位工会经费收支情况进行实务审计，对2016年度审计审查的20余家单位开展整改情况回访，确保审计工作执行到位。

工会干部综合素质提升研修班

【信息宣传】　依托定海工会网、定海工微信公众号等宣传阵地，宣传工会重点工作推进情况、亮点工作开展情况。各级新闻媒体刊发定海区工会组织各类新闻稿件302篇，其中省级媒体9篇，市级媒体55篇，定海信息238篇。

（撰稿：刘 磊）
（本分目照片由区总工会提供）

共青团定海区委

【概况】 2017年，全区有14—28周岁青年28972人，团员4736人。团区委下辖团（工）委27个，其中镇（街道）11个、区属（机关）企事业单位12个、学校3所、网络青年自组织1个，有团（总）支部437个。非公企业团组织182家，“两新”团组织75个。平均年龄28.3岁，均为本科以上学历。是年，团区委围绕区委、区政府中心工作和上级团组织的部署，以共青团改革为抓手，构建“凝聚青年、服务大局、当好桥梁、从严治团”四维工作格局，完成区委、区政府交付的各项任务，团的工作取得新的突破。

【提升团干部干事服务能力】 持续增强政治性。组建中共十九大精神青年宣讲团，开展理论宣讲；组织开展“重走习总书记视察路线”“一学一做一争当”等主题教育活动，提高团干部听党话跟党走的政治觉悟。持续增强先进性。每月举行“微言大义”党性团性教育，引导团干和青年冲在项目建设和征迁工作一线，全力助推花园式国际人文港城建设。持续增强群众性。全面推行团干部“1+100”联系服务青年机制，开展“共青团大脚掌走基层”团干部夜访等活动，组织团干部在重大敏感时间节点参与群众信访接访，打造更接地气的团干队伍。

在干礅新建广场启动重走习总书记视察路线活动

【完善志愿服务组织建设】 完善组织体系，新成立定海区志愿服务工作指导中心，基本建立区、镇街、社区全网点覆盖的志愿服务体系。至年底，全区有注册志愿者3.9万余名，注册志愿者总信用时数7844小时，荣誉时数超156万小时。健全管理和激励机制，全面推广应用“三个全民”等管理系统，实现志愿者注册、招募、活动、保险全程数据化。对志愿者实施星级评定，志愿服务社会认同感进一步提升。扶持优秀社会志愿组织，将“狮子会浙江慈航分会”“网络义工”等志愿力量纳入全区志愿服务队伍，通过购买服务方式开展“鸡毛兑糖”“古城义剪”“微笑电影”等志愿服务活动近50场次。

【加强舆论宣传引导】 成立“百团联战”舆论宣传队伍。专职团干部建立“1+100”常态化联系青年微信群，做到日日有交流。培育引导青年成为网络“意见领袖”和“舆论先锋”，掌握住舆论引导主动权。深化“媒体小先锋”培养工程。联合区教育局、舟山广电从全区优秀小学生中选拔产生第三届“媒体小先锋”，集中进行播音、新闻采访（写作）等专业培训，使之成为全区社会主义核心价值观的宣传员和践行者。

第三届媒体小先锋选拔赛

【强化青年人才培育】 强化组织建设。推动青年企业家协会和新生代企业家联谊会的融合发展，线上组建一个微信群共同管理，实时发布各类创业创新政策，及时回复各类咨询；线下组织开展红船精神学习、创业成果分享等活动。组织召开青年企业家座谈会，区领导协调解决企业发展中存在的问题。通过联合举办2017年定海“奇思妙想创赢蓝色经济”创业大赛，组建“青创梦想导师团”，持续为全区创业青年提供创业指导和孵化等服务。选派杰出青年企业家赴政府职能部门开展为期3个月的挂职锻炼。深化校地共建。进一步强化与浙海大东科学院、舟山国际海运学院等大专院校的共建工作，联合选拔近20名优秀学生到区属单位、一线平台开展为期2—6个月的挂职锻炼。推动典型培树。挖掘优秀青年典型，开展“最美河小二”“农村青年致富带头人”等各类评选，选树陈杰、芦海峰等一批先进典型。推荐优秀青年成为党代表、人大代表和政协委员。全年获得省级青年安全生产示范岗、省级“向上向善”好青年、省级暖冬行动优秀项目专员等荣誉称号。

河小二志愿服务活动

【加强青年服务平台建设】 新媒体团建固本 建立区、镇（街道）、社区（村）三级联动的团组织微信

个人微信号“团定定”形象

群工作体系，联系团员青年覆盖率超过90%，创新工作刊登在《中国共青团》杂志。公众号整合发声。“定海青年”微信公众号改版升级，将公益、创业、志愿服务等内容科学整合，进一步贴近青年需求，粉丝量达1.3万余人，入选全省青年最喜爱的十大团委微信订阅号。个人号互动交流。创新推出“团定定”个人微信号及对应表情包，及时发布各类青年喜闻乐见的信息资讯，“第一时间”回应青年反映的热点问题。累计吸粉1500余人，帮助解决问题100多个。

深化“青年之家”建设 区级“青年之家”在原有基础上加入“爱心超市”“网络义工”等内容，实现一站式、标准化地向青年推送思想引领、就业创业、权益维护、公益服务等服务，先后举办青年交友联谊、志愿者培训等活动20余次，参与人数达1000余人次。以“一团一品”的要求在各镇（街道）打造各具特色的青年阵地，环南“YOUNG道头”、岑港“点单式”青年之家建设初显成效，另有“一爿旧店”等16家青少年集聚程度较高的实体经营性场所挂牌设立“青年之家”。打造“一站式”创业服务驿站。将定海海洋科学城和“创客邦”作为青年创业主阵地进行推广，先后举办创业沙龙、交友联谊、创客聚会等活动8场次，参与人数达600余人次。

鱼水情·军地青年联谊活动

【“品牌化”培育形成常态】 开展“城市啄木鸟”行动。组织志愿者对城区14条主要道路交通护栏开展每周一次的清洗活动，并通过“啄木鸟”微信群反映城市建设管理与社会治理中存在的问题。是年，“城市啄木鸟”开展志愿服务活动16次，参与志愿者达2000余人次，反馈解决各类问题20余个。推出“守”字系列品牌活动。创新推出美丽定海“守望者”、公

益志愿“守善人”、青春梦想“守护人”等一批“守”字品牌志愿服务项目，涵盖五水共治、文明城市创建等中心工作。守住传统志愿服务项目，将“康夕理发”进社区、电器修理、爱心义诊等传统志愿服务活动，与“防范金融诈骗”等新增服务项目统一打包，固化为每月5日在文化广场举行，全年开展志愿服务70次。提供“青创直通车”品牌服务。设计推出“定海青年创业地图”，基本完成“青创一本通”政策汇编工作。全年开展创业宣讲会、专场资本对接会、创业电影点映等活动6场，参与人数达450余人次。一批优秀创业青年和创业项目脱颖而出，2个项目入围第四届“创青春”浙江赛区百强，1个项目获全国大赛优胜奖。开展“重走习总书记视察路线”主题教育。在习总书记来舟山（定海）视察的路线基础上，融合主题党课团课等教学内容，形成一条游学线路，感受定海历史发展进程和总书记的嘱托关怀。是年，对外组织团省委理论学习中心组、浙海大青马班、淳安县青年干部等6批次600余人游览该路线，对外影响力进一步提升。

“城市啄木鸟”清洗护栏行动

【“项目化”运作推进群团改革】　推进团的组织体系改革。组建社会联络发展中心、“新媒体运营项目组”和“青年婚恋交友项目组”。新成立“两新”团组织17家，并在全区范围内排摸青年社会组织49家，分别明确各由1名团干部专职联系，不断强化新领域新群体的组织覆盖。推进团的队伍结构改革。结合换届工作，在代表中明显提高基层一线人员的比例，全面实施专兼挂制度，新增挂职副书记1名，兼职副书记2名，分别负责实施团内相应的项目建设，年终进行督查考核。深入推进团的工作运行机制改革。会同人才办、经信科技局、旅游局等部门，在青年人才培养、创业创新、旅游开发等方面开展常态化项目合作，东科志愿者协会等一批社会组织顺利承接相应的工作项目，团工作协同联动机制日趋成熟。

（撰稿：徐涵妮）

（本分目照片由团区委提供）

定海区妇女联合会

【概况】　2017年，全区有妇女19万余人，镇（街道）妇联11个，村和社区妇联120个，机关事业单位妇委会（妇工委）8个，社会组织妇联1个，专兼职妇联队伍人数达1052人。区妇联机关内设办公室、权益儿少部，有机关干部职工8人，其中主席1人，副主席2人，编外职工2人。另有挂职副主席1人，兼职副主席2人。

【开展“巾帼虹·剿灭劣Ⅴ类水护河行动”】　3月，与区委区政府对接，把妇联所担任的护河行动职责写进全区《剿灭劣Ⅴ类水实施方案》中。制定妇联系统“巾帼虹·剿灭劣Ⅴ类水护河行动”方案，召开工作部署会，对全区劣Ⅴ类水河道进行摸排，组建巾帼虹·剿灭劣Ⅴ类水护河队。动员全区妇联干部、广大妇女和家庭主动参与、积极行动，确定市级重点治理河道5条，区级重点治理河道21条。成立区级层面护河队1支，镇、街道级级护河队26条。各护河队统一“巾帼虹剿灭劣Ⅴ类水护河队”的队旗。分发倡议书10000多份，开展巾帼志愿护河行动70余次。通过微博、微信和网站等媒体力量发挥“巾帼虹”的品牌影响力。开展“巾帼护理河”好故事征集活动，通过美之声合唱团、七彩舞蹈队等妇女自组织团队自编自演的节目引导广大家庭参与“巾帼虹·剿灭劣Ⅴ类水护河行动”。开展妇联界别政协委员视察河道、开展“双清”剿劣集中大行动、特色巾帼护河队参与河道整治等。发动巾帼文明岗、三八红旗手等资源参与护河行动，充分运用妇女微议事、QQ群等新媒体手段，组织现场讲解、图文展示、知识讲座、亲子教育、河道绿化认领、讲好河道故事等活动。

巾帼虹护河行动

【垃圾分类宣传】 联合市、区环卫处入社区、进机关、到广场，开展垃圾分类宣传活动12场，分发宣传资料15000余份。启动垃圾分类知识擂台赛，通过城区街道和区直机关近50支队伍初赛、复赛和决赛，扩大垃圾分类知识的知晓率和参与率。在“定海微女性”微信公众平台，开展垃圾分类网络答题竞赛，有3000多名选手参加，构筑全方位的宣传网络。垃圾分类普及率和参与率获全市第一。

【开展巾帼虹·助力中心工作】 围绕定海花园式国际人文港城建设，与交通、住建、交警、街道等协同打造“美丽街景”，征集“城市心语”1000余条，把城市有温度的语言搜集起来，布点在各个街景中。在定海柳永广场举办“冬之韵——美丽花开·古韵定海”首届定海花卉节，现场提供200余类、超万盆的花卉植物，让市民游客在赏花赏景中感受定海建设“花园式国际人文港城”的阶段性成果。

首届定海花卉节

【服务妇女创业创新】 推出女性创业贷款扶持政策，为5名创业妇女提供小额贷款110万元，为5名创业妇女发放小额贷款贴息4.25万元，支持广大妇女创业创新，开展“她创故事”专题宣传，如80后创业女性——丰尚农场邬晓玲、女大学生村官罗熙等，使广大妇女学有榜样、赶有目标。是年，定海区小沙天丰雨水果基地等6个女性创业创新基地获定海区巾帼创业示范基地称号；定海区干礁画春园负责人袁善娟等6名创业创新妇女获定海区巾帼创业女能手称号。举办女性创业集市，组织具有创新能力和成长潜力的创业妇女参加省、市、区创业创新大赛。依托巾帼红促进会平台，通过走访慰问、联谊结亲、实地参观，引导女企业家投身改革发展实践。

【发挥“巾帼文明岗”作用】 围绕“最多跑一次”改革，动员各级巾帼文明岗，尤其是窗口服务行业，以“为群众提供优质、高效、便捷的服务”为目标，推出一项项便民利民措施，通过不断地实践与完善，用巾帼力量助推改革。

是年，定海小学技能组、中国移动定海分公司金塘区域经营部2个岗位获省级巾帼文明岗称号，定海小学校长林丽获省级巾帼建功标兵称号。通过“五水共治、便民服务、文明新风、爱心公益、平安和谐”等五大行动，发挥各级巾帼文明岗的示范辐射作用。优化农村妇女培训师资库，采取项目化培训与菜单式培训相结合的方式，提高培训实效。开展烹饪、养老护理、育婴等各类培训22期，惠及妇女群众700多人。联合区人社局等举办“2017年春风行动专场招聘会”，现场推出2600多个岗位，应聘人员1900多人，其中女性占50%左右，达成初步就业意向女性216人。发展壮大“Ta为她”联盟力量，开展团队“1+N”结亲和互动，推动资源共享，实现抱团发展。

【弘扬核心价值观】 区妇联抓好中共十九大精神学习和“两学一做”学习教育常态化制度化，开展征集“我最喜爱的总书记的一句话”和“城市心语”活动。利用三八节、母亲节，为一批三八红旗手、最美家庭、最美村妇女主任等典范，送去节日的问候和祝福。注重培育和选树先进，如全国文明家庭梁宝迪家庭，全国三八红旗手王英等，引导干部职工和广大妇女群众将核心价值追求转化成内心认同和自觉行动。注重宣教结合，在“两学一做”学习教育中，把各项规章制度纳入支部学习主要内容，通过组织观看十九大盛况，聆听十九大代表范群参会故事和原市委宣传部副部长、市妇女发展研究会杜岩关于十九大专题宣讲，组织妇联领导干部带头解读十九大及修改后的《党章》等，重点组织全体干部职工对《关于严明清明、“五一”期间纪律要求的通知》《党委（党组）讨论决定干部任免事项守则》《中国共产党问责条例》《中央八项规定实施细则》等党内法纪法规以及习近平总书记系列重要讲话精神进行专题学习。全年开展理论学习15次，其中党员干部交流学习讨论3次，集中辅导学习4次，部署自主学习8次。是年，区妇联“巾帼虹·党徽闪亮”被区直机关评为最佳主题党日活动，有1名同志在区直机关“学理论、读经典、强修养”读书征文活动获三等奖。

【抓好家庭文明建设】 倡扬文明家风，开展“尊老爱幼型”“邻里互助型”“勤俭持家型”“夫妻和睦型”“科学教子型”五型的“最美家庭”评选，动员社会各界广泛参与。是年，吴桂贤等15户“尊老爱幼型”家庭、沈养仙等8户“邻里互助型”家庭、王兴昌等9户“勤俭持家型”家庭、王彩芳等12户“夫妻和睦型”家庭、王冰等6户“科学教子型”家庭共50户家庭被评为区级“最美家庭”。环南街道戎燕儿等8户家庭获市级“最美家庭”。白泉镇蒋茶青等4户家庭被评为省级“最美家庭”。开展“好婆媳”“好子女”“好邻里”等推选活动，评选出3对好婆媳、3个好子女、3名好邻居，与“最美家庭”评选相互融合促进，形成良好宣传效应。在广大家庭中开展“好家风家训”征集活动，收到家规家训100余条，家风好故事20余篇。

【加强美丽风景线打造】 着重打造干础—小展“美丽庭院”示范风景线，提升双谷风景线（茶人谷—南洞艺谷）品质。开展“环境卫生整治行动”“庭院绿化美化行动”“文明乡风培育行动”三大行动，通过“晒晒美丽的家”“花种果苗绿万家”等活动，整合各方资源，形成创建联动、成果共享的新格局。柳岳君等3户家庭获全市“最美庭院”；25户家庭被评为市级“美丽庭院示范户”；白泉镇小展社区村获市级“美丽庭院示范区域”。

【强化维权机制建设】 推动建立反家庭暴力联席会议工作制度，完善反家暴信息共享、重大案件研判及协同联动机制，推动反家暴工作的专业化、职业化、社会化。联合司法部门成立“巾帼律师志愿团”，加强咨询接待队伍建设，提高维权窗口的服务质量。8月，在区民政局注册成立“定海区娘家人婚姻家庭服务中心”，将社会调解、专业调解和法律调解相结合，成立首个“三位一体”娘家人婚姻家庭服务公益组织，在开展法律援助、交友联谊、婚姻家庭辅导等既有服务基础上，可独立承接政府购买的公益服务，实现服务内容、服务对象再扩面。11月，“定海区娘家人婚姻家庭服务中心”正式入驻区民政婚姻登记处，尝试社会力量参与婚姻家庭辅导，对有离异倾向或冲动离婚的夫妻进行情感疏导和危机干预。以家庭为基石，推动妇联工作“婚前、婚中、婚后”纵深发展，使婚姻家庭服务更加社会化、规范化、常态化，促进家庭平安和社会和谐稳定。

【开展普法宣传】 利用“三八维权周”“科技周”和反家庭暴力日等契机，针对不同妇女群体需求，通过普法讲座、面对面咨询、以案说法、法治文化活动等方式，激发广大妇女和家庭成员学法热情、用法能力和守法自觉。启动“Ta为她”法律服务月月行项目，开展系列法律咨询、宣传和援助等活动，为妇女群众免费提供人身权利、婚姻家庭、劳动和社会保障等方面的法律帮助。深化“平安家庭”活动，重视信访工作，完善12338热线，是年，收到来信来访来电70余件，结案率100%。

11月22日，区妇联在文化广场开展“反家暴日”宣传活动时，听取被家暴当事人的诉求和审查相关资料后，区妇联联合区法院于11月25日“国际反家暴日”的前一天发布全市首张人身安全保护令。该项举措得到省妇联的肯定和表扬，并在全市平安家庭考核中获第一。

【推动妇儿规划落实】 发挥区妇女儿童工作委员会办公室牵头协调作用，推动定海区《妇女儿童“十三五”发展规划》的实施。加强家庭教育宣传，举办“智慧爸妈”课堂10场，推广以亲子阅读为切入点的家庭教育新模式，宣传科学育子新理念。开展关爱帮扶。母亲节期间走访慰问全区100位贫困母亲和10名优秀母亲，发放慈善爱心款11万元，并为100名贫困母亲送上量身定制的“女性安康保险”。六一节期间组织区四套班子领导慰问7所学校、5所幼儿园，送去慰问金8.1万元；安排3万元资金看望慰问100名贫困儿童。开展新一轮全区农村妇女“两癌”检查项目实施情况的督查，做好24名农村贫困妇女“两癌”救助项目信息排摸和救助申报，全年助困帮扶金额达30余万元。推进金塘镇大浦社区、岑港街道司前社区、白泉镇金山社区等“儿童之家”建设，通过赠书、阅读、绘画等趣味性活动，使之成为儿童想要来、喜欢来、热爱来的活动基地。

【妇联组织改革】 根据《定海区妇联改革实施方案》，联合组织部下发《定海区镇（街道）、村和社区妇联组织改革工作方案》，细化明确改革要求和步骤。建立基层妇联组织改革领导小组，由区委组织部部长担任组长，各镇（街道）组织委员、妇联主席为成员，在全区进行妇联组织改革工作。是年，按照妇联组织改革实施方案，指导区、镇（街道）、村和社区进行三级换届，召开妇女代表大会。村妇代会改设为村妇联，做好全区80个村妇联组织的“会改联”和40个城市社区妇联组织的选举工作。昌国街道等8个街道妇工委改设为街道妇联，3个镇妇联组织做好换届选举工作。

3月20日，完成试点乡镇——干磯镇6个村“会改联”工作，为全区提供样板。5月26日，完成全区村“会改联”和城市社区换届选举工作，总结提炼“双桥街道临港模式”。6月21日，完成11个镇（街道）妇联组织改革工作。7月21日，完成区本级妇联换届改革工作。此次妇联组织改革工作，完成80个村妇代会改建妇联和40个社区、11个镇（街道）妇联组织及区本级妇联的改革换届工作的工作，为全市提供改革样板。改革后，区、镇（街道）、村和社区选出执委1051个，副主席165人，吸纳民政登记或备案的女性社会组织30个，建立“网络型+网格型+功能型”妇女小组615个、聘有“网格妇建员”712名，变“单兵作战”为“团体作业”。

7月，为期2天的第十四次妇女代表大会后，区妇联设主席1人，副主席从上届的2人增加到5人（其中挂职1人，兼职2人），妇联执委从上届的21人增加到31人。坚持“镇（街道）妇联做大、村和社区妇联做实”的原则，村（社区）妇联执委从改革前的367名增加到851名，副主席从22名增加到125名；镇（街道）妇联执委从62名增加到169名，副主席从11名增加到35名，“两代表一委员”、巾帼创业带头人、妇女社会组织负责人等各领域优秀女性进入妇联执委的队伍。

是年，区妇联在“党建带妇建”思想引领下，在定海区美之声合唱团创新成立全市首个社会组织妇女联合会，并被《舟山日报》等媒体刊登。率先推行“第一妇联主席”挂职制，开展医疗服务进岛下村、引进土特产进驻菜篮子工程等“扶智脱贫”行动。

召开区第十四次妇女代表大会

【加快新媒体融合】 主动适应“互联网+”新形势，注重用新媒体手段推动妇联工作，构建线上线下、融合互促的新格局。逐级建立妇联干部主导的QQ群、微信群244个，其中200人以上的女性微信群11个。围绕“执委轮值制”，各镇（街道）妇联按照执委联系项目抓整合、推进项目抓长效、完成项目抓成效的要求，强化改革举措，确保改革实效，有6项改革案例被市里录用，位列全市第一。开辟“改革进行时”网络大集市，按期推送PK内容，活动访问量近万，点赞转发达5000余人，传递妇联好声音、展示妇联正能量。白泉镇平湖社区村“妇女微议事”被省妇联选为基层妇联干部培训班的交流内容。

【公益服务项目化运作】 围绕党政中心工作，找准妇联组织服务大局的角色定位和着力点，集中梳理出33个紧扣新区建设、紧贴妇女需求的公益项目，由区妇联执委申领，整合社会资源，打造巾帼品牌。如“道头女子拆迁队”“关爱留守儿童”“巾帼创业贷款”等，力促妇联工作接地气、有人气。把妇联创建的品牌工作“爱·尚·美”妇女之家融入22家文化礼堂和党群服务中心，并融入延伸到工业园区党群一体化建设、两新社会组织中。助力“幸福社区”建设，在城东街道桔南社区、昌国街道北园社区、盐仓街道塔山社区与“爱·尚·美”融合创建“阿拉娘家人品牌”工作，在塔山社区建立特色的军嫂之家。开展微红娘、微课堂、微公益等靶向定位，订单式服务；强化社群管理，培育一批微群“红名单”“网络代言人”；打通“网络窗口”，打造新媒体矩阵，开展女性正能量的宣传。开展“巾帼虹·幸福家园”项目申领，加强对基层妇联组织和女性社会组织的发展和引导，确保妇女儿童得实惠、普受惠、常受惠。通过女性社会组织、村和社区自主申报、镇（街道）妇联择优推荐、区妇联综合评审，重点实施13个助力中心行动及5个公益家庭服务项目，下拨扶持资金28万元，培育12支女性社会组织，形成一批有基础有梯队的公益服务项目品牌群。

（撰稿：费淑波）

（本分目照片由区妇联提供）

定海区工商业联合会（总商会）

【概况】 2017年，全区各级商协会深入学习中共十九大精神，紧紧围绕中央、省委、市委和区委的重要决策部署，坚持“两个健康”工作主题，围绕中心、服务大局，开拓创新、狠抓落实，各项工作取得新的进展，区工商联再度荣获全省工商联系统先进集体。

【学习教育】 加强对习近平总书记“3·4”讲话、省第十四次党代会、中共中央、国务院《关于营造企业家健康成长环境弘扬优秀企业家精神更好发挥企业家作用的意见》、市区“两会”精神的学习。全

企业界人士中共十九大精神学习交流会

年组织集中学习12次，召开企业家座谈会、专题学习会5次。中共十九大召开期间，组织机关党员干部和企业界人士集中聆听习近平总书记报告和学习讨论活动。

【理想信念教育】 组织开展“思红船、提信心、促发展”学习教育和理想信念教育培训班。实施“守法诚信、坚定信心”理想信念主题教育实践活动，开展“观摩优质企业谋发展”——走进西锋、华业、7412工厂和考察宁波东盛公司、参观浙商投资项目百色鼎盛房产等活动，实地考察“百色起义纪念馆”“西柏坡纪念馆”“嘉兴南湖”等爱国主义教育基地。

考察宁波东盛公司

【政治安排】 通过《定海商会》《今日定海》等媒体宣传11名优秀会员；汇集38名企业界代表人士的创业创新先进事迹，编录会员风采。完成全区107名市区人大代表、政协委员、工商联执常委的综合评价工作；做好区党代表、市区镇（街道）“两会”代表委员联审工作，推荐安排10名代表人士为新一届市区政协委员；向省工商联推荐4名优秀民营经济人士担任省工商联执委以上人选、1名新生代企业家当选全国工商联第十二次代表大会代表。

【企业家社会责任】 引导民营经济人士深入开展“光彩慈善献爱心”活动，全年企业界捐资捐物价值560万元，其中缴入区光彩事业促进会78万元。组织开展“光彩事业革命老区行——走进百色捐资助学活动”。动员企业加强环境整治及节能减排，建设美丽工厂，倡议全区民营企业家投身“剿灭劣Ⅴ类水专项行动”。

【《定海工商联（总商会）简史》出版】 5月，《定海工商联（总商会）简史》出版。《简史》勾勒定海商会组织百余年来从无到有、从小到大的发展历程，回顾工商联组织作为党委政府联系民营经济的桥梁和纽带，坚扣工作大局，主动服务“两个健康”，履行工作职责所作的贡献；反映广大企业界人士抢抓机遇的战略眼光、创业创新的价值体现、面向世界的广阔胸襟、诚信守法的责任担当、义利兼顾的德行风范，健全工商联“家谱”。

《定海工商联（总商会）简史》发行

【金融服务创新平台】 加强与各政策性银行、国有商业银行和股份制银行的交流对接，分别与工行定海支行、海洋农商银行等签订战略合作协议。11月，成立运作定海区总商会投融资服务中心，为全市工商联系统第一家金融服务中心，具有“政策咨询服务、投融资服务、财务与法律服务、资信评估服务”等综合职能。至年底，为会员企业解决小额贷款1.2亿元，转贷2300万元。

定海区总商会投融资服务中心成立

【创新法律服务机制】 6月9日，在出台《关于建立诉讼调解与商协会调解对接机制实施办法》的基础上，与区法院共同举行“诉讼调解与商协会调解对接机制”启动仪式。该机制以“行内人管行内事，商人纠纷商人解”为原则，聘请各基层商协会中的35名业内翘楚担任特邀调解员，将调解贯穿于民商诉讼立案、审判、执行的各个环节。是年，参与调解22余起，成为打造多元纠纷调解的“升级版”。

向特邀调解员发放聘书

【新生代培育创新模式】 在全市率先建立新生代企业家培养教育联席会议制度和培养锻炼制度。9月，首批推荐的2名新生代企业家分别赴区农林与海洋渔业局、区经信科技局担任局长、主席助理，开展为期3个月的挂职，实现新生代企业家的培养全新尝试。

【参政议政】 在区政协六届一次会议上，工商联界别委员提交提案17件。其中，《关于大力培育工匠精神》《关于开展对中小企业精准帮扶》《关于大力推进企业诚信建设》等大会发言得到区委区政府领导的重要批示。5月9日，区委区政府召开政企座谈会，提出《关于借力民企资本、助推旧城改造》《鼓励异地定海民营企业家回乡投资发展》《加强区新生代非公经济人士引导和培养机制》《提升我区相关投融资平台建设和发展》《引导中小企业升级转型》《积极促进青年创业》等事关全区国民经济社会发展问题的意见建议。围绕民营企业“两个健康”指数、企业利益诉求共性问题和“送政策、优服务、解难题、促发展”的主题，实施区委“千名干部进百企”服务季活动，并就中小企业转型升级、行政审批最多跑一次、“亲”“清”政商关系等开展专项调研。

召开政企座谈会

【招商引资】 1月9日，在深圳举行异地商会“合力以商引商，推进经济服务”主题座谈会。2月25日，召开由工商联系统“以商引商”推进会。利用异地商会年会、换届大会以及在外企业家回乡时机，走访企业家，向企业分发《定海投资指南》、播放投资项目影碟片，推介定海发展前景，力促以商引商、定商回归。协助做好广东商会与深圳博商会、上海商会、杭州商会等回乡考察团到定海考察的接洽工作，协同做好区政府在成都、武汉、西安召开的浙江舟山群岛新区·定海招商推介会。

定海招商推介会

【主题培训】 2月25日，举办《企业家健康知识》和《税务知识讲座》。5月8—11日，赴浙江大学联合举办企业经营管理者素质提升培训班。6月9日，举办企业法务与商协会调解知识讲座。7月3—7日，赴哈尔滨工业大学联合举办企业家创新能力提升专题研修班。8月10—11日，赴健峰学校开展企业互联网知识专题培训。9月1日，举办法律实务知识讲座。通过多样化的培训，提高全区民营经济人士的能力素质，增强企业发展的内生动力。

举办《企业家健康知识》和《税务知识讲座》

【讯息传递】 年初，邀请区国税局、招商局等职能部门领导在工商联相关会议上宣讲税收政策、招商投资奖励政策。在年中政企座谈会上邀请区环保局等6个职能局办领导介绍有关政策规定。运用“互联网+”等模式，通过门户网站、微信公众号、会刊杂志等载体积极做好讯息传递，编印《涉企政策选编》，将各级党委政府有关惠企政策发送给广大会员单位。

【“民间外交”】 通过实施走出去战略，获取经验，提升素质。2月29日，组织赴丽水开展新生代企业家培育工作考察。3月29—30日，组织赴石家庄市工商联开展投融资平台建设学习考察。4月，组织新生代企业家赴金华等地开展学习考察。5月31日至6月1日，赴天津市招商引资促进会开展学习考察。9月11日，组织全区各异地商会会长、秘书长赴杭州乐清

在杭州乐清商会考察交流

商会考察交流。

【综合服务】 以当好会员企业“娘家人”为着力点，履行协调劳动关系三方会议成员单位职责，参与劳动争议调解工作。协调消防、环保、人劳、住建、教育等部门的关系，帮助会员企业解决相关问题。组织工商联界别委员参加“面对面”协商座谈会，开展专项活动。

【“四好”商会建设】 围绕“班子建设好、团结教育好、服务发展好、自律规范好”的要求，制定《关于开展“四好”商会建设工作实施方案》，召开“四好”商会创建推进会。盐仓街道商会、金塘镇商会相继建立监事制度。盐仓街道商会获得2017年度全省“四好”商会荣誉称号。

创建“四好”商会建设推进会

【基层组织】 1月9日，成立定海广东商会和定海广州工商界联谊会。吸纳舟山市家居建材商会为团体会员，新增117名企业会员。做好岑港街道商会、定海上海商会、金塘镇商会的换届和相关商协会年会的指导。全年召开镇（街道）商会会长、秘书长例会5次，举行异地商会会长、秘书长联席会议2次。

定海广东商会成立大会

【“五好”“五优”工商联建设】 实施以“领导班子优、会员发展优、商会建设优、作用发挥优、工作保障优”为工目标的“五优”县级工商联复评工作，出台《区工商联（总商会）常执委及主席（会长）会议活动制度》《区总商会财务管理规定》《区工商联（总商会）执委会专委员会制度》等3项制度规程。召开执委会、常委会和主席（会长）会议，新增4名区总商会副会长、3名区工商联执常委。《创建专委会平台，发挥企业家主体作用》的经验做法列入全省工商联系统工作成果选编。

（撰稿：陈雅芬）

（本分目照片由区工商联提供）

定海区残疾人联合会

【概况】 2017年，定海区残疾人联合会（以下简称区残联）设办公室、康复部、教就部、维权部4个科室，工作人员19名，下辖事业单位舟山市定海区残疾人服务中心。2017年，区残联以加快推进残疾人全面小康进程和实施区残疾人事业发展“十三五”规划为重点，聚焦残疾人基本民生保障、就业创业增收和基本公共服务，强化责任，真抓实干，开拓创新，圆满完成年度目标任务。

【区第六次残疾人代表大会】 12月29日，定海区残疾人联合会第六次代表大会在钻石楼大酒店召开，选举

区残疾人联合会第六次代表大会

产生定海区残联第六届主席团委员和出席市第七次代表大会代表，完成执行理事会换届。

【残疾人民生保障】 生活补贴和护理补贴 实施困难残疾人生活补贴和重度残疾人护理补贴制度，对家庭人均收入在低保标准150%以下的残疾人或本人收入在低保标准150%以下的18—60周岁年龄段的残疾人，发放困难残疾人生活补贴；对生活不能自理且需要长期照护的重度残疾人和其他精神、智力残疾人按标准发放重度残疾人护理补贴，两项政策可重叠享受。至年底，有2754名残疾人享受困难残疾人生活补贴，有4623名残疾人享受重度残疾人护理补贴。两项补贴投入资金2389万元。

残疾人生活救助 做好重大节日期间困难残疾人慰问工作，全年慰问289人次，发放慰问金42.33万元。

残疾人社会保险补贴 发放个体及灵活就业的残疾人基本养老保险补贴，总计599人127万元；下发个体经营及灵活就业的重度、贫困及其他精神残疾人城镇职工基本医疗保险补贴，总计278人60.12万元。2017年起，实施残疾人意外伤害保险和大病医疗商业保险补贴制度，全年有10426名残疾人免费纳入到残疾人意外伤害保险和大病医疗商业保险补助范围。

走访残疾人家庭

【残疾人康复服务】 助听助明助行活动 全年集中配发220台助听器，47个助视器，为2名视力残疾人进行白内障复明手术补助，为18名残疾人安装假肢，为35人补助髋（膝）关节置换手术。救助残疾人322

组织下乡进行助听器适配筛查

人次，投入资金68.59万元。

儿童基本康复服务行动 开展残疾儿童适应指征和康复需求调查，并做好政策的指导宣传解释。从改善儿童康复环境、提高康复质量出发，扩大转介范围，配合做到“早干预、早治疗”，全面落实有需求且适应指征对象的全覆盖、全救助。全年有50名0—18周岁儿童接受康复训练，其中听力6人、肢体12人、智力9人、孤独症23人。

精神残康复 免费服用基本药物对象扩展至所有精神残疾人，全年集中康复治疗审批106人，服药补助919人（贫困510人，其他409人）。通过开展精神残下乡义诊活动，完善精神残托管体系等，有效防控精神病发病机率，促进患者康复和回归社会。

辅具器具配发 完善《定海区残疾人辅助器具补助实施办法》，在推动残疾人辅助器具配发的市场化运作的基础上，考虑到因行动不便、独立居住等原因，明确配发采用自行购买和集中配发相结合的形式，实现辅具配发多渠道、个性化、全覆盖，全年审批补助299件。

残疾人机构康复 整合机构康复政策，康复救助按家庭经济状况、康复时长等进行分类补助，其中贫困家庭每年最高补助提高到5000元。全年为12名残疾人提供机构康复救助。在机构住院康复补助的基础上，推出日常免费康复项目，残疾人在中心接受运动疗法训练，提供免费专业服务，进一步提高康复服务保障水平，提升为残疾人康复的服务能力，推动康复服务专业化进程。通过康复中心和社区卫生服务中心（站）的有效对接，强化社区康复人员培训培养；通过分批次对残疾人社区康复站的提升改造，配足配齐基本康复器材，发挥就近就便服务残疾人的积极作用。

【残疾人就业创业】 “开心农场”低收入残疾人精准扶贫项目 年初，开展“开心农场”低收入残疾人精准扶贫项目，吸纳在册认定的劳动年龄段低收入残疾人户2户以上并与其签有帮扶协议，除向区扶贫办申请补助外，区残联给予一定比例工资配套。年底，在双桥街道建成1家面积达110亩的“开心家园”低收入残疾人精准脱贫基地，涉及蔬菜种植、鱼塘养殖垂钓、水果种植等种养殖项目，安排8名低收入残疾人就业。是年，4个“开心农场”低收入残疾人精准扶贫基地安排14名低收入残疾人就业。

残疾人电商就业创业孵化基地 抓住“互联网+”的发展机遇，顺应国家“大众创业、万众创新”的新形势，按照省、市电子商务发展规划的要求，建设残疾人电商就业创业孵化基地和残疾人创业孵化基地，为残疾人提供电子商务基础知识培训、实践操作指导、信息技术支撑、创业孵化帮扶等服务，指导帮助广大残疾人依托淘宝、微店等平台实现电商就业创业，开展个体创业。至年底，定海区残疾人电商孵化基地孵化14名创业人员，实现销售额15万元。下半年，进一步帮扶青年残疾人创业，与舟山巨洋技术开发公司（定海创客工厂）开展合作，建立“定海区残疾人创客工厂”，由创客工厂提供所需的场地、设备，对有意愿创业的残疾人开展创业基础培训服务。11月，定海区残疾人创客工厂获评省级残疾人创业孵化基地。

3月21日，定海区残疾人电商创业孵化基地揭牌

残疾人庇护性就业机构 6月，筹建定海区残疾人托养中心爱心公益文具坊。10月建成，位于定海区双拥路88号。全年有16名智力残疾人实现辅助性就业，主要工作为中性笔组装。

资金扶持 对11家残疾人扶贫示范基地发放补助资金48.9万元；落实扶贫基地残疾人农保和综合责任保险的参保工作，省市级残疾人扶贫基地全部完成机构责任险参保工作。对1家超比例安置残疾人就业企业发放社保补助0.24万元；对5名残疾人自主创业发放补助2.5万元。

就业安置 开展党政机关和国有企业带头安置残疾人组织工作，协调2家区残工委成员单位推出2名事业编制岗位。开设残疾人专场招聘和组织残疾人参加招聘会，为残疾人就业提供机会。开展就业援助月活动，完善全国残疾人就业和培训实名制系统，及时掌握未就业资料，积极推荐就业。

参加技能竞赛 14名残疾人参加浙江省残疾人工匠大赛（嘉兴、丽水赛区），4名残疾人获得服装制作、桌面排版类的奖项。在2017年全国残疾人就业服务机构工作人员职业指导竞赛中，区残联1名工作人员代表浙江省出征全国竞赛，获得第三小组第二名，被授予职业指导模范称号。

【残疾人教育培训】 助学补助 落实免除残疾人大学生学费、住宿费的相关规定，9名符合条件的残疾大学生减免学费和住宿费10.78万元。全年有71名残疾人和贫困残疾人子女得到各级政府补助，发放资金34.55万元。

技能培训 举办残疾人实用技术培训班20次，培训残疾人247人次。推荐30名残疾人和残疾人工作者参加上级残联举办的实用技能和手语等培训班。

【残疾人服务设施建设】 规范残疾人庇护中心运作，全区有残疾人庇护中心10家，其中省级2家。进一步规范12家残疾人居家安养照料服务中心的运行，为周边残疾人提供送餐、理发和家政等服务。

【推进无障碍环境创建】 无障碍设施进家庭 按照贫困残疾人优先、重度残疾人优先和急用先改、先易后难的原则，开展“无障碍设施进家庭”项目。在镇（街道）调查摸底和残疾人家庭自主申报的基础上，区残联、区住建局和相关企业代表开展入户核实，根据每户残疾人的实际情况确定服务对象，并核实无障碍设施改造方案或无障碍辅具配发内容，在兼顾公平性和个体差异的基础上，实行“量体裁衣”式的个性化服务。全年实施101户，其中涉及改造37户，配发辅具242件，投入资金52万元。

残疾人无障碍设施进家庭

省无障碍社区创建　按照政府主导，部门协同、镇（街道）申报、社区创建、社会支持的原则，切实解决影响残疾人、老年人等群体基本生活的家庭和社会环境障碍，成立无障碍创建领导小组，制定创建标准和任务，确定1个创建社区。

【丰富残疾人文体生活】　全年在5个镇（街道）和区第二福利院举办6场文艺演出。在全国第27次助残日期间，举办以“推进残疾预防・健康成就小康”为主题的广场文艺演出。在舟山市第二届残疾人文艺汇演中，选送的6个节目分别获得第一第二第三的成绩，获得团体总分第二名的好成绩；选送参

第二十七次全国助残日大型活动

定海区残疾人综合运动会

加省级文艺汇演的二个节目获得金奖和铜奖；视力残疾人陈艳萍代表省残联参加全国第九届残疾人文艺汇演获得金牌。

【深化残疾人维权活动】　法律援助　依托法律援助中心和聘请兼职律师，提升为残疾人法律维权的专业度；依托中残联维权信访信息系统、新区社会公共服务与监督平台（12345）和残疾人服务热线（12385）落实专人管理维权案件。

法治宣传　开展《残疾人保障法》《信访条例》等法律法规宣传和开展法制教育活动，向残疾人提供法律、政策咨询200余人次，发放宣传资料500余份。

信访工作　加强对残疾人信访工作的管理，完善工作网络，严格落实来访登记、领导接待日等制度，开通市长信箱专用帐号，解决残疾人反映的实际问题。全年接待来电访218人次，网上问政平台信访件4起，上门协调沟通3次，协助解决法律援助5起，切实维护残疾人的权益。

【助残志愿活动】　健全志愿助残的招募注册、服务对接、服务记录、组织管理、评价激励、权益维护等制度。是年，新登记注册37名助残志愿者，至年底，全区有助残志愿者218名。成立各镇（街道）志愿者服务中队并颁发队旗，全年开展大型活动2次、小活动7次。

【残疾人证管理】　通过完善核发程序、明确评定规范、健全复评制度等，最大限度杜绝人情证。并通过每季度开展残疾人基本信息核查工作，每月开展死亡人员的公示注销，确保二代证系统真实、准确、完

整。全年做发残疾证1227本，死亡注销389人，至年底，全区持证人数为10841人。

【残疾人数据动态更新】　入户调查10341名残疾人，通过对动态更新数据汇总和统计，掌握残疾人基本信息，实现残疾人基本状况信息化动态管理。

定海区残疾人数据动态更新工作培训班

【残联干部队伍建设】　加强镇（街道）专职委员考核，进一步调动专职委员工作积极性，下发2016年度专职委员补助资金63.96万元。5月底，组织各镇（街道）残联理事长、专职委员及区残联部分机关干部到嘉兴学习考察，学习当地的优秀经验。加强机关干部作风建设，打造风清气正的残疾人工作队伍。注重残疾人专门协会作用的发挥，在盲人节、聋人节、肢残人日等残疾人节日中，组织协会开展各类活动，促进残疾人与社会的融合。

（撰稿：徐露楠）

（本分目照片由区残联提供）

定海区文学艺术界联合会

【概况】　2017年，区文联按照年度工作计划和上级部署任务开展各项活动，为建设舟山群岛新区提供精神动力和文化支持。是年，文联下辖作家、书法、美术、摄影、戏剧曲艺、音乐、舞蹈和民间文艺家8个协会，有会员498名，其中全国协会会员14人，省协会会员68人，市协会会员155人，各类文艺团队10余支。文联与各协会全年举办（承办、协办）各类文艺活动50余次，影响较大的有确立承办首届三毛散文奖等活动。会员获奖、出版、入选、演出、展出、发表作品400余件，全国、省级以上150余件。其中，出版作品6部，各类文艺作品获市级奖项50余件，省级以上60余件。3月，召开区文联三届五次全委会会议。

区文联三届五次全委会表彰年度先进

【学习贯彻中共十九大精神】　坚持把组织学习贯彻中共十九大精神，学习贯彻习近平总书记系列重要讲话，特别是习总书记关于文艺工作的重要讲话精神，作为重大的政治任务，精心组织学习贯彻，凝聚共识、指导创作。组织各协会骨干会员参加省文联和各文艺协会举办的学习培训班。利用常委会、协会理事会议，分层次组织学习中共十九大精神，深刻领会精神实质。通过学习研讨，引导广大文艺工作者不断提高思想理论修养，增强文艺工作在新时代肩负新使命的认识。

【首届三毛散文奖评选、颁奖】　做好首届“三毛散文奖”的作品征集和评奖工作，承担“三毛散文奖”主要承办任务。征集到中国大陆、港澳台地区及美国、加拿大、荷兰、马来西亚、奥地利等国外参评作品590件。整个评奖过程历经审评、终评两个环节。审评根据《三毛散文奖评奖条例》和《三毛散文奖审读委推选细则》，在每位委员均审读所有作品的基础上，对590件参评作品进行实名制投票评选，经过七轮投票，评选出36部（篇）入围作品进入终评。终评由张炜、徐可、彭程、袁敏、洪治纲、陆春祥、来其等7名作家、评论家、资深编辑组成评委会，中国作协副主席张炜任评委会主任，经评委会8轮投票，评出获奖散文集9部、单篇散文9篇。4月20日，举行颁奖典礼系列活动，境外、中央、省市区媒体强势宣传，反响热烈。

完成三毛研究会筹备工作。10月25日，组织召开三毛研究会成立大会。

首届三毛散文奖颁奖典礼

【文艺活动常年不断】　是年，组织文艺工作者和文艺家送文艺到镇（街道）、社区开展丰富多彩的文艺服务活动，为人民群众提供丰富的文化生活。组织文艺家分期分批奔赴各地剿灭劣V类水现场，集中创作一批以讴歌水环境为主题的诗歌、散文、摄影、美术等文艺作品，为“治水”营造良好氛围。组织文艺家连续三次赴南洞艺谷采风创作。筹划《最美乡村：新建社区》一书。举办“书法艺术”“音乐舞蹈”“美术”“戏曲表演”等文艺方面的系列公益培训，由文艺骨干担任专业指导老师，受到市民的好评。参与2017“唱响定海”“书香定海”系列活动，组织文艺家参与策划、指导、创作。联合举办定海区迎春美术展、喜迎十九大书画展等文艺作品展览10多次。联合举办“古韵定海·我们一起来朗读”活动，打造定海朗读广场，举行“新时代新征程——宣传学习十九大精神朗诵会”等专场。

剿灭劣V类水·助力两美定海——定海美协创作采风活动

喜迎中共十九大——古韵定海·我们一起来朗读活动

【重点文艺创作】　抓好2017年度文艺精品创作　重点抓好《三毛传》创作，编辑《首届三毛散文奖获奖作品集》，出版《高俊速写》，与市政协联合推出李仁娟著的《定海名门》。

区第五届文学艺术成果政府奖评选　收到文学、戏剧、曲艺、美术、书法、摄影、音乐、舞蹈、影视、民间文艺、文艺理论等参评作品84件，经评审委员会评审，评选出金奖作品3件，银奖作品10件，铜奖作品15件，优秀奖作品16件。

《军港之夜》走进中央电视台　由潘侠、张颖颖编排，音乐舞蹈协会会员参与演出的表演唱《军港之夜》，参加央视3套12月26日《群英汇》节目，获得全场最高票数，拿到唯一一张的荣誉返场证书。

【各协会创作成果】　作家协会　张伟乐与人合作的《大国力量》一书，由人民日报出版社出版发行。白马《白马新诗绝句选》由上海文汇出版社出版。李强的网络小说《特战之王》出版。200多篇会员作品在国家级、省、市报刊发表。

区戏曲协会　沈洁、邹学海、刘俊峰、张晶晶等参演小品《幸福天使》参加全市创作作品展演。袁健露创作小品《船》《遗忘的爱》参加2017年全市小品大赛获得双银奖。邹学海创作、导演、演出系列情景剧《舟山闲话》。沈洁创作儿童情景剧《一样的爱》、张晶晶创作的儿童情景剧《借愿》参加定海区科技艺术节获一等奖。

区音乐协会　韩侃凯创作的合唱歌曲《捕网谣》获舟山市文艺作品创作节目展演双金奖。刘涛、韩侃凯作曲的《水彩》和陆冠瑜、刘涛作曲的表演唱《碧叶濯青涟》获舟山市文艺作品创作节目展演双银奖和双铜奖。协会创作排演的歌曲《祝酒歌》获浙江省民歌大赛演唱铜奖和优秀新作奖。组织骨干为各社区文化礼堂和各企事业单位创作近10首歌曲。

区舞蹈协会　由潘侠、张瀚云创作的三人舞《摇篮》获浙江省舞台舞蹈大赛金奖。2017舟山市文艺作品展演中，张瀚云新创的舞蹈《奶奶的嫁衣》获创作银奖表演金奖。七彩舞蹈队《京韵》应邀参加在香港举办的“庆祝香港回归二十周年中老年舞蹈大赛”，荣获创编、表演、组织三项金奖。

区书法协会　有1人次入展国家级相关展览，40余人次入展入选省级相关展览；近百幅作品参加市级展览。其中，王忠军行书作品获浙江省第五届群星视觉艺术展书法银奖。傅世风草书作品入展全国第四届青年书法篆刻展（具备加入中国书法家协会资格）。陈伟书法入展浙江书法200家和浙江书坛精英50家作品展。20幅会员作品参加浙江省书法家协会“剿灭劣V类水”采风创作成果展。

区美术协会　全年会员获奖、入展、入选作品53人次。其中，朱国安、徐重芳等20幅作品入展香港文化中心举办的中国现代民间绘画——舟山渔民画展。包凤佴等4幅作品入展日本东京举办的“日本·浙江文化年·美丽浙江农民渔民画展”。俞松祥等5幅作品入展由中国美术家协会主办的“二十四节气·柯城全国农民画展”。其中，朱国安《上洋夏至抲旺风》获作品展优秀奖（最高奖），并获国家级会员入会资格。水彩画创作硕果累累，有21人次获奖入展，方晓华的《海流痕·随风入夜》入选第三届全国青年水彩画展，并获国家级会员入会资格。国画、油画多人获奖。

区摄影协会　会员获省以上获奖入展、入选20多人次。其中，曾其龙的《东福山石屋村》组照15幅入展2017丽水摄影节作品展；陈炳群的《大海作证·此爱不渝》获2017浙江省第五届“群星”优秀摄影作品展银奖。

区民间文艺协会　有38人次获奖。其中，夏雨级获第一届“中国工美行业艺术大师”称号，作品《大唐公主入藏》贝雕获“第12届中国（义乌）文化产品交易会·工艺美术”金奖。潘瀚涛与人合著的《舟山新闻（唱蓬蓬）》获第六届浙江民间文艺“映山红奖（优秀民间文艺学术著作）”。黄素芬翁洲走书《太后见狄青》获“第六届浙江省曲艺新作（曲目）会演”表演银奖。

【为民服务系列活动】　送文艺下乡活动　1—12月，组织文艺工作者和文艺家送文艺下乡到街道、社区等开展丰富多彩文艺服务活动。书法家下乡为广大群众免费书写春联。

“百姓课堂”系列公益培训　将活动纳入年度工作计划，每个月都组织安排“书法艺术”“音乐舞蹈”“美术”“戏曲表演”等系列公益培训，由各协会文艺骨干担任专业指导老师，在文化馆教室免费为市民培训指导。

百姓课堂——渔民画创作培训班

【办好文艺园地】　出刊《望潮》4期，40多万字，推出“采风作品”特辑2次，得到读者好评。12月，在浙江省文化系统组织的2017年度全省群众文化期刊评

2017年出刊的4期《望潮》

比中，《望潮》文艺杂志获全省群众文化期刊评比“兰花金奖”。

（撰稿：白马）

（本分目照片由区文联提供）

定海区慈善总会

【概况】 2017年，区慈善总会以中共十九大精神为指引，围绕区委、区政府中心工作，注重募捐多样化，创新救助方式，扩大救助覆盖面，加大慈善宣传力度，培育社会慈善意识，弘扬时代主旋律，提升社会正能量，慈善事业取得稳固发展。

是年，总会募集善款（物）1601万元（其中一次性定向公益项目164万元）。各分会善款募集力度持续提升，18个分会募集善款829.41万元，占善款募集总额的51.81%，首次超总会善款额50%以上，比上年增加8.42%，堪称“半壁江山”。

【三届四次理事会】 6月22日召开。区领导侯富光、车志宽、周军刚、张伟旭，区慈善总会名誉会长兰连根，区慈善总会副会长余伟国、陈秀娣、何斌、黄静、释印忠、谢海常等参加会议，现场有56个爱心企业、单位和个人向区慈善总会捐款867万元。

区慈善总会三届四次理事会

【“慈善一日捐”献爱心活动】 总会制定“慈善一日捐”工作方案，明确募集任务，区党政办为“慈善一日捐”联合发文。副区长屠定玉在全区慈善工作会议上做动员讲话，各镇（街道）由主要领导牵头，协调工业、农业、文化、社会事务各个部门，村、社区、企业层层发动，落实职责，在各个小区宣传窗张贴倡议书、在社区网站、微信公共服务平台、电子屏等进行广泛宣传，营造良好的社会氛围。各局办行动迅速，接到文件就实施活动。2017年度“慈善一日捐”募集善款230万元，比2016年178万元增加29.21%。

【品牌项目推进扶贫济困】 是年，总会加强统筹谋划，避免重复施救，扩大救助覆盖面，为广大困难群体提供多领域的救助项目。全年救助支出1494万元，救助支出达上年总收入的74.36%，惠及20531人（次），实施赈灾及公益项目14项。

“森森爱心”暖患者 森森集团股份有限公司致力于发展慈善事业，10多年来共计捐赠善款400余万元。2015年起新设立“森森爱心”大病专项救助项目，救助支出95万元，受助172人，其中2017年支出20万元，受助63人。

热心公益“海基金” 浙江和海集团通过慈善冠名“海基金”，开展形式多样的慈善活动，走出一条企业慈善文化的好路子。2017年1月，举行“璀璨十年、共筑大爱”慈善年会筹得善款近83万元。资助云南白水河完成希望小学的校舍翻建；组织员工为定海城区的交警和环卫工人送上了慰问品和清凉包；开展“一元起捐”活动20天，筹得善款1.3万余元；设立助学基金，资助浙江海洋大学10名贫困学生；多次组织员工带着爱心款、物看望大病困难患者。

共度春节“送温暖” 2017年春节，发放慈善送温暖慰问金331万元（其中总会170万元，分会161万元），惠及6357人（次）困难群众和5家敬老院、学校。

“金秋助学”圆梦想 金鹰集团、万向集团、兴中石油转运舟山有限公司、市区佛教协会、浙江和海集团“海基金”、爱心人士高满芬等企业、单位、个人，以定向、结对等多种形式帮助贫困生。2017年，帮助413名贫困生，支出助学善款112.51万元。

“重阳助老”献爱心 总会和各分会开展形式多样的重阳助老活动，安排资金45万元，惠及困难老人2020名。舟山市大桥建设管理局出资慰问岑港、双桥两家敬老院老人；怡东凯丽大酒店向敬老院老人送月饼和爱心午饭。

“爱眼光明行” 湖南爱眼公益基金会携舟山爱尔光明眼科医院出资50万元，在总会设立“关爱定海区失独、空巢及困难老人复明工程”基金。至年底，成功为285位白内障患者实施手术。

应急救助促和谐　为发挥慈善在社会保障体系中的重要补充作用，总会积极开展应急救助，促进社会和谐稳定。为白泉镇因煤气泄漏爆炸烧成重伤、金塘和睦安置小区火灾户、白泉重大交通事故被害人分别送去慰问金。册北社区患胃癌男子意外死亡，因无经济能力下葬，总会和岑港街道分会及社区慈善联络站三级联动送去慰问金2.1万元。

双拥共建“鱼水情”　开展“军爱民·民拥军”慈善活动。91991部队和91257部队分别向总会和盐仓分会捐赠善款。总会向困难战士发放救助金17万元。总会和区妇联慰问模范军嫂；慈善拥军车队与河南省团工委舟山办事处带着价值2万余元的慰问品到驻舟某部队看望官兵；慈善拥军车队坚持免费和优惠接送军人及军属，为“最可爱的人”送去关怀和温暖。

众筹募集日益成熟　“互联网+慈善”的探索初显成效。是年，经调查选择，发起5起网络众筹，为陷入困境的特别困难大病患者和公益项目募捐102.28万元。其中，为定海城东小学身患多种严重疾病的学生刘某某筹集手术费的众筹，创下12小时内募集20万元的记录。开展公益众筹支持援疆结对工作，为新疆阿克苏地区温宿县尤铬克斯日木村幼儿园80名小朋友筹集价值2万元的爱心衣服和学习用品。

【慈善文化宣传和推广】　借力新闻媒体、慈善网站、公众微信、慈善信息专刊、宣传画册等，广泛宣传现代慈善理念，扩大定海慈善的影响力。

培育现代慈善理念和文化　在《舟山晚报》《今日定海》、定海新闻、定海山微信公众号、定海慈善总会公众号等载体，宣传定海慈善人物、爱心单位。精心策划各种形式的慈善活动，以慈善法系列宣传、慈游埠“爱心特卖”“爱循环·衣循环”等载体，推动慈善理念的传播，营造浓郁慈善氛围。2017年的慈善法周年庆宣传活动被《浙江慈善》第五期采用。

开展“爱满定海”系列活动　编辑出版《爱满定海》一书；举办“爱满定海”慈善摄影大赛，并在每月的《今日定海》报纸选登部分参赛作品进行宣传；编印“爱满定海”慈善摄影画册；创建“爱满定海”晚报专栏，每月一期。与区文化体育局等单位联合举办“爱满定海”山地毅行，携手市文化馆古风书社在定海岛上书店联合举办“挥毫泼墨送慈善，迎春纳福献爱心”，推进“爱满定海”公益慈善月月行，每月围绕一个慈善公益主题开展活动。

平凡的人给我们最多感动　近年来，在总会多种形式的大力宣传下，市民们积极参与捐款捐物。替子报恩的环卫工人高阿姨捐赠2万余元；做好事不留名的“福德爱心”先后两次分别捐赠5000元；心地善良的王贵仙，捐赠养老金2000元；道德模范标兵钟耿平捐赠刚领到的一次性奖励金1万元。总会还收到许多社会爱心人士的捐赠物品，舟山第一百货公司爱心商家捐赠的300余双女鞋；爱心人士顾女士捐赠的近百件女装；马岙爱心商家再次捐赠150余双鞋子；爱心叶女士捐赠20千克全新绒线；热心余大哥捐赠给白泉敬老院的一张全新护理床等。

“爱满定海”慈善法宣传活动

【慈善义工活动】　以义工项目为引领，建立22项慈善义工公益项目，义工活动内容和形式不断创新。是年，开展各项义工活动460次，参与义工9674人次，服务时间19500小时。

慈善拥军车队　在车队长吴发喜的带领下，穿梭于岛城各地，传递着军民鱼水情。并拓展慈善拥军车队服务范围，成立护河队、夜间巡逻队、敬老院服务队等，为舟山文明建设奉献力量。

慈艺爱心助老演出队　为弘扬中华慈善文化精神，鼓励更多民众关注参与慈善事业，在王妙珍、曹琳仙的带领下，通过歌舞、小品、走秀等形式，在城区、镇（街道）广泛宣传慈善人物、公益理念，传递着社会正能量。并与环南街道刺山岛空巢老人结对，开展慰老服务。

“爱心美食墙”　在恒记饺子馆负责人赵旭华和爱心顾客的支持下，将顾客捐赠的美食送到敬老院、民工子弟学校、聋哑学校等处，并组织爱心团队、爱心家庭、爱心小朋友们参与敬老服务、献爱心活动。

郭奶奶爱心工作室 以郭玲娣为主的大手牵小手爱心工作室，积极与学校、家长、学生进行联系与协调，通过各种形式开展教育培训，引导学生们树立起中华民族的传统美德，更好的服务社会，奉献爱心。

“百名义工扫陵园” 慈善义工分会组织200多名爱心义工，在烈士陵园开展怀念先烈、清扫墓地活动，培养慈善义工以革命先烈为榜样，学习先烈们的革命奉献精神，牢记为社会服务的慈善义工宗旨，用实际行动营造积极健康的社会风尚。

“情暖夕阳”为老服务 组织浙江海洋大学东海科技学院33名大学生，结对15名失独老人，以陪老人聊天、散步、读报、打扫卫生、教学使用手机、电脑等方式，关心这个特殊群体，帮助失独老人走出阴霾，共享阳光。

慈善商店“慈游埠” 2017年初，在定海区县前街12号开设公益慈善商店“慈游埠”，销售爱心捐赠的全新物品，所得善款用于救助和开展慈善公益项目，同时接收爱心捐赠，经整理分选后，直接捐助给困难家庭和慈善公益活动或在“慈游埠”进行义卖。

各镇（街道）慈善分会组织社区义工开展不同类型、不同形式的服务、宣传活动，有岑港分会的微心愿亭、小沙分会“善立方”志愿团队的系列活动、马岙分会一月一公益义卖活动等。

【内部管理和自身建设】 把握社会公信力，以全区作风建设大会精神为指导，推进行业自我管理、自我约束，进一步规范慈善行为，让慈善在阳光下运作，树立良好的社会形象。日常工作严格执行出台的各项会议、信息披露、财务会计制度及各个工作程序，实现对总会的资金募集、救助的监督管理机制。新建《定海区慈善总会财务对账制度》《规范慈善救助金银行卡转账发放规定》《定海区慈善总会社会公益慈善项目管理办法》等15项制度。加强内部管理，强化专业培训。学习贯彻《慈善法》，学习贯彻中共十九大精神和习近平总书记系列重要讲话，参加省市慈善总会组织的各类学习会、培训班。9月起，总会开展AAAAA社团复评工作。2018年初，经市社会组织评估委员会复评，通过AAAAA复评。

（撰稿：夏静波）

（本分目照片由区慈善总会提供）

定海区老年人体育协会

【概况】 2017年，定海区老年人体育活动蓬勃开展，圆满完成三十周年庆典活动，成功举办区第三届老年人体育运动会。区老年体协被全国体育总会评为全国群众体育先进单位，顺利通过社团组织AAAAA等级复评考核；有5户家庭获得第八届定海区群众文化政府奖。其中，区老年人体育协会、环南街道靓姨舞蹈队等15个团队获定海区优秀文体团队荣誉；余汉珠、林斌等14名骨干获定海区文体活动带头人称号；顾忠恩等5户家庭获评定海区文化示范户。

【召开各类会议】 *五届二次全体会议* 于4月7日召开，听取区老年体协常务副主席叶英军所作的《围绕中心服务大局，努力争创老体工作新业绩》工作报告；通报区老体委员、常委调整情况，增聘名誉主席；通报表彰2016年度老年体协工作先进集体和先进个人、老体志愿服务先进集体和先进个人；区人大常委会副主任、区老年体协主席孙忠定在会上讲话。

竞赛委员会会议 于4月13日召开，回顾总结2016年区老体比赛活动情况，明确2017年重点抓好定海区第三届老年人体育运动会暨定海区老年体协成立三十周年庆祝竞赛活动的任务。并商讨有关展示、比赛活动的规程（草案）、研究参加市以上有关比赛项目事宜。

科学健身指导委员会会议 于5月16日召开，回顾2016年的“送健康进社区”活动开展情况。决定2017年要认真落实市老年体协《关于进一步加强老体育科研科普工作的意见》的有关精神；继续抓实抓好“万民益寿大讲堂”“送健康进社区”活动，推广普及具有文化艺术内涵、体现科学健身理念的老年人健身项目。抓好健康宣传，在区老年体协网站、《定海老年体育》简报上刊登运动与健康资料，普及科学健身知识。

区老年体协成立三十周年大会 于10月29日召开，区四套班子领导、市老年人体育协会领导、区老年体协名誉主席、顾问应邀出席，各镇、街道和区属单位的600多名老年人参加大会。会上表彰先进、举行区老年体协成立三十年汇编册《夕阳无限好》首发式。区委常委、宣传部部长何徐华为大会致词。区人

大常委会副主任、区老年人体育协会主席孙忠定在会上作报告。

庆祝定海区老年体协成立三十周年大会暨定海区第三届老年体育运动会开幕式在海滨公园举行

【巩固规范化建设成果】 12月下旬，市老年体协规范化检查组到昌国街道、盐仓街道、金塘镇复评验收，听取镇、街道老年体协规范化建设开展情况汇报。检查组对镇、街道的规范化工作给予充分肯定，并提出加强文体骨干队伍培养等要求。经检查组汇总审核，昌国街道、盐仓街道、金塘镇再次被确认为舟山市“规范化老年人体育协会”。

【创建省老年体育活动中心（俱乐部）】 加强对创建活动的指导，双桥街道桥头施、干𬒗镇双庙、白泉镇柯梅等3个社区被省体育局授予“浙江省老年体育活动中心（俱乐部）”。至年底，全区有13个社区获此命名。

【组织各类活动】 是年，全区各级老年体协围绕节庆日，组织各类老体活动895次，参加各类活动3.87万多人（次）。

举办第三届老年人体育运动会　10月29日，庆祝定海老年体协成立三十周年暨区第三届老年人体育运动会开幕式在海滨公园举行。该届老年体育运动会从3月到11月初，历时8个月，有1100多人参加比赛和开幕式展示活动。其中，26支老体团队400名中老年人参加开幕式戏曲广播体操展示；500多名运动员参加乒乓球、门球、中国象棋、钓鱼、快乐保龄球、夹球过盆、拍球障碍跑等11个项目的比赛，决出个人名次63个，团体名次30 个。城东街道、昌国街道、区

第三届老年人体育运动会乒乓球比赛

教育局分别获得团体总分前三名。

定海区“8·8”全民健身日健身项目展示　7月25日，区老年体协在海山公园举行定海区“8·8”全民健身日健身项目展示活动。定海中华木兰、木兰、合欢园、阳光、姿英、和谐、美丽夕阳、众乐、火炬、西园、茅岭健身站等城区12个健身站的200余名中老年人参加。展示的木兰双扇《共圆中国梦》、健身球操《采茶舞曲》、颈椎操、太极拳杨式三十二式、戏曲广播体操、健身气功《易筋经等串烧》、太极拳《船拳扇剑组合》《运动长绸柔力球操》等8个健身项目赢得观众好评。

健身项目展示

老年人登山活动　9月25日，“庆国庆、迎党的十九大胜利召开”老年人登山活动竹山公园举行。城区30多个健身团队和部分老体服务志愿者近百名中老年人参加。

老年人健步走分会场活动　11月11日，2017全国老年人健步走大联动舟山市暨定海区老年人健步走分

会场在海山公园举行。城区健身站及区直单位6个老年体协代表队560多名老年人参加。区老年体协的长岗山和谐、中华木兰、众乐、木兰等健身站分别在健步走沿途展示太极拳、柔力球、戏曲广播体操、扇子舞等健身项目。

第五届老体工作者趣味动动会　12月15日，定海区第五届老体工作者趣味动动会在盐仓街道城西小学室内体育场举行。全区各乡镇、街道和区直属机关等70多名运动员参加比赛。比赛以团队为单位，抽签组成红牡丹、黄菊花、白玉兰、绿萝花4个队。设立立定投篮、杯中运球、摸石过河、障碍赶球等四项集体比赛项目。白玉兰队以总分第一获得该次趣味运动会的冠军。

【开展“文体惠老”服务】　区老体协志愿服务总队组织志愿者到市福利中心、白泉敬老院、环南蓬莱社区、小沙毛峙社区、光华社区等进行5场“文体惠老”慰问演出，为老人们送上丰富多彩的文艺节目，受到老年朋友的普遍好评。

“文体惠老”进敬老院

【开展体育交流】　7月4日，定海老体门球队11人应邀到余姚进行门球技艺交流。两地运动员开展门球友谊赛，切搓球艺、相互学习、取长补短、共同提高。11月18日，茅岭、众乐、干䃎、金塘、和谐等健身站120余人参加“2017全国百城千村健身气功交流展示活动”。11月20—23日，参加由台州市路桥区门球协会举办的“永奇杯”全国门球邀请赛。东山健身站与北京、宁波等外地的健身队进行联谊交流，相互加微信群和QQ群，相互切搓，增进友谊。

【参加省市比赛】　是年，区老体团队参加省级比赛5次，获4项团体奖，2项个人奖。参加市级比赛13次，获21项团体奖，其中第一名11项；16项个人奖，其中一等奖10个。在浙江省第七届老年人运动会门球比赛中获团体第二名；在浙江省第三届体育大会组委会举办的木兰拳、木兰扇比赛中，获集体38式规定木兰扇比赛第三名。在浙江省第七届老年人运动会健身球操比赛中，获优胜奖。在浙江省宿将乒乓球协会举办的2017“手拉手”杯亚太地区宿将乒乓球联谊赛中，获玉环赛区单打第二名。在组队参与舟山市老年人中国象棋、钓鱼、气排球、乒乓球、地掷球、门球、柔力球（竞技）等比赛7场竞技比赛中，取得5个团体第一、1个团体第二、2个团体第三，3个个人第一、3个个人第二名的成绩，居全市前列。乒乓球比赛女子团体荣获七连冠。在舟山市第三届健身气功站点联赛中，获“集体导引养生功十二法”一等奖、“集体八段锦”二等奖，“六字诀”“集体易筋经”两个项目二等奖。在2017年普陀区举办的全市武术邀请赛中，获得太极传统器械自选第一名、个人D组传统器械第一名，个人C组木兰器械第二名；D组木兰器械第一名和第三名。在2017“沃德杯”广场舞大赛中，摘取冠军和亚军。在普陀国际武术比赛暨首届国际武搏拳法大赛中，获得集体“太极养生杖”项目第一名，邱桂英个人囊括5个项目的冠军。

参加省健身球操比赛的队员们

【参加公益活动】　是年，区老体团队有8次700余人参加区以上各类大型活动。长岗山阳光健身站、城东昌东健身站、环南木兰健身站近40人在定海区红十字会学习宣传新修订《中华人民共和国红十字会法》暨第70个世界红十字日纪念活动上互动，为纪念活动助力。靓姨舞跳队参加区文化局举办的“2017第四届长三角运动休闲体验季浙江定海站开幕式”。8月8日，5支代表队150余人参加市老体“8·8”健身日展示活动。海浪花、竹山米岭、中华木兰健身站在浙江省第三届体育运动会开幕式上展示《海天间》，为省三运会加油助力。11月10日，靓姨舞蹈队、海之星健身站在“神行定海山”全国徒步启动仪式上表演。12月2日，区老体团队200余人参加市民政局举办的“舟山市第二届公益伙伴日启动仪式暨公益大舞台”活动。

【组织各类培训】 3月，在市老年体协活动中心举办为期2天以健身气功《太极养生杖》为内容的“三易”健身项目教练员培训班。全区城乡60余名气功爱好者参加培训。4月，在舟山市老年体协活动中心举办中老年人第一套戏曲广播体操教练员培训班，全区镇（街道）、城区健身站的70余名健身骨干参加培训。

“三易”健身项目教练员培训班

【老体志愿服务蔚然成风】 4月7日，区老年体协召开五届二次全体会议，通报表彰2016年度老体志愿服务先进集体和先进个人；通报由团区委、区志愿者协会联合审核，认定3名志愿者为三星级、10名志愿者为二星级、17名愿者为一星级。各分队组织开展丰富多彩的志愿服务活动，至年底，无偿提供各种服务6130次，服务总时间达17830小时，接受各种服务105307人次。其中，区直分队为基层提供服务活动1275次，服务时间5133小时，接受各种服务的有50190人次。

【开展送健康进社区活动】 是年，进社区、敬老院开展健康讲座5次，组织义诊26次，受益群众达5200多人次。3月7日，昌国街道文昌社区举办一期春季养生保健知识讲座。3月15日，定海中心医院专职医师为城东街道江北社区进行“茶疗养生”公益讲座。6月8日，“万民益寿大讲堂”到昌国街道金寿社区举办一期“老年人常见的急症冠心病的现场急救与运动损伤预防与处理”讲座。 6月29日，把“万民益寿大讲堂”送进双桥街道“银龄学堂”。邀请区红十字会救护培训师黄旭峰为40名老年朋友传授“适度运动促进健康长寿”的新理念报告。11月9日，在市老年体协二楼会议室举办一期“普及健康的生活方式技能，促进健康生活方式的养成”运动与健康讲座，城区部分健身站50多名老年人参加。

【建立协会党支部 】 6月17日，区老年体协召开全体党员会议，宣布定海区老年体协党支部成立，选举沈桃素为支部书记。

【加强宣传工作】 为庆祝区老年体协成立30周年，反映区老年体协30年的岁月历程，制作《夕阳无限好》汇编本。开展“我与定海老年体育”征文工作。评出一等奖3个，二等奖3个，三等奖3个。更新区老年体协网站的内容，对全区老体工作的动态、各种会议、各项活动进行及时添加更新。编印《定海老年体育》简报6期。主动争取媒体参与，在《浙江体坛报》《浙江老年体育》《舟山日报》《定海新闻》及《定海新闻网》《今日定海》《今日金塘》等媒体反映老体工作和老体活动的稿件30多篇（次）。

（撰稿：王素青）

（本分目照片由区老年体协提供）

责任编辑：陈　瑶

上接第152页

定海山系列文化——古桥（四）

序号	名称	地址	简介
20	建安桥	双桥街道桥头施社区胜利自然村南侧、宋家山北侧	建于清中期，光绪十九年（1893）重修。南北走向，为2墩3孔石板平桥。桥身阴刻“光绪十九年十月重修”。桥长8.88米，宽1.41米，是旧时小沙、大沙、岑港、烟墩、马目西北乡民进定海城必经之路。
21	金井桥	金塘镇柳行社区柳行街44号正南2米	位于柳行半边街，横跨柳行河。建于清初，因旁有金井庙又名庙桥，康熙《定海县志·金塘山图》有标注。东南—西北走向。桥面由长方形石条铺成，桥面宽2.1米，长10.8米，栏板高0.45米，两侧均刻有“金井桥”三个繁体字，各有5根望柱。美观坚固，古意十足。
22	后岙太平桥	白泉镇金山社区	太平桥为古代金山村民朝山进香原福寿寺的必经通道，石桥长6米，宽2米余，中间铺3尺半红石板，因信众多为祈福保太平，故名。
23	水管口大桥	白泉镇管口村	水管口大桥，又叫大桥头，为平面桥，明代建造，上首石条横梁处刻“大桥 刘乡贞建”字样，桥长约5米，宽约2米，石桥采用左右大石梁固定，中间石板与石梁契口镶合而成。清康熙《定海县志·白泉岙图》有标注。
24	弄堂岭石拱桥	白泉镇弄堂岭山谷溪流间	弄堂岭石拱桥，也就是甩龙桥，清时建。跨岭路与樵道的山溪，跨度约3米，桥面宽1.5米，原是北蝉通往皋泄的小型石拱桥。桥体建筑无承重石梁、石板和粘结剂，仅靠相向的弧度支撑桥面石块的重量，跨洪水冲刷风侵雨蚀的弄堂岭山涧屹立不倒，是先民在建筑实践中掌握、应用先进力学知识的见证。
25	桃源桥	干礅镇南洞	建于清代。光绪《定海厅志·干礅庄图》中有注。原是石架结构的丁步桥。相传清康熙年间，袁姓先祖搬入南洞岙，在今桃源桥上游约100米溪上建堰坝，引水过桥灌溉下游田地，才建造桃源桥。桥上游的堰叫上堰，过桃源桥的水沟叫堰沟，桃源桥俗名堰桥。

（区文体局供稿）

法　治

政法委与综治

【概况】　2017年，政法战线学习贯彻中央和省市区政法工作会议精神，围绕全区经济社会发展大局，打造“平安建设标杆区”，以打好“五大会战”、建设“四个舟山”为主线，推进平安、法治定海建设，稳定社会政治，提升社会正气，连续十二年被省委省政府命名为“平安区”，是全省首批平安金鼎县区之一。

【完成中共十九大维稳安保工作】　牵头组建由政法、信访、公安、交通等部门精干力量构成的指挥部进行实体运作，执行情报会商和视频调度会议制度，掌控各类不安定隐患，协调相关单位处置。紧抓排查、整改、化解、稳控、督查五大关键环节，开展七大专项行动。是年，进行暗访督查30多批次，发现问题隐患40余处，均以工单形式督促整改。

【开展影响社会稳定问题排摸化解】　2—9月，开展全区性影响社会稳定问题集中排摸化解，该项工作分为集中排摸（3月底前）和化解稳控（4—9月）两个阶段，主要排摸重点领域、新区建设、公共安全等7个方面。抽调能力强、善做群众工作的人员共同参与，确保化解到位，对于涉及多个部门或跨镇（街道）的问题，召集涉事镇（街道）及部门进行专题研究，对化解工作进行协调督促。经全面排摸、深入一线蹲点调研，梳理不稳定问题61个，化解稳控57件，剩余4件在2018年继续跟踪化解。

【推进重大决策稳评工作】　完成定海区“两非”车辆整治工作、舟山宇航仓储有限公司仓储基地项目等稳评42项，其中包含年度区重点建设项目13项、区政府投资项目20项。各镇（街道）和区发改局、区人民法院等13个部门分别制定适用于本部门实际工作的风险评估工作实施细则，把好各项目的“稳评“关。对部分涉及面广、实施难度大、风险等级高的重大决策，由稳评科牵头实施评估，评估完成后全程跟踪决策实施情况，形成反馈，根据实际工作开展情况，调整决策实施方案，化解矛盾，清除隐患。

举行项目社会稳评风险评估报告评审会

【健全维稳保障专案经营机制】　围绕“三改一拆”“五水共治”“三重”项目等政府中心工作，发挥政府法律顾问的参谋和智囊作用，为有关部门出谋划策，推进民主决策、科学决策、依法决策。深化清障护航工作，组建重点项目指挥部，动态掌握项目建设进度；建立部门联合会商制度，协调处理各类涉稳风险，以工单形式落实限时化解，实现项目联系全覆盖，法治服务无盲区。加强法治宣传，引导律师为重大项目建设、企业重整重组提供法律服务，提高法律保障的针对性和实效性。

【推进“法治定海建设”】 巩固提升改革攻坚突破年、项目建设突破年、城乡发展突破年、产业优化提升年、营商环境提升年等“五个年”活动成效。制定出台《“法治定海”建设工作实施方案》，聚焦“自由贸易港区、海上花园城市”两个战略重点，推进依法治区，提升司法公信力，提高全民法治素养，进一步发挥法治在新区开发开放和定海现代化建设中的保障和引领作用。突出特色亮点、打造示范样板，强化实效导向、营造良好氛围，注重创新突破、推动转型升级，推进法治定海建设，提升整体水平。明确阶段目标任务，逐级分解责任、要求，形成“责任明晰、推进有序、落实到位”的目标责任机制。各项目牵头单位履行主体责任，开展实效鉴定与阶段性评比。区法治办会同区督考办等部门，采取定期督查、重点抽查等形式进行督促检查，推进工作开展。

【成立舟山市定海区法学会】 区法学会成立暨第一次会员代表大会于6月23日召开，第一届有会员100名。区委政法委副书记江腾向大会报告法学会成立筹备情况。会议审议通过《舟山市定海区法学会章程》《舟山市定海区法学会第一届理事会理事选举办法》等。选举产生第一届理事31名，常务理事13名。区委常委、政法委书记陈海平当选会长。区法学会发挥参谋助手作用，加强平台建设，兼容并蓄，发挥优势，提升法学会综合能力，开创定海法学研究和法律工作新局面，服务保障“海洋经济转型升级先导区、全面开放合作先行区、美丽海岛示范区”。

区法学会成立暨第一次会员代表大会

【召开全区法治建设暨政法信访工作会议】 该会议于3月20日召开。区四套班子分管联系领导，法检两长，区属有关单位、部分市以上垂直管理单位在定派设机构主要负责人，区信访局班子成员，区政法各部门班子成员及中层科、所、队、庭、室负责人和边防大队负责人，各镇（街道）党委（党工委）书记、分管副书记、综治办专职副主任、信访办主任、司法所所长，全区各社区（村）书记等300余人参加。会议通报表彰2016年度法治政法信访工作各类先进，各镇（街道）、部门代表领取2017年度平安综治信访工作目标管理责任书，区法院、马岙街道、干𥔲镇、昌国街道文昌社区4个部门进行交流发言。区委副书记周军刚部署全区法治建设工作任务，区委书记庄继艳部署全区政法信访工作任务。

法治建设暨政法信访工作会议召开

【召开平安定海建设“十二连冠”总结表彰大会】 该会议于5月13日召开。区委建设“平安定海”领导小组组长、副组长、成员，区人大常委会、区政协主要领导，各镇（街道）党政主要负责人、分管副书记、综治办专职副主任，区属有关单位、市以上垂直管理单位在定派设机构主要负责人，各社区（村）党组织主要负责人，建设“平安定海”各类先进代表等300余人。会议通报表彰2005—2016年度“平安定海”建设工作先进单位、优秀社区（村）、个人三等功及建设“平安社区（村）”先进个人。命名城东街道檀树社区等110个社区（村）为2016年度“平安社区（村）”，授予城东街道檀树社区等69个社区（村）为平安金鼎社区（村），区法院、区信访局、区公安分局等12家单位为2005—2016年度建设平安定海工作先进单位，城东街道港南社区、环南街道东山社区等20个社区（村）为2005—2016年度建设平安定海工作优秀社区（村），给予杨明春等26名同志记个人三等功，授予吴慧琴等50名同志为建设平安定海工作先进个人称号。昌国街道、岑港街道桃夭门社

平安定海建设“十二连冠”总结表彰大会

区、区公安分局、区安监局就平安建设工作进行交流发言。区委书记、区委建设平安定海领导小组组长庄继艳作重要讲话。

【省平安建设考核抽查组检查定海】 3月7日，由省委政法委政治部主任、省平安办副主任朱巧湘带队的省考核组对定海平安建设和综治工作进行考核。区委书记庄继艳作工作汇报。区委组织部、区委宣传部、区委政法委等有关单位主要领导参加汇报会。考核组分成四组对远洋渔业基地、干碰镇新建社区、中海粮油工业有限公司、舟山世纪太平洋化工有限公司、浙江天禄能源有限公司及镇（街道）社会治理综合指挥室等地进行实地检查。

省平安建设考核抽查组到定海检查

【整治公共安全隐患】 组织开展公共安全隐患整治行动，排查整改消防隐患3931处，改造提升不合规范的高层建筑、居住出租房和老旧小区；对全区各学校、养老机构食堂和城区建筑工地进行“拉网式”排查，全部整改到位；开展港内小船专项整治，实施水路货运海上联合执法行动500余次，取缔临时装卸点11个，整改“黑名单”船舶11艘；实行安全生产重大隐患挂牌督办制度，完成16件省、市、区级重大事故隐患整改验收。

【开展平安宣传活动】 清单式落实部门、镇（街道）平安宣传职责任务，将宣传重点引向学校、农村、企业等基层单位。组织开展“十个一”平安宣传活动、“聚力定海，共创平安”主题宣传活动等，取得成效。拓展平安宣传阵地建设，在人流量大的7个路段进行城市电视宣传，在全区重要街面新增200余处平安宣传广告，将海山公园打造为“平安主题公园”，在《定海新闻》《今日定海》设置平安定海建设专栏，采取案例解剖、分析教育等多种群众喜闻乐见的形式，做实、做细平安宣传工作，全面营造浓厚的平安宣传氛围。

平安法治宣传走进舟山市长宏国际船舶修造公司

【规范镇街综治平台建设】 加强镇（街道）综治工作、市场监管、综合执法、便民服务“四个平台”和综合指挥室建设。发挥镇（街道）社会管理服务中心（群众工作中心）统筹、指挥作用，推进工作重心和力量下沉，解决镇（街道）“看得见、管不着”和责大权小的问题。对接牵头单位，根据省、市、区全面推进“四个平台”建设，完善基础治理体系的工作要求，提出《关于“四个平台”建设中县乡两级指挥中心（室）机构设置和人员配备的工作建议》。做好综治工作平台与其他三个平台之间的联动协调，配合区编办召开“四个平台”建设现场会工作。推进镇（街道）综治工作平台六合一、四组一室运作再完善，加强镇（街道）综治工作中心标准化建设，健全更新综合指挥室运行机制，明确职责定位，建立会商研判制度，定期分析研判社情民意，研究解决重大问题。

【推进全科网格队伍建设】 探索全科网格试点改革，改变以户数划分网格的模式，重新对全区网格进行划分，将所有居民区、工业区、商贸区以及山林流域等区块均纳入网格化管理。梳理出19项部门准入网格事项清单，实行职责任务标准化。按照每阶段重点工作任务，组织网格队员对照开展各类基础信息和矛盾纠纷、安全隐患、经济风险等动态信息的实时采集。推广网上考核制，落实信息采集以奖代补，对质量高的信息加大奖励力度。建强队伍，整合社区（村）计生协管员、劳动保障协管员等辅助工作力量，建立全科网格团队。开展网格队员岗前全科轮训和在职业务培训，提高履职能力。落实"网上网下"联动机制，线上激活网格微信群282个5800余人，实现活动、信息、通知、宣传服务精准化；线下建立网格民情站161个，重点开展信息采集、问题化解、代办服务、政策宣传四项工作，受理居民咨询诉求，预防民间纠纷发生与激化。7月17日，全市全科网格暨网格员队伍建设试点现场会在定海召开，区委政法委在会上介绍定海试点经验，现场观看马岙街道全科网格工作视频，市市场监督管理局相关负责人和专职网格员代表作经验交流。

全市全科网格暨网格员队伍建设试点现场会

【推进矛盾纠纷多元化解】 推进诉调对接平台建设，在诉讼服务中心组建诉调对接团队，在4个基层法庭建立调解工作室，在物业纠纷突出的法庭增设两名物业纠纷调解员，实现人民调解与诉讼调解的功能互补。完善矛盾纠纷月排月报制度，对重大不稳定问题实行领导包案、挂牌督办，排查调处矛盾纠纷3378起，成功化解3366起，成功调处率为96.6%。调动群防群治力量进行日间巡查和夜间巡查，排摸各项矛盾纠纷及安全隐患，开展群防群治队伍巡逻活动45次，网格集中走访22次。

【推进基层社会治理智能化】 做好平安建设信息系统事件交办流转，发挥平安浙江APP、网格微信公众号的"爆料"作用，做好"爆料"信息的日常收集、分流、办理、督办等工作，完善区、镇（街道）、社区（村）、网格四级信息流转处理机制。升级社会治安防控体系，推进"雪亮工程"建设，加强对治安复杂区域及重点部位覆盖；拓宽应用领域，探索实现视频信息在案件侦查、防盗物联、交通车辆大数据研判等方面的多功能运用。建立健全涉海职能部门联合执法机制，提高海上突发事件处置能力，筑实沿海管控屏障。会同港航分局、岑港街道、环南街道港内小船管理服务公司等各家单位，在船舶智能识别、定点扫描等方面进行技术尝试，探索使用科技手段、大数据分析技术来弥补海上监管环节中的不足，对异常事件进行源头预警。

【省督查组到定海督查严重精神障碍患者服务管理工作】 8月23日，由省委政法委综治办基层处处长顾人带队的省督查组到定海督查严重精神障碍患者服务管理工作。区委政法委副书记顾培斐作工作汇报。区委政法委、区民政局、区公安分局、区卫计局等有关单位主要负责人参加汇报会。督察组实地走访查看区第五福利院、平湖社区某患者管理情况。

【推进"两学一做"学习教育常态化制度化】 学习宣传贯彻中共十九大和省第十四次党代会精神，推进"两学一做"学习教育常态化制度化。学习习近平总书记系列重要讲话，推行"3+X"主题党日活动，开展向俣金知等先进典型学习活动，组织20余名全区政法干部代表参加维和警察防暴队先进事迹报告会。开展"诵读经典·锤炼党性"读书活动，参与"'五大会战'建新功·勇立潮头当先锋"主题征文活动，开展"重走总书记视察足迹、重温总书记重要指示精神、重述个人入党历程和重读入党誓词入党志愿""点亮微心愿"等系列活动，增强政治意识、大局意识、核心意识、看齐意识。

【加强政法队伍建设】 健全完善中层干部选拔任用、轮岗交流和年轻干部挂职锻炼机制，实施中层干部公开选拔、公推公选、竞聘上岗机制，激发、调动政法干警的工作热情。组织举办全区基层政法综治干部培训班、全区全科网格培训班等，提高政法综治干部业务能力。完善党员干部监督管理，签订党风廉政责任书，督促党员领导干部履行“一岗双责”。督促执行干警个人重大事项报告、领导干部过问案件、插手干预司法活动留痕问责等监督执纪机制。强化日常监督管理，组织干部职工学习《浙江省贯彻问责条例实施办法》等文件精神，组织参与廉政征文等活动，推动纪律作风建设由事后处罚向事前防范转变。严格执行政法干警违法违纪季报制度。是年，全区政法系统干警违法违纪零报告。

（撰稿：王羽莹）

（本分目照片由区委政法委提供）

政府法制工作

【概况】 2017年，区政府法制工作贯彻省政府法制工作会议精神，围绕区委区政府工作大局，规范制度建设和管理，推进执法监督，强化复议应诉职责，加强政府法律服务，各项工作取得新进展，为推动建设花园式国际人文港城建设提供法制保障。

【加强制度建设和管理】 是年，审查《关于进一步加强耕地占补平衡管理工作的实施意见》《定海区海洋行政执法工作实施方案》《关于国有划拨土地补交出让金标准》《定海区征收农村集体土地林木及地上附着物补偿指导意见》等各类政策性文件18件，并出具法律审查意见。其中，关于《〈舟山市定海区个人住宅划拨用地补交出让金标准（送审稿）〉的合法性审查意见》被评为2017年度全省优秀合法性审查意见书之一。履行备案职责，将区政府实行“三统一”的18件规范性文件，在规定时间内向舟山市政府和定海区人大常委会备案。

抓好行政规范性文件清理。坚持立、改、废并举，对主要内容与法律、法规、规章或者与上级行政规范性文件相抵触的，坚决予以修改或者明令废止。5月12日，对执行过程中发现的1件文件因与上级文件规定相抵触予以废止。8月，按照浙江省关于做好“放管服”改革涉及的法规、规章和规范性文件清理工作的要求，下发《关于进一步做好行政规范性文件清理工作的通知》，对区政府、区委区府办（原区府办）及各镇（街道）、区政府直属各单位于2016年12月底前制定的行政规范性文件开展清理。拟废止（含修改）的不符合“放管服”“最多跑一次”改革及生态环境保护要求的区政府（区委区府办）规范性文件11件，拟废止（含修改）的区属单位规范性文件10件，废止（含修改）的区属单位规范性文件6件。

加大对区属部门及各镇（街道）备案的规范性文件的审查力度，做到应审尽审。是年，区属各单位及各镇（街道）报送登记备案的文件32件，经审查予以备案27件，另5件因属于非规范性文件范畴不予备案。通过浏览网站等方式，不定期地对区属各单位规范性文件公布情况进行检查，不断规范文件的公布。全年未发生公民异议提请审查的文件。

【配合推进立法工作】 针对定海城区人力三轮车管理中引发的系列诉讼案件，专题研究定海城区人力客运三轮车管理事宜，寻求通过立法手段解决三轮车管理难题，并主动向舟山市政府、舟山市人大常委会汇报，争取立法支持。6月9日，舟山人大常委会立法调研组赴定海区调研城区三轮车立法工作，区政府法制办主任吕凌飞汇报定海城区三轮车管理工作情况。三轮车立法列入市人大五年立法一类计划。

配合舟山市政府规章项目库立法项目征集工作，动员区属各单位申报立法项目，申报教育类规章项目1件。

【行政执法监督】 参与深化执法体制改革工作 加强拟划转执法事项的法律审查，服务保障城市综合行政执法权限划转、海上综合执法体制改革的顺利推进。对区农林与海洋渔业局的全部涉海职能，以及港航、水利围垦、文体等部门拟划转的相关行政处罚权140项、行政强制权10项进行审查确认。

开展专项执法检查 开展文化市场行政执法专项监督检查，按照省法制办、省文化厅的工作部署，对照专项监督检查的重点要求，对全区文化市场行政执法机构能力建设、执法案件办理、执法窗口建设、执法保障等七大方面进行检查，形成自查报告并上报。开展对《浙江省行政处罚结果信息公开暂行办法》《浙江省行政处罚裁量基准办法》及《浙江省重大行政决策程序规定》等3个省政府规章的贯彻实施情况进行监督检查，了解规章实施过程中存在的问题、困难，并开展分析研究。开展行政执法案卷专项检查活

组织特邀行政执法监督员参与案卷评查

动，对全区执法案卷质量、行政处罚结果网上公开、行政处罚信息网上运行系统输入情况进行检查。邀请4名特邀行政执法监督员参与案卷评查，现场检查区综合执法局、区农林与海洋渔业局等6家单位办结的各类行政处罚、行政许可及行政强制等执法案卷60余件。专项检查结束后，区法制办综合各项检查情况，对专项检查结果进行通报。

加强行政执法主体资格管理　严格行政执法主体资格的合法性审查，加强对申领执法证件单位及人员的资格审查，确保行政执法人员主体资格的合法有效。加强对拟上岗执法人员的教育培训，配合市政府法制办开展拟上岗执法人员综合法律知识考试2次，并做好拟参考人员的资格审查工作，有123人次参加培训考试。是年，制发浙江省行政执法证件158本。开展行政执法主体资格公告工作，下发《关于深化开展行政执法主体资格确认公告工作的通知》，通过各部门申报、区法制办审核，并报区政府同意，确认第一批区本级法定行政机关45家，授权行政执法机关22家，受委托行政执法机关18家。

配合做好《中华人民共和国行政诉讼法》执法

区人大常委会检查《行政诉讼法》实施情况

检查　做好区人大执法检查组对全区贯彻实施修订后的《中华人民共和国行政诉讼法》的情况进行执法检查的会务工作，组织协调相关街道、区属执法部门参与调研座谈。就区政府关于修改后《行政诉讼法》贯彻执行情况进行汇报，起草区政府《关于修改后〈行政诉讼法〉贯彻执行情况的报告》，并经区人大常委会审议通过。

【落实行政执法全过程记录制度】　贯彻落实省政府办公厅《行政执法全过程记录工作办法（试行）》《重大行政执法决定法制审核办法（试行）》，探索重大执法决定法制审核的工作规程和相关制度，推动行政执法全过程留痕、可追溯。区属部门制定出台相关实施细则，保证执法全过程记录透明化、阳光化、规范化和可追溯。全区各行政机关严格落实资金配置执法记录设备，保障执法工作的需要。

【接受上级业务检查】　9月21日，省法制办副主任杨必明带队对定海区《法治政府建设实施纲要（2015—2020年）》等重要改革举措贯彻落实情况进行监督检查。区法制办做好自查工作，并组织区司法局、区审交办、区综合行政执法局、市市场监督管理局定海分局等行政执法机关及相关街道负责人，接受督查考核。副区长刘波进行工作汇报。

全省《法治政府建设实施纲要（2015—2020年）》等重要改革举措贯彻落实情况定海区汇报现场

【行政复议案件办理】　尊重和保护行政相对人的合法权利，依法受理、办理行政复议案件。2017年，区政府受理行政复议案件7件，不予受理6件，中止遗留1件。受理的案件类型为不服公安、交警行政处罚3件、不服市市场监督管理局定海分局作出的行政行为

3件，不服民政婚姻登记确认1件。其中，维持5件、撤销1件、因申请人撤回行政复议申请终止1件，尚有1件在审理过程中（指中止遗留案件）。所有行政复议决定书均上网公开，接受社会监督。

【行政复议体制改革】 按照省政府下发的《关于深化行政复议体制改革的意见》，向市政府争取同步推进行政复议体制改革事项。通过向区政府主要领导汇报、区编委办沟通协商，提出关于在区法制办增挂“定海区行政复议局”牌子及有关情况的建议，并拟定《定海区全面深化行政复议体制改革实施方案（送审稿）》，于12月29日提交第14次区政府常务会议审议并通过，后以区政府名义上报市政府审批。

【行政应诉案办理】 规范行政应诉工作，按照“谁承办、谁应诉”的原则，明确行政应诉责任主体，尤其是相关职能部门以区政府名义作出的行政行为被诉，确定由职能部门承担应诉的主要责任，负责应诉基础工作。建立健全行政应诉案件报告备案制度，每年统计分析应诉工作开展情况，及时督查行政应诉工作情况。落实行政机关负责人出庭制度，各行政机关均能按照要求，落实机关负责人出庭应诉。是年，区政府被诉案件18件，全部结案，无败诉案件。其中1件撤诉、12件判决驳回起诉（其中3件为向中华人民共和国最高人民法院申诉案件，全部判决驳回），5件以其他方式结案，审结的案件中开庭案件7件，行政首长出庭5件，出庭率71%。案件类型主要涉及三轮车行政强制、征收补偿、劳动工伤认定等。

【加强府院良性互动】 4月，配合参加区政府与区法院“破解执行难”府院联席会议，围绕“基本解决执行难”，探讨如何建立执行协作机制。落实政府与法院预防化解行政争议联系会议制度，就综合执法过程中，占道经营如何适用《浙江省城市市容和环境卫生管理实施办法》和《浙江省城市道路管理办法》进行沟通探讨，形成基本共识，为科学执法、规范执法提供参考。10月26日，组织区旧城改造办、相关街道负责人参与市人民法院关于集体土地上房屋拆迁工作调研。

集体土地上房屋拆迁工作调研

【民商事仲裁】 发挥仲裁制度便捷高效、一裁终局的独特优势，通过提高仲裁员的素养和办案效率，保证仲裁案件质量和仲裁服务质量，提升仲裁公信力。是年，定海仲裁分会依法受理案件7件，其中当事人撤回申请2件，裁决5件。按案件类型分，金融借贷纠纷6件，建设工程施工合同纠纷1件。

【政府法律服务】 围绕区委区政府中心工作，参与政府管理重点难点问题研究，论证把关相关政策以及协调处理有关工作中出现的法律问题，保障党委政府重大工作在法治轨道上顺利开展。重点参与册子大皇山矿山开发、浙江增洲造船有限公司帮扶事宜、港内小船、黑名单船舶处置工作、马岙鸭场拆迁、新茂帮扶破产等协调会议90余次，提出法律建议190余条，保障了相关工作平稳有序进行。开展集体土地征收安置补偿公告审批程序合法性、东大街一房屋恢复强拆执行的法律论证，出具相应论证意见，供领导决策。

加强法律顾问工作。对区属各单位法律顾问聘请情况进行调查，将全区政府法律顾问聘用情况全部纳入“浙江省政府法律顾问信息服务系统”。是年，全区各镇、街道及区属部门全部聘请法律顾问，完成上级政府的目标任务，政府法律顾问实现常态化。提高政府法律顾问的规范化，发挥政府法律顾问在推进法治政府建设中的作用，拟定《关于全面推行政府法律顾问制度充分发挥法律顾问作用的意见》和《定海区政府法律顾问工作规则（试行）》。

加强政府合同的合法性审查。加强对政府合同的管理，进一步规范合同内容、合同形式，并对合同实行事先合法性审查。凡政府签订的重大建设合同、招商引资合同、投资协议等，都纳入合法性审查的范围，以防范法律风险。区属各单位发挥法制机构作用或聘请法律顾问，加强政府合同审查，避免法律和经济风险。是年，审查各类投资框架协议、土地转让协议、股权代持协议书、农民公寓房刘家嘴地块施工合同、土石方运输业务招标文件等39件协议，未发生因合同争议引起的诉讼案件。

【议案办理】 抓好区人大议案办理工作，严格按照议案办理工作要求，落实"主要领导总负责，分管领导具体负责，业务科室具体承办"工作责任制，通过与协办单位协商、与代表直接面商等方式，确保办理工作质量，在规定时限内完成2件人大议案的办理工作。

（撰稿：李灵华）

（本分目照片由区法制办提供）

公 安

【概况】 2017年，区公安分局设有职能科室（大队）21个、监管场所2个，下辖治安派出所7个、专业派出所1个、边防派出所5个，有公安民警414人、职工6人、辅警838人。是年，该分局立刑事案件2127起，侦破1513起，其中侦破现行案件1046起，抓获犯罪嫌疑人851人；受理治安案件 4100起，查处 4063 起，查处违法人员1685人，其中治安拘留734人次；侦破涉毒案件31起，抓获各类毒品违法人员56人次；侦破经济案件16起，抓获犯罪嫌疑人51人，挽回经济损失226万元。年内，该分局获评"全省模范公安局"荣誉称号，被省公安厅评为全省公安基层基础和治安防控工作示范单位、执法质量优秀单位、队伍正规化建设优秀单位、公安信访考核县级优秀单位，获得全市公安机关年度综合考评"优秀单位"，有57个集体、245人次受到各级表彰，涌现出全国"三八红旗手"王英、全省"模范公安基层所队"西码头边防派出所、省级青年文明号解放路派出所、全省"优秀警务辅助人员"林波等一批先进集体和个人，成功创建全市首家"全国一级看守所"。

区公安分局在全省公安系统功模表彰大会上被授予"全省模范公安局"荣誉称号

2017年舟山市公安局定海区分局领导班子成员名录

表5

机 构	职 务	姓 名	警 衔	附 注
舟山市公安局定海区分局	副区长、局党委书记、局长、督察长	应朝阳	一级警督	2016年11月任职
	党委副书记、政委	罗彬涛	一级警督	2017年11月免职
	党委副书记、政委	周怀逸	二级警督	2017年11月任职
	党委副书记、副局长	徐 洲	一级警督	2014年4月任党委副书记
	党委委员、纪委书记	徐满国	一级警督	2017年11月免职
	党委委员、副局长	钟 波	一级警督	2011年10月任职
	党委委员、副局长	杜志钢	二级警督	2012年5月任职
	党委委员、交警大队大队长	李志斌	一级警督	2017年11月免职

续

机 构	职 务	姓 名	警 衔	附 注
舟山市公安局定海区分局	党委委员、副局长兼金塘派出所所长	冯松海	一级警督	2017年8月免职
	党委委员、边防大队大队长	马锦波	武警中校	2017年12月免职
	党委委员、副局长	缪 琳	二级警督	2016年2月市局下派挂职
	党委委员、政治处主任	张 伟	一级警督	2016年5月任职
	党委委员、副局长	王克特	一级警督	2017年11月免职
	党委委员、纪委书记	刘 军	二级警督	2017年11月任职
	党委委员、交警大队大队长	江国松	二级警督	2017年11月任职
	党委委员、边防大队大队长	杨赫奇	武警中校	2017年12月任职

【机构设置变更】 3月13日，根据定海区编委办《关于同意区公安分局单设刑事科学技术室的批复》，将原在刑事侦查大队挂牌的“刑事科学技术室”单设，将“物证鉴定室”和“公安司法鉴定中心”调整至“刑事科学技术室”挂牌。10月26日，根据定海区编委办《关于同意区公安分局情报信息中心更名的批复》，内设机构“情报信息中心”更名为“情指联勤中心”，主要职责是负责公安情指合成作战体系建设；针对即时警情、案情开展研判分析并提供信息支撑，联合指挥中心进行合成处置；开展重大不安定因素、重点人员信息和重大案（事）件线索研判分析并进行预警预测；开展社会治安动态分析评估；负责提供实时信息查询、研判服务等。

【十九大安保】 2017年初始，区公安分局以十九大安保工作为主线，加强情报分析、面上管控、打击整治、设卡盘查、安全监管、应急处突、不安定因素排查和矛盾纠纷化解等工作，做好十九大、世界互联网大会、“一带一路”高峰论坛、金砖会议、省党代会、各级“两会”、村级换届选举等各项重要活动和敏感时期安保工作，未发生影响国家安全和政治稳定的重大案件、暴力恐怖事件、重大安全事故。

完善组织部署 十九大期间，成立安保工作领导小组，进入决战决胜阶段后，先后6次召开动员、推进及形势分析会，将工作部署至全局各单位、传达至每个民警。落实治安防控等级响应要求，9—10月，取消休假，全警投入，强化值班备勤和应急处置准备，抽调机关警力参与设卡巡逻和夜间清查。成立十九大安保联勤指挥部，加强情报分析研判，每日组织会商，每日向上级上报不稳定因素和管控对象情况，注重加强亮点特色工作总结提炼。

夯实反恐基础 依托全区十九大维稳安保反恐专班和联席会议制度，加大对党政机关、重要基础设施等重点目标部位和各类人员密集场所的安全检查和防范，推进《反恐法》适用，处罚旅馆2家，重点单位1家，人员1名，有关关注群体全部稳控，及时反馈率100%。突出对船舶、无人岛屿、港岙口、码头底数的摸排和动态管理，联合涉海部门开展联合执法行动80余次。

严密维稳举措 实施重点人员分类分层管控，启

10月17日，举行全区十九大安保反恐应急处置第一响应力量拉练

动“第一卡点”，由政府维稳、信访以及镇、街道干部共同参与执勤，拦截可疑人员45人次。开展不安定因素、矛盾纠纷滚动排查和化解工作，9—10月，排查不安定因素34起，化解13起、稳控21起。强化流动人口和场所行业管理工作，9—10月，登记流动人口10420人，新增出租房屋261家；检查旅馆560余家次，处罚90余家次；检查公复娱乐场所223家次，处罚82家（人）次。

突出安全监管　开展各类重点物品专项检查，重点督促确保长途旅客人身（行李）安检率、寄递物品实名登记开包验视率、销售散装汽油实名登记率100%，检查寄递企业网点195家次，物流企业86家次，1家物流企业被罚款，1家寄递网点被责令停业整顿，处罚易制爆危险化学品从业单位6家。开展消防和交通安全隐患大排查大整治，安保工作期间未发生死人事故。联合区指挥中心、区网信办等部门，完善政府网站群安全保护，落实等级保护措施。

加大打防力度　推进“双季攻势”“除毒瘤、净土壤”等系列专项行动，刑事发案量同比下降29.23%，采取刑事强制措施对象数同比上升5.4%。9—10月，开展集中统一清查行动5次和“跨越2017”打击拼劲行动，破获东向片公路沿线盗窃柴油系列案、涉案50余起的跨省盗窃系列案，用2小时侦破、起抢劫案。深化“囤警街面、动态备勤”模式，发动50余支1000余人的巡防队开展义务巡逻，营造全民参与、平安共建氛围。

【“清障护航”2017专项行动】　2017年，将全区重点建设项目、旧城改造、综合交通建设、城乡环境综合整治等工作作为全区公安机关“一把手”工程和中心任务来抓，重点规范苗头案件先期处置、排摸挖掘线索、实施重点人员盯人打防等举措，打防“三强三霸”及寻衅滋事、敲诈勒索、强迫交易等违法犯罪。全年抓获“恶赌强霸”犯罪对象161人，同比上升11%，破获刑事案件37起，其中“三强三霸”案件4起，打处成效全市第一。对全区136项省市区重点建设项目，逐一落实“项目警务定制”工作机制，在重点建设项目配套建立各类警务室（点）14个，在企业工程设立保安执勤室、警企联络室，成立内部自治组织50个，收集各类不安定因素和矛盾纠纷信息170条，化解各类矛盾纠纷162起，处置群体性事件8起，重点做好中澳现代产业园项目、宁波舟山港主通道工程、329国道改建、500千伏输电工程、大陆饮水三期、渔山绿色石化配套工程等重点项目建设保障服务工作。

【“最多跑一次”落实】　2017年，根据省公安厅及区委区政府关于“最多跑一次”改革的部署要求，区公安分局精简行政审批服务事项环节，推进“一窗式”集成服务，采取延时服务、预约服务、“一条龙”上门服务、回访服务、快递送证等模式，服务群众和企业，开通网上预约、网上申办、网上咨询、进度查询等业务，实现手机支付宝扫码缴费等移动支付，推广“掌上”办事，实现群众“不用跑”。至年底，梳理办事事项73项，其中许可类33项、备案类17项、其他类22项、公共服务类1项，达到“最多跑一次”事项71项，“最多跑一次”事项占比97.2%，其中“零跑腿”事项23项，办件量达535件；全年发送快递6000余件，上门送证3100余件；公安各窗口累计为2200余人次提供延时、预约办证服务。

办证中心公安窗口接待群众

【防范打击邪教组织非法活动】　2017年，定海国保大队开展与“法轮功”等邪教组织的斗争，年内开展“全能神”邪教专案攻坚会战和对邪教人员入户调查专项工作，连续17年保持“法轮功”人员和组织“零进京、零滋事、零插播”目标。

【高校安全保卫】　2017年，加强对辖区高校东海科技学院的安全保卫工作，开展高校不稳定因素滚动排查，配合化解不安定因素1起。

【加强基础工作】　2017年，国保大队先后开展基础调查20余次，排查邪教组织类邪教人员44人，排查走访和实地勘察宗教场所42处，全部完成视频硬件设施安装并联网，搜集编报情报信息179条。

【反恐工作】　6月1日，制订《全区公安机关开展涉恐隐患排查整治专项行动工作方案》，开展涉恐隐患排查整治专项行动。其间，开展各类督导检查10余次，其中专项检查3次。十九大安保期间开展督导5轮，下发问题清单15张。依据《舟山市定海区反恐怖主义工作责任制实施规定》，通报批评3个行业4家单位；办理8起适用《反恐法》的行政处罚案件，对5家旅馆、1家网吧、1家重点目标管理单位开出反恐罚单，对1名非法持有恐怖音视频行为人做出行政拘留处罚。

9月13日，全区迎接十九大决战阶段动员大会暨反恐怖工作会议召开

【打击突出经济犯罪】　2017年，经侦大队重点打击社会影响恶劣的涉众型经济犯罪，相继破获“华联财行”非法吸收公众存款案、“善心汇”网络传销案等一批大要案件。是年，侦破刑事案件16起，其中侦破非法集资类案件10起，占破案总数的62.5%，涉案金额8645万元，抓获犯罪嫌疑人29名，挽回经济损失226万元。

【金融投资风险防控】　2017年，经侦部门针对定海金融投资领域的风险，坚持“防为主、防为上”工作方针，开展涉企涉稳不安定因素滚动排查，实行企业经营风险“红、橙、黄”三色分级预警和重点防控。开展全区范围互联网金融风险、投资咨询类公司涉稳风险、涉恐融资风险等一系列经济领域风险排查活动。探索建立金融风险防控预警平台，开展资产端和资金端实时监测，提高金融风险的发现、防范、处置水平。深化情报信息收集和涉稳风险评估机制，对于各类项目建设推进中可能引发的各类不安定因素，落实全面排摸、及时掌握、妥善化解等举措。建立健全涉案资金快速查询冻结机制、涉案线索传递、案件通报机制等六项警银协作机制，形成预防打击金融犯罪的工作合力。全年摸排投资理财公司53家，清理整顿22家，立案6起，及时掌握、前介稳控各类风险隐患11处，从中搜集线索并破获非法集资类案件5起，涉案金额逾500余万元。

【打击暴力犯罪】　2017年，刑侦大队以“把案件处置在始发阶段”为目标，按照“速战速决”要求，侦破命案等影响社会治安稳定的暴力犯罪。是年，8起恶性案件（其中3起命案、5起强奸案）全部破获，命案侦查实现连续15年无积案。先后破获“2017·1·14”刘某军故意杀人案、“2017·1·27”陈某星涉嫌以危险方法危害公共安全案、“2017·3·8”谢某乾故意杀人案、“2017·12·12”故意伤害致死案等重特大案件。

【攻坚命案积案】　2017年，根据省、市公安机关部署，分局刑侦部门开展命案及具有重大社会影响案件积案攻坚。其间，多次专题召开命案积案攻坚行动会议，梳理全区历年命案积案线索，明确分局局长为专项行动第一责任人，成立命案积案攻坚行动领导小组，确定刑侦专业警种专班力量，将命案积案视同现行命案一同侦破。专案组应用公安大数据，对所有信

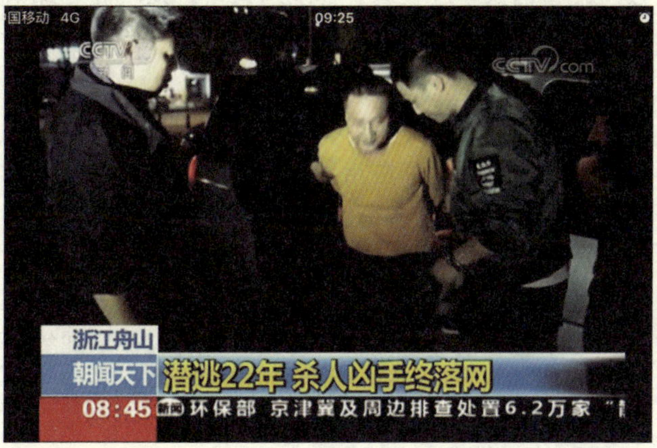

区公安分局破获“1995·7·15”抢劫杀人案

息进行重新分析研判。3月，专案组在上级公安机关技术支撑下，获取“1995·7·5”书院弄抢劫杀人案逃犯陆某华重要线索。专案组三上广西贺州，通过实地排摸，蹲点守候，科技侦查、DNA比对等手段，最终认定落户广西贺州并“漂白”身份的胡某和就是缉捕22年的命案逃犯陆某华。11月14日，陆某华在广东中山市被专案组抓获。

【打击多发性侵财犯罪】 2017年，按照上级公安机关部署，开展打防侵财犯罪专项行动。打击通讯网络犯罪，发挥联席会议办公室作用，建立健全信息通报机制，加强成员单位间信息沟通；强化预警研判分析，依托反欺诈工作机制，提高反诈中心诈骗电话快速拦截和涉案资金快速止付；转变打击通网新型犯罪工作模式，探索跨区域犯罪案件办理机制，推动侦查工作转型升级。10月11日起，组织开展为期45天的“跨越2017”打击拼劲行动，重点打击入户盗窃、“两车”犯罪、扒窃、“两抢”、新型诈骗等多发性侵财犯罪。是年，抓获侵财刑事强制对象246名，起诉226名，内认定案件548起；受理侵财案件1852起（含全部接警案件），同比下降33.5%，其中发入户盗窃案件383起、扒窃案件41起、“两车”案件251起、通讯网络诈骗案件565起，同比分别下降36.5%、33.9%、37.4%和30.4%。

【建立本岛一体化打击机制】 按照市局下发的《本岛一体化刑侦打击工作机制》（试行），协同推进，构建本岛一体化打击格局。进一步建立完善刑侦大队长会商制度、落实串并案会商制度、完善信息线索层报制度。推进驻所刑侦中队建设，打通多警种合作壁垒，注重侦查人才培育，加强侦查、审查、办案能力建设，推动刑侦专业攻坚能力提档升级，提升整体打击效能。

【“刑专系统”推广应用】 2017年，推广应用浙江刑侦信息专业应用系统（以下简称“刑专系统”），专门成立以分管局领导为组长，各单位“一把手”为成员的推广应用工作领导小组，下设工作（研判）专班，对系统开展流程测试、功能研究、人员培训等工作，会商研究发现的问题，提交省厅开发组予以解决。其间，开展“刑专系统”操作培训43次，培训民警343人次，召开小组研究会议4次，反馈系统问题20余次。6月8日，制订《关于加强刑侦信息专业应用系统推广应用的实施方案》，进一步明确工作目标、信息采集标准、应用流程和各警种各业务专业部门的具体职责。各部门突出应用案件侦办、主题研判、线索管理、研判工具等模块，服务实战侦破。是年，全区受理刑管类刑事案件、治安侵财案件3110起，认领3101起，认领率为99.7%，发布线索69条，纳入刑嫌人员1349名。

【刑事技术】 2017年，狠抓“一长四必”（一长：局长对辖区刑事案件现场勘查工作负总责；四必：现场必勘、信息必采、必录、必比）工作机制的落实，提高现场勘查质量，特别是指纹、DNA提取质量和提取率，提高技术认定对象的查证率和归案率。5月，根据省厅统一部署开展指纹和DNA会战，认定破案130余起；按照市局要求，技术部门对所有刑事案件和治安类侵财案件现场实行全部勘查制度。是年，勘查各类案（事）件现场662起，提取各类痕迹物证456起，内手印151起、足迹220起、DNA233起，提取率分别为68.9%、22.8%、33.2%、35.2%，串并系列性案件17串93起，破11串51起。手印认定67人64起，DNA认定61人66起，鞋印认定18人27起，技术认定刑拘对象60人。痕迹出具鉴定书59份，制作现场三材159份。法医尸体检验115具，伤情鉴定、检验520人，出具报告423份。

【规范初侦初查机制】 2017年，刑侦部门深入推进案件初侦初查工作，规范现场调查访问、视频证据固定、信息采集、标准档案形成，从刑事案件受理环节开始，全流程、全方位把牢侦查质量关，做到“大案小案一个标准”，为案件侦办奠定基础。规范抓好打防控、“虚拟旅馆”、手机多维采分系统、现场勘查系统、人员信息一体化采集系统的信息采录、补录、核录工作，加强各信息系统资源的整合共享，扩大侦查基础数据。

【组建城区责任区刑侦中队】 2017年，从机制建设、建设保障、工作目标等多方面着手，探索科学、高效的刑侦体制运行机制。城区两所刑侦中队运行以来，刑事打击实效提升，在城区刑事发案下降25%情况下，全年城区两所抓获刑事强制措施对象352名，占分局总数的44.96%，同比增加91名，其中侵财犯罪对象144人，同比增加22人。

【监所管理】 2017年，定海区看守所累计收押刑拘、逮捕嫌疑人1205名，拘留所收押拘留人员1295名，投送监狱执行刑罚302人。年内看守所借力“午·夜”行动、“制度执行示范月”活动、监所“双安全”创建活动和“三共八联”机制，规范管理，监所安全防线全面稳固，实现监所23年安全无事故。

【荣获“全国一级看守所”】 2017年，定海区看守所以确保监所和队伍“双安全”为目标，强调“防控风险、服务发展，破解难题、补齐短板”的核心要求，探索“善文化”教育转化工作新措施，逐渐形成一套完整的教育转化体系，打造监所“善文化”品牌。4月17日，定海区看守所被公安部命名为“全国一级看守所”，系全市首家。是年，看守所开展各项专题活动30余次，心理疏导36人次，12人主动退赃或赔偿被害人，2人自首或检举揭发，提供打击对象4人。

定海区看守所通过公安部考核验收获评为全国“一级看守所”

【开展监管安全检查“午·夜”行动】 1月5日至2月4日，看守所根据《浙江省公安厅监管总队关于部署开展2017年首次监管安全检查“午·夜”行动的通知》要求，开展监管安全检查。通过找民警了解、实地检查、查看视频录像、找被监管人员了解、向执法监督员询问和已投送监狱的罪犯信件调查等“六条通道”，排查监管场所，对发现的问题和隐患及时制定整改办法，所领导督促整改。强化民警直接管理监室意识，将“三必须”“三统一”“三定位”“三步走”重要内容融入其中，确保管教民警按程序履职，被监管人员按规范执行作息，监室秩序改善。

【开展“制度执行示范月”活动】 3月，看守所按照省厅监管总队统一部署，开展“制度执行示范月”活动。其间，对照设定的十二项制度执行清单，对各岗位一日工作规范和各项监所安全制度执行情况进行排查梳理，对新犯收押警戒、出监回押复检、警械保管登记、重点人员标识、放风现场管控、警情多岗联动等十多项制度进行完善，做到边查边改、立查立改、做细做实。

【开展“双安全”创建活动】 8月1日至12月30日，看守所落实所领导“三查六巡”制度，采用现场巡查和监控倒查相结合的方式，对全所重点对象、重点时段、重点部位及重点环节进行全面排查，发现问题及时整改。对于重点人员特别是死刑犯所在的监室不定期不定时进行监室整体调换，杜绝重点被监管人员私藏违禁物品。坚持每月对重点被监管人员所在监室进行一次安全大检查，防止出现安全隐患。

【医疗卫生专业化建设】 根据“三级三色”风险评估办法和医生诊断建议，逐人分析被监管人员的身体状况，建立“一人一档”的医疗档案。对一级蓝色以上的患病被监管人员，及时与办案单位联系，适时变更强制措施，防止安全事故发生，全年累计因病变更强制措施4人。联系舟山市广华医院每月对当月新入所被监管人员进行体检，联系定海区疾病控制中心每季度对当季新入所被监管人员进行HIV抗体检测。全年体检1434人次，出所就医67人次，同比下降

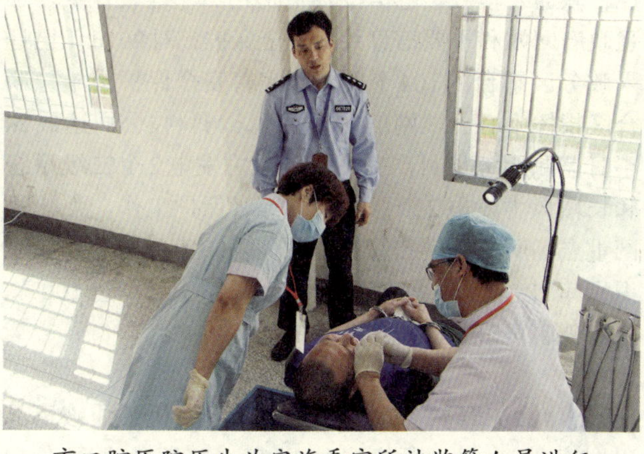

市口腔医院医生为定海看守所被监管人员进行牙科针对性治疗

46.4%。开展分类特色医疗，对糖尿病、胃病术后等特需病犯设立低糖、流食、蛋白餐等多种病号餐。

【刑事执法办案】 2017年，预审大队继续健全对基层办案单位“点对点”指导服务工作机制，拓展预审职能的外延，以派出所为重点，推行预审员联系片制度；健全与市区二级检察院、法院等相关部门的执法协作；提前介入重特大恶性案件、涉黑、涉赌、涉黄案件；落实命案侦办工作责任，开展命案审讯全程录音录像工作。是年，刑事拘留犯罪嫌疑人626人，取保候审287人，监视居住15人；提请批准逮捕犯罪嫌疑人332人；移送审查起诉418件595人，未发生无罪判决和要求申请国家赔偿的案件。

【网络侦查】 2017年，网警大队严厉打击网络违法犯罪，破获“新银河”微信群开设赌场案、舟山“方特教育咨询中心”等涉嫌侵犯公民个人信息案、曾某非法侵入计算机信息系统案等案件。是年，侦破涉网案件11起，抓获犯罪嫌疑人48名，打击数同比上升123.8%；配合抓获各类犯罪嫌疑人48名；抓获全国逃犯16名。

【网络基础管理】 2017年，网警大队深入推进技术管网支撑手段建设，完成10X项目第三期120套设备建设工作。通过三期建设，安装420套设备和20套车载设备，基本实现全区重点部位采集设备全覆盖。进一步推进公共场所无线Wi-Fi安全管控系统建设，实现中心城区公共无线Wi-Fi上网场所和室外公共密集场所、重点区域的有效覆盖和移动上网终端的有效管控，联通、华数、电信按时完成1023个建设任务。加强政府网站和重要信息系统安全保护，对2016年已迁入政务云平台的104个网站，完善安全保护措施，联合区指挥中心、区网信办等部门，与科技公司达成24小时监测服务项目。完成岑港风力发电2个二级系统和长白风力发电2个二级系统等级保护工作。强化上网重点场所的排摸和管控，对全区39家网吧进行人脸识别审计措施升级改造，网吧实名登记率达100%。上网酒店宾馆安全技术措施在线率99.1%。

【打击毒品犯罪】 2017年，全区公安机关侦破毒品犯罪案件31起（贩卖毒品18起，容留他人吸毒13起），同比上升106.7%，抓获犯罪嫌疑人56名，移送起诉43名，抓获数同比上升80.6%，缴获冰毒501.19克，麻古4.73克，查获走私大麻42千克（案件移交海关缉私分局处理）。侦破公安部毒品目标案件1起、浙江省毒品目标案件1起。侦破一案6人犯罪团伙案件1起，一案3人犯罪团伙案件5起。

【毒情分析】 2017年，全区在册吸毒人员、新滋生吸毒人员同比分别上升7.02%、2%，吸毒人员趋于年轻化，以社会闲散人员为主（其中女性吸毒人员以娱乐场所从业人员为多），并逐渐向国有企业、事业单位扩散，外来吸毒人员流入增多，农村吸毒人员增速较快，全区有6个镇（街道）吸毒人员超百，毒情蔓延形势日趋严峻。涉毒犯罪活动高位运行，零星贩毒依然活跃，容留他人吸毒案件明显增多。缴获毒品以麻古、冰毒为主，海洛因已逐渐淡出市场，毒品主要来源于广东、湖南、江西及宁波等地，通过陆地、自驾车运输或邮件寄送等渠道渗透进入，定海属于毒品消费地。贩毒人员随身携带管制刀具，暴力对抗执法时有发生。吸毒人员同时伴有其他刑事犯罪（贩毒、寻衅滋事、盗窃）现象明显，并与赌博、卖淫嫖娼、殴打他人等治安违法相互交织，社会治安隐患较大。至12月31日，全区在册定海籍吸毒人员1189名，其中死亡登记16人，正在服刑59名，看守所羁押57名，其他刑事强制措施4名，强制隔离戒毒78名，社区戒毒130名，社区康复101名。

【查处吸毒人员】 2017年，全区公安机关查获吸毒人员358人次，同比上升2%。强制隔离戒毒80名（其中3名未入所），同比下降14.4%；责令社区戒毒163人，同比上升43%。其中男性285名、女性73名，分别占79.6%、20.4%；外地籍191名、定海籍167名，分别占53.35%、46.65%。吸食合成毒品350名、吸食传统毒品8名，分别占97.8%、2.2%；25岁以下21人占5.87%，26—35岁148名占41.34%，36—45岁128名占35.75%，45岁以上61名占17.04%。查获的吸毒人员中，有48名同时伴有其他（如贩毒、寻衅滋事、盗窃）刑事犯罪，占查获吸毒人员总数的13.4%。

【易制毒化学品管控】 4月，按照公安部“4·14”专项行动部署要求，开展重点易制毒化学品专项督查和制毒化学品、制毒设备摸底排查工作。实地走访排查涉及生物科技类非列管易制毒化学品企业59家，发现使用易制毒化学品且有制毒设备的3家，排查出反应釜18台，离心机1台，采集个人信息4条，录入制毒化学品和制毒设备排查管控工作系统。是年，分局加强对易制毒化学品严管严查工作，走访检查易制毒化学品企业69家，签订禁毒责任书69份，督促企业落实易制毒化学品的入出库登记台账，对发现的企业管理中存在的问题，责令企业立即整改，堵住易制毒化学品流失渠道。

【禁毒宣传】 2017年，以防范合成毒品危害为重点，加强常态化禁毒宣传，投入禁毒宣传经费15万元。1—3月，结合“春运”深化禁毒“流动课堂”，会同各镇、街道，动员禁毒社工、志愿者深入到三江码头、定海长途客运中心、金塘客运中心、汽车南站、汽车东站等人员集中场所，开展“平安回家路，无毒最幸福”主题活动。6月，围绕“全民禁毒宣传月”“渔农村文化礼堂”等主题活动，联合总工会、妇联、文新局等禁毒成员单位，利用微信、网络等形式，推进禁毒宣传教育。协调区教育局，组织禁毒社工到廷左小学、舟山二中、干䃔中心学校等中小学校，开展禁毒讲座11场，在全区40所中小学校橱窗张贴禁毒宣传海报240份。协调区文新局，开展禁毒宣传进“文化礼堂”活动，在全区49家文化大礼堂内展出禁毒宣传知识，张贴宣传海报；在派出所技防馆开辟禁毒宣传板块，扩大禁毒宣传阵地。

禁毒大队参与“同心共创文明城·志愿服务我先行”“3·5”学雷锋广场志愿服务活动

【增援安保】 8月10日至9月7日，巡特警大队抽调副大队长1名，民警3名，赶赴厦门增援金砖会晤安保警卫工作。11月27日至12月6日，抽调人员20名，警车1辆，赶赴乌镇支援第四届世界互联网大会桐乡安保警卫工作。期间，4名民警被省公安厅通报表扬。

【警卫工作】 2017年，投入安保警力200余人次，完成警卫任务5起，其中一级警卫1起，二级警卫1起，三级警卫3起。完成浙港青年庆祝香港回归祖国二十周年交流活动舟山行安保工作。

【涉黄涉赌整治】 2017年，治安部门按照系统治理、依法治理、综合治理、源头治理的原则，采取主动打击、主动防范、主动整治等措施，推进打击涉黄涉赌违法犯罪活动。全区破获黄赌刑事案件22起，采取刑事强制措施79人，移送起诉59人；查处黄赌行政案件103起，行政处罚 463人。接报黄赌警情4057起，同比下降30%，其中涉赌警情3774起，同比下降31.3%，涉黄警情283起，同比下降6.2%。

【“三改一拆”执法保障】 2017年，为保障全区“三改一拆”、旧城改造等工作顺利推进，参与现场执法保障工作700余次，出动警力2300余人次，保障拆违面积682200平方米左右，排查化解矛盾纠纷10余件。

【规范保安服务市场管理】 2017年，推进保安服务备案登记管理，建立健全保安服务管理市局、分局、派出所三级核查制度，落实“谁审查谁负责”“谁签字谁负责”的工作责任制，协调保安培训学校组织开展保安从业人员培训。是年，全区有保安服务公司7家、保安培训机构1家、登记在册保安从业单位143家，承担安全防范工作保安员5556名。全年核查“问题”保安191人，吊销保安员证11人、清退保安员45人、调换岗位15人。

【内部单位安全保卫】 2017年，遵循“谁监管、谁评估”和“全面覆盖、突出重点、逐项评估、注重整改”的基本原则，协调区综治、行业主管部门及国保、消防、反恐等警种开展安全评估工作。全年检查单位74家，发现隐患8处，责令整改8家。

【“护校安园”行动】 2017年，在3所职业技术学校成立驻校警务室，派驻民警开展各项校园安保工作。中高考期间，成立安全保卫工作领导小组，落实“一把手”责任制，定人、定岗、定责落实中高考期间的考点周边路面控制、考点安全、考区治安巡逻、涉考保密等工作。开展校园及周边隐患排查整治，年内检查中小学幼儿园200余家次，整改安全隐患20余处，排查化解涉校不安定因素10余起，稳控高危人员11人（其中重性精神病人4人）。开展法治宣传30余次，组织应急演练10余次，发放宣传资料1000余份。

4月27日，舟山航海学校驻校警务室成立仪式

【缉枪治爆】 6月15日，下发《2017年全区缉枪治爆专项行动工作方案》，采取“清查收缴、破案打击、专项整治、源头管控、通道查缉”五大措施，开展缉枪治爆专项行动。全年查处涉枪案件1起，刑事拘留2人；查处治安案件1起，拘留1人；处理易制爆违规案件8起，处理爆破从业单位2家，罚款10万元；收缴管枪支10把，其中仿真枪8支，各类子弹1243发；炸药4368公斤，雷管7299发，索类火工品1090米；剧毒化学品10公斤；易制爆化学品1公斤；过期烟花爆竹300余箱；战争遗留炮弹7枚；船用信号弹730发。

【剧毒（易制爆）化学品管理】 4月，根据《全市公安机关开展危险化学品安全专项治理工作方案》要求，按“属地管理”原则，摸清行业单位基础底数，建立健全管理工作档案。落实单位内部治安保卫责任，将剧毒、易制爆和构成重大危险源的危险化学品从业单位纳入治安保卫重点单位，整治人防、物防、技防和制度建设等方面存在的安全隐患。十九大安保工作期间，对涉危涉爆单位开展全方位检查59家次，发现隐患9处，均全部整改。对全区23家易制爆危险化学品从业单位以查台账、查流向、查备案、查安全等方式开展“抄底”检查，8家易制爆危险化学品从业单位被处罚，其中6家被行政罚款，1家被警告，1家被责令改正。

【电动自行车防盗登记】 6月28日始，根据市局统一部署，组织开展全区电动自行车智能防盗登记备案工作。以“公安+外设、固定+流动”的模式，在各派出所、警务站、交警大队设置固定安装点位24个，在大型用工企业以及电动自行车流动量大的商场、超市、公园附近增设流动点位，发放宣传资料10000余份、防盗手册20000余份。与辖区78家电动自行车经销商签订协议书，由经销商负责对本店新销售的电动自行车进行智能防盗装置登记备案。至年底，全区登记备案并安装防盗芯片152600余辆，超额完成市局下达的指标任务，参保34500余辆。

【社区警务】 探索流动人口“三类五化”（“三类”即出租房、中介行业、用工单位；“五化”即社会化、规范化、精细化、实战化、信息化）源头分类管控模式，按照“谁出租、谁负责，谁用工、谁负责，谁中介、谁负责”原则，逐家签订治安责任状、承诺书，落实出租房主、用工单位、中介机构业主的管理责任，强化“社会化、规范化、精细化、实战化、信息化”五化管理，实现“以房管人、以业管人、查人知住”的目标。是年，新登记流动人口147100人，同比上升6.9%，注销124903人，新增出租房3291家，发放流动人口IC卡居住证41272张完成年度计划的79.8%，采集流动高危人员信息2985名，破获各类案

全市公安机关“浙江省警务工作平台·派出所模块”建设推广部署会

件208起，抓获违法犯罪嫌疑人员331名，抓获网上逃犯25名。借助大数据、云计算、物联网等手段，推广应用“浙江警务工作平台·派出所模块”建设。5月10日，召开全区派出所模块重点工作部署会，6月23日，全市公安机关“浙江省警务工作平台·派出所模块”建设推广部署会在分局召开。年内，采集标准地址42220条，虚拟建房41385家172352间，关联实有人口124463人（其中流动人口30968人），采集场所单位1638家，采集建筑物照片35582张，流动人口自主申报1539条。推进安防体验“一区一馆”建设。建成定海本岛区级警校合作共享安防体验馆1个，所层面安防体验区10个。

【临时入境人员和常住境外人员】 2017年，定海区公安分局登记管理临时到定海的外国人和“四种人”（华侨、港、澳、台）12489人次。其中，外国人9760人次，华侨97人次，港澳同胞932人次，台湾居民1700人次。至12月31日，全区实有常住境外人员342人，其中外国人147人，港澳同胞16人，台湾居民166人，华侨13人。

【公民因私出国（境）审批】 2017年，受理公民因私出国（境）申请16558人次，其中出国8758人次、因私赴台2114人次（探亲372人次、团队旅游252人次、个人旅游1202人次、定居14人次、就学1人次、仅办证无签注273人次）、赴港澳5686人次（旅游4915人次、商务63人次、探亲163人次、逗留15人次、其他10人次、定居4人次、仅办证无签注516人次）。受理跨区域申请2203人次（其中市内跨县区1950人次、省内跨地市103人次、省外150人次）。

【签证签发管控】 2017年，出入境管理部门继续强化两个“报备库”建设，采集不准出境人员报备数据515条，撤销93条。新增国家工作人员报备数据669条，撤销599条，变更6条。新增企业商务备案14家，延期3家。

【涉外案事件查处】 2017年，发现、查处涉外案（事）件10起，其中外国人非法就业1起，逾期非法居留2起，违反道路交通法1起，吸毒1起，盗窃1起，非法使用伪造、变造的居民身份证1起，外国人非正常死亡1起，走失1起，邻里纠纷1起。

【窗口服务新举措】 2017年，出入境管理部门继续推进“亮窗工程”建设，拓宽服务渠道。6月1日，港澳自助签注机投入运行，群众自助填写信息一分钟即可打印各种出入境申请表，对持有效电子港澳通行证再次申请团队旅游签注的，通过自助签注机办理，直接打印签注，10分钟内办结；7月1日，出入境理证照费实现电子支付；11月6日，出入境接待大厅进驻行政服务中心西园分中心。

【接警出动及火灾情况】 2017年，消防大队接警出动679次，出动官兵7495人次，出动车辆1493车次，抢救被困人员102人，疏散人员182人，抢救财产价值1413.6万元。全区发生火灾29起，无人员伤亡，直接财产损失729.59万元。其中生产经营性火灾12起，直接财产损失683.02万元。

【落实消防安全责任】 1月13日，召开全区消防安全重点单位会议，277家重点单位消防责任人及管理人参加。4月28日，召开全区安全生产（消防）工作会议，与11个镇（街道）人民政府和7个行业部门签订消防安全责任书。十九大安保期间，提请区委区政府下发《关于定海区消防安全隐患集中排查整治行动方案》和《关于进一步加强消防安全工作的通知》。大队干部分片包干，对各镇（街道）和相关部门的工作进行指导帮扶，推动消防工作落实。7月，联合区住建部门对全区166栋高层建筑开展专项整治，针对多产权、多物业的高层建筑，消防部门联合属地镇（街道）组织相关单位召开协调会，落实专职消防安全经理人等制度。

【开展老旧小区消防安全综合整治】 2017年，区政府先后5次召集发改、公安、民政、住建、消防、电力等相关部门，协调解决老旧小区消防安全综合整治工作机制、人员保证、资金保障等问题，将老旧城区消防安全综合整治列入2017年度区政府十大实事工程项目。抽调区住建、民政、消防等部门专业骨干27人，分成5个联合检查组，分赴全区11个镇（街道）开展老旧居民小区火灾隐患排摸，逐一登记造册，排查排摸老城区内20个老旧小区进行老旧小区消防安全升级改造。整治老旧小区老化电气线路50287米，整改私拉乱接电线7633处，设立电动自行车集中充电点177处；新建机动车位860个并投入使用，张贴禁止性、提示性标识标语680余份；制定老旧小区缺水情况作战信息卡62张，修建河道消防车取水点8个，推动设立灭火器材集中配置点45处，增装独立式感烟报警器158个。深入各社区培训120余次，培训居民、社区工作人员7200余人。

【消防基础管理】 2017年，消防大队在全区范围内开展消防安全大排查大整治、消控室专项检查、人员密集场所和易燃易爆单位消防安全排查、夏季消防检查、居住出租房等消防专项行动，加大执法检查力度。是年，列管消防安全重点单位277家，检查社会单位2369家次，制发《责令立即/限期改正通知书》1670份，立案查处141起，责令“三停”15起，行政拘留6人，临时查封20起，罚金33.79万元。开展完成审核项目22个、验收项目20个，开业检查项目82个，设计备案30个、验收备案41个。将中国人寿保险股份有限公司舟山分公司等3家单位提请区政府挂牌重大火灾隐患单位进行督办并跟进整改销案。是年，消防大队先后与港航、安监、教育、旅游、文物等部门对危化品码头、易燃易爆企业、中小学校、星级宾馆、文保单位等开展联合执法检查，通过检查强化各职能部门消防监管职责。多次与治安大队及各派出所开展联合检查行动，整治消防违法行为，提高辖区人员密集场所消防安全环境。

【消防不放心场所整治】 天台县“2·5”足浴店重大火灾事故后，2月6日，区政府召开安全生产（消防）工作紧急会议，部署消防安全大排查大整治行动。对全区24家汗蒸场所负责人进行集中约谈，对不符合标准要求的8家汗蒸房实施临时查封。各镇（街道）和派出所开展居住出租房排查整治，排查3人以上10人以下居住出租房（合用场所）119家，排查火灾隐患32处，按照工作任务清单，采取“以奖代补”的方式，分批整改。安装独立式感烟报警器8000余个。联合安监、港航等部门，对辖区35家易燃易爆企业进行检查，排查隐患21处。

【消防行政审批改革】 2017年，消防大队行政审批窗口梳理审批事项和申报材料，缩小审批范围，减少申报资料；完成事项清单具体举措、实现途径、快递送达、网上公示等工作，向社会公布；推行建设工程消防设计预审核制度；推广工业企业“零土地”技术改造项目消防“零审批”承诺制，在1个工作日完成审查；逐一明确市政府“三重”项目消防服务责任人和联络人，实施项目前期对接、上门服务、消防疑难问题专题研讨、实时信息沟通等，主动协调解决项目推进过程中涉及消防审批的相关事项和技术难题，确保“三重”项目有序推进。

【灭火救援】 2017年，制订类型预案5家，小区作战信息卡324份，制作重点单位预案177家，更新重点单位预案100家，开展“六熟悉”工作258家，开展重点单位实地演练152家。对辖区1315只消火栓进行登记保养，会同区住建局和自来水公司，将2016年以来的新增（改）的市政消火栓档案进行完善。对辖区的所有道路、乡村、小区进行彻底熟悉普查，分别画好平面图，制作成册。是年，建成重点单位微型消防站277家，建成社区微型消防站82家，全部纳入灭火救援联勤联动体系，实行统一调度。

【“消防安全社区”创建】 4月，完成“消防安全社区”试点创建。5月11日，舟山市消防安全委员会召开全市创建消防安全社区、消防宣传教育示范社区现场会，推广定海香园小区试点工作经验。市综治办、公安、消防、民政、住建等有关领导，各县（区）消防大队主官、镇（街道）及拟建示范点香园社区负责人，消防宣传大使代表70余人参加会议。至年底，全区大队投入资金100余万元，完成75家消防安全社区创建工作。

【消防宣传培训】 2017年，消防大队开展3·15消费

民警在舟山市中小学素质教育实践学校向学生宣传消防知识

者权益日、“5·12”防灾减灾日、“6·16”安全生产月、“119”消防宣传月等大型消防宣传咨询活动6次。利用LED电子显示屏、户外视频播等放消防公益广告2万余条，发送消防提示短信10多万条。利用“定海消防”微信、微博平台，以每天1条微信、5条微博频率，发布消防安保讯息、消防安全预警提示，解答网友消防安全疑问。是年，消防大队举办消防安全培训6期，培训人员500余人；为60多家企业、学校和社区等上万人进行集中培训和灭火演练。

【边防管理】　2017年，边防大队深化平安边境创建，服务平安定海建设，开展“出海船舶边防治安管控专项整治”“净港系列”“固边系列”等专项行动，完成“两会”、中共十九大、世界互联网大会等安保维稳任务。是年，边防大队接处警3649起，破获刑事案件78起，查处治安案件240起，办理边防行政案件521起，采取刑事强制措施59人，抓获各类逃犯8人。

【深化爱民固边战略】　2017年，边防大队依托“网

西码头派出所民警张润亮与辖区孤寡老人共度新春

格化管理、组团式服务、移动式警务”大走访机制，推行社区警务工作“5+X”工作模式，组建“1+3+X”群防群治队伍18个，完善重大群体性事件专案经营和重点工程风险评估机制，建立派出所、司法所、村级调解委员会为主的“三级联调组织”，排查化解各类矛盾纠纷640余起，实现“矛盾纠纷无反复、上访人员无增长、信访案件零增长”目标。协助地方党委政府处置各类信访事件、不安定因素40余次，保障西码头远洋渔业基地、小沙所青岙水库工程、岑港北向大通道、329国道、金塘中澳产业园等重点项目建设。8月24日，中央环保巡视组组长吴新雄到西码头所爱民固边模范村新建社区考察调研，肯定西码头所民警为服务保障青山绿水美丽乡村建设作出的贡献。8月28日，省委常委、秘书长陈金彪到西码头舟山国际远洋渔业基地、商会大厦、龙潭街小城镇改造现场调研，肯定西码头所官兵积极作为、服务地方经济建设和维护地方安全稳定作出的贡献。是年，西码头所爱民固边模范村新建社区被中国最美村镇评选活动组委会评选为“中国最美村镇50强”，张润亮获评“情满万家·派出所好民警”“第五届十大边防卫士”，徐成栋当选第二届定海区道德标兵。

【海上创安】　2017年，开展“出海船舶边防治安管控专项整治”“净港”“固边”等海上专项整治，侦破海上刑事、治安案件38起，查处边防行政案件521起，查获无合法齐全手续买卖成品油案件8起，油品591.638吨。9月，牵头海事、港航等11个涉海职能单位召开十九大安保海上情报会商会议，进一步完善海上联合执法、情报会商、资源信息共享和突发事件应急处置等协作机制，推进水路货运整治和港内小船专项整治行动，与海事、港航、安监、渔政等部门开展联合执法行动80余次。在水路货运整治行动中，建立由边防大队统一指挥，异地受案，一案一报的办案机制，共办理无证驾驶机动船舶案件36起，治安拘留25人，罚款21人。

与海事部门开展海上联合执法行动

【加强边防派出所建设】　部署开展边防治安基础大排查活动，协调推进辖区5个海防监控立项建设，对

涉海基础信息、海防视频监控、社会监控等资源进行采集、整合，强化边防派出所“三室合一”实战勤务指挥室建设，推进全线设防指挥平台建设运用，实现边防治安基础信息扁平化、可视化管理。建立每月模拟办案、每月法制授课、法制员审案和执法积分排名等制度，完善《执法场所设置规范》《执法质量考核评议办法》等7项机制性文件，巩固“有好又多又快”执法体系。是年，西码头边防派出所被授予“全省模范公安基层所队”称号，小沙边防派出所获评全市优秀公安基层单位。

【边防警营教育】　开展“维护核心、听从指挥”主题教育和推进“两学一做”学习教育常态化制度化活动，拓展教育渠道，丰富教育资源，开辟“我学习、我实践、我宣讲”视频授课栏目，按照主官、骨干、典型的层次，组织人员轮流授课。开展教育区域协作，推出“党员E+”“三所三室红色岛际联盟”等教育载体，深化政治教育层次。开展向维和防暴队、罗家岙边防派出所、张润亮学习讨论活动，提升主题教育的感召力。是年，4个基层党支部、10名党员官兵被各级表彰，张润亮获评“十大边防卫士”并荣立个人一等功。

【交通违法行为查处】　2017年，定海交警大队接处交通事故20226起，发生道路交通事故140起，死亡19人，受伤153人，直接经济损失504200元，未发生死亡3人以上道路交通事故，死亡人数控制在省定指标内。查处各类道路交通违法行为181318起，其中现场查处84832起，酒后驾驶502起，斑马线未礼让752起，行人和非机动车违法查处49992起。

【重点人车源头监管】　2017年，交警大队固化G20杭州峰会工作经验，建立重点车辆管理工作长效机制，采用签订责任书（承诺书）、短信提醒、违法抄告及每月考核通报等常态化措施，加强重点车辆单位安全主体责任落实。是年，辖区全市四类重点车辆（“二客一危”车辆和重型货车）检验率95%以上、违法处理率99%以上、报废率100%；重点驾驶人审验率为98.67%、换证率为99.62%。

【道路隐患源头治理】　2017年，交警大队在落实三级道路隐患挂牌治理的基础上，盯住329国道、双小线、定马线和首批小城镇综合治理乡镇道路，突出对“边边角角”道路、施工路段安全隐患排查治理，深入完善滚动式、常态化排查治理机制。是年，辖区排查治理各类大小路口隐患200余处，隧道隐患8处，“边边角角”隐患60余处，其中安装减速带1000余米，修剪树木30余处；按照“封闭路口、智能预警、完善设施、专人管理”的原则，亮化路口60只，中心缺口封闭90处，安装来车预警系统15套；市级2处、区级2处挂牌隐患部完成治理。

民警在329国道安装爆闪灯

【健全社会化安全宣教体系】　做好传统“五进”宣传，针对务工人员、老年人、电动车、工程车等群体的出行规律，组织多批次体验式宣传活动，增强群众感知，提升宣传实效。依托媒体单位深化交通安全宣传，在“定海山”微信公众平台、今日定海报纸开设交通违法曝光台，每周一期对车辆数据登记库内斑马线前不礼让行人的车辆予以曝光警示，“定海山”微信平台同步推送相关报道，报道20期280起。

【“一创一治”工作】　根据上级“一创一治”系列行动部署，区交警大队在保持3轮12个波次整治的基础上，坚持“零容忍”导向，围绕重点路段、重点违法、重点对象，滚动式查处“三乱两驾一牌证”等重点交通违法行为。每月制定推进计划，明确整治目标、责任领导和时间结点，责任落实到具体岗位和具体民警，实行挂图作战；建立大队、中队二级领导责任捆绑机制和业绩“晾晒”机制，形成领导率先示范、一级抓一级的责任体制。开展城区中队间、农村中队间月度业绩“擂台赛”。根据《全市公安机关

"创文明交通、治秩序乱象"互联共治四项举措》要求，采取卡点联查、特警联巡、警种联勤、队所联动等措施，明确各警种的工作责任，形成交警为主，多警种协同作战的格局。

【小城镇"车乱开"治理】 2017年，交警部门根据党委政府小城镇环境综合整治决策部署，推进小城镇"车乱开"治理。主动参与小城镇整治规划评审，研究制订镇区交通改善方案，改善小城镇在路网结构、停车场地、交通信号灯等交通基础设施方面的问题，提请政府落实措施改善条件。各镇区新增停车泊位480余个，安装来车预警系统10套，安装视频违法抓拍系统40套。增强整治合力，推进"两站两员"实体化建设，设置"两站"4个、"两员"23人。会同城管、公路、农机、派出所等部门定期组织联合整治行动，白泉镇、干䃎镇、金塘镇、马岙街道为首批小城镇"车乱开"治理乡镇，现场查处各类交通违法行为28643起。

对违停车辆实施拖离

【城市治堵收官战】 2017年，交警大队深化"路面+桌面"模式，强化对违法占用公交专用道等10类城市严重交通违法行为的严管严治。开展视频巡查，发现交通堵点乱点，及时实行干预。排查整改城区交通标志、标线、隔离栏等存在问题，进一步完善交通设施，确保设置规范。在建立信号灯"包干责任制"基础上，深化交通信号精细化管理，提升路口通行效率。

【"两非"车辆综合整治】 7月27日，全区召开"两非"车辆综合整治动员部署会，副区长、区公安分局局长、区"两非"车辆综合整治领导小组组长应朝阳代表区政府与10个镇（街道）政府（办事处）主要负责人签订《定海区非法上路、非法营运车辆综合整治行动工作目标责任书》，区属19个部门、10个镇（街道）政府（办事处）、95个社区以及市邮政管理局等相关人员参加会议。整治期间，定海交警大队发挥全区整治"两非"办公室牵头作用，制发《全区"两非"车辆综合整治工作方案》，提请区政府召开推进会8次，下发任务清单2批次，明确整治目标、整治重点和工作责任。建立社区网格化"三包"责任机制，推进排查承诺等基础工作，全年排查"两非"车辆11000辆，签订承诺书8339份。

全区"两非"车辆综合整治动员部署会

【"文明礼让斑马线"活动】 5月，在定海多个路口斑马线安装人工抓拍系统5套；12月，增设11套。排查整改城区人行横道标识标志，整治车辆乱停、占道经营等问题，在人行横道线前的路面上设置停止线、人行横道线预告标识、人行横道指示标志和"车让人"路面文字标记。通过2次整合，城区取消设置

现场查处机动车不礼让斑马线

不合理斑马线36条。利用“报、台、网、端”传播矩阵，高热宣传“文明礼让”；建立行政、企事业单位工作人员私家车信息库，由文明办牵头建立党政机关、文明单位车辆信息数据库，对所涉车辆的违法行为实行每周抄告所属单位；深化志愿服务，全年组织定海区56家文明单位约480个志愿者在16个重要路口参与文明劝导。10月27日，交警大队联合区文明办、团区委、定海新闻中心开展“礼让斑马线，文明我争先”爱心斑马线认领活动，中国移动定海分公司等7家单位通过单独或联合形式认领斑马线5条，于11月23日正式上岗。

【警务督察】 2017年，督察部门围绕“十九大”、金砖会晤活动、省党代会、各级“两会”等各项重大警务活动，组织开展现场督察107次，投入警力232人次，及时纠正各类问题350个。对执法执勤、内部管理、窗口服务等工作开展常态化网上督察，每日由专人负责网上巡查记录，发现问题及时提醒当事人改正，开展网上巡查32.8万余次，纠正各类问题227个，发《网上督察通报》11期。围绕贯彻落实中央“八项精神”“三项纪律”“饮酒报备”制度等重点，开展内部管理现场督察15次，检查基层单位369个次，发现纠正问题97个。牵头开展全区公安机关内部人员泄露公民个人信息问题专项治理，围绕公安网安全管理、数字证书安全使用等专项治理工作，开展专项督察4次，检查基层科所队78个，检查民警、辅警115人次，检查数字证书45个，发督察通报2期。7月，会同法制部门联合开展轻伤案件侦办突出问题专项督察，抽查案卷35件，查纠问题65处。7—8月，督察部门组织开展执法记录仪管理使用专项督察，抽取现场接处警音视频470余条，查纠问题19个。

【投诉案件处理】 2017年，受理“12389”、阳光热线和群众直接来电、来人投诉280起，同比上升20.2%，其中“12389”投诉件34起，同比增加127%，均做到核查回复。

【民警维权】 2017年，办理民警维权案件12起，处理违法犯罪嫌疑人16人，其中刑拘2人，治拘11人，罚款3人；慰问民警10人，发放慰问金10000元；慰问辅警6人，发放慰问金4700元；为2名遭恶意投诉民警发放督察正名通知书。

【后勤保障】 2017年，投入1890万元用于后勤保障，其中购置警用车辆16.34万元，购置专用设备219.38万元，购置办公设备140.02万元，购置网络信息设备140.66万元，购置其他设备34.82万元，房屋、设备维修236.56万元，基建工程1102.90万元。4月，金塘派出所搬迁至柳行北路一弄5号新办公楼，总投资2825.8万元。

【“雪亮工程”建设】 根据“雪亮工程”2017年推进计划和市局“智能防控”建设的要求，围绕目标任务，开展“雪亮工程”项目建设。3月，完成宗教活动场所视频监控建设联网工作，全区重点宗教活动场所安装77个安保摄像机。10月，完成治安动态视频监控摄像机标清改高清工作，完成标清摄像机改造585个。舟山长途客运中心、鸭蛋山轮渡码头、定海客运南站、民间客运码头、三江客运码头和金塘客运中心安装人脸抓拍摄像机19套，与市局人脸识别平台全部联网，基本达到人脸抓拍覆盖率100%。新增治安动态视频监控摄像机144个，其中高空监控摄像机10个，超额完成市局下达的任务指标。推进社会视频监控整合联网工作，新增接入社会视频监控摄像机1213台，超额完成市局新增接入社会视频监控摄像机100个任务指标。完成解放所和城东所4辆3G移动车载视频监控进行4G设备的改造，新安装4G移动车载视频监控设备3套。

【物联网建设】 4月始，根据全市物联网建设要求，对全区监控立竿和视频专网开通情况进行摸底排查，排查监控立竿554根，其中已开通视频专网的立竿334根。对未开通视频专网的120根监控立竿进行线路和设备改造，更换光端机100对。重新规划每根立竿的视频专网地址，完成对物联网基站地址分配和350台前端交换机的加装。中心机房安装完成11台48口的交换机，根据相关VLAN规划进行对应配置，以及机房相应网络线路的铺设工作。配合技术公司完成物联网基站安装546个。

【基础信息化项目建设】 5月，解放路派出所、城东派出所、白泉派出所和盐仓派出所开展群租房人脸抓拍门禁系统安装，该系统以群租房为试点，对进入群租房的流动人口实行开门来访自动进行人脸抓拍，便于民警日常管理。7月，全区流动人员社会化采集系统推广应用，房东、中介机构、用工单位通过该系统即完成流动人口信息申报。同月，信息通信部门自主研发的快递信息核查APP正式上线。8月，全区旅检通系统正式推广。该系统包括警务通APP软件和局端后台管理软件，场所专管民警利用警务通对本辖区范围内的每家宾旅馆的积分、开房信息、住客人员、检查频度及历史检查管理记录等信息进行数据分析和日常管理。10月，保安证核查APP全面应用，民警对保安员的监督工作效率进一步提高。

【科技应用】 2017年，根据市局统一部署，组织开展全区公安机关信息化应用创新模型工具、优秀技战法和精品案例评选工作。制订下发关于参评优秀技战法和精品案例活动的通知。区公安分局领导多次听取参评项目汇报，提出参评要求，组织专家组进行会商。其间，收集创新模型工具5个，优秀技战法23个，精品案例23个。抽调区公安分局业务骨干组成专家小组，对评选出模型工具、优秀技战法和精品案例各3个进行加工完善。12月，区公安分局选送的项目分别获模型工具、技战法、精品案例三等奖、二等奖、二等奖，并获团体第一。

【监控系统建设三年规划（2017—2019年）】 9月，经区委、区政府同意，区公安分局制定的《定海区社会治安动态视频监控系统建设三年规划（2017—2019年）》，下发至各镇（街道）党委（党工委）、政府（办事处）及区属各单位执行。明确全区社会治安动态视频监控系统由区公安分局统一建设，公安分局根据各应用部门的需求和相关权限规定，为各部门提供视频资源信息服务。规划至2019年底，改建676个标清摄像机，新建518个高清摄像机，改建出入城区主要通道的视频治安卡口10套，重点行业、领域涉及公共区域的视频图像资源联网率达到100%，非直接（间接）接入视频信息共享平台的视频资源信息采集率95%的目标任务。城区部分监控建设和全区社会视频监控资源整合所需资金，由区财政全额保障；其他镇街道、工业园区所辖部分，由对应镇（街道）、工业园区负责。系统运行、管理和维护的资金，除金塘镇外，区财政全额保障。

【接处警工作】 2017年，指挥中心继续抓好接处警的监督指导、指挥调度、分析研判、规范执法等环节，全年接处警33514起，同比下降4.45%，“盗抢骗”侵财案件同比下降42%，其中盗窃案下降43%，通信网络诈骗案件下降30.4%，“黄赌”警情下降30%。

【卡控工作】 2017年，推进陆海交通站点警务室建设，建立城区警务工作服务站，新增北蝉洪家卡点、小沙茶岭卡点2处二级卡点。优化卡点运行，加大盘查力度，累计通过卡点布控查获可疑人员698名，其中违法犯罪人员254，同比上升26.9%；破获案件282起，同比上升51.6%；采集虚拟旅馆信息107507条，同比上升9.4%。十九大和互联网大会期间，联合政府维稳、信访及镇、街道干部，实施“第一卡点”查控机制，拦截劝返涉稳相关人员46人次。

【启动档案数字化工作】 根据公安部和省公安厅的部署，5月23日，区公安分局成立由党委副书记、副局长徐洲任组长的档案信息化建设领导小组，启动档案数字化工作。7月4日，档案数字化加工公开招标工作在政府网上公布。7月26日，北京八九数码科技有限公司以243.75万元中标。9月19日，分局与北京八九数码科技有限公司正式签订档案数字化加工合同。10月16日，北京八九数码科技有限公司正式进驻分局数字化加工场。根据规划，分局将通过2年的时间，对分局综合档案室和各派出所的文书档案、业务档案、户籍档案进行数字化加工，实现公安档案信息资源的全面共享，提升服务公安中心工作效能。

9月28日，省公安厅组织对口检查组到分局开展档案实体安全和档案数字化加工安全管理工作检查

【深化“四位一体”运行机制】 2017年10月，根据

《浙江省公安机关受案立案工作规定》《舟山市公安局关于构建“四位一体”执法管理机制的实施意见》等规定，制订《定海区公安分局受立案中心运行规定》，明确各部门职责分工，受立案中心负责受理的案件，由法制部门负责接待登记，负责人审核后，以指派单的形式，分流至相关业务部门开展初侦初查工作。是年，受理各类案件155起，当场答复82起，分流移送73起。配备专职人员，明确“定人”“定岗”“定责”，对各业务部门在办案件实行集中保管、统一管理，落实检法文书统一进出口，开展网上视频督查，抓好案件流转各个环节的监督管理，重点对案卷保管和办案区使用等方面问题进行晾晒，全年发布案管中心运行通报6份。

【升级“三调联动”传统品牌】 2017年，发挥“三调联动”（人民调解、司法调解、行政调解）传统品牌优势，进一步完善工作机制，区公安分局领导多次深入派出所调研“三调联动”情况，在驻所调解室的人员配备、运行情况及经费保障等方面，给予支持和帮助。以城东所“全市优秀调解能手”金赛光为典型，创立“金赛光调解室”，作为全市唯一一家以个人命名的调解室，将律师、“老娘舅”等力量引入调解员队伍，实行每周坐堂、每月会商，提升调处实效。以定海交警大队“一室（警务室）一点（法律服务点）一庭（巡回法庭）”为典型，将调解联动至司法单位，强化调解效力，增强人民群众对调解结果的信任感和满意度。

【执法监督】 2017年，发挥三级审核制把关优势，坚持“谁主办、谁负责，谁主管、谁负责”，加大纠正执法和监督考评力度，强化突出问题整改。4月，制订《执法监督工作规定》，明确内部执法监督主管部门、执法监督事项以及执法监督流程，确保民警依法正确履行职责，推进执法规范化建设。全年下发《执法监督通知书》13份。开展五轮执法巡检，排查执法场所安全隐患，堵塞执法漏洞，规范执法行为。召开巡检小结会33次、执法巡检点评会13次，形成执法通报4篇，对具体执法问题进行晾晒并督促整改。

【执法素质提升】 2017年，深化校局合作，选取优质课程，邀请专家在省警院开班授课，学习交流执法难题，总结分享现有执法经验。全年组织两期法制脱产培训，52名执法办案民警赴省警院参与培训。邀请专家授课，以“增强民警复议诉讼意识，进一步提升执法办案意识”及“刑事案件的证据审查”为主题，分别邀请省厅总队王克特及定海区检察院周鲁婧为分局民警授课，全局140余名民警参与听课并做交流。是年，19位民警通过基本级执法资格考试，78人通过中级执法资格考试，4人通过高级执法资格考试，1人通过国家司法考试。

区公安分局法制培训班在浙江警察学院开班

【主体责任层级管理】 1月，制订《定海区公安分局落实全面从严治党主体责任层级管理办法》（试行），成立从严治党主体责任层级管理工作领导小组，建立“六层五级”主体责任层级管理体系，围绕党风廉政建设教育、监督、预防等工作要求，推行网上自学、谈心谈话、家访慰问、个人事项报告等民警日常教育管理模式，建立健全民警个人廉政专档、岗位廉政风险防控、中层领导“双岗双责”、队伍问题定期分析研判、重点对象帮扶等制度，提升队伍常态监督管理和问题预警治理能力水平，实现全区公安机关全面从严治警“一级抓一级、一级向一级负责、层层抓落实”目标。其间，分局党委书记与各部门“一把手”签订《党风廉政建设责任状》，区管领导干部按规定填写《干部廉政档案登记表》。4月，分局29名区管干部进行个人重大事项报告；12月，27名区管干部报告个人述职述廉情况。各级开展谈心谈话900余次。

【开展纪律作风集中教育活动】 1月，开展为期45天的“严纪律、亮精神、强担当、铸铁军”作风建设主题活动，针对全区公安机关在执规执纪、纪律作风、责任担当、队伍管理、执法办案、岗外监督等方面存在的突出问题，通过组织理论法规、纪律规范学习、开展警示教育、纪律条规测试等形式，增强民警遵纪守规意识，强化行为规范养成，筑牢拒腐防变防线。其间，抽调各部门力量组织开展现场督察、岗外监督和网上督察，发现问题即时纠正，发督察通报4期，落实责任追究6人次。12月25—31日，组织开展为期一周的节前纪律作风集中整顿活动，重点围绕解决违反中央八项规定精神问题、违规参与“酒局”、“牌局”和进入营业性娱乐场所问题、酒驾醉驾问题、枪支管理问题、警容风纪不整，着装不规范问题、数字证书管理问题、内部安全管理问题等七方面突出问题，建立完善管理制度，提高民警遵守法纪的自觉性，落实队伍管理“双岗双责”，推进队伍长效管理机制建设。

【廉政文化建设】　2017年，把学纪学规列入分局党委理论学习中心组学习内容，组织开展4次中心组理论学习。把深入学习党章、《准则》《条例》以及习近平总书记系列讲话纳入廉政谈话、廉政党课、干部培训及日常学习教育中。落实“浙江公安廉政文化网络课堂”学习，参与率与及格率100%。是年，分4场次组织383名民警集中观看警示教育片；组织中层干部和新警代表到全市廉政文化教育基地——普陀看守所开展专题警示教育活动。

【信访工作】　2017年，深化涉法涉诉信访改革，依法处理和化解人民内部矛盾，推进领导干部集中下访，实现“两会”“十九大”期间涉警信访人员赴京上访“零滋事”目标。全年受理信访件138起，其中来信107件，来访31批43人次，同比分别上升72.5%、84.5%、40.9%，全部予以回复。全年局领导接访9批13人次，当场答复解释8件。在各级“两会”“十九大”重大活动期间，排摸涉警信访人员23人次，重点对象1人，矛盾纠纷4起，落实包案化解矛盾4起，其中确定并化解局长包案重点信访案件1起。开展“清理信访积案”集中攻坚化解活动，排查并核销2016年以来曾到各级公安机关信访、尚未化解的信访积案12件。通过查处信访问题，提供违法线索10条，抓获各类违法人员16名，挽回经济损失200余万元。

开展局领导集中接访活动

【审计工作】　2017年，分局监察部门配合开展全市公安禁毒部门执法财物整改后续审计工作、治安管理部门专项审计工作，并落实相关内容整改。对新港所、双桥所开展派出所领导履行经济责任任中审计工作，涉及金额42.5万元，发现整改问题3个。9月7日，制订《定海区公安分局经济责任审计工作联席会议制度》，促进管理制度的进一步规范。

【思想政治“四制”工作试点】　2017年，全区公安机关思想政治工作实行“四制”（即责任制、考核制、督查制、奖惩制）工作试点。6月，制订《关于切实加强思想政治工作的决定》《基层所队思想政治工作规范》，进一步明确和完善基层所队政治理论学习、民警思想状况分析报告、思想政治工作例会、谈心谈话、家访慰问、从优待警、警营文化、调查研究、计划总结等一系列制度。十九大安保工作攻坚阶段，启动战时思想政治工作机制，采取战时表彰、战

全市公安思想政治“四制”试点工作现场会

时慰问、战时心理健康服务等形式，凝聚警心激励安保斗志。7月31日，市局在分局召开全市公安思想政治“四制”试点工作现场会，推广分局思想政治“四制”试点工作经验做法。

【干部管理】 2017年，新提拔中层正职1名、中层副职2名，6名中层、8名民警进行岗位调整交流。4名边防派出所所长（教导员）进入所在的乡镇（街道）领导班子。新招录民警14名、事业单位工作人员3名，退休6人，辞职3人，转任9人。办理警衔首授、晋升82人次，新警转正定级6人次。新晋升公务员职级31人，其中晋升副处级7人、晋升正科级3人、晋升副科级21人。

副科级后备干部民主推荐会

【教育训练】 2017年，以省厅举行的全警技能大比武工作为抓手，组织开展警察基本技能日常训练和测试工作，分局代表队在全市公安机关体能测试中取得团体第一；配合市局开展全省警种专业技能、警务实战技能比武备战工作，分局40名民警参加集训和比武，3名民警受到市局表彰，4名民警受到分局嘉奖。发挥校局合作平台作用，推进系局合作、队局合作、校所合作新模式，市局警校在双桥卡点建立“舟山市人民警察培训学校现场教学点”，分局与省警院反恐怖系、市局特警支队建立深度合作关系，提升民警警体技能水平。

【公安队伍宣传】 按照“十九大安保”“最多跑一次”“双季攻势”“除毒瘤净土壤”“清障护航”“两非”整治等重点工作开展宣传，邀请中央、省级等主流媒体走进分局，完善新媒体运行机制，加大网络宣传力度。是年，完成发行《定海警界》及《社区警务报》10期，在各级媒体上刊发新闻464件，其中中央级媒体2件，国家级6件，省级98件，市区级媒体358件，多篇稿件被各级主流网络媒体录用、转载1200余次。发布公安微信268条、微博624条，答复网民咨询信息200余条，舆情处置25条，在分局门户网发主题信息220余篇。

【举办首届警营文化节】 2017年，根据“一警一爱好”的摸底情况，完善警官俱乐总部，重新组建足球、篮球、乒乓球、羽毛球、台球、声乐、户外运动、文艺、摄影、游泳、钓鱼、烘焙等12个俱乐分部，制订各自章程、年度计划及分部队旗和logo，登记在册民警（含辅警、职工）达560余人次。9—12月，举行首届警营文化节，各俱乐部分别组织比赛；12月21日，举行首届警营文化节闭幕式暨集中项目比赛。

首届警营文化节闭幕式暨集中项目比赛

【暖警工程】 6月，制订《定海区公安分局从优待警十大举措》，规范落实爱警惠警暖警各项措施。落实民警人身保险（含家属）、休假、疗休养、体检等制度及津补贴政策，争取党委政府的支持，解决民警子女入托择学。结合元旦、春节、“七一”、“重阳”等重要节日及民警婚育、生病住院、执勤执法中受侵害等时机，开展走访慰问活动。是年，看望慰问困难民警及离退休老同志等100余人次。3个集体荣立集体二等功，1名民警获全国三八红旗手荣誉称号，1名个人荣立二等功、7名个人荣立三等功，5名民警、1名辅警入选全省“千名好民警（辅警）”，22名个人获分局嘉奖。

【典型选树】 2017年，围绕“迎接十九大，忠诚保平安”宣传主题，树立“服务中心、宣传正面、树立典型”宣传理念，策划、完善先进典型发现、培育、推树、宣传机制，扩大“千名好民警（辅警）”宣传推选活动的社会影响力。相继选树“全国三八红旗手”王英、“千名好民警（辅警）”童宇平、朱施波、庄和高、程栋权、江灏、夏伟慧等典型。

12月28日，分局举行中共十九大精神宣讲暨功模事迹报告会

【爱民扶贫】 2017年，继续开展扶贫帮困、慈善一日捐、义务献血和“微心愿”认领活动。是年，全局435名民警（职工）、事业人员与130户困难群众开展新一轮扶贫结对帮扶，落实帮扶资金20.8万元。开展“慈善一日捐”活动，共捐款4.71万元。组织无偿献血活动，共献血2.1万毫升。全局党员民警主动认领困难群众“微心愿”288条。6月，分局获国家卫生和计划生育委员会、中国红十字会总会、中央军委后勤保障部卫生局联合授予的“2014—2015年度全国无偿献血促进奖单位奖”。

【辅警管理】 2017年，新招辅警158人次，辞退辅警17名，自动辞职231人，至年底实有辅警队员838人。分局落实辅警队伍的培训教育、考核监督、奖惩激励机制，鼓励辅警参加在职学历教育。是年，32名辅警被评为先进辅警队员，18名辅警被评为全区优秀辅警，7名辅警被评为全市优秀辅警，有大专以上学历辅警347人。

【典型案例】 “新银河”微信群开设赌场案 2016年12月，网警大队陆续接群众反映，有人在微信群里以玩“飞鱼”游戏的方式变相赌博。经过一个多月的前期侦查，分局专案组巡线追踪，在江西赣州捣毁1个赌博窝点，现场抓获余某（男，42岁，舟山市定海区人）等7名犯罪嫌疑人，查获作案电脑3台、手机10只、银行卡13张。经审查，该团伙交代：自2016年5月以来，余某为首建立一个名叫“新银河”的微信赌博群，通过微信群招揽舟山本地赌博人员，以体彩“飞鱼”开奖猜大小、单双等形式下注，采用网银、支付宝等形式进行资金结算，每场赌博庄家按5%抽头，参赌人员达150人，涉案赌资2700余万元，非法获利120余万元。2017年8月，余某等人分别以开设赌场罪被判有期徒刑一年半至三年半，处罚金人民币5000元。

刘某军杀人案 1月14日，交通派出所民警在市长途车站例行执勤中查获一名可疑男子刘某军（1975年3月生，吉林省公主岭市人，暂住宁波市象山县石浦镇），该刘身上携带盘某某（女，1983年8出生，贵州省榕江县人）身份证、驾驶证及一把车钥匙等可疑物品。经初步审查，发现该刘有杀人犯罪重大嫌疑，遂组成专案组开展进一步侦查。经侦查，于当晚在定海岑港镇册子岛金山路面发现一辆浙B皮卡车（车内有血迹），在金山路附近河内发现一具完整尸体及另外四袋女性尸块。经进一步审查，该刘交代：1月11日，因经济纠葛，其在宁波象山暂住地将莫某（女，1971年1月生，湖南省邵阳市人）杀害并分尸。1月13日夜，刘某以送货为由骗取盘某某开车至舟山定海册子岛抛弃尸块，并在抛尸前将盘某某杀害一并抛于河内。12月20日，刘某军被市中级人民法院判处死刑，剥夺政治权利终身，并赔偿附带民事诉讼原告人共计人民币45万元。

“华联财行”非法吸收公众存款案 2月，群众陆续向公安机关报案称“华联财行”涉嫌非法吸收公众存款。3月22日，分局对华联财行基金管理（北京）有限公司舟山分公司（简称“华联财行”）涉嫌非法集资进行立案侦查。专案组从报案接待及该公司管理架构、资金借贷、账目流转等环节入手展开侦查。经5个多月专案侦查，相继抓获朱某某等22名犯罪嫌疑人，该案牵涉浙沪皖受害人700余名，资金1.5亿元。其间，专案组接待涉案咨询群众1000余人次，录入存款信息1000余条，查询流水明细账册数万项，制作询问笔录200余份。至2018年1月，22名犯罪嫌疑全部被公安机关移送起诉。

部督侵犯公民个人信息案　2月，网警大队通过线索举报和网上侦查，发现舟山“XX教育咨询中心”等多家教育培训机构涉嫌侵犯学生个人信息违法犯罪，逐级上报后被列为公安部督办案件，分局抽调网警、城区两所警力成立专案组开展侦查。在市局网安支队的协助下，专案组主动开展线索搜集、情报研判、分析布控、扩线侦查等工作，全面理清该信息贩卖产业链的组织结构和交易流程，查明此案中涉及的中学生信息泄露源头，并先后在舟山、宁波、杭州等地抓获犯罪嫌疑人20名，查扣作案用电脑10余台，手机10余只，查获学生信息300余万条，数据容量约0.125T。经审查，犯罪嫌疑人阎某通过曹某（嘉兴公安机关另案处理）非法获取学生信息后，贩卖给华某、陈某、汪某等人。经多次转卖，信息最终通过网上贩卖至蒋某、钟某、胡某等数家教育培训机构人员，用于招收生源。

“2017-033”省毒品目标案件　1月初，定海区公安分局禁毒大队在工作中获得线索：夏某辉（男，1976年出生，舟山市定海区人），长期在定海进行贩毒活动，毒品交易数量较大。1月10日，该分局立案侦查。经查证，发现朱某斌（男，1969年，舟山市定海区人）、陈某喜（男，1977年出生，吉林省蛟河市人）、夏某辉为主的贩毒网络，通过自驾车的方式将毒品从宁波运至定海，涉案人员30余名。3月31日，该案被省厅确立为“2017-033”省毒品目标案件。经过2个多月专案经营，专案组协同市局相关部门开展集中抓捕，相继在定海抓获陈某喜、朱某斌、夏某辉、宋某军（男，1977年出生，吉林省蛟河市人）、叶某（男，1975年出生，舟山市定海区人）等人。至9月26日，该案共抓获犯罪嫌疑人16名，查处吸毒人员14名，缴获毒品1.36克，“2017-033”省毒品目标案件破获。2018年1—3月，该案15名犯罪嫌疑人被判处有期徒刑，其中刑期15年2人、9年6个月1人、8年3人、3年以下9人，另1人被取保候审。

非法制造、买卖枪支、弹药案　4月24日，刑侦大队接公安部“801”专案线索核查指令：定海区马岙街道世纪太平洋化工有限公司上班的安徽籍男子王某利（男，38岁）从网上购买钢管、燕尾管，有非法制造枪支的嫌疑。分局迅速开展专案侦查，于当日抓获2名主要犯罪嫌疑人王某利、姚某波（男，36岁，舟山市定海区人），之后又相继抓获涉案犯罪嫌疑人张某瑜（男，23岁，舟山市普陀区人）、司某田（男，30岁，安徽人）、任某成（男，28岁，安徽人）、周某（男，23岁，浙江省金华市人）、任某动（男，30岁，安徽人），缴获汽枪4支，火柴枪2支。经审讯查明：犯罪嫌疑人王某利自2015年以来，用淘宝账号从网上购买射钉枪1把、火柴枪1把、气枪2把。对购得的枪支拆开后，利用从网上购得的枪支配件，非法制造火药动力火柴枪5支、子弹50余发，非法改造火药动力射钉枪1支、网购子弹300余发，伙同犯罪嫌疑人姚某波非法制造气枪7支，先后赠与或出售给张某瑜、司某田等人。

“2017-477”部毒品目标案件　6月初，禁毒大队发现一条线索：徐某法（男，1975年出生，舟山市定海区人）长期在定海进行从事贩毒活动，毒品交易频繁，而且数量巨大。7月4日，分局立案侦查。经查证，该徐有贩卖冰毒嫌疑，并发现以项某光（男，1982年出生，浙江省平阳县人）、蒋某龙（男，1972年出生，舟山市岱山县人）、孙某杰（男，1988年出生，舟山市普陀区人）为核心的贩毒网络。侦查员多次赴福建宁德、宁波等地开展侦查，基本掌握以福建宁德线、宁波线的两个交错复杂的贩毒网络，涉案人员达40余人，贩毒数量达千克以上。9月14日，该案被确立为公安部“2017-477”目标案件。经过4个月多专案经营，专案组与福建宁德、宁波等地禁毒部门联手作战，对主要涉案团伙嫌疑人实施集中抓捕。10月，专案组在定海陆续抓获孙某杰、苏某烈（男，1970年出生，重庆市铜梁县人）等犯罪嫌疑人；11月，相继在福建宁德、宁波鄞州以及定海抓获主要犯罪嫌疑人项某光、蒋某龙及其他涉案人员李某军（男，1979年出生，舟山市定海区人）、黄某（男，1977年出生，舟山市定海区人）等人。同时，协助福建宁德公安机关抓获当地的贩毒团伙成员5人，缴获毒品冰毒7.5千克。至12月，该案共抓获犯罪嫌疑人21名，缴获毒品冰毒7.96千克，查处吸毒人员18名，“2017-477”部毒品目标案件破获。2018年4月，项某光等16名犯罪嫌疑人已移送起诉，另5名犯罪嫌疑人、7.5千克冰毒由福建宁德公安分局另案处理。

（撰稿：徐燕飞　张　燕）

（本分目照片由区公安分局提供）

消　防

【概况】　2017年，区消防大队有官兵44名，其中干部11名、士官和战士33名；执勤消防车11辆，行政执法车3辆。是年，区消防大队定海中队被省消防总队评为基层建设先进中队、定海中队党支部被省消防总队评为先进党支部，大队被省消防总队评为消防宣传先进单位，大队被市消防支队评为后勤工作和防火监督工作先进集体，大队被区委区政府记集体三等功，被定海区委区政府评为“2005—2016年度建设平安定海工作”先进单位，评为2017年度考核先进单位，被区政法委评为十九大安保先进单位。各类火灾扑救、抢险救援和消防工作中个人三等功获得者2人，优秀警官3人，优秀士官1人，优秀共产党员1人，优秀团干部1人，优秀团员2人，各类年度先进个人12人。

【接警出动及火灾情况】　2017年，大队接警出动679次，出动官兵7495人次，出动车辆1493车次，抢救被困人员102人，疏散人员182人，抢救财产价值1413.6万元。是年，全区发生火灾29起，无人员伤亡，直接财产损失729.59万元；其中生产经营性火灾12起，直接财产损失683.02万元。

3月1日，册子车祸救援现场

【落实消防安全责任】　1月13日，召开全区消防安全重点单位会议，277家重点单位消防责任人及管理人参加。4月28日，召开全区安全生产（消防）工作会议，与11个镇（街道）人民政府和7个行业部门签订消防安全责任书。7月，联合区住建部门对全区166栋高层建筑开展专项整治，针对多产权、多物业的高层建筑，消防部门联合属地镇（街道）组织相关单位召开协调会，推动落实专职消防安全经理人等制度。十九大安保期间，提请区委区政府下发《关于定海区消防安全隐患集中排查整治行动方案》《关于进一步加强消防安全工作的通知》。大队干部分片包干，指导帮扶各镇（街道）和相关部门的工作，推动消防工作落实。

【开展老旧小区消防安全综合整治】　区政府先后5次召集发改、公安、民政、住建、消防、电力等相关部门，协调解决老旧小区消防安全综合整治工作机制、人员保证、资金保障等问题，将老旧城区消防安全综合整治列入2017年度区政府十大实事工程项目。抽调区住建、民政、消防等部门专业骨干27人，分成5个联合检查组，分赴全区11个镇（街道）开展老旧居民小区火灾隐患排摸，逐一登记造册，排查排摸老城区内20个老旧小区进行老旧小区消防安全升级改造。整治老旧小区老化电气线路50287米，整改私拉乱接电线7633处，设立电动自行车集中充电点177处；新建机动车位860个并投入使用，张贴禁止性、提示性标识标语680余份；制定老旧小区缺水情况作战信息卡62张，修建河道消防车取水点8个，推动设立灭火器材集中配置点45处，增装独立式感烟报警器158个。深入各社区培训120余次，培训居民、社区工作人员7200余人。

【消防基础管理】　2017年，开展消防安全大排查大整治、消控室专项检查、人员密集场所和易燃易爆单位消防安全排查、夏季消防检查、居住出租房等消防专项行动，加大执法检查力度。是年，列管消防安全重点单位277家，检查社会单位2369家次，制发《责令立即/限期改正通知书》1670份，立案查处141起，责令“三停”15起，行政拘留6人，临时查封20起，罚金33.79万元。开展完成审核项目22个、验收项目20个，开业检查项目82个，设计备案30个、验收备案41个。是年，大队先后与港航、安监、教育、旅游、文物等部门对危化品码头、易燃易爆企业、中小学校、星级宾馆、文保单位等开展联合执法检查，通过检查强化各职能部门消防监管职责。与区公安分局治安大队及各派出所开展联合检查行动，整治消防违法行为，提高辖区人员密集场所消防安全环境。

【网格化消防管理】 年初，分11期组织各镇（街道）600多名网格员开展消防日常检查培训及“舟山市网格平安综合信息系统”操作方法。区消安办对2017年度一至四季度的优秀基层消防网格员进行表彰奖励，表彰奖励52人次。

【消防不放心场所整治】 2017年天台县“2·5”足浴店重大火灾事故后，2月6日下午，区政府召开安全生产（消防）工作紧急会议，区委常委、副区长陈海平参加会议，部署消防安全大排查大整治行动。对全区24家汗蒸场所负责人进行集中约谈，对不符合标准要求的8家汗蒸房实施临时查封。各镇（街道）和派出所开展居住出租房排查整治排查3人以上10人以下居住出租房（合用场所）119家，排查火灾隐患32处，按照工作任务清单，采取“以奖代补”的方式，分批整改。安装独立式感烟报警器8000余个。联合安监、港航等部门，对辖区35家易燃易爆企业进行全面检查，排查隐患21处。

【消防行政审批改革】 是年，梳理审批事项和申报材料，缩小审批范围，减少申报资料；完成事项清单具体举措、实现途径、快递送达、网上公示等工作，向社会公布；推行建设工程消防设计预审核制度；推广工业企业“零土地”技术改造项目消防“零审批”承诺制，在1个工作日完成审查；逐一明确市政府“三重”项目消防服务责任人和联络人，实施项目前期对接、上门服务、消防疑难问题专题研讨、实时信息沟通等，协调解决项目推进过程中涉及消防审批的相关事项和技术难题，确保“三重”项目有序推进。

【大队新中心消防站入驻仪式】 是年，位于盐仓街

区消防大队举办新中心入驻仪式

道双拥大道的大队新中心消防站基建及内部装修工程基本完工。12月21日，大队新中心消防站举行入驻仪式。副区长吴红卫，副区长、区公安分局局长应朝阳，舟山消防支队政委朱友好等领导及相关部门负责人、全区消防官兵、合同制消防员、文员70多人参加仪式。

【成立政府专职消防员工会】 12月7日，定海消防大队举行消防大队政府专职消防员工会会员大会。大队全体政府专职消防员、消防文员工会委员代表参加会议。区总工会副主席鲍汉君、组宣部部长邱云出席会议。王成、吴佳雯、李玲玲当选定海区公安消防大队政府专职消防员工会第一届工会委员，王成当选定海区公安消防大队政府专职消防员工会第一届工会主席。

12月7日，定海公安消防大队政府专职消防员工会成立大会

【消防部队灭火救援】 2017年，制订类型预案5家，小区作战信息卡324份，制作重点单位预案177家，更新重点单位预案100家，开展“六熟悉”工作258家，开展重点单位实地演练152家。登记保养辖区1315只消火栓，会同区住建局和自来水公司，将2016年以来的新增（改）的市政消火栓档案进行完善。对辖区的所有道路、乡村、小区进行彻底熟悉普查，分别画好平面图，制作成册。是年，建成重点单位微型消防站277家，建成社区微型消防站82家，全部纳入灭火救援联勤联动体系，实行统一调度。

【召开全市“消防安全社区”创建现场会】 5月11日下午，舟山市消防安全委员会召开全市创建消防安全

社区、消防宣传教育示范社区现场会。市综治办、公安、消防、民政、住建等有关领导，各县（区）消防大队主官、镇（街道）及拟建示范点香园社区负责人，消防宣传大使代表70余人参加会议。市消安委副主任、市公安局副局长陈优凤，消防支队政委朱友好等领导出席会议。

【消防宣传培训】 2017年，大队开展“3·15”消费者权益日、“5·12”防灾减灾日、“6·16”安全生产月、“119”消防宣传月等大型消防宣传咨询活动6次。利用LED电子显示屏、户外视频播等放消防公益广告2万余条，发送消防提示短信10多万条。利用“定海消防”微信、微博平台，以每天1条微信、5条微博频率，发布消防安保讯息、消防安全预警提示，解答网友消防安全疑问。是年，大队举办消防安全培训6期，培训人员500余人；为60多家企业、学校和社区等上万人进行集中培训和灭火演练。

3月6日，小沙街道举行消防知识业务培训

【“全民消防我代言”大型公益行动】 9月，区消防大队部署“全民消防我代言”大型公益行动。大队从部署研究、发动报名、强效宣传、组织筛选等多个方面开展此项工作，邀请社区宣传大使、教师、护士、排球教练等具有社会影响力的公众人物和身边不同行业的“名人”20人为消防安全代言。大队协调各部门单位，在客运站、建材市场外墙等显目位置投放海报50场次；组织人员在住宅小区、商场超市、KTV、网吧等等公共场所进行投放300余场次；利用城区重点单位楼内视频，每天滚动播放代言人海报，让更多的民众“关注消防安全、学习消防知识、参与消防公益活动”，自觉加入到消防平安共建中，为建设平安和谐美好家园构建起安全“防火墙”。

【召开全市少年消防警校创建活动现场会】 6月16日，在舟山市定海区双桥中心小学，市消防支队、市教育局联合召开全市少年消防警校创建活动现场会，推广少年消防警校这一办学特色。市教育局综管处处长韩拥军、市消防支队副支队长邵东、防火监督处处长饶球飞以及各县（区）教育局业务处室领导、消防大队主官、试点学校分管副校长以及具体负责老师、消防官兵40余人参加会议。

6月16日，双桥中心小学少年消防警校创建现场会

【“市少年消防警校”揭牌】 11月9日，舟山市“少年消防警校”揭牌仪式暨双桥中心小学消防宣传周在定海双桥中心小学举行。定海区消防大队、定海区教育局、双桥中心小学领导以及全体师生600余人参加揭牌仪式。

【火灾案例】 2月18日4时28分，定海消防大队接支队119指挥中心指令：位于舟山市定海区东海西路16号店面房着火。定海消防大队出动5辆消防车25名官兵前往扑救，支队调集普陀、新城、战保大队出动11辆消防车33名官兵增援，火灾于2月18日9时50分被扑灭。火灾造成东海西路16号建筑局部烧损，建筑一、二层大部分店面物品损毁，建筑三、四层内部物品局部烧损，建筑一层西北侧杨灯通文具店搭建区域及内部物品烧毁，北侧毗邻的手机卖场建筑南侧及卖场内部分物品烧损，手机卖场北侧及其西北侧商铺内部分物品受烟熏，东侧毗邻的中国工商银行舟山市分行西侧及北侧外墙部分烧损。火灾未造成人员伤亡。

2月18日，东海西路店面火灾现场

火灾直接经济损失6472801元。

7月9日23时20分，定海区消防大队接到119指令称舟山市定海区白泉镇万金湖社区中竹岭151号内木材厂房发生火灾，大队出动4车15人前往扑救。火灾未造成人员伤亡，火灾烧损厂房内部木材、加工设备及其他物品等。火灾直接经济损失93861元。

12月18日20时49分，舟山支队指挥中心接到群众报警称位于定海区颜家峧路百绿园28幢的别墅卧室起火，指挥中心立即调动定海4车15人前往现场处置，21时30分火势得到控制，火势于21时49分被扑灭。火灾过火面积约25平方米，烧毁家具、电器、衣服及书籍等物品，无人员伤亡。火灾直接经济损失280000元。

12月25日13时40分，定海消防大队接支队119指挥中心指令：位于舟山市定海区解放西路76号的店面房着火。大队出动5辆消防车25名官兵前往扑救，同时特勤中队、战保大队派员增援。火灾造成解放西路76号建筑一层东侧内局部吊顶及部分物品烧损，一层东侧夹层内物品烧损，二层内部分物品及装修烧损，无人员伤亡。火灾直接经济损失90002元。

（撰稿：王　成）

（本分目照片由区消防大队提供）

流动人口服务管理

【概况】　定海区流动人口服务管理部门设立于2008年4月，原名舟山市定海区人民政府外来人口工作办公室，2009年12月更名为舟山市定海区流动人口工作办公室，2011年8月正式成立舟山市定海区流动人口服务管理局（以下简称区流管局），系正科级全额拨款事业单位，归口区委政法委管理，内设综合协调科（信息管理科）、监督指导科2个科室，核定编制7名。主要职责是贯彻执行有关流动人口服务管理的法律、法规、规章以及上级工作部署；研究制定全区流动人口服务管理相关政策；负责制定全区流动人口服务管理工作计划，组织实施；协调有关部门研究解决全区流动人口服务管理中的重点、难点问题，制定工作措施；整合相关职能部门信息资源，建立流动人口综合信息平台，掌握全区流动人口服务管理工作情况和动态信息；负责制定全区流动人口服务管理工作考评制度，监督、检查、考核全区流动人口服务管理相关工作的落实情况；完成区委、区政府交办的其他事项。

举办定海区居住证量化管理工作培训

【推行新型居住证制度】　采用量化入学，实行全区域积分，4月5日正式启动，5月31日受理截止，7月3日公布入围名单，有534人提出入学申请（初中188人，小学359人，申请2名子女入学13人）。经审核，根据教育部门提供的指标，有353人获得公办入学资格（初中94人，小学259人），否决83人（78人违反计划生育，2人故意犯罪受刑事处罚，3人伪造证明材料）。居住证量化管理工作前期组织开展居住证量化管理集中宣传月活动，相继在11个镇（街道）流动人口集聚区域开展20次集中宣传活动，参与2万人次；将各幼儿园大班和六年级列为宣传重中之重，广泛采取实地走访、发放给家长的一封信等方式，先后在40所学校和幼儿园发放宣传资料5000份，借助流动人口协管员、网格员等社会力量，开展面对面走访宣传150余次，走村（企）入户1800余户，使主要对象及时掌握有关信息；依托微信公众号、政府信息公开网、区政法网、流管系统网站等网络媒体，解读居住证量化管理相关政策，让流动人口理解新政策。为方便流动人口申请，全区设立11个受理窗口，配备硬件设施设备和工作人员，设置12个爱心咨询电话，接待来访群众1200人次，咨询电话800个；组织3次专题培训，开展两周集中督查活动；在受理期间，组成多个指导小组，分别派驻到重点受理窗口，现场解决疑难问题。量化入学受理结束后，第一时间组织总结、座谈和培训，收集建议意见40余条，精简梳理20条，为惠及12万新居民和探索社会精细化管理做出有益尝试。

赴企业开展居住证量化管理宣传活动

【优化动态监测体系建设】 2017年，全区动态监测工作在省、市、区三个层面都取得成效，在全国流管系统内部开创流动人口动态监测的先河。

召开动态监测现场观摩会　8月底，组织全区11个镇（街道）流管工作分管领导、负责人和工作人员，28个监测点联络员，相关成员单位负责人，90余人参加动态监测现场观摩会，实地观摩样板监测点建设情况，总结梳理3年建设经验，深化动态监测效益。

完善动态监测点　根据人口流动情况和企业发展变化，调整和优化全区监测点，分别对12个千人以上的流动人口集聚社区，20个船舶修造、机械加工、交通运输、建筑、食品加工重点企业以及四所民工子弟学校的流动人口情况进行监测。监测点采取定期和不定期相结合方式，每个监测点设置1名联络员，对社区流动人口总量、学校流动儿童和企业外来用工情况，定期报送流动人口动态报表。区流管局每季度对监测数据进行比对、分析，形成分析研判报告，每半年召开一次全区综合分析研判会议，随时处置出现的突发情况，对涉及流动人口的重大事件、重要情况不定期开展专项调查，为经济社会发展走势分析和流动人口精细管理提供数据支持。

推广交流经验　定海区流动人口动态监测工作得到省市上级部门肯定。11月初，在全省流管工作会议上进行专题汇报交流，引起反响。市综治中心、普陀、岱山等地流管局领导多次到定海考察调研动态监测经验做法，陆续按照定海经验建立监测点。

【推进基层基础建设】 夯实基层基础，按照“一所一品牌，一站一特色”思路，增强流管所（站）建设力度，结合业务培训，总结和回顾近几年流管所（站）规范化建设情况，组织全区12个示范所（站）进行基层基础建设成果展。相互观摩学习，查找自身存在的短板，明确下步发展目标，提升流管所（站）规范化建设水平。抓好3个特色所（环南、小沙、白泉）和3个特色站点（西码头、蓬莱、留方）建设，采取“走下去”“请上来”的方式，围绕重点、难点问题，以课题攻关形式，强化流管所（站）的综合指导，检查所（站）特色亮点工作发挥实效情况，检查指导各流管所（站）30余次。加强基层流管所站工作人员的业务培训，组织全区11个流管所、部分流管站、36家动态监测点的工作人员进行3次专门集中培训，重点对基层基础建设、动态监测等内容进行专门辅导授课，提升了基层所（站）工作人员的业务水平。

【强化重点企业服务管理工作】 2月13—17日，专门组织为期一周的春节后企业用工状况和流动人口返城调查活动，先后对23家重点企业用工状况和1100名流动人口返城情况进行调查；对流动人口较多的13家船舶修造、水产加工、远洋渔业、酒店等企业进行走访调研，了解企业经营情况和用工状况，结合全区监测点数据进行分析研判，随时掌握人员变化情况；专门开展流动人口重点企业排摸活动，组织全区11个镇街道流管所对其本辖区内流动人口百人以上的企业进行排查、收集、汇总。围绕新区经济建设大局，将“十三五”规划新兴重点企业列为监测重点范围，组织人员进行统一排查，常年进行数据监测分析，企业监测点重点收集外来用工总量、增减趋势、工作时间、工资薪酬等情况，了解企业的用工需求和生产经营状况，服务重点企业基础管理工作。

开展春节后企业用工状况和流动人口返城调查

【加大综合信息平台应用力度】 以流动人口综合信息平台为基础，区分时段，建立日常监测网，实现综合监测常态化。分别以月度、季度、年度为统计时段，以镇（街）为统计单位，建立月统计、季度分析、年度详报三项日常监测分析制度，系统进行基础性数据采集，每月登记在册数和新登记变化情况，按季度分析总体变化特点和发展态势，按年度形成全区综合报告。通过数据库和技术性分析，预测人口增减趋势，增减区域和重点方向，确定重点工作方向，制定工作计划。区分类别，建立重点人群监测网，提高综合利用率。针对全区流动人口“同籍同业”“人口倒挂”等现象，与流动人口相关的各类事故、案件和社会矛盾时有发生实际，按照“分层分类、精细管理”思路，利用流动人口综合信息平台，加强对重点时段、重点区域、重点人群的管控工作。分别从聚居地、来源地、行业、企业、变化区域五个方面，统一划定监测预警标准，将全区2个民族、3个行业、35家企业、37个集聚社区流动人口纳入监测范围，一旦超过标准立即开展分析研判，一事一议、定期汇总、分析，评估对经济社会发展可能产生的影响，形成重点人群监测制度。

【加强法治宣传教育工作】 将3月定为新《浙江省流动人口居住登记条例》主题宣传月，在11个镇（街道）、重点社区、企业，开展集中性宣传活动30余次，参与人数3万余人次，发放宣传资料5万余份，接受咨询800余人次，提高新政策知晓度。利用新媒体传播快、范围广、使用多特点，加大微信公众号等新媒体应用力度，在舟山新居民微信公众号发布《新条例》有关政策，鼓励将相关内容分享到朋友圈，转发参与人数近万人次；同步加大电视、广播、报纸等各类媒体的宣传力度，通过《定海新闻》、舟山广播《新闻998》等栏目进行专题报道，在中国定海、区政法网、流管系统网站等网络平台刊登《新条例》《居住证知识问答》等新政新策，进行全方位解读。联合区委宣传部、区防范办、区司法局、区卫计局、区科协等部门协会，开展文化科技卫生“三下乡”“平安法治定海，共建共治共享”“把法律带回家”法治宣传、“流动人口健康教育宣传服务”“全国科普日”等各类活动，重点向流动人口宣传遵守交通法规、消防安全、出租房屋租赁等法律法规和各项规章制度。利用法制学校（普法学校）、法制宣传站（点），邀请区普法宣讲团成员，进行定期授课；在流动人口集中居住地、工作地、办证地建立固定的宣传窗口，通过电子屏幕、橱窗等形式来进行定点宣传，以增强其法制意识。在“十九大”“互联网大会”等重要时段，选择适当的时机，善用休息时段、因“人”制宜在社区、企业、流动人口密集的区域开展宣传活动，提高参与率。在居住证量化管理、基层基础建设等培训中，开设流动人口服务管理新政策解析、国家安全等课程内容进行宣传教育，提升宣传成效。

开展流动人口管理政策宣传

（撰稿：蒋海芬）
（本分目照片由区流管局提供）

检 察

【概况】 2017年，区检察院学习贯彻中共十九大会议精神，以习近平新时代中国特色社会主义思想为指导，围绕定海率先建成“两个高水平”的奋斗目标，忠诚履行检察职责，全面推进改革落地，各项工作取得新成绩。

【成立新城检察部】 11月23日，定海区人民检察院新城检察部举行挂牌仪式。区检察院党组书记、检察长乐志盛出席挂牌仪式并为新城检察部揭牌。新城检察部设立在新城社会服务管理中心二楼，是专门服务新城区域企业、群众的检察机关内设机构，全面负责新城、综保区、自贸区等区域的检察工作，主要包括对该区域的刑事犯罪案件的审查逮捕、审查起诉，开展侦查活动监督和审判活动监督等工作；对民事、行政诉讼活动进行监督；对民事、行政执法活动进行监督，开展民事行政公益诉讼等。

新城检察部成立

【惩治刑事犯罪】 2017年，区检察院理提请批捕案件351件496人，经审查批准逮捕324件441人。受理移送起诉案件612件909人，经审查提起公诉492件724人。做好十九大、世界互联网大会等重大活动维稳安保工作，打击电信诈骗和互联网犯罪，快速审慎办理了册子岛跨海大桥抛尸案、“善心汇”传销案、“华联财行”非法集资案等一批有较大社会影响的案件。开展食品药品安全专项护航行动，督促公安机关对2起生产、销售有毒有害食品案件立案侦查，起诉生产销售“地沟油”、有毒有害“减肥药”等案件3件6人，守护“舌尖上的安全”。

【服务经济发展】 以进企业座谈交流、问卷调查等形式，集中开展“非公经济法治护航”专项活动，为500余家企业提供2000余次行贿犯罪档案查询、综合联审评价和法律咨询服务。坚持打击犯罪与保护权益并重，快捕快诉阻碍“三重”项目建设、侵害非公企业权益的“三强三霸”案件5件8人，对10余起案件以“三公开”形式听取党委政府和人民群众的意见，对8名涉嫌轻微刑事犯罪、可从轻处理的非公企业人士依法作出不批捕、不起诉决定，一起案件获评“全省检察机关服务非公经济精品案事例”。拓展检察服务功能，新设立新城检察部，履行区域内打击犯罪、法律监督、社会治理等检察职能，进一步畅通与新开发开放区域的常态化对接。

走访非公企业

【促进社会和谐】 深化涉法涉诉信访矛盾化解机制，接待来访群众45批88人次，妥善处置各类信访案件24件。树立少捕慎诉、宽严相济的理念，把依法履行不捕不诉等职能作为缓解社会对立面的“减压阀”，对犯罪情节轻微的犯罪嫌疑人不批捕28人、不起诉145人，对逮捕后无继续羁押必要的及时变更为取保候审9人，对132名认罪认罚的犯罪嫌疑人进行宽缓处理。强化检察触角向基层延伸，金塘检察室、新城检察部等部门及时介入辖区工伤死亡赔偿、集体财产分割等民事纠纷和交通肇事、故意伤害等轻微刑事案件的调解，配合做好息诉罢访、定纷止争工作。

【提升办案效果】 依托“三助平台”，向救助对象提供申请救助金、心理辅导等服务，对即将临产的犯罪嫌疑人、家境困难的被害人等组织上门办案、集体捐款、回访慰问，体现司法人文关怀。创建未成年人检察特色工作室，成立未成年犯罪嫌疑人社会观护帮教基地，对42人适用未检特殊诉讼程序。发挥“定检普法讲师团”的品牌效应，推进检察官普法工作，深入辖区中小学校开展个性化、点餐式法治教育27次，受教育人数一万余人，在报纸、广播、“两微一端”等平台开展以案释法、检察官说法等活动800余次。自觉对标“最多跑一次”改革，100%落实检务办事工作指引，为律师依法执业开通“绿色通道”，被评为“全省依法保障律师执业权利先进检察院”。

【加强刑事检察监督】 重点监督有案不立、违法取证等问题，督促公安机关立案11人，其中1人被判处有期徒刑八年。追诉漏罪漏犯5项4人，对不构成犯罪或证据不足的不批捕57人、不起诉12人，对刑事侦查违法情况提出书面纠正意见10件次。着眼解决适用法律错误、定罪量刑不当等问题，发挥审判监督职能，1起刑事案件抗诉后3名被告均增加刑期一年六个月。突出纠正逃避执行、脱管漏管等问题，加强刑事执行活动监督，开展驻所谈话、监所安全专项检查300余次，羁押必要性审查、财产刑执行监督等20余件，纠正社区矫正人员脱管、漏管7人，敦促公安机关对1名被撤销缓刑而未收监的社区矫正人员通缉追逃归案。

【开展民事行政检察监督】 着重监督民事、行政裁判错误、显失公平等问题，强化生效裁判监督，办理民商事、行政类监督案件13件，挽回经济损失近500万元，其中提请抗诉的1起民间借贷纠纷案件被评为“全省检察机关民行监督优秀案件”。强化民事执行监督，审查两级法院民事执行案件92件，执行不规范等问题经监督得到及时整改。强化行政执法监督，针对违章占道经营、驾培市场混乱等现象，发出行政执法监督检察建议4件，均被采纳。聚焦水源地、河道、海岸线污染等社会热点问题，启动“检察蓝护航生态绿”专项行动，开展环境污染风险点大排查，组织辖区海岸线环境污染专题调研，监督相关行政执法部门履职尽责，环保检察工作成效显现。

走访环境污染风险点

【推进公益诉讼工作】 落实全国人大常委会关于推进公益诉讼的决定，贯彻修改后的《民事诉讼法》和《行政诉讼法》，就行政执法部门在生态环境和资源保护、食品药品安全、国有资产保护、国有土地使用权出让等领域的不作为、乱作为问题，由检察机关以提起公益诉讼的方式督促依法履职，维护国家和社会公共利益。召开首次公益诉讼专题联席会议，形成长效配合协作机制，构筑公益诉讼工作良好格局。是年，调查相关案件线索16件，经诉前程序向行政机关发出检察建议3件，其中监督违规发放低保金一案，触发全市检察机关实施该领域专项监督活动，被省检察院评为公益诉讼优秀案件。

召开公益诉讼专题联席会议

【落实国家监察体制改革】 做好与区纪委、区监察委的对接和职能划转，15名干警整体转隶至区监察委，确保转隶纪律严明、平稳有序。重视检察机关在转隶后对职务犯罪案件的立案、批捕、起诉工作，成立职务犯罪刑事检察工作专班，加强与区监察委的沟通配合，统一办案证据标准，把控案件起诉质量，依法办理职务犯罪案件4件4人，确保职务犯罪查处职能划转后，检察机关反腐力度不减、节奏不变。

【深化司法体制改革】　遴选出第二批员额检察官7名，实行检察官独立办案、三类人员分类管理，一线办案力量比改革前增加近20%。以落实司法责任制为核心，组建运行独任检察官办案组，出台员额检察官绩效考核、检察官联席会议、检察官单独职务序列等级评定等相关制度，强化领导干部带头办理重大疑难复杂案件。统筹推进内设机构改革，改革后内设机构从11个精简至8个，实施法律监督的业务部门占到全院75%以上，权责明晰、监管有效、保障有力的检察权运行新模式落地生根。

【推进以审判为中心的诉讼制度改革】　强化检察机关在诉讼过程中的诉前主导和过滤功能，贯彻证据裁判规则，构建新型检警关系，会同公安机关出台《关于加强侦诉工作联络机制的实施细则》，完善客观性证据审查、提前介入引导侦查、大要案会商等机制，向公安机关发出57份瑕疵证据补正建议，经补正后予以采纳，确保诉前办案质量过硬。探索诉前会议、证人等“四类人员”出庭工作，召开诉前会议7次，组织2名证人、4名鉴定人出庭作证，推动庭审实质化。探索开展司法警察辅助侦查监督业务工作，办案安全得到有效保障，相关做法受到省检察院批示肯定。

【加强党的建设和纪律作风建设】　推进党建工作，全院上下掀起“两学一做”、学习贯彻十九大精神的热潮，开展“一把手”谈心得、名师授课、主题演讲、专题研讨等活动，增强队伍党性观念和宗旨意识，坚定干警理想信念和职业归属感。狠抓党风廉政建设，开展检务督察和内部巡视，严肃工作纪律，落

省检察院副检察长高杰到定海宣讲十九大精神

实好干警个人重大事项报告、领导干部过问案件、插手干预司法活动留痕问责等监督执纪机制，确保中央“八项规定”、省委“六个严禁”等铁规禁令深入人心，队伍全年保持“零违纪”。

【加强队伍履职能力建设】　启动“素质强员”一号工程，针对不同类别层次检察人员的发展需求，采取个性化、菜单式培训模式，通过上挂下派、岗位培训、特色轮训，提素能，扩视野，5名青年干警到上海浦东检察院、一线指挥部、综合部门、基层单位交流挂职。拓展交互式、开放式实战平台，定向培养专家型人才、业务骨干和综合行政干部，12名干警在市级以上各类业务竞赛、研究课题中获表彰，1人获“全省第六届优秀女检察官”称号，队伍履职水平和群众工作能力得到提升。

【加强检察文化和信息化建设】　开展检察文化宣

举行主题演讲比赛

传、书画家进检察、办案场所文化建设等活动，创先创优“书香定检”、定检讲台、检委会学习等载体，形成领导带头、全员参与的文化建设良好氛围。实施“智慧检务”工程，升级完善统一业务应用系统，投入使用智能语音输入、网上信访、“智慧公诉”等智能辅助办案系统，以科技创新提高“司法生产力”，提升出庭支持公诉和公益诉讼的技术含量。

（撰稿：陈洪娜）

（本分目照片由区检察院提供）

法 院

【概况】 2017年，区人民法院以习近平新时代中国特色社会主义思想为指导，把握司法为民、公正司法工作主线，履行宪法法律赋予的职责，各项工作取得新进展。全年受理各类案件10623件，办结10167件，同比分别上升17.8%和11.4%，法官年人均结案243.2件，办案质量、效率、效果主要指标持续向好。

是年，区人民法院获评浙江省三八红旗集体、2011—2015浙江省实施妇女儿童发展规划先进集体；顾勇被评为全国法院先进个人；沈妙军被授予省级“青年岗位能手”称号；李平央、张杨被评为浙江省中共十九大维稳安保工作先进个人。

【加强刑事审判工作】 是年，审结刑事案件458件，同比下降16.7%，判处罪犯656人，其中五年以上有期徒刑29人，同比下降38.3%。贯彻总体国家安全观，审结放火、故意伤害、强奸等严重刑事犯罪案件73件。打击新型犯罪，审结利用网络诈骗、赌博等犯罪案件6件。严惩侵害群众切身利益的犯罪，审结危险驾驶案件41件、“两抢一盗”案件178件、“黄赌毒”案件49件。配合监察体制改革试点工作，与国家监察机关建立案件查办协作机制，审结职务犯罪案件6件。推进以审判为中心的刑事诉讼制度改革，重视发挥律师职能作用，为113名没钱请律师、可能被判处三年以上有期徒刑的被告人联系法律援助律师出庭辩护，辩护率97.5%。会同检察院、公安机关出台实施细则，推进轻微刑事案件认罪认罚从宽处理机制，促进案件繁简分流。

【化解民事纠纷】 审结民商事案件4999件，解决争议标的金额31.2亿元，其中物业服务合同纠纷、人格权纠纷、民间借贷纠纷数量呈现大幅度增长。深化家事审判方式改革，审结婚姻、继承等家事类案件418件；落实反家暴法，签发全市首张人身安全保护令；审结全国首例“遗腹胚胎解冻案”，被中央电视台《今日说法》《经济与法》等栏目专题报道。启动道路交通事故纠纷“网上数据一体化处理”综合改革工作，推动与公安交管部门、保险机构无缝对接处理道路交通纠纷，为群众提供定责、鉴定、调解、诉讼、赔付在线一条龙服务，审结机动车交通事故责任纠纷案件254件。加强劳动权益保护，坚持开展岁末年初为农民工讨薪维权专项活动，审结劳动争议案件192件，促进劳资关系和谐。坚持房子是用来住的不是用来炒的定位，审结建设工程、房屋买卖等涉房地产案件495件，促进房地产市场健康发展。对涉军案件坚持优先立案、优先审理、优先执行，审结“涉军停偿”等涉军案件41件，依法维护国防利益和支持军队改革。

11月24日，区法院干警参与法制宣传活动并发出全市首张“人身安全保护令”

【监督支持依法行政】 审结行政诉讼案件83件，同比上升62.8%。注重引导当事人依法合理行使诉权，制约滥诉缠诉行为，1件因不符合起诉条件被裁定不予立案。探索适用异地管辖制度，审结被告为辖区外行政机关案件5件，解决行政诉讼“主客场”问题。推进行政争议实质性化解，成功调解涉行政赔偿、补偿等案件3件，协调促使原告主动撤回起诉16件，处理一批涉及重点工程、重大项目的行政争议。深化司法与行政良性互动，坚持发布行政审判白皮书，梳理分析行政执法中的成效和不足，促进法治政府建设。

【融入党政中心工作】 对接自由贸易试验区建设，依法审理涉中国（舟山）大宗商品交易中心系列案件36件，推动大宗商品现货交易和资源配置平台建设。落实产权司法保护政策，审结股东出资、所有权确认等案件23件，营造平等保护企业合法权益的法治环境。落实“裁执分离”机制，处理涉城中村改造、城乡环境综合整治纠纷，审结行政机关申请强制搬迁、拆除违法建筑案件83件。建立环保执法与司法协调联动机制，审结环保部门申请强制执行污染环境案16件，准予执行率100%，助推品质、生态优先的美丽家园建设。

【服务供给侧结构性改革】　贯彻新发展理念，坚持“尽可能多兼并重组，少破产清算”的思路，处置“僵尸企业”。审结德勤集团重整案，创新采用“资产出售”模式引入投资5.3亿元，整体保留住44.5万载重吨的运力，助力舟山江海联运服务中心建设。加强执破衔接，启动“执转破”程序8件，大型综合性商贸企业“新茂百货”及关联公司顺畅转入破产。打击逃废金融债务行为，推进涉银行不良资产的司法处置，审结金融纠纷案件433件11.2亿元、民间借贷纠纷案件1749件4.9亿元，审结集资诈骗、非法吸收公众存款等涉众型经济犯罪案件5件，防范区域性金融风险。

7月10日，德勤集团等6家公司第二次债权人会议在区法院一号审判庭召开

【促进社会治理法治化】　投身“平安金鼎”和“长安杯”争创，完善重大案件社会风险评估和院领导接访、约访机制，圆满完成中共十九大、金砖会议等重要节点的维稳安保任务，2个集体、7名个人获得平安综治类表彰。深化“诉访分离”改革，健全律师参与化解和代理涉诉信访案件工作机制，依法导入申诉、申请再审程序12件，将涉诉信访纳入法治轨道。加大司法救助力度，为当事人缓、减、免交诉讼费112.9万元，发放司法救助金29.8万元。运用审判大数据分析，及时向党政机关和有关单位提出司法建议、情况反映21件，助推公共决策和社会治理进一步优化。

【决胜基本解决执行难】　瞄准在全省率先基本解决执行难的目标，贯彻区人大常委会、区委区府办、区委政法委下发的工作意见，组织召开以“基本解决执行难”为专题的府院联席会议，与43个部门、

4月14日，府院联席专题会议在行政中心3号会议室召开，研究推动建立支持人民法院基本解决执行难的工作机制

街道建立协同联动机制，构建起解决执行难工作大格局。发挥法院执行主力军作用，部署开展涉民生、涉金融专项集中执行行动，打出执行声势。运用“点对点”查控机制冻结款项3449.8万元、查封房产884处、扣押车辆28辆，让被执行人的财产无处可藏。借助公安力量网上布控协作机制控制198人，让逃债的被执行人无处可躲。强化失信联合惩戒，落实限制招投标、高消费、乘坐飞机高铁等措施，发布失信被执行人名单1137条，曝光“老赖”210名，对607人实施罚款、拘留，形成强大威慑力。执结案件4438件，执行到位标的8.5亿元，同比分别上升38.5%和188.9%；实际执行率84.3%，同比上升51.1%，破解执行难成效显著。

【推进“三大机制”建设】　加快建成新型诉讼服务中心，为当事人提供除庭审以外的一站式、综合性、全方位的诉讼服务。依托信息技术开展司法领域“最多跑一次”改革，推出网上立案、跨域立案等新型立案方式，民事案件网上立案1088件，实现“跨域立案”12件，让数据多跑路、让群众少跑甚至不跑腿。探索构建诉前化解、立案调解和简案速裁“三道过滤网”，在诉讼服务中心按照“2名法官+3名法官助理+2名常驻调解员”模式组建诉调对接团队，在人民法庭组建“1名调解法官+1名驻庭调解员”的调解工作室。推动设立驻定海区交通事故纠纷人民调解委员会

巡回法庭，建立诉讼调解与商协会调解对接机制，创新涉侨案件联动工作模式，健全诉调衔接，实现纠纷分阶段递进化解，立案调撤率61.2%，诉前化解率17.7%，位居全省法院前列。

9月1日，区法院受理全市首例执行案件跨域立案申请

【加快“智慧法院”建设】　推行庭审记录改革，2397件开庭案件在没有书记员出庭的情况下完成庭审记录，促进办案流程的提速增效。推进档案电子化，获评全省法院“示范数字档案室”。完善审判流程、裁判文书、执行信息及庭审公开四大平台建设，在浙江法院庭审直播网和新浪司法频道开展直播庭审120次，在互联网公布裁判文书3500余份，提升司法公开透明度。健全网络司法拍卖，协同房管部门解决经济适用房处置难问题，会同税务机关建立了税收征缴协作机制，网拍成交额10.8亿，同比上升120%，溢价率44.1%，为当事人节省佣金2294.4万元。

【落实法官员额制】　坚决执行遴选程序和标准，第二批遴选完成后员额法官增至40人，法官的学历层次、审判经验、年龄结构显著优化。以法官为核心、审判业务需求为导向，科学组建新型审判团队，探索出“随机分案+专业审判+繁简分流”办案模式，审判资源优化配置，办案质效进一步提升。案件平均审理天数52.9天，同比下降5.1天；当庭裁判率36.5%，居全市法院首位。

2月13日，区法院举行首批32名员额法官宣誓仪式

【健全审判权运行机制】　围绕“让审理者裁判、让裁判者负责”的目标，取消行政化的案件审批制，确立法官、合议庭办案主体地位，审判委员会讨论案件数量同比下降33.3%。坚持入额必办案，出台《院、庭长办案规定》，将入额院庭长编入审判团队，带头审理各种重大疑难和新类型案件，审结案件3423件，占结案总数的59.7%。优化专业法官会议制度，设立刑事、民商事、行政、破产4个专业法官委员会，凝聚法官智慧办好案件。

【完善综合性配套制度】　落实人员分类管理，任命首批法官助理10名，制定员额法官、审判辅助人员和司法行政人员的权力清单、责任清单。落实法官职业保障制度，做好员额法官单独职务序列等级转换和晋升工作，制定科学合理、简便易行的绩效考核奖励办法，提升法官职业尊荣感和获得感。推动落实由政府购买社会服务的司法雇员制度，招录首批司法雇员10名，缓解审判辅助力量长期短缺问题。

8月23日，区法院完成报名参加第二批法官入额遴选的助理审判员面试工作

【加强思想政治建设】　学习贯彻中共十九大精神，推进“两学一做”学习教育常态化制度化，开展“不忘

初心、牢记使命”主题教育，大力弘扬“红船精神”。加强法院党建工作，提升机关群团工作水平，守好意识形态阵地。开展“问计献策”党组为干警办实事活动，举行向宪法宣誓仪式，举办“坚定理想信念·坚定法治信仰”全员读书活动，凝聚人心、打造品牌。是年，区法院获“浙江省三八红旗集体”称号，1名干警获评共青团浙江省委“青年岗位能手”称号。

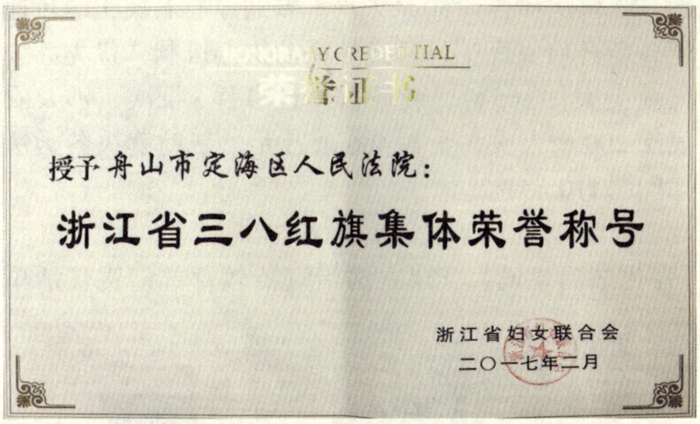

浙江省三八红旗集体荣誉证书

【强化司法能力建设】 实施“一线磨砺”计划，将人民法庭打造成审判骨干的成长基地，4个法庭办结案件2318件，占全院案量22.8%。开展岗位练兵、技能比赛，对干警进行靶向式的精准培训、练兵式的考核评比，将重点工作作为比选和考核干部的大赛场，提任中层干部5名，队伍结构进一步优化。开展创先争优，培育出全国法院先进个人等省级以上先进4名，让广大干警学有榜样、创有目标、争有方向。

【深化司法廉洁建设】 签订党风廉政责任书，压实全面从严治党主体责任。适应纪检监察体制改革，自觉接受派驻纪检监督。将常态化的廉政教育贯穿始终，用纪律作风守则约束干警言行，发挥正反典型案例激励警示作用。立足“四种形态”，综合运用司法巡查、案件回访、廉政约谈等系列“组合拳”，将作风问题抓早、抓小、抓细。

【自觉接受监督】 坚持重大事项报告制度，向区人大常委会专题报告基本解决执行难、司法改革、行政诉讼法贯彻实施等工作情况，根据审议意见和决定抓好整改落实。协助办理人大代表、政协委员提出的建议、议（提）案，处理区人大常委会交办的信访件。

1月16日，区人大代表到区法院调研

主动通报法院工作，向各级人大代表、政协委员以及社区群众寄送法院通讯等3000余份，邀请23名人大代表、政协委员旁听庭审、见证执行。配合检察机关依法履行法律监督职责，办理检察建议，维护司法公正。自觉接受社会监督，举行法院公众开放日7次，355名各界群众走进法院“零距离”感受司法公正。深化人民陪审改革，一审普通程序案件陪审率98.8%，让人民参与司法、监督司法。

（撰稿：周　洁）

（本分目照片由区人民法院提供）

司法行政

【概况】 2017年，区司法局以中共十八大、十八届三中、四中、五中、六中全会和习近平总书记系列重要讲话精神为指导，树立“围绕中心、服务大局”的理念，锐意进取，主动作为，各项工作取得新成绩，实现新发展，迈上新台阶。

【提升法律服务水平】 服务保障“五水共治”“三改一拆”“百里滨海长廊”“城镇危旧住宅改造”等重点项目建设，遴选18名优秀律师组建法律服务团，参与重大项目联席、协调，提供专业法律服务。服务经济建设“主战场”，为大小鱼山绿色石化建设项目、舟山500千伏项目征地拆迁、新奥能源项目引进等做好法律参谋，累计参与谈判6次，调解1次，制作审查合同272份，提供法律咨询70次，涉及标的额134亿余元。对接阳光、方正公证处，搭建公证参与征地拆迁服务平台。

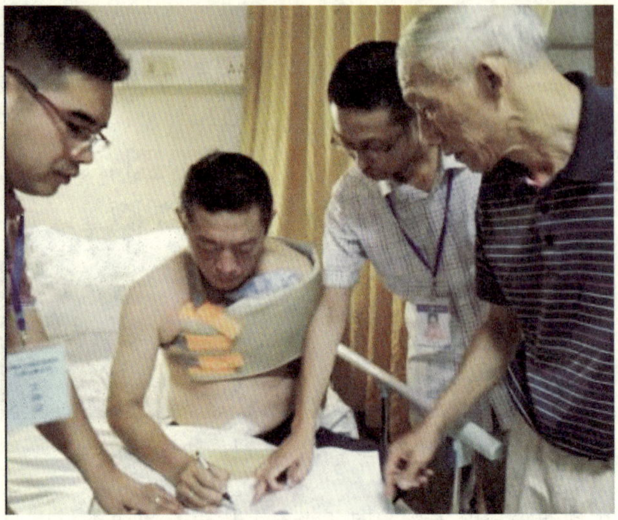

人民调解员深入医院为拆迁户调解矛盾

服务旧城改造梳理探讨各类法律问题

【完善法律援助制度】 落实全市首家的专职律师坐堂窗口，提高法律援助咨询窗口服务质量和接待能力。是年，区法律援助中心共办理法律援助案件413件（其中刑事185件，民事228件），接待来电来访4243批次，为当事人挽回经济损失2473万余元。延伸法律援助服务触角，成立海军91937部队法律援助工作站。深化法律拥军工作，对伤、病、残等特殊困难的军人军属开通预约服务、网上申请受理、上门服务等便利涉军法律维权绿色通道。是年，接待军人、军属来电来访20余人次，受理涉军法律援助案件2起，为结对部队提供法律咨询68次，开设法律讲座7场次，提供法律咨询50余人次。畅通原有农民工绿色通道，新开启农民工讨薪案件联动快办机制，优先办理欠薪类案件165件，化解群体性事件3批次，涉及农民工200余人次，金额400余万元，帮助解决各类法律问题110余个。

海军91937部队法律援助工作站成立

【强化法治建设】 建立法治宣传教育部门责任清单制度，明确全区39家普法成员单位9条共性和167条具体责任，细化工作职责，完善督查考核评价体系。出台《定海区关于加强以案释法工作的指导意见》，收集典型案例70个，首次汇编《定海区以案释法典型案例》。成立“七五”普法讲师团，调整普法课程菜单，以群众“按需点单”，普法办“送法上门”的形式提供上门宣讲、法律培训。开通区、镇（街道）、村（社区）三级“之江法云”微信塔群37个，工作人员542人。联合区委宣传部、区新闻中心建立公益普法微联盟，扩大法治宣传的覆盖面，增强法治宣传的有效性和影响力。新建民主法治村（社区）省级2个、市级5个、区级2个，全区区级以上民主法治村（社区）创建达标率达96%。出台定海区“民主法治样板村”创建工作方案，确定白泉镇河东村为试点。

送法进军营

【筑牢特殊人群防线】 完成“一带一路”国际合作高峰论坛、“金砖会晤”、第四届互联网大会等重大活动维稳安保工作任务。首创以学习入矫教育片+做入矫测试试卷+入矫首次谈话为核心的“1+1+1”入矫机制，强化新入矫人员的思想认识。联合省乔司监狱、区检察院等单位开展集中点验教育活动，提升社区矫正合力。是年，全区在册社区服刑人员261人，实施轨迹查询9500余次，处置轨迹异常1500余人次，发送警示短信8600余条，开展入矫教育148人次，组织集中点验54次，开展技能培训1000余人次，教育学习、社区服务2700余人次。

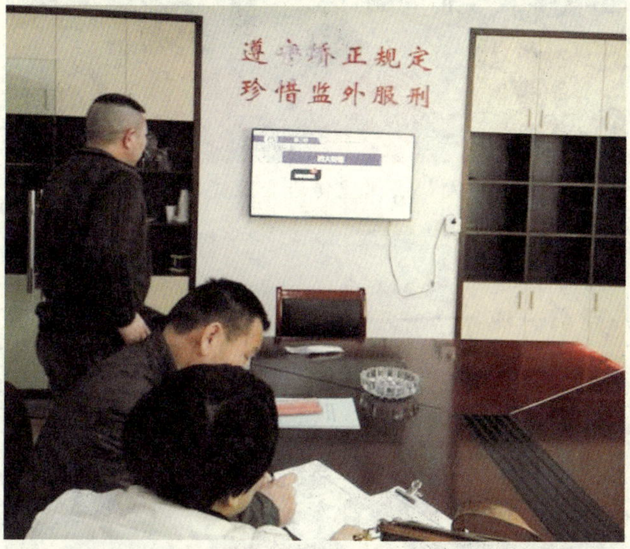

创新入矫机制，首创“教育片+试题+谈话”模式，抓好“入口关”

【增强人民调解实效】 发挥人民调解维稳“第一道防线”作用，以区重点项目建设为着手点，服务竹山门、白虎山路、工农路、小洋岙工业园区等地块的旧城改造、“三改一拆”“五水共治”等中心工作。巩固“一综多专”调解网络，配合区法院诉调对接中心，组建由法官、法官助理、人民调解员组成的5人工作团队。结合全区村级组织换届选举，产生新一届社区（村）调解员队伍。至年底，全区有各类人民调解组织159个，调解员990名，其中行业性专业性调委会6个。是年，全区开展矛盾纠纷集中排查1338次，受理矛盾纠纷7007件，调解成功7000件，调处率和成功率均为99.9%。分层开展人民调解员“十百千”示范培育工程，培育金牌人民调解员3名、首席人民调解工作室2个、优秀示范调解员30名。

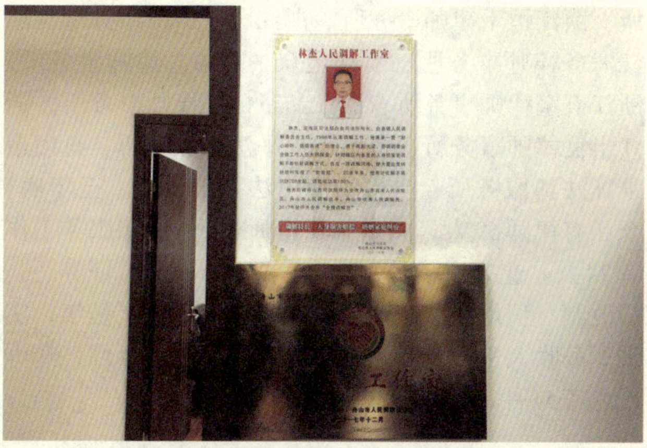
“十百千”示范培育工程——首席人民调解工作室

【强化基层基础保障】 借助“四个平台”建设，将镇（街道）公共法律服务站与综治工作平台的相关服务资源相结合，将司法所工作网络融入综治工作网络，推动司法行政工作力量下沉。健全干部教育培训体系，通过集中培训、专题讲座、典型教育等形式分层分类对司法行政干部、法律服务人员、行政辅助人员“三支队伍”进行培训，提升队伍的综合素质。开展机关工作“双学双比”活动，形成比学赶超、实干争先的良好氛围，促进作风转变。开展青年干部论坛、模拟调解竞赛，提高实战能力。

开展局年轻干部模拟调解活动

法律服务

【概况】 2017年，全区有律师事务所12家和法律服务所3家，分别是浙江泽大（舟山）律师事务所、浙江京衡（舟山）律师事务所、浙江乾勇律师事务所、上海瀛泰（舟山）律师事务所、浙江兰羽律师事务所、浙江恒禾律师事务所、浙江合飞律师事务所、浙江海务律师事务所、浙江金众（舟山）律师事务所、浙江五奎律师事务所、浙江品正恒联律师事务所、浙江丰良律师事务所、舟山市恒平法律服务所、舟山市秉拯法律服务所、舟山市海山法律服务所。至年底，全区有律师69人，其中兼职律师4人，法律服务工作者24人。业务领域涉及涉外、金融、破产、证券、公司改制、房地产、破产管理、债券发行等。是年，实现业务收入3033.3万元，办理诉讼业务1684件，非诉讼业务51件，仲裁业务60件。

【规范法律服务市场】　开展法律工作者诚信教育和职业道德教育，强化警示教育力度，引导全区律师和法律服务工作者遵守执业纪律和职业道德。完善法律服务行业违法违规执业惩戒制度和社会监督机制，督促法律工作者严格执行法律法规和行业规范，是年处理投诉3起。

开展“双随机”法律服务案卷检查

开展法律服务人员业务培训

【服务经济社会发展】　融合省市区司法“惠企便民”和区委区政府“千名干部进百企”服务季活动，开展“法律进企业”“企业法律体检”“深化法律服务中小企业”，服务企业重整重组，化解企业金融风险，走访企业641家，法律体检79家，发放建议

“惠企便民”法律宣传进企业走进龙源四方

“惠企便民”法律服务走进盐仓工业园区

书咨询函15份，出具法律意见书或风险提示函168份，发现法律风险、漏洞133个，帮助解决问题392个，指导办理企业重整清算案件14件。继续加大法律顾问配备力度，担任政府法律顾问50家，担任企事业单位、社会团体法律顾问185家，全区121个社区（村）法律顾问聘请率达100%，结对部队法律顾问聘请率100%。

（撰稿：林　波）

（本分目照片由区司法局提供）

责任编辑：王英伟

军 事

概 述

2017年，定海区人武部坚持以中共十九大和习主席新时代强军思想一系列指示精神为指导，围绕《国防后备力量建设纲要》《浙江省国防后备力量基层建设规范》有关规定，按照上级“四队兼备”应急队伍建设“九个专项计划”和“任务基本+模式”，落实应急能力“三化”建设标准，以深化国防动员、民兵组织调整、民兵军事训练、征兵工作、国防数据采集、国防工程、军事设施保护和海上渔船动员为重要抓手，推进各项工作落实，整体提升多样化军事斗争准备能力，推进全区民兵应急力量转型发展，取得各项成效。

党管武装

【召开专武部长会议】 2月16日下午，定海区人武部召开专武部长会议，区人武部部长汪勇健主持会议，人武部机关干部和12个镇（街道）的专武部长参加会议。区人武部部长汪勇健围绕情报信息、民兵整组、兵役登记宣传和台账资料检查四个方面发表讲话，针对定海区发生的几起民社情处置情况提出要求，部署基层武装部下一步的工作方向和重点任务，明确基层武装部开展工作的思路。

【组织专武干部集训】 3月20日，区人武部组织辖区内镇、街道专武干部集训。集训为期5天，分为两个阶段，前两天为部长集训，后三天为副部长、干事集训。集训内容包括基层应知应会政策法规、整组工作、征兵流程等，采用理论学习与案例分析相结合的形式，最后考核每一名参加集训的专武干部。

组织专武干部集训

【召开区委武装工作暨区国防动员委员会会议】 3月24日上午，定海区召开区委武装工作暨区国防动员委员会会议。参加会议的有区委常委，区人大、区政协主要领导，区人武部党委成员，各镇、街道党（工）委书记（含临城街道），区国动委成员单位党组主要负责人，驻定省（部）、市、区属设人武部单位分管武装工作领导，重要民兵分队编组单位分管领导，全体专职人武干部。区委副书记、区长侯富光主持会议，区委副书记周军刚通报2016年受表彰的先进单位和个人，讲评专职人武干部队伍建设情况。城东街道、小沙街道、马岙街道党工委书记作党管武装工作述职。区人武部部长汪勇健总结回顾2016年武装工作情况，部署2017年度武装工作任务。区委书记庄继艳作重要讲话，对新年度党管武装工作和国防后备力量建设提要求。

区委武装工作暨区国防动员委员会会议

【推进“三化”建设】 区人武部协调军地各方力量，推进民兵“四队”兼备应急力量和应急能力“三化”（制度化、规范化、程序化）建设，夯实定海区民兵应对以抢险救灾为重点的非战争军事行动基础。5月5日上午，区人武部提请区委常委会，专题分析研究加强民兵“四队”兼备应急力量和应急能力“三化”建设情况；5日下午，由区委副书记牵头召集国土、农林、通信、电力、卫生等27个相关单位，召开

迎接省军区“三化”建设调研

民兵应急能力“三化”建设演练工作任务推进会；6—7日，由区人武部汪勇健部长带队，联合国土、农林等相关单位赴现地勘察地形、推演论证，分析研究了山体滑坡、森林防火等重点科目的地形地点；8—11日，区人武部积极协调相关单位，牵头推进指挥通信、装备配备、交通运输、综合保障和野战管理等工作落实，两次组织全要素拉动演练和专业训练；12日下午，区人武部再次协调组织相关单位，召开民兵“四队”兼备应急力量和应急能力“三化”建设重难点问题攻关会。

民兵　预备役　兵役

【夯实民兵工作组织基础】 根据省军区和警备区民兵整组工作业务培训会议精神，对接部分市属和区属编兵单位，按任务合理分配人员，确保装备人员按要求落实。

抓好需求论证　按照“结构优化、布局合理、编组科学”的要求，采取召开专武部长例会、下基层调研等形式，部长带领军事科人员与军兵种部队、局办企事业、镇（街道）进行需求对接，两次组织37个单位开展座谈，研究论证需求，制定整组方案，形成基本符合要求的实施方案。

搞好需求对接　3月，召开全区民兵整组工作任务部署会，下发实施方案和计划，明确组织领导、工作任务、阶段划分及标准要求。针对一些编制调整较大的单位不同程度地出现积极性不高、不愿意调换的问题，成立指导组，全程跟踪，上门解决，落实伪装防护分队、重要目标防卫分队、食品保障分队、市住建委测绘支援保障分队等编组。

注重编实组织　注重三类队伍统在一起编，坚持落实由区人武部牵头，经动、人防、交通等国动委职能部门和预炮营负责人联合办公，搞好民兵、预编（任）官兵和国防动员保障三类队伍统筹协调，避免各自为战。5—6月，采取部党委指导、军事科牵头负责的方法，突出民兵到点率、官兵相识相知、专业对口率、出入队率等重点内容，对各单位实施集中点验验收。是年，全区基干民兵高中以上文化程度82.1%，经训率81.4%，退伍军人比例14.27%，35周岁以下64.6%，出入队比例15.4%，在位率86.9%，党团员比例78.4%，专业对口率81.5%，“七率”提升明显，队伍规模结构更加优化科学。

【强化民兵组织战斗力提升】 贯彻“双应”（平时应急、战时应战）准备，依据省军区、警备区军事训练指示精神，开展民兵训练落实，提升民兵组织战斗力。

一线指挥员训练　围绕必备、急需、应知内容，增强业务开展工作能力，3月20—24日，分两批组织全区12个镇（街道）24名专武干部集训，突出武装工作政策法规学习，规范基层武装工作，促进国防动员和后备力量建设各项工作的末端落实。

重点队伍训练　发挥驻军优势，开展重点队伍带训、帮训、驻训、联训等活动。1月，结合“双节”战备任务，组织民兵重点应急连战备拉动演练；5月，结合省军区应急能力“三化”建设检查任务，组织民兵重点应急连、双桥街道路桥抢修分队和区属部分专业力量，在中石化基地和教导队综合场进行非战争军事行动联合演练，提升民兵分队联防联动能力。7月，结合省军区海上动员调研任务，组织增州船厂海上装备维修分队、市卫计局海上医疗救护分队和部分海上任务渔船，进行拉动点验。8月上旬，组织民兵重点应急连参加省军区整组工作拉动点验，所属人员物资携带齐全、装备操作熟练，到点率95%，完成上级年度整组检查工作。下旬，根据上级通知要求，采取现地调研、力量评估等形式，完成定海区人武部战斗力标准框架构建任务。

开展民兵应急拉动演练

海上民兵分队训练　加强海上情报信息侦搜工作，1月，结合海上获情情况通报，召开民兵情报信息表彰大会，调动民兵情报信息员的报情积极性。至年底，获取有价值海空情211条，较往年报情率增长50%；陆情1471条，较往年报情率增长60%。6月，开展休渔期，组织海上任务渔船、信息渔船集训，实施理论授课、实装操作、编组演练等方式，强化队伍专攻精炼实际水平，增强遂行海上应对行动能力。9月，组织任务渔船参加警备区战法集训，巩固提高任务渔船骨干业务基础和实战技能，完成海上维权任务。

【民兵应急拉动演练】　4月24日，昌国街道组织兵民应急分队进行应急拉动演练，出动街道民兵应急排防爆维稳分队32人参与演练，迎接省军区应急力量“三化”建设检查调研。区人武部部长汪勇健到现场参观指导。

【开展兵役登记】　按照“一季征兵，全年准备”要求，3月，指导各基层武装部成立兵役登记领导小组，组织兵役登记工作人员业务培训，累计培训125人次，设立兵役登记站18个。发动回乡大学生开展网上兵役登记。4月，部署召开专题兵役登记会，协调辖区院校组织高中以上应届毕业生网上兵役登记，确保网上兵役登记数质量。

【加强征兵宣传】　是年，区人武部专门印发宣传单万余份，搞好政策宣传；基层武装部结合目测初检、上站体检等时机，开展宣传，收到实效。征兵期间，区新闻中心在《定海新闻》《汪大姐来了》《舟山晚报》“千岛国防网”等媒体开辟专栏；“钱塘兵事APP”微信朋友圈全程跟踪报道征兵动态，突出征兵政策法规、体检动态、先进典型事例宣传，引导适龄青年踊跃参军。各镇（街道）开展征兵宣传“五进”活动（进校园、进机关、进企业、进社区、进家庭），采取在主要路口、醒目位置开设宣传栏、电子滚动栏、拉横幅，利用短信、微信等新型手段进行宣传，提高宣传效果，推动征兵工作进行。4月，根据兵员储备基地建设要求，开展辖区院校国防形势教育辅导暨征兵宣传，部长亲自给大学生上国防形势教育辅导课。5月，结合直招士官应征，应届大学生即将毕业之际，会同浙海大、浙海运等2所院校开展国防教育授课；6月，在院校主要路口、醒目位置开辟征兵宣传廊，现场设点进行政策宣传、发放相关资料，稳固大学生上站体检基数。是年，大学生上站体检数量为335人，较上年增加40%。

【严格政审体检程序】　体检前，区卫计局抽调34名思想觉悟高、业务技术精的医务骨干组成体检组，分别于6月5日、7月25日两天时间开展业务培训；7月底，教育局、公安局抽派作风过硬、政治素质强的人员进行政审业务培训，指导各镇街道成立政治考核领导小组。体检期间，落实“五走访”活动，推进三级会审和区域联审制度，确保应征青年政治纯洁可靠。区人武部严密制定体检方案计划，在区中心医院设立体检站，区分内科、外科、耳鼻喉科、视力、眼科、血压、心电图、口腔科、听力嗅觉、心理检测、化验、B超、X光13个科室。按照封闭式体检要求，借调警卫排战士负责维护秩序，参检青年必须持有“三表一证”（病史调查表、目测初检表、政治摸底初审调查表，身份证）、佩戴胸牌方可入站体检，确保体检秩序正规。体检期间，各科室医生均能仔细核对药品器材、能够及时补充和消毒，各镇街道武装部均能够指定专人负责，全程跟踪管理好参检人员，特别是金塘、双桥等单位在化验检查期间，集中安排食宿，实行统一管理的做法。

【落实廉洁征兵】 贯彻上级廉洁征兵指示要求，坚持阳光征集，透明征集。征兵期间，区人武部会同区纪检部门成立廉洁征兵监督组，专人负责，设立举报信箱和举报电话，发放适龄青年和家长廉洁征兵卡，区、镇（街道）建立日廉洁征兵“零报告”制度；镇（街道）依靠和发动广大群众监督，配合区纪委，开展廉洁征兵。

【高校征兵体检】 6月7日，区人武部部长汪勇健赴定海区中心医院，听取区卫计局局长、区中心医院院长关于征兵体检准备工作的情况汇报。14日，区人武部协调召开征兵体检工作会议，组织2017年征兵体检的全体医务人员进行业务培训。15日，定海区2017年高校征兵体检工作在定海区中心医院展开，驻定辖区浙江海洋大学和浙江国际海运职业技术学院2所高校76名适龄男性大学生参加体检，初步合格人员超过60人。

【召开征兵工作会议】 7月25日，区人武部协调组织召开2017年定海区征兵工作会议。会议通报2016年度征兵工作先进单位和先进个人，宣读定海区2017年度征兵命令，区人武部部长汪勇健总结2016年征兵工作，部署2017年征兵工作，区委常委、常务副区长毛铁年就征兵工作发表重要讲话。

召开全区征兵工作会议

【举办新兵欢送会】 9月9日，定海区在浙江海洋大学（长峙校区）杨存国会展中心隆重举行2017年度新兵欢送仪式。舟山警备区，浙江海洋大学，浙江国际海运职业技术学院，定海区委、区政府，定海区人武部，以及定海区征兵工作领导小组成员、各镇（街道）党政主要负责人和全专武干部出席欢送会，500余名新兵亲友和浙江海洋大学在校大学生代表参加欢送会。

举办新兵欢送会

【推进红旗党支部创建】 调整民兵党组织结构，解决民兵基层党组织建设“虚拟化”问题，抓好基层党支部创建工作。统筹结合预建党组织基本设施建设与后备力量基层规范化建设、“青年民兵之家”“农村文化礼堂”和所在单位党员活动室建设，张贴标识，下发教材，置放党刊，悬挂党旗，初步建成“兵民一体、内容融合、活动同步”的综合场所；联合区委组织部组织1期民兵党支部成员参加党务工作集训，组织学习各类法规制度和召开党支部会议示范观摩，下发党支部建设制度规定和相关学习资料，规范民兵党支部建设，强化基层组织功能。

安全管理和后勤保障

【加强军事设施保护】 依据《中华人民共和国军事

设施保护法》《中华人民共和国军事设施保护法实施办法》《浙江省军事设施保护实施办法》等法规，加强定海区军事设施保护工作。落实各级关于军事设施保护的指示精神，采取“军队自护、军民联护、依法保护”办法，推进军事设施保护工作取得实效。

【调整组织】 参照市军事设施保护委员会成员调整模式，10月，组织调整区军事设施保护委员会组成人员，确保组织和人员健全。

【宣传教育】 7月，组织开展“军事设施保护宣传周”活动，形成军民协力共护军事设施的良好氛围。

【调查摸底】 10月，开展为期2周的国防工程数据采集，应对编制体制调整及定海区负责国防工程数量增加局势。

【“两区两范围”划定】 结合国防工程数据采集工作，推进“两区两范围”划定工作；牵头组织区政府、海洋渔业、港航、国土资源等地方相关职能部门，与涉及此项工作单位进行对接，发挥桥梁作用。

【提高后勤保障能力】 树立服务保障意识，着眼提高后勤综合保障效益，自觉遵守财经工作纪律，停止对外有偿服务。重建章立制，规范财经秩序，促进后勤项工作开展。是年，协调区财政落实经费，安排海上民兵队伍建设、民兵应急连训练以及执勤经费，保障征兵工作。

国防动员教育

【加强动员体系建设】 贯彻上级国动委指示精神，突出重点工作，注重完善机制，狠抓末端落实，巩固加强动员能力建设。3月，调整完善国动委班子成员，以全区武装工作会议、联合演训等时机，组织国动委成员单位领导系统学习《国防动员建设纲要》，确保工作运行基础。按照“列清单、明责任、逐项抠”的思路，结合省军区通知要求，修订完善1个总案9个专项方案，形成指挥一体、上下衔接、军地联合。10月，结合省军区国防动员潜力数据采集任务，加强对动员潜力分析评估，开展国防动员潜力调查，按照“见人、见物、见帐”的要求，落实通用物资储备，签订储备协议，制定征用计划。11月，完成省军区动员系统相关数据录入，完善全区国防动员力量潜力数据。

【慰问困难群众】 1月11日，区人武部部长汪勇健带领区属有关部门慰问组走访慰问部分区困难群众家庭，送去慰问金和慰问品，体现党和政府对人民群众的关心。

走访慰问困难群众

【区四套班子“军事日”活动】 7月下旬，区人武部组织协调开展定海区2017年度区四套班子“军事日”活动。参加“军事日”的有定海区四套班子成员，区属有关单位负责人和各镇（街道）党委（党工委）书记等。活动主要安排赴宁波地区参观中国防空博览园、东海舰队航空兵某部和东海舰队潜艇某部现地学习了解国防知识，观摩见学海军一线部队武器装备，看望慰问部队官兵。

区四套班子领导参加“军事日”活动

（撰稿：赵万里）

（本分目照片由区人武部提供）

人民防空

【概况】　2017年，区人防办内设综合科、指挥通信科、工程管理科3个科室，核定行政编制3名、编外5名，有工作人员14人，有主任1名，副主任2名。有下属事业单位定海区人防地面指挥中心，核定事业编制6名。是年，人防工作坚持以“战时防空、平时服务、应急支援”为导向，探索人民防空建设与经济社会民生融合发展新路径，实现定海人民防空工作各项进步。

【开展人防防护体系建设】　根据《舟山市城市人民防空规划》（2006—2020）和《舟山群岛新区中心城区地下空间开发利用规划》，上报编制《定海区旧城改造区块人民防空控制性详细规划》（2018—2023），在控规阶段同规划部门一起落实人防设施配建指标。参与建筑工程建设方案评审会，提升人防工程建设科学化水平。全区新建续建人防结建项目22个；完成人防结建竣工项目5个（包括1个人防物资库，1个抢险专业队工程），新增人防地下室停车位约1000个，实现5个人防工程的平时利用。新受理人防质量监督工程2个，完成平时关键人防质量监督检查50余次，完成人防地下室工程中间结构验收项目2个，完成人防地下室工程竣工验收项目5个。消防安全形势平稳。开展全区人防系统安全大检查专项行动，抽查竣工投入使用的人防工程，落实消防安全主体责任和部门监管责任坚决遏制重特大火灾事故。开展防化设备网上查证工作，对未通过防化系统查证的项目均不予备案；开展防化设备专项排查，核对检查3个项目24台过滤吸收器。

9月12日，区人防办对白泉镇民防应急指挥平台进行验收

【推进人防指挥体系建设】　修订完善人民防空指挥部机构编成人员及编组分工；完成防护目标数据采集工作；完成人民防空预案修订初稿编制工作，健全全区性、全覆盖的人民防空体系。完成区地面指挥平台系统升级、设备更新；完成指挥车辆改造升级。发挥人防防空警报报知系统、指挥通信系统发布、传递警报数据的作用。完成全区警报器检修工作，新装防空警报器2台，完成年度警报试鸣工作。完成舟山市暨定海区人口疏散及综合训练基地（市、区两级人防办、舟山市中小学素质教育实践学校共建项目）建设。该项目投入专项建设资金540万元（市区各一半），于12月15日通过竣工验收。重点做好人防专业队伍编组与训练，加强队伍应急反应能力建设，实现管理规范化、训练常态化。结合全国防灾减灾日和全市警报试鸣日，开展急救援训练和防空防灾综合演练。

5月12日，联合海山小学开展人防疏散演习

【扩大人防教育宣传】　利用疏散基地、社区等场所，建立集防空防灾、公共安全知识和人防技能培训功能于一体的宣传教育基地。投资10万元在城东街道颐景园社区建设人防宣传教育示范点，提高广大市民的人防知识知晓率和民防应急技能。加强人防宣传教育“五进”工作。完成全区中小学普及人防知识教育的任务目标，加强对中小学民防教师培训工作。结合“3·1国际民防日”“5·12防灾减灾日”等重要节点，组织社区、企业开展各类宣传活动和疏散演练活动。全年组织应急疏散2次，约1200人参加；组织人防知识比赛2次，有40人参加，500人观看；开展“人防宣传进我家”活动，发放宣传资料600余份；借助媒体力量，投入4万元在定海文化广场、舟山影院

大屏幕等播放宣传短片，全年短片播放量超过2万次，落实人防知识教育“五进”工作。

结合“3·1国际民防日”开展人防宣传教育活动

5月12日，区人防办进社区开展人防（民防）宣传教育讲课

【加快行政审批改革工作】 持续推进“最多跑一次”改革。按照省市区要求，梳理人防系统办事目录11项，子项17项，于11月全部实现“最多跑一次”，所有项目均可网上查询审批结果。追求改革效益，“最多跑一次”事项实行“八统一”，改人防施工图审批为施工图联合审批，减少材料重复提交。加大政府购买服务力度，实现人防施工图审查费用由人防主管部门出资，为办事单位提供了便捷、减轻负担。严格执行易地建设费征收标准，完成人防结建工程审批项目4个，有人防易地费征收建设项目31个，收费合计315万元；依法追缴人防易地建设费项目1个，涉及金额310万元，全年收取人防易地建设费625万元。转变行业监管方式，完善人防工程质量监督管理，建立健全人防工程质量终身负责制和履行质监责任制。探索建立定海人防行业企业信用制度，重点监管有不良记录的企业。开展定海区人民南路地下人防工程合同解除的后续工作。

【加强人防干部队伍建设】 推进“两学一做”常态化学习，学习中共十九大重要精神，学习习近平新时代中国特色社会主义思想；坚持以国家安全观和新形势下军事战略方针为指导；坚持党对人防的绝对领导，推进人防系统党的思想建设、组织建设、作风建设、反腐倡廉建设。践行根本使命，推进机关准军事化管理。统筹“战时防空、平时服务、应急救援”三大使命，加强人防队伍准军事化管理力度，创新机关管理方法、落实民主决策工作制度、做好党风廉政建设。

（撰稿：何璐男）

（本分目照片由区民防局提供）

责任编辑：王英伟

定海山系列文化——古街（一）

序号	古街名称	地址	简介
1	东大街	昌国街道	东大街始设于元大德二年（1298），历经明、清改建扩展，至民国初期，成为定海城内一繁华老街。起自状元桥东至东美桥，长525米，宽4米。以马河桥界分上街头、下街头。民国21年（1932），由舟山籍旅沪商人、上海“荣记大世界”游乐场第二任经理唐嘉鹏捐资铺设石板、条石路面，故过文彩桥后的一段街面曾命名为唐嘉鹏路。
2	西大街	昌国街道	建于南宋。西大街是定海木结构老房子集中的老街，是定海城内早期商贸繁华、保存完整、古色古香的古街，也是定海老城风火墙（公墙）最集中的地方。风火墙是这一带建筑的特色，街口筑月洞门，将街区分隔开来，火灾发生时可有效防止漫延。从2002年开始，舟山市政府投资400多万元，将原先老旧的西大街进行保护性修复，使古街既保持了历史文化名城特色，又融入了现代文明气息。
3	中大街	昌国街道	中大街，建于宋，旧名八甲街，又名庙邑街、横街。明、清形成格局。东临状元桥，西接祖印禅寺，南连西大街，北至昌国路。占中条拱卫之势，得屏翰市肆之利。青石板街面200余米，店铺林立，古宅密集。月洞门、封火墙、城隍庙照壁、泰山石敢当碑等，古韵犹存，见证岛城繁华与历史沧桑。光绪辛卯年（1891）曾遭火劫。2009年，定海区人民政府将之复旧完善打造为舟山最具品质之海洋文化民俗一条街、非遗项目保护示范基地。
4	大沙老街	小沙街道	大沙老街长500米，分上街、中街、下街3段。20世纪初是远近闻名的商贸一条街。时有腾瑞丰、方彩庄等染店，百灵堂、仁德堂、卫生堂等药店，方春兴等布店，泰生、永兴、蔡德丰、徐大兴、方德兴等等南货店，源昌糕饼作坊，方裕泰副食作坊，银楼，剃头店，永兴店等。货源多数来自定海，从衢头船运至碇次短礁头，翻过茶岭至大沙。1939年日军侵占舟山后，加上土匪抢劫，大沙老街许多作坊撤走，逐渐萧条。
5	司前街	岑港街道	岑港司前街是定海三大老街之一，因元大德二年（1298）曾置“岑江巡检司”而得名，形成于清康熙二十三年（1684）舟山展复之后。曾是舟山本岛西部商贸中心。老街全长1410米，分上、中、下3街，大碶桥和永安桥之间称上街，永安桥至泥渡口为中街，泥渡口到冷蒲湾称下街。司前街是岑港旧谓“六国港口”“海州一镇”历史兴衰的见证，也是明嘉靖戚家军抗倭“岑港大捷”的战场之一。

下转第280页

农 业 农 村

概　述

2017年，全区农渔业总产值23.93亿元，同比增长1.4%；农渔村常住居民人均可支配收入30879元，同比增长8.8%。全年粮食播种面积5.88万亩，保持了基本稳定，总产2.22万吨。“菜篮子”蔬菜基地改造提升575亩，蔬菜播种面积5.52万亩，增长2.22%。新认定旱粮生产示范基地12个、1079亩、全区生猪饲养量8.41万头，家禽饲养量44.2万羽。是年，经济林面积达75829亩，茶叶种植面积2600亩（采摘面积1400亩），花卉苗木基地面积4101亩，新植珍贵树达11.2万株，全部完成省下达的年度种植任务。

种植业

【概况】　2017年，全区农作物播种总面积14.22万亩，比上年的14.23万亩减少0.07%，粮食总播种面积5.88万亩，比上年的5.95万亩减少1.18%；粮食总产量2.22万吨。其中晚稻3.04万亩，比上年2.96万亩增加2.7%；小麦885亩，产量258吨；油菜5610亩，产量718吨，蚕豌豆5580亩，与上年基本持平。蔬菜播种面积5.52万亩，比上年5.4万亩增加2.22%。

【农业水环境治理】　推广蔬菜作物水肥一体化灌溉技术和商品有机肥，减少化肥使用量，保护农业生态环境。2017年全区推广测土配方施肥技术面积10万亩，减少化肥使用47.5吨，推广农作物病虫害统防统治2.9万亩、减少农药使用量2.2吨，农业废弃包装物回收处置38.7吨，处置率100%。

【“菜篮子”基地提升】　2017年，改造提升蔬菜基地5个，面积575亩，分别为：马岙惠众农业专业合作社300亩，小沙舟大农产品专业合作社120亩，小沙和盛果蔬农产品专业合作社70亩，双桥康美菌业有限公司15亩，双桥助残家庭农场70亩。

【标准农田地力提升】　根据标准农田地力提升实施方案，2017年继续做好标准农田地力提升续建工作，分别在金塘镇中弄畈、小沙街道小沙畈和双桥吨粮田等田块实施提升，续建面积0.63万亩。提升内容包括秸秆还田、深耕深翻、测土配方施肥、紫云英等绿肥种植，推广商品有机肥使用1200吨。

【优良品种、高效栽培模式推广】　引进试种越心草莓、浙秀3号黄瓜、浙樱粉1号番茄、甬甜7号甜瓜等新颖优质良种，推广种植甬甜5号甜瓜、引茄1号茄子、嘉58水稻等适推品种。继续推广应用水稻基质育秧、两壮两高栽培技术、水稻全程机械化直播、蔬菜水肥一体化技术等，完善大棚草莓地后茬套种玉米、

越心草莓种植大棚

西甜瓜等高效栽培模式。

【实施农业三项补贴】 是年，完成耕地地力保护补贴，涉及农户39546户，受益面积64736.95亩，发放补贴资金306.56万元。规模种粮大户70户，面积1.1225万亩，发放补贴资金187.31万元。社会化服务作业0.3515万亩，补贴金额14.06万元。

【春季农田统一灭鼠】 开展春季农田统一灭鼠。4月，开展全区农田统一灭鼠工作，使用“溴鼠灵”毒饵2600千克，投放农田近3万亩。

【无公害蔬菜瓜果病虫害综合防治】 强化对“菜篮子”基地蔬菜瓜果用药指导和监管，严格规范产品上市前的检测，全年抽检蔬菜样品11950批次，合格率99.9%。应用杀虫灯、色板、性诱剂和无公害生物农药等绿色防控技术防治病虫害，减少农药使用量，保护农业生态环境。

【开展农产品质量安全“智慧监管”】 建成集区级、镇（街道）、村（社区）三级监管、三位一体、互联互通、信息共享、实时联动的农产品质量安全

智慧监管APP培训班

“智慧监管APP”网格化体系，并全面运行，进一步明确村（社区）协管员工作职责、管理目标、考核机制，努力打造全区农产品质量安全管控一张网。开展全区农产品质量安全“智慧监管APP”网格化建设工作和合格证实施专题培训班，培训人员77人。

【全面实施农产品合格证管理工作】 开展全区农产品生产主体、规模生产者大调查工作，建立包括165家的全区农产品生产三大主体和规模种养大户建设数据库。举办全区农业主体农产品合格证管理培训班2期，培训主体130余家。研究制定定海合格证通用版本，印制500本，发放到全区农产品生产主体，全区农产品合格证管理制度全面实行。

【农产品质量安全监管】 制定《2017年度监测计划》，加强抽样检测工作，针对全区重点农产品、上市农产品开展大抽检和重点抽检、快速检测。开展快速检测11950批次，合格率99.9%；定量检测298批次，合格率99.3%。扎实开展“百日攻坚”行动，严查安全隐患。出台《定海区农产品质量安全排雷“百日攻坚”行动工作方案》，开展全面摸底排查，着力解决各领域、各环节存在的重大风险隐患和突出问题。继续完善和推进农产品质量安全追溯体系建设，加强管理，在第一批建设基础上深入推进和完善，激励主体开展追溯体系建设，成熟1家发展1家，2017年新增3家追溯主体，分别为：金塘全其美家庭农场、和盛果蔬专业合作社、白泉张全武家庭农场。

【开展农技推广】 完成全区1017户农业科技示范户物化补贴发放工作；完成6个农业科技示范基地建设。组织区—镇（街道）2级79名农技人员集中知识更新培训。开展集中式为农服务和宣传活动。围绕全区春耕备耕“五送”服务月集中行动，举办专题知识讲座、农产品安全宣传活动、科技周宣传活动、三下乡宣传活动等，科技下乡和专题宣传15次，参加农技人员和领导130余人次，赠送科技书册资料3800余本、种子农资1800包，画板展示180块次。加强农业信息化服务，万村联网工程建站72个，规范率100%。

【农产品出岛行动】 组织18家企业参加浙江省农博会、森博会，“东海瑞草”牌林芝孢子粉被评为森博会金奖产品，康美菌业等3家企业产品被评为优质奖。参与全省“好稻米”评比活动，小沙卫丰农产品专业合作社选送的七彩风粳稻米荣获优质奖。通过农民信箱发布“每日一助”销售信息，助农销售50多万元。

【打造美丽农业】 以舟山跨海大桥、329国道、北向疏港公路三条线为重点，通过免费发放油菜、紫云英

等种子和政策性补助，发动农户种植油菜、紫云英、向日葵等观光与效益相结合的农作物，适度打造农业景观带，累计发放各类种植种子4000余千克，价值30多万元。引导、鼓励有能力的规模生产主体，改善基础服务设施，以特色水果种植、现代设施栽培、农耕文化展示等为主，重点发展休闲采摘、农事体验、农业观光等项目，积极拓展产业功能，进一步提升农业效益，增加农民收入。开展农田环境整治和基础设施改造提升，累计收集废弃物124吨，清除田间垃圾503吨，改造设施大棚15.8万平方米。

【农业标准化推广】 加大标准化推广力度，2017年新编标准化模式操作图1个，区级以上标准模式图达到18个。开展标准化培训9次，培训人数630人。2017年全区农作物种植标准化率达到66%，畜禽标准化生产程度92%。做好“三品一标”（三品：绿色、无公害、有机农产品；一标：农产品地理标志）认定工作。新申报农产品地理标志1个，绿色产品5个、面积168.5亩，无公害产品10个、面积465亩；全区有效期内“三品一标”产品51个，总面积5.1万亩。

【农业产业发展】 做好省级“一区一镇”（一区指现代园区；一镇指特色农业强镇）申报工作，完成定海区现代农业园区规划和小沙、马岙省级特色农业乡镇规划编制并上报，通过省级专家评审；全面开展岑港市级重点农业乡镇建设，做好农业龙头企业培育工作，新培育1家省级农业龙头企业。

【现代生态循环农业】 开展岑港省级区域性现代生态循环示范项目，打造畜禽养殖废弃物综合利用、秸秆综合利用、农药减量增效、化肥减量增效、农业节水、农业物联网技术与管控展示六大系统。

林　业

【概况】 是年，经济林面积75829亩。其中，杨梅种植面积46149亩，产量11440吨，产值3373万元；柑橘种植面积16090亩，产量11660吨，产值3060万元，金塘李栽培面积3600亩，产量2000吨。茶叶种植面积2600亩（采摘面积1400亩）。花卉苗木基地面积4101亩。

2017年定海区茶叶和水果生产情况

表6

指标名称	计量单位	数量	指标名称	计量单位	数量
一、茶叶生产			8.猕猴桃园	公顷	19
(一)茶园总面积	公顷	173	9.其他果园	公顷	316
本年新增面积	公顷	0	(二)水果总产量	吨	30098
本年采摘面积	公顷	93	1.柑橘	吨	11660
(二)茶叶总产量	吨	5	柑	吨	1100
1.春　茶	吨	5	橘	吨	8760
2.夏　茶	吨	0	橙	吨	
3.秋　茶	吨	0	柚	吨	1800
二、水果生产			2.梨	吨	1020
(一)果园面积合计	公顷	4882	3.桃子	吨	870
1.柑橘园	公顷	1073	4.杨梅	吨	11440
2.梨　园	公顷	63	5.枇杷	吨	170
3.桃　园	公顷	85	6.柿子	吨	500
4.杨梅园	公顷	3077	7.葡萄	吨	2040
5.枇杷园	公顷	49	8.猕猴桃	吨	30
6.柿子园	公顷	57	9.果用瓜	吨	
7.葡萄园	公顷	143	10.其他水果	吨	2368

【森林资源管理】 是年，指导企业做好建设项目使用林地报批的服务工作，受理征占用林地许可项目29个，包括北向大通道、500千伏输变电等重点工程项目，计占用林地面积124.3964公顷。以“平安林区”创建活动为载体，组织开展一系列打击破坏森林资源违法犯罪的专项行动，巩固绿化成果。持续加强林业护林队伍建设，全区现有公益林专职护林队伍11支，计268人。加强公益林建设管理，完成2017年度公益林“占补平衡”及国家级公益林调整工作，调整面积4278亩，并及时更新公益林地籍信息系统数据库；与定海海洋农商银行联合出台《定海区公益林补偿收益权质押贷款管理办法》，办理贷款项目3起，贷款金额

3万元。完成新一轮古树名木普查工作，普查结果显示全区有235株古树。

【森林定海建设】 是年，重点抓好森林抚育、平原绿化、森林系列创建等工作，完成森林抚育经营暨彩色健康森林建设2000亩，涉及金塘、盐仓、白泉、干石览4个镇（街道）；完成平原绿化面积523亩。创建省级森林城镇1个，为金塘镇；创建省级森林村庄2个，分别是小沙街道三东村和金塘镇河平社区。组织开展1次义务植树活动，种植红楠、银杏等树木500余株。

健康森林建设

【林业特色产业建设】 2017年，全区茶叶总产量4.7吨，比上年减少0.3吨，产值520万元，比上年增长15万元；完成2017年定海山茶的生产工作，开展红茶试制，承担举办全市红茶生产现场会；继续实施定海区茶产业提升科技项目，开展定海山佛珠茶研究与产业化提升项目，申报《定海山红茶的研究和开发项目》。完成三叶草山地生态化控草技术的研究总结，开展造地项目上的山稻试种。发挥互联网在技术推广中的作用，推出“悠果农业”微信公众号。

定海茶园

【晚稻杨梅、巨峰葡萄获省“十佳”称号】 8月1日，浙江省农业厅公布2017浙江省十佳杨梅、十佳葡萄推选结果，定海区农业投资开发有限公司选送的晚稻杨梅，获“2017浙江省十佳杨梅”称号；定海区舟泉家庭农场选送的巨峰葡萄，获“2017浙江省十佳葡萄”称号。

定海晚稻杨梅是全国四大优质杨梅品种之一，历史悠久。产业规模已从90年代的1.7万亩增加到现在的4.65万亩，年产值达到5000多万元，入选首批全国名特优新农产品目录，获国家地理标志认证。

定海区舟泉家庭农场是专业生产高档水果的果艺家庭农场，有30多年种植葡萄等水果的历史。通过科学施肥、安全用药、调节水源，该农场种植的巨峰葡萄果大饱汁、味道清甜，多次获得省、市金奖。

林业执法

【概况】 是年，全区森林公安努力践行“绿水青山就是金山银山”重要思想，坚持科学发展观，秉持“立警为公，执法为民”理念，紧紧围绕建设“森林定海、美丽定海”目标，强化队伍建设，认真履行岗位职能，扎实推进森林公安、森林消防、野生动物保护等一系列工作顺利开展，实施系列打击破坏森林资源的执法专项行动，促进林区生态建设和林区治安和谐稳定。

【执法活动】 是年，开展“2017利剑行动”“2017利剑2号”林区禁种铲毒专项行动、打击猎捕经营野生动物行为、清理象牙制品行动、“迎接十九大、忠诚保平安”主题活动、“飓风1号”行动，“严厉打击盗采滥挖野生植物等涉林违法犯罪专项行动”等一系列专项执法活动，出动执法人员200多人次，车辆100多台次。检查酒店宾馆70家、农贸市场4个、野生动物驯养户30家。查处各类林业案子9起，与上年同期相比，林业行政案件数量下降40%。历年遗留的采石宕口非法占用林地的案件得到妥善处理，并纳入正规审批程序。

【森林火灾控制】 是年，全区无森林火灾发生。春节、元宵、清明以及“一带一路”大会、“十九大”期间，全区抓牢“严除火患，严查火案，保护森林，维护稳定”行动主题，提前部署、严密组织、及时处置，确保森林消防平安稳定。实现森林火灾受害率控制在0.8‰以内，森林火灾发生率按林地面积2.87万公顷计算，远低于20次/10万公顷的要求，森林火灾控制率均在8公顷/起以内的考核目标。

【森林消防宣传】 3月，组织开展“浙江省森林消防宣传月活动”，在全区各中小学开展以“关注森林消防，共筑绿色家园”为主题的“五个一”教育活动。清明节期间，分发《清明节森林防火告家长书》《森林防火宣传图册》等宣传资料5000余份。在“十九大”森林消防安保期间，按照“无火情、无火灾、无事故”的要求，严格执行“森林禁火令”内容，分发《森林禁火令通告》200余份。

“3·19”森林消防宣传日

【引水上山防火情】 实施“引水上山”工程，进一步提升森林防火能力，投入资金22万元，在原有84只森林消防蓄水桶的基础上，又补充购置88只森林消防蓄水桶，发放至各镇、街道，在各地山林重点部位安装蓄水桶，作为小型蓄水点，实现“引水上山”功能，配合高压水泵的使用，为森林火灾扑救提供水源支持，达到“以水灭火”的目的。

【野生动物保护】 4月，在“爱鸟周”和“陆生野生动物宣传月”期间，宣传《野生动物保护法》、《野生动物保护实施条例》和《浙江省陆生野生动物保护条例》。救助各类受伤或病弱的野生动物60多只，视具体情况送青青世界野生动物救护点暂养或在野外放生。开展“双随机”监管抽查活动，对全区野生动物养殖场所的证件资质、场地设施、养殖技术、卫生防疫等方面进行检查。

【湿地保护】 是年，根据区政府制定的《定海区湿地保护规划》要求，开展湿地保护管理相关工作。结合“世界湿地日”宣传活动，与五峙山鸟岛管理站配合，共同开展以五峙山列岛鸟类省级自然保护区湿地环境保护及“湿地减少灾害风险”为主题的湿地保护

“世界湿地日”宣传活动

宣传活动。展示宣传五峙山鸟岛环境、鸟类等照片的图板30多块，宣传介绍五峙山鸟岛保护区的基本情况和丰富的湿地资源，以及在岛上生存繁衍的黑嘴端凤头燕鸥、白天鹅、黑脸琵鹭、黄嘴白鹭等国家级珍惜鸟类，帮助民众了解湿地存在的重要意义，提高民众保护湿地环境意识。

畜牧业

【概况】 是年，全区畜牧业总产值1.82亿元，同比减少8.54%，其中，生猪存栏2.8万头、出栏5.61万头；羊存栏0.58万头，兔存栏0.26万只，牛存栏251头。家禽存栏8.67万羽，出栏35.53万羽。全区生猪养殖户10户，存栏规模均在1000头以上，规模化率达到100%；禽类养殖户444户，规模以上（鸡、鸭存

栏2000羽，鹅存栏500羽）养殖户7户，占总户数的1.58%。肉类、禽蛋分别达到4794.1吨和583.4吨，畜牧综合生产能力稳中有降。

2017年定海区畜牧业生产情况

表7

指标名称	计量单位	数量	指标名称	计量单位	数量
一、生　猪			鹅	万羽	5.53
1.生猪年末存栏头数（含未断奶小猪）	万头	2.8	五、兔		
繁殖的母猪	万头	0.23	1.兔年末存栏只数	万只	0.26
其他生猪	万头	2.57	皮肉兼用兔	万只	0.04
2.年内肥猪出栏头数	万头	5.61	长毛兔	万只	0.22
3.猪全年饲养量	万头	8.41	2.兔年内出栏只数	万只	0.08
二、牛			六、养蜂年末箱数	箱	60
1.牛年末存栏头数	头	251	七、畜禽产品产量		
其中：良种及改良种乳牛	头		1.肉类产量	吨	4794.1
2.年内牛出栏头数	头	183	猪肉	吨	3929
三、羊			牛肉	吨	36.3
1.羊年末存栏只数	万只	0.58	羊肉	吨	137.6
2.年内羊出栏只数	万只	0.92	兔肉	吨	1.1
四、家禽			禽肉	吨	648.2
1.家禽年末存栏只数	万羽	8.67	其它	吨	41.9
其中：肉禽	万羽	4.29	2.禽蛋产量	吨	583.4
蛋禽	万羽	4.38	3.蜂蜜产量	吨	4.4
2.家禽年内出栏只数	万羽	35.53	4.蜂皇浆产量	千克	
鸡	万羽	19.25	5.牛奶产量	吨	
鸭	万羽	10.75	6.兔毛产量	吨	1.88

【拆除不合要求的养殖场】 是年，根据《定海区畜禽养殖污染治理行动方案》和《舟山市定海区畜禽养殖禁养区、限养区规划》，以剿灭劣Ⅴ类水大行动为契机，再次排摸可能对小微水体造成污染的畜禽养殖场，关停畜禽养殖场48家（包括空场6家），涉及资金2500万元，涉及栏舍面积1.75万平方米，涉及生猪55头，禽类14.16万羽，其他畜禽0.41万只。

【畜牧产业提升】 是年，全面推动美丽牧场建设，倡导绿色生态产业，成功打造9家“场区布局合理、设施制度完善、生产全程高效、资源循环利用”的市级美丽牧场。积极落实市政府指标任务，实施华晟牧场改扩建项目，以提高猪肉自给率为目标，创新应用自动化环境控制系统、数字化饲喂管理系统、农牧结合生态循环工程等，成功申报农业部数字化农业试点项目，计划于2019年10月完成竣工验收。

【深入推进智慧畜牧业建设】 是年，完成省级智慧畜牧业云平台各模块的应用推广。实现畜牧生产管理、动物防疫、动物检疫、无害化处理等模块应用，推了智慧畜牧业手机端APP，完成畜牧业县级追溯平台开发，进一步强化和完善我区的可追溯体系建设。推广犬类免疫模块应用，通过建立犬类狂犬疫苗免疫电子档案，免疫标识信息化管理等方式，补齐省级平台缺乏犬类狂犬疫苗免疫可追溯管理方面的不足。

【落实畜禽养殖污染监管机制】 是年，完成线上监控平台建设，进一步强化畜禽养殖管理和畜禽污染排放管理。在全区保留的10家生猪规模养殖场的畜禽排泄物处理池等关键位置安装网络摄像机，各场信息通过互联网上传数据，并将平台纳入区环保局的监管范围，可随时监控各养殖场生产、排污情况，有效防止偷排漏排等现象。

【引进第三方专业公司治理畜禽养殖污染】 畜禽养殖污染整治第三方运营和农牧对接模式效果良好。舟山扬锦机械科技有限公司继续作为第三方专业公司，与养殖场签订委托处理合同，开展畜禽养殖污染治理，全年未出现养殖污染问题。林宝农业专业合作社继续作为全区的畜禽粪便收购加工企业，进行粪便有机肥加工，及时处理畜禽排泄物，与其他种植户形成互补实现资源化利用。

【动物疫病防控】 是年，制定《定海区动物防疫政府购买服务试行方案》，在全区全面推广政府购买动物防疫服务，形成政府组织、部门监督指导、社会力量具体承接落实动物防疫公共服务的工作模式，进一步健全基层动物防疫工作长效机制，促进基层动物防疫力量的稳定。开展重大动物疫病日常免疫和春秋两季集中免疫，完成禽流感免疫16.65万羽，口蹄疫14.81万头次，规模养殖场的免疫密度、牲畜二维码佩戴率、免疫档案建档率均达到100%。开展重大动物疫病监测，应对H7N9亚型流感病毒，抽检禽类血样362份，牲畜血样304份，抗体检测合格率均在70%以上。

【畜产品安全监管】 是年，全区大力实施规模养殖生态畜牧业发展、动物疫病防控、畜产品质量安全监管的“三元合一”管理模式，加强瘦肉精等违禁药物检测，进一步提升我区畜牧产业发展后劲。全面加大生猪尿液“瘦肉精”检测抽检力度，抽检养殖环节盐酸克伦特罗、莱克多巴胺、沙丁胺醇397份，检测结果均为阴性，合格率100%。开展多项畜牧业投入品及肉品专项检查，进一步加大对饲料、兽药生产经营单位、养殖场、肉品交易市场和屠宰企业的检查力度，检查兽药经营店和养殖场195家次，出动执法人员331人次，未发现违规行为。狠抓动物流通监管与检疫管理，严格调入备案和调入地报验制度。实施家畜产地检疫4.27万头，家禽产地检疫32.14万羽。签发《浙江省调入动物和动物产品备案单》25份。严厉打击动物卫生违法行为。办结省外调入动物及动物产品未备案4件，罚款金额2000元。

农业机械装备

【概况】 是年，全区机械总动力116093千瓦（统计指标变化，故数据大幅减少），其中柴油机98452千瓦，汽油机2851千瓦，电动机14790千瓦。拥有耕作机械848台，7554千瓦；种植机械62台，480千瓦，其中水稻插秧机58台；收获机械119台，5295千瓦，其中联合收割机117台，5289千瓦；农产品初加工机械384台，3493千瓦；植保机械343台，771千瓦；排灌机械2034台，8112千瓦；运输机械501台，8051千瓦；其他机械387台，6213千瓦。农业机械原值25182万元，净值12899万元。全区粮食生产综合机械化水平达到75%，农业机械化程度显著提升。

【农机购置补贴政策】 部署农机各项补贴宣传活动，展示农机购置补贴宣传画板、张贴宣传标语、图示补贴产品，确保农机购置补贴政策落到实处。是年，全区购置补贴机具343台，投入有财政补贴的农机装备购置总额达240余万元，享受各级财政补贴资金149.8万元，其中中央补贴资金81.049万元，省级补贴资金10.325万元，市级补贴资金27.0052万元，县级补贴资金31.4302万元。在农机购置补贴政策的带动下，全区农业机械得到快速发展，首次引入四轮自走式喷杆喷雾机4台，首次引入无人植保飞机1架，全区水稻植保机械水平大幅提升；新增设施连栋大棚48965平方米。

【农业领域“机器换人”】 部署落实农业领域“机器换人”示范乡镇、示范基地创建工作。根据省农业厅印发的《农业“机器换人”示范县、示范乡镇（园区）、示范基地建设规范（试行）》建设标准指标，组织小沙街道、岑港街道及所属3家合作社落实创建目标任务、工作重点、具体措施，经创建单位自评申报，省、市分级审核评价及网上公示，小沙街道、岑港街道被认定为浙江省农业“机器换人”示范乡镇（园区），江桥合作社、荣丰合作社、舟定家庭农场被认定为浙江省农业“机器换人”示范基地。

【农机安全宣传教育】 根据定海农机生产特点，制定《2017年度农机安全宣传教育工作计划》。结合春运农机安全生产工作、安全生产年、打非治违、安全生产宣传月、农机安全生产大排查大整治等各项专项整治行动，充分利用电视、广播等新闻媒体，运用农民信箱农机信息平台、宣传窗、横幅标语、宣传车等宣传工具，有针对性地开展安全宣传教育。深入镇（街道）、村（社区）、户宣传《中华人民共和国道路交通安全法》、《农业机械安全监督管理条例》等农机安全生产法律法规、农机安全操作知识、农机典型事故案例等，着力普及农机安全生产知识。通过组织农机安全片组工作座谈会及开展农机安全生产知识咨询宣传活动、农机安全知识培训等形式，扎实开展宣教活动，增强广大农机操作人员安全生产意识。

【农机安全专项整治】 强化源头管理，严把拖拉机注册登记、驾驶员培训考试以及年度检审验关。是年，检验上道路行驶拖拉机460台，检验率超90%，对6名经培训考试合格的驾驶员核发驾驶证。开展安全执法检查16次，组织检查人员82人次，检查上道路拖拉机980台次，查处各类违法违规行为66起；

金塘驾驶员培训

检查纯农田作业农机具130台次；检查农机维修网点27家次，排查出5项安全隐患，并得到整改。开展拖拉机集中报废解体工作，全年办理拖拉机报废手续54台，其中大中型拖拉机45台，小型变型拖拉机9台。

农业经营管理

【农村集体资产股份合作制改革有序推进】 是年，在政府主导，镇、街道推动下，各股份经济合作社继续深化农村集体资产股份合作制改革，至年底，发放股权证83863本，发放率98%。同时，与区海洋农商银行合作，按《定海区渔农村股份经济合作社股权质押贷款管理办法（试行）》规定，试行农村集体资产股权质押贷款业务，全年贷款610万元。

【农村产权交易平台运行】 定海区农渔村产权交易网上服务平台开始运行，内容涉及集体房屋、土地流转（耕地）、非农建设用地、土地流转（鱼塘）、设备、个人股权、工程建设等交易项目。从2016年起，单项底价在50万元及以上的农渔村产权交易项目，原则上纳入区农渔村产权交易中心统一交易；单项底价在50万元以下的农渔村产权交易项目，纳入镇（街道）农渔村产权交易中心统一交易。是年，年完成交易额648万元。

【加强股份经济合作社指导与管理】 是年，按照全省村级组织换届统一部署，做好股份经济合作社换届选举指导工作；贯彻中共中央国务院《关于稳步推进农村集体产权制度改革的意见》，开展经济合作社股份合作制改革的“查漏补缺”和“回头看”，抓紧发放未发的股权证，做好股改后续工作，妥善处理有关股改的信访件。加强股份经济合作社预决算和收益分配监督管理，指导监督股份经济合作社确定当年可分配净收益的范围，严格按规定顺序进行分配，规范分配方案的确定程序。加强与农村金融机构的沟通协作，逐渐扩大股权质押融资试点的范围，继续探索赋能活权，逐步使农民手中的“硬本本”变为实用的“活资产”。

【强化农村集体“三资”管理】 是年，贯彻《浙江省农村集体资产管理条例》，严格落实《定海区农村集体资金资产资源管理办法（试行）》《定海区农村产权交易管理办法》等制度，加强村级非生产性开支、财务票据管理及基建工程项目各环节的监管；按省农业厅部署组织开展村级资产资源合同的专项清理活动；将股份经济合作社集体资产的租赁、转让、渔农村股权、土地承包经营权等，逐步纳入渔农村产权交易平台进行交易，平台累计完成交易9宗，交易金额2272万元。继续推行重大事项“五议二公开”制度，进一步规范公开程序、公开内容，把民主管理和财务公开落到实处。坚持审计监督和网络监管，通过镇（街道）自审、互审、区站重点审的方式，全面落实“三年一轮审”工作任务。是年，完成自审、互审和重点审项目32个，审计资金14320万元。

【发展农渔村集体经济】 是年，根据省委、省政府办公厅《关于实施消除集体经济薄弱村三年行动计划

发展农渔村集体经济工作推进会

的意见》和市委、市政府办公室《关于加快发展渔农村社区集体经济的若干意见》精神，出台《关于加快发展农渔村集体经济的若干意见》，成立区发展农渔村集体经济工作领导小组和区农渔村集体经济发展项目管理小组，制定区领导联系和部门（单位）结对帮扶发展农渔村集体经济方案，多措并举，鼓励扶持农渔村集体经济发展。年内全部完成15个省定集体经济薄弱村脱贫任务，全区142个股份经济合作社达到年收入10万元以上、年经营性收入5万元以上目标，消“薄”比例达到100%，两年任务一年完成。收集遴选农渔村集体经济发展项目45个，涉及投资主体49个。

【明确农民负担监督管理职责】 继续实行农渔民负担党政“一把手”负总责制度和“谁主管、谁负责”的部门工作目标责任制及责任追究制度。强化源头控制，严格执行村级报刊订阅限额制和向村级组织收费审核、向农渔民收费申报制度。根据省农监办《关于印发2017年全省农民负担监督管理工作要点的通知》（浙农监办〔2017〕2号文件）精神，年初明确各镇（街道）源头监管工作的分管领导和具体审核责任人，监管工作落实到位。对2017年度村级报刊实际订阅情况进行检查，没有发现超限额订阅情况。规范“一事一议筹资筹劳”财政奖补项目监管，会同区财政局审定了全区47个“一事一议”筹资筹劳项目，项目总投资为3385万元，其中省级财政奖补1500万元，区、镇财政安排942.5万元，村级自筹资金942.5万元。通过“一事一议”财政奖补项目，农村排污管网、村级道路、停车场等基础设施建设得以顺利开展，村容村貌得到很大改善。

【实行农民负担阳光监督】 继续深化“以信息化透明公开”为重点的农民负担阳光行动。利用“定海农林与海洋渔业局”网络平台，宣传各项减负、惠农政策。实行“农民负担阳光监督”多渠道全方位公开，公开涉农收费、惠农政策、农民负担投诉电话等内容。2017年全区没有发生农民负担投诉案件。

【农村土地承包经营权确权登记颁证工作】 是年，全区土地确权工作继续稳步推进，至年底，114个股份经济合作社基本完成权属调查、外业指界和图解实测，进入审核公示、农户确认签字环节。完成承包地测绘农户37613户、实测承包地面积56179亩、实测地块64546块，实测地块原合同面积50184亩，测绘率89.3%。65个村社完成数据审核校对公示，2488户农户完成确认签字。

开展农村土地确权现场测绘

【土地流转工作】 新增土地流转面积571.88亩，其中5—10年的422.42亩，占73.86%；10年以上的111.94亩，占19.57%。全区累计土地流转面积36537亩，占家庭承包经营面积的57.1%，其中10亩以上实行规模经营的面积达26830亩，占总流转面积的73.4%，流转去向逐步向专业大户、农民专业合作社、家庭农场发展。

【农民专业合作社】 开展以“清理整顿、规范提升、发展壮大”为核心内容的农民专业合作社提升活动，开展合作社示范性规范化创建。是年，引导注销僵尸、空壳合作社9家，新认定区级规范化农民专业合作社3家，市示范性农民专业合作社2家。至年底，农民专业合作社184家，区级规范化以上合作社49家，其中省级示范性农民专业合作社2家。36家合作社的基地或产品被认定为无公害基地或无公害农产品，其中绿色食品7个，无公害农产品29个。注册产品商标的合作社27家，其中市级著名商标4个。多个合作社的产品在市级、区级评比中获奖。2017年新认定区级规范化家庭农场3家，市示范性家庭农场1家，至年底，注册家庭农场农民专业合作社92家。2017年，新认定市示范性农旅采摘基地3个。

【“三位一体”建设】 继续深化生产、供销、信用“三位一体”农民合作经济组织体系建设，区、镇（街道）运行正常，农合联农业生产服务中心、农合联农民合作基金、区农合联农民资金互助会从生产、销售、金融、信息、品牌、培训等方面，为农民合作经济组织和广大农户提供综合性、一站式、精准化服务，有力地促进了农村社会经济的发展。

农林执法

【农资信用体系建设】 根据《定海区农资信用体系建设实施意见》和《定海区农资信用体系等级评价办法》，联合市市场监管局定海分局、区供销社组成区农资信用体系等级考评小组对全区37家农资企业进行信用等级评定；完善“三网三制”（农资现代流通网、农资监管监督网、农资信用信息网和农资企业生产经营诚信制度、农资企业信用评价制度、农民利益受损补偿制度）；与全区农资经营企业签订诚信经营承诺书，要求其诚信惊醒，并实行高毒高风险农药定点实名专柜销售，禁限用农药退市承诺。是年，继续开展农药废弃包装物回收工作，由区供销社牵头，执法大队配合，督促农资企业进行农药废弃包装物的回收。

【“绿剑3+X”系列执法行动】 区农林执法大队出动农业执法人员425人次，检查农资经营单位389家次，检查种养殖基地72家次。监督抽样农业投入品34批次，例行抽样农业投入品9批次，农业投入品抽样合格率为93%，例行抽样农产品38批次，合格率达100%。监管与宣传教育双管齐下，使辖区内农业违法案件呈明显下降趋势。全年立案查处农业行政处罚案件2起（经营劣质农药案与经营不符合产品质量标准的饲料添加剂案），涉案金额1510元，罚没款5769.8元。调解成功4起农业生产事故（2起梨纠纷与2起水稻药害，均由涉事农资经营方指导用药不当所致），赔偿金额4.05万元。

【农资打假联合执法行动】 区农林执法大队与市市场监管局定海分局组成联合执法检查组，对全区主要农资生产企业、经营单位开展联合执法检查。重点检查农资经营主体资质是否合法；种子、农药、肥料、兽药、饲料的经销档案是否完整规范；农资产品质量和标签标识是否存在违规行为；是否存在经营销售禁用农药、兽药的违法行为。经检查，未发现违法、违规现象和行为。

【放心农资下乡】 是年，联合市场监管、供销和乡镇农办，在小沙、干𪩘、金塘三地开展“2017放心农资下乡保障春耕生产”服务活动，为农民送去质优价廉的农资和内容丰富的农业耕作技术，受到群众的热烈欢迎。活动接待当地群众3000余人，接受咨询100余人次，免费发放小包装种子3600包，小包装农药4500瓶，让利销售化肥3吨，发放各类宣传资料2000余册。

放心农资下乡

【高毒农药管控】 是年，加强高毒高风险等禁、限用农药的管控。着重强调农资经营单位要严格落实高毒高风险农药销售制度，严格执行高毒高风险农药分开存放专柜销售，并设置明显的警示标识；建立高毒高风险农药实名购销记录制度，做好实名销售台账，实现流向可追溯，并指导购买者科学、合理用药，减少高毒限用农药的施用，推广绿色、低毒、低残留农药。

【打击侵犯品种权和制售假劣种子行为专项行动】是年，按照“属地管理、检打联动、部门协同、标本兼治”原则，坚持部门打假与举报维权相结合，坚持抽检各类种子和检查种子制作及经营企业相结合，着重检查各种子生产经营企业和重点农作物种子。

【农资店店容店貌专项整顿】 从“硬件环境、服务规范、产品陈列”三大方面，对试点经营门店的店容店貌进行专项整顿。重点整顿定海区大地种业、军民、兴农等3家农资企业，作为首批样板经营门店。店面上方统一制作悬挂品牌标识，门店周围环境力求清爽整洁；生产经营场所与仓储区、生活区严格分离；货架、货柜规格基本统一，排列有序；产品分类按品种整齐堆放，且明码标价。试点整顿效果比较明显。

【加拿大一枝黄花防除成效显著】 根据省、市重大农业疫情防控指挥部文件的精神，全区动员，围剿一枝黄花工作。除治分春季和秋季两阶段进行，春季以化学防治为主（即喷洒化学除草剂），除治面积3300亩，其中化学防治3225亩，占总发生面积的97.8%，翻耕复种25亩，其他方法防治50亩；秋季统计面积2800亩，防治2800亩，占总发生面积的100%。春秋两季总用工数达到3491工，市、区、镇（街道）三级累计投入资金约95万元。至10月底，全区一枝黄花防除任务基本结束，效果良好。

【获评全省农业综合执法示范窗口称号】 是年，区农林执法大队获评“全省农业综合执法示范窗口”单位，成为全省11家获此殊荣的单位之一。继2016年后，大队再次被授予“浙江省农业综合执法示范窗口”称号。

新农村建设

【美丽海岛社区创建】 累计投入资金约1.15亿元，开展“美丽海岛”社区创建55个，成功创建市级精品社区19个，特色社区11个；实施小公园建设、村道硬化绿化、墙体粉刷等项目660余个，保持村庄环境整洁，全面提升农渔村环境面貌。

【农村生活垃圾分类收集处理】 是年，全区16个开展生活垃圾分类工作的社区（村）中除胜利村和茅岭村因城中村改造外，社区（村）均建立“户分、村运、镇集中”垃圾分类处理体系。农村环境卫生面貌得到改善，村民生活垃圾分类意识得到提高。

【美丽风景示范线建设】 投入4315万元打造天籁路美丽风景示范线1条，完成路面改造、交通设施建设、绿化整治提升等16个项目。投入2513万元，提升双谷美丽风景示范线，完成主干道两侧田园风光打造、农房改造等5个项目，形成北向25千米沿线美丽风景。

【开展农渔村水环境治理】 开展水源地农村生活污水治理，计划新增受益农户1315户。双桥街道、环南街道开始进入施工建设阶段，金塘镇化城寺水库、盐仓街道虹桥水库农村生活污水治理项目处于招投标阶段。

【开展指导员工作】 是年，全区有69名农村工作指导员派驻社区，其中市派指导员21名，区派指导员48名。在驻社区期中，指导员走村入户，发挥自身优势，为百姓排忧解难，为社区出谋划策。期间，走访农渔户3367户，调处矛盾纠纷352次，落实基础、经济项目99项，落实扶贫资金843.15万元，捐赠物资30.29万元，指导党组织生活175次。

【推进扶贫开发工作】 是年，以全区农渔民（以户为单位）共同生活的家庭人员人均月收入低于最低生活保障标准的2倍左右为标准（以家庭人均收入16000元为标准），核定在册低收入农渔户3905户，6106人，建立市级扶贫基地21个，吸纳低收入农渔户121户，鼓励村经济合作社等非财政拨款主体吸纳低收入农渔户，提供公益性岗位6个，吸纳低收入农渔户6户。向市农委报送11个镇（街道）敬老院和老年活动集中点的家电赠送申报表，50名敬老院残疾人和463名在册低收入户的赠送物资申报表。对有劳动能力且有创意增收意向的低收入农渔户进行“星火计划”培育，全区有7户低收入农渔户成为自主创业培育人。

【农渔村历史文化保护】 投入资金4500余万元，建成马岙楼门街、陶艺馆、历史文化长廊、五四新屋里四合院、杨家池古井、林氏祠堂修缮、金塘李子苑、紫微木偶戏展览馆、茶人谷步行溪等精品节点，其中马岙社区、柳行社区被列入省级重点历史文化村落保护利用单位。

马岙社区古建筑修复林氏宗祠

（撰稿：王益芬）

（本类目照片由区农林与海洋渔业局提供）

责任编辑：鲁学伟

海洋渔业

概　述

2017年，定海区海洋与渔业工作，紧扣“十三五”时期海洋与渔业工作任务，以深化供给侧结构性改革为主线，着力推动海洋与渔业工作转型升级，顺利完成各项目标任务。是年，全区渔业总产量16.11万吨，总产值17.37亿元，同比分别减少9.05%和增加11.23%。其中，国内捕捞总产量4万吨，总产值2.52亿元，同比分别基本持平；远洋捕捞总产量11.50万吨，总产值13.28亿元，同比分别减少5.91%和增加18.57%；水产养殖总产量6064吨，同比减少8.89%，总产值1.49亿元，同比减少0.66%。

海洋综合管理

【海域使用管理】　是年，完成用海项目确权59个，核发海域使用权证60本，确权用海面积725.18公顷，其中变更项目45个，面积429.48公顷，新增项目14个，面积295.70公顷；完成年审项目187个，收缴海域使用金1406.60万元，减免海域使用金31.40万元；提供海域使用权抵押登记服务，拓展企业融资渠道，办理抵押项目25个，面积100.99公顷，抵押金额194356.47万元。全区变更项目和新确权项目的海域使用金全部及时足额上缴，新用海项目功能区划符合率、环评审核率、确权发证率和海域使用金征收率均达到100%。

【海域使用权招拍挂】　是年，有4宗用海成功挂牌出让，分别为浙江定海工业园区杂货码头工程、定海金塘西堠交通码头工程、浙江定海工业园区2号拟出让海域、金塘北部1号拟出让海域。

【用海项目审批】　是年，完成舟山市华骏船舶工程有限公司金塘沥港货运码头等用海项目审批34个。

【海洋督察】　是年，第二批国家海洋督察组第四组进驻浙江省开展海洋督察工作。根据要求，及时上报相关数据材料30余批次；区农林与海洋渔业局配合国家海洋督察组，实地踏勘金塘木岙填海项目、岑港西大塘填海项目，并补充相关材料。

【海洋环境管理】　是年，全区所有的海岸（海洋）工程建设项目均按要求编制环境影响评价报告书（表），并出具初审意见2份，涉海项目环评率100%。

【陆源入海排污口监测】　根据《浙江省海洋环境监测管理规定》和浙江省海洋与渔业局《关于印发浙江省2017年海洋生态环境监测工作计划的通知》要求，委托舟山市海洋环境监测预报中心对定海区39个陆源入海排污口进行监测，完成2017年度定海区全部39个陆源入海排污口的水质取样、分析等工作，相关数据已上报。

【海洋环境监测】　根据《浙江省海洋环境监测管理规定》和2017年度海洋环境监督管理的任务要求，制定完成《2017年舟山市定海区海洋环境监测工作计划》，并委托舟山市海洋环境监测预报中心对定海区海洋环境进行监测，监测数据全部上报浙江省海洋监测预报中心。

【海岛整治修复项目监管】 是年，干礁镇环境保护和第一段河道整治修复项目全部完工，修复河道810米，河道二标段施工完成830米，三标段施工完成500米。干礁镇环境保护和整治修复项目污水管网施工11.2千米；环南街道摘箬山岛海岛整治修复项目码头部分完成并通过验收，道路部分东岙到北岙段路基开挖修整完成，排水系统完成，进行路面浇筑；北岙到西岙段路基开挖500米。

【开展岸线调查工作】 是年，开展海岛岸线及保护与利用现状调查，完成11个海岛的调查，海岛岸线长度111.23千米，海岛总面积125.64平方千米，完成了项目总工作量的25.8%。

开展岸线调查

【开展海岛统计工作】 2月，组织海洋、交通、港航、环保、国土、水利、统计、电力等10余个相关单位部门，开展海岛统计相关工作。统计内容涵盖海岛生态保护、海岛开发利用、海岛人居环境、特殊用途海岛保护、海岛管理等方面。经过收集、试填、筛选、修改、汇总等阶段后，将2016年海岛统计报表汇总核实后上报。

【开展海洋经济联网直报工作】 是年，经数据筛选、账号申请及基础信息填写，全区有效涉海企业112家，分别涉及海洋渔业、滨海旅游业、海洋设备制造业、海洋交通运输业等12种海洋产业类型。各企业高度重视，安排专人负责统计、审核、上报，在规定工作时间节点内完成涉海企业海洋经济信息直报工作，保证上报数据的准确性、时效性。

【开展第一次全国海洋经济调查工作】 5月，正式启动全国海洋经济调查工作，制定实施方案，选聘2名指导员和20名调查员，对全区范围内从事海洋产业法人单位数量、规模、行业类别、分布等开展清查，从全区1789家涉海企业中认定调查对象849家。至年底，清查摸底工作全部完成，编制形成涉海单位名录；产业调查工作完成67%；专题调查工作已完成海岛、临海开发区、防灾减灾和节能减排等19张表格的入户信息采集工作以及海洋工程和围填海专题信息核实工作。

海洋捕捞

【概况】 至年底，全区有机动渔船456艘，比上年末增加37艘，总功率165805千瓦，总吨位120750吨。捕捞总产量155079吨，比上年减少11.70%，总产值158044万元，比上年增长12.02%。其中国内捕捞渔船292艘，主要以拖网为主，占国内捕捞总产量的79.85%。捕捞作业类型有拖网（包括双拖、单拖和拖虾）、张网（包括张网和帆张网）、围网、刺网和蟹笼等，主要分布于全区7个镇（街道）。国内捕捞总产量40040吨，总产值25235万元，基本与上年持平。远洋捕捞渔船124艘，比上年底增加50艘，主要以鱿钓作业为主，总产量115039万吨，总产值132809万元，分别比上年减少5.91%和增加18.76%。

【捕捞转型升级】 推进渔船更新建造，总投资1200万元，新建2艘玻璃钢金枪鱼延绳钓渔船。实施7艘国内捕捞渔船渔舱卫生设施和保鲜设施改造。推动木质渔船淘汰，拆解29艘。

【油价补贴发放】 是年，发放渔业油价补助资金16677.94万元，284艘渔船受益。其中发放国内捕捞生产成本补贴资金3347.24万元，远洋捕捞资源开发利用补助资金13330.7万元。

水产养殖

【概况】 是年，全区有水产养殖面积2.03万亩，水产养殖产量6064吨，实现产值1.49亿元。海水养殖面积0.96万亩，产量3819吨，产值1.21亿元；淡水面积1.07万亩，产量2245吨，产值2869万元。

【虾、蟹养殖】　是年，南美白对虾高位池精养面积已达到3961亩，大棚养殖面积592亩，有18家单位从事南美白对虾高位池精养，有15家单位从事钢质塑料大棚工厂化养殖。2017年度放南美白对虾苗1.95亿余尾，产量2599吨，产值7811万元。南美白对虾大棚设施精养年均亩产达2500千克，亩效益7.5万元；　高位池精养亩产1000千克左右，亩效益3万元；比一般养殖户每亩增产500千克，亩效益增收10000元。三疣梭子蟹底增氧高产精养亩产达50千克，亩效益达6000元，较一般养殖户亩增产25千克，亩效益增收3000元。水产养殖经济效益和社会效益不断提升。

【水产养殖生态化改造】　是年，完成水产养殖塘生态化改造（新建）500亩，完成投资530万元。开展渔业水质和底质常规监测92批次，完成投资18万元。

【基础设施提升】　是年，定海旭旺养殖场投资1050万元，新建工厂化养殖车间9450平方米，改建工厂化养殖车间28350平方米，新建养殖池周边道路550米，对2600米进水渠道进行清淤、挖泥、筑坝，对1700米排水渠道进行清淤、挖泥。新增底部增氧设施7套、400千伏安变配电设施1套、10吨生物质锅炉1台。定海大满养殖场投资680余万元，新建工厂化养殖车间9450平方米，改建工厂化养殖车间28350平方米，新建养殖池周边道路550平方米，2600平方米进水渠道清淤、挖泥、筑坝，1700米排水渠道清淤、挖泥，新增底部增氧设施7套、400千伏安变配电设施1套、10吨生物质锅炉1台。舟山绿源水产养殖有限公司投资950万元，新建工厂化养殖车间2座，面积25620平方米，内设温室精养塘48个，单个面积484平方米，面积23232平方米；新建长800米宽4米的养殖池道路1条。定海区大巨水产养殖场投资80.5万元，新建对虾苗种暂养池4个，水质处理沉淀消毒蓄水池1个，配套电力设施。定海汇康水产养殖专业合作社投资142.25万元，新建设施大棚4个，面积10亩。

【标准化养殖】　是年，全区省级标准化示范养殖面积达到6650亩。通过认证的无公害产地15家、产品11个，面积4488.79亩。新申报无公害产地2家，产品2个。

【病害测报】　是年，继续做好全区水产养殖病害测报工作，开展渔药店零售监测、南美白对虾流行病学调查和苗种病害检疫工作。有11个水产病害监测点，其中南美白对虾9个，三疣梭子蟹2个，监测面积1431亩，监测品种2个。

【公益性增殖放流】　是年，继续开展公益性增殖放流活动。投入资金30万元，将近3600万尾海蜇幼苗和40万尾黑鲷幼苗分别放流到灰鳖洋和环南诸岛海域上。

灰鳖洋增殖放流黑鲷苗

【现代渔业园区建设】　是年，定海区旭旺养殖场、舟山市绿源水产养殖公司、定海区长白大满养殖场、定海区环南大巨养殖场、定海盘峙水产养殖场、定海海金水产养殖场、定海兴隆水产养殖场等7家养殖场先后被列入省级主导产业区和省级特色精品园。至年底，累计投入现代园区建设总资金6903万元，其中业主投入4110.35万元，省级财政投入630万元，市级财政投入107.5万元、区级财政投入401.4万元。

水产品加工流通

【概况】　2017年，有水产加工企业58家，水产冷库63座，冷藏能力163744吨/次，冻结能力2226吨/次，制冰能力118吨/日，水产品加工产值达38.09亿元，加工水产品12.60万吨，水产品出口5.95万吨，创汇1.88亿美元。涉渔流通和服务业产出1.27亿元。

【水产品出口创汇重点企业】　全区水产企业中6家省级骨干农业龙头企业通过监测合格（西峰、正龙、越洋、恒安、大洋、世创），有4家企业（西峰、越洋、大洋、弘信）取得欧盟注册。这些企业以加工鱿鱼、对虾、虾仁系列、海洋休闲食品为主，属外向型企业，是辖区出口创汇的重点企业。

【水产品贮藏加工销售集散基地建设】　至年底，干䂬西码头中心渔港区域集聚水产品加工企业37家，占全区水产企业总量的63.79%。4月，大洋世家落户国家远洋基地，将打造和完善以水产加工和海洋生物产业为特色的上下游配套创新链。

【水产品加工水平提高】　水产品加工业已发展为速冻、冷藏、腌干制品、调味熟制、海洋生物、鱼粉加工等10余个专业门类，拥有鱿鱼丝、对虾、虾仁、烤鳗鱼、金枪鱼等各种现代加工生产线，水产加工技术装备和工艺水平在全省、全市处于领先水平。

【水产品加工品种拓展】　加工产品从过去传统鱼类、虾蟹类向鱿鱼丝系列、对虾、虾仁系列、蟹、贝类、调味制品等转型，低值鱼类的精深加工得到较快发展，惠群2.7万吨新建冷库项目即将完成建设。水产养殖产品加工、休闲水产品加工发展加快。

【水产品营销渠道巩固扩大】　西峰、正龙、大洋、越洋等水产加工企业通过各类渔业博览会、互联网结交客户，水产品销售由以国外市场为主转向国内、国外两个市场并举。鱿鱼市场得到拓展，初步形成覆盖北京、成都、杭州、福州、武汉等主要城市的鱿鱼营销网络，内外销市场不断巩固扩大。

渔港建设

【西码头中心渔港扩建工程】　是年，定海区在建渔港项目1个，即定海区西码头中心渔港扩建工程。该工程由定海区渔港建设开发有限公司申报并实施，投资概算17503万元，至年底，工程累计完成投资6652.83万元。

西码头中心渔港扩建工程护岸及回填项目

【西码头中心渔港项目进展情况】　护岸回填项目基础工程完成100%，堤身工程完成约90%，镇压层工程完成100%，背坡工程完成100%，陆域回填工程完成约82%。港池疏浚及炸礁项目获得施工图批复文件；施工招标文件编制通过专家评审，并已核算工程量清单、招标控制价。疏浚（一期）项目完成全部工程量，约16万立方米。500吨级浮码头项目，完成勘察设计招标文件，并送至区财政进行审价。海洋环境跟踪监测监理项目，完成招标文件编制，并送至区财政进行审价。

渔业安全

【概况】　是年，全区发生渔业水上等级事故1起，死亡（失踪）1人；发生渔船互相碰撞3起，直接经济损失均在2万元以下，安全生产形势总体平稳，未发生较大以上责任事故，死亡（失踪）人数和较大责任事故均未突破指标。

【落实安全责任】　对各镇、街道渔业安全责任书落实情况进行检查考核，并对安全生产责任书内容进行细化、修改和完善，督促镇、街道—村社区站—渔船主体签订安全责任书，落实好渔船编组生产、渔船了望、锚泊值班、船长管理“三项制度”、渔船动态管理制度、二套系统正常使用开机制度、定人联船、防台联络等各类制度。开展脱管、挂靠渔船排查，进一步明确安全管理责任，消除管理盲点。

【开展宣传教育】 从坚持教育实效出发，制定船东、船长“面对面”教育工作方案。利用伏休、春节期间等渔船回港机会，召开全区性的渔业安全生产会议3场，对渔民群众进行面对面安全生产教育（召开老大会14次，张贴横幅15条，发放宣传资料800余册），船东船长面对面培训人数达402人。利用系统平台，及时传达上级渔业主管部门关于加强渔船安全生产的有关精神。利用平时执法检查，适时开展安全生产知识宣传。

金塘镇船东、船长“面对面”安全教育活动暨渔船安全工作座谈会

【加强安全监管】 是年，检查各类渔船200余艘，基层监管运行落实11个，检查状况总体良好，未发现重大隐患船舶。加强节假日和汛期、雾季、大风等特殊时期的渔业安全管理，落实人员值班督促渔船落实安全防范工作，做好渔船动态管理，通过单边带、信息系统督促渔船落实安全防范工作。按照省市区安全生产主管部门和省市区渔业安全生产大检查实施方案要求，开展了全区渔业安全生产大检查行动，结合渔船开捕，试用海渔通APP开捕检查模块，检查渔船255艘，发现隐患问题51项，全部责令整改。

【做好海事调处】 规范渔船海事调处工作程序，加强与其他县区海事调处部门的沟通协调，加大海事渔事纠纷调处力度，按照“四不放过”原则处理每起渔业海上交通事故，认真做好事故原因分析。是年，调处海事纠纷3起，结案率100%。

【安全演练】 伏休期间，督促各涉渔镇（街道）开展渔船单船安全演练工作，演练重点为渔船消防、应急逃生等课目，参与渔民80多人。积极开展事故调查和救援，全年未发生因救援不及时或处置不当导致事故次生灾害扩大。

渔船救生应急演练

【完成渔船受理检验发证工作】 是年，定海区船舶检验站受理检验渔船423艘次，其中12米以上渔船326艘次，12米以下渔船97艘次，完成发证408艘次，定海籍24米以上证书到期并申请检验的渔船全部完成受检发证。严格落实救生（特别是救生筏、救生浮索、自亮浮灯及安装架子）、消防设备（特别对消防栓、箱、枪、带）检查，经检验合格后发证的渔船全部按要求完成救生筏等救生消防设备的配备安装工作，并拍照存档。对于尾拖网渔船改为桁拖渔船的，逐船确认尾端长滚筒拆除，且尾部开口用钢板连续焊封死后拍照存档。对新建船严格执行渔船开工令制度，完成建造钢质渔船21艘，木质渔船18艘，在建钢质渔船4艘，均符合相关建造规定。

【内河聚乙烯滚塑船建造检验】 首次联合衢州柯城渔船检验站，对柯城内河渔船更新改造项目的125艘聚乙烯滚塑渔船进行建造检验。定海区渔船检验站负责渔船的船体结构、轮机项目检验，柯城渔船检验站负责渔船的救生、消防、信号、航行设备等安装配备检验。该批船材料为聚乙烯新型材料且为内河船。定海区检验站各验船师严格落实渔船建造规范，确保渔船建造质量，获得柯城渔船检验站和渔民的一致好评。至年底，完成交付48艘。

【渔船、船员保险】　是年，全区投保渔船179艘、渔民1350人，收取渔业互保费574.32万元，发生理赔案件57起，赔付213.51万元，其中渔船案件32起，赔付34.12万元；雇主案件25起，赔付179.39万元。为配合做好渔业安全生产工作，浙江省渔业互保协会定海办事处为定海区渔船修造厂提供雇主责任互助保险，分担船厂的风险压力。渔民的保险意识不断提高，渔民的雇主险保险份额达70万元以上，部分保险意识强的会员达到100万元甚至更高。

渔业、海洋执法管理

【概况】　2017年是伏休管理制度实施第23年，全区有247艘伏休渔船按规定休渔。开展渔业执法检查998次，出动执法人员3140人次，检查渔船1500艘次，出动执法车976次，行程20470千米，出动渔政船艇250航次，航时2438小时，航程12356海里，办结渔业违规案件57宗，罚没款38.58万元，没收渔获物5200余千克。清理海上违规网具及禁用渔具2409顶，查扣三无渔船13艘。开展海监执法检查61次，出动执法人员193人次，执法车51次，检查用海单位及用海项目等相关单位112家，行程1425千米，检查岛屿103个，航程1789海里。

【“三战”宣传】　是年，区委区政府制定《定海区2017年“三战”工作实施方案》，建立以区委区政府主要领导和分管领导担任组长、副组长的领导小组，明确各部门的分工及责任。落实《定海区伏休期间市场联合执法检查工作方案》，建立市场检查组、厂点检查组和高速出口设卡检查组3个行动小组，努力实现“沿岸不见绝户网、海上不见应休船、市场不见违禁鱼”目标。在渔船、码头、市场等各地发放各类宣传资料5000余份，在盐仓329国道重要路口安放大型广告牌，滚动播放“今天不捕子孙鱼，明天子孙有鱼吃”等“三战”内容，制作“伏休保卫、幼鱼保护”为主题的公益广告，5月8日至8月1日，每晚在《定海新闻》《金塘新闻》连续播放，制作横幅23幅、在全区主要涉渔镇、街道、渔业码头悬挂，营造强大宣传氛围。

【伏季休渔管理】　是年，制定《2017年定海区伏季休渔实施方案》，逐级签订“伏休责任状”，并落实岸上管理组和海上检查组，建立渔政船艇日常巡航机制。制定《伏休渔政船巡航计划》，落实涉渔乡镇、街道对应休渔船的梳理工作。对应休渔船进行“三重确认”，即镇（街道）自查确认、渔船动态监控系统确认以及渔业执法部门现场排查确认。严格按照“船进港、人上岸、网入库、证集中”的目标，做好伏休管理4项集中。伏休前期间，全区247艘应休渔船按时休渔。落实异地休渔监管工作。伏休期间，为5艘在异地休渔渔船和3艘外地渔船办理异地休渔相关手续。严格落实渔船“定人联船”制度，更新2017年定海区渔船“定人联船”联络表，进行电话抽查和船位核实。对渔船进行登记造册，确保海上不见全区区应休渔船。严格落实“检查一艘、合格一艘、开捕一艘”的规定，开展开捕前检查。

【海蜇特许捕捞专项检查】　是年，批准专项捕捞渔船31艘，严格海蜇捕捞小船审查，安装定位系统，严厉打击非法捕捞行为。检查小型捕捞渔船50艘次，发现整改问题8起。

【开展陆上联合执法检查】　是年，建立联合执法机制，成立伏休期间陆上市场联合执法检查工作组，整合全区市场监管、渔业、商务、经信、公安、综合执法等部门执法力量，采取集中办公、联合行动、综合执法的方式，专项负责“三战”陆上执法工作。通过包干巡查、突击检查、道路设卡、宣传告知等方式，重点对农贸市场（23家）、宾馆、饭店（大型40家）、夜排档（33家）、农渔家乐等开展检查，严厉查处各类非法销售、收购、代冻违禁渔获物行为，实现市场

伏休期检查农贸市场

不见违禁鱼。全年检查农贸市、路边摊点1741家次，餐饮企业322家次，查扣违禁渔获物5200余千克，办结贩卖违禁渔获物案件3宗，罚款6000元。定海“三战”陆上联合执法组3次在跨海大桥双桥收费站出口设卡检查过往车辆，查处非法运载违禁渔获物货车2辆，查扣违禁渔获物120余箱，有效堵住违禁渔获物进入渠道。根据市、区“三战”实施方案的要求，对现有的6家幼鱼收购单位登记备案，伏休期间鱼粉厂一律关停，并加强对网厂的管控，确保生产网目尺寸符合标准的渔具。

【开展禁用渔具整治】 为确保实现沿岸不见“绝户网”目标，制定定期巡航制度，根据制定的渔政船巡查计划，对全区海域进行轮回巡查，对滩涂串网、地笼网，发现一处，取缔一处。特别是在伏休期间，租用清理船艇和人员对全区内的滩途“地笼”、“串网”进行集中清理。是年，组织24次清理行动，累计清理滩涂地笼网、串网2409顶，同时加大宣传力度，督促渔民开展自行清理，确保实现沿岸滩涂不见“绝户网”。

【开展渔船安全执法检查】 是年，区海洋与渔业执法中队联合边防与各涉渔镇（街道），对全区渔船开展安全检查，出动执法人员112人次，检查港口、岙口65次，检查渔船142艘次，重点检查渔船和渔民持证情况，渔船消防和救生设备配备情况，渔船违章载客载货等情况排查安全隐患22起，全部整改完成。

【开展渔业辅助船检查】 是年，开展“渔油船专项整治”活动，严禁无职务证书、无基础合格证（油操证）人员上船作业，坚决杜绝渔油船带病进行生产作业。对未配齐救生、消防设备的船只，要求补齐船上所需救生、消防设备，消除安全隐患，处罚违规渔油船2艘。

【开展抢险救灾】 是年，根据省局春雾季和冬季定点值班任务的要求，开展值班9航次，99天，航程968海里，期间开展安全救助2航次，成功救助渔民2人次。

【“三无”渔船监管】 是年，继续保持对涉渔“三无”船舶高压打击态势，确立以打击“三无”渔船为主线，建立长效常态化管理机制为重点的打击取缔工作目标。要求各镇（街道）落实辖区内“三无”渔船监管 “零申报”制度，密切关注辖区港口码头岙口，一经发现立即上报。7月20日，海蜇专项捕捞开始后，重点加大对小型“三无”渔船的打击取缔。对发现的“三无”渔船予以没收拆解，对涉及刑事违法的人员移交公、检部门，绝不以罚代刑。查处三无渔船13艘，全部拆解完成，并按要求完成归档。

【初级水产品质量执法检查】 是年，开展蚂子湾水产品质量安全大检查，对15家水产养殖单位进行检查，抽样15批次，未发现违规用药等行为。

【海洋执法管理】 是年，落实用海项目“回头看”及“海盾、碧海2017”专项整治工作。全年出动执法人员155人次，检查用海企业及用海项目58个，查处违法用海行为6起，结案2起，罚没款6000元。

【“护岛2017”专项执法行动】 是年，全区有岛屿141个，其中无居民岛屿102个，有居民岛屿39个。根据“护岛2017”方案的要求，联合海域科，对全区的海岛按季度、分区域开展巡查。重点对团鸡山等4个省第一批可开发利用的无居民岛屿及五峙山鸟岛自然保护区、定海南部诸岛、金塘北部岛群等岛进行环岛巡查，开展海上巡岛检查14次，更新岛屿资料64个，未发现违法用岛行为。

【水路货运船舶安全和临时砂石装卸作业点专项整治】 是年，与水利、国土、安监、港航等部门密切配合，协作联动，在海况条件允许的情况下，以每周1次联合执法行动的频率，保持严厉打击高压态势，出动车艇47次，执法人员98人次，排查临时砂石装卸点16个，对排查的问题及时汇总上报定海区水路货运整治办，并提出相关整治意见，有效震慑违法违规行为，切实维护海洋生态环境和海上航运安全。

渔业科技与服务

【渔船安全救助信息系统建设】 至年底，安装固定式北斗船舶示位仪79套；44千瓦（60马力）以上渔船安装AIS防碰终端191艘；136千瓦（185马力）以上安装北斗卫星终端179艘；安装中电科海洋通信技术有限公司海洋Wi-Fi产品设备80套。

【督促渔船通信终端设备正常开机】 做好信息系统工作月度上报、离线渔船核查、终端设备年检等工作。每日对平台渔船在线情况进行检查并台账记录，对离线渔船及时查清原因，跟踪设备故障渔船，督促其到港后及时维修。对省信息系统工作管理平台中离线渔船的信息进行核实反馈并跟踪，直至设备故障处理完成。

【信息系统运行维护管理】 做好新建、转让、更新、报废渔船的终端设备入网、变更或注销手续，全年办理23艘渔船注销、162艘渔船入网；做好24小时应急值班工作，全年通过信息系统短信平台、单边带电台、海上WiFi、老大手机发布宣传、警示以及气象等各类短信115336条，安全救助信息系统平台接收渔船位置信号丢失超过2小时报警469起，接收渔船终端报警46起，实施救助4起；海洋与渔业违法行为举报电话的接听受理21次；加强舟山渔船动态点平台管理，督促各镇（街道）及时完成渔船点验工作；按上级要求开通浙江省海洋与渔业综合管理系统，注册用户32个。

【海域动态监管能力项目建设】 按照省局要求，依据《定海区海域动态监管能力建设实施方案》，稳步推进全区海域动态监管能力建设。该项目预算总经费327万元，完成建设资金326.94万元。主要完成常规监测能力、应急监测能力、信息处理能力、基础数据体系、专线传输网络、视频会商系统、运行保障环境等项目建设。10月，通过项目综合验收。

（撰稿：王益芬）

（本类目照片由区农林与海洋渔业局提供）

责任编辑：鲁学伟

工业经济和信息化

概　述

2017年，区经信科技局围绕定海现代化建设战略目标，服务新区发展大局，对接舟山自由贸易试验区、舟山江海联运服务中心等重大国家战略，以“工业强区、科技强区”建设、产业结构调整、繁荣商贸为重点，狠抓重大平台、重点项目攻坚，实现全区工业经济平稳快速发展和商贸经济繁荣发展，推动科技创新发展。

是年，全区规上工业产值同比增长13.5%，其中区本级规上工业产值同比增长14.2%；全区规上工业增加值同比增长11.3%；全年完成工业总投资139.07亿元，同比增长9.1%；完成工业技改投资89.54亿元，同比增长8.8%；万元GDP能耗同比下降3.4%，单位工业增加值能耗同比下降12%，能源消费总量增长4.8%，煤炭消费总量下降5%。是年，信息经济综合指数为78.8。

工业经济

【重点项目建设】　建立完善重大项目服务联系人网络，确保及时获取和解决项目建设运行中的困难及问题，1—12月，科鑫重工完成主体厂房建设；中海石油舟山石化（泰富）扩建工程项目完成土建工程95%，罐区基础基本完成，将进行3号储罐建设；舟渔明珠工业园项目启动规划设计。

【企业兼并重组】　推进增洲造船与武船舶重工进行股权重组合作，区国资公司与招商局港口有限公司、深圳长航滚装开展股权重组合作。促成本地企业间兼并重组，新金洲海洋食品有限公司兼并重组原舟山京洲水产（司法拍卖），精功农业兼并重组原浙江泰丰粮油。

2017年定海区重点项目建设情况

表8　　单位：万元

项目名称	计划总投资额	是年累计投资额
光汇石油	610000	77484
东方海缆	82000	85
良海粮油	57000	28552
兴业迁建	56000	32046
科鑫重工	50000	12426
泰富石油化工	47000	13987
华和热电	43000	13703
蓝天水产	20000	10695
金鹰锂电池	19000	9281
大洋兴和食品	14000	9080
华业塑机	11520	11477
太平洋海工	11000	4624
纳海固体废物处置	6640	6446
金星螺杆	2000	1710

【工业企业综合评价】 完善工业企业"亩产效益"综合评价体系，出台《舟山市定海区企业综合评价暂行办法》，将2016年末区本级111家规模以上工业企业和用地面积五亩以上的98家规下工业企业列为评价对象，做好企业基础指标信息和经济指标数据的收集、录入，完成2016年度规上企业和用地面积五亩以上规下工业企业综合评价。

2017年定海区规上工业产值分镇（街道）情况

表9　　单位：万元

镇（街道）名称	规上产值完成情况	
	累计产值	累计同比±%
合 计	5677022	13.5
区本级	5206038	14.2
金 塘	208009	19.1
小 沙	1317758	16.3
岑 港	939434	20.2
双 桥	451708	−10.6
白 泉	250180	5.8
干 礁	243899	12.4
马 岙	986821	19.5
盐 仓	177934	8.6
环 南	605214	19.8
昌 国	25082	11.5
城 东		
临 城	470985	6.2

2017年定海区工业分行业产值情况

表10　　单位：个

行业分类	企业个数	产值累计同比±%
合 计	1990	12.7
机械制造业	1125	9.5
其中：塑机螺杆	804	13.0
水产品加工业	78	12.2
船舶工业	88	19.1
纺织服装业	98	−10.9
石油化工业	11	24.9
建材业	77	15.7
电子电机业	28	−31.8
电力生产供应业	5	6.8
粮油加工业	5	−14.3

【帮扶企业发展】 根据《定海区"千名干部进百企"助企服务季活动实施方案》，确定百家左右企业为主要对象，开展"六个一"企业服务；对船舶、水产、机械、化工等行业40家规上工业企业开展企业减负担降成本专项调研；推进"助保贷"工作，有10家企业提出申请，面向20家小微企业提供免费企业信用评级服务，推荐22家企业申报市级应急周转资金扶持企业，面向103家企业发放中小微企业服务券59.7万元，用于购买签约服务机构服务项目。

【技术改造】 确定金鹰公司年产1万吨三元锂电池正极材料项目、7412工厂热处理产能提升项目等21个项目为2017年省重点技术改造项目，定期进行项目跟踪、服务。

是年，全区累计实施"机器换人"项目120项，零土地技改备案65项。参加省工业投资和"机器换人"考核评价结，获110亩新增建设用地计划指标的奖励；获省财政1000万元资金奖励。

【推进"军民融合"创新发展】 是年，联合舟山海大研究院、浙江海洋大学等单位，草拟《定海区"十三五"军民融合产业发展实施意见》初稿，从宏观角度指引全区军民融合产业发展方向。制定《定海区2017年军民融合产业发展行动方案》，提出2017年底前实现企业"军转民""民参军"实质性突破的年终目标。组织晶源船舶、巨洋科技、长宏国际等企业申

2017年定海区产业大平台建设情况

表11 单位：万元

园区	工业总产值	规上工业产值		工业性投入		基础设施投入		入驻企业（家）	
	是年累计±%	是年累计	±%	是年累计	±%	是年累计	±%	是年累计	历年累计
浙江定海工业园区	11.0	1977206	17.7	417711	2.6	289419	−34.2	8	64
金塘西堠工业园区	19.3	128637	13.3	61771	−8.9	19443	−40.3	0	52
舟山国际粮油产业园区	−10.8	411085	−10.8	85081	−37.0	49212	−42.5	0	23
舟山国际水产品产业园区	13.0	243899	12.4	107136		26884		0	68

报2017年度浙江省军民融合示范企业。新挖掘舟山雷电船舶工程有限公司等重点意向企业，晶源船舶、舟山雷电船舶工程有限公司获得“国军标”认证，保密资格认证完毕。

【企业技能人才队伍建设】 鼓励和引导企业加强人才培育，重点开展技术型人才队伍建设。是年，审核并推荐20余名企业人才参加市中级职称评定。组织增洲、长宏、凯灵（4806）工厂等船舶企业参加2017年“金海重工杯”舟山市海工船舶职业技能大比武，推荐选手12名，其中获奖2名，凯灵（4806）工厂获团体第三名。

2017年“金海重工杯”舟山市海工船舶职业技能大比武

【无动力修造船舶防台风工作】 制订经信科技局2017年无动力修造船舶防台风工作应急预案。更新完善无动力修造船舶防台风安全管理网络，督促企业做好对无动力船舶防台应急预案。台风期间多次赴重点船舶企业开展现场检查，加强对大桥沿线船舶企业检查指导。

是年，参与舟山市无动力修造船舶监控信息平台演练。根据市经信委演练指挥部指示，演练模拟防台各个阶段的工作流程，模拟处置无动力修造船舶各类险情的发生。

【安全生产】 制定行业安全生产责任书，将责任层层分解落实到基层（企业）。督促企业建立健全生产责任制，完善安全生产规章和操作规程，完善安全生产条件。是年，开展各类安全检查（民爆企业安全生产隐患大排查、消防安全大检查、无动力船舶防台风专项检查、工业企业防高温专项安全检查等检查）20余次，检查工业企业、商贸企业等50余家。

2017年3月，化工企业安全生产检查

【民爆行业安全管理】 加强对民爆行业安全管理和监督、落实企业主体责任，多次对浙江顺源化工等重点企业进行安全隐患大排查。2017年，累计开展民爆行业各类安全检查10余次。完善应急救援预案，与消防等相关部门构建应急救援机制，开展应急预案演练。未发生因应急救援不及时或处置不当导致事故次生灾害扩大的情况。

2017年12月14日，工信部督查组到定海区督查民爆行业安全生产工作

是年，组织开展“安全生产月”活动，开展安全生产法律法规宣讲学习、安全生产知识竞赛活动，强化员工安全生产红线意识和法制观念。

【“打非治违”专项行动】 印发民爆行业“打非治违”工作方案，重点检查民爆行业“四超”和“三违”行为。

是年，开展“一打三整治”清厂联合执法行动，组织相关镇（街道）对全区范围内的涉渔船舶修（建）造企业、渔具（网）生产企业、冷库等进行排摸，联合区市场局、区农林与海洋渔业局等单位开展联合执法，检查渔网厂、冷库、渔具销售点等30余家，打击违法生产经营行为。

信息化建设

【促进两化融合发展】 创建2018年工业和信息化重点领域（行业）试点示范（两化融合示范区）区，良海粮油、华业塑机、增洲造船3家企业入选2017年省级制造业与互联网融合发展示范试点企业。

【企业信息化建设】 实施《舟山市定海区企业信息化专项提升暂行实施办法》，围绕企业资源计划（ERP）、制造执行系统（MES）、产品生命周期管理系统（PLM）、供应链管理系统（SCM）普及率这4个主要指标，向企业提供信息化服务。确定华业、久意达、港航重工、元邦科技等9家企业为试点，选取金鹰塑机、精宏机械、德玛吉、博海机械等企业进行ERP建设。全区有华业、久意达等近20家企业开展ERP建设。

【企业上云工作】 是年，组织召开定海区企业上云培训会，邀请省市相关专家学者，为定海企业家讲解企业上云等相关问题。2017年，全区累计上云企业550余家，其中电信150家，移动200家，联通100家，华数100家。

【产业招商引资】 强化电子信息产业招商引资力度，宣传推介定海发展海洋电子信息产业的各方面优势。针对当前兴起的北斗卫星应用、海上卫星通信等产业，开展主题招商、展会招商、上门招商、以商引商，加快引进一批技术水平高、带动性强、市场前景好的重大电子信息项目。重点引进国内外电子信息龙头企业，形成电子信息产业集聚发展。

【发展软件和信息技术服务业】 增强创新能力，推进产业链协同发展，提升对经济社会发展和维护网络信息安全的支撑服务能力。发展信息系统集成、信息技术咨询、集成电路设计、网络中介服务等信息技术服务业，发展网络支付、位置服务、社交网络服务等基于网络的信息服务，加快培育下一代互联网、移动互联网、物联网等环境下的新兴服务业态。发展基于北斗导航系统的产品与服务。

生产服务

【传统制造业改造提升】 制定《定海区关于进一步发展壮大工业经济的若干政策意见》《舟山市定海区全面改造提升传统制造业实施方案（2017—2020年）》《定海区农副食品加工制造业（粮油和水产品加工业）改造提升实施方案（2017—2020年）》等文件，开展传统制造业改造提升，增强传统制造业的核心竞争力和可持续发展能力，其中海洋农副食品制造业成功列入传统制造业改造提升分行业省级试点。

【示范企业培育】 是年，7412工厂入选全市首家省管理创新示范企业，精宏机械成功列入省管理创新试点，太平洋海洋工程（舟山）有限公司省级工业设计中心复核通过。建立首批55家“专精特新”培育库，华业成功申报“隐形冠军”企业，虹达列入“隐形冠军”培育企业，并成功申报省级创新型示范中小企业。定海区海洋科技创业园被列入省级企业创业创新示范园。组织开展企业家素质提升等各类专题培训交流活动10场，累计参与170人次。组织金鹰塑机、华亿机械出展2017年中国义乌国际装备博览会。

【“腾笼换鸟”促转型升级】 制定发布《舟山市定海区供给侧结构性改革去产能实施方案（2016—2017）》《舟山市定海区“僵尸企业”处置工作实施方案》，明确“腾笼换鸟”重点工作目标任务，科学组织实施。淘汰落后及过剩产能　实施以利用新技术、新工艺进行替代改造，指导完成落后产能生产线（设备）淘汰任务10个。

“低小散”行业整治提升　以小城镇环境综合整治行动为契机，以“四无”企业为重点，建立“一企一档”，整治“低小散”企业（作坊）27家。

推进“僵尸企业”处置　新确定京洲、百威英博等2家企业列入2017年“僵尸企业”处置任务，按照“僵尸企业”三年处置计划，100%介入2016年以来确定的6家“僵尸企业”全面处置工作。实施招商引资、债务重组，完成泰丰粮油、京洲水产等5家“僵尸企业”处置。盘活土地面积1309.9亩，盘活存量资产4.3亿元。

【企业减负】 对船舶、水产、机械等主要行业40家规上工业企业开展企业减负担降成本专项调研。破解中介机构服务难题。针对企业反映突出的问题，协同发改部门召开中介机构座谈，达成服务收费下降、服务品质提升的承诺。通过网络公布、材料发放、媒体采访等方式大力宣传企业减负政策，向规上工业企业寄送省、市减负汇编材料170份；组织金鹰集团对接市级媒体，宣传企业减负政策落实成效。

【人才保障工作】 是年，落实人才安居政策，完成若干批人才安居工程企业人才购房补助申请、人才公共租赁房申请的流转审核；下达2016年底申报的企业人才购房补贴80万元。

资源和能源利用

【清洁生产审核】 2017年，舟山长宏国际船舶再生利用有限公司、舟山市汇邦建材有限公司、浙江港航重工机械有限公司、舟山弘业预拌混凝土有限公司、浙江舟恒海洋生物科技有限公司等5家企业开展清洁生产工作，5家企业均通过清洁生产审核。

【节能与工业循环经济重点项目申报】 是年，在全区机械、水产等重点行业筛选出7家企业组织申报2017年节能与工业循环经济重点项目，项目总投资7350万元，项目投产后预计每年可节约标煤6205吨、利用废弃物3000吨。

【节能目标监督】 根据市2017年节能监察计划，依据节能法律、法规，对7家重点用能企业开展能源监察，监察内容包括节能目标责任制度制定和落实、能源计量管理和能源计量器具配备执行、综合能耗和主要用能设备能耗等限额规定执行等情况。7家企业均完成能源监察工作。

是年，会同浙江省能源监察总队、市能源监察支队对舟山宇锦水泥有限公司和舟山银马水泥有限公司开展水泥行业能耗专项节能监察工作。重点检查产品能耗情况与主要用电设备能源消耗情况，核查企业限额标准执行情况。

【推进五水共治工作】 结合定海区“五水共治”工作要求，对涉及三大整治河流范围内的企业节水、减排、纳管情况进行调查，做好工业污染治理，开展每月两次巡河行动。

区级河长公示牌

【区域能评评审】 是年，根据省经信委相关要求，对舟山国家远洋渔业基地（区域）和国际粮油产业园区进行节能评估（涉及区域用能及产业规划，区域能源双控目标，区域负面清单，区域能效标准节能措施）。

【节能宣传活动】 是年，组织开展主题为“节能有我·绿色共享”2017年全国节能宣传和全国低碳日活动，依托科普宣传，做好节能、低碳宣传工作，动员全社会广泛开展主题活动，发放节能宣传资料1000份，发放节能灯900个，提高公众节能和低碳意识。

【双随机抽查】 制定定海区2017年节能监察“双随机”抽查实施计划，抽查重点用能单位和公共机构8家，其中现场核查3家、书面检查5家。

（撰稿：梅洁玲）

（以上分目照片由区经信科技局提供）

电力工业

【概况】 2017年，定海供电分局完成配网投资1.12亿元，建成电动汽车快充站3座、慢充桩250个，充电站、桩全年充电电量38.2万千瓦时。建设“四合一”智能电表1171只。营业区域内总用户数达26.2万户，完成售电量22.26亿千瓦时，同比增长6.04%，最高负荷50.1万千瓦，同比上升17.6%。

推动建设绿色会展中心

【加强电网建设】 是年，定海供电分局继续加强配网建设，新设及改造10千伏线路330.64千米，电缆化率达51.25%；新设及改造开关站16座、环网单元342座；新设及调换配变264台，新增容量11.02万千伏安。

立足于“政府主导、属地负责”的协调机制，2017年，成立110千伏及以上电网建设属地化组织机构，明确职责分工、责任层层落实到供电所。完成定海区域几十年来累积的近500基废旧电杆拔除、三线搭挂清理工作，完成架空线路落地55.5千米，定海老城区主要街道实现电缆化；配合城乡环境综合治理及小城镇建设，干𥔲、马岙、白泉等3个镇（街道）投入改造资金1060万元。加大政企合作力度，统筹布局新增围垦区电力市场，推进园区配电网建设力度，扩展延伸现有配电网络范围。

【提升优质服务能力】 贯彻“人民电业为人民”的企业宗旨，坚持以客户为中心、市场为导向，提升优质服务水平。分局领导班子走访各级园区管委会和政府相关部门20余次，工作人员走访60余次。依托在线办电，16项简单业务“一次都不跑”；简化办电程序，5项复杂业务“最多跑一次”。召开2次大客户座谈会，畅通客户深层次交流。全年完成新装、增容业扩报装容量34.54万千伏安，同比增长8.41%。是年，完成保供电26次，累计出动302人次。全年完成电能替代项目23个，实现替代电量4100余万千瓦时。完成电锅炉改造8个，总容量1.36蒸吨。变频岸电替代6套，光伏并网总容量2.66万千伏安。电子渠道办理各类业务2.1万笔，线上交费率达到52%。推动房产和电水气联动过户，新城办证中心和定海不动产交易登记中心的水电气联动过户窗口投入使用。

城区架空线落地

践行“最多跑一次”

（撰稿：金武杰）

（本分目照片由市电力局定海分局提供）

定海工业园区

【概况】 2017年，定海工业园区围绕全市“五大会战”“四个舟山”建设，以科技创新、转型升级为核心，打好招商引资、项目建设、形象提升、要素保障四大战役，确保园区综合发展水平的全面提升。

是年，完成固定资产投资53.8亿元，完成年度计划的93%；完成工业投入41.8亿元，完成年度计划的88%；完成工业技改投入12.8亿元，完成年度计划的59%。实现规上工业产值同比增长17.7%，完成年度目标任务；实现规上工业增加值同比增长14.5%，完成年度目标任务。

【招商引资】 发挥省级工业园区、省级船舶装备高新园区的优势，明确招商思路，立足园区主导产业，结合大交通、大石化、大飞机，努力推进招商引资工作。加强宣传推介，参加定海区赴中西部招商推介活动，做好三鼎控股集团、浙江海富海洋生物科技有限公司等企业来园区考察洽谈工作，做到“大好高”项目与“优精尖”项目相结合，引领招商“新常态”。

是年，新引进项目6家，完成年度计划的120%；实际到位市外资金投资额34.58亿元，完成年度计划的115.3%；浙商回归引进到位资金4.82亿元，完成年度计划的37%。

【项目推进】 以浙石化、泰富、科鑫、中长航、东方电缆等重点项目为核心，以打造非佣式服务为宗旨，形成主要领导亲自挂帅、分管领导具体抓、各部门联动推进的工作机制，建立落实重点项目责任分解制、重点项目推进实绩亮相制等制度，帮助企业及时发现并解决项目报批、融资等方面的困难和问题，加快推进重点项目的报批进程、落地开工及产能释放。加速推进浙石化、泰富、中长航码头等在建项目进程，促进中海油、长宏、增洲造船等投产项目提档升级。是年，新开工项目6家，完成年度计划的100%；新投产项目6 家，完成年度计划的100%。

【整体形象提升】 开展园区宣传形象整体提升工作。成立园区形象创意工作小组，全打造园区新版宣传片、园区标识、楼宇广告、门面形象和微信公众号等内容，提升园区整体形象和知名度。至年底，园区宣传片完成文案定稿和现场拍摄工作，园区标识及微信公众号生成。

【完善硬件配套功能】 根据园区东拓展区（马岙区块）产业规划，做好园区东拓展区（马岙区块）控规的调整工作。围绕企业发展，投入建设资金约6000万元，进一步加快水电路等基础配套建设。至年底，完成14号道路3支路工程，完成长丰盐场及毛峙区块的污水管网及有关泵站建设，定海区西北片污水处理厂试运行，完成创园大道绿化工程，完成7万吨级滚装物流码头工程交工验收，启动18号道路两侧、15号道路绿化以及炮台岗宕口四、五期复绿工程，启动东拓展区（马岙区块）污水管网建设，推进园区综合服务中心西侧道路、16号道路延伸段和22号道路工程建设。

【开展园区环境综合整治】 围绕三改一拆、五水共治、清洁园区建设要求，拆除园区3个大型户外广告牌，排查梳理园区违章建筑，拆除违章建筑面积约8000平方米，遏制企业乱置垃圾现象，做好园区主要道路、河道的保洁工作，确保园区环境整洁有序。

【打造园区党群活动服务中心】 投入约750万元，总规划设计面积约2170平方米，依托园区9层科创大楼的一、二、三层以及大楼北侧广场布局建设职工医务室、职工娱乐服务区、党群工作展示区、职工健身区、职工休闲区等五大功能区。至年底，室内整体施工图预算进入审核，二楼展厅布展策划设计方案进一步调整，职工休闲广场建设中。

【要素保障】 加大融资力度，提升资金运作水平，完成园区污水处理厂及管网铺设工程等项目贷款放贷1.09亿元，归还贷款5650万元，围绕工程建设、征地拆迁、还本付息等款项切实加强对资金的科学合理使用。

【推进公共创新载体建设】 推进园区中小企业创业中心（园区中小企业科技孵化基地建设项目）落地建设。至年底，完成初步设计方案编制，落实“智能制作与工业机器人”、元邦两个高科技项目入驻。推进园区科创大楼一至三层室内装修工程，对接创客邦入驻园区科创大楼。

【深化平安园区建设】 落实企业安全生产责任制，开展综合安全生产大检查、健全落实隐患排查治理等措施，抓好企业安全生产、防台防汛、应急管理等工作，实现安全生产零事故。打击阻拦工程建设、影响企业正常建设生产等违法行为，解决好园区开发建设与群众生产生活产生的矛盾纠纷。

（撰稿：张静琼）

定海海洋科技产业园

【概况】 2017年，定海海洋科技产业园管理处围绕区委区政府中心工作，落实“创新驱动”发展战略，根据《中国（舟山）海洋科学城定海园区建设实施方案》《定海区加快发展三年行动计划》等工作要求，按照“一城三园”建设目标，以园区规划为引领，以招商引智为重点，提升服务水平，加强队伍建设，各项工作取得实效。

【园区建设】 定海科技大楼综合验收工作顺利完成，海洋文创产业园完成整改验收和项目交接工作，定海科技大楼不动产权登记完毕，通过中信银行融资1.5亿元完成园区债务置换工作；着手园区核心规划设计，至年底完成城市设计中期稿，投入资金500万元；开展园区配套设施建设，加快科技大市场展厅布置，项目进入政府采购程序；对海洋文创产业园按照其园区定位整体进行装修设计，完善园区设施配套。

定海科技大楼投入使用

【招商引智】 以海洋电子信息、军民融合、文化创意三大产业为重点开展招商。至10月底，园区累计注册企业41家，企业注册资金合计4.8亿元，企业总产值5200万元。入驻企业19家，其中海洋电子信息类企业6家，军民融合类企业6家。入驻企业中，浙江省科技型中小企业5家，高新技术企业1家，拥有软件著作权27个，发明专利13项，实用新型专利67项。创客邦孵化器引进双创团队16家。协同组织“2017年浙江舟山群岛新区——全球海洋经济创业大赛·蓝海智造行业赛”，邀请海洋新材料、先进制造、新能源及电子通讯等相关新兴产业创业项目负责人来定考察，至10月底，对接组织11个项目申报全市“5313”科技创业领军人才项目。

【营商环境强化保障】 是年，制定园区企业入驻简化流程，提供绿色通道，方便企业快速落地；完善后勤保障，启动食堂运营。

【各级领导调研】 10月20日，省科技厅长周国辉一行到园区调研。

10月31日，中国电子科技集团54所、39所到园区考察。

11年7日，舜杰建设（集团）有限公司到园区考察。

11月13日，浙江商业职业技术学院到园区考察。

（撰稿：俞 超）

舟山国际粮油产业园区

【概况】 2017年，舟山国际粮油产业园区围绕“一库、二线、一目标”的发展思路，开展“项目建设年”活动，以项目建设为抓手，抓项目推进、招商引资、企业发展等中心工作。全年完成规上企业工业产值41.11亿元，粮油加工量120.04万吨，固定资产投入14.57亿元，工业性投入7.54亿元，粮油吞吐量815.6万吨，贸易额37.77亿元，进出口额6.58亿美元，其中出口额1.45亿美元。

【招商引资】 实行全产业链、针对性、服务性招商，实际到位市外注册资金2.64亿元，市外资金投资额10.2亿元，合计实际利用市外资金12.85亿元。引进2个计划投资2亿元以上的项目（良海粮油二期项目、10万吨生物柴油项目），提前完成年度考核指标。与宁波舟山港集团洽谈南部区块合作开发事宜，与集团高层初步形成合作意向。与邦吉、嘉吉、中储粮等国内外知名粮商洽谈建设进口粮食交易中心事项。

【举办项目建设年活动】 是年，安排17个重大项目，其中在建项目7个、拟建项目7个、预备项目3个。开展“项目建设年”活动，深化项目中心制，明确每个项目的责任领导和责任部门，排定项目推进计划，明确项目建设时间节点。采取挂图作战方式，设立“实绩亮相台”，每月公开晒实绩，考核结果作为各项责任单位和责任人评先评优以及相关责任单位申请兑现优惠政策的依据，对未按时完成任务的责任单位及时下发整改通知书。

【推进基础设施建设】 畈潮整村搬迁安置小区项目于5月底进场施工。1号楼、3号楼、10号楼完成架空层、顶梁板砼浇筑；2号楼完成屋面梁板支模架；4号、6号楼完成二层柱、顶梁板砼浇筑；5号楼完成基础开挖；8号楼、9号楼完成基础承台地梁砼浇筑；7号、1号楼完成一层柱、顶梁板砼浇筑。畈潮整村搬迁安置小区配套道路项目完成项目规划、可行性研究报告等批复，项目实施模式由原先以市政道路模式调整为交通道路模式实施。园区配套道路一期工程完成南纵六路细粒式沥青砼摊铺、道路标线施工；南横二路、三路细粒式沥青摊铺、道路标线施工以及部分护栏安装、人行道铺设。园区配套道路二期工程一标段项目于8月初动工建设，完成南纵六路细粒式沥青铺设；南纵三路、南纵四路完成塘渣回填工程量的80%。省市粮库配套道路桥梁项目完成土地勘测定界报告编制、土地预审、项目概算审核，审定价719万元。南纵三路景观点项目完成工程招投标，确定中标单位和监理单位，年底完成舟山良海粮油项目围墙周边绿化铺种。

【推进产业项目建设】 良海粮油一期项目总投资约6.67亿元，总用地面积约190亩。12万吨仓储设施项目基本建成，120万吨加工项目完成总工程量的90%。和润物流40万吨仓储（二期）项目总投资5.7亿元，建成12万吨筒仓，剩余28万吨筒仓经完成2座D35米、2座D25米直径筒仓滑模施工，17座D25米直径筒仓完成基础工程，15座D25米直径筒仓完成库底滑模施工。江海粮食物流60万吨仓储项目计划总投资9.46亿元，用地面积约103亩，10个D32米直径筒仓完成桩基工程量的80%，3根D130桩基的静载检测报告提交设计院进行设计变更。精功农业顺利投产运行，传统模式销售大米约500吨，网络销售营业额约50万元，糯米贸易4198吨、稻谷贸易900吨，实现贸易额约2947万元。省储备粮库第三期项目计划总投资2.2亿元，建设15万吨浅圆仓，项目建议书通过省发改委的批复。

【跟进产业配套项目建设】 跟进各项目涉及的各配套工程项目，配套公用码头建设项目完成1号栈桥以及码头平台现浇面层工程。散粮输送带项目完成桩基工程、钢结构施工工程量90%，5号变电所供配电系统安装。园区集中供热项目空压机房、破碎楼、转运楼、烟囱完成总工程量的80%，1号锅炉完成全系统调试工作，2号锅炉安装完成总进度的40%。热力管网项目完成热力管道管网路径基础浇筑，热力管道底座支架累计完成90%，道对口焊接完成工程量的60%。

【争取项目建设政策扶持金】 发扬“店小二”精神，树立“企业兴、园区兴”的意识。园区公用码头争取到国家2017年度粮食仓储和物流项目专项资金补助3600万元。中海粮油3000T/D大豆脱皮系统技术更新专项改造项目、精功农业年加工10万吨优质稻谷生产线及设备项目各争取到市级2017年工业发展专项资金补助43万元和33万元。

【各级领导调研园区】 6月14日，省粮食局副巡视员陈群华一行到园区调研。

6月16日，新区口岸办主任郑方斌一行到园区调研。

7月11日，区人大财经工作委员会一行到园区调研。

7月14日， 市商务局局长干松章一行到园区调研。

8月1日，区四套班子主要领导、区委区政府相关领导、各园区管委会、镇（街道）党政主要负责人等一行人到园区调研。

10月11日，省海洋港口发展委员会委员李克川一行到园区调研。

11月28日，市发改委副主任郑飞芬考察园区并召开座谈会。

12月22日，区委副书记、区长侯富光到园区调研并召开座谈会。

【接待参观考察洽谈】 4月13日，国家标法中心到园区考察。

6月9日，中储粮油脂有限公司总经理王振利一行到园区考察。

9月11日，马鞍山郑蒲港新区一行到园区考察。

（撰稿：赵建俊）

舟山国际水产品产业园区

【概况】 2017年，舟山国际水产品产业园区围绕全产业发展、重点项目建设、小镇创建、产业服务配套，对照落实年初确定的各项重点工作任务，实现创新发展。是年，安排重点项目29个，其中续建项目19个，新建项目10个；1—12月园区完成固定资产投资174420万元，工业性投入107136万元，规上工业总产值同比增长12.4%，规上工业增加值同比增长4.1%。

【发展远洋捕捞】 整合、更新、招引等方式，扩大远洋渔业捕捞规模，开展葡语系国家合作交流，投资组建舟山远洋渔业基地（澳门）投资发展有限公司，推进莫桑比克、安哥拉、基里巴斯、伊朗、阿根廷等国家的过洋性渔业合作项目，实现过洋性自捕鱼回运。推进南极磷虾捕捞加工项目前期工作，探索研究海外养殖可行性。设立秘鲁、乌拉圭两个海外渔业基地。

【推进港口冷链设施建设】 推进西码头中心渔港扩

宇培舟山冷链产业园开工典礼

建工程、惠群远洋渔业码头3号泊位扩建工程、惠群2.3万吨冷库等项目。谋划论证远洋物资补给码头、滨海湾海塘道路码头工程。完成舟山远洋渔业冷链物流基地（冷库）项目三期工可报告。完成蓝天3万吨冷库项目建设，开工建设宇培冷链产业园，当前基地内总库容达20万吨。

【加强精深加工建设】 推进兴业、中农发明珠园、大洋兴和、浙江鸿大食品等一批海洋生物制品、健康食品生产项目。完成海洋经济创新发展示范城市远洋鱿鱼产业链关键技术开发及产业化示范基地项目投资1.22亿元。组织全市80余家水产品精深加工企业和4所高等院所及科研机构进行水产品精深加工产研对接会，实现远洋水产品精深加工能力提升。

中农发明珠工业园开工奠基仪式

【构建营销体系】 加快建设基地远洋（进口）水产品交易市场项目，推动舟山市建设国际远洋水产品加工贸易基地。基本建成舟山国家远洋渔业基地电子商务产业园平台，试运行全国首个远洋水产品价格指数平台，实时发布鱿鱼价格指数。

【推进定海远洋渔业小镇创建】 按照省级特色小镇创建要求和定海远洋渔业小镇创建目标思路定位，统筹推进小镇创建工作。制定印发小镇旅游总体规划，完成小镇建设总体规划编制。完成揽洲路改造提升工程/小品景观工程、主入口处标志性LOGO工程等专项设计方案，部分项目建设完工。与中国联通舟山分公司合作开展智慧小镇打造，完成智慧小镇建设规划方案编制。按照小镇全域景观化的要求，完成AAA级景区规划编制、启动小镇AAA级景区打造。完成小镇区域能评、环评报告编制并取得相关主管部门的批复。

舟山国家远洋渔业基地招商（合作）项目集中签约仪式

【加大招商引资力度】 做好协调对接，主动为招引企业提供全方位“店小二”式服务。建立招商引资项目备案登记制度和招商引资工作例会制度，出台《基地招商引资服务管理办法》。全年实际利用市外资金15.86亿元，完成目标任务158.6%，其中实际到位市外注册资金3.18亿元，市外资金投资额12.67亿元；浙商回归资金3.67亿元，完成目标任务73.4%。大洋世家总部、上海宇培、大连巨戎、浙江汉荣、宁波欧亚等外来企业相继落户，浙江盛海达等定海企业搬迁入驻。6月20日，举办舟山国家远洋渔业基地招商（合作）项目集中签约暨发展平台授牌仪式，21个重大招商（合作）项目集中签约，计划总投资68.6亿元。主要涉及远洋捕捞、冷链物流、水产品精深加工、远洋装备技术研究、船舶研发修造、海洋生物研究开发、特色小镇合作建设、旅游等领域。水产品园区获2017年定海区招商引资实绩先进奖金奖。

【开展重点项目建设】 完成“中国远洋渔都”标识、揽洲路景观小品工程、干础污水处理厂及污水纳管基础设施项目、基地规划一路、规划二路、园区集中供热、110千伏变电站、强排系统等工程项目建设，继续加快推进兴港路、定海区西码头中心渔港扩建工程等项目建设；产业项目方面：开工建设舟山国际水产城远洋（进口）水产品交易市场、浙江大洋兴和食品公司、浙江鸿大食品公司项目。浙江兴业集团有限公司迁建项目、舟山金针食品公司、舟山蓝天水产公司（一期）等一批产业项目相继建成投产。

建设中的舟山国际水产城远洋（进口）水产品交易市场

【提升产业服务水平】 组建成立舟山国家远洋渔业基地产业联盟，首批加盟企业43家。成立基地渔船修造中心。运作基地劳动力管理服务平台，解决捕捞企业用工需求。推动远洋渔业劳动力专业培训从中低端向中高端、国内向国际转型。实施远洋渔船渔获仓单、运单质押等新型金融服务模式，开展整合船只统一融资并购业务。完成上下园山油库收购，开拓远洋渔船保税油加注业务。

【领导调研】 3月27日，市委书记、舟山群岛新区党工委书记、管委会主任俞东来调研远洋渔业基地。

6月1日，浙江省公安厅出入境管理局副局长张国芳一行调研远洋渔业基地。

7月14日，市委副书记、市长、舟山群岛新区党工委副书记温暖专题调研国际远洋水产品加工贸易基地建设工作。

8月23日，市人大常委会主任钟达一行调研远洋渔业基地和定海远洋渔业小镇建设。

8月28日，浙江省委常委、秘书长陈金彪一行调研远洋渔业基地。

9月8日，浙江省出入境检验检疫局副局长陈孟裕一行调研远洋渔业基地。

10月25日，浙江省财政厅厅长钱巨炎一行调研远洋渔业基地（小镇）建设工作。

10月30日，市政府副市长、基地指挥部总指挥姜建明调研远洋渔业基地重点项目推进情况。

12月26日，浙江省农业厅厅长林健东一行调研舟山国家远洋渔业基地。

（撰稿：陈　璐）

（本分目照片由舟山国际水产品产业园区提供）

责任编辑：王英伟

商 务

概 述

2017年，区商务工作围绕定海现代化建设战略目标，加强管理服务，加快创新驱动，加大业态培育，实现全社会消费品零售总额205亿元，同比增长10.3%；实现全社会批发业销售额1581.1亿元，同比增长22.0%，其中实现限额以上批发业销售额1191.8亿元，同比增长28.7%；实现全社会零售业销售额192.8亿元，同比增长14.6%。全区实现网络零售额18.6亿元，同比增长83.3%，占全市网络零售总额的52.7%。

是年，全区累计实现自营进出口总额210.5亿元，同比下降0.3%，其中自营出口总额61.1亿元，同比下降27.8%，进口总额149.4亿元，同比增长18.1%。全区实际利用外资6512万美元，同比增长180%，完成计划5000万美元的130%。

商贸经济

【启动农村淘宝项目】 3月，引进“阿里巴巴村淘项目”。该项目结合定海区现有电商发展基础和农村现状，在区、社区（村）两级设立村淘服务站点，实现消费品下行、农产品上行双向流通。设立农村电子商务服务网络，重点探索解决农产品“难卖”问题，催生农民返潮就业创业潮，推动定海农资、特色农产品产业电商化发展。区级服务中心及首批村级服务站于年底前初步建成。

定海区阿里巴巴农村淘宝项目签约仪式

【首次兑现电商扶持政策】 按照《关于加快电子商务产业发展的若干意见（试行）》（定党政办发〔2016〕142号）申报条件要求，定海区电子商务专项资金首次发放，有森森、佳道、舟远、网加科技等4家企业获得补助资金65万元，企业电商应用积极性得到进一步提升。

【推进互联网与工业产业创新融合发展】 推动森森集团运用电子商务实现市场创新，2017年该公司实现网上销售额超1.7亿元。推动螺杆产业拓展销售渠道，2017年通过E螺杆平台实现网上交易额700余万元。

【电商基础设施建设】 是年，推进农村社区便民服务中心免费Wi-Fi覆盖工作，协同邮政、顺丰等企业，新建农村综合性电商服务站26个，智能投递终端25个。

【限上商贸企业培育】 鼓励和引导有实力的商贸企业及时实现限下转限上。是年，完成“限下转限上”企业12家。

【重点商贸项目】 推进和平路商业中心、盐仓西部商业中心、新天地广场、三农农产品批发市场等重点商贸项目，协调解决企业在基建、资金、招商等过程中遇到的难题，确保项目顺利实施。

【优化消费环境】 根据《关于加强单用途商业预付凭证管理的通知》，商务部门从5月1日起承担单用途商业预付凭证相关管理工作。是年，区商务局处理单用途商业预付卡投诉件120余件。

【保障成品油安全】 逐个排查辖区内的加油站点，加大监管力度，特别是加强散装汽油购销安全监管工作，确保全面消除各类事故隐患。联合公安、交通、市场监管、安监等部门开展非法加油站点整治行动，出动执法车辆48辆次，出动执法人员278人次，检查加油站15家，加油点（船）7个，具有成品油经营资质企业80余家，取缔非法加油站点1个。

【“菜篮子”工程建设】 市场提升改造　创建放心农贸市场，定海桔园、西园、东门、白泉等4个农贸市场完成创建省放心农贸市场。推进马岙、西码头、干礁、白泉等4家乡村农贸市场创星级。新建机场路中段公益性农贸市场，预计2018年投入运营。

社区菜店改造　规范提升社区菜店，完成25家社区菜店提升改造。

直销体系建设　新建“菜篮子”直供店、惠民店9家。

“菜篮子”重点项目建设　推进和平路商业中心、盐仓西部商业中心、新天地广场等重点商贸项目，以及三农农产品批发市场、华晟牧场扩建、泉芽公司豆芽菜加工、大成食品公司速冻蔬菜加工等重点“菜篮子”项目建设，协调解决企业在基建、资金、招商等过程中遇到的难题，确保项目顺利实施。其中，三农项目一期主体工程于9月底封顶，招商工作完成80%以上。

2017年定海区“菜篮子”年货供应会　于1月19—22日在定海原长途客运中心举办，组织市内外参展供应商约120家，设置摊位近170个，4天吸引

2017年定海区“菜篮子”年货供应会现场

10万余人次进场采购，实现销售额近750万元，同比增长15%。

涉外经济

【推进外贸转型升级】 组织企业拓展国际市场，参加船舶制造、塑机螺杆、水产品、小电器、鱼粉机械、汽配、纺织等各行业专业展会。是年，全区参加境外展会企业近42家，130个展位。组织企业参加国际塑料橡胶工业展览会、国际渔博会、广交会、华交会、浙洽会等一系列国内知名展会，出展企业近60家。

【加强企业走访调研】 针对外贸发展“短板”，走访中化兴中、中海粮油、天禄能源、太平洋海工等重点进出口企业，帮助企业协调解决相关困难、问题，鼓励企业扩大出口。

【促进在外出口业务回归】 是年，赴杭州、宁波走访大洋世家、东方印染等外贸业务在外企业，做好企业服务工作，引导外贸企业回归、数据回流。

【促进加工贸易创新发展】 支持越洋水产等企业通过加工贸易的方式进口水产品原料，解决国内原料短缺、供应不稳定的难题。是年，定海区水产品通过加工贸易方式出口567万美元，同比增长318.4%。

【外贸小微企业成长三年行动计划】 2017年，将定海区2016年外贸出口额在300万美元以内的38家企业及每月新增进出口备案登记企业列为培育对象，组织

企业参加培训，推动全区外贸企业“内兼外，无转有，小升规”。是年，定海区净增有外贸出口实绩的企业19家，累计出口5847万美元，同比增加3.35倍，实现外贸出口“小升规”企业9家。

2017年定海区自营进出口基本情况

表12　　单位：万美元

项目名称	累计	比上年同期（%）
自营进出口总额	310329	−3.5
1. 自营出口额	90086	−30.1
其中：生产企业	53485	−3.3
三资企业	16395	−70.0
流通企业	20206	7.4
2. 自营进口额	220243	14.3
其中：生产企业	76655	−8.6
三资企业	87915	71.2
流通企业	55373	5.2
其他	301	−93.7

2017年定海区分贸易方式进出口统计表

表13　　单位：万美元

项目名称	累计进出口	比上年同期%	比重	累计出口	比上年同期%	比重	累计进口	比上年同期%	比重
合计	310329	−3.5	100.0%	90086	−30.1	100.0%	220243	14.3	100.0%
一般贸易	92313	6.7	29.7%	54390	25.6	60.4%	37923	−12.3	17.2%
来料加工装配贸易	1			1			0		
进料加工贸易	26757	−46.2	8.6%	15296	−58.6	17.0%	11461	−10.5	5.2%
租赁贸易	812	−88.0	8.6%	812	−88.0	17.0%	0		5.2%
保税仓库									
进出境货物	190396	6.7	0.3%	19587	−53.2	0.9%	170809	25.1	0.0%
其他	50	78.9	1	0	−51.3	21.7%	50	82.0	77.6%

2017年定海区外贸产品进出口情况

表14　　单位：万美元

项目名称	累计出口	比上年同期%	比重	项目名称	累计进口	比上年同期%	比重
合计	90083	-30.1	100.0%	合计	220243	14.3	100.0%
机电产品	32112	-37.1	35.6%	油　品	139665	18.6	63.4%
其中：船舶	19481	-52.0	21.6%	农产品	66948	9.4	30.4%
塑机螺杆	4785	15.7	5.3%	纺织品	1947	-26.7	0.9%
油品	19129	-53.5	21.2%	其他产品	1050	-39.4	0.5%
水产品	23382	43.3	26.0%	机电产品	8235	25.9	3.7%
农产品	9837	-28.0	10.9%	船用配件	6656	56.3	3.0%
纺织品	2823	-17.4	3.1%	化工品	524	-77.1	0.2%
其他产品	1934	-11.9	2.1%	水产品	1873	340.9	0.9%
化工品	866	-13.4	1.0%				

2017年定海区外贸主要进出口国家（地区）进出口情况

表15　　单位：万美元

项目名称	累计出口	比上年同期%	比重	项目名称	累计进口	比上年同期%	比重
合计	90086	-30.1	100.0%	合计	220243	14.3	100.0%
日本	14996	-47.3	16.6%	巴西	43530	45.0	19.8%
马来西亚	10119	1888.3	11.2%	美国	32991	22.7	15.0%
韩国	8463	-38.7	9.4%	新加坡	23910	275.0	10.9%
新加坡	7596	-22.4	8.4%	日本	11198	68.1	5.1%
美国	3904	-42.7	4.3%	委内瑞拉	10708	-40.6	4.9%
巴拿马	3450	-32.4	3.8%	马来西亚	10368	128.1	4.7%
西班牙	3175	55.1	3.5%	阿曼	10295	-3.5	4.7%
塞浦路斯	2977	583.3	3.3%	韩国	9516	-35.3	4.3%
印度	2762	66.3	3.1%	印度尼西亚	9207	290.7	4.2%
俄罗斯	2588	2.2	2.9%	俄罗斯	8253	-64.7	3.7%

注：本表为全区进出口排名前10位国家地区。

（撰稿：梅洁玲）

（本分目照片由区经信科技局提供）

招商引资

【概况】 2017年，区招商局按照“秉持浙江精神，干在实处、走在前列、勇立潮头”的新要求，落实全市“招商引资大会战”和区“两会”精神，把招商引资作为赶超发展的“一号工程”，敢担当、善作为、优服务，掀起招商引资新热潮，助力花园式国际人文港城建设，为定海经济发展注入新活力。是年，实现实际利用市外资金116.5亿元，完成市指标的101.3%；浙商回归省外到位资金40.5亿元，完成市指标的101.3%；实际利用外资6512万美元，完成市指标的130.2%，引进10亿元投资项目1个（浙石化库区项目）、5亿元投资项目1个（良海粮油二期项目）。是年，获2017年度新区招商局（系统）先进分局称号。

【重点项目概况】 2017年，区招商局围绕重点产业，加强对接世界500强、央企、行业龙头企业和重点浙商。全年有效联系、接待客商400余批，统计中的招商引资项目60余个。重点项目主要有台湾乡林集团舟山凤凰岛项目、世纪太平洋收购项目、高等级海洋装备电缆产业基地项目、大洋世家水产品精深加工冷链物流集聚区项目、武船重工集团钢结构制造项目、良海粮油二期项目、招商局港口（舟山）滚装物流项目等，签订投资额1亿元及以上的项目21个。

【创新机制体制】 深化“3+4+X”专业招商模式 全市首创区四套班子“一把手”招商常态机制，结合定海“2+7”产业特点和区域优势，制定下发《关于进一步完善专业招商工作机制的通知》（定党政办发〔2017〕158号），实施区领导带队精准招商机制（即区联系领导每月至少开展一次对外招商活动；四套班子主要领导及所有副区长带头招商；各责任单位结合我区产业发展定位，制定各自招商工作计划，主动开展招商对接）。至年底，区四套班子“一把手”带队到北京、深圳、上海、山东、贵州、陕西等地开展招商活动，拜访中电科相关院所、恒大集团、招商局集团、海信集团等重点企业38家，区政府分管领导、区属部门累计对接拜访市外企业200余家。落实区领导联系项目制度，制定区领导重点拜访企业汇总表，做到动态更新、定期汇总、精细服务。进一步完善招商网络布局，依托定海海洋科学城等产业平台，通过推介会的形式重点面向中西部主要城市招引装备制造业、新材料与新能源、旅游、电子信息等企业；强化对各专业招商局、驻外招商局的业务联系与指导。

实行招商引资实绩亮相制 探索设立“招商引资实绩亮相台”，采取挂图作战方式，每月公开亮晒出实绩，达到“鼓励先进、鞭笞后进”目的。局内部开展“双学双比321”招商引资实绩亮相活动，对全年招商重点工作和工作信息进行赋分考核，营造“比学赶超”氛围。开展专项督查，定期督促联系各单位（部门）保质保量完成招商任务，形成党政领导挂帅、部门紧密配合、全区广泛参与的工作格局。全年新增注册落地项目200余个。

坚持引资与引税并举 完善招商引资绩效考核办法，明确引税考核具体评分，协同区财政局根据考核对象招商引资新引进项目的主要税种进行统计赋分，加大引进对区财政收入有拉动作用的优质项目。区产业服务中心为注册企业提供保姆式全程代办服务，让企业零见面、零跑动便可完成涉及多部门的业务审批，全年新引进小微企业240余家，其中入驻定海海洋科学城的11家，企业增值税、所得税近1800万元。

强化“大项目”回访跟踪机制 重点招商项目采取“一项目一领导一团队”模式，启动招商引资“百日冲刺”行动，重点对走访过、有意向的项目或企业保持联系、开展重访、邀请回访，每月进行动态汇总跟踪。开展“千名干部进百企”活动，做好中国船舶重工集团公司第717研究所军民融合产业等8个项目的对接工作，协调项目推进过程中存在的问题，助推项目尽快落地。

【提升招商实效】 召开中西部系列招商推介会 开辟招商新阵地，5月相继在成都、武汉、西安召开浙江舟山群岛新区·定海招商推介会，邀请包括当地企业家、浙商代表在内的118位人员参加，搭建起合作交流的广阔平台，拓展人脉关系网，至年底重点联系跟踪接待意向客商20余批。

扩大战略合作范围 继与安徽浙江商会实现合作后，5月份与湖北省浙江企业联合会（总商会）签订战略合作框架协议，双方在招商、经贸等方面实现互动交流合作。打造高校科研合作平台，与浙江商业职业技术学院签订战略合作框架协议，内容涉及六大方面、十大政校合作项目。

加强以商引商　围绕浙商创业创新中心工作实际需求，调整区领导小组成员，加强协调议事能力。发挥定海籍商人、落户企业、在外商会等各类人脉资源，形成集聚效应。进一步优化浙商回归发展环境，鼓励带动舟山定海籍商人归乡投资创业。提升项目服务质量，从签约—落地—开工建设—建成投产提供“店小二式”全程服务。截至年底，重点在谈浙商回归项目40个。

借力大型活动实现投资签约　组织参加浙洽会、渝洽会等大型招商活动，寻求目标客商。主要在全市工业大会上签订良海粮油二期项目投资协议、在省属国企参与中国（浙江）自由贸易试验区建设对接会上签订浙交工宁波舟山港主通道配套工程项目框架协议、全区招商引资大会上签订甲骨文社区项目、文旅小镇项目及新建社区徽派建筑群开发项目等协议。区政府与中石化中海燃供签订投资合作框架协议。

开展产业谋划课题研究　以舟山主要产业为主题，由区招商局领导班子成员牵头，工业、服务业、新兴产业等3个专业招商部各负责1—2个产业课题进行研究，要求从国际、国内市场环境分析入手，针对性提出定海如何进行有效对接。产业课题调研报告集锦制作完成后，面向招商一线单位进行发放。

【夯实招商基础工作】　做精做实基础资料　重新设计改编投资指南，首次推出《招商掠影》，改版制作《招商项目库》、推介PPT等资料，收录中澳现代产业园、中国（舟山）海洋科学城定海园区等41个重点招商项目。精简现有宣传推介视频，进一步提炼宣传亮点。整合全区招商资源，开展全区闲置厂房、闲置土地摸底排查工作，整理汇总闲置土地2373亩、闲置厂房31万平方米，制作完成相关图册。

建立信息共享机制　建立市、区两级招商信息共享机制，实现市区互动、区内共享。提升各类信息采集、发布的及时性、有效性，更新汇总浙商信息库等客商信息源，定期对客商信息按照产业等进行分类，梳理分析意向客商群体类型，为各平台、各镇（街道）、各部门开展招商工作提供必要的信息参考。

完善网络宣传平台建设　做好微信、招商旬报、招商官网等平台的动态更新，以平均每周两期的频率发布实时招商讯息，推进微信公众平台年审认证，全年刊发招商旬报20期（总第128期）。

【健全联动招商机制】　协调全区招商引资工作　优化项目跟踪对接服务，1月召开全区招商引资（浙商回归）工作务虚会议，7月召开全区招商引资大会，12月召开学习中共十九大精神招商工作交流会，根据项目推进需要不定期召开招商引资（浙商回归）工作协调会。贯彻实行全市招商引资月度工作例会制，按月收集全区招商引资工作动态，汇报提交区招商引资工作进度和困难问题、意见建议。

强化专业队伍打造　结合区干部培训计划，组织一线招商干部参加“定海讲坛”、自贸港区招商引资研修班、创新发展与自贸区建设专题班等。参加各类大型招商活动，寻求目标客商，收集最新市场信息，开阔眼界。采取以会代训的形式，参加市区招商工作例会、招商专题会、项目对接洽谈会等，进一步加强招商最新动态的掌握。区招商局招商人员采取集中学习和自学方式着力提升业务水平，利用客商接待机会，轮流进行定海概况介绍、项目推介，实时更新推介信息。

（撰稿：吕玲玲）

市场服务

【概况】　定海市场发展服务有限公司是舟山商贸集团有限公司下属子公司，其主要职能包括承担“菜篮子”工程的相关工作任务、履行国有资产保值增值及安全责任、做好市场的经营管理等。2017年，公司有公务员1名，事业编制职工39名，合同制员工64名，退休职工14名。

是年，围绕年度工作目标和要求，响应“树标杆、补短板、求突破、走前列”大行动和“海上花园城市建设”的号召，以“两学一做”学习教育常态化制度化为载体，做好“菜篮子”工程建设，参与“文明城市”“星级市场”“放心市场”等各类创建活动，建立科学有效的安全生产责任体系，通过岗位分工、制度建立、考核督促，加强消防安全和食品安全管理。

【服务菜篮子工程】　2017年，全区市场交易额约为17.7亿元。配合执法部门做好家禽“杀白上市”工作，加强对“一证两标”的检测，确保市民吃上放心禽肉；配合定海市场监督局、渔政等部门做好一年一度禁渔期的前期宣传工作和禁渔期间的监督检查工作执行好摊位费零增长政策，摊位费下降15%。优化“三包一创”（包诚信、包秩序、包安全、创星级经营户）考核机制，优选出一批讲诚信、懂经营、守规矩的“星级经营户”。把考核评比与摊位费返挂钩，定期公示考评结果，落实奖励措施，不断激发经营户的规范自律意识，发挥好摊位费下降的作用。规范商品供应价格评价体系，要求数据采集员就责任落实到位、价格询问到位、数据统计到位，进一步提高数据采集质量。落实集团公司在“菜篮子”上所做的承诺，引导经营户降低销售价格，做到菜场最高售价控制在不高于白沙市场菜价的5%以内。

【加强安全生产工作监管力度】 召开专题会议，研究部署公司安全生产工作，与下属各场、办事处签订《消防安全工作目标责任书》《食品安全工作目标责任书》。实现食品安全检测对所属市场全覆盖，进一步提高检测能力和检测批次，采取集中培训、技术人员上门指导、对口交流等形式，不断提升检测员的检测能力。全年所属市场抽样定性检测上市食品70705批次，检测出不合格食品18批次，总合格率为99.97%，对检测出的167.25千克不合格商品监督经营户自行销毁。利用电子屏、悬挂醒目横幅、宣传窗和宣传日搭建咨询服务台等形式，宣传安全生产法律法规和安全防范技术知识，分发安全生产宣传册2000余份；做好对单位负责人、安全生产管理员和特殊工种人员的安全生产专题培训，邀请市消防大队教员对公司工作人员和市场经营户就消防安全知识、突发火灾逃生等方面进行实务操作演练。统一安装“互联巡更”系统，为落实值班巡查制度提供技术保障。制定安全生产事故救援应急预案，完善救援体系，有效防范各类重特大事故的发生。是年，开展安全生产大检查12次，其中公司负责人带队4次。

【推进各类创建整治工作】 做好“星级市场”和“放心市场”评定 马岙、西码头农贸市场评为2017年度“一星级文明规范市场”，岑港农贸市场“一星级文明规范市场”保星成功；东门菜场、白泉农贸市场被评为2017年度第二轮省级“放心农贸市场”。桔园菜场、西园菜场通过省级“放心农贸市场”复评。

做好“两非”车辆整治工作 是年，根据市、区两级政府对非法上路、非法运行车辆专项整治要求，制定整治方案，安排专人对城乡15家农贸市场经营户和自产自销经营户的“两非”车辆进行登记排查，要求经营户签订自觉遵守交通法规的承诺书；多次召开工作会议，加强对经营户宣传教育和正面引导，掌握市场经营户动态，严防群体性事件发生。

撤销人民南路夜市 是年，根据政府指示，启动定海人民南路夜市撤销工作。9月10日，完成夜市撤销工作，为城市道路的畅通和城市品味的提升提供可靠的保障。

开展节能低碳活动 将各市场原来40瓦的白炽灯更换成18瓦的LED节能灯，增加照明亮度，延长使用寿命，服务节能低碳工作。

防治“四害” 委托专业灭杀公司，对城区所有创卫市场以及白泉、岑港、桥头施市场的“四害”防治工作进行专业防治。加强对灭杀全过程的监督，确保病媒生物预防达到市场创卫的标准。

【定海市场中队挂牌成立】 11月15日，定海市场管理中队挂牌成立。新成立的市场中队主要负责定海城区8家农贸市场周边的马路市场、跨门经营、乱停车等乱象的整治，改善和提高定海市场周边环境，为取缔马路市场、创建全国文明城市服务。

【美团外卖进驻市场】 是年，四星级市场——定海桔园菜场与舟山区域美团联姻，开通全国第一家农贸市场美团外卖，开启掌上菜场。

【服务新农村建设】 是年，继续加强与农林部门及有关镇（街道）市场商品供应消息的沟通渠道，便于农户根据市场需求，适时调整农作物种植结构，提高经济收益。继续落实好自产自销的审核权下放到镇（街道）的做法，解决农产品销售的后顾之忧。根据集团“树标杆、补短板、求突破、走前列”大行动要求，保持自产自销摊位888个，对城区所有农贸市场零星自产自销摊位实行零收费，引导马路市场摊贩进入空余摊位经营，为农业增效、农民增收创造条件。

【参与社会公益活动】 是年，定海市场公司检测中心兑现服务承诺，每月向广大市民进行免费食品检测；做好困难职工和生病职工、困难党员的慰问工作；继续做好结对帮扶工作，为白泉镇17户残疾人家庭送上慰问金26900元；组织员工参与义务献血活动19人次，献血5200毫升；组织做好“慈善一日捐”活动，党员干部带头，员工、经营户一起参与，共募捐善款26000余元；开展拥军活动，对边防武警、派出所民警做好夏季高温慰问工作，融洽警民关系。

【加强队伍建设】 落实各项管理制度，通过各种宣传教育和各类考核、效能督查，提升队伍素质。关心退休职，定期组织退休职工健康体检等一系列活动。相继对辅助岗位和合同制员工采用业务外包、劳务派遣形式，明确用工标准，加强培养现有员工，按《劳动合同法》要求辞退不符合市场管理要求的员工。做好员工和经营户的教育培训，通过市场广播、宣传栏、电子屏以及会议、座谈会、现场观摩等多种形式开展消防安全教育、食品卫生教育、健康教育、控烟教育、禽流感防控知识培训。

是年，以“三包一创”星级经营户考核评比为载体，结合国家卫生城市、省级文明示范市场、放心市场等各类创建工作，经民主推荐、评选、公示和征求有关部门意见，有210户经营户被评为2017年度市场星级经营户。

【丰富企业文化】 组织工会会员到东海大峡谷春游踏青；组织女职工参加市商贸集团“三八”妇女节烘焙、插花、茶艺活动；组织员工参加“创导诚实守信·共铸消费和谐”“3·15”国际消费者权益日灯谜展猜志愿者服务活动；组织党团员在建党96周年前夕前往浙江省爱国主义教育地——金维映故居、岱山县委旧址和交通联络站等旧址参观学习；公司以舟山市国资委组织的“服务自贸，志愿企动——舟山国资党员志愿者服务活动”为契机，成公司食品安全检测志愿服务队，对次向市民进行食品免费检测和宣传食品安全知识；组织公司团员参加“微笑定海，志愿新区”主题志愿服务活动；定期组织党团员开展义务劳动。抓好公司党团队伍建设，公司团支部以团市委学习要求，召开“一学一做”学习会暨“怎样做一名合格团员”主题团课；公司党组织以“两学一做”学习教育常态化制度化为契机，召开工作推进会，根据公司实际，制定学习方案，按时间节点做好相关工作；开展作风建设、抓好反腐倡廉。

（撰稿：王柳青）

供销合作社商业

【概况】 2017年，区供销联社以农业供给侧结构性改革为主线，以“三位一体”农合联建设为抓手，统筹推进为农服务工作、社有资产运营、组织体系健全、体制机制改革和党的建设各项工作，完成各项工作目标任务。是年，全区供销社系统有法人机构23个，干部职工231人。全年实现总经营收入55558万元，同比增3.7%；资产总额9566万元，所有者权益5759万元。是年，区供销联社获全省供销社系统综合业绩考核优秀奖，被评为全省农合联建设先进单位。

是年，区供销联社深化“三位一体”农民合作经济组织体系建设，推进农合联服务功能建设和实体化运作；强化供销服务功能建设，规范提升农资经营服务网络，强化农信担保金融服务，推进农民合作社提质增效；抓好基层供销社建设及社有资产管理，推进项目建设，加强社有资产运营管理；推进全面从严治党，推动“两学一做”学习教育常态化制度化，落实党风廉政建设责任制。

2017年定海区供销社系统机构、人员情况

表16

项目		合计	区公司	基层社	区联社机关
经营网点总数（个）		165	115	50	
其中	批发网点	7	7		
	零售网点	134	94	40	
	批零兼营网点	10	7	3	
	废旧物资收购	14	7	7	
干部、职工总数（人）		231	170	47	14
其中	行政	12			12
	合同制	154	112	42	
	离单位留劳动关系职工	63	58	5	
	编外用工	2			2
离退休、退职人员总数		537	296	222	19
其中	离休	2	1		1
	退休	535	295	222	18

2017年定海区供销社系统主要经济指标完成情况

表17

指标	合计	区公司	基层社	农民专业合作社
总经营收入（万元）	55558	24363	16028	15167
总购进额（万元）	45251	18185	14294	12772
利税总额（万元）	1970	2063	−93	
其中：利润（万元）	1907	2035	−128	
亏损企业数量（个）	8	2	6	
亏损企业亏损额（万元）	166	39	127	
固定资产总额（万元）	3421	599	2822	

【推进“三位一体”农民合作经济组织体系建设】 健全农合联运行机制，完善为农服务功能，推进农合联服务功能建设和实体化运作。

农业生产服务中心建设　是年，新建金塘镇、岑港街道及干礁镇农合联农业生产服务中心，从生产、销售、金融、培训等方面为农民合作经济组织和广大农户提供综合性、一站式、精准化服务。至年底，全区建成区、镇（街道）农合联农业生产服务中心5家。是年，提供农技咨询及庄稼医生服务610余人次、小额存取款服务200余人次、农信担保贷款436万元、农民资金互助贷款105 万元、项目申报服务7项，开展农民培训410余人次。区农合联农业生产服务中心、马岙—小沙街道农合联农业生产服务中心被省供销社认定为“省级现代农业综合服务中心”。

农业生产社会化服务功能建设　组建成立定海区飞腾农机专业合作社，为全区粮食作物、蔬菜瓜果等新型农业经营主体提供农机作业、统防统治、粮食烘干等全程社会化服务。完成首批55万元农机设备设施购置，开始开展粮食烘干等社会化服务。至年底，提供谷物烘干服务1300吨、田间耕作服务600亩、碾米服务约100吨。

农产品电商平台建设启动　区农合联制订推进农产品电子商务的实施方案，与市农渔委等单位签订市名特优农产品定海体验中心项目建设协议书。区农合联与舟山市易家电子商务有限公司共同出资20万元组建成立舟山市定海农汇电子商务有限公司组；建立全市优质农副产品信息数据库，完成全市名特优农产品微信公众服务号页面设计。市名特优农产品定海体验中心工程建设于年末启动，预计在2018年3月底前建成并投入使用。

农民合作基金扶农运作机制逐步建立　是年，择优选择农合联会员专业合作社5个项目作为农民合作基金拟扶持补助的项目，拟定扶持的具体环节和要达到的目标，促进粮食作物、蔬菜瓜果等特色产业提档升级。组织专家对几个项目进行回访验收，根据验收情况对符合条件和要求的项目给予适当资金扶持。

【强化供销服务功能建设】　农业生产资料经营服务　是年，把握春耕、双夏等季节农资供求特点和需求情况，依托市、区农资公司及基层供销社所辖37家农资连锁网点，抓好农资采购、供应和储备。全年农资供应总额1787万元，化肥储备量常年保持在1400吨左右。未发生1起损农、坑农事件及农资商品断档脱销现象， 供应价格稳中有降。是年，全区供销社系统有11家农资经营网点被评为市级农资经营企业标准化建设先进单位。

落实省社“庄稼医院建设三年行动计划”　投入资金20余万元，新建庄稼医院2家。至年底，全区供销社系统建成规范化庄稼医院14家。依托市、区两级农资企业技术服务力量、农资连锁门店、庄稼医院等服务主体，在技术指导、现场会诊、业务培训等方面提供专业化、个性化服务，推进农资供应与技术服务有机结合。强化废弃农药包装物回收处理，全区41家废弃农药包装物回收点回收废弃农药包装瓶（袋）2570605只，占全市总回收量的60%，回收额573898元。回收的废弃农药包装物100%进行无害化处理，助推农村生活环境的改善。

农信担保金融服务平台建设　是年，继续巩固发展农信担保服务平台，在控制风险的前提下，扶持农民专业合作社和农业种养大户发展生产。是年，为24户涉农个人和单位贷款担保21笔，贷款担保金额436万元。至年底，定海为民农信担保有限公司累计为95户涉农个人和单位提供贷款担保375笔，贷款担保总额7580万元，缓解农民专业合作社、农业种养规模大户“贷款难”问题。

农民专业合作社建设　是年，结合定海农业结构调整及农合联体系建设，新建农民专业合作社2家。至年底，全区供销社系统领办专业合作社27家，有社员1214户，带动渔农户4000余户，种植、养殖基地面积9565亩。是年，根据区委巡察工作领导小组要求，汇同区农林与海洋渔业局等相关部门抓好全区农民专业合作社整合、规范与提升，推动定海专业合作社发展由数量扩张向质量提升转变。从融资服务、技术指导、专业培训、产品运销、资金扶持等各个环节加强对专业合作社的服务，提高产销组织化程度和生产带动力。是年，新增全国供销总社示范专业合作社1家。到年底，全区供销社系统有全国总社示范合作社2家，省级示范合作社3家，市级规范化合作社10家。是年，农民专业合作社销售额15167万元，同比增20.9%，帮助农民实现收入9139万元，同比增21.7%。

舟山市定海区飞腾农机专业合作社　于7月30日成立。该社由定海区马岙供销社牵头领办，专业从事农业生产社会化服务，为全区粮食作物、蔬菜瓜果等新型农业经营主体提供农机作业、统防统治、粮食烘干、种苗培育等全程社会化服务。注册资金150万元，入社社员40户。

舟山市定海礼平果蔬专业合作社　于11月7日挂牌成立。该社由定海区干磺供销社牵头领办，专业从事果蔬种植、经营。注册资金100万元，入社社员10名，带动农户80户，有果蔬等种植面积200亩。

【履行政府职能】　防汛抗台物资采购、调运、储备　是年，与省内防汛麻袋生产厂家衔接，落实防汛麻袋货源及采购计划。在汛期来临前，对库存麻袋进行翻库清点核对，完善防汛物资调用和管理制度。是年汛期及台风季节，做好麻袋调运工作，发挥物资调储作用。至年底，各基层供销社储备点储备防汛抗台麻袋12700只，完成区三防办储备计划。

生猪定点屠宰监督管理职责移交　是年，根据《生猪屠宰管理条例》及区政府专题会议纪要精神，与区农林与海洋渔业局对接，完成生猪定点屠宰监督管理职责移交相关工作，善处理相关遗留问题，确保全区生猪定点屠宰监督管理工作有序实施。

【强化基层供销社建设及社有资产管理】　9月底，干磺供销社龙潭街资产开发项目结顶，开始预售。干磺供销社按开发合作协议，获得500平方米店面房，确保社有资产有效增值。区供销联社成立资产征收工作领导小组，协助临城供销社做好资产征收相关协调工作，确保社有资产收益率及基层社可持续发展。继续做好基层供销社资产公开拍租工作，对白泉、干磺等供销社租赁到期房产依法合规进行公开拍租，确保资产收益最大化。各基层供销社有效整合资产，配合政府做好旧城改造资产征收及小城镇环境集中整治等相关工作。城郊供销社配合政府做好竹山门及茅岭资产征收相关工作，确保政府重点项目推进及企业稳定，保证社有资产收益。白泉、干磺等基层供销社全力配合当地镇（街道）政府，做好小城镇环境集中整治工作，提升供销社资产形象。

【推进全面从严治党】　落实全面从严治党主体责任，推动“两学一做”学习教育常态化制度化。立足部门实际和行业特点，落实党风廉政建设责任制。是年，对下属烟花公司一名严重违反国家法律法规规定的党员给予开除党籍处分；对区纪委在“公款购买烟酒问题”“违规使用公务加油卡问题”专项整治中发现的有关问题，进行严肃查处，形成持续警示。

【强化社有企业监管】　针对区审计局例行经济责任审计中发现的问题，抓好整改；组织开展对7家基层供销社的财务内审，对发现的问题责令和督促整改，制订和完善财务管理及内控制度，确保基层企业规范有序运行。

【强化系统稳定及安全生产工作】　妥善处理好因S321（72省道）定海至盐仓段改建工程涉及到城郊（盐仓）供销社茅岭资产征收拆迁引发的当地村民及盐仓供销社转制买断职工有关诉求；引导天天惠公司部分股东通过法律途径解决公司内部矛盾；化解鑫宝物资回收有限公司长达两年多时间因股东分配引发的矛盾纠纷，确保企业稳定。落实企业安全生产主体责任，排查整治全区供销社系统各类安全隐患，制订完善各项安全生产管理制度、及应急预案，确保系统生产经营安全。

（撰稿：陶鲁华）

责任编辑：王英伟

旅　游

概　述

2017年，区旅游局贯彻落实“十三五”发展规划，以“全面推进全域旅游”为主线，以“十个一”工程为抓手，培育休闲新业态，提升行业服务品质，扩大区域旅游品牌影响力，不断优化全区旅游环境，提升旅游知名度和美誉度，提高定海旅游经济效益和社会效益。是年，全区接待国内外游客1157.34万人次，实现旅游总收入164.8亿元，同比增长20.16%和20.06%；其中国内游客1148.53万人次，实现旅游收入161.37亿元，均比上年同期增长20.27%；入境游客8.8万人次，创汇5013.5万美元，均比上年同期增长6.2%。

创新举措与机制

【创新理论研学平台】　建立“知行观学堂”，实施周三夜学制度，入选“2017年理论学习创新案例”，被评为“优秀机关党建服务品牌”。推进机关干部素质提升，通过自身建设、区委巡察、市场倒逼合力，形成“高效、活跃、廉洁”的机关作风。

“知行观学堂”标识

【推出“十个一”全域旅游基础工程】　成立全省首家海岛民宿学院；建设一支旅游顾问队伍——定海区文化旅游研究会；组建一支14人的行政导游团队和70人的旅游志愿者团队；培养一支旅游行业文艺队伍，服务市民游客；开发一组特色旅游产品，获国家、省、市级多累奖项，推广“小定小海”旅游吉祥物主题形象及衍生产品；培育8家“乡烩农家”特色餐饮店；挖掘“故事定海”旅游资源，基本完成《古城故事》和《定海十八呑》两套绘本；设计一套旅游攻略，组建一支核心旅行社队伍，创新古城游、乡村游地接旅游产品。

“小定、小海”在南洞艺谷景区与游客互动

【建立全域旅游开发机制】　利用定海旅游集团公司平台，构建与区属部门、镇（街道）、社区（村）联动、联合的全域旅游开发机制，由旅游集团公司与区属部门、镇（街道）和社区下属国资公司共同出资成立东岠建设有限公司、千年马岙开发公司，联合开发旅游资源，完善乡村基础设施建设，加快推进“定海十八岙”乡村旅游建设、旅游特色小镇和A系列景区创建，共建共享旅游经济。至年底，定海旅游集团有7家全资或参股子公司。建立古城旅游综合开发机制，整合古街公司、鸦片战争遗址公园公司的资源，建立综合运营管理体系，提高古城开发、建设、管理等方面的工作效率。

【建立产业促进机制】 成立舟山海岛民宿学院，组建定海区文化旅游研究所，建立定海旅行社联盟平台，建立旅游驿站，出台《舟山市定海区旅游业发展综合贡献奖实施细则（试行）》，改革旅游协会等措施，由旅游局牵头组织相关旅游规划、设计等方面的专家学者和资深人士，对海岛民宿、果蔬采摘基地、农家乐、旅行社等业态主体，提供专业的规划、设计、营销、宣传等帮扶工作，为定海旅游加强引领带动，提供智力支撑，促进产业发展。

项目开发与宣传促销

【完善全域旅游规划体系】 立足“山、海、城”，围绕建设乡村旅游、古城旅游和海岛旅游三大核心产品，打造定海旅游开发新热点。完成双谷公路策划方案、中国大桥公园策划方案、国家登山健身步道规划方案、东岠岛策划方案、东岙湿地公园规划设计方案等。定海国际旅游度假区总体规划通过市级部门审核，进入省级部门评审环节，即将完成度假区总规环评。

【加快重点项目建设】 创新推出定海十八岙项目进一步整合乡村旅游“农业+”理念，完成《定海十八岙乡村旅游策划》；制定2017—2020年A级景区村庄创建计划，创评5家A级景区村庄。

加快旅游绿道建设　完成4.23千米“定海首条生态休闲公路”和50千米全国首条海岛国家级登山健身步道建设。

推进度假区建设　推进百里滨海大道建设、东岠旅游示范岛建设、旅游集散中心建设、滨海国际大酒店建设、宋都国际等项目建设，引进洲际酒店集团。

活化开发古城旅游元素　整治提升鸦片战争遗址公园，柳永文化广场3个展馆（柳永纪念馆、三毛纪念馆、三毛书吧）开馆；中大街获批省级文化创意街区；砚池完成清淤整治，风貌焕新；蓝理故居启动修缮及布展，古城全域旅游标识标牌设计加快推进。

中大街获批省级文化创意街区

【推进景区提档升级】 推进重点景区品牌化建设　南洞艺谷晋级国家AAA级景区，新建村获评首批省级AAA级景区村庄、中国最美村镇50强；年内新增6家AA级景区（传奇庄园、万花谷、舟山大桥展馆景区、舟山鸦片战争文化公园、册子月亮湾风景区、徐正国博物馆）和6家A级景区（定海中大街、舟山名人馆、金塘李子苑马岙祥农采摘园、匈牙利馆、万锦湖渔庄）。推进马岙村AAA级景区村庄创建工作和马岙风情小镇、干䃎远洋渔业小镇特色创建。

推进旅游厕所革命　新增、改建新建生态村（南洞艺谷）、东岠岛、东海大峡谷生态森林公园共3座旅游厕所；新增3家AA级旅游厕所（新建社区火车广场火车尾厕所、柳永文化广场厕所、马岙街道菜场边厕所）、2家A级旅游厕所（新建社区临时停车场厕所、金塘镇山潭美丽海岛示范村厕所）。

完善旅游咨询体系建设　完成位于三江码头的舟山群岛海港旅游服务中心工程验收，完善位于双桥的舟山游客服务中心定海馆效果图，建成册子月亮湾风景区、南洞艺谷、东海大峡谷等3处游客咨询中心，完成14个D类游客咨询社会网点的设置，在中大街设立旅游驿站。

构建乡村旅游产品体系　引导乡村旅游由单一化向多元化发展，引进“心宿”民宿品牌，打造青年旅社，引进“者里山宿”，引导黄沙民宿，建立海岛民宿学院，促进民宿发展；开展“乡烩农家”特色餐饮

6月，南洞艺谷成功晋级国家AAA级景区

品牌建设，提升省级果蔬采摘基地服务品质，形成以农家乐、生态观光园、乡村民宿、果蔬采摘、娱乐体验等为主的乡村旅游产品体系。

【强化定海旅游城市形象】　明确“故事定海”的总

“小定”“小海”系列文创产品

定海旅游手绘地图、明信片

体形象定位，整合定海的历史、人文和文化元素，推出“小定”“小海”定海旅游吉祥物形象，通过系列微信表情包和文创产品设计、活动推广等方式，使定海旅游品牌形象可视化、大众化。完善定海旅游宣传片，制作定海旅游、定海古城、南洞艺谷和东海大峡谷景区等手绘地图和特色明信片，提升定海城市形象的宣传力和认知度。

【深化智慧旅游营销】　升级改版“定海旅游”微信公众号，引入VR全景、中英文智慧导览功能；推出“定海全域旅游手绘地图”，南洞艺谷和东海大峡谷的景区电子地图导游服务系统和景区语音讲解系统；完成全区旅游基础数据采集和系统录入，建立6个景区人流监测点，加快大数据平台建设和精准营销。

定海区全域旅游手绘地图

【开通乡村旅游线路】　实施乡村振兴战略，开展“行走定海十八岙”实地走访和调研活动，挖掘每个

“行走定海十八岙”实地走访和调研活动

2017乡村旅游巴士

村岙其独特的人文风情和乡村野趣，串联景点打造数条以“定海十八岙”为核心的定海乡村旅游线路，在“定海旅游”微信公众平台发布7期“十八岙”自助旅游攻略，转发和阅读量超万次。创新推出以“乡约定海”为主题的乡村旅游巴士活动，累计发团16期，大巴车近80辆，提升海岛乡村旅游的知名度和热度。

【丰富旅游节庆活动】 联合多方力量打造品牌节庆，举办2017第四届舟山群岛年味节活动，线上线下同时推广，线上总关注人数达50万人次，线下参与近3.5万人次。创新开展多元化营销活动，举办舟山海岛民宿学院成立暨海岛民宿论坛、首届三毛散文奖获奖作家签售会、五四青年节漫步“古今定海”活动、南洞艺谷油菜花节、东海大峡谷花朝节、峡谷越野赛、中大街立夏“蛋王争霸赛”等活动。完成国际海岛旅游大会配套活动，举行舟山鸦片战争纪念馆建馆20周年暨柳永文化广场开馆仪式活动、2017中国·舟山国际渔绳节和2017国际啤酒美食节，展示定海特有的民俗和文化魅力，提升定海旅游知名度。

4月20日，在柳永文化广场举办首届三毛散文奖获奖作家签售会

【加大宣传推介力度】 借助五洲传播中心《鸟瞰中国》栏目组拍摄南洞和南部诸岛、《人民日报》(海外版）报道中国渔绳节等采访宣传，以及新闻联播报道“南洞魅力乡村建设”、《浙江日报》刊登《画春园里谱新区》等新闻宣传，提高定海旅游在国内外知名度和影响力。组织企业参加2017国家和省旅游商品大赛，4家企业的5项旅游商品获“省优秀旅游商品奖”，其中2项旅游商品获中国特色旅游商品大赛银奖。开展抱团营销，锁定普陀、宁波、杭州等周边客源城市，采用活动推广、广告投放、游线串联、宣传互动等方式，开展针对性营销，加快开拓疗休养客源市场。

行业建设与规范化管理

【推进行业安全和应急管理】 年初，与全区39家旅行社、6家星级宾馆饭店以及11家主要景区点签订2017年度安全生产责任书；制定完善《定海区旅游行业消防安全排查整治实施方案》《旅游安全突发事件报告及责任追究制度》《定海区旅游安全管理“一岗双责”实施细则》《定海区旅游局防汛防台应急预案》等规章制度，进一步顺畅安全管理机制；开展春节、五一、国庆等节前安全检查，开展冬春火灾防控、安全生产月、防汛防台、十九大安保维稳大行动等专项检查，检查和督查全区旅游企业在消防安全、食品安全、旅游包车、应急管理等内容，确保全区行业生产运营安全有序。

【开展市场整治和质监执法】 采取巡查抽查、专项督查、联合执法和明察暗访等多种形式，开展文明旅游、“不合理低价”“双告知先照后证”等专项整治行动。是年，开展深度专项检查10余次，出动检查（执法）人次近300次，明察暗访旅游企业135家次；受理各类投诉8件，调处8件，处理满意率100%。

【加强队伍建设和人才培养】 加强企业帮扶指导，指导开心旅行社成功创建三星级品质旅行社，指导太平洋旅行社开展四星级品质旅行社创建工作，指导万锦湖和新青农开展省级果蔬采摘旅游基地创建工作等。是年，全区有6家星级品质旅行社（4家四星、2家三星），6家绿色旅游饭店，6家星级旅游饭店（1家四星级、4家三星级、1家二星级），5家省级果蔬采摘旅游基地，5家海岛休闲示范点；组织全区旅游企业参加“2017年舟山市旅游饭店服务技能大赛”、全市旅游系统“卓越团队”等评比活动，引导旅游企业加强内部建设，提升服务质量。

重大节庆活动

【2017第四届舟山群岛年味节】 2016年12月18日至2017年2月12日，举办第四届舟山群岛年味节，联合双桥街道、干礁镇、昌国街道和环南街道，将南洞艺谷、东海大峡谷、中大街、柳永广场、祖印禅寺等定海景区进行整合，将元旦、腊八、春节、元宵等传统节日串联，策划开展包含“新年福音启动仪式”“古城新年嘉年华”“祖印禅寺幸福腊八节”“中大街五福临门”“东海大峡谷福气满堂”“南洞艺谷福禄双全”等主题纳福活动，线上线下同步推广，线上总关注人数达50万人次，线下参与近3.5万人次，唤起人们对传统年俗文化的记忆。

第四届舟山群岛年味节

【第二届东海大峡谷越野赛】 1月8日，神行定海山·2017第二届东海大峡谷越野赛在东海大峡谷景区举行，越野赛分50千米、35千米和10千米三个组别，吸引来自新加坡、台湾、江苏、新疆、重庆、上海等地196名户外运动爱好者参加。该次比赛的赛道路线设计以“踏古道、观定海、眺大桥、登海山”为主轴，吸引各地选手到定海比赛，展现定海良好的海洋生态资源、秀丽海岛自然风光、独特历史人文环境和清新空气，为户外运动爱好者们提供相互交流、学习的平台，推动定海旅游观光和户外运动的结合发展。

第二届东海大峡谷越野赛

【东海大峡谷“花朝节”】 3月12日，在东海大峡谷景区举行“花朝节”活动，十余名区汉文化协会成员，身着传统汉服、头戴宝钿花钗，扮演主祭祀、花使、女官等角色，展示祭品献礼、焚香、祭酒、上香、簪花等一整套祭祀礼仪，活动还配套投壶传统游艺项目、与“十二花神”合影、汉文化手工作品展示等互动活动，引导游客关注传统节日，弘扬优秀传统文化。

东海大峡谷“花朝节”

【南洞艺谷第二届油菜花节】 3月18日至4月16日，举办邂逅“醉美”花海·南洞艺谷第二届油菜花节，

南洞艺谷第二届油菜花节

活动配套亲子主题运动、品做美食、花海留影等互动体验活动，吸引大批市民游客参与和参观。

【“乡村旅游巴士”一日游活动】　于3月24日正式启动，主题为“约会定海，最美的乡见！”乡村一日游活动，周六、日发团，应时应景更改游玩路线。向市民游客推介定海乡村美景，挖掘、丰富舟山乡村旅游产品。

【“爱满定海”春季山地毅行徒步活动】　4月8日，

“爱满定海”春季山地毅行徒步活动

2017“爱满定海”春季山地毅行徒步活动——慈善公益行在东海大峡谷举行，分为50千米全程组、30千米半程组和15千米体验组，750名活动参与者从东海大峡谷出发，分别途经岑港、马目、黄金湾水库等地最终回到东海大峡谷景区。

【舟山海岛民宿学院成立仪式暨海岛民宿论坛】　4月18日，舟山海岛民宿学院成立仪式暨海岛民宿论坛在南洞艺谷举行，近百名来自市内外的民宿专家、大咖和旅游爱好者参加活动，见证舟山海岛民宿学院的成立，探讨舟山海岛民宿发展新思路，引导乡宿产业健康发展，推动定海乡村旅游开发建设。

舟山海岛民宿学院成立仪式暨海岛民宿论坛

【舟山鸦片战争纪念馆建馆20周年暨柳永文化广场开馆仪式】　于7月31日柳永文化广场举行。来自舟山各个学校的优秀学子带来诗歌朗诵《三总兵赋》，演绎鸦片战争、《宝刀歌》、柳永的《煮海歌》等一系列原创主题节目，旨在弘扬恢弘、正气的民族气节，宣传三毛、柳永等定海文化元素。

舟山鸦片战争纪念馆建馆20周年暨柳永文化广场开馆仪式

【2017中国·舟山国际渔绳节】 9月21日，首届中国·舟山国际渔绳文化节在定海海滨公园举行。活动以“缘起千年·情结定海”为主题，分为情结渔海——渔绳结启动仪式、渔绳智慧——渔绳结装置艺术展、玩转渔绳——渔绳结体验互动三大块内容。由非遗传承人李芝琴老师现场指导渔绳结的编织技巧，为本次活动创作“定海云祥结”。活动还原舟山的渔村民俗，重拾千年渔绳文化，展示定海海上丝路的斑斓魅力。

2017中国·舟山国际渔绳节启动仪式

【2017国际啤酒美食节】 9月21—27日，2017国际啤酒美食节在定海海滨公园举办，主题为“甜品派对、美食荟萃、啤酒狂欢、游戏嘉年华”，配套乐队演出、民俗表演等活动。

（撰稿：胡妮娜）

（本类目照片由区旅游局提供）

责任编辑：王英伟

上接第230页

定海山系列文化——古街（二）

序号	古街名称	地址	简介
6	楼门街	马岙街道	楼门街是“海上河姆渡”“千岛第一村”马岙街道的老主街区，东起平石岭下定马公路，西至安家石板路下。长1700米，宽8～10米。原是古朴的卵石村道，既是通往马岙西半部的交通要道，也是从马岙过大周岭或古德岭通往小沙等地的捷径。解放后，马岙中心从唐家街移到楼门街，遂形成包括供销社、汽车站、水产、食品、饮食等商店在内的商贸集市区。2017年建成民国风味一条街。
7	唐家老街	马岙街道	唐家老街北起楼门街，南至蒋家。主街长550米，宽2.5米。因唐氏最早定居、唐姓居多而得名。聚落形成于清康熙以后，曾建有乾隆年间的阁厢楼、嘉庆末年的走马楼等老宅大院。道光年间已有理发、织布、摇面、糕饼、百货、铜匠、铁匠、木匠、篾竹、米店、肉店、弹花、酒坊、染坊、磨坊和钱庄等日杂商铺30多家，是当时马岙庄的经济和文化中心、民国景陶乡公所驻地。1940年在日军火烧唐家古民居，一时商业繁华不再。
8	柳行老街	金塘镇	形成于清光绪年间。因木行商人沿河栽柳成“柳巷”。河岸单边面南筑舍经商，逐成“柳巷半边街”，今称“柳行半边街”。街长300米，东西走向，青石铺路，以金井桥和周家桥为界分上中下3段。晚清和民国间，店铺林立，开有存心堂、滋德堂、瑞生堂等医馆药店以及豆腐店，猪行、南货店、剃头店、皮革店、蜡像店、布庄、贳器店、邮政代办和钱庄。
9	十字街	白泉镇	白泉十字街是新石器时期海上河姆渡文化遗址之一。街市形成于宋代，鼎盛于清末民初，由直横两条街交叉成“十”字，故名。又有“千年海市”之称。十字街分上街、中街、下街。上街从积善庵起，伸展至翁家桥，中街与下街交叉口以德行弄为界。十字街交叉位置，即老街中心，是至今保存较为完整的古街区。内有“老泰昌糕饼”等老字号。对研究白泉历史和街市的发展有一定的研究价值。
10	龙潭老街	干礁镇	龙潭街是定海三大老街之一，位于干礁镇老街区，最早形成于明万历年间。因老街有龙潭和明朝梁璋学道成龙神的传说，故名。龙潭街南北长200米，东西长80米。旧时，鲜活的水产品从上沙头、下沙头（今西码头）由行贩担挑来街里设摊或上门叫卖，农产品也在街里设摊，形成商贸街区。入住较早、规模较大的商家有颜氏庆和里、同昌里和李洽茂酒店3家。

（区文体局供稿）

城区管理与城乡建设

概 述

2017年，区住房和城乡建设局（以下简称区住建局）设办公室（政策法规科、信访办）、人事教育科、计划财务科、建筑业管理科（招投标管理办公室）、城市与村镇建设科、行政审批科；辖区住房保障和房产管理局、区建筑工程质量安全监督站、区城建档案馆。

是年，完成城市建设管理体制变革调整，区市政园林管理中心、区环境卫生管理处、区城乡建设集团职能划转至区城市管理局。通过强化监管、完善服务等方式确保建筑业、房地产业平稳发展。建设行业市场秩序趋于良好，工程质量安全态势平稳。推进落实“最多跑一次”改革，优化行政审批效率，推进绿色通道，实现证件快递免费送达服务，方便群众办事。完成提案议案办理和信访工作，解决各类与城乡建设有关群众诉求。加强对住建系统干部职工培训教育，完善机关各项制度。

城市建设

【农渔民住房改造建设】 政府投入资金183.2万元，改造完成渔农村困难群众危房118户，改造建筑面积9275.1平方米，加快推进城市化建设。

【各项中心工作】 *危房解危* 完成全区75幢D级危房解危工作，安置住户1069户，涉及建筑面积6.2万平米；465幢C级危房全面纳入专业化监测，部分数据变化明显的危房纳入远程动态监测。完成危房解危后停车场建设13处，完成年度目标任务的130%，新增停车位336个。加快推进农村危房解危工作，全区有农村D级危房144户、总面积24311.01平方米，C级危房722户、总面积111859.76 平方米（其中涉及公共安全的C级农村危房11户，面积8842平方米），已完成144户D级危房和涉及公共安全的11户C级危房的腾空防控工作。

小城镇综合治理 组织编制定海区小城镇环境综合整治规划汇编和环境综合整治规划补充文本，指导项目实施落地。落实“河长制”“门前三包制”“卫生保洁”等管理制度，开展环境卫生大整治；推进“五乱”治理，全面整治乡容镇貌。全年完成小城镇环境综合整治项目完成投资4.26亿元，完成马岙、白泉、干䃎第一批整治任务，投资3.77亿元。

交通治堵 新建改造城市道路4.28千米，打通断头路东河南路；新增城区公共停车位596个，其中东门交通综合体293个车位，老城区危房拆除改建停车场共12个点303个车位；新增公交首末站1个岑港客运中心，结合定马复线公路建设，新增港湾式公交停靠站10个，完成三期公共自行车15个站点，投入使用公共自行车400辆，编制完成全区2017—2020城乡交通治堵三个全覆盖规划。

建筑业管理

【概况】 2017年，实施建筑业资质换证，全区有建筑企业73家，包括41家建筑施工总承包企业，32家专业承包和劳务分包企业。全区具有一级资质的建筑施工总承包企业 8家。

2017年定海区一级资质建筑施工总承包企业名录

表18

序号	企业名称
1	浙江舟山广宇建设有限公司
2	舟山市大沙建筑工程有限公司
3	浙江博宇建筑有限公司
4	弘业建设集团有限公司
5	隆图建设集团有限公司
6	浙江金泉建设有限公司
7	浙江广盛环境建设集团有限公司
8	浙江昕达建设有限公司

是年，建筑业继续保持健康发展。实现总产值94亿元，同比增长7.6%；完成竣工产值72.59亿元，同比增长2.2%；签订合同额122.76亿元，同比减少2.9%。

【建筑市场监管】 招投标管理　加强对定海区重点工程建设项目的管理，严格执行施工合同备案和“三价”公开报送制度。2017年，办理施工合同备案37项，“三价”（招标控制价、中标价、竣工结算价）公开报送项目113个，施工图网上联合审查受理22个，招投标实际开标167个，实际开标总控制价16.55亿元；办理施工许可证86份、竣工备案40项。全年未发生因工程款和农民工工资拖欠而引发群体性事件。

安全宣传　结合专项整治工作开展以施工现场为主的安全宣传工作，安排相关防火应急演练，根据工作实际制订相应的实施方案，发放横幅50条、宣传画200张、宣传资料200份。组织开展“科技宣传周”“全国安全生产月”等活动。

人员培训　组织开展初级技术人员培训班1期，培训人数85人，申报并评审通过中级工程师207人，高级工程师17个。加强浙江省建设市场监管和诚信系统建设，完善建筑企业信息库，审核入库企业114家（包括咨询企业），注册建造师1058人；全区建筑企业全部按时完成新版建筑业证书换证工作。

【质量安全生产大检查】 完善安全生产责任制度。与53家建筑企业签订安全生产责任书，把安全责任贯彻落实到各企业负责人、各项目部负责人。推进工程质量安全治理提升三年行动、安全隐患大排查快整治严执法行动和全区建筑施工安全生产大检查工作，检查在建工程107个，建筑面积289.60万平方米，下发限期整改通知单27份、停工通知单3份，整改率100%。全年未发生建筑施工安全伤亡事故。贯彻落实相关技术标准，开展工程质量大检查大整治活动，消除质量隐患，治理质量通病。落实五方主体项目负责人质量终身责任制，打击建筑施工转包违法分包行为，健全工程质量监督机制。抓好基础设施、公共工程和住宅工程，保障性住房施工质量安全监管工作。

【建筑行业协会工作】 发挥协会技术优势，开展建筑新工艺观摩培训。指导区属建筑业企业开展各项安全教育活动。鼓励建筑企业建设优质工程，开展全区标准化工地评审工作，评出区级标准化工地6个，市级标化工地4个；海山杯奖（优质工程） 获奖工程承建企业7家，舟山市房屋建筑“优质结构”和市政工程“优质城镇道路”工程承建企业7家。

2017年定海区建筑工程安全文明施工标准化工地

表19

工程名称	施工单位	项目经理
锦鸿雅苑工程	舟山市大沙建筑工程有限公司	李双特
定海科技创业大楼	浙江恒昌建设有限公司	泮凌骥
舟山定海凯虹商业广场	恒尊集团有限公司	顾芳艇
浙江兴业集团有限公司迁建项目（二期）Ⅱ标段	大昌建设集团有限公司	舒平国
舟山市定海污水处理厂三期工程	舟山市恒达市政工程有限公司	邵建军
百里滨海长廊定海青垒头路段道路改造工程一期	浙江广盛环境建设集团有限公司	蒋贤荣

住房保障和房地产业管理

【概况】 是年，区房管局在职在编职工36人，退休职工1人，编外用工27人。为副科级全额拨款事业单位，隶属区住建局管理，负责全区住房保障和房产管理工作。下辖7个职能科室，1个基层房管所。

【房地产市场】 2017年，城区预售商品住宅1251套，销售总价23.27亿元，均价14812元/平方米；乡镇预售商品住宅1202套，预售总价10.28亿元，均价8550元/平方米。二手房交易面积48万平方米，成交额37.36亿元。完成16家开发公司的商品房预售资金监管检查，下发违规企业整改通知书1家，整改完毕。简化行政审批，将二手房交易审核、新建商品房合同备案时间调整为立等可取。

【保障房管理】 2017年，新开工城镇保障性安居工程住房200套（含货币安置200户），面积1.2万平方米。其中定海C、D级危房拆建项目二期项目完成货币征收200户。基本建成岑港农民公寓房五期、金塘新丰社区新农村建设（A）项目Ⅰ标段等7个项目共1508套（含货币安置200户），完成113.8%；竣工紫微公寓、新泉佳苑等项目共1818套（含货币安置200户），完成106.2%；分配蓉浦公寓，西山佳苑等项目1869套（含货币安置200户），完成118.15%。“四公开”阳光分配公共租赁住房，完成205人次的入住、分配、管理工作，未出现1例投诉现象。做好廉租住房申请审核工作，享受廉租住房租户499户，享受廉租租金补贴901户，发放补贴370.25万元，取消廉租房资格 29 户；维修直管公房154处，完成砖木结构直管公房的室内线路改造工作，改造住户380户，改造面积1.14万平方米。在抗击“泰利”和“卡努”台风中，组成应急小分队开展日夜巡查，做好旧城区低洼地段排涝工作。配合区旧城改造办公室做好拆迁工作，通过异地安置、房改、清退等方式对涉及拆迁范围内4个区块的94户直管公房租户进行重新安置。

【住房补贴发放】 审核因职务提升享受面积补差人数31人，总补贴金额31.6万元，审核享受20%住房公积金补贴人数245人。协助区人才办办理人才购房补贴112人次，查询房改证明874份。

【物业市场监管】 评选物业管理示范住宅小区和优秀业主委员会各3家。完成全市物业服务大检查，抽样检查全区29个物管小区，要求物业服务企业对发现的问题立即进行整改。运行定海区物业纠纷调解委员会，负责开展物业管理矛盾纠纷的排查、预警和教育疏导工作，处理51件投诉及协调事件。组织物业企业做好“两非”车辆更换，落实物业小区生活垃圾清运。编写业主委员会备案示范文本，在全区进行推广。

【老旧小区综合整治】 组织实施社区化准物业改造小区1个，完成环境综合整治小区2个，涉及金额约240万元，改造面积5.39万平方米。对8个实施社区化准物业管理的老旧小区开展物业服务质量年度考核，考核结果均为优秀，予以全额补贴50.57万元。对昌洲花园特殊小区进行2015—2016年物业服务质量年度考核，予以补贴13.38万元。

【物业资金管理】 归集专项维修资金1949.69万元，保修金1009.89万元，修缮完工验收核准拨付项目219个，涉及用户11883户，建筑面积130.23万平方米，拨付维修资金529.48万元。

【白蚁防治】 4月1日起，停征白蚁防治费，全年减免白蚁防治费用73.42万元。推广白蚁智能监控系统，投入30余万元整治桃花苑小区白蚁灾害，该项目为2017年全市推广生态化治理白蚁的示范项目。做好3—5月白蚁高发期的治理工作，督促白蚁防治企业增加防治力量，高峰期内完成白蚁灭治356户，灭治面积67861平方米。

【城镇危旧住宅改造】 5月底，基本完成18幢D级危房解危，提前半年完成定海区三年危房解危任务，安置住户1069户。危房拆除后建设停车场13处，新增停车位336个。根据危险程度实行人工监测与动态监测相结合的方式，实时监测C级危房，掌握危房变化动态，保障住户生命和财产安全，危房解危工作已取得阶段性成果。

城建档案管理

【概况】 是年，区城建档案馆工作人员6人，围绕

"最多跑一次"的工作理念，加强队伍建设，强化业务管理，优化服务流程，做好工程档案和综合档案管理工作。11月，获"省三级城建档案馆"称号。

【优化服务】 按照《舟山市定海区人民政府关于印发定海区推进行政审批服务"最多跑一次"改革实施方案的通知》要求，深化改革，从前期工程档案登记备案到验收、接收进馆、档案查阅利用等多个环节进行精简优化，确保资料齐全前提下让群众实现"最多跑一次"。

【档案室建设】 按照全市建档案工作统一部署，根据《浙江省城建档案馆（室）目标管理考核认定标准细则》逐条对照，从制度建设、机制创新、业务建设、库房管理、信息化建设，完成工程档案数字化扫描124卷、业务档案数字化扫描255卷，完成城建档案管理系统的内容著录及数字化挂接工作。

【档案管理】 采取提前介入和主动服务，实行"一对一"指导，开展线上线下咨询服务，确保进馆档案资料的完整性和规范性，为档案预验收做好准备。全年，完成工程档案备案57个，交底指导30个，验收29个，入库291卷，照片307张；完成局机关会计档案45卷，局机关文书档案整理、归档及系统挂接495件，完成业务档案330卷，整理归档业务档案282卷。

排水　供气

【管网建设】 2017年，投资4077万元完成白泉镇、小沙街道、干𥔲镇、马岙街道、岑港街道、盐仓街道、水产品产业园区、粮油产业园区、定海西北片污水处理一期工程等管网建设，新建管网建设25.61千米，完成年度目标任务的150.6%。加强农村生活污水运维，通过政府购买服务形式，由第三方运维单位负责全区101个终端、420千米管网的运维管理；建立各镇（街道）农村生活污水治理设施的基础信息库，每季度开展终端巡查工作，落实数据化管理，2017年顺利通过省市考核，连续两年被省住建厅评为考核优秀单位。

（撰稿：邵佳盈）

综合行政执法

【概况】 2017年，区城市管理局（区综合行政执法局）有在编职工84名，其中行政9名，参公46名，全额事业29名。编外用工人员28名，新招录公务员2名。有执法证人员77人，持证率91.2%。下设办公室、计划财务科、政策法规科、智慧城管指挥中心（综合协调科）、督查信访科、市容与公用事业管理科、行政审批科等职能科室7个。设城区执法一中队、城区执法二中队和定海工业园区执法中队3个直属股级派出机构。派出机构10个，除白泉分局为副科级派出机构外，城东、昌国、环南、盐仓、马岙、小沙、双桥、岑港、干𥔲均为股级派出机构。

是年，按照区委区政府的工作部署，区城市管理局紧紧围绕海上花园城市创建、城乡环境综合整治大会战等中心工作，以提升城市管理法治化、智慧化、精细化、人性化、专业化水平为主题，完善长效管理，破解顽症难题，深化城市治理，提升城市品质，强化队伍建设，实现城市管理水平新提升。

【机构设置改革】 5月19日，区委书记庄继艳为定海区城市管理局揭牌。根据《中共舟山市定海区委、舟山市定海区人民政府关于印发创新定海区行政体制的通知》（定委发〔2013〕31号）、《舟山市定海区深化综合行政执法工作实施方案》的通知（定政发〔2017〕1号）和《舟山市机构编制委员会办公室关于设立定海区城市管理局的函》（舟编办函〔2017〕31号）精神，设立舟山市定海区城市管理局，区综合行政执法局、区环境保护局与区城市管理局合署办公。5月，区市政园林管理中心、区环境卫生管理处、区绿艺园林绿化有限公司、区"三改一拆"办公室成建制划入区城市管理局。10月，区城乡建设集团有限公司划入区城市管理局。

【深化"属地管理"】 根据"条块结合、以块为主、属地管理、重心下移"的城市管理体制要求，下放执法权限，将解放路、人民路管辖区，分别划转给环南、昌国街道执法中队管理，落实"属地管理"，将大部分执法队员继续下沉到一线。发挥综合行政执法平台在"五水共治""涉渔专项整治""滴漏抛洒"、违建"清零"等各类执法行动中的作用，确保执法主体职责职能行使到位。2017年，在各镇（街道）开展联合巡查2086次，常驻部门参与1755次，挂牌部门参与463次，联合巡查人次达8121，开展联合整治876次，各中队（分局）发出各类文书3422份，相关部门发出文书602份，劝导整改91491起。

“两非”车辆集中整治

【城乡环境综合整治大会战】 以小城镇环境综合整治和城乡环境综合整治大会战为城市综合治理总目标，围绕户外广告专项整治、沿街立面整治、杆线箱整治、“三乱”整治、城乡道路环境整治等具体任务落实各类整治行动。

户外广告整治行动　3月下旬，启动城区户外广告整治行动，6月初完成目标拆除任务，拆除户外广告4988个，实际拆除率为任务清单的197.5%。

定海东门交通综合体附近高杆广告拆除

立面改造工程　以立面色彩和谐、广告管理规范、建筑视觉整齐、空调机位美观、城市家具整洁为目标，整治解放路、环城东路、昌国路等主要道路沿街立面，打造环城东路（800米路段）立面改造示范工程。

“三乱”整治　强化对昌洲大道、文化路、青垒头路等城区重点路段管理力度，开展文化广场、海滨公园、定海公园、海山公园等公共场所无证流动摊点取缔行动。配合交警开展“两非”整治，城区以电动三轮车为经营工具的流动摊贩有效得到遏制，对城区小区、人行道“僵尸车”进行清理，清理各类“僵尸车”716辆。

“杆、线、箱”整治　按照减量化要求，归并城区重点路段的各种灯杆、路杆、牌杆；合并各种通信线箱；对沿路的电线、电话线、有线电视线实施三线入地。完成昌国路、环城东路相关路段的架空电力管线落地工程，完成芙蓉洲路周边和西大街入口处的三线入地改造工作。

城乡道路环境整治　按照大会战任务推进计划，完成北向疏港公路、329国道、鸭东线、72省道、73省道、定马线等路段的路面改造、标识牌拆除等工作，集中整治沿线店铺占道设摊、占道经营、占道设置马路市场等现象。

【马路市场“百日攻坚”行动】 集中巩固提升12处城区马路市场管理，建立三级管理长效机制，遏制反弹势头，整治重心逐步转移至城区主次要道路上。根据马路市场“百日攻坚”行动要求，将人民南路夜

劝离人民南路夜市街摊贩

市、海山公园早市、南珍菜场夜市、西园商业街夜市、学林雅苑小吃夜市等5处新增马路市场列入2017年的重点整治范围，通过“一点一策”开展针对性管理，成效明显。

【城区工地推行绿色围挡】 10月起，针对城区房屋拆除改造、市政道路施工、建筑工地、沿街装修等4类工程，统一采用绿色仿真草皮围挡。至年底，城区施工工地基本实现绿色围挡，城区施工工地“脏乱差”等不文明施工现象得到改善。

东海西路工地完成绿色围拦安装

【示范街创建】 开展解放路、人民路城市管理示范街创建，组织开展流动设摊、噪音污染防控、流浪犬整治、“三车”规范管理等系列整治行动，实施周查、月考、季评制度，通过宣传发动，规范管理、严格考核，基本达到示范路段“整洁、规范、有序”创建目标。

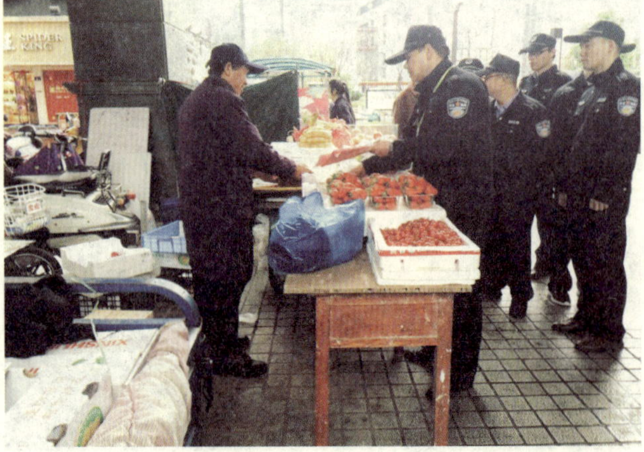

执法队员向审批摊位经营户宣讲规范经营要求

【重点工程建设】 是年，重点项目完成投资约5.15亿元，东山路改造工程、惠州新村北面道路建设、东河南路改造、城东小洋岙檀东山庄南侧道路改造工程等4项工程已完工，百里滨海长廊定海段一期（Ⅲ标段）、百里滨海大道定海段一期（Ⅱ标段二期）完工；和平路道路工程（一期）、白泉流域城关河总府路延伸段管网改造工程（东海西路—环城南路段）、白泉流域城北水库支河海洋学院北侧管网改造工程、定海区高新材料研发中心等11个工程抓紧建设中。

改造后的东河南路

【推进“三改一拆”】 以争创“基本无违建区”为“三改一拆”工作的重点，紧盯重点区域和重点类型，加大难点攻破和亮点培育力度，推进“三改一拆”和“无违建”创建，完成“基本无违建区”创建

盐仓执法中队队员在海富街参与拆违行动

各项工作目标。2017年，全区完成“三改”272.85万平方米，占全年工作目标任务的419.77%；完成“一拆”68.22万平方米，占全年工作目标任务的213.20%。

【交通治堵】 停车位建设 新建改造城区停车位1779个，其中包括专用停车位776个，公共停车位1003个。

公共自行车 2017年累计租车量达1504456人次，日均4111人次。新建6个站点，新增300辆公共自行车。对东山公园、环南停车场、兴中石油公司、BRT车站等站点进行拆改修复。至年底，全区有公共自行车站点92个，公共自行车2400辆。

【队伍建设】 把握服务中心、建设队伍两大核心，坚持“学、做、改、促”，推进“两学一做”学习教育常态化制度化，推进机关党建各项工作。7月，组织50名党员到宁海“党员同心圆”基地进行爱国主义教育学习活动，10月组织全体党员通过集中收看、分散收听、重温学习、线上线下互动等多形式、多轮次学习十九大报告。12月12日，在定海城北体育馆举行区城市管理局执法队伍换装仪式，全区300余名城管系统执法人员全部换装完毕。

12月12日，区城市管理局执法队伍换装仪式

12月下旬，组织全区各镇（街道）、金塘分局、定海工业园区管委会城市管理执法工作分管领导、各执法中队负责人、区城市管理局（综合行政执法局）各科办部分中层干部参加城市管理执法人员素质提升研修班培训。

【依法行政】 2017年，审核案件530件，立案案件

2017年新进执法队员封闭式集训

480件，结案348件，结案率72.5%。组织开展法律知识“一季度一考”，开设执法“微型课堂”，提升办案人员业务水平，全年组织200余人次参加法律知识培训，提升综合执法素质。12月中旬，在舟山市委党校训练基地开展新进执法队员封闭式集训，50余名新队员参加。参加队列训练、城管执法等相关培训课堂学习，提高执法人员严格执法、规范执法、文明执法的能力和水平。

【办理群众信访投诉】 至年底，受理各类信访投诉2633件，回复2578件，在办理55件。做好领导接访工作，党组成员每月一次协调处理信访问题，每半年一次接待来访群众，主要领导全年参与接访23起；根据投诉信访办理现状，参与现场调解。落实信访问题处置公开化，全年录入省信访网案件675件。

市政园林管理

【概况】 2017年，区市政园林管理中心在职员工35人，为副科级全额拨款事业单位，主要负责城区市政、园林绿化、公园广场建设管理、城区河道管理和全区园林绿化管理工作的业务指导工作。下设办公室（计划财务科）、市政设施管理科、公园广场管理科、园林绿化管理科4个职能科室。

【市政工程新进展】 是年，派发工程项目5个，总投资4150万元。完成东门车站工程，完成海院路改造、

河道截污、污水管网改造等工程。完成LED路灯节能改造约500盏，新安装路灯50盏。

【市政养护管理和公园改造】 修复的混凝土路面总计达到7000平方米，翻新定海城区沥青路面1.8万平方米，零星调换（升高、降低）窨井座盖1455套。完成文化广场及河道景观亮化工程。完成海山公园乒乓球运动场顶棚安装。

【城市绿化养护】 在植树节向街道社区和市民赠送16000盆草花；完成春秋两季城区绿化补种；完成环城东路（昌国桥—解放桥）景观亮化提升改造；完成国际粮油集散中心、汽车城、昌州大道平交口等节点的景观亮化提升改造。

【剿灭劣Ⅴ类水行动】 2017年，完成城区12条主要

景观提升改造中

河道清淤，完成蓬莱河沿河截污及城北水库支河截污工程，完成梅园新村、观音桥、颐景园北侧小河、城西菜场、金馨花园、海事局西侧排污口等约40处排污

蓬莱河截污工程

口的整治工作。8月起，排查全区“六小”服务行业分布情况及周边排水管网现状，杜绝雨污串管现象。年底通过省、市相关部门的剿劣验收。

【管网建设与检测维修】 2017年，投入资金约7840万元，提升改造和检测维修城区管网计26.5千米，其中包括青垒头路、兴舟大道、环城南路污水管网改造5.6千米，老城区污水管网提升改造、城区污水管网检测后修复20.9千米。

【申报受理公益性活动】 受理申报公益性活动173次，100人以下公益性活动114次，100人以上500人以下公益性活动57次，500人以上公益活动2次。

【信访投诉与网络问政】 办理信访、网络问政等案件1003件，其中涉及市政类775件，公园广场类193件，园林绿化类35件。

环境卫生管理

【概况】 2017年，区环卫处在职在编职工50人，退休职工93人，临时用工842人。机构设置为7个科室，下设4所1场。2017年，区环卫处被评为“浙江省环卫系统先进集体”。

【道路公厕保洁管理】 是年，纳入道路清扫保洁面积173.1万平方米，绿化带保洁面积90万平方米，实现城区65%道路保洁18小时以上。管理公厕94座，其中专人管理公厕71座，主要道路两侧实行24小时开放，非专人管理23座，保证一日三清，按人流量提高保洁频率。粪便清运1.21万吨，粪便厂无害化处理率达100%。

【各类垃圾清运】 生活垃圾经压缩后跨海运输量17.1万吨，与上年同期增长10.28%。完成6510个垃圾筒（箱）和1015个果壳箱的清洗清运。垃圾清运机械化率80%，其中社区楼道垃圾以人工清运为主，公共区域以机械清运为主。

【餐厨垃圾专项整治】 以解放路为中心，分南、北2组队伍清运，要求人员安全为先，清运做到服务到位、作业文明。2017年，收集清运餐厨垃圾9899.9

吨，与205家餐饮单位签订收运处置协议。

【垃圾资源化利用】 继续推广生活垃圾分类工作，落实垃圾分类专项资金600万元，召开街道社区分类工作培训会议10次；派发宣传手册4000余册、宣传海报50张、设置绿地宣传牌200块；利用垃圾分类宣传图板在多个分类小区、单位开展宣传活动22次；开设社区课堂，举行居民宣传15次、校园垃圾分类环保教育活动16次，编演垃圾分类小品等节目3个，开展分类知识竞赛4次，举行小区分类宣传和智能回收箱积分兑换活动，发放餐厨垃圾专用袋3.5万个、围裙1000个、面巾纸660盒、抹布600块、不锈钢淘米盆和洗菜盆150个、30升的家用分类垃圾桶50个。设置分类垃圾桶6139个，校园教室分类垃圾桶806个，改造垃圾桶放置处1789处，发放厨房垃圾专用袋1060万个，采购6辆生活垃圾分类运输车辆，张贴喷绘垃圾分类车辆外观标识42辆。投入80万元，改造畚金垃圾中转站设施。城区涉及3个街道27个社区，有61个物业小区（21500余户）和44个开放式小区（13000余户）、275家机关事业国有企业单位、16所学校开展生活垃圾分类工作，分别占67%、100%、100%。

垃圾分类宣传

【建筑垃圾粉碎制砖】 以水泥块、破砖块等建筑垃圾为主要原材料，经过分选、破碎、计量配料、搅拌、振压成型等环节，制成“非烧结垃圾尾矿砖”。出产的砖各项指标均达到相关技术标准。年处理建筑垃圾4万吨，制砖800万块，为建筑垃圾综合利用开创新路。

【环卫设施建设】 5月，完成城区18个社区、42个小区的800余处分类垃圾筒底部改造实体工作。6月，完成化粪池疏通改造项目。7月中旬，完成粪便无害化除臭系统的除臭设备本体改造及优化。11月，新增26辆垃圾清运车辆，其中5辆为3吨垃圾压缩运输车，21辆为侧装垃圾压缩运输车。2017年，疏通化粪池3045处，疏通窨井6090个，更换窨井盖149处，改造管道30米，涉及开放式小区34个。投入80万元，零星维修城区5座公厕整体维修改造及其他公厕，完成西山路公厕、航标路公厕、留方井公厕按星级旅游公厕标准改造。

【青岭环卫综合服务中心工程】 该项目总征地面积约80亩，总用地面积约27773平方米，预计总投资约8000万元。9月24日，项目边坡勘察外业作业单位进场，10月9日，完成边坡外业取样作业，10月16日出具勘察报告，根据报告做边坡治理方案，11月20日边坡治理工程施工单位招投标，年底开工建设。

【提高工人福利待遇】 坚持以人为本，完善和提高环卫工人的福利保障，建立完善环卫工人救助基金和帮扶救助体系，及时向生活上有困难的工人送去帮

环卫工人北京疗休养

助。做好“双高”时节防暑工作，发放防暑药品、夏令用品、水果。购置工人安全帽，提高反光背心换新频率。组织开展送清凉、送温暖等慰问活动。2017年，组织17名工龄满20周年的一线环卫工人前往北京旅游。

【垃圾定点收集】 10月起，在昌国路、环城东路、芙蓉洲路实行生活垃圾上门收集模式，沿街经营户只需把生活垃圾全部装袋，存放于自备的生活垃圾收集容器内，环卫工人定时、定点上门收集生活垃圾。

（撰稿：王裕芬）

（本分目照片由区城管局提供）

住房公积金管理

【概况】 2017年，舟山市住房公积金管理中心定海区分中心围绕“谋发展、惠民生、破难题、树形像”的总体工作思路，贯彻落实政府“最多跑一次”改革要求，强化措施、规范管理、优化服务，实现业务快速发展，服务全面升级，资金运作安全，保障能力提升。

【住房公积金归集和提取】 2017年，全年归集住房公积金3.31亿元，比上年同期增加4018万元，增长13.77%，完成年度计划110.63 %。累计归集余额7.32亿元。至12月底，全区正常缴存单位437家，缴存职工13525人。其中新增单位66家，新增缴存人数609人，比2016年缴存人数净增720人，缴存人数增长5.62%。全年职工提取住房公积金2.63亿元，比上年同期增加5739万元，增长27.95%，提取额占同期归集额的79.17%，完成年度计划131.37%。提取公积金构成分类方面，全年购房提取1.13亿元，偿还贷款提取1.05亿元（其中为职工按月冲抵公积金及商业按揭贷款5878万元），离退休提取2278万元，支付房租提取165万元，户口迁出或出境定居提取42万元，其他提取2011万元。

【住房公积金贷款发放和收回】 是年，为553户家庭发放个人住房贷款2.44亿元，比上年同期增加5935万元，增长32.17%，完成年度计划187.58%，发放公转商贴息贷款68户，发放金额3362万元。全年收回贷款9925万元，完成年度计划118.15 %。至年底，贷款余额8.06亿元，贷款余额占归集余额的110.03%，贷款逾期率为零。至年底，累计向4681户职工家庭发放个人住房公积金贷款13.41亿元。

【归集扩面工作】 以归集扩面作为工作为重点，创新工作理念，不断寻求新突破，加大政策宣传。利用多种宣传渠道，加强《住房公积金管理条例》和住房公积金制度及相关政策的宣传力度，提高全社会对住房公积金的认知率和支持率。

宣传动员全员建缴 6月，舟山市公积金中心领导与定海分中心业务负责人专门前往位于定海马岙的“森森集团股份有限公司”进行公积金业务宣传，配合其上市要求，放低门槛，鼓励其为职工缴纳住房公积金。现该公司承诺未来将逐年为全公司近500位员工建立住房公积金账户。

扩大缴存人员范围 继续加强对城镇个体工商户、自由职业者的公积金建缴宣传工作，至12月底，定海分中心为104位个体工商户及灵活就业人员办理公积金缴存业务。

【调整贷款政策】 2017年，楼市成交量上升，贷款量创新高。定海分中心调度资金，缓解资金压力。个贷质量实现全年零逾期率。

延长贷款轮候期 1月开始实行贷款轮候，轮候时长3个月；5月再次将轮候时长延长为6个月。争取银行授信贷款和向市中心借调资金相结合，调节贷款资金紧张局面，缓解资金压力。

出台贷款收紧政策 执行市住房公积金管委办2017会议纪要精神，调整住房公积金贷款相关政策作：调整购买商品房首付比例、调整公积金贷款最高及最低额度、贷款次数、延长公积金缴存人贷款的时间间隔等一系列政策将逐步缓解资金压力。

确保个人贷款质量 2017年，定海分中心放贷量创历史新高，存贷比110%。分中心继续加强贷款规范化与逾期贷款管理，控制贷款风险，完善贷款管理制度，建立借款人个人信用报告制度，做到“贷前审查、贷中检查、贷后监管、逾期即催”，以确保资金安全运行，降低个贷逾期率，提高个贷质量，实现全年零逾期率。

【落实“最多跑一次”改革】 设法增加公积金服务点，扩大服务履盖面，缩短群众办事路径。

全部事项实现“最多跑一次”，多项业务“0”次跑 根据舟山市住房公积金中心统一要求，将定海分中心办理事项的公积金支取、公积金贷款、公积金缴存、公积金年度验审四大主项梳理为30个子项后，均实现“最多跑一次”。其中7个子项业务可在公积金网厅办理，实现“跑0次”。办理事项实现标准化、规范化和“最多跑一次”，为群众提供便捷、高效、优质服务。

配合舟山市公积金中心推进公积金服务延伸网点项目 “公积金延伸服务网点”是市中心2016年重点推进的服务民生的重要举措，客户可以在公积金银行延伸网点办理大部分公积金业务，将缓解职工办理公积金业务网点少、排队时间长等实际问题。针对定海区的特点，定海分中心2016年上半年在金塘、白泉等乡镇设立公积金服务延伸网点，延伸公积金服务的时间和空间，减少客户来回奔波次数，为广大公积金缴存用户提供更为便捷和优质的服务。11月，市中心将全市33个延伸网点中的10个延伸网点划归给定海分中心进行管理。至年底，定海分中心新增定海海洋农商银行的四个延伸网点，减轻中心窗口工作压力。

配合舟山市公积金中心实施全市范围内公积金业务通办 2月6日起，全市开始实施公积金业务通办，办理突破区域限制，实现跨分中心办理，给缴存职工提供便捷服务。配合市中心开展的全市通存通兑业务，与定海区邮政速递EMS签订长期文件投递合同，让各类支取、贷款资料最快速度送达各中心，提高办事效率。

【提高公积金缴存基数】 由舟山市住房公积金中心牵头出台相关文件，定海分中心与区财政局、区人力社保局对接2017年度公积金基数调整事宜，联合发文对全区职工进行2017年度公积金基数调整。8月，完成各单位公积金年度验审工作及年度结息后的对账工作。

【改善硬件设施】 根据区人民政府统一安排，定海区分中心于10月底搬迁至东山路115号，与定海区不动产中心、区国税、区地税合署办公，真正为客户办事打造“最多跑一次”。新办公环境扩大等候区域，提供复印饮水等便民服务，配有大厅触摸屏自助查询终端，大厅叫号系统及大屏幕显示屏投入使用， 10个窗口设立叫号服务。

全新投入使用的公积金大厅叫号系统及自助查询终端

【学习贯彻落实十九大精神】 重视职工政治思想素质教育，组织全体职工看视频、听讲座，围绕中共十九大精神，开展“不忘初心、牢记使命”主题教育。号召党员利用空余时间，继续开展“两学一做”学习教育，结合“最多跑一次”理念和目标，理论联系实际，提升为民服务水平。

定海分中心党员学习观看中共十九大开幕式

2017年定海区住房公积金归集和支取情况

表20

项　　目	完成情况	项　　目	完成情况
缴存单位数（家）	437	支取金额（万元）	26274
正常缴存人数（人）	13525	其中：购建翻建大修自住住房	11280
新增单位数（家）	66	偿还购房贷款本息	10498
新增缴存人数（人）	609	离休、退休	2278
归集额（万元）	33188	户口迁出或出境定居	42
累计归集余额（万元）	73240	支付房租	165
缴存比例（%）	12	其他支取	2011
比年度计划增长（%）	10.63	比年度计划增长（%）	31.37
比上年增长（%）	13.77	比上年同期增长（%）	27.95

2017年定海区住房公积金贷款使用情况

表21

项　　目	完成情况	项　　目	完成情况
贷款发放数（户）	553	贷款回收额（万元）	9925
贷款发放金额（万元）	24386	比年度计划增长（%）	18.15
比上年同期增加（万元）	5935	贴息贷款发放数（户）	68
比年度计划增长（%）	87.58	贴息贷款发放金额（万元）	3362
比上年同期增长（%）	32.17	年末贷款余额（万元）	80585
历年发放贷款数（户）	4681	年末存贷款占比（%）	110.03
累计发放贷款金额（万元）	134133	年末贷款逾期率（%）	0

（撰稿：章　崇）

（本分目照片由区住房公积金管理中心提供）

旧城改造

【政策处理】　2017年，完成13个区块的房屋征收工作，包括竹山门、上李家、环南工业园区一二期、念亩墩、白虎山路、工农路、念亩墩、小洋岙工业区、小洋岙杨家塘、小洋岙双拥路等，涉及总建筑面积约44.8万平方米，总户数约2202户。

【规划编制】　启动20个重点区块规划编制工作，包括竹山门、工农路、白虎山路、小洋岙等安置区块规划及安置小区设计，总面积约60万平方米。

【项目推进】　是年，有在建项目11个，总建筑面积约52.3万平方米，完成投资5.74亿元。

【融资工作】 完成银行融资36亿元，实际到位银行资金21亿元。

【安置房交付及房产销售】 完成安置房安置703套，总面积7.4万平方米；完成房产销售141套，总面积1.8万平方米。

（撰稿：陈博闻）

农渔村住房建设管理

【概况】 2017年，全区农房集聚建设工作围绕“人口集中、农房集聚、土地集约、服务集成”的工作目标，坚持规划引领，完善政策体系，加快项目建设，突破跨区域安置瓶颈，使全区农渔村群众的居住环境得到较大改善，提升全区城镇化建设水平得到提升。

是年，全区通过实施农房改造建设，累计完成农渔村住房改造建设806户，完成全年计划建设任务700户的115%，完成改造建设面积13.7万平方米。

【完善布点规划】 落实市农房建设工作改革要求，对接正在编制的舟山本岛城乡一体化农房集聚区布点规划，减少对全区现有政策的冲击，修编完成《定海区农渔村私人住宅建设布点规划》。该规划以“从严控制、集约土地、持续发展、全面协调”为总体原则，分别规划禁建区、非禁建区和集聚区等三类。重点对集聚区位置、规模、数量进一步明确，根据当地

侯富光调研刘家嘴二期农民公寓房

社会经济发展水平、服务人口以及自然地理环境，确定若干个渔农民居住小区，采用统一集中建设为主的方式，引导不同区域的渔农民集聚建房。规划集聚区

甬东农民公寓房

27个，总用地面积约165公顷，建设模式以联排、多层和小高层为主。

【推进农房改造项目化建设】 2017年，全区启动实施农房集聚建设项目9个，已开工建设项目9个，其中大浦社区油车桥地块安置小区B地块为2017年新开工项目，累计完成项目总投资约8亿元（年初以来完成投资额约4亿元），至年底，有岑港农民公寓房五期完工，建成住房近128套，推进全区农房城市化、居住现代化进程。

【开展物业试点工作】 以专业物业管理、社区化准物业管理、开放式小区管理和业主自治4种物业管理模式为主，结合各小区实际情况和基础条件开展物业分类管理，深入调查研究，以白泉一期（新泉家园）为试点，协调所在镇、社区，配合筹建小区业主委员会。

【开展农房项目融资工作】 发挥区农村住房建设投资开发有限公司和区新农房建设开发有限公司这两个农房项目建设融资平台的作用，对接各金融机构，保障重点农房集聚项目的建设资金需要。2017年，刘家嘴项目流动资金通过杭州银行贷款6000万元，通过温州银行贷款6000万元；通过对接农发行舟山分行，小洋岙刘家嘴农民公寓房二期完成融资且实际投入项目建设资金1.6亿元，城中村白泉地块完成融

城中村农民公寓白泉地块（新泉华府）

资且实际投入项目资金200万元。

【完善农房改造政策体系】 根据《定海区新型集聚小区公寓房申购管理办法》（定党政办发〔2016〕179号）和《定海区新型集聚小区公寓房申购价格管理暂行办法》（定党政办发〔2016〕180号），起草《甬东农民公寓房申购办法》和《城中村农民公寓白泉地块农民公寓房申购办法》。申请办法考虑房源情况和实际需求，在确定申请对象与条件、申请面积与价格等方面作调整，进一步明确申请程序与要求。

【加强农房分配管理】 严格按照相关规定，公开农民公寓房申购条件、房源情况等相关信息，方便群众及时了解相关情况；牢把农民公寓房准入关，对申购户及其配偶、父母的住宅情况进行二级审核后，最终审定资格并及时公开符合条件申购户的户内可计人数、标准申购面积等信息，全程接受社会监督；加强分配现场监管，全面推行电脑摇号分配，实行纪检监察机关和公证部门现场监督，农民公寓房分配工作领导小组全程参与，确保住房分配工作公开、公平、公正。2017，全区完成甬东农民公寓房等约125套住房分配工作。

甬东农民公寓房摇号现场

（撰稿：余娇娇）

（本分目照片由区农房管理处提供）

责任编辑：王英伟

水利水务

水利围垦

【概况】 2017年，定海区水利围垦局获省水利厅和市水利水务围垦局年度综合考核优秀，获全省“大禹杯”提名奖。全年完成投资4.22亿元，争取省级以上资金1.59亿元。

【水利基础设施建设】 中小流域综合治理 全年完成投资13355万元。开展金塘岛横一河工程续建和白泉、双桥、金塘3个流域的一期综合整治项目新建。是年，定海区河道综合整治任务为16千米，实际完成河道综合整治18.2千米，完成年度任务计划的114%。涉及4个工程。续建工程1项：舟山市定海区舟山群岛水系金塘岛横一河建设工程，完成治理河道长度1千米，完成投资1355万元。新开工建设工程3项：定海区舟山群岛水系白泉毛洋周至出海口段综合治理工程（一期），完成治理河道长度7.5千米，完成投资7500万元；定海区舟山群岛水系双桥蚂蟥山至出海口段综合治理工程（一期），完成治理河道长度7.723千米，完成投资2600万元；定海区舟山群岛水系金塘肚斗岙至出海口段综合治理工程（一期），完成治理河道长度2千米，完成投资1900万元。

强塘工程建设 是年，实施强塘项目10项，总投资1.66亿元，包括2座水库、4条海塘和4座闸门加固。岑港晶星水库除险加固工程完成100%；环南大小长礁塘除险加固工程完成年度计划投资的100%；白泉岭下水库综合整治试点工程基本完工。是年，强塘工程年度安全鉴定任务11项，其中水库5座、海塘2条4.36千米、沿塘水闸4座。至年底，完成安全鉴定任务15项，其中完成水库7座、海塘4条、水闸4座。

“百项千亿”工程 是年，6个强排泵站项目按期开工建设。至年底，6个强排泵站均完成年度任务目标，完成总投资1.66亿元，占年度总投资计划的100%。白泉钓浪海塘配套加固工程一期、干礅丰产塘配套加固和庆丰堤配套加固等3个工程按计划全部完工，并且在第20号台风“卡努”期间应急启动运行；小沙新塘配套加固、永安海塘配套加固一期以及白泉钓浪海塘配套加固二期等3个工程均完成年度任务目标，预计在2018年台汛期基本完工。

生态水利建设 坚持生态优先、“水岸同治”的建设理念，实现水下、水中、水上同步治理，把河道整治与新农村建设、生态旅游等结合起来，展现定海河道的亲水特色和海岛文化特色，因地制宜融入地域特色元素，突显当地的历史文化。是年，治理完成的盐仓大河入选全省最美家乡河。在水库建设方面，开展水库标准化建设和水源地综合整治，提升水质，进一步发挥水库的景观作用。是年，河塘库计划清淤量为40.22万立方米，包括河道清淤31.52万立方米，水库清淤8.7万立方米。至12月底，累计完成清淤量为96.27万立方米，完成计划的240%。其中河道累计清淤38.9万立方米，水库累计清淤28.7万立方米，新增剿劣清淤28.67万立方米。规范处置淤泥污泥。按照“广开门路、化整为零”的原则，清淤主要采用绞吸船清淤、水力冲淤、挖机清淤等方式，结合附近区域景观绿化、用船运输至围垦区吹填等多种方式处置淤泥，避免发生二次污染。

农村饮用水提升工程 是年，定海区农饮水安全提升人口为9947人，一户一表安装1656户，总投资828万元，全部完工。

【水利管理】 农业水价改革试点 根据《定海区农

业水价综合改革实施方案》，以烟墩灌区作为全区改革的先行试点。完善灌区农田水利设施，成立农户用水协会等，建立农业水价综合改革组织机制，提高地区农田水利工程持续、高效发挥效益。至年底，烟墩灌区内改建节制闸9座；新建溢洪道尾水渠220米，清淤河道7条，新建泵站3座，实施高效节水管灌工程1项，受益面积725亩。

水利工程标准化管理试点　是年，定海区以依法落实水利工程管理责任制为重点，建立水利工程标准化管理体系和运行管理机制，计划完成147项水利工程标准化创建任务，包括59座海塘、43座水库、18条堤防、12座水闸、10座山塘、5座泵站，并有95项列入省级考核计划。至年底，全区实际完成159项创标任务，其中41项由市级组织达标验收，118项由区级组织达标验收，验收合格率为100%。是年，组织各类培训20余场次，集中调整工程管理人员73人，发放水利巡查手机149台。

水资源管理　是年，开展以“落实绿色发展理念，全面推行河长制”为主题的水法宣传工作，开展水法进学校、进社区活动，营造良好的执法环境和舆论氛围。加强水政巡查，通过巡查和群众举报，发现并处理违法事件20处。其中，现场警告并整改完成16处，发放责令停止违法行为通知书4处。全年完成行政审批97件。规范取用水管理，对年取水量在5万立方米以上的用户全部安装实时监控系统。

工程管理　加强工程质量监管，落实质量终身责任制。以水利安全文明施工标准化工地创建为契机，推进在建工程标准化管理。应用“互联网+”手段，试点实施水利工程安全质量监管信息化系统建设。至年底，该系统在白泉钓浪配套工程（一期、二期）及白泉岭下水库推广，取得初步效果。加强工程安全监管，落实安全生产责任制。开展水利工程安全生产大检查行动，杜绝安全隐患。行政审批事项“最多跑一次改革”。采用网上预审、网上受理、网上办理的方式，推进服务事项网上申请全覆盖。建立水环境部门联合执法团队，开展涉水违法联合执法行动。

【党的建设】　千人万项加强项目指导　建立局领导联系镇（街道）制度、党员干部重点工程联系制度等，结合省厅“千人万项”蹲点服务，把深入基层、深入群众实现常态化和长效化，确保项目顺利进展“阳光水利”推进廉政建设。落实党风廉政建设主体责任，执行中央“八项规定”。深化工程廉政风险防控，建设重点水利项目廉政风险防控机制，在工程的“建前”“建中”“建后”全程参与项目监管，实现工程安全、人员安全和资金安全。

完善制度推进党的建设　以“两学一做”长效化教育活动和十九大精神等学习为重点，多形式、多载体创新开展理论学习。开展堡垒先锋工程建设，通过全区第一批优秀党建品牌创建，获第二十一届水利“大禹杯”提名奖。

防汛防台抗旱工作

【概况】　是年，气候状况旱涝不均，6、10月降水充沛，月降水量均在200毫米以上，其中10月500毫米，7、8、9月降水比常年偏少，出现轻微干旱，水库蓄水量比常年偏少两成以上。

是年，给定海带来灾害的主要是20号台风（卡努）倒槽和冷空气共同影响，全区平均降雨量高达270毫米，部分地区高达400毫米，其中白泉镇面雨量449毫米，最大西岙底陈站点566毫米。强降雨导致城区低洼地段全部被淹，全区11个镇街道不同程度受淹，白泉镇、马岙街道、干𥔲镇大部分受淹。受灾人口达52660人，农作物成灾面积3.732万亩。至10月17日8点，全区直接经济损失19608.3万元，其中农林牧渔直接经济损失9645万元。公路中断19条次，其中73省道柯梅岭隧道附近大面积塌方4处1000立方米；定北线9k+800～10k+500大面积积水520米，泥石流800立方米；其余17处为少量塌方及路面积水，工矿企业停产70家，强降雨造成工业、信息、交通运输业直接经济损失5755万元；71处护岸、33处灌溉设施受损、损坏堤防46处长度2.75千米，水利直接经济损失4030万元。

【汛前准备工作】　1月20日，区防办以定防办2017年1号文件下发《关于做好2017年汛前检查工作的通知》。2月27至3月2日，分五组对全区水利工程进行汛前大检查，重点检查存在安全隐患的闸门、海塘、山塘等水利工程，以及在建工程是否安全施工、防汛度汛预案措施是否落实等情况，在镇（街道）自查的基础上梳理出防汛安全隐患30条，所有隐患均在主汛期前整改完毕或者落实安全度汛措施。要求在建工程施工单位加快施工进度，倒排工期、确保主汛期前完成主体工程。跨汛施工的单位及时编制度汛预案，落实度汛措施，消除安全隐患。针对2017年换届选举，区防办要求各单位及时调整三防组织机构，明确相关人员责任，做到分工明确、责任到位，提前介入，力求防汛工作主动。4月，全区召开三防水利气象工作会议，区政府与各镇（街道）及东海农场等重点单位签订2017年度安全度汛责任状。各镇（街道）均成立防汛防台指挥中心，各社区（村）及重点企事业单位相应成立防汛领导小组，层层签订三防工作责任书，进一步细化防汛责任。利用媒体平台，公示76座定海区小（二）型以上水库安全管理责任人名单。汛期，各级防指和气象、水利等部门、水利工程管理单位严格执行24小时值班和领导带班制度，水库山塘巡查人员加密巡查频次，确保险情早发现、早处置。

【完善防汛防台组织责任体系】 是年，按照乡（镇、街道）“七个有”（办事机构、应急预案、值班人员、值班记录、信息系统、抢险队伍、防汛物资）和行政村（社区）“七个一”（一张责任网格、一本预案、一套监测预警设备、一批避灾场所、一批防汛物资、一套宣传警示资料／牌、一次培训演练要求，完成镇村防汛防台体系调整，基层防汛体系建设进一步深化。提高预案预警预测水平。修订完善各类预案，开展应急演练。落实区级防汛抢险队伍2支（人武部应急分队，武警抢险分队）61人，驻定海部队6支约120人；各镇（街道）防汛抢险队伍149支2898人。编制完成83个村级防汛防台形势图，启动洪水风险图编制前期工作。维修保养全区46处水文遥测站点，其中雨量站5处，河道水位遥测站6处，水库水位遥测站35处。新建15个水雨情遥测站点，建立水利、国土、气象等部门对风暴潮、城区涝积水、地质灾害、区域洪涝等信息共享机制，实现全区水文遥测站点全覆盖。

【防汛抗旱两手抓】 是年，受20号台风“卡努”倒槽和冷空气影响，全区平均降雨量高达270毫米，部分地区高达 400 毫米。强降雨导致城区低洼地段全部被淹，全区11个镇（街道）不同程度受淹。全区坚持“防、避、抢、救”的工作方针，适时启动预案，分阶段、分层次做好防范工作。区委、区政府主要领导坐镇三防指挥部部署防台工作，靠前指挥，将灾害损失降到最低程度，实现“零伤亡”。加强水资源保障基础设施建设，提高水资源利用率，保障供水安全，做到防汛抗旱两手抓。

2017年定海区小型水库大坝基本情况

表22

水库名称	所在地		坝型	坝高（米）	总库容（万立方米）	集雨面积（平方千米）
昌门里	小沙街道	光华社区	心墙坝	28	205	2.3
大寺岭		光华社区	心墙坝	18	20.25	0.948
东岙弄		大沙社区	心墙坝	22	185	2.6
里孙		大沙社区	心墙坝	13	12.4	0.29
碾子弄		滨海社区	心墙坝	17	27.3	0.5
西岙弄		庙桥社区	心墙坝	16	18.21	0.26
水江洋		庙桥社区	心墙坝	3.6	14.44	5.055
紫窟岭		增辉社区	心墙坝	24.1	28.63	0.72
大湾		前湾社区	心墙坝	13.5	14.8	0.28
峙中岙		前湾社区	心墙坝	6.8	64	0.9

续

水库名称	所在地		坝型	坝高（米）	总库容（万立方米）	集雨面积（平方千米）
杨家湾	环南街道	盘峙社区	土坝	4.8	14.5	0.22
大龙港		盘峙社区	土坝	15.4	22.3	0.25
叉河	盐仓街道	叉河社区	心墙坝	15	253.7	8
长春		叉河社区	心墙坝	23.6	31.3	0.74
黄高岭		虹桥社区	心墙坝	14.3	17.5	0.58
南洞	干礁镇	新建社区	心墙坝	29.7	185.4	4.1
长春岭		青龙社区	心墙坝	32	410	5.41
团结	马岙街道	团结社区	心墙坝	22.5	122	2.05
大九岭		团结社区	心墙坝	17	30.2	0.52
长春岭		五一社区	心墙坝	32	410	5.41
赵家岙		三江社区	心墙坝	11.3	27.7	0.14
肚斗	金塘镇	仙居社区	心墙坝	15	131	2.22
九条溪		仙居社区	心墙坝	15.54	23.5	1.11
化成寺		山潭社区	心墙坝	17.5	129.8	1.42
龙王堂		大观社区	心墙坝	5.5	155.9	1.87
金岗川		新丰社区	心墙坝	18.8	72.1	0.92
小卫平		河平社区	心墙坝	14	34	0.6
黄泥坎		大浦社区	心墙坝	8.5	14	0.26
南石弄		柳行社区	心墙坝	24	91.7	1.38
小东堠		东堠社区	心墙坝	16	14.5	0.69
里小岙		和建社区	心墙坝	10	19.1	0.43
石檀岭下		和建社区	心墙坝	16	14.6	0.32
大岭下上		沥平社区	心墙坝	13.5	12	0.45
大岭下下		沥平社区	心墙坝	10.4	14.15	0.85
西堠		西堠社区	心墙坝	12.55	43.7	0.8
姚家湾	白泉镇	星塔社区	心墙坝	24.5	124	1.35
东岙底		洪家社区	心墙坝	18.2	51.2	0.76
白马湾		小展社区	心墙坝	23	42.5	0.67
淡水坑		星马社区	心墙坝	16	18.6	0.43

续

水库名称	所在地		坝型	坝高（米）	总库容（万立方米）	集雨面积（平方千米）
白泉岭下	白泉镇	白泉社区	心墙坝	22	204	3
金林		白泉社区	心墙坝	22.2	155.35	2.42
打支岙		皋泄社区	心墙坝	16	20.08	0.44
贯施岙		皋泄社区	心墙坝	13	14.1	0.49
里王		皋泄社区	心墙坝	11.1	11.31	0.3
毛洋周		皋泄社区	心墙坝	21.4	17.4	0.34
庙后庄		皋泄社区	心墙坝	19.41	37.62	0.5
秧田岙		皋泄社区	心墙坝	17.3	17.14	0.5
大支		米林社区	心墙坝	12.3	25.2	0.45
东岙底陈		米林社区	心墙坝	18.2	18.7/14.4	0.52
西岙底陈		米林社区	心墙坝	24.1	78	1.24
方岭下		河东社区	心墙坝	11	18.7	0.49
金山		金山社区	心墙坝	22.3	37.5	0.9
林家岙		柯梅社区	心墙坝	17.8	24.57	1.03
唐家岙		柯梅社区	心墙坝	14.2	15.77	0.42
叶家		柯梅社区	心墙坝	11	13.13	0.44
红卫	昌国街道	东湾社区	心墙坝	27.5	85	1.94
王毛山	城东街道	洋岙社区	心墙坝	16.5	61.3	1.46
长岗山		洋岙社区	心墙坝	17.3	26.9	0.49
龙潭	岑港街道	司前社区	心墙坝	25	160	2.27
西岙		司前社区	心墙坝	13.8	10.43	0.22
弹湖山		司前社区	心墙坝	3.55	14.3	0.14
何家弄		烟墩社区	心墙坝	18	63.7	0.76
龙舌		烟墩社区	心墙坝	17.5	35.7	0.48
麦山		烟墩社区	心墙坝	20.7	30.6	0.56
长坑		马目社区	心墙坝	18	35.3	0.54
龙眼		马目社区	心墙坝	17.93	37.1	0.75
小沙岭下		桥头社区	心墙坝	20.8	31.6	0.51

续

水库名称	所在地		坝型	坝高（米）	总库容（万立方米）	集雨面积（平方千米）
晶星	岑港街道	桥头社区	心墙坝	17	23.05	0.65
涨茨		涨次社区	心墙坝	19.7	28.4	1.14
双螺		册北社区	心墙坝	20.3	61.4	0.714
北岙		册北社区	心墙坝	16	34.8	0.64
蚂蝗山	双桥街道	桥头施社区	心墙坝	22.9	354.2	4.87
狭门		紫微社区	心墙坝	25.5	280.8	5
淡水坑		东海农场	心墙坝	5.3	26	0.32

（撰稿：孙雅萍）

（以上分目照片由区水利围垦局提供）

水务管理

【城区制供水】 2017年，水务集团按照市委市政府决策部署，围绕政府工作要点和集团制定的工作计划，打好“五大会战”，建设“四个舟山”的举措，秉持“用心做水，追求卓越”的企业精神，以“规范管理、改革创新、提质增效、科学发展”为引领，加快水务工程建设，确保各项工作推进。是年，有市属水库4个，不定期多次安排实地检查，确保供水安全。2017年全年供原水7058万吨（其中大陆引水4861万吨，本地水2197万吨，分别占总量的68.9%、31.1%），比上年同期增加409万吨。管网水综合合格率100%，保障城乡用水需求。

2017年定海区市属水库供水情况

表23

单位：万立方米

库 名	正常库容	年底总水量	年底可供水量	2017年供水量
虹桥水库	1015	788	648	1155
黄金湾水库	851	449	349	4861
岑港水库	627	456	406	376
城北水库	111	0	0	0

【舟山市大陆引水二期工程各项验收工作进展顺利】

舟山市大陆引水二期工程概算总投资146340万元，调整概算为172520万元。工程于2009年9月开工建设，至2017年12月底，二期累计完成投资190190万元，累计财务支出数190190万元（含工程利息14088万元），2017年支出4357万元。至2017年12月31日黄金湾水位5.86米，对应库容为442万立方米。

各项验收工作　3月16—17日，省水利厅组织并通过舟山市大陆引水二期工程黄金湾水库下闸蓄水暨机组启动和通水验收。4月19日，舟山开源供水有限责任公司组织并通过舟山市大陆引水二期工程黄金湾调节水库单位工程暨合同工程完工验收。4月20日，省水利厅组织并通过舟山市大陆引水水土保持设施验收。6月1日，市环保局组织并通过舟山市大陆引水二期工程环境保护设施验收。12月，市审计局完成对舟山市大陆引水二期工程竣工决算审计，出具《审计报告》（舟审投报〔2017〕22号）和《关于舟山大陆引水二期工程竣工决算审计的审计决定》（舟审投决〔2017〕12号）。

政策处理工作　累计完成拆迁签约407户（原始410户），房屋安置524套，结算523户（其中3幢503未结算、未办理不动产证）。至年底，桃花苑安置房还剩余37套，芳菲苑剩余47套。6月，组织开展桃花苑和芳菲苑空置房清理调查工作，对15间房屋开展白蚁防治工作，安装白蚁诱捕装置；对外墙渗漏、地面塌陷、门窗损坏等问题进行修补；更换部分锁具；清理偷用水电问题；对占用房屋对象张贴公告，下一步将采取措施清理；帮助2户办理不动产证。对接街道、社区开展财务结算。完成安置小区造价成本审核，走访房管局、国税局等相关部门，了解房屋销售流程。通知剩余11户桃花苑、芳菲苑未办理房产证户主领取相关档案，完成档案移交8户。

【大陆引水预处理及配水工程移交运行】　舟山市大陆引水预处理及配水工程由原水预处理厂和本岛输配水北线二期管线等工程组成，总投资概算33331万元。原水预处理于2012年10月18日开工，2015年11月3日完工。至年底，完成所有工程建设及设备安装并移交运行管理单位。6月2日，市环保局组织并通过舟山市大陆引水预处理及配水工程环境保护设施验收。

【大陆引水三期工程工作进展顺利】　大陆引水三期工程由“一库八线”组成，“一库”指大沙调蓄水库，“八线”指宁波至舟山本岛引水三期工程、输配水工程、金塘岛引水工程、岱山引水二期工程、衢山岛引水工程、秀山岛引水工程、六横岛引水工程和普陀山引水工程。

相关报批工作　3月1日，浙江省人民政府批复《关于舟山开源供水有限责任公司舟山市大陆引水三期工程海域使用申请的批复》（浙政海审〔2017〕9号），批复用海面积69.8683公顷（其中宁波镇海海域用海面积18.3781公顷、舟山定海海域用海面积51.4902公顷），用海类型为海底工程用海中的电缆管道用海；用海方式为其他方式中的海底电缆管道。用海期限从领取海域使用权证书之日起33年。海域使用金0.45万元/公顷，按年征收，每年缴纳海域使用金31.44万元。4月4日，完成浙江省舟山市大陆引水三期工程（大沙调蓄水库工程）定海区小沙街道青岙社区建筑用石料（凝灰岩）矿——采矿许可证办理。4月20日，完成舟山市大陆引水三期工程（大沙调蓄水库）建设用地规划许可证办理。4月27日，中华人民共和国宁波海事局批准施工方进行舟山—大陆引水三期工程（宁波段）海上铺管施工作业（甬海通航准字〔2017〕第56号）。5月17日，舟山海事局批准舟山海区金塘北面至定海马目之间水域，进行海底铺管埋深治理作业水上水下活动许可证（舟海通航准字〔2017〕第30号）。6月15日，舟山海事局批准施工方在舟山海区金塘岛北面至定海马目之间水域，进行海底管道敷设施工作业（舟海通航准字〔2017〕第37号）。

招投标工作　至12月底，公开招标项目8项，完成招投标工作7项，在进行的招标工作1项。1月完成舟山市大陆引水工程（大沙调蓄水库爆破安全监理）招标，确定监理单位为浙江凯磊爆破工程有限公司。2月，完成舟山市大陆引水三期工程（东岙弄泵站改造配电房专变工程）招标，确定施工单位为浙江省通信产业服务有限公司。3月，完成舟山市大陆引水三期工程（大沙调蓄水库管理房）招标，确定施工单位为舟山市大沙建筑工程有限公司。4月，完成舟山市大陆引水三期工程（大沙调蓄水库安全监测）招标，确定监测单位为浙江华东工程安全技术有限公司。5月，完成舟山市大陆引水三期工程（大沙调蓄水库第三方检测）招标，确定检测单位为浙江省水利河口研究院。6月，完成舟山市大陆引水三期工程（水务调度信息化管理系统）实施方案及水资源调度决策支持系统开发招标，确定开发单位为浙江省水利河口研究院和杭州定川信息技术有限公司联合体。浙江省水利河口研究院为联合体牵头单位。8月，完成舟山市大陆引水三期工程（东岙弄泵站改造）招标，确定施工单位为舟山城荣建设有限公司。10月10日，舟山市大陆引水三期工程（金塘岛引水工程）施工监理重新招标。(2次流标后，2018年1月直接发包中国船级社实业公司)

政策处理工作　计划拆迁房屋475户，完成拆迁469户，其中红线内382户，红线外87户，未签约拆迁6户；计划征收土地1216.79亩，至12月底全部完成，其中红线内1026.14亩，红线外190.65亩。库区坟墓排摸总数为1788穴，至年底完成迁移1580穴，完成率88.36%；完成安置地块土地征收，安置小区代建合同完成签订，完成舟山铁塔通讯基站补偿。

其他各相关工程　宁波陆上段工程、金塘岛引水工程、水务调度信息化管理系统：12月22日，完成舟山市大陆引水三期工程（大陆、岛际引水及信息化管理系统）初步设计审查，并按专家审查意见抓紧修改完善初设报告。

定海马目陆上段：管道累计敷设3800米，完成率78.46%，隧洞爆破进尺80米，完成率26.67%。

镇海至马目段跨海输水管道工程：5月19日复工，8月，完成跨海输水管道敷设和沉管，9月，完成剩余混凝土联锁排安装，10月，马目段堤坝完成施工，工程全部完工，11月，完成镇海至马目段跨海输水管道工程单位工程暨合同工程完工验收，进行工程档案整理。

大沙调蓄水库工程：至12月底，拦河坝工程完成土方、石方开挖，完成截水墙、防渗墙施工，坝体累计填筑140000立方米，完成率22.6%；溢洪道工程完成土方、石方开挖，完成边坡锚杆、喷砼施工；导流洞工程完成土方、石方开挖，完成平洞洞挖和喷砼支护；进水隧洞工程完成土方、石方开挖，平洞累计进尺900米，完成率63.1%，边坡支护累计完成1650平方米；交通工程土方累计开挖86300立方米，完成率71.1%，石方累计开挖5150立方米，完成率141%，锚杆累计完成11880米，边坡挂网喷播累计完成8500平方米，浆砌块石累计完成1600立方米，完成率7.8%；进场道路完工，档案移交完成；进库管线敷设120米，完成率13%；水库管理房土方累计开挖23551立方米，完成率84.63%，完成砼、砖等基础建设，完成第一层砌砖浇筑，钢筋制安完成71.61吨；施工措施项目导截流完成，施工围堰填筑完成，混凝土防渗墙导墙施工完成，施工交通完成98%。

金塘岛引水工程：开展施工监理招标工作。

【加快虹桥水厂迁建（深度水处理）工程扫尾工作】该工程于2016年12月30日正式通水，2017年7月完成绿化工作，8月完成单体验收工作，9月完成项目的初步验收。12月底，进入项目的竣工结算阶段。

【水库安全管理】　落实市级库长制创建工作　市级库长制水库公示牌全部上墙，每月以月报形式将各库区动态信息、巡查情况、整治项目进展情况等上报集团治水办。

加强检查　对下属各水库、泵站集中开展汛前、汛中、汛后巡查工作，消除防汛安全隐患。

完善预案　为适应舟山水务发展新形势，对原防汛应急预案进行重新整理修订，通过实际演练寻找方案漏洞，不断改进各项应急流程，提高应急抢险能力。上半年在虹桥水库开展超限水位应急放水及停电故障应对演练。

落实管理　严格按照防汛管理制度，各水库、泵站实行24小时轮换值班制。在20号台风“卡努”影响产生强降雨期间，管理人员每2小时对水库坝面及库区进行巡查；各泵站全面检查并防护带电设备，确保设施和人员安全。

【强化饮用水源地环境保护】　加大原水检测力度，化验科（浙江省水资源监测中心舟山分中心）在汛期全程跟踪采集检测宁波姚江及本区各重要饮用水水源地水质，完成本区水质检测200余批次。强水源环境治理，水源地巡查队对全市重要饮用水源地进行常态化巡查，组织夜间突击巡查。是年，阻、驱离违法捕钓者约1000人次，其中夏季高峰期300人次，暂扣钓竿40余根，网具和地笼60余顶；劝阻烧烤、野餐人员69人次；劝阻游泳人员58人次。

【舟山本岛西部水资源整合工程完工验收】　新建泵站一座，翻水能力12.96万立方米／天，铺设管道9.96千米。项目概算总投资6106.01万元，于2015年4月

20日开工；2017年4月16日完工，10月24日通过工程完工验收。

【白泉流域水资源整合工程完工验收】 区白泉变电所南侧新建翻水泵站1座，设计流量1.15立方米/秒。管道长度约1200米，管径DN1000，管材采用钢管，壁厚12毫米。工程概算总投资3603万元，于2015年4月14日开工；2017年7月12日完工，10月25日通过工程完工验收。

【虹桥水厂进厂水供应配套工程完工验收】 概算总投资4121万元，于2015年5月12日开工；2017年9月16日完工，10月25日通过工程完工验收。

【城北水库除险加固工程基本完工】 程概算总投资3068万元，于2016年12月2日开工，完成库区清淤2万立方米，完成主体工程和部分分部工程验收，累计完成投资2945万元，占工程总投资的96%。

【城市节水】 2017年，开展城市日常管理、计划用水管理、超计划累进加价工作，协同市节水办落实“三同时”管理等日常节水工作。

节水宣传 5月14—20日是全国第26个节水宣传周，5月13日以“全面建设节水城市·修复城市水生态”为主题的舟山市2017年全国城市节约用水宣传周启动仪式在定海长岗山公园举行。启动仪式后，举行第三届水务系统“美丽新区，节水先行”的登山比赛，组织登顶人员进行节水倡议书签名活动；

居民家庭节水器具改造 至10月底，居民家庭节水器具改造完成册子岛册北、桃夭门2个社区3600余套（包括水龙头和马桶水箱配件），超额完成省“五水共治”考核组下达的年度任务。

雨水收集利用项目 配套源丰大厦的雨水收集利用项目于9月底完成设备安装，待源丰大厦基础配套完成后，开始设备调试，于12月26日完成验收，正式投入使用。

水平衡测试及节水型载体创建 是年，组织召开了四次节水型单位创建及水平衡测试培训会，至年底市本级有30家企业单位完成测试及水平衡测试报告书的编制，于2018年1月10日通过市经信委、市水利局等相关部门的验收。指导完成6家省级节水型企业、2家省级节水型单位和6个省级节水型居民小区的节水型载体创建，申报资料于11月底上报省经信委、省住建厅、省水利厅。

【提高城区污水处理水平】 2017年以服务“海上花园城市”建设工作，打造“四个舟山”为重点，以实现“中国梦”为目标，推进本岛污水事业创新、提高、发展。全年（市本级）污水处理总量1823万吨，同比增加11.25%；COD削减总量3528吨，同比减少5.61%；氨氮削减总量650吨，总磷削减总量113吨，处置污泥1.06万吨。各项污水处理指标基本控制在限值以内，主要指标COD、氨氮、总磷等均符合国家排放标准，完成污染物减排任务。

【舟山市定海污水处理厂配套主管网工程贯通运行】项目总投资约6530万元，建设内容是污水管网的主干管及岑港1号、岑港2号、老塘山泵站，不包括沿线干管、支管内容，总长度约11千米，管径DN500—DN800（主管）。污水管网收集污水范围主要是岑港镇部分、双桥镇和舟山国家粮油产业园区。2016年年底，基本完成建设任务，累计完成管线约10.8千米。2017年底全线贯通。沿线粮油工业园，盐仓、双桥、岑港区域的部分污水入定海污水厂进行处理。

【舟山市定海区西北片污水处理厂配套主管网工程建成运行】 项目总投资6589.30万元。内容是污水管网的主干管及1号、2号、4号泵站，不包括沿线干管、支管内容，总长度约9千米，管径DN600—DN800（主管）。污水管网收水范围主要是浙江定海工业园区及马岙、小沙和岑港部分地区。至2016年年底，基本完成建设任务，累计完成管线约9.4千米。2017年底全线贯通，部分管段开始发挥作用。

【城区污水泵站改造工程基本完工】 舟山市城区污水泵站改造工程项目总投资1560.26万元，工程涉及本岛27座污水泵站，主要内容包括维修或更换水泵、格栅机、启闭机等设备，增设臭气处理设施，改造、完善监控和自控系统，美化泵站整体环境等。2017年3月20日，完成施工招标工作，5月18日正式进场施工，年底完成全部改造任务。

【舟山国家远洋渔业基地（干碳镇）污水临时处理调配工程完成污水管线部分】 该工程于2016年底开始

启动，概算总投资为5800万元，主要建设1条约7.8千米污水管线和2座污水提升泵站。3月27日，完成初步设计批复，6月8日，完成施工招标工作，至12月底全部完成污水管线7.8千米，累计完成投资3800万元。

【岛北污水处理厂一期提标改造工程完成】 工程主要建设内容为新增1座中间提升泵房、2座气浮池、工艺管道、加药管道等内容，估算总投资为650万元。5月，完成项目立项（工可批复），同步开展规划、环保等前期审批工作；9月17日，施工单位进场，至12月底完成全部改造内容，出水可达到一级A标准。

【三江污水处理厂一期工程处于招标阶段】 该项目于2017年上半年进入主体启动阶段，至12月底，项目完成选址意见书、土地预审、建设用地规划许可证、水土保持、可行性研究报告等的审批、初步设计概算审核、施工图审核，招标控制价审核，现处于招投标阶段。

【舟山市污水处理中心及相关配套项目完成前期工作】 该项目主要建设内容为污水处理厂（含污泥处理）一座及配套主管网，概算总投资24.8亿元，一期实施规模为污水处理15万吨/日、污泥处理配套处理设施250吨/日（含水率以80%计）。根据相关要求，出水标准再提高一个等级，拟达到地表准IV类水。9月26日，成立舟山市污水处理中心及配套主管网工程项目前期项目部，负责该工程项目的组织、协调和管理。截至年底，完成环境影响评价公开招投标和工可文本评审，进入修改阶段。

（撰稿：童飞凤）

责任编辑：王英伟

环境保护

概述

2017年，生态环保工作秉持创新、协调、绿色、开放、共享的发展理念，围绕中央环境保护督察，推进“五水共治”、剿灭劣V类水行动，加大突出环境问题解决力度，加强重点区块、重点行业、重点企业污染整治，加快环保基础设施建设，提升绿色发展质量，改善生态环境，群众满意度和获得感持续增强。至年底，未发生因环境问题引发的具有较大社会影响的公共事件，未因监管不力、失职渎职造成重特大环境污染事故和因环境问题引起的重大群体性事件。

是年，《定海区生态文明建设示范区建设规划》和《定海区生态文明建设示范区创建工作实施方案》颁布实施，全区生态文明建设示范创建工作启动。

是年，中央第二环境保护督察组进驻浙江，定海区接受中央环境保护督察，报送资料62份，收到转办信访20件（其中重点件3件），全部按时保质完成。督察期间，全区责令企业整改18家，责令停产10家，立案处罚23起，处罚款118.2765万元。是年，开展突出环境问题“挂账销号”行动，建立突出环境问题区领导包案制度，形成“高位推动、督办有力、职责明晰”的突出环境问题化解机制，全区65个突出环境问题销号35个。

是年，生态环保领域改革创新推进，环境保护“最多跑一次”改革落地，23项环保审批事项实现“两集中、两到位”。全年服务保障重点项目49个。“放管服”改革不断推进，实行环评登记表网上备案。推动“区域环评+环境标准”改革，完成远洋渔业小镇改革。

是年，建立全区环境保护联动执法工作机制，实现环境执法“一张网”、违法查处“即时办”，将停电纳入环境执法强制性措施。建立“环保+公安”“环保+检察院”“环保+法院”的“环保+”环境执法监管模式，提高环境执法监管的威慑力。

环境状况

【水环境】 全区10个市控以上地表水Ⅰ—Ⅲ水质比例为77.8%；符合水环境功能区目标水质要求断面占88.9%；县级以上饮用水源达标率为100%。

【大气环境】 环境空气质量良好，城区日空气质量优良率为90.1%，城区二氧化硫、二氧化氮和一氧化碳日均浓度平均值达到一级标准，臭氧最大8小时滑动平均值达到二级标准，可吸入颗粒物（PM10）和细颗粒物（PM2.5）日均浓度达到二级标准；定海区酸雨影响仍然较重，降水样品中酸性水样（pH<5.6）占总样品数的81.8%。

【声环境】 声环境质量继续保持良好态势，全区环境噪声平均等效声级49.1dB（A），交通噪声平均等效声级67.1dB（A），达到国家控制标准。

环境污染整治

【治理大气污染】 是年，大气治理进入深化阶段。治理“工业废气”，推进企业治理设施和工艺升级，中海石油舟山石化投入4500万元完成热电联产锅炉超低排放改造，完善有机废气泄漏检测与修复

（LDAR）系统；长宏国际修造船喷涂车间完成VOC治理；实施水泥行业粉尘治理，完成2家水泥生产企业整改。收尾“燃煤烟气”治理，完成17台10蒸吨/小时以下燃煤锅炉整治任务，2014—2017年累计完成176台高污染燃料锅炉的整治，完成全区10蒸吨/小时以下高污染锅炉整治。推进“集中供气”建设，投资1.17亿元建设粮油产业园区集中供热设施，一期建成130吨/小时高温高压循环流化床燃煤锅炉1台，B15MW高温高压背压式汽轮发电机组1台；投资2000万元建设水产品产业园区集中供热设施。

【推进“五水共治”“剿灭劣V类水行动”】 是年，全面剿除劣V类水，剿劣工作通过省、市验收，159处剿劣水体全部完成报结销号，成功申报省“清三河”达标区创建，盐仓大河被评为全省最美河道。打造“污水零直排区”，完成15个入海排污口整治，941个城区入河排水口实施身份证管理。提升污水处理能力，完成金塘污水处理厂提标改造和干䃎污水处理厂提升改造。实施重点区块整治提升，投资3700万元的烟墩化工区块整体提升工程进展顺利。强化污染面源治理，开展化工、船舶、水产等工业面源治理。关闭低小散养殖场31家，完成美丽牧场建设10家，农业面源持续削减。

【加强土壤污染防治】 开展土壤污染详查，核实重点单位33家，农用地详查点位91个。完成《定海区土壤污染防治工作方案》及重点任务清单的编制工作。严格危废规范处置，建立危废动态监控系统，推进危险废物源头管理精细化、贮存转运规范化、过程监控信息化、利用处置无害化。组织开展废铅酸蓄电池、进口废物专项检查和危废“存量清零”行动。

【开展重点行业整治】 开展电镀、印染、热镀锌、废物处置、水产等行业整治，向相关企业下发整改通知，限期完成整改，加强企业日常监督和检查。舟恒海洋生物、恒安水产、金鹰公司、天汇电镀等重点企业完成污染治理设施改造，督促东方环保、纳海固废加快扩建。

【刷卡排污及排污权制度】 累计建成污染源刷卡排污系统25套，实施新、改、扩建项目排污权有偿使用分期缴纳制度，至年底，38家企业分期缴纳排污权有偿使用费逾720万元。

【年度减排重点项目建设】 完成4个结构调整减排项目，关闭五洲船厂、英博啤酒、立洲水产、涨次船厂等4家企业。完成1个工程类减排项目，中海石油完成超低排放改造。全区年度减排目标为：化学需氧量、氨氮、二氧化硫、氮氧化物分别比上年削减2.5%、3.0% 、1.0%、1.0%，定海区化学需氧量、氨氮、二氧化硫、氮氧化物实际比上年削减6.93%、7.62%、1.0%、 1.0%，完成目标任务。

环保基础能力建设

【污水处理设施建设】 开展截污纳管、雨污分流、市政配套等行动计划，新建城镇污水配套管网21.17千米，修复管网21.73千米，完成环城南路、兴舟大道等城区主管网建设。双桥小山干工业区块污水处理站及配套管网工程投入运行，西北片污水处理中心投入运行，干䃎污水处理厂从原来2400吨／日处理能力提升至5000吨／日的扩建项目一期工程基本建成。

【队伍能力建设】 进一步深化作风建设，提升党的群众路线教育实践活动成果，严格执行中央八项规定；落实党风廉政建设责任，开展“廉洁从政”专项警示教育活动和党风廉政建设专项教育活动，抓好党风廉政责任制落实，保持环保队伍良好形象。

【提升监测监控能力】 开展并完成环境质量监测工作，准确掌握环境质量状况及发展趋势。加强污染源监督监测，省控重点污染源监督性监测结果公布率100%，达标率98.4%。推进数字环保工作，省控重点污染源自动监控系统安装率90%以上，其中国控重点污染源自动监控系统安装率100%。在线监控网络、监测专网畅通，设备稳定安全运行。

【环境信息全面公开】 建立完善环境信息公开制度和工作制度，落实政府环境信息公开，完善“中国定海”政府门户网站、局网站等的政府信息公开。做到按要求公开、按时公开、应公开尽公开。

【提升环境应急管理能力】 加大环境安全隐患排查

整治力度，严格执行环境风险源定期排查制度，定期开展隐患排查，上报检查情况和整改进度，加强突发环境事件预防预警。辖区范围内未发生较大影响的突发环境事件。加强应急预案管理建设，修编《定海区环保局突发环境事件应急预案》，完成第5批22家风险源企业急预案编制（修编）工作。加强应急能力建设，组织全市饮用水源地环境突发事件应急演练；扩充应急资源社会化共享，与欧莱克新材料科技有限公司和中海石油舟山石化签订应急联动协议。

环境监管与执法

【加大执法监管力度】　贯彻落实新环保法及配套办法，结合省、市“铁拳”系列和区“绿盾”系列环保专项行动组织开展各类环保专项执法行动，保持对环境违法行为的高压态势，综合运用按日计罚、查封扣押、限产停产、强制停电等手段，打击环境违法行为。是年，出动执法人员6095人次，检查企业2433家次，下发责令改正违法行为决定书170份，立案105起，拟处罚款310余万元。推进行政执法与刑事司法对接，健全信息交流、定期协商、联合办案和案件移送等制度，设立定海区人民检察院驻区环境保护局检察官办公室和定海区初级人民法院与定海区环境保护局环境执法与司法协调联动办公室。是年，向公安机关移送涉刑环境污染案件2件，移送涉嫌违反治安管理条例案件1件，行政拘留1人。实施查封、扣押9家次，停产4家次，限产4家次。

【违法违规建设项目清理整治】　是年，提请区政府出台《定海区全面开展环保违法违规项目清理行动实施意见》，清理整治全区违法违规项目，对排查出的未批先建、未验先投环保违法违规项目逐一分解到各镇街，明确责任分工，销号作战。是年，43家企业涉及违法违规项目，排查后完成环评补办、整治或验收手续。

【环境风险管理】　是年，完成年度电离辐射环境监管及监督性监测和电磁辐射环境监管及监督性监测。收储浙江鸿霖船舶工程有限公司1枚废旧放射源。规范做好辖区内辐射类项目审批，辖区内全年无辐射事故发生。

【环境信访调处】　是年，受理群众环境信访221件（包括重点信访55件），信访处理率为100%，反馈率为100%，结案率为95%以上，满意率为85%以上。

【政务服务建设】　优化审批服务，按照群众和企业到部门办事“最多跑一次”的理念和目标，推进政务服务能力建设，简化并规范“最多跑一次”事项的办理条件、办理材料、办理流程，取消没有法律法规强制规定的证明、初审意见和要求。实施豁免制扶持小微企业发展，实施建设项目环评文件审批豁免41件。推进工业企业“零土地”技改备案，项目审批阶段提速80%以上。推进环评登记表项目网上自行备案，完成网上备案167件。

生态建设和环保宣传

【生态建设】　2017年，开展“811”美丽定海建设行动，印发《2017年美丽定海建设工作要点》，成各项行动年度任务。生态文化培育、美丽牧场、美丽乡村建设等工作稳步退静，环保基础设施建设推进速度加快，大气、水、土壤污染防治成效明显。颁布实施《定海区生态文明建设示范区建设规划》和《定海区生态文明建设示范区建设规划实施方案》，推进45个重点工程和项目；按照“2019年前定海区国家生态文明建设示范乡镇创成比例达到20%以上”要求，推进生态示范乡镇创建，推进马岙街道、双桥街道和干礁镇的国家生态文明示范乡镇建设。

【环保宣传】　是年，围绕生态文明示范区创建，举办“定海区创建生态文明示范区启动仪式暨世界环境日主题活动”，市环保局和定海区四套班子负责人以及各镇（街道）、社区、环保志愿者等500余人参加活动。创设环境特色教育平台，在街道开设“环保课堂”，在热门书店开设“环保书籍专橱”，在定海新闻开设环保《以案说法》，构建“资源共享、力量汇聚、全民参与”的生态文明宣教大格局。

2017年定海区市控以上排污企业一览表

表24

一、废水

企业名称	控制级别	街道（镇）
舟山市定海区干碗西码头污水处理有限公司	国控	干碗
舟山市定海区白泉污水处理站	国控	白泉
中海石油舟山石化有限公司	省控	马岙
舟山中海粮油工业有限公司	省控	双桥
浙江大洋水产有限公司	省控	干碗
舟山东方印染有限公司	省控	白泉
浙江金鹰股份有限公司	省控	小沙
舟山长宏国际船舶再生利用有限公司	市控	小沙
浙江舟花生物科技发展有限公司	市控	岑港
舟山市西峰水产有限公司	市控	干碗
舟山市白云水产有限公司	市控	干碗
浙江正龙食品有限公司	市控	干碗
太平洋海洋工程（舟山）有限公司	市控	小沙
舟山新泰水产有限公司	市控	干碗
舟山市东兴海洋生物制品有限公司	市控	干碗
舟山市恒达水产有限公司	市控	干碗
浙江爱迪亚营养科技开发有限公司	市控	岑港
舟山市瀛洲海洋食品有限公司	市控	干碗
舟山市纳海油污水处理有限公司	市控	岑港

二、废气

企业名称	控制级别	街道（镇）
浙江金鹰股份有限公司	市控	小沙
舟山东方印染有限公司	市控	白泉
中海石油舟山石化有限公司	国控	马岙
舟山中海粮油工业有限公司	省控	双桥

续

三、重金属

企业名称	控制级别	街道（镇）
浙江金星螺杆制造有限公司	国控	金塘
浙江华业塑料机械有限公司	国控	金塘
定海区东港电镀厂	省控	盐仓
定海区康平电镀厂	省控	盐仓
舟山国裕热镀锌有限公司	市控	岑港

四、固废

企业名称	控制级别	街道（镇）
舟山市纳海固体集中处置有限公司	国控	岑港
舟山市东方环保科技有限公司	市控	岑港
舟山市纳海油污水处理有限公司	省控	岑港
舟山市定海百达石化工程有限公司	省控	岑港
中海石油舟山石化有限公司	国控	马岙
舟山长宏国际船舶再生利用有限公司	市控	小沙
舟山长宏国际船舶修造有限公司	市控	小沙
舟山南洋之星船业有限公司	市控	册子
舟山中天重工有限公司	市控	小沙
舟山增洲造船有限公司	市控	小沙
太平洋海洋工程舟山有限公司	市控	小沙

五、禽畜养殖

企业名称	控制级别	街道（镇）
舟山市定海华晟牧场	市控	岑港
舟山市定海区烟墩生猪养殖场	市控	岑港
舟山市定海区马岙仁茂牧场	市控	马岙
舟山市定海区马安牧场	市控	岑港

续

企业名称	控制级别	街道（镇）
舟山市定海区齐发生猪养殖场	市控	白泉
舟山市定海区蒋仕安生猪养殖场	市控	白泉
舟山市定海区陈文平生猪养殖场	市控	白泉
舟山市定海区白泉欣升种养殖场	市控	白泉
舟山市定海区马岙顺达牧场	市控	马岙
舟山市定海区科兴生猪养殖有限公司	市控	马岙

（撰稿：王　婧）

责任编辑：王英伟

交通运输

概　述

2017年，区交通运输部门在习近平总书记重要讲话精神指导下，围绕中共十九大会议精神，开拓创新，锐意进取，以“最多跑一次”改革为抓手，主动适应新常态，沉着应对新挑战，在加快交通基础设施建设、提升公路管养水平、优化交通运输行业发展、打造自身品牌建设等方面取得新突破，为新区时代定海现代化建设提供支撑和重要保障。

是年，完成交通建设投资3亿元，超额完成年度目标任务。道路旅客运输完成客运量5617.8万人次，比上年同期上升9.08%，客运周转量46639万人千米；道路货运运输完成货运量2145万吨，货物周转量4.19亿吨千米，比上年同期分别提升1.56%和7.16%。

强化应急保障和行业稳控管理。应急保障方面，针对节日期间可能出现的高峰客流等情况，会同海事、港航、相关镇（街道）、水陆客运企业等共同研究部署运输方案，落实应急运力，全年未发生1起重大安全事故及旅客滞留事件。隐患排查整治方面，针对全系统各单位、各部门隐患排查整治任务进行分工定责布置，确保工作到位、责任到位、人员到位，确保隐患排查治理取得实效。至年底，排查隐患394项，整改378项，整改率96%，2处区级挂牌隐患及1处市级挂牌隐患均按时间节点成功销号。

交通基础设施建设

【小沙至白泉公路Ⅱ标段工程】　该工程系续建项目，项目起点位于马岙街道景陶路，经北海公路，上

小沙至白泉公路Ⅱ标段工程

跨新定马线，穿羊山隧道，经双庙社区，穿东夹岙隧道，经干碶老镇区，黄沙周附近接上老路，全长约6.5千米；另外，在干碶镇还有一段500多米支线，与北向疏港公路相接。项目设计等级为二级公路技术标准建设，设计行车速度80千米/小时，路基宽12米，路面采用沥青砼结构。工程主线K2+660—K9+200段和支线，路线总长7.10千米，全线设置定马线大桥1座，长400米；小桥40米，2座（其中羊山隧道长751米，东夹岙隧道长321米）。工程概算总投资2亿元。2012年10月开工建设。2017年初，干碶至马岙段交工验收。2017年底，马岙段打通断头路。

【72省道至329国道连接线工程】　该工程系新建项目，项目按一级公路标准设计，起点位于72省道与大陆连岛接线交叉口，路线由西北向东南方向延伸，至老虎山时，左线利用老隧道，右线新建隧道，终点位于329国道与翁洲大道交叉口。路线全长0.952千米（按右线计），设隧道1座，隧道长约413米，净宽12

米。项目概算投资7081万元，2017年12月完工。

【长春水库至南洞公路工程】 该工程系新建项目，项目按准四级道路标准设计，对原长春水库至南洞道路进行改建，路线全长约4.2千米，设计路基宽5.5米，设计时速15千米/小时。项目概算投资2934万元，是连接定马线至干礁新建社区南洞景区首条生态休闲公路。2016年6月底，开工建设。2017年5月，完成建设并交工通车。

【小沙货运码头接线公路工程】 该工程系新建项目，项目按三级公路技术标准设计，路线沿原小沙货运码头接线公路向南与北向疏港公路相接，后沿华海线与双小线相接，路线全长4.503千米，扣除完全利用段，实际实施里程3.82千米。项目概算投资2551万元。2016年7月，启动建设施工。2017年底，完成形象进度的82%。

【盐仓货运码头工程】 该工程项目建设规模为新建1000吨级货运泊位1个及相应的配套设施，年设计通过能力为24.1万吨。项目概算投资2381万元。2016年3月底，开工建设。2017年底，完成形象进度的83%。

【县乡公路三年提升工程】 完成对13条县乡公路提升改造。其中县道7条，为鸭东线、定马线、定北线、毛北线、碇下线、小岑线、北钓线；乡道6条，为鸭螺线、农紫线、峙竹线、竹白线、大沈线、雅联线。总改造里程40千米，总投资约1200万元。主要提升改造内容：路基挡墙、压顶、路基排水边沟新建修复，部分线路路面大中修、土路肩硬化以及绿化的提升改造，其中路面改造总里程19.65千米。

交通工程质量监控

【概况】 是年，区交通质监站主管监督项目27项（交通局项目13项、镇街道及产业园区项目6项、金塘项目8项），新增新建公路工程5项，大中修项目4项。工程总投资约9.5亿元，未发生1起重大质量、安全责任事故。

【公路水运工程检测】 是年，对全区公路水运工程开展质量、安全、合同、监理、检测等监督检查百余次，制发各类检查意见128份，提出整改意见435条，实现工程监督覆盖率100%。完成全区公路水运工程交（竣）工检测12项，交（竣）工检测机构及方案备案5份；公路工程交竣工质量评定备案6项；大中修竣工质量评定备案6项；大中修交（竣）工验收6项，合格率100%。

4月6日，参加由市交通质监局、宁波舟山港主通道项目工程建设指挥部、浙江交工集团鱼山大桥项目部在鱼山大桥马目预制厂共同举办的“施工现场安全用电标准化暨智慧用电”现场会。6月16日，在72省道至329国道连接线工程项目部组织召开安全内业台账经验交流会。6月19日，参加由市安全生产委员会组织的“安全生产月”主题宣传日暨安全生产宣传教育进重点工程活动等。

【桥梁多点高频动态挠度检测方法研究】 该项目由区交通质监站牵头，长安大学参与合作，自2015年启动，2017年底基本完成。项目分别以单点位置桥梁高频动态挠度检测、多点位置挠度实时监控、桥梁挠度曲线绘制为研究专题，发表论文2篇，申请发明专利1项，获得实用新型专利1项，获得软件著作权1项。至年底，整个项目进入准备鉴定、验收阶段。

交通运输管理与规范

【运输服务保障】 全区营运车辆拥有量为4202辆，其中营运货车3525辆，客运出租车572辆。出租车公司6家，普通货运业户1233家，危险品运输企业12家（危货车辆163辆，其中危险品罐车68辆，普通危运车93辆），集装箱运输企业139家（集装箱挂车1499辆，牵引车1636辆）。有驾驶员培训学校3家，教练员145人，教练车143辆，驾校报名6360人次，结业5002人次。有机动车维修企业111家，其中一类维修企业5家，二类维修企业36家，三类维修企业59家，摩托车修理1家，快修10家。汽车4S店18家（其中一类3家，二类15家）。

【运输市场行业监管】 联合区交警大队和区安监局等部门对各道路运输企业开展春运检查、安全生产大检查、专项整治等，对道路运输市场进行安全监管，全年出动运政执法人员5240余人次，执法车辆1360余辆次，检查各类长途客车2800余辆次，检查货运车辆1150余辆次，检查出租车3000余辆。

加强客运站场安全防范 要求4家客运企业和2家客运站严格落实客运实名制，要求客运站严格落实“三不进站、六不出站”；严格落实实名制购票，乘车需做到人、票、证认真核对；严格做好安检、安保、宣传工作。落实人物双检、监控覆盖等工作措施，配合公安做好身份核对及行包安检工作。

加强客运班车、旅游包车企业安全监管 要求客运企业的车辆车况需符合标准，车辆卫星定位数据需保证准确、实时、完整。督促3家包车企业在中共十九大会议期间和世界互联网大会期间按要求报送旅客出岛信息。督促客运企业做好自查自纠，驾驶人员不得超速、疲劳驾驶。遇高温天气做好防暑措施，遇大雨台风天气要减速慢行。对部分客运车辆进行抽查，抽查发现客运车辆均随车配备有效的灭火器及安全锤，出租车也相应配备有效的灭火器。

做好租赁车辆管控 根据工商营业执照的经营范围，全区有涉及汽车租赁的企业142家，主营汽车租赁项目的企业42家，已备案的租赁企业有12家，备案车辆47辆。9月20日，区交通运输局联合交警及反恐办召开定海区汽车租赁行业2017年度反恐安全工作会议。要求租赁企业做好租赁实名制，落实安全主体责任，做好企业及车辆的备案工作，开展反恐怖安全教育，建立可疑情况报告制度。至9月底，区交通运输局与31家租赁企业签订责任书。9月25—26日，对11家未签订责任书的企业进行调查，通过摸排与电话联系发现多为无法联系和停业歇业的企业。

加强道路危险品运输安全监管 8月10日起，结合安全生产大检查和危险化学品综合整治工作，对全区12家危险品运输企业（2家爆炸品运输企业）、163辆危险品专用运输车辆开展全面大排查大整治。检查发现企业动态监督管理制度未上墙，企业车辆违规或者超速现象未做记录等11条问题，排查隐患65项。其中较为严重的1项违法违规案件是10月2日舟山恒久气体公司一辆浙L18683启用无危险品从业资格证的驾驶员上高速，由高速交警移交金塘分局处理，金塘分局对恒久气体的违法行为作出罚款5万元的行政处罚，恒久气体公司已缴纳罚金，并对该车辆管理人员进行处罚与通报批评，加强落实企业安全主体责任。至12月底，通过省道路运输监管处置系统，发现危运行业问题工单56单，查处道路运输经营者未按规定向道路运输管理机构报送相关统计资料和信息4起，道路运输经营者使用卫星定位装置出现故障不能保持在线运输车辆从事经营活动2起，未按照规定的周期和频次进行车辆综合性能检测和技术等级评定1起，处以罚款5600元。

做好物流站场经营企业排查与清理 5月22日起，巩固货运站场实名制工作成果，按照市局统一部署，开展道路货运站场专项整治工作。10月底，根据前期重点摸底排查结果及市局统一要求，形成意见，注销不符合许可条件的货运站场39家，保留货运站场1家。落实货运实名制，要求货运站场和有寄递业务的货运代理点做好实名制台账和开箱验视，确保货物中不掺杂管制刀具及危险品。至年底，辖区内有6家托运点纳入网上登记递交实名制信息。12月，根据市运管局《全市道路物流行业整治工作督办整改方案》，区交通运输局对道路物流托运信息登记、受理验视、视频监控安装等安全管理制度落实情况进行监督检查，加大对托运网点的执法检查力度，查处未按规定实施安全管理制度4起，处罚款1200元。

【安全生产工作】 根据年初制定的安全生产监督检查计划，突出重点时段，采用专项检查、部门联查的方式，深入本级、深入基层、深入企业开展检查，特别加强对突出重点时段、大雾、大风等恶劣气候的安全监管力度，认真落实各项安全措施，确保行业安全有序畅通。全年印发转发各类安全文件近85份，组织召开各类安全会议及安全培训15次，开展各类检查141次，统一印刷下发安全台账100余套。

根据上级要求，针对性地对全行业各企业、各部门隐患排查整治任务进行分工布置，将各项工作予以具体落实，确保工作到位、责任到位、人员到位。督促各企业要形成隐患排查、治理、复查、销号闭环式管理，确保隐患排查治理取得实效。是年，全行业排查隐患366项，整改366项，整改率100%。区交通运输局联合交警多次对省重点监管企业（定海协力危险品运输队）开展检查及路面专项整治。7月24日和8月23日，联合督查组进行复查和验收，认为定海协力运输队按照《安全事故隐患督查通知书》要求完成整改，整改期间企业各类安全指标低于参考值，未发生死亡事故。9月7日，区交通运输局向市运管局提出撤销重点监管企业请示。12月28日，省运管局发文撤销该企业重点监管。

制定下发《2017年定海区道路运输行业开展“安全生产月”和“安全生产万里行”活动方案》，对辖区内道路运输行业开展“安全生产月”活动进行全面部署。在“安全生产月”期间，全区道路运输企业根据上级要求和自身特点，以形式多样、生动灵活的方式开展安全宣传，悬挂宣传横幅42条，张贴宣传画153张，出黑板报25期，出动宣传车52台时，举办知识竞赛15场，举办演讲比赛3场，参观图片展览1661人次，开展安全知识咨询106次，观看安全宣教影视作品80人次，培训职工1489人次，发放宣传资料1453份，开展应急演练12次，企业开展自查自纠98次，发现隐患98条，全部整改落实。通过开展宣传活动，营造出全社会共同关注安全的良好氛围。

检查安全生产工作台账

【出租车行业管理】 对主要站场、码头如市汽车客运中心、三江码头等客运源头，存在的出租车经营不规范问题，通过管理人员长期驻点管理，大大减少以往出租车在客运站场强行拉客、挑客、拼载等违规现象，做到打表计价，依次排队候客，出租车候客区车辆秩序良好。同时，遏止客运源头周边非法经营，无证经营等情况的出现。

对6家出租车企业全面开展安全隐患检查工作 逐车进行地毯式检查，逐一登记排查情况。排查出租车企业安全隐患48起，主要隐患为：出租车灭火器过期或者未携带随车灭火器、安全台账不齐全、现场检查不到位等情况。针对上述排查中出现的隐患，均责令企业限期整改，并且整改完毕。

日常监督检查与管理 开展出租车提升服务专项整治活动，重点检查辖区出租车在日常营运中无证上岗、不按规定使用计价器、车容车貌不整洁、车辆设施不符合标准、拒载、宰客等不规范违章违法现象。对于现场检查的证据明晰的立即实行即时扣分，对需要转入行政处罚的案件迅速立案。是年，出动执法人员460余人次，检查出租车 8800余辆次，对于轻微违章出租车驾驶员现场教育、整改230辆次，责令出租车企业整改6次，清退被多次违规屡教不改驾驶员3人，现场做出扣分处理 16辆。

做好网约车车辆运输证许可前期审核工作 严格审核预从事网约车经营车辆的使用性质，相关材料等是否符合网约车经营要求，把好网约车准入的第一关。是年，对71辆预从事网约车经营的车辆做好前期审核工作。

完成周期为3年的待岗出租车驾驶员换证工作 通过审核、报名、培训，有1780名出租车驾驶员完成换证工作。

做好到期更新出租车辆综合考核工作 考核合格的重新授予五年期营运权。该工作由于社会关注度高、时间跨度长，在上级的精心组织下狠抓落实，切实做到从严考核、严格审查，程序到位、手续完备，确保各项工作顺利进行。

完成定海出租车燃油补贴和退坡资金的审核发放工作 监督、协调、解决在燃油补贴发放过程中产生的纠纷和矛盾，确保补贴确实发放到实际用油的驾驶员手中，确保行业平稳。

对出租车行业的新区“12345”交办的投诉单、各级信访件、阳光热线投诉单和政协议案做到及时答复、解释和处理等工作 是年，受理“12345”投诉件33件，“12328”投诉件10件，人大政协提案办理答复1份，市信访局投诉9件，完成率100%，满意率100%。

出租车提升服务专项整治行动

【规范汽车驾培业】 严把道路运输从业人员准入关。按照从业资格考务规则做好各项考务管理工作，把好道路运输市场从业人员准入关。是年，参加继续教育并换取证书296人，新增道路运输从业资格人员443人，其中网约车驾驶员取得从业资格证206人。

开展驾培行业专项检查 全面实行驾培新模式和新大纲，有序推进。2月，针对个别驾校、教练员企图变相一次性预收培训费，低价恶意竞争招揽生源，培训学时弄虚作假，开展“计时收费、先学后付”驾培服务模式实施情况专项检查。检查方法以常规突击检查为主，针对性检查举报投诉，对驾培机构1个月周期内违规查实2次以上的，列入重点监管，增加检查频次，违规从重处罚。召集各驾校校长召开相关会议，把检查出来的问题一一通报各驾校，并下发整改通知书以及关于“计时培训、计时收费、先学后付”驾培专项检查情况的通报文件，督促各驾校对号入座根据自已身的问题进行整改。3月底，各驾校递交整改报告。4—5月，就整改情况又深入各驾培机构进行复查。查处案件15起，其中8名教练员学时造假情节较为严重，在诚信考核中均一次记满20分，作锁执教IC卡并停教处理。

创新行业监管方式 5月底，全区7家驾校全面布置安装动态人脸识别技术服务管理系统，并于7月底正式启用，标志着驾培行业监管手段创新提升。该系统通过远程监控，将数据传输到驾培管理部门，一方面规范学员的学习，另一方面监督规范驾校教练员。从源头杜绝学员之间串卡培训、用“跑马机”刷学时等行为，规范驾培市场正常秩序。

打造高标准驾驶培训机构 5月18日，位于白泉镇的舟山市中宇驾驶培训学校正式挂牌开业，是定海区首家集理论学习（科目一）和实操训练（科目二、科目三）于一体的一级驾培综合学校。该驾校占地面积63余亩，总投资7000余万元，拥有3个标准室外训练场、1个6000平方米的室内训练场，2个完全按考试要求设计的适应性练习场，并在新城和金塘设立分场地。驾校有训练车90辆，教练员90人。

【汽车维修行业管理】 *开展“汽车维修质量服务月”活动* 3月15日国际消费者权益日，组织辖区内5家7个品牌4S店在市体育馆开展免费义诊和技术咨询服务活动。活动现场帮助消费者做真假配件对比、汽车日常保养小常识宣传、免费车辆检测、汽车小修等，免费向过往群众发放维修开业审批办事程序、机动车维修指南等方面宣传资料，设立举报、投诉点，鼓励广大消费者与管理部门携手共同监督汽车维修行业。活动当天接受咨询2件，发放宣传材料30份，免费检测车辆28辆，小修2辆。3月，各维修企业在各自店内开展其他多种多样的服务活动。

做好全区42家一、二类汽车维修企业信用考核工作 针对维修企业的经营行为、安全生产、服务质量、管理水平和履行社会责任等方面进行考核。通过考核，发现多家企业未按规定与客户签订维修合同及维修委托书，存在安全生产隐患和未建立安全生产应急预案，未与员工签订安全生产责任书等问题。对存在问题的企业发出限期责令整改通知书，对2家未按规定建立维修登记制度的维修企业予以处罚。

完成5家一类汽车维修企业汽车维修电子数据上传工作 对全区40家二类汽车维修企业的维修服务管理系统以及系统的名称、版本、开发情况、技术支持服务等情况进行调研，并组织该40家企业网管参加维修电子数据上传技术培训。经过逐家逐户的多番上门指导，至年底，该40家二类维修企业全部完成电子数据上传工作。

组织全区汽车维修工技能比武选拔赛 7月14—15日，选拔赛设汽车故障诊断和汽车空调维修2个项目。比赛前专门请舟山技师学院老师为参赛人员开展赛前培训，推广比赛中所出现的新设备、新工艺。正式比赛分理论知识考试与实际操作考试两部分，全区有30余家一、二、三类汽车维修企业参加角逐，最终舟山市众恒汽车销售服务有限公司获得汽车空调维修团体第一名，该公司的选手黄海荣获得汽车空调维修项目的第一名，被选送参加省级大比武并获得第十一名优秀奖。

对全区一二类汽车维修企业进行环保检查 8月，根据区政府的统一安排，会同区环保局开展一、二类维修企业环保检查活动。该次检查分成3组，检查企业33家，主要针对汽车维修企业产生的废蓄旧电池、废机油、废尾气净化剂、废油漆桶和废活性炭这5项危险废物管理整治落实情况。针对检查发现的问题，要求企业必须在规定时间内完成整改。此次检查，大大提高维修企业的环保意识，加快了相关环保设施建设。

开展“两非”车辆检查 8月初，针对“两非”车辆的维修和改装，专门对全区一、二、三类汽车

维修企业进行现场执法检查并完成各企业承诺书签收。走访汽车维修企业106家签发承诺书106份。承诺书要求：各汽车维修店不得非法改装摩托车、电三轮车，不维修无牌摩托车、电三轮车；要求各企业要积极配合政府部门对电动三轮车的整治工作。并强调说明，若日后检查中发现企业存在改装维修“两非”车辆的违法行为，将依照相关法律法规对其进行处罚。

日常监督检查与管理　重点对无证修理店及各维修企业的不规范经营行为进行查处。是年，打击3家无证修理店和2家超范围经营店，发出责令改正通知书30余份。

公路养护与管理

【概况】　是年，全区公路管养里程为763.296千米，其中国道84.177千米、省道29.281千米、县道238.153千米、乡道116.959千米；桥梁181座计34806.6延米；隧道54座计36326.26延米。

人工路面清扫14039千米，机械清扫37760千米，修补坑槽沉陷13045平方米，人工绿化除草154824平方米，绿化除草122400平方米，绿化保洁855000平方米，绿化修剪127510平方米，化学除草1426千米，清理边沟100.3千米，清理堆积4670立方米，排水130.52千米，清理路肩68310平方米，隧道清扫17696.1千米，清理桥梁伸缩缝68.4千米，里程牌、百米桩、护栏警示桩油漆4260根，绿化补植20170株 ，更换灯泡143个，镇流器33个，触发器13个，候车亭维系43个，护栏维修更换33米，施划热熔标线4470平方米，安装修复护栏板350米 ，安装示警桩363根，安装标志标牌114套，安装减速带112米，安装隔栏板330米，安装反光道钉900个。

【G329青岭至东湾段公路养护大中修工程】　是年，G329国道K253+670—K254+730段，计1.06千米，铣刨原路面面层并在病害处治后加铺6厘米AC-20C沥青混凝土+4厘米AC-13C沥青混凝土。维修加固桥梁，以及养护路段的防护、排水、标志标线等沿线附属设施。工程造价464万元。

【S307柯梅岭至洪家段公路养护大中修工程】　S307舟山环线定海柯梅岭至洪家段2017年公路养护大中修工程起点为柯梅岭，终点为洪家，实施桩号为：K38+800—K44+900段，计6.1千米，该路段为2011年新建。工程造价2218万元（业主为市公路局），其中：K38+800—K40+000、K42+300—K43+000左幅、K42+300—K43+800右幅，折合双幅计2.3千米。铣刨原路面面层并病害处治后加铺6厘米AC-20C沥青混凝土+4厘米AC-13C沥青混凝土。

K40+000—K42+300段，计2.3千米。铣刨原路面结构层并病害处治后加铺20厘米水稳碎石基层+6厘米AC-13C沥青混凝土。

K43+000—K44+900左幅、K43+800—K44+900右幅，单幅计3千米。铣刨原路面面层并病害处治后加铺5米AC-13C沥青混凝土。

【超限管理】　是年，区公路路政管理大队查处超限车辆103辆次，处罚金额129000元整。非现场执法中发送各类通知书1373份，其中电话通知206次，短信通知379次，发送违章通知书788份（邮寄59份，上门送达694份，通知车队前来核对车辆信息，现场签发35份）。

货车超限检测

【路产路权管理】　是年，发生赔（补）案件39件，均为车祸损路产案件，收取公路路产赔（补）偿费136903元。对相关的抛洒滴漏实施行政处罚2起，保证公路通行整洁、安全。

【城乡环境大整治】　4月底，完成对329国道、鸭东线、72省道、73省道、定马线等16处近1000平方米墙体广告的清理。7月，拆除329国道、双坝线、鸭东线12K—48K各类标牌148块。国际海岛旅游大会期间，区公路管理局配合区综合行政执法局开展专线（青岭—坝桥—高速公路）专项整治行动，维修258根示警桩，新增各类示警桩近150根，新增减速带近100米。

【马路市场整治】 是年，规范执法人员执法行为，制定全区公路摆摊设点集中整治工作方案，为执法提供人员保障。新增执法人员8名，暂扣电子秤 35台，太阳伞、桌椅等25把，三轮车6辆，罚款600元。

马路市场整治

【涉路项目许可】 推进“最多跑一次”改革工作，对政务服务网中的权力清单再次进行梳理。结合自身办件实际，结合权力清单内容，对权力清单行政许可事项进行梳理，将公路用地范围内设置非公路标志，超限运输车辆行驶公路，公路用地林木更新、砍伐，铁轮车、履带车和其他可能损害公路路面的机具行驶公路等4个项目列入最多跑一次。

【路政宣传】 本着形式多样、重点突出、因地制宜、务求实效的原则，注重动态宣传和静态宣传相结合、媒体宣传和送法座谈相结合、正面宣传和执法整治相结合，将路政宣传工作做深做精做广。5月26日，邀请区道路运输管理局、区公路养护中心、舟山供电公司定海分公司、舟山移动公司以及部分运输企业代表等60余人共同参加以“爱路护路、从我做起”为主题的爱路日活动。

交通战备保障

【概况】 贯彻“编组出战斗力”的思想，坚持把能否“拉得出、用得上、起作用”作为衡量组织整顿质量的唯一标准，进一步优化后备力量组织结构和布局，不断提高编兵质量，适应新形势，迎接新挑战。2017年，采取全新的整组方式——电话点验，通过电话随机对民兵队伍进行抽查。通过整组调整人员：新增2人，退伍2人。至年底，基干民兵为60人，交通运输分队21人、运输分队39人和重点应急连下属交通运输分队21人。

【加强理论学习】 3月，邀请国动委领导到系统内进行宣传知识讲座，扩充民兵理论知识，使民兵对国家现在所面临的国际形势有所了解。

【自查自纠工作】 6月中旬，根据省国防动员委员会交通战备办公室《关于组织开展全省国防交通基础设施建设督查工作的通知》（浙交战办〔2017〕12号）的文件精神，依照市交战办工作方案的相关部署，开始对全区“十二五”以来安排的国防交通基础设施建设项目进行全面梳理和检查。迎接省交战办对交通局开展国防交通基础设施建设的督查检查工作。

党建工作

【概况】 是年，区交通运输局机关党委紧抓热点，不断夯实党员思想，开展学习贯彻中共十九大精神系列活动。组织党员干部职工收看十九大直播，倾听十九大宣讲，开展十九大知识自测，人手一本《党章》和十九大报告作为党员干部学习用书，鼓励党员立足发展新形势、立足岗位畅谈交流对十九大召开、对进一步深化交通工作的领悟和心声。积极组织学习省第十四次党代会、市委七届二次全会精神和区委十三届四次全体（扩大）会议精神，发动党员干部职工收看《将改革进行到底》《巡视利剑》等纪录片，要求党员对标立杆，查找自身存在不足，提升政治素质和业务水平，投身于交通大会战建设中。

【机关效能建设】 抓好公务人员平时考核管理，要求相关人员有效落实考勤管理及工作上报，不定时对该项工作进行督查。以每月一查，节假日必查为原则，驻局纪检组开展对下属单位尤其是基层站所及一线窗口的明察暗访，抓牢人员在岗、遵守工作纪律等情况的排摸核查。全年驻局纪检组开展对局属单位效能作风等各类检查10次，未发现相关违法违纪情况。

【三会一课制度】 坚持履行“三会一课”制度、落实民主集中制，制定党支部“3+X”主题党日实施方案，定期开展组织生活会、党员民主评议、党员先锋指数考评工作，提高党内政治生活质量。是年，局机关支部“三会一课”记录获得区直机关优秀“三会一课”荣誉表彰。按标按时严格执行党费收缴、记录、公示制度，切实保障党费收缴的准确性和严肃性。做好系统内党组织和党员信息的维护、管理工作，确保单位和党员信息的完善。

【“微心愿”认领】 要求党员通过全区微心愿平台认领许愿人的各种心愿并尽力达成，局机关党支部28名在职党员为许愿人送去电风扇、被子等物品价值2500余元。

【红色党日活动】 组织全体党员赴登步岛开展主题党日活动，通过参观登步岛战斗纪念馆、瞻仰烈士纪念碑、重温入党誓词，使党员们接受一次深刻的红色教育。

红色党日活动

【志愿者服务活动】 4月，组织党员剿劣先锋队前往干礁镇龙潭社区、青龙社区，清理河道、沟渠、池塘等水域水面垃圾、漂浮物，积极助力劣V类水剿灭战行动。10月23—24日，派出党员干部职工组成志愿者队伍，在环城东路与沿港东路路口、舟山长途客运中心、定海汽车南站及定海客运站等地参与文明交通劝导志愿服务活动，为省文明程度指数测评迎检工作营造良好的交通环境。

【人才队伍建设】 是年，结合实际，制定年度人才计划书。公路局、运管局、事务中心、质监站招聘交通工程、土木工程、物流管理等专业的人才9名。选派人员参加全省轨道人才千人轮训、专技人员继续教育培训及各层面法律知识培训等360余人次。开展年度公务员、专业技术人员网上培训管理工作。

精神文明建设

【助推全国文明城市创建】 开展“礼让斑马线，停车讲秩序，共建花园城”活动，在交通窗口张贴宣传海报，发放倡议书，签订在职职工驾驶人员“礼让斑马线”承诺书。建立公车和私家车信息库，如实登记公车和私家车信息，对违反局公务用车保障管理办法和有违法纪录抄告的车主进行责任追究和教育处理，引导各单位工作人员、公车驾驶员做活动带头人。

【“双清”剿劣集中大行动】 4月，组织近10名党员干部组成的党员剿劣先锋队到干礁镇龙潭社区、青龙社区等地，清理河道、沟渠、池塘等水域水面垃圾、漂浮物及障碍物，助力劣V类水剿灭战行动。

【文明交通劝导志愿服务活动】 10月23—24日，派出20余名干部职工组成志愿者队伍，在环城东路与沿港东路路口、舟山长途客运中心、定海汽车南站及定海客运站等地辅助交警执行劝导任务，疏导行人，配合纠正闯红灯、越线停车等不文明行为，传递“文明交通、从我做起”的安全理念，为省文明程度指数测评迎检工作营造良好的交通环境。

（撰稿：朱琰星）

（本类目照片由区交通运输局提供）

责任编辑：吴宏军

港 航

概 述

2017年，区港航管理部门围绕浙江自贸试验区和舟山江海联运服务中心建设，立足定海港航管理服务体系建设和港航安全管理长效机制，探索新形势下如何适应国家战略对港航发展的新要求，推动定海港航事业迈上新台阶。

至年底，辖区内有运输船舶642艘，运力238.7万载重吨，较2016年底，船舶增加35艘，运力增加5万载重吨。万吨级以上船舶68艘，运力140.2万载重吨；特种运输船舶和万吨以上船舶分别占总艘数、总运力的34%、80.5%。水路运输总周转量增长18%。

全年完成货物吞吐量9457.77万吨，完成计划（9450万吨）的100.08%。其中进口5844.73万吨，出口3613.04万吨。

全年完成投资47.12亿元，其中，水运建设投资完成41.04亿元，航运业固定资产投资完成4.88亿元，港口经营企业固定资产投资完成1.20亿元。

全年查处港航行政处罚案件37件，其中运政案件30件，港政案件7件，处罚没款37万元。

全年完成招商指标7144万元，达到年度指标的178.60%。

港口建设

【港口项目建设提速增效】 是年，全区计划总投资40.9亿元。全年投资41.1亿元，完成总投资计划的100.3%。

一批计划建成项目投产达效。计划建成投产包括实华二期45万吨级油品码头等重点项目。12月21日，舟山群岛新区兴海汽车滚装码头项目完成交工验收。

舟山实华原油码头

一批重点建设项目顺利推进。是年，重大港口项目14项，其中续建项目10项，新建项目4项。

一批特别紧迫、具备较强操作性、契合市场需求的重点港口项目加快推进。其中，舟山外钓光汇油品码头水工部分和储运基地油库项目基本建成；舟山国际粮油产业园区5000吨级公用码头、新奥LNG加注站等重点工程项目加快建设；世纪太平洋二期等港口项目落地。

港口管理

【港口经营企业监管不断强化】 完善港口经营资质年度核验（查）工作模式，全面核验（查）48家港口

开展港口企业高温检查

经营人的资质保持情况和生产经营状况，其中核查36家，核验12家，发现各类安全隐患80项，均落实闭环整改。制定并下发《关于开展港口危险货物夏季安全专项执法检查行动的通知》，启动港口危险货物夏季安全专项执法检查行动，排查发现各类问题和隐患151项，完成整改150项，整改率99.33%；下发整改指令书4份、警示约谈企业3家、行政处罚企业1家。推进在役储罐检测工作，提升港口危险货物管理的本质安全水平。出台《关于加强辖区港口综合信息服务和管理的通知》和《关于明确港口综合信息服务和管理要求的通知》，进一步发挥港口综合监管系统在日常管理中的功效。

【港航行业分级分类管理全面推行】 开展港口经营企业分级分类管理，完善水运企业信用分级分类管理制度，制定港口企业年度分类检查计划，出台《重点航运企业监管暂行办法》《水路货运行业经营资质监督检查细化办法》《海务机务专职管理人员管理办法》。

【港口危货监管有新成效】 通过建立现场与电子相结合的联动监管方式，完善港口危货“网上审批+视频监控+现场核查”一体化管理模式。是年，通过非现场执法开出电子巡查处置单174份，结合检查站执法人员现场核查，降低和消除危货作业的风险。全年未出现港口危险货物作业事故和险情，审批港口危货作业8775次，其中，普危作业7680次，现场监管768次，监管率10%；高危作业1095次，现场监管298次，监管率27.2%。

船舶检验

【强化船舶检验质量】 把好实船检验、图纸审查、证书质量关，加强转港船舶检验，严格控制转入船舶质量；加强对外地船舶的建造监理。是年，组织验船人员到外地现场监理船舶建造质量12次，完成变更机构检验船舶18余艘。加强“客船”“污油回收船”“运石（运沙）船舶”“船舶载重线标志”“老旧船舶”等重点船舶检验力度。完成96艘定海港内交通船的检验、发证工作，船舶图纸审核36套，检验各类船舶657艘，198935总吨，未发生检验事故。

行业安全管理

【完善安全工作责任体系】 提升行业安全意识，强化安全风险和行业综合秩序管控，践行“平安港航”战略。确定25项安全重点工作，逐项明确责任领导、责任部门和完成时间。出台应急值班工作管理办法，细化应急工作程序，启动24小时常态应急值班工作机制。

老塘山作业区开展船舶碰撞溢油综合应急演练

【专项整治成效显著】 以各类专项整治行动为抓手，强化港航领域安全监管。持续深入推进水路货运船舶安全专项整治。是年，围绕水路货运船舶安全专项整治工作要求，采取高效务实的工作措施，不断创新工作机制，打响整治工作决战之年攻坚战、收官战，各项工作有序推进。在全市率先完成四张清单工作。其间，海上联合执法出动检查人员600多人次，上排留滞船舶24艘次、处罚34艘次；陆上联合执法出动480人次，检查港口经营企业（包括沙石作业点）300家次，停产停业港口企业和保留作业点6家次，警示约谈港航企业17家次。

打击违法违规行为

【重点领域风险防控能力加强】 建立完善港政、检查站、大队和指挥分中心的“四位一体”危货现场作业风险管控架构，落实监管责任，增强基层力量，出台港口危货现场《巡查办法》，切实将港口危险货物作业监管的责任、范围、频率、内容落实到位。强化港口作业现场监管，线上重点管控申报信息、作业准确率、安全措施落实情况等关键环节，线下采取“工作日必查，周末重点查，夜间穿插抽查”等非常规手段，抓牢危化风险管控的关键点。

水运市场管理

【运力规模】 全区有运输船舶642艘，较上年底增加35艘，运力增加5.0万载重吨。有油船140艘，493612载重吨；化学品船14艘，44457载重吨；集装箱船12艘，7770箱位，117093载重吨；拖轮37艘，114412千瓦。有万吨以上船舶68艘，140.2万载重吨，特种船舶较上年底净增5443载重吨，万吨以上船舶基本持平。

【航运市场监管渐显成效】 开展经营资质年度核查工作，全区核查国内水路运输企业82家，辅助企业88家，营运船舶612艘。完善水路运政事中事后监管机制，起草《舟山市水路货运企业分级分类评定办法》，编制《水路运输企业经营资质监督检查管理办法》。修订完善国内水路运输企业经营资质预警管理规定和重点监管企业举措，建立完善《定海辖区重点安全监管企业监管办法》和重点安全监管企业“一企一档”工作。加大“僵尸企业”清理力度，完成注销水运企业12家。启动实施航运综合监管与信息平台运用工作。特别针对冬季寒潮、夏季高温、雾天、雨水、台风等安全事故易发期，严格要求15家重点监管企业在重点时段和区域落实对所属光租船舶实施安全等级评估、研判、跟踪等监管工作，督促企业严格落实24 小时值班、开航前检查等安全管理制度，行业监管水平有实质性提升。

召开重点监管企业安全警示座谈会

召开港口企业安全生产月警示教育会

【重点航运骨干企业评选】 根据《舟山市人民政府关于促进航运业健康稳定发展的若干意见》（舟政发〔2017〕43号）要求，按照好中选优的原则，筛选推荐15家企业成为市级重点航运骨干企业。

【规范筹建管理与市场准入】 提高开业申报办事效率，帮助5家航运企业顺利开业，强化后续管理，及时跟踪服务。

【推进产业转型升级】 引导航运企业规模化发展。是年，普货运力达20万吨规模以上的企业2家，普货运力5万吨—10万吨规模企业6家；液货危险品运力3万吨—5万吨规模企业2家，液货危险品运力1.5万吨—3万吨规模企业9家，企业平均运力规模为22956载重吨，较上年底增加1555载重吨，运输船舶平均吨位为3719载重吨，较上年底减少157载重吨。

行政监管执法

【构建多部门执法格局】 建立健全跨部门执法协调联动机制，树立全局执法一盘棋理念，做到业务部门所有持证人员参与执法及行政处罚工作。加强信息互通，对内强化与业务部门的联系，落实违法行为证据移交、违法行为提前介入等工作机制，对外推行联合会商和信息实时通报机制。制定《分局外部信息接收及处置管理办法》，明确外部信息接收及处置责任和流程，做到外部信息从接收、处置到反馈的闭环管理。全年查处12起举报信息。

【利用科技力量加强执法手段】 通过指挥分中心，加强电子巡查力度，强化视频监管力量，推行应用非现场执法监管模式。重点做好电子巡查和电子检查工作，弥补执法监管盲区。是年，利用视频监控、截图等手段处罚港航违法案件2起。指挥分中心启动二级以上响应60次；危货电子巡管727次，处置非现场“三违”问题174起。整合执法力量，增配辅助人员，强化执法现场巡查，营造严格执法社会氛围。全年出动执法人员2640人次，检查船舶245艘次，劝离内河船舶20艘次，查处举报13起。查处港航行政处罚案41件，其中运政案件33件，港政案件8件，罚没款37万元。

【港航行政许可服务优质优化】 采用多通道、多时段、先急后缓提前给予办结的做法，提高浙江政务服务网办结率，完善浙江省港航综合监管与服务平台的许可录入工作，提升审批效率和服务满意度。全年受理并办结行政审批事项1290件。所有审批事项承诺天数2959天；提前天数2574天；提速率86.99%；提前办结率100%。受理、办理零差错。落实“最多跑一次”工作，深化“两集中、两到位”要求，依法编制部门权力清单和责任清单。梳理规范港航行政审批事项，保留7项行政许可事项，1项行政审批确认事项，5项其他类行政审批事项。在网上开通窗口全部事项。强化港航企业退出机制，强制撤销航运企业经营许可7家，注销港口企业1家，注销船舶营业运输证77艘次。是年，窗口完成受理事项 3325件，其中船舶营运证配发、注销476件，水路运输经营许可21件，船舶管理经许可1件，水路运输辅助变更备案51件，船舶法定检验 91件，港口经营许可证备案5件，港口经营与安全生产备案84件，在港口内进行采掘、爆破等活动许可2件，港口危险货物作业报告 2611件。达成省际普货运输经营许可四星创建目标。

（撰稿：徐　颖）

（本类目照片由市港航局定海分局提供）

责任编辑：吴宏军

海　事

概　述

2017年，海事部门以“三化”（革命化、正规化、现代化）建设为统领，把握“走在前列”的新使命，深化辖区“五大五小”监管，推进基层海事执法模式改革，重点突出有效监管、规范执法、优质服务和激发活力，确保辖区安全形势和执法队伍持续双稳定。

是年，辖区船舶进出港11.6万艘次，其中客船6.3万艘次，危险品船舶11052艘次；货物吞吐量8099.6万吨（其中外贸2875.8万吨），集装箱货物吞吐量90.8万TEU，旅客吞吐量564.1万人次。开展执法巡航614次，巡航时间1717.94小时，巡航里程11395海里。实施船舶安检182艘次，平均缺陷6.87项/艘，滞留8艘，滞留率3.67%；复查船舶89艘次，纠正缺陷686项，其中重点关注船舶、“黑名单”船舶到港14艘次。受理危险货物进出口申报审批4811艘次，涉污作业审批870艘次。实施危险货物现场监管513艘次，其中到港作业液货船舶检查465艘次，检查率为22.84%，散化装卸作业到港检查45艘次，检查率为45%；实施涉污作业现场检查94次，检查率为11%；客运船舶现场检查1606艘次；水工作业现场检查588次。实施行政处罚立案348起，结案333起，船员违法记分27人次，116分。

“黑名单”船舶整治拆解

海事监管

【水上安全隐患排查整改落实】　立足辖区“五大五小”监管特点，按照多方排查、全面覆盖的原则，持续滚动式开展辖区客、危、桥、通航环境等隐患排查治理和危险源布控，较全面摸清辖区隐患现状和底数。针对砂石出运、危险品运输、临界条件作业、码头和公司管理等重点环节存在的风险隐患，定期开展危险源和隐患分析评估并跟踪落实治理，对辖区靠泊作业的斜坡码头、砂石堆场、废弃码头等开展深入排查，对船舶停靠点实施设障，封堵违章出运，联合多部门实施船舶定点管控。全年排查出一般性安全隐患8项，全部整改完毕。

【实现辖区客运零事故零险情】　针对定海辖区岛际客运船舶多的特点，强化客渡运船舶现场监管。开展重点时段重点航线水上客运安全隐患大排查行动，实施恶劣天气客船开航前点验，严把客船超抗风等级或超能见度视距开航两个禁令执行。有序推进“双进双反馈”制度建立。通过客运企业安全例会、季度网格化检查和微信、网络平台等载体，定期向客运企业传达相关文件精神，通报日常监管中存在的问题，听取企业意见和建议，督促安全管理主体责任落实，实时掌握辖区客运动态。多方联动，综合治理显成效。联

“鸭白线”客船现场检查

高温季节消防演习抽查

春雾季节监管

合港航、边防等职能部门持续开展非客船载客打击行动，查处非客船载客违法行为3起，船舶上排2艘次，码头留滞1艘次；联合大榭海事处多次开展巡航、非法载运岛际包装危险品打击行动；联合海峡轮渡公司、环南鑫岛公司开展客船无预案溢油消防演练应急演习等。就“港内小船监管”“大猫岛采砂影响客运航线”等隐患向相关企业发放安全管理建议书，同时通报地方政府，推进安全隐患综合治理。强化预警预控及动态跟踪，充分发挥值班室功能，对岛际客运船舶、港内小船进行动态核实和跟踪。全年发布安全预警信息11938条，开展“站高峰”28次。持续开展船员知识培训，强化船员应急实操能力检查，“舟渡2”船和该船船长被推荐为舟山辖区“安全示范客船”和“安全示范船长”。

【持续加强涉污涉危监管力度】 结合辖区实际，突出抓好烟墩港区散化码头监管。针对其所处位置极易受冬季大风影响的特点，严格按企业自律标准对到港作业的散装危险品船舶进行作业把控；在烟墩港区主要油品码头和港口浦主要汽油装运码头对到港船舶开展船舶无预案应急演习、碰撞溢油应急综合演习；在册子实华油库开展大型油轮防台应急演练。强化船载易流态货物监管，通过现场检查与易流态含水率检测报告核实相结合，严格安全管控，检查32艘次，发现问题6项，雨天装卸责令停止作业4次，要求重新检测2次。抓好船舶载运危险货物整治、船舶污染排放控制等专项行动，期间走访检查企业31家，责令限期整改问题11个；实施专项安检48艘次，发现缺陷199项，复查船舶38艘次，复查合格163项；对6家液货码头开展安全隐患排查，发现问题1项，实施船舶排放控制区检查49艘次，燃油抽检45艘次。通过静态审核与现场抽查的形式，加强对金塘大浦口集装箱码头船载危险品集装箱班轮的检查，查处危险货物谎报瞒报行为14起，

金塘大浦口码头集装箱船舶监管

船舶排放控制区燃油抽检行动

立案12起。落实防污条例修订后的相关要求，对辖区15家油污水接收作业单位112艘原备案油污水接收船舶的“资质清退”情况开展核查，同步对主要码头、清舱单位开展信息采集工作。

【专项整治行动成效明显】　针对2017年各类专项整治活动多、任务重的情况，以水路货运船舶安全专项整治和船载危险货物安全综合治理活动为两大主线，借助全国“安全生产月”等平台，做好结合文章，高

“安全生产月”活动宣传

标准严要求统筹抓好“两船”整治、入厦船舶专项安全监管、国际航行大型散货船专项检查、舟山口岸联合登轮检查、船舶排放控制区专项检查、岛际包装危险品运输及船舶供受油作业整治、平安护航“十九大”、水上安全监管强化月等各类专项整治活动，提高监管效能和执法威慑力，全年开展各类专项整治行动968次，其中联合执法99次，出动执法人员1965人次、执法船艇614艘次，开展错时检查45次。特别是依托地方政府联合执法长效机制，以综合治理为抓手，强化源头管理，采取多部门联合执法、不定期蹲

砂石运输船舶专项整治行动

点值守、突击检查、错时巡航巡查等手段，强势推进水路货运船舶安全专项整治活动，有效解决或缓减辖区非法采砂、岛际非法载客等难点热点问题，成效明显。至年底，查处砂石运输船舶127艘次，对其中95艘实施留滞，移送无证船员23人，拘留18人；完成“黑名单”船舶整治，18艘黑名单船舶中15艘完成拆解，3艘完成办证。

服务地方

【保障在建拟建重大项目顺利推进】　通过抓进出港通航安全、抓在港稳泊安全、抓企业安全主体责任落

富翅门大桥水工作业船舶现场检查

实、抓现场监管效能等主要措施，强化现场监管，运用安全约谈、行政强制、通报整改、安全预警等多种形式及时消除各类安全隐患，保障富翅门大桥、册子实华二期、新城大桥复线等在建项目顺利推进。是年，开展大型水工作业现场检查588次，查处违法违规行为5起。

【保障陆岛蓝色双通道安全畅通零事故】 以“平安大桥”创建活动为平台，通过深化局处联动机制、桥区监管联席会议制度、大桥沿线船厂修造船舶排查机制、野鸭山锚地、定线制水域常态化巡航机制和船舶碰撞应急处置实战演习、桥区联合隐患排查、参与共创共建“平安大桥”等举措，力保跨海大桥水域安全畅通零事故；携手舟山海峡轮渡公司开展“鸭白线客滚船规范管理年”，提升船员队伍整体素质，深化“鸭白线”安全文明畅通航线创建工作。

舟山跨海大桥桥区水域监管

【助力集装箱吞吐量再创新高】 开辟24小时集装箱船舶查验手续办理“绿色通道”，畅通与海关、边检等口岸单位合作机制，开展季度会商，达成信息共享、监管互认，最大程度降低船舶进出港延误时间，助力金塘大浦口集装箱码头年货物吞吐量达90.8万余TEU再创新高。

【推进办证窗口提质增效】 优化政务办理流程，提高窗口服务质量，打造“海莲花”服务品牌，成功争创“全国巾帼文明岗”；配合开展“一站式”网上政务中心建设，推进电子政务；创新服务，特需特办，开辟“电话预约”、岗员上船办理、“进出口岸通行

“海莲花”全国巾帼文明示范岗正式授牌

证”等“绿色通道”服务，提高船舶通关效率，保障煤电油等重点民生物资运输畅通。

【推进基层执法模式改革】 强化监控值班中心“执法信息处理中心”职能。建立综合执法信息处理制度和值班室工作制度，明确各类信息采集的类别、内容、频次和传递、处理要求，统一辖区监管信息进、出口，解决辖区“点多”信息碎片化、传递较无序的问题，实现动静态信息无缝衔接，保证辖区监管信息传递实时、准确、高效，有效提高执法精准度。强化监控值班中心“任务中心”职能。建立现场综合执法任务管理制度，值班员根据辖区现场综合执法信息、上级任务指令和“双随机”抽查机制等要素，围绕现场监管全覆盖的目标，通过微信群、日课会等多种方式综合评估分析，汇总现场综合执法信息情况，形成每日任务清单，并对每日任务执行过程进行跟踪，对执行结果及时通过电话、微信、现场综合执法系统进行核查评估反馈，实现执法任务闭环管理。强化监控中心“力量部署中心”职能。科学部署执法力量，建立现场执法单元运行管理制度，正常工作日每天安排4—5组现场界面开展综合执法的执法单元。强化监控值班中心“应急中心”职能。严格落实领导带班和应急备勤制度，确保值班室24小时值守，公休日、法定节假日有1—2组现场执法单元力量投入现场执法。9月中旬，以监控值班室作为信息流转中枢，通过“一人多岗，一岗多人”的模式，形成“三位一体”的运作机制。下达任务959次，出动执法单元249组，出动执法人员755人次，检查船舶657艘次，立案60多

起，现场综合执法精准化水平得到明显提升，基层执法模式改革工作取得初步成效。

勇担“走在前列”新使命

【推进党风廉政建设】 抓好思想阵地建设，筑牢政治根基。以理论中心组学习、支部学习为平台，通过定期召开专题会议，与局政务中心开展“联学联做”活动等，开展“两学一做”“三严三实”“十九大”等系列学习教育活动，把相关精神和要求贯彻落实到海事实际工作中。推进“五好党支部”建设，落实基层党建“两个办法”“三会一课”、党务公开、星级党员评定、“双联系双服务”、党员结对联系客船、“三亮三比三评”等制度，开展“精品支部”培塑。通过逐级签订党风廉政建设责任书，执行好“两书两报告”“三谈两述”“一岗双责”等工作机制，开展“海事处长抓廉政”、集体廉政约谈提醒、政风大走访等活动，唱好“筑、敲、扯、润”四字诀，打好廉政教育组合拳。把握“外树形象、内强素质”创建主题，打造符合海事工作实际的“海莲花”巾帼岗品牌，成功争创“全国巾帼文明示范岗”，推进金塘青年文明号建设，推进老塘山文明港区、“鸭白线”文明航线、野鸭山文明锚地创建工作，职工小家建设成功通过浙江海事局验收，文明创建成果丰硕。

【提升依法行政能力】 推进法治海事建设。按照“法定职责必须为，法无授权不可为”的原则，遵照上级部门更新公布的权力清单和公开指南，结合实际，梳理辖区内业务办理指南，坚持“立、改、废”并举，组织开展对内管理性文件、对外规范性文件、体系文件的清理工作，明确海事任务清单，进一步规范海事执法行为。抓好半军事化管理工作，按月开展5S检查评比，提高队伍执行力。推进综合管理体系运行工作，提高系统化、规范化、科学化管理效能。

【安全法规和知识宣传】 以“海鹰”青年服务队和“海莲花”巾帼文明岗为主要载体，围绕水上安全监管中心工作，下海岛、上船头、进社区、入企业，宣传安全法规和知识，开展水上安全知识进校园、社区“一对一”结对慰问照顾、“3・5”学雷锋点亮微心愿、“6・5”世界环境日清洁海洋垃圾等活动，树立良好的海事形象，赢得社会广泛认可。

“水上安全知识”进城西小学

【抓好队伍建设】 深化青年成才培养机制，实施“CPBA”战略，落实“青苗园”管理方案，推进青年成长积分制管理，开展“夜鹰拾贝”“青年点评”“一月一讲一人一讲”等活动，搭建多样化学习平台，促进青年干部职工快速成才，定海海事处团支部被授予“舟山市2016年度先进团组织”荣誉称号。部署开展“走在前列”大讨论活动，围绕如何找差距、定措施、勤追赶，“干在实处、走在前列”主线，从体制机制改革、人才队伍建设、高效综合保障、全面从严治党等几大方面，开展座谈交流，掌握职工思想动态，着力解决干部队伍率先垂范作用不足，老职工队伍执行力下降、责任心和主动性不强，青年队伍奋勇争先士气不饱满、主力军意识薄弱等问题，确保队伍稳定。以适应基层执法模改为目标，培养一专多能的专业型和复合型人才，抓好综合业务执法培训工作，开展全部执法人员不同岗位调派与轮岗使用，队伍综合执法能力明显提升。全年开展各类培训29次，有532人次参加培训。

水上交通事故

【概况】 2017年，定海辖区发生水上交通事故6起，其中1起为一般事故，5起为小事故，死亡1人，沉船2艘，直接经济损失约205万元。与上年同期相比，事故四项指标均有所下降，分别为直接经济损失下降69.1%，沉船艘数下降71.4%，事故起数下降28.6%，死亡人数下降75%，未发生有直接海事监管责任的水上交通事故及船舶污染事故。处置碍航沉船2艘，沉船处置率达到100%。是年，辖区发生险情10次，遇险人数55人，获救人数53人，人命救助成功率96.36%。

【事故选介】 2017年2月9日00时05分左右，密克罗尼西亚籍杂货船“RICH SAILING”（中文船名“富航”）在舟山大菜花山附近水域锚泊期间因风浪较大锚链断裂，发生漂移，后在金塘岛北侧鱼龙山堤坝（概位30°06′.2N/121°50′.8E）搁浅，船上3人全部被救，直接经济损失约90万元，构成水上交通小事故。

2017年7月3日23时12分左右，温州市苍南县振港运输服务有限公司所属的“振港699”轮，从定海大猫采砂点装载海砂900多吨计划驶往台州临海，航经大猫山嘴南侧水域时，因船舶受涡流影响，导致货物向货舱尾部发生移位，主甲板浸水后导致机舱配电箱漏水后故障，最终在小猫山西南侧抢滩失败，随后沉没（概位29°56′.4N/122°03′.0E），船上3名船员，其中2人获救、1人失踪，直接经济损失约60万元，构成一般等级水上交通事故。

2017年7月4日13时30分左右，舟山市普陀区锦锋海洋工程有限公司所属的“皎辉1”轮从定海顺昌码头装载泥土800吨左右开往六横小郭巨，途经舟山松山附近水域（概位29°58.329′N/122°08.01′E）时，船员生活区起火，造成生活区及驾驶台过火，船上4人被救，直接经济损失约25万元，构成水上交通小事故。

2017年8月22日22时50分左右，浙江恒顺船务有限公司所属的散装化学品船“新永安69”，装载907.695吨苯在金塘大菜花山西北侧水域（30°07′.36N，121°49′.41E）锚泊过程中，与从宁波卸完鱼货开往岱山大衢的“浙岱渔01239”发生碰撞，事故造成“新永安69”右舷第四货舱主甲板以下局部破损，少量苯泄漏入海，“浙岱渔01239”船舶首柱局部破损，直接经济损失约85万元，构成水上交通小事故。

2017年9月13日16时24分左右，蚌埠市经纬船务有限公司所属的“恒通168”轮在小竹山锚地锚泊过程中，因船舶发生走锚，钩住小竹山至大五奎山之间的海底电缆，致使海底电缆被折损，直接经济损失约85万元，构成水上交通小事故。

2017年9月29日约11时00分，江苏省灌云县燕尾港镇柴秀芹所有的“鼎昌顺”轮，在舟山册子岛西南面出运点装载渣土过程中，船舯断裂随后沉没（概位30°04.0′N/121°56.5′E），船上7人全部获救，直接经济损失约85万元，构成水上交通小事故。

（撰稿：王　琦）

（本类目照片由定海海事处提供）

责任编辑：吴宏军

邮政电信

邮　政

【概况】　中国邮政集团公司舟山市分公司（以下简称邮政市分公司），有从业人员675人，其中女性员工404人，包括各类管理人员63人，专业人员159人（包括技术人员、营销人员、生产经营主管人员）。设有各类邮政网点89个，其中邮政营业所54个，邮储网点35个；位于城区的各类网点16个，农村网点73个。

【总体业务收入】　舟山邮政践行省分公司争创“三个一流”的总体思路，以“三个一把手工程”为重点，着力提升发展质效，全年完成邮政业务总收入14914.64万元，同比减亏395万元，完成省邮政分公司下达利润计划的101%。

【金融业务】　利用云平台，落实客户经营“三步论”“六步法”，着力加强对价值客户的挖掘分析，细化内部考核，开拓营销思路，提升厅堂服务，持续走访蓄客，并通过强化金融营销项目，协同各专业共谋发展，全年累计实现金融业务收入8937.43万元。至年底，邮政储蓄期末余额59.06亿元，是年余额新增8801万元。其中价值存款54.61亿元，活期8.92亿元，11月市占率7.98%。舟山邮政实现总保费3.97亿元，完成全年保费目标的102%。其中中邮系统保费7844万元，中邮期交3141万元，中邮长期险311万元，分别完成全年保费目标的105%和104%。市理财产品日均保有量5.51亿元，新增1.43亿元，基金销量2.67亿元。中邮证券累计完成有效户395户，完成年计划目标的132%。

【包裹寄递业务】　全市邮政包裹快递业务完成业务收入1137万元，其中快递包裹完成收入534万元，同比增长44.11%。通过组织开展“春节旺季营销”活动、“亮剑第一季”“客户感恩季”“闪电行动”“渡江战役”等各项营销主题活动实现层层推进，强化“建档—蓄客—提量”三步走策略落地实施，通过县区PK，项目拉动实现全市快包业务的发展。

【农村电商】　通过对接政府机构，参与地方电子商务促进会交流研讨，跟进市政府“电子商务进万村”工程，推进邮政农村电商服务站点建设。全年全市商超型邮乐购店累计建成500个，完成年计划的100%，累计建设邮政电商服务站点651个，其中社会加盟网点502个。通过开展“春风”“烈日”和“秋实”三个行动实现站点优选劣汰，提升经营质效，实现批销开办率、商超签到率、扫码交易率三个百分百，全市优质掌柜占比63.7%，产品动销率40%。通过进一步落实地推服务，举办现场掌柜批销订货会，配合“邮乐919购物狂欢节”和“邮乐双十一”等季节性集中活动，全年进货批销 1198万元。市分公司通过与人保、国寿、平安等8家保险公司联合,不间断地开展各类促销活动，全年实现“自邮一族”车险出单2160户，列全省9位。

【集邮与文化传媒业务】　完成函件1406.68万元，完成省公司下达计划的146.53%，增长率和完成率列全省第2位；完成集邮业务503.09万元，完成省公司下达计划的100.62%，是全省唯一一个完成计划的单位。依托“普陀山门票”重点项目，全市完成封片收入711万元，完成率117%。约投挂号业务以银行、保险等寄递类项目为突破口，重点发展工行牡丹卡寄递、平安保单寄递项目，并结合助残日活动，引入

"中天家电"向全市残疾人寄递助残优惠券约投挂号，实现业务收入135万元，完成省公司计划108.2%。立足地方"海、佛、军"资源，开发定海小学、定海五中校园宣传邮折、舟山市政协成立60周年邮折、国际海岛旅游大会邮折、浙江大学成立120周年舟山校区纪念封。以"保稳增效"为方针抓好年度报刊大收订工作，依托政府宣传部门稳定党报党刊和行业报刊规模，并通过社区设摊、有奖订阅、报刊简明目录和折页发放等强化宣传，实现一次性流转额3121万元。其中与市、区教育局及各家院校合作实现校园报刊流转额52万元。全年累计完成业务收入458.41万元。

【网运投递能力优化提升】 在省公司网运部和企发部支持下，市分公司租用4000平方米生产车间，完成分拣封发生产、监控安防等设备安装，舟山邮件处理中心于3月28日顺利上线运行。在全市范围组织开展提升生产作业质量专项整治活动、无着邮件管理提升专项活动和陆运网关键质量指标专项整治活动，充分发挥陆运网管控小组作用，每月定期召开网运质量分析会，实施对快递包裹运递时限日常监控。下半年还组织开展好全市投递服务质量竞赛活动，重点抓好落后指标的整改。加大投递车辆投入，进一步深化城市投递网格化和农村投递中心支局管理模式推进工作，出台激励办法，鼓励普邮投递员兼投快包。同时延伸农村快包投递时间，乡镇本街快递包裹班次由周五调整为周七班。并根据邮政普遍服务新标准要求，及时部署落实普通包裹按址投递工作。组织完成储蓄网点双录系统安装工作、金融客户识别系统试点上线、ETC项目网点设备安装配置、全市A类点钞机联网，配合业务部门开展营业网点移动支付系统、新一代寄递平台上线、储蓄竞赛活动的数据统计等。相继开发员工月度避税处理、员工薪酬查询、积分消费查询系统、金融网点物品领用登记系统和网点保单交叉管理系统等，有力支撑各项业务发展。

【企业基础管理】 根据省公司下达的预算编制指导意见，落实资金额度"流入核定支出"原则，合理筹措配置建设资金，深化责任中心损益核算应用管理。推进零基预算工作，进一步完善邮政企业预算模型和标杆体系设置，实现企业可控成本的双重把控。定期开展固定资产清查，进一步规范在建工程管理；利用ERP系统加强存货管理，有效降低存货规模。制订出台欠费考核办法和资金与工资联动机制，加速欠费周转，降低坏账风险。完成全市机构设置调整，明确新机构职责，市分公司先后组织支局、营业中心、网点负责人以及市场营销部副经理兼客户中心经理、金融业务部副经理竞聘工作。为进一步加强薪酬分配管理，制订《舟山市分公司2017年度员工薪酬考核办法》《2017年度舟山市邮政企业绩效考核办法》等。修订劳动合同，逐步规范劳务承揽规范管理，有效降低企业经营风险。完善服务质量监督体系，"两岗"履职网格化管理进一步加强。突出将T+1省内快包全程时限准时率，出口快包收寄重量准确率，客户投诉处理满意率，邮件收寄验视安全等重点指标，纳入责任制考核。结合"快递包裹运行质量年提升"专项活动和"无着邮件管理提升"专项活动，开展信件试寄测试、组织视察检查人员专项检查，严防各类通信服务质量的发生，是年各项通信质量服务质量指标完成良好，用户满意度达标；未发生重大通信质量和违规经营问题。

【风险管控与安全生产】 从严治理安全隐患，强化邮政寄递渠道、消防、运钞、金融资金、车辆交通等安全管控，堵塞漏洞，消除盲区。重点强化金融风险管控队伍力量，建立全市35个网点负责人参与的风险管理联络员制度；参与银行的"两个遏制"、"合规回头看"检查活动，开展"非法集资风险专项排查""会计工作达标升级现场检查""反恐怖融资排查"等案件防控活动，确保邮政金融资金安全，捍卫经营成果。财务审计方面着重加强审计监督，固化离任和年度绩效审计，加强任中审计，不定期开展财务检查工作，围绕企业经营管理的关键环节，查找内控制度执行和规范经营方面的问题并及时落实整改。加强责任制考核过程管控，完善事故、案件防控机制和工作措施。全方位落实全国两会、"一带一路"国际高峰论坛等重大活动期间邮政安全保障工作。抓紧抓牢安全教育培训，组织开展"安全生产月""安康杯"竞赛、"心防工程""文明驾驶与安全节能"等载体活动，加大金融、保安、监控等重点岗位人员风险排查。全市各金融网点、运钞开展演练2次，信息机房消防、电力切换等演练各1次。全年未发生失密丢损事故和省内考核差错，为全省机要通信工作实现"二十四连冠"目标作出应有的贡献。

【企业党建工作】 组织学习宣传中共十九大精神，

邀请专家作专题辅导讲座。推进“两学一做”学习教育常态化、制度化，公司党委中心组集中学习研讨，并参加省第十四次党代会精神网上学习。加强基层党组织建设，落实“三会一课”等基本制度，活动有记录，台账齐备。各分公司制定2017年党建工作要点、基层党支部落实全面从严治党责任清单、党支部经常性工作清单等多项制度。建立领导班子党建联系点制度，深入邮政局所网点专题调研。开展职工思想政治工作研究，征集研究成果8篇。是年，评选和表彰全市邮政优秀共产党员8名，结合学习廖俊波同志先进事迹，推动全市邮政党员学习先进、争当先进。运用好监督执纪的“四种形态”，完成各分公司党委书记和纪委书记的约谈工作。落实“转作风 促实效”重点工作“7+1”专项行动，组织开展专项效能监察，落实巡察反馈问题整改，制定立行立改措施20条，并借助巡视东风提出解决实际发展困难建议14条。落实好廉洁风险防控分层管理、分级防控和分业落实工作，加强对三重一大、工程招投标、物资采购、项目支付、薪酬二次发放等重点环节监督管控。是年，无违规经营、违反财经纪律、无党员干部受党纪、政纪处分行为。严格落实中央八项规定精神，紧盯重要时间节点，强化警示预防，对反映问题的来信及时组织核查，对发现的苗头性问题及时进行提醒谈话。通过发动党员干部和全体员工开展“献计献策”活动，征集意见建议520条，并最终评选出“金点子”11条落实实施。组织开展“浙江邮政党员在行动”“主题党日”“党建+”等主题活动，引导各党支部结合各自特点开展主题活动。其中市公司岑港支部开展“不忘初心，邮显风采”支部品牌建设，工作初显成效。组织开展党员示范岗、突击队、志愿服务队等创先争优活动。全体党员施行工作时间佩徽亮牌上岗。“双十一”等旺季攻坚期间，组织党员与部室人员编组深入网运、投递一线开展帮扶工作，保障旺季期间的正常运营秩序。

【精神文明建设】 围绕企业中心工作，把提高员工的业务技能作为员工队伍建设的重要内容和工作重点，精心制订竞赛计划，组织和参加全省、全市各类竞赛活动。在2017年第五届全省邮政通信特有职业技能竞赛中，舟山邮政获该次职业技能竞赛全省团体三等奖。市分公司出台《员工兴趣活动小组管理办法》，成立8个兴趣活动小组，积极组织开展活动。除兴趣小组外，每逢节假日举办各类职工文化和技能公益培训等系列活动。参加全省各类征文、美术、书法、摄影大赛等活动，均有获奖。是年，安排三批63名职工参加千岛湖、丽水地区疗休养。

以中国邮政企业文化体系为中心，围绕“一个理念系统、三个行为模块、五个传播模块”，全市上下结合工作实际，制订《企业文化建设工作实施方案》，完善企业文化建设工作机制，通过信息、墙报、微信等各类线上线下平台加以宣传贯彻，突出建设企业文化示范点，以点带面，充分发挥企业文化的凝聚作用和品牌效应，获取全体干部员工的广泛认同和自觉践行。是年，舟山邮政继续保持“省级文明单位”和“市级文明行业”称号。

（撰稿：刘科峰）

中国电信股份有限公司舟山市定海区分公司

【概况】 2017年，电信定海分公司在区委区政府的关心下，上级公司的领导下，落实“聚焦三化、扬长补短、强化执行”的年度工作思路，统一认识、知行合一、全力执行。11个支局，4个部门，260名员工践行“真信、真学、真干”的精神，团结奋进，顽强拼搏，深入拓展市场，在各方面都取得成绩。

【开展党建和党风廉政建设】 开展“一支部一品牌”的创建活动，使党建工作更具部门特色；开展“3+X”（做好3项规定动作：重温入党誓词、按月交纳党费和收看电教片；创新开展X项自选动作：进行民主评议、组织特色活动、集中学习讨论等。）主题党日活动，使“两学一做”常态化、制度化；开展“迎七一·话转型”活动，鼓励党员干部上台讲党课；开展“百千万”行动，党员领导干部主动下基层帮扶指导；创立党员微群、推行党员朋友圈，定期发布党建相关知识，使党组织生活嵌入到党员的日常生活中。落实“一岗双责”，开展领导人及其亲属围绕企业经商治理，开展针对“小金库开专项治理，开展针对选人用人专项治理，开展采购业务合作领域专项治理。

【加快智慧城市建设】 大力推广企业上云业务，积极打造数字化智能平台；推出“智能组网”，解决宽带用户家中Wi-Fi覆盖问题；借助天翼高速宽带和4G网络，以全球眼、E监控和无线视频监控为切入点，全面推进视频监控业务的发展，助推平安定海建设。持续推进教育信息化基础设施建设，先后推出校园智慧卡、翼校通、天翼绿网、教育云视频等一系列教育信息化技术手段和应用，全力打造智慧教室。建成智慧社区iTV便民服务系统，采用信息化手段，设置“三务公开、便民服务、公示公告、办事指南、智慧党教”等特色栏目，打造7×24小时服务平台。“智慧养老”作为“智慧社区”的重要部分，积极为老年人提供紧急救助、亲情定位、亲情通话、一站式居家服务等养老服务。

开展校园营销活动

【推进百兆光纤入户】 启动“宽带免费大提速”活动，家庭宽带用户到营业厅即可免费提速，电信融合套餐用户还可永久提速到100兆。推出200兆光纤入户，在网络建设、设备更新、用户服务上进行优化和完善，提高百兆光纤运营和服务能力。持续推进农村信息化建设，大力发展农村宽带，提高农村信息化水平，农村家庭宽带接入能力不断提高。

【精确管理促发展】 落实五级划小承包，优化人员结构，进一步深化市场前端改革。推行支局“四大员”管理办法，完善激励分配，努力构建倒三角管理体系。扎实做好网络和信息安全。配合“小城镇”改造工作，全力做好辖区内管线被盗、破损修复工作，确保辖区居民安全、便捷地使用网络、电话。

【推进服务工作】 聚焦4G和宽带，提升重点业务服务能力；优化服务标准和全流程管控，提升集约服务能力。通过组织开展“总经理接待日、12315现场答疑”等活动，通过 “VIP内购会”“天翼年货会”“浪漫情人节”“感恩母亲节”等俱乐部活动，促进公司服务形象的提升。宽带业务围绕受理、装维、使用、投诉等关键环节进一步夯实基础服务能力。以标杆厅建设为核心基础，加强营业厅服务人员服务能力以及营业厅管理水平。提升装维快装快修服务，借力微信客户端推广服务，得到客户认可。

【打造“建家3.0”团队文化建设】 打造“建家3.0”，深入推进“四小品牌”建设，把党建融入到“一家人”建设中。从团队、目标利益、管理、渠道、文化融合五个方面，细化标准、有计划有举措地稳步推进“一家人”文化建设，真正让“一家人”文化渗透到实际工作中，通过文化引领和运营机制的落地，切实发挥市场化推进对提升企业内生动力、销售服务能力及基础运营管理能力的重要作用，成为加快转型发展、实现规模突破的有效举措。

（撰稿：李　晶）

（本分目照片由中国电信定海分公司提供）

中国移动通信集团浙江有限公司定海分公司

【概况】 中国移动通信集团浙江有限公司定海分公司（以下简称公司）于2007年3月24日正式挂牌成立，是定海区电信业率先进行专业化经营的运营公司。设综合部、市场经营部、政企客户部和网络部四个部门，设临城、白泉、金塘、盐仓等4个区域营销部及6家城区营业厅。

是年，公司总体运营情况保持稳健的增长态势，并长期开展创新争优活动，下属班组先后被评为省级“治安安全示范单位”、省级“巾帼文明岗”、市级“安康杯”竞赛优胜班组、区级工人先锋号等称号。

【助推重点行业信息化应用】 对接政府、交通、教育等八大行业集团的信息化需求，聚焦校园“桌面云”、汽运“智能后视镜”、消防“智慧电瓶车充电桩”等项目。“智慧政务”方面，顺利推进定海区“四个平台”项目，完成全区13个镇（街道）职能部门及网格人员培训，提升基础综合治理工作水平。“智慧旅游”方面，信息化手段助力定海区旅游景区发展，加深与东海大峡谷、南洞等景区信息化业务建设，推进“大数据”平台应用。“智慧医疗”方面，与新城卫生院达成分级诊疗合作意向，率先构建全市基层医疗机构管理平台。

定海区基础治理体系“四个平台”信息系统使用培训会

【开展“提速降费”行动】 持续优化有线宽带、手机流量资费，推出宽带家庭融合套餐、流量不清零等举措，以低资费水平满足客户日渐提高的上网需求，真正做到普惠于民。截止12月底，宽带户均每月资费为15.7元，同比下降35%；平均接入速率达到21.3兆，同比提升52.8%。手机流量户均资费仅0.03元/兆，同比下降70%，流量客户中户均流量100兆以上客户占比已超过70%。

【紧跟平安建设步伐】 以“互联网+”优势资源全力助攻定海区城市安全建设，通过城乡天眼的高密度覆盖，加快全区安全把控力。通过企业微信公众号等媒体渠道，积极开展反通信诈骗宣传，加强居民用户的通信安全意识。

【“3·15”消费者权益日志愿服务活动】 3月15日，组织青年团员参与由市监局新城分局牵头举办的“网络诚信，消费无忧”“3·15”国际消费者权益日志愿服务活动。现场解答用户的各项咨询，提供手机软件下载等便民服务活动。活动期间，接待客户咨询30多起，派发宣传单页百余份。

“3·15”消费者权益日志愿服务活动现场

【做好防台抗汛准备工作】 积极做好防台抗汛工作，开发调度工具，结合属地防汛、抗台需求开发指挥调度平台，实现各类资源的高效利用。建立各方联合调度指挥机制，基于“统一资源、统一调度、统一支撑”的“三统一”原则，将铁塔公司抢修人员、油机、车辆等信息纳入定海移动指挥调度平台，接受移动公司统一调度。全面梳理并严格落实隐患整治，根据站点重要性对基站防水、鼠患整治、蓄电池性能差等问题制定整改计划，确保基站安全。与铁塔公司开展联合应急演练，通过模拟基站停电、低洼机房进水、光缆中断等突发情况开展抗台应急演练，并通过实战发现问题，解决问题，全力提升双方默契。在台风期间，定海移动网络未出现大面积故障，有效保障台风期间社会各界的正常通信。

【推广新型社区服务点】 多举措推出新型社区服务点，为用户提供零距离贴心服务，围绕社区服务盲点、人群汇聚区进行移动服务的全方位覆盖。社会服务点设置采取独立选址建点的专营模式和异业合作的联营模式。社区服务点宣传设计和建设标准规范统一，每个服务点明确进驻服务时间和业务服务规范。运用智慧运营的营销工具，例如运用摆摊精灵圈定周边目标用户，支撑服务点精准营销，提高成效。

【2017ZUEL“移动4G+”杯浙江省高校电子竞技联

“移动4G+”杯浙江省高校电子竞技联赛舟山站决赛

赛网络保障】 11月4日，2017ZUEL“移动4G+”杯浙江省高校电子竞技联赛秋季赛舟山站决赛在定海凯虹大厅正式拉开战幕，该次活动吸引504名选手参赛，1000多人观看，通过4轮海选，有8支战队进入决赛。同时，移动公司通过网络直播平台战旗直播室对该次大赛进行网络同步直播，网民观看人数超3000人。

【区两会服务保障工作】 定海区政协六届一次会议、舟山市定海区第十七届人民代表大会分别于2月5日、2月6日召开，期间定海移动在会议服务点为两会代表及工作人员开展业务办理、业务咨询，手机维修、无线上网等服务，并为两会提供会务安排通知，天气变化提醒等短信保障服务。现场为两会代表解决手机使用过程中碰到的各种疑难问题，得到代表们的一致好评。

区两会服务保障工作

【慈善一日捐】 9月4日，组织“慈善一日捐”活动。该活动受到公司上下的积极响应，募捐善款4440元，并交慈善总会。

“慈善一日捐”活动现场

【集中学习中共十九大精神】 11月9日，定海移动党支部组织全体党员、入党积极分子集中学习中共十九大会议精神，巩固强化思想武装。要求全体党员要以习近平新时代中国特色社会主义思想为指引，牢固树立“四个意识”、增强“四个自信”，不忘初心，砥砺前行，充分发挥党员先锋模范作用，为公司的华丽转身贡献自己的力量。期间，支部书记代表支部给每位党员赠送一本新党章和一本《之江新语》，要求党员认真学习，深入感悟，分享心得体会。会后，支部组织全体党员进行十九大线上答题闯关争霸赛。

中共十九大精神集中学习现场

（撰稿：乐玲玲）

（本分目照片由中国移动定海分公司提供）

中国联合网络通信有限公司舟山市定海区分公司

【概况】 中国联合网络通信有限公司舟山市定海区分公司（简称定海联通）。有员工95人，下设综合部、市场部、政企客户部和网络支撑部4个部门，设城区、新城、白泉、盐仓、金塘5个区域营销中心及定海解放路、人民南路、新桥路、白泉路、欣港路5家营业厅。

是年，定海联通坚持实干攻坚、奋勇争先，先后获评浙江省“工人先锋号”、市级“优秀部门”等称号。

【学习贯彻中共十九大精神】 认真学习中共十九大精神和习近平新时代中国特色社会主义思想，根据上级党委要求，组织观看十九大开幕式，并根据要求完成中国联通集团公司党组及各级党委要求的视频学习会议。落实“三会一课”制度，做到每月有主题学习日。组织开展支部书记讲党课，参与“志愿大集市”等十九大社会实践活动。参与舟山市经信委组织的庆建党96周年公益活动。邀请区委组织部副部长孙艳青作《不忘初心，牢记使命》为主题的十九大专题讲座。

【开展党风廉政建设】 学习习近平总书记“深入整顿机关作风”重要讲话精神，学习《中国联通关于认真贯彻落实中央八项规定精神，坚决纠正“四风”问题若干规定》的通知，在公司内部开展中国联通纪检16号文件《关于违反企业党风建设纪律要求有关问题查处情况的通报》的学习，深入学习中国联通党组文件，并要求在日常工作中进行互相监督，在公司内部进行自查及整改。

开展扶贫结对慰问

【开展系列服务活动】 参与定海团区委、义工联组织的“学雷锋”活动，每月5日在文化广场开展便民服务，提供手机检修、业务咨询、防诈骗宣传等工作。与小沙街道张家社区王满根家庭及长白街道后岸社区扶贫对象李水仙家庭结对帮扶，定期进行慰问。开展“文明出行”交通协管员活动，要求员工积极参与，齐心协力，形成良好的交通出行氛围。

【企业文化建设】 根据中国联通董事长、党组书记王晓初“推进文化兴企，实现健康发展”讲话精神要求，围绕中国联通企业核心理念、愿景、使命、核心价值观和行为准则体系，先后开展元旦登山活动、“三八妇女节”健步走活动、秋游野炊、困难职工帮扶等活动，落实“职工小家”建设，设立公司图书馆，丰富员工精神生活。

【服务质量提升工作】 根据“服务100、满意100”要求，以NPS结果为导向，先后开展情人节、元宵节等活动。7月，开展“和联通一起过生日”活动，邀请7月生日的用户一起庆生。开展“感恩有你”客户日活动，每月25日推出各项优惠活动，提升用户口碑和公司形象。

【重大项目突破】 是年，成功中标区环保局“鸟岛环保监控项目”和舟山市中小学素质教育实践学校“智慧校园项目”。与定海区政府签订“互联网+”战略合作协议。

与区政府签订“互联网+”战略合作协议

（撰稿：傅玲玲）

（本分目照片由中国联通定海分公司提供）

责任编辑：陈　瑶

上接第280页

定海山系列文化——古街（二）

序号	古街名称	地址	简介
6	楼门街	马岙街道	楼门街是“海上河姆渡”“千岛第一村”马岙街道的老主街区，东起平石岭下定马公路，西至安家石板路下。长1700米，宽8—10米。原是古朴的卵石村道，既是通往马岙西半部的交通要道，也是从马岙过大周岭或古德岭通往小沙等地的捷径。解放后，马岙中心从唐家街移到楼门街，遂形成包括供销社、汽车站、水产、食品、饮食等商店在内的商贸集市区。2017年建成民国风味一条街。
7	唐家老街	马岙街道	唐家老街北起楼门街，南至蒋家。主街长550米，宽2.5米。因唐氏最早定居、唐姓居多而得名。聚落形成于清康熙以后，曾建有乾隆年间的阁厢楼、嘉庆末年的走马楼等老宅大院。道光年间已有理发、织布、摇面、糕饼、百货、铜匠、铁匠、木匠、篾竹、米店、肉店、弹花、酒坊、染坊、磨坊和钱庄等日杂商铺30多家，是当时马岙庄的经济和文化中心、民国景陶乡公所驻地。1940年在日军火烧唐家古民居，一时商业繁华不再。
8	柳行老街	金塘镇	形成于清光绪年间。因木行商人沿河栽柳成“柳巷”。河岸单边面南筑舍经商，逐成“柳巷半边街”，今称“柳行半边街”。街长300米，东西走向，青石铺路，以金井桥和周家桥为界分上中下3段。晚清和民国间，店铺林立，开有存心堂、滋德堂、瑞生堂等医馆药店以及豆腐店，猪行、南货店、剃头店、皮革店、蜡像店、布庄、贳器店、邮政代办和钱庄。
9	十字街	白泉镇	白泉十字街是新石器时期海上河姆渡文化遗址之一。街市形成于宋代，鼎盛于清末民初，由直横两条街交叉成“十”字，故名。又有“千年海市”之称。十字街分上街、中街、下街。上街从积善庵起，伸展至翁家桥，中街与下街交叉口以德行弄为界。十字街交叉位置，即老街中心，是至今保存较为完整的古街区。内有“老泰昌糕饼”等老字号。对研究白泉历史和街市的发展有一定的研究价值。
10	龙潭老街	干𪩘镇	龙潭街是定海三大老街之一，位于干𪩘镇老街区，最早形成于明万历年间。因老街有龙潭和明朝梁琸学道成龙神的传说，故名。龙潭街南北长200米，东西长80米。旧时，鲜活的水产品从上沙头、下沙头（今西码头）由行贩担挑来街里设摊或上门叫卖，农产品也在街里设摊，形成商贸街区。入住较早、规模较大的商家有颜氏庆和里、同昌里和李洽茂酒店3家。

（区文体局供稿）

财政税务

财　政

【概况】　2017年，全区实现地区生产总值508.71亿元，按可比价计算，增长8.5%。按户籍人口计算，人均地区生产总值129805元，增长7.7%。分产业看，第一、二、三产业增加值分别为13.50亿元、229.78亿元、265.43亿元，分别增长1.0%、9.3%、8.2%。三次产业结构比为2.6:45.2:52.2。全区财政总收入53.00亿元，同口径增长2.7%，一般公共预算收入32.65亿元，同口径增长3.4%。全区一般公共预算支出36.26亿元，为上年的99.5%。通过争取上级补助、调入其他资金等方式，全年财政收支平衡。

【组织财政收入】　定期组织财政和国地税联席会议，强化财政收入分析、预测、执行的联动机制，密切关注大型企业、重点行业的税收动向，科学测算收入情况，挖掘增收潜力。制定《外来建筑企业税收协作管理意见》，建立八部门联动的建筑业税源征管机制，力排征管漏洞，防止建筑行业税收外流。全区所有行政事业单位、镇街道均完成财政票据电子化改革，各类非税收入票据全面实现机打，基本实现政府非税收入“电子开票、银行代收、全程跟踪、源头控制”的以票管费目的，提升非税收入质量与效率。全年完成非税收入3.92亿元，增长14.4%。夯实财政收入基础，提高财政收入质量。一般公共预算收入占财政总收入61.6%，同比下降0.08个百分点；税收占一般公共预算收入86.4%，同比上升1个百分点；一般公共预算收入占GDP6.4%，与上期持平。

【服务经济发展】　实施积极的财政政策，出台壮大

财政干部调研走访宁波舟山港主通道掌握建设进度

工业经济、定海海洋科学城等扶持政策，助推产业结构调整和转型升级。兑现扶持实体经济发展财政资金3.56亿元，有效扶持石油化工、航运业、道路运输业等行业发展。取消、停征8项行政事业性收费，实现省定行政事业性收费涉企“零收费”，取消新型墙体材料专项基金。全年减轻企业和个人税费负担6.06亿元。被省政府办公厅评为营改增试点工作成绩突出单位，为全省15个成绩突出单位之一。拓宽中小企业融资渠道，综合运用政策担保、应急转贷、专项信用贷款等举措，全年帮扶企业融资64.25亿元，同比增长28.1%。

【保障民生支出】　优化支出结构，全年民生事业支出26.17亿元，增长5.7%，占一般公共预算支出的72.2%，高于上年同期4.2个百分点，高于全市平均水平3.4个百分点。社会保障支出7.27亿元。全面落实精准扶贫政策，深入开展低收入群体增收工作，17个集体经济薄弱村全部摘帽，城乡居民最低生活保障提高至720元/人月，保障水平提高8.4%。继续提高城乡

居民医保基金财政筹资标准，确保城乡居民医保参保率稳定在98%以上。保障城乡居民及被征地农民养老保险金，惠及城乡居民2.12万人及被征地农民0.68万人。教育事业支出6.24亿元，教育支出占一般公共预算支出的17.2%。新改扩建7所幼儿园，优化教育布局，改善教学环境，通过全省教育基本现代化区创建评估。农林水事务支出6.02亿元。推进村级公共设施运行管护及农村公共服务有效供给等省级农村综合改革示范试点建设，被评为全省农村综合改革工作先进单位，为全省15个先进单位之一。继续推进农业综合开发现代园建设。公共安全支出2.88亿元，集中整治“两非车辆”，完成中共十九大等重大会议、节庆维稳安保工作，连续12年被省委、省政府评为“平安区”，夺得全省首批“平安金鼎”。

【深化财政改革】 争取市区财政体制微调，提高共享区域财力分配比例。制定新一轮区与镇街财政管理体制，加大对镇（街道）财政保障力度。全面推进2018年预算区级项目库建设，清理规范重点支出同财政收支增幅或生产总值挂钩事项。首次组织编制部门财务报告。完善专项资金规范化管理体系，出台民政、教育、农业等13个专项资金管理办法。完成市区社会保险管理体系一体化改革，实现市区两级社会保险基金统收统支、风险共担。适应省厅加快预算执行序时进度改革要求，完善预算执行机制，获评全省总决算、部门决算、预算执行分析和政府综合财务报告四项工作考核优秀，为全省唯一获得四项工作全优县区。制定《定海区事业单位政府购买服务改革实施方案》，确定13家公益二类事业单位纳入改革范围。是年，区第二社会福利院和区工人文化宫实施该项改革。

【强化财政监管】 推进最多跑一次改革，新增代理记账机构执业资格审批、代理记账机构年度报备、非营利组织免税资格认定3个事项，其中2项实行“零上门”。推进统一公共支付平台建设，新增农行网银、建行mispos、海商行柜面等3家银行5种支付方式，实现线上线下、城乡全域一体化缴款。提前一年全面完成政府债券置换工作，每年节约债务付息成本1.28亿元。统一收回部门预算结余资金以及结转两年以上的资金，盘活存量资金3.99亿元。硬化政府投资项目监管，完成审核项目1436个，净核减3.27亿元，核减率4.6%。出台定海区政府采购云平台推广实施工作方案，11月1日，市区同步上线“政采云”平台。继续扩大政府采购范围和规模，完成政府采购项目1227起,实际采购金额1.39亿元，节约资金1534万元，节约率9.9%。开展工业转型升级、公共自行车管理等项目绩效评价工作，涉及资金2.51亿元，将绩效评价结果及时反馈至资金分配及使用部门，有效推动预算绩效管理。

【加强队伍建设】 全面系统学习中共十八届系列全会、十九大精神、习近平总书记系列重要讲话精神和习近平新时代中国特色社会主义思想，全面提升全体党员干部政治素养。落实全面从严治党主体责任，局党组书记履行“第一责任人”职责、领导班子成员履行“一岗双责”。贯彻落实中央八项规定精神，抓紧抓牢作风建设。组织新一轮局中层及中层后备干部选拔工作，在干部选拔任用上严格遵守组织人事纪律，新聘任中层正职4名、副职3名，新选拔中层后备干部9名，充实财政干部队伍中坚力量。

观看十九大开幕式直播

2016年、2017年定海区财政收入情况

表25 单位：万元

项目	2017年	2016年	2017年为2016年%
财政总收入	282001	271690	103.80%
一、一般公共预算收入总计	180268	171677	105.00%
1.增值税	57310	55461	103.33%
2.营业税	−127		
3.企业所得税	15114	15615	96.79%
4.个人所得税	7871	5621	140.03%
5.城市维护建设税	7746	8089	95.76%
6.资源税	6578	4044	162.66%
7.城镇土地使用税	8564	7598	112.71%
8.契税	9811	4264	230.09%
9.其他地方各税	28224	36725	76.85%
11.行政事业性收费收入	1790	5293	33.82%
12.专项收入	7570	7739	97.82%
13.其他收入	29817	21228	140.46%
二、上划中央四税收入	101733	100013	101.72%
1.消费税	10073	12666	79.53%
2.增值税	57310	55495	103.27%
3.营业税	−127		
4.企业所得税	22671	23422	96.79%
5.个人所得税	11806	8430	140.05%

备注：2016年收入数为营改增同口径调整数

2016年、2017年定海区财政支出情况

表26 单位：万元

科目	2017年	2016年	2017年为2016年%
一般公共预算支出合计	362580	364257	99.54%
1.一般公共服务	34892	31032	112.44%
2.国防	135	124	108.87%
3.公共安全	28816	26389	109.20%

续

科目	2017年	2016年	2017年为2016年%
4.教育	62377	61041	102.19%
5.科学技术	10411	11954	87.09%
6.文化体育与传媒	5918	5448	108.63%
7.社会保障和就业	35806	24641	145.31%
8.医疗卫生	36877	31445	117.27%
9.节能环保	3214	3526	91.15%
10.城乡社区事务	18062	18944	95.34%
11.农林水事务	60212	64101	93.93%
12.交通运输	16418	12203	134.54%
13.资源勘探电力信息等事务	7075	7541	93.82%
14.商业服务业等事务	2132	2809	75.90%
15.金融监管等事务支出	45	30	150.00%
16.国土资源气象等事务支出	6413	2030	315.91%
17.住房保障支出	12577	34547	36.41%

（撰稿：刘研研）

（本分目照片由区财政局提供）

国家税收

【概况】 2017年，全区国税系统深入学习习近平新时代中国特色社会主义思想，全面贯彻落实中共十八届历次全会和十九大精神，坚持以率先基本实现税收现代化为目标，统筹推进“五大工程”建设，推动全面从严治党向纵深发展，为新区经济发展做出新贡献。

是年，组织税收收入48.07亿元，增收9.29亿元，同比增长23.96%，完成年初市局下达目标的112.57%，首次突破40亿元大关，稳居全市各县区局第一。其中，地方税收31.66亿元，增长10.43%，增收2.99亿元。

【落实税收政策】 全年落实各项税收优惠政策共计1.01亿元（其中高新技术企业、研发费用加计扣除企业减免企业所得税3231.95万元，1072户小型微利企业减免所得税1168.57万元，小微企业受惠面100%，其他所得税汇算清缴减免3655.48万元，增值税政策性退税2036万元）；同时，用足用好出口退税政策，累计出口退（免）税5.47亿元，有效促进出口企业发展。

【提升服务职能站位】 围绕服务“一带一路”、中石化册子岛石油储备项目、中澳现代产业园、远洋渔业基地集中签约等国家战略举措，开展专题调研汇报，研究税收支持措施，主动建言献策，撰写的《定海区提速企业办税过程持续优化营商环境》文章被省委省政府录用，特别是税收助推“城中村”改造工作，得到副省长熊建平和省局局长龙岳辉的肯定性批示，有效凸显服务领导决策能力。

【推进“放管服”改革】 非行政许可审批事项全部取消，仅保留行政审批事项5项，同时继续加强事中事后管理。全年共办理行政许可1516件，全面实现行政许可受理“零超时”。

【打造法治税务示范基地】 统筹推进法治税务示范

工程建设，通过创建法治文化长廊，开展税务行政诉讼模拟法庭，打造“一局一顾问”模式，成功创建“2017年全市国税系统法治税务示范基地”。

【开展“营改增”大辅导】 巩固“营改增”前四场战役成果，继续打好“总结好”战役，抓好“营改增”政策落实，分行业召开座谈会6次，同时结合电话辅导、上门辅导、微信辅导等方式，发放培训资料1300多份，辅导纳税人1010户（次）；搜集问题建议253个，全部解决，确保“营改增”大辅导工作精准到位。

【创新征管举措】 构建税收风险防控体系，完善海洋特色行业税收风险特征库、模型和指标体系，探索建立建筑行业“四联并治”新模式，全年有23家外来建筑企业在定海设立分公司，入库税款1.42亿元。推动风险管理上下联动机制，对重点任务开展评估检查，以查促管，营造公平的税收环境。全年运用各类风险管理和纳税评估，查补税款及滞纳金9542.65万元。发挥数据管税效应，深化电力发票数据信息的应用，充分发挥以电控税的作用，查补税款780万元。

【推进税源专业化管理】 推进税源专业化管理，统筹税源风险扎口管理，完成市属纳税人划转工作，制定下发《进一步深化税源专业化管理实施意见》，实行税源基础管理和风险管理相分离，初步实现税源管理模式由“管户制”向“管事制”的转变。

【落实“最多跑一次”改革】 落实“最多跑一次”改革，“最多跑一次”事项共计125项，合计占比97.3%。推进国税、地税办税窗口互进互驻，联合地税、银行实行“四方委托缴税协议”，纳税人获得感增强。是年，在全国纳税人满意度调查中，取得同级别第二名。

【持续提升服务品质】 继续开展“便民办税春风行动”，落实《纳税服务规范》，推行二维码一次性告知、浙江国税手机办税APP、双向预约、发票“网申邮送”“容缺受理”“离岛办税”社会化服务合作等服务举措，进一步提高办税效率；深化办税服务厅建设，完善涉税事项“同城通办”，7个大类28项203个

推进“互联网+税务”模式

办税事项实现“全省通办”，推进办税服务实名办税，切实提升纳税服务现代化水平。

【推进征管体制改革】 健全领导机制，加强组织保障，提请区委区政府成立深化国税、地税征管体制改革领导小组，全面落实改革实施方案，积极推进77项改革任务。完善国地税联席会议机制，扎实做好60项规定动作，全面推开10项全省推广项目。

【深化纳税信用管理】 联合地税部门对4831户企业开展纳税信用等级评定，其中A级纳税人790户；同时首次对个体工商户和其他类型的纳税人开展评定工作。持续推进“税银互动”合作机制，全年为131户企业累计提供授信7415万元，不断营造诚信纳税氛围。

联合地税部门共同服务“走出去”企业

【商事制度改革】 落实商事制度改革，全年办理新

设登记4816户，变更登记8613户，注销登记1797户，降低创业准入的制度性成本，市场创业创新的活力进一步激发。

【开展税收宣传】 围绕“深化税收改革、助力企业发展”税收宣传主题，主动加强与地税部门合作，成立“联合税收宣传领导小组”，形成横向联动、纵向互动、层层促动的协作新格局， 策划开展“5+1”税收宣传活动，实现税宣“进小镇、进校园、进社区、进广场、进税户”——“五进”目标，联合浙江海洋大学和双桥中心小学，分别开设“大学生创新创业税收宣传论坛”和“税法宣传示范基地”，发挥税收宣传月品牌效应。

税收宣传走进远洋渔业小镇

【开展“两学一做”学习教育常态化制度化】 制定下发实施方案，组织开展“党员进企业 领导下基层”专项活动，累计走访企业186户，征求意见建议77个，并全部解决。同时，结合“找工作短板 问创新需求”活动，征集思想短板23条，制定整改措施27条。

【提升从严治党水平】 全面夯实日常监督，开展专项检查，落实《税收管理员下户管理制度》，联合地税部门组建纪检监察队伍，组织特邀监察员开展“最多跑一次”改革专项暗访活动，持续开展发生在群众身边的不正之风和腐败问题综合整治，进一步深化因私出国（境）管理、违规收送红包礼金问题专项治理工作，通过运用“四种形态”，筑牢监督执纪防线，有力推进管党治党。

【开展党支部“共建共创”活动】 市国家税务局金塘税务分局、市地税局金塘税务分局成立全市首个临时联合党支部，通过“组织联建、工作联动、活动联办、服务联手”——“四联”模式，打造国地税党建合作品牌，助力税收征管体制各项改革，激发基层党建活力。8月，区局直属机关第二支部与省局人事（离退）处党支部开展支部“共创共建”，深入打造“六学模式”，发挥支部共建作用，创造和谐共建环境。

【学习中共十九大精神】 集中观看十九大开幕式、学习十九大报告，通过邀请市委党校专家辅导、党组中心组理论学习、领导谈心得等活动，着重对十九大报告、中央纪委报告和修改后的党章进行学习，形成“领导班子带头学、党支部特色学、党小组宣讲学”的学习氛围，以“走前头、作表率”“新时代新气象新作为”“学习中共十九大精神，不忘初心跟党走”等主题党日活动，重点把握十九大精神实质。从党组中心组到各支部，开展专题研讨12次，组织全局党员干部撰写十九大精神学习体会，在全局范围内迅速掀起学习热潮。

【加强绩效考核管理】 深化绩效管理制度，制定组织绩效考核办法和个人绩效考评工作办法，规范有序推进全局各项工作开展，组织绩效考核连续2年在全市系统名列第一。

【推进干部队伍建设】 扎实开展教育培训和人才培养工作，抓好股级干部能力素质提升培训班，落实纳税服务业务大比武，取得团体全市第二名的好成绩，1名同志被省局选拔作为参加总局大比武的后备人选，营造“比学赶超”的良好氛围。

【开展创先争优】 以文明创建为抓手，打造“地域+国税”特色文化品牌，“一局一品”实体化建设初具规模。开展各类创先争优活动，区局继续保持全国“巾帼文明示范岗”和省级“文明单位”荣誉称号，金塘税务分局积极筹备全国级“青年文明号”创建。

（撰稿：陈恩慈）

（本分目照片由区国税局提供）

地方税务

【概况】 2017年，区地税系统完成财政总收入53.00亿元，增长2.7%，实现一般公共预算收入32.65亿元，增长3.4%，其中区本级一般公共预算收入18.03亿元，增长5.0%。全区居民人均可支配收入49181元，同比增长8.8%。其中，城镇常住居民人均可支配收入57519元，同比增长8.5%；农渔村常住居民人均可支配收入30879元，同比增长8.8%。

是年，累计组织各项收入42.75亿元，同口径增长11.79%。其中，税收收入19.58亿元，同口径增长8.57%；社保基金收入21.79亿元，增长15.81%；两项教育费附加收入1.16亿元，增长—3.52%。实现共享区域地方税收收入15.16亿元，同口径增长5.04%。税收收入呈现三大特点：一是日常税收质量提升显著。从比重变化看，日常税收占税收总额的比重84.46%，较上年上升14.08个百分点。二是中央、地方税齐头并进。经济市场的回暖、产权交易市场的活跃、房地产市场升温，以及大范围的旧城改造等因素互相交织造成各项税种的整体涨势。三是第三产业增长迅猛。第三产业税收收入13.76亿元，增幅42.40%，贡献86.02%的增量。

【服务转型升级】 全面推进国务院“六项减税政策”落地，全面落实支持激励创新、促进转型升级、鼓励节能环保、扶持小微企业和改善民生等各项税费优惠政策举措，为纳税人减免各类税费5.64亿元。推进“税银互动”，为76户小微企业办理贷款4600多万元。组建税收专项团队，为拟上市企业、浙商创业创新、创客发展献计献策。联合国税开展“您所需、我所盼”问需求活动，直面办税“难点”“堵点”“痛点”，走访3200多家企业，征集需求与意见建议2500多条。

【“最多跑一次”改革】 实行“集成办税”与“智能办税”并行模式。推进“融合入驻”，实现“一窗受理，集成服务”。推行支付宝办税、网上办税、扣款协议网签、24小时自助办税、全省通办、地税专邮等服务举措。全市首创“容缺受理微平台”，解决纳税人因资料不齐而“多次跑”“多头跑”的难题。全市率先开设“乡村房产交易办理e站”，解决渔农村办税难问题。开通“纳税人需求网上驿站”，实现需求建议实时反馈解决。是年，实现96%的办税事项“最多跑一次”，72%的办税事项“零上门”，办税事项精简73%，办税资料减少36%。

【改革创新】 做好中国首个绿色税种——环境保护税开征准备工作。制定《舟山市定海地方税务局贯彻落实环境保护税征管准备工作实施方案》，与区环保局、区财政局建立协作机制，按照工作事项、工作内容、时间节点、任务分工要求，集中开展数据共享、档案交接、主体认定、前期处罚、排污征收等12大项51类工作，为明晰税源底数、实施税种征管奠定基础。

【征收管理】 全市创新打造机制联建、项目联管、风险联控、税源联育“四联共治”国地税建筑业企业管理新格局，是年有33家外来建筑企业在定海设立分公司，新增外来施工企业备案232户次，合同备案金额276.57亿元，入库税款1.77亿元，该项目获评2017年度区政府工作创新二等奖。全市率先联合国税推进“以票控欠”，至年底，国地税共同布控欠税企业130多户。全市率先联合法院促进“税费征缴协作新机制”，协作清缴欠税800多万元，不动产处置、转让入库税费7729万元。强化税收风险管理，开展“风险管理推进年”活动，累计补缴税费及滞纳金5755万元。推进灵活就业人员征缴扩面工作，实现扩面人员20909人，扩面率81.25%。实施镇（街道）税收联络员制度，构建“税收共治”税收管理新格局。

【纳税服务】 打造“税海蓝莲”服务品牌，践行专心、细心、耐心、爱心、恒心“五心同行”服务理念，深化“五星级”办税服务厅建设，推进“全国巾帼文明岗”创建。全市创新推进岗长负责制、岗位轮岗制、流动红旗制、问责问效制，营造比、学、赶、超的争先创优氛围。打造国地税“税收宣传共同体”，联合开展税收宣传月、纳税人之家课堂、“四个日”活动等宣传活动，打造最优税收营商环境。

【绩效管理】 打造立标、对标、达标、创标管理闭环，通过指标落实、动态清单、动态预警、绩效讲评、定期通报等措施，突出“执行实施”和“持续改进”，实现“岗位到人、职责到人、指标到人”。聚焦“规范”“增效”目标，以舟山市地税局金塘税务分局为试点，全市首创开发“四工一平台”任务管理系统，做到“任务到人、岗位到边、责任到底”，形成以绩效提升为导向的个人能力培养路径，实现工作效率与成果“双提升”。2017年度定海地税局绩效管理综合考评位列全市各县区局第一，被市局评为2017年度县（区）局地税管理工作考核优秀单位第一名。

【队伍建设】 推进领导干部竞争上岗、挂职锻炼、年轻干部基层轮岗等干部培养工作，是年，有5位干部走上领导岗位，有2名干部借调总局、省局工作。全面推进“岗位大练兵、业务大比武”活动，有7位干部进入全市“金三”类业务大比武前十，团队成绩位居全市第一。深化学习、培训、交流、应用一体化“同心大讲堂”“师徒结对”等平台，有1对师徒获评全省“十佳”优秀称号；有1位干部先进事迹入列市局先进事迹宣讲内容；有2名干部入选省局人才库，培育师资6名，骨干6名，先后10余次参与省市局专项工作。推进党建一体化建设，开展“税心向党、与党同行”等系列主题活动。学习贯彻中共十九大精神；实施“2+5”管理模式，以“巾帼文明号”“五四红旗”2个特色党小组联动、5个兴趣小组开展各种创建活动。推进全面从严治党工作，创新基层党支部考核办法，推进国地税联合纪检监察工作，常态推进“廉者常乐”文化建设，实施“自查、互查、督查、促查”四查联动考核，营造基层廉洁从税、一线干净执法的氛围。是年，定海地税局通过区级“文明单位”复评，团支部获得2016年度省级“五四红旗”团支部、市级优秀团支部两项荣誉。委托代管的舟山市地税局金塘税务分局再获省级“青年文明号”称号。另有多名干部在各级各类活动中获奖，有多名干部被评为各级各类先进。

（撰稿：邵海霞）

责任编辑：陈 瑶

金融保险

浙江舟山定海海洋农村商业银行股份有限公司

【概况】　2017年，定海海洋农商银行践行稳中求进的工作总基调和“向实、向内、向小”的工作总要求，坚守“姓农、姓小、姓土”的核心定位，深化普惠金融提升工程，推进“比学赶超年”活动，实现各项业务稳健发展。至年末，全行各项存款余额138.28亿元，各项贷款余额91.63亿元，五级不良贷款余额占比2.33%。是年，获“浙江银行业小微企业金融服务先进单位”“浙江省治安安全示范单位”“舟山市中小企业公共服务平台优秀服务机构”“定海区新渔农村建设先进集体”。

【深化普惠金融工程】　实行领导班子定点驻勤督导制和机关中层干部定点驻勤联系制。定期赴支行进行驻勤走访，了解支行日常经营的需求，解决支行在网格化管理、整村授信、产品推广等工作中存在的短板问题。城区支行以沿街商户和单位为主要营销对象，实行“扫街式”营销，拓展客户群体和服务覆盖面。农区支行以“海洋·富民贷”为切入点，实行“整村授信+逐村推进”模式，提高小额信用贷款覆盖面。客户经理推进“4个1+5”联动营销模式，逐步实现每户家庭拥有我行1张丰收卡、1个电子产品、1种代收代付业务、1笔小额贷款授信，客户经理每天进行5个存量客户针对性回访营销。至年底，全行普惠金融客户建档140291户，普惠签约23476户，签约率达16.01%。

【强化产品服务创新】　根据市场需求，推出市民贷2.0版，探索公积金贷、社保贷、按揭流水贷等子产品，整合精英贷、业主贷，提高产品覆盖人群。实施信贷文本“多表合一”、线上放贷、手机普惠通移动办贷等方式，落实“最多跑一次”改革，提升客户办贷体验。至年底，个人贷款户数达16286户，个贷覆盖率11.11%；累计通过线上放款10.51亿元，占比49.77%。与区农林与海洋渔业局合作，推出公益林补偿收益权质押贷款，支持公益林承包户，推进绿色金融；与市科技局合作，推出专利权质押贷款，支持科创企业，助力发明创新；与担保公司、船舶交易市场合作，推出船易贷购船按揭贷款，为购船客户提供按揭贷款，支持船舶流转交易。针对普陀众安物业小区推进“智慧物业”项目，针对朱家尖停车场、普陀山索道售票推进“智慧景区”项目，针对航海学校推进“智慧校园”项目，丰富丰收支付行业场景应用，加快推进收单业务发展。至年底，有丰收一码通6285户，丰收智能付433户。

【推进网点转型升级】　在网点周边布放助农终端，在厅堂内部完善机具布局，实行错时、错峰服务，加速柜面业务分流；推进标准型丰收驿站建设，提高金融服务覆盖率。至年底，新增自助终端、发卡机等自助机具82台，可分离业务离柜率达34.98%。利用数据模型，科学测算全行52个网点的柜组所配数量及对外营业时间，优化自助机具配置，通过账户集中管理、ATM机集中加钞，风险预警系统集中回复、现金集中清分等方式，减轻柜面工作压力，加快推进营业网点转型升级。至年底，从全行219项柜面业务中分离出可分离业务28项、创造条件可分离业务19项。逐步分离柜面业务，推进大堂经理竞聘制、错时服务制和弹性营业制。至年底，完成全部支行业务分离和大堂经理竞聘工作，12个网点实行错时服务制，2个网点实行弹性营业制；全行营销人员达148名，客户经理占比达24.18%。

【加强信用风险防控】 坚守“做小做散”核心定位，严控大额贷款投放。单户2000万元（含）以上新增大额贷款授信不予准入，新增申报集团客户在三家及以上的授信不予准入，原存量单户授信额度在1000万元（含）以上的客户不再新增授信额度，对现有存量贷款根据增量情况制定逐步退出计划。响应“个转企”国家政策，将有营业执照的个人经营性贷款转为企业贷款；通过小微企业贷款新增户数专项考核，加大100万元以下小微企业和个人经营性贷款发放力度；制定小微企业300 万元（含）以下贷款尽职免责管理办法，鼓励客户经理做小做散。至年底，小微企业贷款5222户，企业户均贷款余额698.76万元。

【提升全行资产质量】 开展“百日清非”专项劳动竞赛考核，提升全行不良贷款清收力度。结合回暖的房市、船舶市场，对已起诉的抵押房产、船舶进行名单制管理，加快司法拍卖处置进度。实行大额不良贷款领导班子领办制，从总行和支行两个层面对接当地政府，出台专项处置方案，加快推进大额不良贷款处置。协同区政府领导及各地政府，化解、处置不良贷款5500万元。排查企业贷款及100万元以上个人贷款潜在风险，重点监测3000万元以上大额贷款和集团客户，建立管理台账，制定“一户一策”风险预案，实行“名单制”管理。全年清收处置不良贷款16349万元。

【完善内部管理体系】 成立数据统计中心，强化数据运用，发挥数据统计工作在全行数据分析、经营考核参谋、业务拓展指引中的作用。实施资金转移定价管理，加强成本费用管理，细化预算编制，严格成本支出，降低成本收入比。严格执行“三套利”“三违反”“四不当”“治乱象 维秩序”等各项监管政策，加强同业投资黑白名单管理，审慎开展同业业务。创新审计方式，注重现场审计与非现场审计相结合，突出审计重点，强化审计结果的整改与应用。完成全省首家广域网扁平化改造，实现省农信联社对全省网络流量的实时动态调整，提高整网的可靠性和运行效率。强化安保管理，开展安全生产交叉检查，强化预案演练工作，提高特殊时期应急能力，保障十九大期间金融安全，连续7年被评为省级治安安全单位。

【开展“比学赶超年”活动】 按照省农信联社“比学赶超年”活动部署要求，成立活动领导小组，查摆自身短板，制定活动方案，明确网格化管理、贷款客户覆盖率、不良贷款管控等14项指标及针对性工作举措，落实“双向”学习、“赛马制”考核、驻勤督导、挂图作战等制度，为活动开展提供制度保障。开展“外拓之星”评比活动，每周对全行普惠建档、增户扩面、丰收互联等重点业务产品营销情况进行排名，提升全行“比学赶超”活动氛围。落实重点工作督办制度和驻勤督导制度，强化机关服务效能和服务意识。推进“青苗”“百优”培训计划，落实《青年人才积分管理办法》，打造高素质优秀青年人才队伍。

（撰稿：刘承南）

中国农业银行股份有限公司舟山定海支行

【概况】 2017年，中国农业银行股份有限公司舟山定海支行贯彻落实区委区政府及上级行的各项决策部署和工作要求，围绕党建引领、风险防控、双基管理 、转型攻坚等工作重点，抓贯彻、抓落实，各项工作稳步推进。至年底，支行有内设机构5个，辖属二级支行10个和1个支行营业室，员工198人。全行各项存款余额67.88亿元，各项贷款余额29.47亿元(含卡透)，不良贷款余额956万元，比年初下降9140万元，不良率0.35%，不良贷款额和不良率继续“双下降”。中间业务收入2809万元。是年，支行连续30年没有发生经济案件，继续保持“省级文明单位”称号，全年实现无经济刑事案件、无重大违规事项、无重大经营风险和无重大负面舆情，实现安全经营。

【机构变更】 根据《关于舟山新区支行升格并更名为浙江自贸区支行的通知》(农银舟发〔2017〕251号 2017年11月27日）要求，升格舟山新区支行，更名设立为浙江自贸区支行，作为农行服务自贸区的专营机构，服务群岛新区经济发展。

【发展存款业务】 至年底，全行各项存款余额67.88

亿元，比年初增加7.15亿元，保持高位增长，存款总量、增量均位居全市第一位，增量系统贡献度95%。其中，个人存款余额28.65亿元，比年初增加1.36亿元；对公存款余额39.23亿元，比年初增加5.79亿元。各项存款日均余额61.73亿元，比年初时点增加1亿元。其中，对公存款日均比年初时点增加0.73亿元；个人存款日均比年初时点增加0.27亿元。各项存款日均余额比上年日均增加7亿元；其中，对公存款日均比上年日均增加5.73亿元；个人存款日均比上年日均增加1.26亿元。

【拓展贷款业务】 至年底，全行各项贷款余额29.47亿元，比年初增加3.76亿元，贷款增长较上年增加6.91亿元。其中，个人贷款余额15.55亿元，首次突破了15亿元，比年初增加4.04亿元，个人贷款总量、增量均位居全市第一位；新增法人贷款投向重点突出，主要投放市公积金中心2亿元、金塘北部围垦3500万元、定海棚改一期项目2000万元。

【提升资产质量】 至年底，全行不良贷款余额956万元，比年初下降9140万元，不良率0.35%，比年初下降3.68个百分点，不良贷款额和不良率继续“双下降”。其中，法人不良贷款余额12万元，不良率0.01%，基本实现清零目标；个人不良贷款余额944万元，不良率0.61%。全年清收处置不良贷款本息1.71亿元，其中清收处置不良贷款本金1.27亿元，完成全年任务的105%。

【提高经营效益】 是年，全行实现中间业务收入2809万元，剔除网点撤并因素，同比有所增加，完成全年任务的77%。零售中间业务收入1741万元，完成任务的104.8%，其中信用卡中间业务收入648万元，同比增幅71%；互联网金融业务收入324万元，同比增幅62%，其中电子商务181万元，同比增长11倍，中间业务转型取得一定进展。实现营业净收入1.5亿元，同比增幅7.03%，完成全年任务的90.13%。全行实现拨备前利润9896万元，同比增幅19.24%，完成全年任务的88.61%；拨备后利润12686万元，同比增长近40倍，完成全年任务的180.86%；净利润9504万元，同比增长10多倍，完成全年任务的180.68%。

【加强客户管理】 个人贵宾客户新增1474户，完成率135.6%；私人银行客户新增3户，完成率100%。信用卡有效客户新增5361户，完成率100.02%；信用卡分期交易额1.14亿元，完成率137%，其中专项分期6229万元，完成率148%。个人掌上银行跃客户净增1.19万户，完成率110%；电子商务净增431户，完成率255%。对公人民币结算户新增209户，完成率84%；对公有效客户新增182户，完成率101%；惠农卡有效新增量911张，完成率113%；村民信贷有效建档客户1.32万户，完成率331%；新增金融自治村和信用村各1个。

【推进市场拓展】 *着力稳存增存* 梳理区域内目标客户，明确主攻方向，着力扩大新客户群体，在支行层面组建联合营销团队，服务重点客户。抓公私联动。挖掘对公客户，收集、整理其资金流向和资金分布信息以及上下游客户关系，减少客户资金“体外”循环，提高存款归行率。运用各类系统开展精准营销，落实客户维护机制，规范客户维护过程，深挖存量客户潜力，推动存量客户提质上行。强化结算流、归集流、产品流和派生流建设，推进流量经营，细分流量经营目标，提高资金归行率。

推进资产业务发展 对接区域发展战略，盯住区域内重点建设项目、招商引资优质项目，建立项目名单制，加大营销力度，营销329国道改造、大陆引水三期、远洋渔业特色小镇（因政策变化，贷款未能发放）等项目。重点跟进营销定海城中村改造项目，现该项目已进入调查阶段。择优拓展优质中小企业，按照区域经济转型升级方向，重点瞄准行业前景好、产品竞争力强的中小微企业加强营销，通过多渠道走访，对接8户中小微企业客户。坚持房贷类、消费类、经营类、惠农类多方推进，加强优势个贷产品运用，个人贷款营销拓展取得成效。

加快中间业务转型发展 巩固提升传统中间业务优势时，挖掘新的收入增长点，重点抓好电子商务、信用卡分期、贵金属、保险代理等业务拓展，升级中间业务发展模式，保持中间业务整体平稳发展。

拓展三农业务 把农村市场作为业务发展重要潜力区域，依托乡镇型网点，做好农户建档工作，扩大金融自治创建面，推广农村金融互联网平台，推动农村市场的拓展。

【管控经营风险】 *抓好信用风险防控* 加强风险常

态化摸排和监测，对风险客户逐户制定“一户一策”管理方案，采取风险管控措施，增强风险防控的有效性和主动性。加大不良贷款清收处置，对不良贷款分类施策，利用各种渠道和手段，运用多种清收方式，加快处置进度，加快不良贷款去化。做好“退”的文章，加强风险防范，退出潜在风险客户贷款170万元。加强信贷规范化管理，开展“信贷双基管理年”活动，抓好信贷日常不良习惯整治，固化提升信贷理念文化。

加强操作风险防控　加强运营基础管理，落实现场管理、监督检查、风险分析等各个环节，全面防控柜面操作风险，开展营业机构“三化三铁”创建工作。

加强内控案防管理　强化各类案件防控，组织开展“两个办法”学习教育，加强合规文化建设，持续抓好案防教育，规范员工日常行为。结合“三项治理”“清雷排险”、违规违纪问题“大起底”专项活动、自律监管检查等，抓好案防制度落实，提升内控案防管理水平。坚持查防并举，加大问责追究力度，保持查处违规违纪行为高压态势。处理移送问题责任人43人次，经济处罚42人次，按市分行下发的监察建议书对责任人纪律处分1人、党纪处分1 人、诫勉谈话1人。

加强安全生产和声誉风险管理　维护安全稳定，开展平安农行、平安金融创建和“三化三达标”创建工作，强化安全隐患排查和整改，抓好营业场所重要部位和重点环节的安全管理，继续保持安全经营。重视加强舆情防控，创造良好的社会形象。

【加强党建工作】　开展中共十九大精神学习　学习宣传贯彻中共十九大精神，制定《传达学习宣传贯彻党的十九大精神组织方案》，将学习贯彻十九大精神作为“两学一做”学习教育常态化制度化的首要内容和“三会一课”的重要主题，营造学习氛围，推动十九大精神的学习宣传贯彻。

夯实基层组织建设　制定《2017年党建工作要点》，系统安排全行党建工作。完善组织建设，实现基层网点单独党支部全覆盖，加强机关部门单独党支部建设，机关部门独立党支部覆盖率100%。建立机关部门运管员队伍，网点主要负责人兼任支部书记的比例89%，网点运营主管党员比例60%。建立党员示范岗和党员责任区，开展“三亮四比三评”“岗位建功、争做标兵”和优秀共产党员评选等活动，引导和激励广大党员在各自岗位比学赶超、争创一流。进一步加强“双培养”，党员指标向一线倾斜，确定3名发展对象，1名成为入党积极分子，2名转为正式党员。指导、检查党建工作开展情况，加强党建工作考核，推动党建基础工作进一步规范化。

加强“两个责任”落实　编制责任清单，实行“签字背书明责”，严格责任考核，定期开展督查督导，促进“两个责任”（党委负主体责任、纪委负监督责任）落实。

持续推进作风建设　抓好中央八项规定、总行党委28条措施和省分行党委12条纪律、7条严禁的落实，开展“四风”整治“回头看”，对“四风”整治情况进行查遗补漏。

【强化基础管理】　做好巡视巡察问题整改，制定整改方案，确定整改措施，建立“问题、任务、责任”三张清单，对照问题逐一整改、逐一销号，推进整改工作。推进“三线一网格”管理，制订《“三线一网格”推广实施方案》，清晰建设目标、重点工作、实施步骤、组织保障各方面的具体责任和要求；加强理念传导，提高员工对“三线一网格”的认知度、参与度；加强对“三线一网格”工作开展的督导检查，做好过程指导和监督。加强网点基础建设，明晰网点经营定位、发展路径，加强分类管理、分类指导，推进网点转型，治理低效网点。加强队伍建设，开展技能练兵、柜员操作技能测评和劳动竞赛活动，提升一线员工的业务技能、综合素质和服务水平。通过公开竞聘的方式，充实运营主管、大堂经理、客户经理后备人才库，优化管理、营销团队；加强文化建设，践行人文关怀，丰富员工业余文化生活，释放员工工作压力，营造和谐发展环境。

【服务新区重点建设】　围绕新区建设重大项目“十三五”规划，营销政府牵头的重大民生保障工程、基础设施建设工程。跟进重大基础设施、交通、电力、特色小镇、保障性住房、旧城发行、城乡环境整治等项目。对已审批未发放的贷款项目，加快投放进度，发挥好信贷资源的价值创造主体作用。

【对接主流行业核心项目】　把握棚户区改造、小城镇综合治理等政策，加强与区发改局、经信局、综保区、自贸区、园区管委会等源头对接，抓招商引资新项目新客户，抓当地支柱产业龙头客户以及其他优质工商客户，加快从单一的融资模式粘合向组合式的产品对接和方案式的综合服务转变。重点服务好通过PPP模式参与城镇化建设的国有企业、民间资本等新型主体。支持舟山市定海区沿海棚户区改造（一期）项目2000万元；329国道舟山段改建工程（白泉至勾山段）5亿元；自营舟山儿童公园建设项目，贷款金额3.9亿元；自营舟山海洋文化艺术中心项目，贷款金额2亿元；支持定海区远洋渔业小镇项目建设，项目贷款5亿元虽经上级行批复，但因国家政策原因未发放。

【加强银政合作】　做好指派网点与定海区办证中心的联系衔接，推动“扩户提质”工作开展。开展客户营销，抢抓结算账户营销先机，营销结算套餐、企业网银、现金管理、融资、理财等金融产品，提高对公产品渗透率，为注册登记企业的股东、高管等人员提供优质个人金融服务。

【帮扶困难企业】　服务区域经济转型升级，帮扶困难企业。不随意抽资压贷，坚持“一户一策”进行论证，坚守“敞口不增加、担保不弱化、操作不违规”三条底线，寻找可解决问题的方案，维护定海区域的金融秩序稳定和信用生态环境。加强与上级行、法院、政府等部门沟通协调，跟踪各环节进度，加快不良贷款去化，加快清收处置速度。重点做好天诺贸易的处置、千岛船务、嘉和贸易核销后以及东禾集团行司转让后收回，利用各种渠道和手段，加强个人不良贷款、信用卡不良的催收、清收，提高自主清收处置成效。

【推进普惠金融】　采取主动对接、差异化服务，巩固县域经营基础，加大对小微企业的营销力度，利用乡镇，社区平台，摸底排查有一定生产能力、经营正常的中小型企业，实施重点营销。收集企业的位置、行业、规模和人数等基本信息，与接龙文机械、华融大酒店、新鲨制药机械有限公司等企业展开对接。是年，下派三名挂职干部投身乡镇经济服务，落实惠农、富农、强农政策，真心实意服务“三农”，赢得各方肯定。

（撰稿：蒋继文）

中国建设银行股份有限公司舟山定海支行

【概况】　中国建设银行股份有限公司舟山定海支行把握党的建设新要求，贯彻“十四条坚持”基本方略，领会“坚持党对一切工作的领导”“坚持全面从严治党”方针意义，以“加强党的长期执政能力建设、先进性和纯洁性建设”为主线，以党的政治建设为统领，坚定理想信念，提升建设银行服务国家、防范金融风险和参与国际竞争的能力。是年，支行加快转型升级，拓展有效客户和有效资产，突破投行、国业等新型业务，加快不良资产处置，严守风险管理底线，实现各项业务可持续发展。

【落实基层党建工作】　加强党支部阵地建设　重视党员队伍的培养和建设，做好党员发展工作。新发展入党积极分子3名，预备党员1名。至年底，有正式党员17名，预备党员1名。完善党支部阵地建设，设立荣誉墙、业绩墙等，带动全行党员的工作、学习积极性，激励业务发展。

做好党风廉政建设　落实案件防控和预防腐败工作措施，树立“四个意识”，执行和维护党的“六大纪律”，确保本部门不发生违反中央八项规定精神及总行党委“十项要求”的问题。成立中央八项规定领导小组，行署各部门签订案件防控和预防腐败责任书及全面从严治党责任书，落实中央八项规定相关要求。根据市分行要求，开展“三违反”、“三套利”等专项治理工作，落实“三清查”自查自纠专项工作。

加强党员的教育学习　支行党支部书记及干部带

举办十九大精神主题学习展览

头学习，研读新时代重要会议精神、习近平总书记讲话及相关法律法规、行纪行规。落实每周夜学习制度，结合夜学习推进党性党风党纪教育工作。支行党支部落实“两学一做”学习教育常态化制度化教育措施，把廉洁合规和党纪教育的内容纳入各类教育培训和会议中，按要求制定年度廉洁合规和党纪教育计划，将《关于新形势下党内政治生活的若干准则》《中国共产党党内监督条例》等党的重要法规制度纳入党支部学习、干部教育培训的重要内容。

【落实纪检监察各项措施】 开展第五轮安全评估自查，定期开展全行风险联席会议，市分行纪检监察特派员针对经营形势进行安全督导，宣讲和分析已发生的案件。支行内部组织学习市分行下发的两防工作相关文件要求，签署《责任书》和《廉洁合规从业承诺书》等相关文件，严格按照“谁主管，谁负责”的原则，将“两防”工作与部门、所辖机构及负责人考核相挂钩，坚持预防为主，强化责任意识，完善安全责任网络，确保所有的员工受到“严格制度、落实责任制”的思想教育；由办公室牵头，公司客户部、个人金融部和各网点配合，按照《舟山分行2017年度案件防控和预防腐败工作考核实施方案》，开展案防工作自查及评估工作。

【提高全行案防意识】 每季度开展网点安全演练，全年开展2次防火演练，提高网点员工在发生营业场所被盗时和发生火情时的处置能力，确保公司资金、人员安全。配合晨会时间进行的案件防控教育宣传，形成全面开展案防工作，多种方式进行案防宣传局面。

【推广普惠金融】 指定公司部牵头负责小企业业务推进，落实专人负责，建立支行小企业业务微信群，支行每个网点指定1名公司客户经理进行业务指导对接。

加强与区域内政府相关局办、行业协会等部门对接，做好小企业平台搭建工作：跟踪对接中国（舟山）海洋科学城定海园区管理委员会、创客邦舟山基地、昌国街道、盐仓商会、白泉镇以及伍玖文化中心，与金塘螺杆行业协会等接洽，加大对金塘片螺杆企业进行小微快贷（云税贷等）以及大数据产品业务营销拓展。利用上级行推送的内外部大数据信息，建

开展“普惠金融行”金融知识宣传

立客户走访机制，拓展小企业业务，反馈营销目标客户逐户落点落人进行营销拓展。结合支行各下属机构区位优势、功能优势和人员优势，开展“客户全景图、作战目标图、施工作业图和营销效果图”四张图营销模式，依托慧兜圈等产品，构建小企业客户金融生态圈，推进普惠金融（小企业）业务发展。强化小微企业考核激励力度，制定支行考核办法，网点对公业务KPI考核办法以及买单办法等专设小企业业务。发动公司客户经理力量，建立客户走访机制，拓展小企业业务。发挥考核导向功能，将客户经理考核绩效部分35%用于买单，激励公司客户经理，将小微企业信贷产品作为重点买单产品。

【贯彻合规经营理念】 开展“合规铸就生命”的合规文化建设活动，落实员工的合规意识再培养和内控合规“零容忍”工作，制定《合规文化建设考核办法》，要求定期组织合规学习，开展自查自纠工作，针对自查自纠情况整理反思报告，对机构的违规差错行为进行积分扣减。按月度通报各机构得分情况，年底统一考评。公司员工根据支行制定的合规建设考核办法及案件防控教育规划，进行全员学习和推广。定期召开风险联席会议，邀请特派员送案例下基层，提高全行案防意识，建立配套的培训考核机制，将案防与员工岗位、待遇、职务晋升等挂钩。

【重视青年员工教育培养】 开展企业文化墙设计、征文比赛、业务推广、文件学习等集体活动，参与市分行组织的“同心护海洋”环保公益活动，激发青年员工的智慧与活力。结合“一学一做”学习教育工

作，组织召开青年员工座谈会。根据自身岗位的实际情况，围绕浙江省分行晋位二类行的中心工作，以舟山分行“双大两全”为重点，结合自身实际，就如何加强自身建设、更好地履职尽责、更快推进建行工作、更好地践行“有思想、敢作为”等方面进行讨论，落实青年员工的队伍建设，了解定海支行青年员工的思想、工作和生活情况，听取青年员工对支行工作的意见和建议，调动了青年员工工作的主动性和积极性。参加舟山分行首届“产品、服务、创新、营销”业务技能大比武，取得市分行组织奖。

召开青年员工座谈会

【推进文明创建工作】 开展文明创建工作，以星级网点标准建设为要求，做好网点评先评优及客户服务工作；推进评选省级文明单位工作复评。是年，定海支行获2017年度定海区先进集体。

【关爱员工生活】 创建“和谐建行”、营造“温馨家园”，用“家”文化感染每位员工。每月开展员工异常行为排查，关注员工八小时内外思想活动状况，落实员工思想动态调查制度，掌握员工思想脉搏。推行行长接待日、行领导下访接待、行领导下基层制度，了解基层员工实际情况，帮助解决实际问题及客户反映的问题。组织定期休假，开展丰富多彩的文体活动，提高员工的凝聚力和向心力：三八妇女节慰问在岗女工，并送上鲜花；为退休员工组织欢送会；组织员工到万花谷进行放松心情郊游活动，缓解员工压力。

举行退休员工欢送会

（撰稿：卢　虹）

（本分目照片由建行定海支行提供）

中国工商银行股份有限公司
舟山定海支行

【概况】 2017年，中国工商银行舟山定海支行执行上级行“五个牢牢抓住”总体部署，围绕“找短板、树标杆、求发展、促转型”工作思路，推进各项工作，实现全年无经济案件、无廉政案件、无重大违规违纪事件安全经营目标。年底，公司被评为全市治安安全单位，分行党建工作先进单位荣誉，连续13年获“定海区先进集体”称号、连续10年获评省级“文明单位”称号，经营管理向好发展。

【优化管理体系】 在各网点实行标准化改革，合理优化网点布局，提升营销保障能力；3月，支行搬迁至人民南路16号，接管市分行营业部个人客户，实现本级营业部个人客户总量六倍增长，个人客户规模增至58万人，个人金融资产规模30亿元；7月，分行推

2017年7月，龙舟定海同舟共济会师大会暨定海支行干部大会

行机构改革，将定海城区三家一级支行合并成立定海支行，下辖11家二级支行，内设四个部门，人员编制由74名变成了210名，实现机构、人员、经营规模规模化；9月，支行大楼进行升级改造，整楼安置消防设备，为支行安全经营提供保障；11月，所辖城西支行搬迁至兴中路1号，全新装修成舟山银行业厅堂布局最佳网点之一。

【扩大存款优势】　至年底，定海支行存款规模创历史新高，同业优势不断扩大，全行本外币存款104.08亿元。其中，对公存款40.12亿元、比年初新增3.69亿元；个人存款63.96亿元、比年初新增3.66亿元。支行落实“分层分包”工作，实现账户提质，至12月底，包内企业日均金融资产11.6亿元，增幅176.29%，存款余额增幅达44.55%，居全市首位。

【增加贷款投放】　是年，支行各项贷款余额66.09亿元，比年初增加4.45亿元；个人贷款余额37.99亿，比年初增加7.21亿，累计发放各类个人贷款1562笔，总量11.65亿（不含质押贷款）。公司类贷款余额28.10亿元，项目投放、投融资产品配套创新等方面实现突破，为围海舟山文化公司发放并购贷款6660万元，开创舟山地区贷款投向基金模式先河；为围海集团办理舟山分行首笔股票定向增发业务，金额2.16亿元；为浙江普陀山发展集团有限公司办理舟山分行首笔中票承销业务，支行作为联席主承销商承销金额3.9亿元。

【扩大客户规模】　配合舟山分行“一体两翼”活动，推出“百日攻坚，拓户提质”活动，做好上门营销服务工作；至年底，对公结算户4102户，累计新开有效对公结算账户525户，完成率120.54%，有效对公结算基本账户净增209户，完成率126.67%，对公新开户存款49115万元，计划完成率223.25%，均位居全市工行首位。拓展中小企业业务发展，运营采购通、小微企业账户卡透支、网贷通等信贷产品，拓展客户5户；个人有效客户数631259户，比年初增加37554户，新增“2017年秋季中小学城乡医疗保险缴费项目”“浙江海洋大学团费缴纳项目”等。

【提高经营效益】　是年，实现拨备前利润26302万元，较上年度增加2463万元；净利润16206万元，与上年基本持平；中间业务收入为7538万元，较上年减少2241万元；以远维团队、积分兑换等渠道为突破口，实现提质增效。

【改善资产质量】　是年，采取不良贷款处置集中化，将下辖12个网点的不良贷款处置进行上收集中处理。全年不良贷款余额8162万元，较年初下降5534万元，不良率1.24%，较年初下降0.98个百分点。清收处置不良贷款企业客户8户，金额9662万元，压降潜在风险融资15621万元，现金收回账销案存金额202万元；清收不良个人贷款13笔，金额1304.94万元，资产证券化8笔，621.77万元，个贷转化12笔，金额514.84万元，账销案存1笔，金额70万元；核销信用卡不良金额75.77万元，证券化金额386.95万元。提高信贷战线业务水平，强化风险控制能力。

【加强党建工作】　10月，成立支行党总支，下设3个联合党支部，开创党建工作新格局。全年以党建为纲，加强思想建设、组织建设、反腐倡廉建设及作风建设，以“党建+”引领业务发展，做到党建工作与经营发展共协调、同发展。

定海支行党总支成立大会

思想建设　落实中心组学习制度，中心组举行学习12次；落实党员领导干部讲党课制度，讲述廉洁从业、合规教育等党课，录制微党课，在新媒体上播放；落实谈心谈话制度，对部门、网点负责人开展廉政谈话，对于新提拔聘任干部开展任前谈话，进行员工谈心119人次；创新党建活动形式，组织党员观看《聚焦十九大》动画微视频，举行听老中青党员谈入党初心微视频教育及手工抄写入党誓词等活动，提升党员党性修养。

组织建设　明确各联合党支部委员责任；健全党建工作责任制，制定《2017年度定海支行党风廉政建设工作考核制度》；实施“三会一课”制度，出台民主评议党员办法；召开党总支委员会、党员大会，支委成员定期汇报工作开展情况；严格党员管理，规范党员发展流程，制定《定海支行2017年党支部党员发展工作计划》，把党员培养成骨干，把骨干培养成党员。

廉政建设　深化财务管理领域监督工作，完善《定海支行财务支出管理实施细则》；组织签订《党风廉政建设责任书》和《廉洁自律承诺书》；创建廉洁读书角，张贴十六字廉洁文化海报；开展“我承诺，我廉洁”——廉洁文化在心中签名活动，筑牢拒腐防变思想屏障；创立指尖廉洁微课堂，推送廉洁提醒；落实党务公开制度，推进党内民主建设，在龙舟定海微信公众号当中开设“党建+”专栏。

组织签订《党风廉政建设责任书》和《廉洁自律承诺书》

作风建设　控制经费开支，深化礼金（礼品）上缴登记处理制度，落实反腐倡廉工作；实行日常财务费用支出预先审批制，班子成员签订“杜绝小金库”责任书；开展线上“看问答纠四风”活动，打造风清气正的工作环境；下沉到一线，对下辖部门网点进行调研，梳理出近百个问题及解决方案，做好反馈工作。

推行党建引领　找准党建工作和经营管理的切入点，开展“党建+”引领活动，为企业文化建设、合规文化建设、深化机构改革、优化团队建设等工作提供思想保障和行动助力，实现党建工作和业务经营的相互促进、协调发展。如加强企业文化建设，创建龙舟文化，通过《龙舟定海》期刊及龙舟定海微信公众号进行文化传导；建立特殊人群员工关爱制，对孕期员工赠送“一日一鲜奶”、防辐射服装，对哺乳期员工，为方便员工哺乳就近调整工作网点；促进员工身心健康，开展唱红歌、户外野炊等娱乐活动。

举办“唱支红歌给党听”党员活动

开展“舌尖上的龙舟定海”户外野炊活动

【加强队伍建设】　加强优秀人才输送，鼓励干部员工参加分行竞聘，畅通自下而上的选拔输送人才绿色通道，累计向上级行及兄弟行输送人才20余人，其中管理人员16人。加强干部梯队建设，科学化培养人才，坚持把干部交流作为培养锻炼干部的有效手段，通过网络大学、上派至省市分行驻点等方式做好干部员工培训学习，加强干部培养和实践锻炼，实行重点培养、重点使用，持续优化干部队伍结构，增强发展后劲。加强营销人员配备，针对柜面人均业务量、网点业务量变化情况，优化劳动组合，选拔优秀柜员转岗为服务经理，做好厅堂维护，深入挖潜，实现提质增效。

【重视调研取数】 是年，对下辖12个网点调研取数、现场把脉，收集各种类型问题达近百个，围绕“资源配置有标准、岗位设置有规范、内部管理有条线、效率评价有依据”的总体思路，制定网点经营架构优化策略，强化营销，提升客户服务水平，推动网点标准化改革，增强营销力量，提升网点支援保障能力，做好调研时的问题反馈工作。

网点调研取数实况

【推行网点标准化改革】 盘活资源，实现岗位配置标准化 优化柜口配置，部分网点采取午休关门、周末减柜等措施，释放部分柜员转岗为服务经理及客户经理，做好客户维护。优化岗位设置，将网点原有的7个岗位整合为网点负责人、现场经理、客户经理、服务经理、柜员5个岗位。优化兼岗管理，实现柜员与服务经理的兼岗补位，提高网点人力资源管理能力及员工兼岗履职能力。

多方入手，实现岗位职责明晰化 规范厅堂功能分区管理，科学设计网点功能布局，优化厅堂功能分区，定型定位现场经理职能；制定网点岗位职责管理画像，指导不同网点科学安排、动态调整运行和营销服务资源；梳理优化岗位职能，实施责任清单制，实现一岗一责一考核；推动网点岗位职能综合化，扩大现场经理、服务经理及柜员等岗位职责，提升员工综合能力；强化厅堂服务联动机制，根据网点业务量大小实施弹性机动的厅堂服务模式，促进网点可持续发展；强化外拓营销联动机制，组建起双项目经理制的外拓小分队式柔性团队，实现交易处理型“坐商”向营销服务型“行商”转变。

多措并举，实现岗位考核精细化 建立健全绩效考核管理体系，强化考核导向作用，实现网点、部门、岗位三级考核落地；实行一岗一考核，建立岗位职责和岗位考核相一致的绩效考核机制；实行执行力考评，采用营销频率与执行量等多维度评价机制，突出过程管理；建立分润考核机制，将利润分配到人，提高员工“谁营销、谁受益”意识。完善岗位晋升退出机制，建立人力资源管理考核体系，规范人力资源管理，健全个人发展信息库，将年度考核、竞聘信息、竞聘结果列入培养计划；建立岗位竞聘选拔机制，开展公开竞聘、双向选择出局、考核末位淘汰及待岗培训。

【落实客户发展战略】 推进客户“三大工程”，采取分类实施、对症下药、增强黏性三大手段分别推进客户回归、客户截流及客户倍增三大工程；搭建个人客户分层服务体系，建立营销服务人员架构及资产配置视图，提升对客户画像和资产配置合理性和有效性的考核管理。搭建无贷户户分层分包管理营销体系，提升各类产品覆盖率；加强联动营销，做好公私联动，建立分管行长联系机制，落实“一对一”网点服务制度，公司部和个金部建立“交叉梳理推荐”客户机制，多维度整合后相互推荐，共同寻找目标客户群体。

【提升支援保障能力】 细化网点保障支援机制，在网点设置与综合管理部各岗位业务对接联系人，由专人负责业务条线的无缝对接，提升后勤保障响应速率；定人定责，实现AB角互换。加强交流、沟通和协调，协同处理好临时性、紧急性和突发性事务，做到工作无缝对接，业务支援不延误，服务保障不断档；建立运营资源综合调度管理机制，组建网点代班团队，建立代班现场经理和代班柜员集中管理和统一调度机制；组建柔性营销服务团队，建立双项目经理制，随机组建外拓柔性团队，实现“智力共享”和“资源共享”；组建综合保障团队，统筹调度后勤保障人员，做好核保、物资配送、员工关爱等服务保障工作；规范弹性排班饱和度管理，强化网点间柜员工作饱和度的量化管理，合理设置柜口人员。

【细化网点特色】 以搭建“顶端业态引领、中层业态支撑、基础业态坚实”的金字塔型网点业态体系为目标，定位网点业态，根据网点各自特色，打造出“实力强、形象好、服务佳、业务全”的旗舰型网点。创建解放路支行智能银行旗舰店，一楼柜台均由智能设备取代，成为整齐简约的智能银行体验点，二楼打造成高端客户品牌体验店，争创舟山智能银行第一品牌旗舰网点；发挥城西支行个贷经营优势，深耕房开与中介资源，拓展专项分期等业务发展，进一步深化个贷流程改革，提升工作效率和客户体验，加强个贷及专项分期客户产品渗透率，争创特色资产业务旗舰店。

搬迁后的城西支行

【挖掘网点潜力】 实现全功能网点建设和综合网点建设有机结合，优化人力及财务资源，构建“核心网点+卫星网点”的群落化管理体系。搭建定海支行营业部和解放路支行群落式管理模式，实现网点功能协同互补；探索构建城西支行和竹山门支行群落化管理体系，强化集约管理，做好成本管控。

【成立个贷中心】 筛选支行客户经理，整合营销精英队伍，将业务能力较强的客户经理调至个贷中心，以协同参与、分组营销的模式对客户资源开展精确化营销，稳步推进个贷业务发展。建立个人客户经理队伍集约化管理体制，释放网点客户经理的营销精力，降低支行人力管理成本费用。提高业务受理审批效率，合理调整放款顺序。在专项放款额度对重点楼盘、重点合作中介资源予以倾斜。

【实行菁英行动】 实行条线业务专业管理制度，划分出资产、负债、产品三大专业条线，其中资产条线由个贷中心、风控中心及远维中心组成，负债条线由财富中心、跨境中心组成，产品条线由产品经理、商户经理及综合岗位组成，实行“条线联络员”服务制度，积极做好对网点业务的支撑。变“坐商”为“行商”，变“单户营销”为“群体营销”，推行营销项目化、批量化工作机制，分享营销资源，统筹制定营销方案、宣传手册及营销话术，牵头带领下辖客户经理开展各项营销活动。深化“e—ICBC进千家”活动，搭建社会化营销平台，扩展互联网金融市场，推广融e联、融e行、融e购等产品；外拓小分队进政府、进部队、进学校、进企业、进社区，做好个性化的金融服务方案，扩大工行基础有效客户群体，开展电子银行等产品的营销。

【强化风险防控】 结合内控合规“执行强化年”主题活动，加强教育培训，细化考核机制，促进内控案防工作开展，制服持刀抢劫事件1起。

加强组织领导　完善内控环境　根据班子成员岗位职责与分工变动，调整支行内控委员会成员，修订内控委员工作规则；与分管行长签定绩效合约，对发生内控案防或重大风险事件均实行倒扣分；完善各类计划与制度，签定案防责任书，明确内控管理和防案工作的指导思想、工作目标、要求和责任。

实行网格化管理　推进内控管理　制作《定海支行网格化管理组织架构图》《定海支行案件线索和风险信息报告线路图》，对二、三级网格负责人及全体协管员进行专题培训，详细讲解具体内容与要点，制定《定海支行网格成员工作履职表》，将具体工作进行量化，做好上报工作。

开展主题教育　增强合规文化　宣传合规文化理念，展示传播形式多样。拍摄防范非法集资微电影

“我与行长面对面”高管访谈活动

和十大禁令在我心中微视频；举办“我与行长面对面”高管访谈活动，与员工交流合规心得；举行“熟知禁令、承诺执行”系列书画展竞赛活动，通过网络评比、展示、宣传；举行新时期“十大禁令”宣讲活动，提升员工合规意识；开展合规文化主题墙竞赛活动，发动全员参与评选，在评选中学习、在学习中创作。

加强监督管理 有效防控风险 开展“十大重点领域和关键环节”综合整治活动、非法集资排查、季度案件风险排查、员工异常行为动态排查、现金岗位人员排查、违规担保及涉印风险专项治理的排查等活动，坚守合规底线；支行针对员工行为动态管理采取分级管理、逐级排查的监管模式，开展账户排查210人/次，通过工商注册信息系统排查员工经商办企业情况210人/次，累计走访员工家庭101人/次。

加强风险识别 全面提升水平 成立定海支行全面风险管理委员会，定期召开不良贷款风险排查会，强化环节监管，贯彻执行全面风险管理的各项制度；成立新客户准入审议委员会，建立新客户准入审核机制，提升客户经理对市场、客户和业务的风险认知能力和敏感性，提高信贷从业人员的能动性，加强信贷管理对贷款业务的支持保障作用。

搭建管理体系 规范业务流程 搭建营销调查、评级授信、业务流程发起、核准放款、作业监督和贷后风险管理的组织架构，建立“前台营销+中台操作+贷后监督”的分层管理操作流程，将信贷业务运行整合为前台集中营销，中台发起业务流程和日常贷后管理，后台信贷业务作业监督、非现场监测和贷后风险管理的新模式，实现集约化经营，规范业务流程；设立风险专员岗，通过风险识别、计量、监测和控制等程序，对风险进行评级、分类、报告和管理，保持风险和效益的平衡发展；筹建个贷中心，设立放款主板岗、作业监督岗、权证办理岗、核押核保岗等岗位，提高业务处理效率，增强风险管控能力。

（撰稿：李景海）

（本分目照片由工行定海支行提供）

中国银行股份有限公司舟山定海支行

【概况】 2017年，中行定海支行以中国（浙江）自由贸易试验区建设为契机，把握“服务地方、服务中小、服务客户”的市场定位，对接区委、区政府，加快经营结构转型，加大市场拓展力度，增加各项业务，服务地方经济转型升级和发展，实现自身发展与地方贡献同步提升。至年底，公司实现本外币存款时点余额25.73亿元， 其中对私存款14.93亿元，对公存款10.79亿元 ；贷款余额49.74亿元，其中个人贷款余额28.71亿元，对公贷款余额21.02亿元。

【助力中小企业发展】 将中心工作与地方经济发展结合，助力中小企业发展，解决企业融资难、融资贵问题。做好城区企业融资工作，将业务触及农村地区，重点营销白泉、金塘地区产业集聚区的中小企业，特别是金塘螺杆企业、白泉水产企业、西码头远洋渔业企业，申报舟山市汉荣远洋渔业有限公司等中小企业客户授信。至年底，支行获批新模式中小企业新客户2户，获批金额合计1000万元。全年拓展新模式中小企业客户5户，批复金额合计2250万元。

【支持重点项目建设】 助力美丽舟山建设 金融支持旧城改造、棚改项目。投放舟山市定海城区建设开发有限公司“艾格拆迁安置小区”项目1.3亿元。创新业务，推动发展，适应市场新变化和客户新需求，营销舟山市定海城区建设有限公司4.5亿元“弘生世纪城北侧小区棚户区改造项目收益债券”募集资金入账公司债券托管账户。助力舟山自贸区建设，营销招商引资项目。和舟山良海粮油有限公司粮油生产项目、金塘中澳现代产业园区基础配套设施建设PPP项目等达成贷款意向。

【改善基层金融服务】 开展开门红踏青活动、母亲节感恩活动、年中中高端客户珠宝品鉴活动、盛夏客户健康体验活动，传递支行对客户的用心，普及金融知识。开展企业走访活动，做好代发薪业务，让员工享受便捷金融服务；进军营，服务队官兵市场；入学校，开办绿城育华学校校园一卡通，开启银校合作新篇章；进汽车4S店、交警支队、车管所等，拓展基层服务范围。重点支持自贸区进口商品城项目建设，承担该项目的本外币金融服务工作。

【加强党建工作】 坚持抓好党建是最大的业绩，落实“一岗双责”，推行“党建+”模式，让党建融入业务、融入基层、融入人心。发挥党员同志先锋模范榜样作用，发挥党组织组织严密、纪律严明的战斗堡垒作用，落实党风廉政建设要求。

【履行社会责任】　号召全体员工热心公益事业，通过“公益中国”平台，购买贫困地区陕西咸阳北四县农产品，定点扶贫当地农户，参与“爱要让你听见”项目，开展贫困地区耳聋基金筛查检测及贫困地区听力障碍儿童及残疾人助听器捐赠活动。支行员工还热心参与“礼让斑马线”“6月征信宣传月”“群岛马拉松比赛”等各项活动，强化团队凝聚力。

（撰稿：陆婧澜）

浙江定海德商村镇银行股份有限公司

【概况】　2017年，定海德商村镇银行将打造“小而美”银行作为总体战略目标，围绕区域经济发展新格局，坚持发展第一要务，以“治理健全、内控严密、发展稳健、效益良好”为经营方针，突出法人治理、业务发展、组织管理、风险把控、合规建设等5条工作主线，实现稳健运行。是年，公司内设综合管理部、风险管理部、运营财管部和营业部4个职能部门，开设盐仓、干䃎和城东3家支行，在职员工54人。是年，“盈商贷”小微企业个人经营贷款和“普惠金融 银农连心”信用社区（村）公议授信分获浙江银行业第四届服务小微和服务三农十佳产品。

【夯实业务发展基础】　以服务“三农”、服务区域经济为经营宗旨，坚持走特色化、差异化、专业化发展道路，围绕农业产品结构、经营结构和区域布局的优化，推进“三农”产品及服务创新，助力农业供给侧结构性改革。至年底，各项存款余额46830万元，较年初新增39.3%；各项贷款余额46104万元，较年初新增12.3%；贷款户数1402户，户均贷款余额32.9万元，支农支小贷款余额占比98.4%。贷款投向主要为农林牧渔业、制造业、批发零售业等实体经济，助力本地经济社会发展。

【着力小微金融服务】　针对个体工商户金融需求，探索建立“大商圈命运共同体”，培育和整合商户资源，开展同商超的合作宣传促销活动、综合体进驻商户集群信贷服务等，构建共生共荣的商业生态系统，实现资金流、信息流的统一；针对小微企业信贷需求，加强金融创新力度，了解区域内涉农、涉渔产业结构和产业发展导向，对接与“农”字、“海”字的相关政府职能部门和单位，开发契合企业需求的产品，支持农贸业、汽车销售、水产捕捞加工、个体商户等产业链发展。

【深推普惠金融工程】　制定普惠金融规划，拟定专项考核办法。制定寺庙走访、小微企业走访、微信客户互动等考核办法，促成员工“走出去、沉下去”的长效机制，开展信用村网格化管理、“德行周四下午在社区”“金融服务流动车”等普惠金融下乡活动，分批整村推进农户小额信用贷款，提升农渔村地区金融服务的公平性和可获得性。至年底，累计向农户发放授信卡15332张，授信金额79392万元，办理授信卡贷款616笔，授信金额5478万元。

【坚持合规稳健经营】　开展“合规建设年”活动，

金融宣传走进社区文化礼堂

省银监局操作风险专项检查意见反馈会

加强制度的查漏补缺，强化制度执行意识，考核员工工作落实情况。全年开展全面内控检查、信贷风险排查、会计检辅、飞行突击检查和员工行为排查。专门制定内控合规检查相关的考核办法，整改查找出的问题，通过OA通报、罚金等方式给予警告和处分。配合浙江银监局开展操作风险专项检查，成为浙江省11个地级市抽查样本中仅有的2家未受处罚的机构之一。

【加快流程银行建设】 发挥一级法人决策链短、经营灵活的优势，加快体制机制创新，实施业务流程再造，推进“最多跑一次”改革。出台“最多跑一次”信贷操作流程实施办法，将信贷业务申请审批流程进行简化、规范，方便群众办贷；推出小额循环贷款卡，实现自助终端直接放款、还款，简化客户贷款流程；制定柜员与客户经理联动考核办法，组建柜员和客户经理组成的厅堂营销队伍，制定领导访户日及客户满意度调查实行方案，提升客户粘合度和满意度。

【实施内部创新驱动】 优化总部和网点之间的资源配置，促进业务资源向前台倾斜，指导、服务、管理和创新职能向中后台集中。出台支行市场化绩效考核办法，细化对支行会计利润、信贷结构、费用分摊和内部管理的考核，增强网点的经营活力；加强后备人才梯队建设，推行竞聘竞岗，开展中层助理、会计主管等重要岗位的公开选拔工作，为发展提供人才支撑；制定员工薪酬管理办法和绩效考核制度，落实“定岗”“定责”“定员”，根据员工综合业务素养、按岗位工作量、贡献度等实行等级工资，以利润和风险为核心，建立科学的绩效考评机制，规范内部管理，促成可持续发展。

【畅通支付结算渠道】 加大科技投入力度，拓宽支付结算渠道，上线“德商卡”储蓄卡、ATM机自助银行等业务，打造“全免银行”，取消柜面异地跨行转账、电子银行转账、ATM机跨行取现等手续费，让利城乡居民；推广普及非现金支付工具，推出“德商E付”二维码支付平台，助力农贸市场“智慧支付工程”，促进支付结算业务电子化。

【加强精神文明创建】 坚持“以人为本”的理念，弘扬同心同德、共济相长的“家”文化，巩固和提升“文明单位”“巾帼文明岗”“市级‘六有’示范基层工会”创建成果，开展“工人先锋号”“银行业文明规范服务星级网点”等创建活动，加强“7S”管理和优质文明服务工作，展现亲切、贴心、专业、全面的社区银行特性；完善教学管理机制，重视对员工的培养，创办“德行大讲堂”，定期开展岗位技能培训、业务知识竞赛，提高员工队伍整体素质；加强党青工妇工作，开展健康向上的文体活动，组织员工开展“春游庆三八，红包送惊喜”踏青、“重阳登山”、金融青年篮球友谊赛等活动，丰富员工的业余生活。组织员工参加市“舟银杯”羽毛球赛，并取得“优秀组织奖”和男子单打冠军好成绩。组织党员干部、优秀员工参观G20杭州峰会主会场，接受爱国主义熏陶。

参观G20杭州峰会主会场

【热心社会公益事业】 坚持“海纳百川，德行天下”的核心价值观，一路德行，倾力支持社会公益事业，实现社会效益和经济效益相统一。赞助款项支持市民政局举办的“心系环卫工，温情年夜饭”志愿服务活动，关心一线基层工作者。配合做好舟山市创建全国文明城市工作，组织员工参与“剿灭劣V类水”“爱心斑马线”等活动，增强员工服务定海经济社会大局意识，展现企业的责任担当。

（撰稿：沈璐迪）

（本分目照片由定海德商银行提供）

交通银行股份有限公司舟山分行

【概况】 2017年，交通银行股份有限公司舟山分行

(以下简称舟山交行)，贯彻落实市委市政府和上级行的决策部署，坚持“两化一行”发展战略，围绕“深化改革、转型发展、从严治党”三大任务，紧抓“控风险、稳息差、增利润”工作主线，开展“两学一做”学习教育、“合规文化建设年”活动，坚持防控风险，推动转型发展，提升内控管理水平，打实客户发展基础，发挥交行特色，坚持“抓创新、做特色、求共赢”方针，保持平稳发展态势。至年底，各项存款余额47.62亿元，较年初增加4.28亿元，增幅9.88%；人民币贷款余额57.59亿元，较年初增加6.40亿元，增幅12.51%。

【改革机制体制】 优化公司板块组织机制，坚持“大客户集中”和“小企业专营”，突出同业和投行专业经营优势，设置“普惠金融二级部”，探索中小微发展新路子。落实质效发展责任，完善客户经理晋升机制。

【推进“客户发展年”计划】 做好重点行业客户突破，实现首个军队业务客户基本户和代发业务落

11月29日，召开银企交流会暨浙江自贸区拓展离岸业务研讨会

地。支持国家战略性、支柱性客户发展，投入舟山国家石油储备基地10亿元。服务招商引资客户，协办省分行与舟山自贸区招商引资论坛等多种新式，提前介入招商前期工作，服务招商引资新客户，提前介入金融服务，发展新业务。优化普惠金融服务，推动中小微业务发展，设立普惠金融部专营中小微，建立小微客户名单并动态完善，提升重点小微群精准营销。

【推动零售业务转型】 发展个人资产业务，个人贷款余额6.5亿元，较年初新增2.64亿元，其中房贷余额6.2亿元，较年初新增1.4亿元。开展“惠动岛城”“最红星期五”刷卡优惠等活动，促进信用卡业务发展，全年新增信用卡6700余张。开展各类非金融增值服务以及进社区、进学校、进企业等各类活动。至年底，沃德客户、交银客户、薪金理财A账户完成率位居全省前列，全年新增代发有效户完成率位居全省系统第一。

【探索自贸区金融服务新模式】 成立自贸区业务工作领导小组，制订筹建自贸区经营机构各项前期工作规划，完成在自贸区范围内的选址工作。推进自贸区各类客户活动和宣传活动。

【强化风险管控】 加强重点客户风险管理，落实一户一策方案，降低不良率、降低逾期率、提升风险资产覆盖率，控制实际损失。强化全员合规意识，确保经营生产安全稳定，开展“合规文化建设年”活动，筑牢底线思维，推进“两个加强、两个遏制”回头看整改，做好信用风险排查、“新五大领域”深化治理、反洗钱、征信等领域的系列风险排查；严抓安保工作，防范风险事件。

【保护金融消费者权益】 落实消费者保护投诉处理工作，实现零有责投诉；响应上级行及上级监管部门关于金融知识宣传要求，组织开展各种形式的金融知识宣传、企业行活动50余次；组织“走进交行 感受温馨”消保服务劳动竞赛，利用网点、纸媒、网媒等

开展“3·15”金融消费者权益保护宣传活动

宣传途径，展现交行风采。

（撰稿：王　丽）

（本分目照片由交通银行舟山分行提供）

浙江民泰商业银行舟山分行

【概况】　2017年，浙江民泰商业银行舟山分行（以下简称民泰舟山分行）以立足小微，围绕深化转型升级的战略要求，树立创新发展理念，强化内部管理，狠抓措施落实，实现各项业务稳步增长。至年底，各项存款余额34.54亿元，比年初增加1.46亿元；贷款余额（含卡）30.16亿元，比年初增加3.66亿元，贷款客户有3749户。

【开拓信贷业务】　树立以“发展为中心”的经营理念，走“做小”“做微”“做精”的发展路子，以整村授信为业务重心，展开网格化管理模式定点设摊、走访街道商铺、驻村实地联络、推进批量授信工作。分行推广新产品、新科技，营销“薪乐贷”“农惠通”“微贷卡”等特色产品，根据支行所在区域实际情况，组织开展进村入居、信用村信用户的建设；加强与政府相关部门的对接合作，打造青年创业贷款服务平台，推进创业园区信用贷款业务等活动，下沉市场定位，拉近与社区居民、村民、小微企业的距离，做大公司信贷客户群。创新审贷模式，优化小额贷款发放流程，对创业小额担保贷款、“亲情保”贷款、“商贸通”贷款、“渔贷通”贷款等特色产品简化资料、缩短流程。继续贯彻“三个不低于”要求，参与新区建设优质项目，倾斜信贷资源，重点扶持有发展潜力的优质新项目，通过信贷、结算、金融产品等方面对重点项目进行实质性支持。至年底，公司小微企业贷款余额为23.42亿元 ，占总贷款余额的77.66%，比上年同期增加23.16%；小微企业贷款户数为3114 户，比上年同期增加849 户。

【助力普惠金融】　开展“整村授信”普惠金融活动，向客户推介各类金融产品，通过产品展示和现场交流互动，进行支渔信贷政策宣讲，向渔业合作社、渔业服务站进行“信用村”授牌仪式，给予渔业生产单位授信额度。聚焦村居经济，走进渔民、贴近渔民，通过前期金融产品的选择，行领导拜访，客户经理排摸，获得渔船客户认可，为“整村授信、批量营销”工作打下基础。至年底，公司形成涉渔类新增贷款30户，金额1500万元。搭建“整村授信、批量营销”工作平台，结合所处区域经济优势，根据水产行业季节性的特点，以点带面，分季节营销（如禁渔期以营销渔民为主，8月开始以营销水产品收购商为主），形成一个产业链的整体营销。根据水产品产业链来设计各个环节的特色贷款产品，吸引产业链条中的各类客户归行，打造专属“一条鱼”特色。

【创新业务发展】　贯彻中共十九大精神，加强基层服务型党组织建设，帮助党员带头创业、带动身边党员群众共同致富，根据相关法律法规及我行有关信贷管理制度，结合公司实际，推出“党员模范贷”业务，用于合法生产经营用途和消费用途的红色信贷业务，适用个人经营性贷款和个人消费性贷款，业务额度最高50万元。具体额度根据借款人经营实际需要、还款能力、资信情况、担保的充分性合理确定。

【发展中间业务】　是年，根据当地客户特点，开展理财、保险、贵金属销售、信用卡等中间业务营销活动。至年底，全行发行171 期理财产品，销售金额30.41亿元，全行贵金属销售额97.56万元，分行全年度信用发行信用卡5086张，有效卡新增完成率达85.68%，实现卡收益2379.25万元；实现跨境人民币业务货物贸易和服务贸易实质性突破。国际业务部完成结算业务8865万美元，比上年同期上升24.26%，完成结售汇7800万美元，比上年同期增长18.33%；国际业务部在总行范围内率先办理国内信用证业务，全年办理国内信用证结算1086.57万元，完成国际业务综合收益134万元。打包贷款业务稳中有增，打包贷款发放量为上年同期的4.52倍，办理新产品拓展业务国内信用证福费廷（中介）业务500万元，开立进口信用证86.38万美元。

【做好不良管控】　行领导带领风险管理部门下支行督促不良管控工作，多次召开一对一的不良压降会议；实施“一行一策”具体措施，推行优化片区不良督导工作机制，设置12个项目组、82个清收小组；开展愚公移山不良清收活动，下达8个月内纯现金清收3730万元的清收计划，完成年度不良管控任务。

【推行严格文化】 开展“推行严格文化 加强内部管理”专项活动，推动分行严格文化的创建和落实。分行以“大讨论、大整改、大提高”三个阶段开展专项活动。全辖机构干部员工开展严格管理工作大讨论，提出具体工作措施和工作计划，通过“严格文化”专题大讨论活动，让员工明确“该干什么”“如何去干”“怎样干好”，对在自身履职时所取得的成绩与存在的不足提出解决问题的方法。大讨论后各单位形成具体的整改工作方案，分行对上报的整改方案建立对应台账，对“一线”提出的服务需求和建议实行“清单式管理”，相关问题按条线认领，在规定时间内完成认领事项。将各项材料汇总成册下发各机构、部门，要求认真学习内容，按照“管人要严、制度要严、管事要严”为准绳，严肃工作纪律和办事规矩。

【强化员工素质】 举办各种培训活动，加强员工队伍建设。实现培训工作常态化，年初制定学习计划，年中开展落实；实现学习考试常规化，全体员工每月一测，客户经理按季测试，柜员技能竞赛每年一场；举办百合杯技能竞赛、法律知识竞赛。确保培训针对性，增强员工合规意识，提升员工业务水平。

【提升案防水平】 以“合规经营”为底线，借助监管部门开展的“三违反、三套利、四不当”“治乱象，维秩序”等活动契机，查找内控薄弱环节，加快制度落实、流程改造，杜绝各机构在业务发展过程中存在的普遍性问题，对发现的问题落实问责、限时整改，对已经按要求完成整改的，建立完善整改台账，抓“回头看”工作。开展防范和处置非法集资专项排查、员工行为排查等一系列排查活动，开展典型案例进行警示教育，通过典型案例分析，增强员工合规与风险防范意识。

【确保稳健运营】 以构建“平安民泰”为主线，以开展案件专项治理为手段，夯实基础、抓排查、治隐患、压案件，做到人防、物防、技防能力稳步提升，落实转型升级新形势下安全保卫的重点工作和突击性工作。分级签订《综合治理责任书》，实行“一把手”负责制，落实岗位安全责任，办公室全面评估全行的安全保卫工作，结合安全保卫工作和业务发展，着力“人防、心防”。是年，开展24次全辖各机构安全消防演练和重大节假日现场检查，确保全年安全无事故。

【开展金融知识普及月活动】 开展为期5个月的“金融知识普及月”系列活动，提高公众识别和防范金融风险的能力，推进金融消费权益保护工作；探索金融宣传新形式，依托文化礼堂新平台进村入居，将金融知识融汇到文艺节目中，提高宣传吸引力和关注度；开展各种公益性金融知识普及。以人民币知识、征信知识、防范电信网络诈骗、正确选择理财产品等为主题的宣传册和宣传展架，结合活动重点，将地域特色、客户群体、网点特色与专项活动结合，确保宣传内容贴近各类客户群体。

【推进党工团活动】 开展多场中共十九大会议精神学习会；组织全体党员、预备党员到老年大学、实验学校、各社区等地开展“党员服务日”系列活动，各支行相继成立了红百合志愿服务队，开展一系列公益活动；分行党委组织部分党员参加义务献血活动；基层支部把金融扶贫、结对扶贫、承担社会责任等工作做细做实，形成具有民泰银行舟山分行特色的党建工作。

（撰稿：胡　帆）

中国人寿保险股份有限公司舟山分公司

【概况】 2017年，公司实现股份总保费5.4亿元，同比增长18.8%，增速创历史新高；全年实现长险首年标准保费4476.8万元，同比增长31.3%；首年期交保费9653.2万元，同比增长19%；十年期及以上期交保费5282.6万元，同比增长37.8%；短期险保费5914.3万元，同比增长3.7%；保障型产品保费1203.4万元。

【发展交叉销售渠道】 个险渠道 以保障型险种、十年期为重点，抢抓新产品上市的契机，激发潜能，找对方法，形成氛围，全力冲刺，推进业务高速发展。个险标保、总期交、十年期三大业务指标增长率位列全省系统内第一；保障型产品增长率位列全省系统内第二。

团险渠道 加强大短险的统一管理，围绕“量质并举”，抓好传统优势短险业务，挖掘新业务增长点，调整业务结构，改善短险效益。

银保渠道　以期交业务发展为核心，抓好渠道与自营“两条腿走路”，深化网点经营，搭建期交业绩平台，抓好自营业务发展。发扬铁血奋进、团结协作的精神，苦干实干巧干，实施结构调整，增强整体实力，在全省系统年度绩效考核中获评A级分公司。

（撰稿：俞　洁）

中国太平洋人寿保险股份有限公司舟山中心支公司

【概况】　2017年，中国太平洋人寿保险股份有限公司舟山中心支公司下辖普陀、岱山、嵊泗等3个县（区）支公司。是年，公司加强党的组织建设与党风廉政建，坚持党建与经营相融合，讲政治、抓党建、强经营、促发展，以客户需求为导向，坚持高质量发展，突出产能提升，结合“团队、产品、客户”营销要素，加强基础管理；巩固传统优势，开辟创新领域。至年底，实现保费收入41208.90万元，同比增长24.85%，其中营销新保期缴8492.85万元，法人健养渠道保费7712.65万元，个险续收保费25003.4万元。

【个险业务】　秉承“月达成、季增长、年对标”经营理念，围绕“千人百将”计划，强化架构建设，推动人力持续发展，落地晋升文化。抓住上级公司年度和阶段经营政策，整合资源，夯实队伍内质。加强基础管理，落地出勤、培训等基础管理与经营动作。围绕培训关键指标和政策，抓好新人的培育工作，提高新人留存。推进干部队伍建设，年轻化，专业化。深入合规建设，制度化、系统化，开展专项治理活动和各项风险排查。

【法人健养渠道业务】　围绕年度经营目标，落实计划，紧盯市场，领先同业。做好传统业务的巩固与维护，对网点进行精细化管理。加大新项目、新业务的拓展力度。强化与政府的合作，推进健康养老保险经营新格局。加强队伍建设，优化管理。

【服务评价体系建设】　深化服务评价工作机制，持续改善定量指标，重点改善短板指标，提早布局重要服务创新项目。持续开展柜面保全自助化、无纸化、智能化作业功能，进一步加强柜面管理，提升数字化服务体验，改善客户满意度。开展“太尊享、太活力、太有爱”三大服务活动，落地首届全司客户服务节。持续深化三大移动应用客户端及智能服务平台建设，充实数字化覆盖流程，提升客户体检。

【做好客户赔给付工作】　完成理赔案件34.57万件，赔付金额7129万元，其中，短身险25.26万件，赔付金额3958万元；长期险664件，金额1400万元，其他案件9.24万件，赔付金额1771万元；为客户办理保单质押贷款9193件，金额4447万元。给付62423件，金额4436万元。

【财务管理】　加强预算管理，优化资源配置。落实资源集中，标准细化，过程管控等制度，实现资源利用最优化配置，促进业务良性发展。

【强化合规管理】　聚焦监管重点、聚焦重点风险、聚焦案件隐患，落实各机构负责人的合规主体责任，严防监管处罚，化解案件风险，减少重复性违规问题和缺陷的持续发生。利用体系化、常态化的合规培训、督导，落实全方位、全覆盖、标准化与定制化相结合的合规教育，规范公司经营管理与销售行为，持续增强各机构、各部门干部员工的合规经营意识，提升全员合规执行能力。

（撰稿：张　盛）

中国太平洋财产保险股份有限公司舟山定海支公司

【概况】　2017年，中国太平洋财产保险股份有限公司舟山市定海支公司内设综合管理科、车商业务部、销售业务部，下辖金塘镇营销服务部。经营范围以财产类保险为主，包括车辆险、家财险、船舶险、货运险、企财险、责任险、意外险、保证险、工程险及农险等险种。至年底，实现保费收入3220万元，同比增长69.3%。

【促进业务发展】　以发展车险业务为抓手，发挥定海区车商集中的综合优势，合作车商基本实现全覆盖，全年车险业务保费收入2684万元，同比增长

49.98%。发展非车险，紧抓客户需求，落实政银保等合作项目的推进工作。推广林木火灾保险、乡村民宿综合保险、养殖保险等农险项目。推出小额贷款保证保险，为中小企业资产提供保险保障。

【坚持依法合规经营】 坚持建立公司合规经营的有效防线，稽查各个与客户接触点的服务流程规范化、制度化以及执行风险隐患，以监管部门、行业要求、公司各项制度为依据，开展“聚合力、出重拳、治顽疾”专项治理工作，通过优化管理、完善制度、日常监管、责任到人等手段，进一步提高风险防范能力，严守合规底线，确保公司合法合规经营。

【加强服务意识】 秉承“诚信天下，稳健一生，追求卓越”的企业核心价值观，围绕“一切为了消费者”指导方针，坚持“以客户需求为导向”的转型战略，以“五心服务金字塔工程”作为转型驱动的行动抓手与创新工程，对外公开接受社会与消费者的监督，对内开展服务明星评选，提升客户服务水平。

【共建数字太保】 对内外部客户服务需求进行收集整理，对现有新产品、新模式、新功能落地推广，通过码上保、微店等便捷、新颖的销售方式，打造“在你身边”的良好服务感受。突破传统营销模式，通过APP推广航延险、旅意险等投保简易、使用频次高、客户喜闻乐见的产品，在提升客户体验的同时，运用新技术助力客户的二次开发、精准营销。全面推广互联网理赔查勘功能，逐步迈入保险理赔新时代。

【加强队伍建设】 是年，定海支公司对原部门进行重组、整合，建立起一批专业化的销售团队。强化人才教育机制，切实抓好岗位技能学习，不断提升员工的专业素质，培养一批技能高、专业精、服务意识强人才队伍。加强日常管理和活动量管理，制定科学合理、有吸引力的薪酬政策，不断提高员工的工作热情。

（撰稿：贾　音）

泰康人寿保险有限责任公司浙江舟山中心支公司

【概况】 2017年，泰康人寿保险有限责任公司舟山中心支公司下辖机构定海本级、普陀、六横、金塘、岱山、嵊泗6个营销服务部，有内勤员工32人，营销员548人。泰康人寿舟山中支公司秉持“尊重生命，关爱生命，礼赞生命”的公司理念，推广“活力养老、高端医疗、卓越理财、终极关怀”四位一体的商业模式，推送“寿险+养康墓”全生命链的产品与服务。全年实现总保费收入2.57亿元，比上年同期增长82.95%，市场份额为13.56%。其中个险新单3636万元，10年以上期缴保费3464万元，比上年同期增长148%。全年办理各类理赔案件412件，结案率97%，累计支付赔款691万元，满期给付金额292万元，年金给付金额1775万元。

【开发新保险产品】 根据市场需要，推出《泰康全心全意保障计划》《泰康尊享医疗B》《泰康全能保2017保障计划》《泰康鑫福年金》等新保险产品，于2017年的业务销售中取得良好业绩。

【创新优质服务】 是年，推出“小额快赔、重疾先赔”等特色康乃馨理赔服务，至年底，累计有200多人享受康乃馨探视服务。小额快赔以简化单证为重点，以流程优化为主线，实现保险理赔服务的便捷化。搭建集“服务、调查、管理”一体化理赔服务移动平台，推广重疾先赔服务，将传统的出院后理赔前置到医院治疗环节，缓解客户疾病救治资金压力。是年，为多名重疾客户提前给付重疾理赔金。继续推出客户体验节，完善客户服务工作，重疾病种升级、保障缺口大数据评估、智能服务七大体验、泰康医养实体特色旅程等活动，服务客户。强化后援服务的支撑度，严格窗口服务管理，设立总经理接待日、按消保委、协会要求建立金融消费维权服务站，公开接受社会和消费者的监督。

【加强队伍建设】 推动公司销售队伍建设，利用四五扩军、七八铸军、十月强军活动做好团队发展，夯实组织架构。成立销售精英队伍，F1绩优俱乐部，开展经验分享和激励政策宣导，提高销售人员的归属感和积极性。每周开展新人衔训教育，提升队伍的从业技能。加强新人招聘、轮岗学习、全员培训等环节，提高员工工作热情，增强其责任心，加强内勤员工才梯队建设。组织员工开展礼仪知识学习、年度免费体检活动以及年终晚会等活动，提升员工凝聚力。

【坚持合规经营】 响应总公司号召，在集团元年第一届“诚信销售月”活动中将诚信体验纳入全体干部员工的KPI考核，将诚信作为泰康职业发展的通行证，树立诚信标准，建立诚信档案。召开各种合规现场会、视频会及培训宣传21场次。开展“财务行为及费用管理专项检查”“总公司诚信销售合规培训课程学习”“2017非法集资宣传月暨涉嫌非法集资风险专项排查”等活动，进行“反洗钱”知识学习培训，开展自查和补缺，提升反洗钱业务实操能力。加强内外风控管理，坚持合规经营，确保公司持续健康发展。

（撰稿：徐　君）

天安财产保险股份有限公司舟山中心支公司

【概况】 2017年，天安财产保险股份有限公司舟山中心支公司（简称天安财险舟山中支），内设综合部、理赔部、销售推动部、银保部、业务部，新增车商部，下辖岱山支公司和普陀区营销服务部。全年实现保费收入367.17万元，承保数9996笔，保额1468311.22万元，赔款1873.32万元，赔付率%87.41%，其中本级保费1402.27万元，普陀保费373.74万元，岱山保费367.17万元，车险1663万元，非车险480万元，保费计划达成率71.20%。

【调整人事结构】 2月9日，王飞任职总经理助理，主持全面工作，分管行政、人事、财务、车险、非车险、直管和银保等业务。新领导全面了解公司行政、财务、人事、银保等具体管理内容，调整各相关部门的不规范操作，调整综合部及业务二部负责人，任命各营销服务部负责人，完成新团队的调整和重建。

【提高公司效益】 制定天安财险舟山中支的三年规划，完成下一步工作部署。加强承保质量管理，重视业务数据跟踪和业务数据分析。全程管控非车业务，严格把关审核承保材料。做好防灾防损工作，选择重点企业，落实责任检查。明确大案要案汇报制度，领导班子亲自参加大案要案查勘定损工作。建立人伤提前介入体系，加强人伤案件跟踪管理。狠抓理赔打假，做到疑难赔案进一步调查取证。坚持效益为先的导向，支持和配合总分公司的砍亏行动，千方百计拓展业务。开展诉责险、人车联动、新车推动的竞赛活动，利用有组织的销售推动，搜集市场危险品运输车单位清单，引导员工开展相对效益好的业务。开拓政府渠道，走访市政协、海洋集聚区、综合保税区、新城管委会等地，新增政保项目（市政协财产险、海洋集聚区公众责任险、下属公司团意险、综保区仓储一切险等）。

【加强管理工作】 整合理赔人员资源，加强理赔查勘队伍建设。提高现场查勘率。加强理赔各环节管理，紧盯理赔管理指标。加强人伤调查、误工调查等环节，加大人伤案件的调解力度。加强对诉讼赔案的管理，维护好与交警、医院、法院和司法鉴定所等协作机构的业务关系。加大打假防骗力度，加强与各辖区内的交警、公安经侦的沟通和协调。重抓未决管理、加快小额案件处理，打造服务品牌。确保赔案质量，优化理赔流程。

（撰稿：贝竹贤）

中国平安财产保险股份有限公司舟山中心支公司

【概况】 2017年，中国平安财产保险股份有限公司舟山中心支公司坚持“专业领先、诚信服务、创造价值、回馈社会”的经营宗旨，调研开拓新市场，助力新区经济发展。是年，继续经营车险、企财险、责任险、工程险、船舶险、家财险、保证险、意外及健康险等法定产险业务及国际再保险业务，适时推出安租保、全家保等新产品。至年底，公司实现保费收入1.39亿元，同比增长3.86%；累计为社会提供风险保障979亿元。

【推广各类新险种】 推出首台套保险、建工履约保险、专利保险等符合市场需求的新险种。结合实际情况，开拓各种惠及民生类产品。

医疗事故责任险　保障被保险人从事与其资格相符的诊疗护理工作时，因过失导致意外事故，造成患者人身伤亡所产生的损失。

渔工险　与浙江省渔业互保协会合作，为全省渔民人身安全提供保障。

诉讼财产保全责任险　旨在为民事案件中的原告

方提供保险（保证）。

疫苗接种意外伤害保险　帮助卫生部门解决因预防接种导致异常反应而产生的补偿问题。

小微乐享保险　为宠物店、美发行业、酒店服务业、网吧、教育培训机构等小微企业提供帮助。

哄抢险　承保被保险货物在运输途中（指货物尚未卸离交通工具，运输车辆在路途上或中途停靠地）被哄抢，以及装载被保险货物的交通工具发生交通事故，被保险货物遭受哄抢。

司法鉴定责任保险、食品安全责任险及电梯安全责任险。

【坚守客户至上服务理念】　创新推出车主服务中心，一站式优化客户保险、理赔、维修全流程服务体验，坐享式服务；510极速查勘，节省客户现场等待时间；一键包办，聚焦理赔主要痛点，精选六大包办服务，解决理赔难问题。继续开展“停下来，传递爱”公益活动，履行社会责任。

（撰稿：陈　盛）

中国平安人寿保险股份有限公司舟山中心支公司

【概况】　2017年，中国平安人寿保险股份有限公司舟山中心支公司坚持“科技引领金融，金融服务生活”理念，以深化“金融+科技”、探索“金融+生态”为发展模式，聚焦“大金融资产”和“大医疗健康”两大产业，应用于“金融服务、医疗健康、汽车服务、房产金融、城市服务”五大生态圈，为客户创造“专业，让生活更简单”的品牌体验。是年，支公司全年实现保费总收入10999.70万元，比上年同期增长52.75%，其中个险新单业务完成标准保费4508.37万元，比上年同期增长61%。个险续期业务完成保费6441.79万元，短期险49.54万元。

【加强人才培养】　营业部实施招聘计划，严格增员上岗流程，推动业务队伍增长。开展各项培训，提升业务员队伍综合素质和文化结构，强化业务队伍建设。加强业务员的专业技术培训，全年举办106个培训班，参训人数9065人，提高业务员的销售技能和业务水平。

【履行社会职责】　以“成为国际领先的个人金融生活服务提供商”为愿景，恪守企业社会责任，为客户、员工、股东和社会创造最大化的价值，倡导“以优秀的传统文化为基础，以追求卓越为过程，以价值最大化为导向，做一个品德高尚和有价值的人”的价值观，弘扬“诚信守法、简单务实，团结进取、迎难而上，追求卓越、服务领先，创造价值、回馈社会”的平安精神，坚持“专业创造价值”的品牌定位，实现“专业，让生活更简单”的客户体验。

（撰稿：庄丽娜）

中华联合财产保险股份有限公司舟山中心支公司

【概况】　2017年，中华联合财产保险股份有限公司舟山中心支公司以科学发展观为指导，落实总、分公司经理工作会议部署，加快业务发展，加强基层建设，强化风险管控，保持稳健经营。至年底，实现保费收入5875.7万元，实现利润409.74万元。

【开拓发展渠道】　取得“舟山交通投资集团2017—2018年度一揽子保险”项目、“舟山市政府2017—2018年度车辆统一保险”项目；非车险业务实现较好增长，尤其是建工一切险项目、意外险项目等团单业务新单保费全面实现新突破。

【强化队伍建设】　制定管理系列人员“三定”方案，对管理系列人员实行定岗定编定员。推行落实销售系列人员基本管理办法；出台四级机构薪酬管理办法。实施“三定”整合，实现员工队伍稳健发展，重要岗位人员平稳，全年分流低产能销售人员10余人，精简队伍，打造优秀员工队伍。

【强化理赔管理】　落实“优赔增效”活动方案，开展人伤、打假、追偿和外修等4个理赔专项活动、开展技能培训，提高定损质量，“理赔业务分析制度”、“定损复查规定”等一系列理赔管理办法，加强对定损和人伤医核的把关，挤压赔款水分。

【加强企业文化】　开展“两学一做”主题教育，为全体党员、积极分子、助理以上中层干部上“做表率守党规严党纪”“不忘初心、牢记使命”等五次专题教育党课。重视员工的工作和生活，坚持为困难员工排忧解难出一份力，坚持看望产、病员工、及员工家属，帮助员工渡过难关。给员工送上生日卡、组织参加协会组织的各类活动，组织职工开展室内拓展活动，组织员工参加分公司15周年司庆的各项竞赛活动，实现可持续发展。

（撰稿：顾应颖）

中国大地财产保险股份有限公司舟山中心支公司

【概况】 2017年，中国大地财产保险股份有限公司舟山中心支公司围绕“客户导向”“产业链”“互联网+”三大战略，做优做大做强，提升行业地位。是年，实现服务网络全市覆盖，开通全国统一报案电话“95590”，在外地出险实行全国统一调度、查勘、定损、全国通赔，提供随时随地随叫随到服务，保证“服务至上，客户第一”的快捷专业服务。至年底，公司实现保费3808.34万元，同比增长9.74%。

【创新服务体系】 开发“大地通保”APP，打造大地保险“云服务”，以客户为中心，以移动互联为载体，以用户体验为目标，向客户提供承保、理赔、信息查询、客户经理互动、积分回馈、增值服务等便捷、丰富的服务体验。客户出险后，添加“中国大地保险”公众号推送的理赔专员为好友，拍摄几张照片，赔款分分钟就能到账；VIP客户出险后，拨打“95590”报案，有专家坐席一站式在线处理，在线完成查勘理赔全流程；小额案件，提交理赔资料即可快速获赔。

（撰稿：黄燕芬）

阳光人寿保险股份有限公司舟山中心支公司

【概况】 2017年，阳光人寿保险股份有限公司舟山中心支公司（简称阳光人寿舟山中支公司）秉承“打造符合人性与最具活力的金融保险服务集团”的企业愿景，践行“让人们拥有更多的阳光”的使命和“一个追求：一切为了客户”“二个根本：创造价值，共同成长”“三个统一：激情与理性、速度与品质、灵活与专注”的核心价值观，以“战胜自我，拥抱变革”的企业精神，完成各项工作任务。

【提升服务质量 履行社会责任】 依托集团优势，以人文、科技为驱动，升级以“闪赔”“直赔”为特色的服务，开展运营客服节，打造“服务嘉年华”。开展启智学校学生“六一”送祝福活动，举办乐动阳光音乐舞蹈教室公益活动，履行社会责任，提升公司品牌知名度，树立良好社会形象。

【各项业务实现新突破】 至年底，公司有内勤29人，续期客户经理7人，团个交叉销售专员1人，个险外勤372人。实现个险新保收入1559万元，累计实现团险业务总保费收入265万元，个险赔款支出211.98万元；团险全年赔款支出 276万元。

（撰稿：郑晨果）

（本分目照片由阳光人寿舟山中心支公司提供）

拍 卖

【概况】 舟山市公信拍卖有限责任公司是“中国拍卖行业A级”企业和“浙江省工商企业信用A级‘守合同重信用’”单位，列入省司法委托拍卖入选名册，承担全区国有、集体资产拍卖业务。凡国有、集体资产拍卖统一进入区公共资源交易中心平台，在监督下完成拍卖过程，以确保国有、集体资产处置公开、公平、公正和保值、升值。

【拍卖和评估】 2017年，舟山市公信拍卖有限责任公司举办各类拍卖会65场，涉及房屋产权、租赁权、股权、二手车、废旧物资等内容。成交12463万元，总溢价率—7.6%。其中租赁权拍卖占33.3%，溢价率—42.3%。总拍卖业务中，国有、集体资产成交额为11676万元，占总成交量的93.7%，其中租赁权拍卖占31.8%，溢价率—45.2%。全年实现拍卖佣金收入563.7万元。

（撰稿：李留军）

责任编辑：王英伟

经济综合管理

发展与改革管理

【概况】　区发改局是主管全区国民经济、社会发展、指导经济体制改革、物价工作的区政府工作部门。2017年，区发改局下设办公室、国民经济综合科、投资科（重点办、产业发展科）、体制改革科、行政审批科、服务业发展科、社会发展科等9个职能科室。

【规划管理】　下达2017年度规划编制计划，完成规划编制任务分解、编制经费安排工作，开展年度规划编制计划实施情况调研监督。是年，全区计划编制各类规划6项。其中《定海特色街区规划研究》分解为四个特色街区实施方案，完成编制。《定海区东岠旅游示范岛规划》完成编制。《定海区十八岙乡村旅游规划》完成意见征求稿。《定海区主城区单元控规》完成413街区、畚金街区、庆丰工业园街区、竹山门街区等控规编制。《旧城改造、城市重要区块城市设计及研究》完成竹山门区块、东门菜场周边区块、滨海区块、小洋岙区块等城市设计。《定海五山公园绿道规划》完成概念性方案编制。

【计划报告和经济形势分析】　编制完成《2017年半年度国民经济和社会发展计划执行情况报告》和《2017年国民经济和社会发展计划执行情况与2018年国民经济和社会发展计划草案的报告》。对全区经济运行情况进行监测，做好投资、服务业、金融、价格等月度、季度运行情况调研分析，为全区经济社会发展出谋划策。

【课题研究】　主持开展《定海油品产业发展调查研究》《高铁时代定海发展思考》《定海区对接自贸区战略研究》等课题研究。

【军民融合】　牵头省级军民融合创新示范区申报工作，完成省级军民融合创新示范区创建方案编制，完成2016年度全区经济动员潜力调查数据采集和上报。

【低碳发展】　编制完成《2016年度定海区温室气体清单报告》，组织区内14家重点企业完成2016年度重点企（事）业单位碳报告编制和现场核查工作。

【现代服务业】　是年，全区服务业增加值265.43亿元，比上年增长2.2%，增加值占GDP比重52.2%。实现服务业投资244.43亿元，增速2.1%。宋都蓝郡国际商业综合体、舟山远洋渔业冷链物流基地建设（冷库）项目二期工程列入2016年省服务业重大项目计划，12个项目列入2017年市服务业重大项目计划。制定实施《定海区服务业发展“十三五”规划》，编制完成《舟山市定海城区商业网点规划（2016—2020）》。做好区服务业发展奖、服务业明星企业评选、奖励。

【重大项目建设】　是年，牵头制订2017年政府投资项目和重点建设项目计划建议，做好省市区重点项目进展情况月度统计。组织4个重大项目参加浙江省扩大有效投资集中开工活动。拟定2017年镇（街道）重点建设项目、区级机关重点建设项目、区级固定资产投资考核办法。启动定海区政府投资项目储备库建设，起草完成《舟山市定海区政府投资项目管理实施细则（修订）》。起草完成《定海区重点攻坚项目管理办法》。

【社会固定资产投资】　是年，完成全社会固定资产投资718.76亿元，其中第二产业投资200.78亿元，第三产业投资516.27亿元。完成区本级（除临城街道）固定资产投资384.58亿元，同比增长16.0%，其中工业投资138.61亿元，同比增长17.0%；服务业投资243.80亿元，同比增长15.7%。是年，全区安排政府投资项目169个，实际完成投资49.28亿元，完成年度计划的92.3%；实施重点建设项目89个，实际完成投资112.17亿元，完成年度计划的93.3%。

【项目资金争取】　是年，上报中央预算内保障性安居工程配套基础设施、浙江省公建投资计划等项目16个，资金争取额度1.27亿元。下达中央及省级投资项目13个，争取中央预算内资金6971万元，省公共建设资金300万元，循环化改造示范试点专项资金1030万元，产业集聚区建设资金补助60万元。

【民生实事项目】　根据人大改革要求，组织做好政府民生实事项目票决基础工作。以“造福于民、受惠于民”为目标，通过报纸、网站等渠道征集政府民生实事项目，提交区委区政府审议、区人大票决通过10项政府民生实事项目。牵头推进民生实事项目的实施，认真做好全程监督和汇报工作，积极打造群众满意工程。

【审批管理服务】　是年，受理各类行政许可、非行政许可、其他事项352件，其中政府投资项目123件，企业备案项目30件，企业核准项目5件，项目前期服务联系单194件，所有项目在承若时限内办结，业主满意率100%。

【两证补办工作】　会同规划、国土、消防、环保、城管等相关部门对各镇（街道）、园区管委会上报的206项两证不全项目进行初审和联合踏勘，牵头对38家企业42个项目开展两证补办专项工作。有4家企业完成单证补办，8家企业正在办理；7个项目完成消防整改等前期工作，1家企业完成两证补办。

【重点领域改革】　“舟山定海远洋渔业小镇”省级考核取得良好等次，“金塘螺杆小镇”规划建设取得进一步进展，金塘小城市培育试点启动实施第二轮三年行动计划；深入开展县域经济体制综合改革，全年推动实施区级改革项目17项。全面完成公车标识喷涂等后续工作，正式开展全区事业和国企单位公务用车制度改革。

【能源发展】　是年，先后组织管道安全生产月、管道安全生产大检查等系列活动，进一步明确管道保护工作主体责任，规范管道保护相关制度，落实管道保护信息报送机制，保障管道安全运行。全年完成电动车充电桩85个。完成全区10蒸吨/小时以下高污染燃料锅炉淘汰改造工作，完成淘汰改造锅炉17台。

【金融工作创新】　是年，全区“新三板”挂牌实现破零，新增2家股份有限公司。全市首单项目收益债成功发行，全年各类债务融资工具募集资金28.29亿元。区民间投融资服务中心稳健运行，累计撮合业务579笔，撮合金额7.1亿元。泰隆银行定海支行开业运营。

【非法理财机构整治】　强化金融风险防范宣传，定期召开互联网金融专项整治部署会，覆盖式、分路段、分区域开展排查，建立约谈机制、现场执法等形式分类推进非法投资理财机构清理整治。累计约谈机构50余家，关停38家，立案处置12家，保护人民群众的合法利益，维护了地方金融秩序和社会稳定。

【推广应用新墙材】　是年，全区新墙材产量2.30亿块标砖。征收墙材专项基金项目10个，征收金额175.38万元；返退墙材专项基金项目24个，返退金额333.80万元；完成专项基金上缴国库142.37万元；建筑项目墙体验收21个。

（撰稿：李留军）

价　格

【概况】　区物价局作为区政府挂牌局，承担全区价格管理、价格监督检查与价格服务职能，下设价格费管科、价格监督与检查分局、价格认证中心3个部门。

【价格及收费管理】　做好民生价格管理。加强对教育、物业、医疗服务、公租房等民生价格的管制，全年制定及调整各类价格及服务收费项目13件，其中教育类收费5件，公租房价格1件，住院床位费1件，停车场收费3件，普通住宅小区物业收费3件；根据省局统一部署，围绕医药卫生体制改革目标任务，对定海区中心医院的儿科医疗收费进行调整。做好行政事业性收费的统计分析，统计行政事业性收费单位53家，收费总额1.4亿元。根据加强收费事中事后监管的规定，做好各单位收费的社会公布工作，增强收费的透明度。贯彻中央供给侧改革精神，引导社会中介机构降费减负，联合区审批办证中心、区减负办对全区八大行业23家中介服务机构进行约谈，对实行市场调节价的15项服务收费在现行标准基础上降低20%以上。

【市场价格监测】　重点做好本地区粮油、蔬菜、水产品、猪肉以及其他食品、药品的监测，全年向省、市上报价格监测数据170次。加强分析预测和调查研究，撰写监测分析和预测性分析材料13篇。

【价格监督检查】　开展各类价格监督检查工作。做好元旦、春节等节日市场价格检查，检查大型商业零售企业5家，停车场6个，餐饮娱乐行业10余家，旅游经营单位1家；开展医疗收费专项检查，检查公办医疗机构9家，处罚1家，要求整改8家；开展涉企收费专项检查，对相关单位转嫁行政审批中介服务费进行调查核实并上报省局。处理群众举报26起，其中网络职业举报18起，至年底所有举报均办结。

【价格认证】　履行价格认定职能。规范价格认定行为，严格认定程序，坚持2人以上办案，确保认定质量；加强学习，不断提高业务能力；落实案卷管理工作制度；对重大、疑难案件实行集体审议制度；加强价格认定宣传和调查网点建设，新增多个认定调查网点，为价格认定建立数据库。全年办理价格认定案件251件，标的总额99.52万元。

（撰稿：李留军）

统　计

【概况】　2017年，区统计部门围绕党委、政府中心工作，以服务经济社会建设为中心，以完善统计制度体系为抓手，以提高统计数据质量为目的，完成各项统计工作任务，为全区经济建设和社会发展提供统计保障。

【基层统计机构建设】　组织全区各镇（街道）、功能区统计分管领导，统计站负责人等赴南京财经大学参加为期一周的统计基础培训，邀请专家进行业务培训，丰富镇（街道）统计工作人员的统计理论知识。制定《定海区村（社区）统计规范化建设制度（试行）》等相应的规范制度，要求镇（街道）积极落实，每个村（社区）必须配备的专、兼职的统计人员，保持人员稳定，定期接受统计部门的业务培训。

定海区统计干部能力提升培训班

【企业统计基层基础】　选取17家工业企业开展统计规范化建设试点工作，建立“一企一档”，每季度召开一次工作例会，使企业统计人员进一步提高对统计工作的认识，增强如实搜集数据、及时上报数据的自觉性，提高统计报表质量。

【统计方法制度改革】　贯彻落实固定资产投资统计改革精神，对投资项目数据采用形象进度法与财务支出法并行的统计方法；推进国民经济核算改革，扩展产业核算领域，开展全域旅游、信息经济等核算；调整GDP核算口径，将研发支出纳入统计；做好城乡一体化新样本轮换工作。

【统计信息服务】 完成各类统计信息139篇，分析29篇。其中8篇次信息（分析）被各级党委政府录用，另有多篇信息被《舟山日报》《今日定海》《定海新闻》等新闻媒体采用。是年，编印《定海统计》49期，《统计月卡》《统计快报》《统计工业快报》各11期，3月和8月分别出版《2016定海统计手册》《2016年定海统计年鉴》。

【统计宣传执法】 利用统计月卡、微信公众号、官方网站等载体宣传统计法规，以全国法制宣传日和《统计法》颁布纪念日等为契机，开展统计法制上街宣传活动，在统计年（定）报培训会上对重点普法对象进行法制宣传。是年，稽查单位31家，立案并罚款2家。

【第三次农渔业普查工作】 1月1日开始，定海区第三次全国农业普查进入正式入户登记阶段。全区600多名普查员和指导员对涉及农业的农户、规模农业经营户和农业经营单位等近50000户登记对象进行现场登记。登记完成后，区农普办根据国家、省、市农普办下发的审核清单逐一进行核实、确认，抽查2个镇（街道）的两个小区，进行事后数据质量验收。

【专项调查】 完成党风廉政建设调查、“平安浙江”群众安全感满意率调查、“平安镇（街道）”群众安全感满意率调查、5‰人口抽样调查、城市公共交通满意度及公交分担率调查、党风廉政建设调查等多个专项调查。

（撰稿：徐　波）

（本分目照片由区统计局提供）

规划编制管理

【概况】 2017年，区规划部门围绕花园式国际人文港城的定位，结合定海实际，形成定海全域范围“城区+园区+特色村镇”的规划空间结构。推进定海古城保护与活化利用，完成定海古城保护与活化利用工作调研报告；牵头协办浙江省城市规划学会古城保护与活化利用专题学术会议；委托设计院初步编制完成古城保护开发设计方案。配合城中村（旧城）改造工作，完成《定海畚金街区控规》《青垒头单元弘生南街区控规》《昌国北单元413街区控规》《解放单元尾山北街区》的报批工作，批复面积约725.4公顷；开展西山路、竹山门等八个区块控规编制工作，控规面积约273.4公顷。初步完成工农路区块、白虎山路区块等4个区块的控规编制工作。完成定海区8个点的小城镇综合整治规划编制工作，其中马岙街道小城镇环境综合整治规划获评省级优秀规划方案，整治规划编制公众参与、聘请市民监督员“找茬”等做法获省、市领导的表扬。完成《定海城区五山绿道概念性规划方案》初稿编制；完成《定海南部诸岛规划体系优化研究》编制；推进《定海城区更新式运营总体方案研究》课题；配合市局完成《舟山市中心城区教育专项规划》《舟山市中心城区污水专项规划（修编）》等专项规划的编制工作；启动定海公园、定海古城东门口、盐仓椅子山公园、跨海大桥接线公路沿线等节点的规划研究工作。干䃎镇新建社区国家级美丽宜居示范村庄规划，小沙街道光华社区省级美丽宜居示范村庄规划及大沙村、和平村、桥头施村、南山村等6个村庄规划获得批复。盐仓街道叉河社区美丽宜居示范村规划完成评审稿；马岙、三江、团结、皋泄等4个村庄规划完成初稿。

【规划许可】 是年，完成项目审批1334件。其中，选址意见书58件，总用地面积约150.2万平方米；规划设计条件15件，总用地面积约32.3万平方米；办理报批、局调47件，总用地面积约87.7万平方米；方案批复11件；总平面确认12件；临时用地规划许可证4件；用地规划许可证46件，总用地面积约199.3万平方米；工程规划许可证98件，总建筑面积约34万平方米；工程竣工规划核实38件；杂项审批5件；私人建房审批1000件。收到建设单位感谢信20余封，获评区审交办“红旗窗口”8次。

【规划效能】 主动服务重点项目，创造条件加快审批进度。是年，区89个重点建设项目中除8个金塘项目、2个码头项目外，需经分局审批的项目全部完成前期选址审批，个别未完成工程审批的项目已落实专人进行对接跟踪对接，带“章”服务，确保规划审批程序。其中江海60万吨粮食仓储、舟山市三江污水处理厂一期工程完成用地审批；新桥公寓南侧地块、干䃎惠群冷链、和润物流仓储二期项目、干䃎500千伏变电站、定海区高新材料研发中心项目、宁波舟山港主通道（鱼山石化疏港公路）定海段、宇培舟山冷链产业园等项目完成工程规划审批；定海东门交通综合体项目、定海区工业园区科技创业中心等项目完成竣工规划核实。

【规划基层服务】 完成“最多跑一次”审批改革事项梳理，规划权利事项大项13项、小项19项实现最多跑一次，“最多跑一次”率达到90%以上，推出便民措施9项。接待信访事项64件，大型群体信访事项3件，群众来访来电60余次。收到提案议案主办件3件、协办件9件，召开听证会项目1件，办结率100%。

（撰稿：袁伟斌）

审 计

【概况】 2017年，区审计部门完成审计（审计调查）项目17个。审计查出主要问题金额20156万元，其中，违规金额3万元，管理不规范金额20153万元。发现非金额计量问题158个。审计决定处理处罚资金3474万元。审计期间整改金额4011万元。移送处理案件1起，移送处理人员1人。提出审计建议80条，被采纳审计建议80条；提交审计信息96篇，被批示、采用45篇。

【开展财政决算审计】 实施区财政局具体组织的2016年度预算执行情况审计和昌国、双桥两街道2016年度财政决算审计。审计揭露区财政局未按规定征收缴纳收入、街道存在违规使用发票、财政预算管理不够规范、财政决算数据缺乏真实性、基建项目管理程序不够到位的一些问题。审计促进财政将5455万元非税收入解缴国库；50万元违规使用的抗台救灾资金全额返还财政；127家小微企业21万元未退残保金足额退还。

【开展政府投资项目审计】 实施投资审计项目2个，查出管理不规范金额7303万元，核减投资额3474万元。重点对盐经六路决算、马岙新农村安置示范小区BT项目决算等民生项目，围绕财政资金的使用效益，着重关注项目前期管理情况、招投标执行情况、现场管理情况进行审计。采取自行审计和组织协审单位审计方式，开展镇鳌山隧道、国际友好广场、蓉浦公寓保障性住房、甬东开发区农民公寓等结算审计项目。审计促进舟山市金道公司出台《舟山市金道公路建设工程有限公司工程结算审核管理制度》等3项制度，收回长期挂账的往来款项等各类资金15万余元。

【开展专项资金审计】 审计定海区部门间信息共享机制建设推进情况、基本公共文化服务资金和慈善资金募集使用管理情况。审计将分析出的低保户、困难残疾人、困难职工、五保三无人员等各项疑点数据移交给民政等部门进行深入核查。审计促使定海区慈善总会出台《区慈善总会关于规范慈善救助金银行卡转账发放的规定》等多项制度；对40.75万元的滞留捐赠款进行清理，用于新设立的“肾爱救助项目”，救助全区115名尿毒症患者。

【开展经济责任审计】 审计6个单位8名区管领导干部经济责任。审查本级单位和下属企事业单位。在对区供销合作社联合社主任任期经济责任审计中，查实下属企业定海隆兴烟花爆竹公司出纳王某某挪用单位巨额资金用于个人理财和股票交易后，将此问题涉案材料移送处理。该出纳被判处有期徒刑一年，缓刑一年六个月。在区卫计局经济责任审计中，对全区纳入医保范围的医师处方进行审查，披露持他人医保卡就医问诊现象，严肃就医者人卡一致，强化医师队伍管理，加强精神类药品管理。

【开展政策执行审计】 抓住项目落地、资金保障、简政放权、政策落实、风险防范等5个方面，将重大政策措施落实情况跟踪审计项目分解为基本公共文化服务资金专项审计调查项目以及区财政专户清理规范情况、政府债券置换存量债务情况、行政事业性收费和政府性基金管理情况等3个专题分别实施。审计在促进政策措施落实、破除改革障碍、提升资金绩效和安全、推动民生改善等方面取得成效。

【加强审计质量管理】 根据《定海区审计局审计项目质量控制实施办法》，做好进点前、现场实施结束后及审计报告征求意见反馈后等3项重要管理事项记录。审计过程中突出审计项目计划、项目实施、审计报告等重点环节，定期梳理检查审计项目案卷。

【推进审计整改落实】 推进“审计整改督查管理系

统”应用，除2个涉及以往既成事实无法整改的问题，其他问题类、建议类、决定类事项均完成整改，问题金额2861.9万元，全部完成整改。落实《审计整改督促督查工作实施暂行办法》，推进被审计单位审计整改报告公告，金道公司等单位在单位内部公告其审计发现问题整改情况。

【联合纪委巡查开展经责审计】 巡查工作采用现场同步进点，发挥各自优势，信息全面共享，密切配合工作的模式，建立和完善多方面机制，进一步推进党风廉政和反腐倡廉建设。

【制订规章制度】 制订完善《定海区审计局内部控制制度》，加强廉政风险防控机制建设。制订《关于推进“两学一做”学习教育常态化制度化的实施方案》，落实“两学一做”学习教育常态化制度化的各项任务，学习教育与近几年开展的审计系统“四个年”相衔接。

【加强干部日常管理】 组织审计人员学习《浙江省审计执法人员行为规范》；组织全区内审干部培训，参训人数38人；组织尚未取得审计执法资格证的同志参加执法学习培训，参加执法资格证考试。至年末，审计业务人员全部具备审计执法资格。

（撰稿：庄缀萍）

国土资源管理

【概况】 市国土局定海分局下辖9个国土资源所、7个职能科室和4个直属事业单位。至年底，全系统在编职工69名，退休职工23名，编外职工104名。2017年，定海国土资源系统把握全区发展对国土资源保障的维度，坚守生态资源保护红线，紧扣“五大会战”“四个舟山”“花园式国际人文港城”等重点战略，以“抓实五项核心事项，勇于担当作为；落实五项改革任务，争取走在前列；夯实五项基础业务，提升管理水平。”为工作主线，牢记使命担当，凝聚发展共识，完成年度各项目标任务。是年，获2017年度舟山市国土资源工作目标责任制考核优秀单位、定海区政府工作创新奖二等奖等荣誉。陈宇获评国土资源部永久基本农田划定工作表现突出个人荣誉称号。区委书记庄继艳、区政府区长侯富光专门作出批示，对国土工作给予充分肯定。

【规划调整】 是年，调整9个土地利用总体规划面积3140亩，其中宁波舟山港主通道项目调整规划面积782亩。争取到省国土厅额外允许调整全市“交通大会战”重点项目涉及的永久基本农田488亩，其中示范区263亩。

【保障发展】 是年，争取新增建设用地指标3079亩，同比增长80%，按计划指标5万元/亩的价格计算，相当于争取资金1.6亿元；落实耕地占补平衡指标2021亩，水田1420亩，分别较上年同期增长94%和108%，其中争取省统筹或市调剂占补平衡指标1458亩，按现行省跨市补充耕地调剂平台价格（每亩45万元—60万元）折算差额，节省耕地占补平衡指标市场调剂费用约8.7亿元。全年供地3456亩，其中出让供地1836亩，出让金收入31.3亿元，同比分别增长73.3%和462%，采矿权出让金收入近30亿元。助力定海“六个当年”推进城中村（旧城）改造，全年完成5个旧改项目土地供应280亩，出让金收入26.4亿元。

【资源保护】 贯彻落实中发〔2017〕4号文件，全省率先划定永久基本农田保护12.4万亩，示范区3.1万亩，一次性核减永农1.5万亩。建立耕地保护补偿机制，发放省补助及区配套资金932万元，提高基层耕地保护的积极性。是年，实施垦造耕地项目31个，新增耕地1289亩，实施“旱改水”项目6个，耕地质量提升488亩，实施耕地表土剥离958亩、为任务的5.6倍，完成高标准农田建设1.29万亩。完成省下达的深化“四边三化”矿山生态环境治理行动项目2个和废弃矿山治理项目6个。推进粉尘防治，创建市级绿色矿山1座，启动册子大皇山创建绿色矿山工作。

【节约集约】 推动土地精准高效利用，累计消化批而未供土地2071亩，处置供而未用土地934亩，闲置土地825亩。盘活存量建设用地1324亩，完成市下达任务的2倍多。近五年平均供地率77%，完成低效用地再开发1313亩，占全市总量的近四成。

【执法监察】 立案查处国土资源违法案件28件，没收违法建筑物占地面积3503平方米，拆除建筑物11684平方米，收缴罚没款174万元。推进“一严查两整治”亮剑行动，处置新增占用永久基本农田9宗7亩、农村房屋违法违规案件39宗43亩、设施农用地9宗14亩，清理一户多宅254户，均立案查处或拆除复耕到位。建立国家、省和区级卫片执法机制，2016年度国家卫片执法检查新增违法用地耕占比0.36%（含临城和集聚区0.66%），为历年最低。全市首推无人机配合巡查，破解基层执法巡查难问题。重视省级卫片执法检查、中央环保督察和海洋督察，完成各项工作任务。

【深化改革】 在全省先行先试招标挂牌复合出让方式，改变以往唯价格论竞地的模式，成功出让环南工业园区地块107亩，实现“优质开发商、高品质建设方案和政府出让收益”三者的有机统一。全省首创政府重大工程类项目隧道采矿权设置，在329国道舟山段改建工程中探索设置隧道采矿权，避免矿产资源流失，实现政府财政收入7500多万元。应对耕地占补平衡费用调整的影响，研究出台全市首个耕地占补平衡费用统筹政策，建立全区“一盘棋”差别化占补平衡政策，为全区建设项目落地创造条件。全市率先试行临时用地管理办法，提高复垦保证金缴纳额度，收取复垦保证金782万元，规范临时用地审批。推动“两证不全”历史遗留项目补办用地手续，实行涉土测绘市场化，启动全域土地综合整治试点。

【“最多跑一次”】 74个审批和登记服务事项列入“最多跑一次”事项清单，实现比率100%。不动产登记进一步优化，整体提速30%以上。开展林业权、海域使用权登记。全年累计办理各类不动产登记业务8.3万件，核发不动产权证书3.8万件。

3月，实现不动产交易、税收、缴费、登记全业务、全过程“最多跑一次”。6月，开展在乡镇层面的“最多跑一次”试点，白泉登记点群众办事实现“不进城”；金塘登记点群众办事实现“不出岛”；在盐仓开设不动产登记受理点，群众办事“可选择”。8月，实现不动产转移登记与水、电、气过户的联动联办。10月，实现个人住宅国有划拨用地补办出让的行政审批和登记两项业务“一窗通办”，实行统一的补交标准，取消土地出让金评估环节，为群众节省评估费用千元以上，原办结时间从30日提升至5日内完成。

建立行政审批“一审一核”制度，11个具体行政审批事项授权给窗口主任审批。以招拍挂出让方式取得的新建项目，在用地单位签订《出让合同》、缴纳土地出让金后，直接核发《建设用地批准书》。工业用地原址改扩建项目，不再办理审批手续和竣工复核验收。

【保障民生】 是年，上报征收方案批次9件，征收土地2666亩，累计拨付征地资金7255万元；核定被征地农民参保项目148个，核定可参保3600人，涉及参保面积2529亩。推进地质灾害综合治理“一年清零”，10个隐患点和18个排险点全部如期实现竣工，减少受威胁群众250多人，挽回受威胁财产2049万元。推进农村不动产确权登记，全区农村宅基地、农房已发证率分别为99.6%和64.3%。加快推进新型农房集聚小区建设，保障无房户危房户建房2134户，完成省下达任务的107%。完成中共十九大、互联网大会等重点敏感时期信访与维稳工作，引导广大群众依法按程序表达诉求，群众来信来访来电均及时予以答复，部、省领导批办、市局交办的重要信访件报结率100%，省厅2个信访积案得到有效化解。以盐仓国土资源所为样本，创建全市规范化国土资源所4家，推进国土资源所规范化建设，实行国土所与基层政府的深度融合。

【党风廉政】 学习贯彻中共十九大精神和习近平新时代中国特色社会主义思想，推进“两学一做”学习教育常态化制度化，树立“四个意识”，全面履行党风廉政建设“两个责任”，把纪律和规矩挺在前面，坚定不移正风肃纪，坚定不移惩治腐败，全面从严治党取得新进展。是年，召开党组学习会7次，中心组理论学习会4次，党组民主生活会1次，党支部学习会6次。坚持惩防体系建设重心下移，建立纪检监察工作组，在5个国土所和定海不动产登记中心设立纪检联络员，在9个基层国土所和不动产登记中心聘任纪检监察员，盯住基层权力运行的重要领域和关键环节。综合运用“四种形态”，处理工作人员7名。

【干部培养】 加大干部交流力度， 提拔和聘任中层以上干部17人，其中国土资源所负责人6人。建立干部培养机制，坚持一线培养与链式培养相结合，选派1名干部到省国土厅挂职锻炼，将年轻干部下派到基层国土所锻炼，担任副所长及以上达到9人。构建教育培训体系，制定《2017年干部职工学习培训计划》，结合“青年国土讲堂”共开展各类专题学习讲座10余次，提升干部综合素质。推行干部综合考核评价和绩效管理，制定管理办法和考核细则，建立“433”的评议机制，综合评价干部职工能力和水平。

（撰稿：陈 敏）

国有资产管理

【概况】 2017年，定海区财政局出台行业协会商会与行政机关脱钩改革中加强国有资产管理的意见，提升行政事业单位固定资产管理系统，确保国有资产保值增值，加强国有资产管理。推动国企党建工作写入公司章程，加强业务招待费管理，提高国有资产使用效益。在一级国有企业中开展国有资本经营预算，强化国有企业监督管理，多渠道筹措资金，解决企业发展融资困境。至年底，区属国有独资、控股、参股企业77家，其中独资企业48家，控股企业11家，参股企业18家。

【改革资产管理模式】 印发《定海区行业协会商会与行政机关脱钩改革中加强国有资产管理的意见》，对纳入脱钩工作的14家行业协会商会进行资产财务的分离，明确财产关系，进一步规范全区行业协会商会与行政机关脱钩改革中国有资产的管理。

【提升信息管理系统】 完成行政事业单位固定资产管理系统的升级工作。运行固定资产管理信息系统，动态掌握全区行政事业单位国有资产的总体情况，提升国有资产管理的总体水平，实现国有资产的安全保值。

【国有资产保值增值】 对区属行政事业单位、国有企业在资产处置方面按规定办理申报审批手续，符合要求的资产全部进入舟山信达产权交易中心公开处理。舟山信达产权交易中心受委托拍卖标的6笔，金额5222.38万元；房屋租赁33笔，金额752.63万元；公车改革拍卖147辆车，金额496.7万元，成交额累计6471.71万元。完成工程弃土和石料的拍卖，累计成交金额达7500万元，是全市首次尝试工以程弃土和石料为标的进行市场交易，促进国有资产保值增值。

【完善国企党建工作】 完成区国有独资、全资和国有资本绝对控股的下属企业公司章程修订工作。全区59家国有独资、全资和国有资本绝对控股的下属企业逐步完成章程修订工作。

【加强三公经费管理】 核定2017年度国有企业业务接待消费预算指标535万元，同比下降10%左右。至年底，业务招待费发生额249.77万元，同比下降20.1%，总执行率为46.69%。

【实施国有资本经营预算】 布置2017年一级企业的国有资本经营预算，是年纳入定海区国有资本经营预算编制企业有6家，可上交收益为10万元，国有资本经营预算支出无安排。

【强化国企监督管理】 推行财务总监委派制度，向城乡建设集团委派财务总监，建立和完善以财务监督为核心的国资监管体制，强化国资监管。进一步加强全区国有企业用工管理，杜绝国有企业编外用工行为，节约企业运行成本，对全区62家国有企业用工情况进行自查整改，并对用工情况进行核查。

【拓展企业融资渠道】 城乡集团非公开发行公司债17.76亿元，城区公司项目收益债发行总额为4.5亿元，在资本市场直接融资22.26亿元，推动全区旧城改造进程。继续实施“定海蓝海育苗基金”和“兴业育苗贷款”信托贷款银企合作，解决中小企业融资困难，为21家企业提供信托资金9525万元。

（撰稿：彭建慧）

安全生产监督管理

【概况】 2017年，全区安全生产监管部门和镇（街道）围绕全区社会经济发展大局，贯彻落实《中共中央国务院关于推进安全生产领域改革发展的意见》精神，坚持标本兼治、综合治理、系统建设，推进安全生产领域改革创新，不断强化安全基层基础工作，全区安全生产形势基本平稳。

是年，全区发生各类生产安全事故16起，死亡（失踪）17人（不包括水上交通及生产经营性火灾），未发生较大及以上生产安全事故，未突破市安委会下达的控制指标，定海区被市政府评为市级安全生产先进单位。

【机制建设】 研究制定《定海区推进安全生产领域改革发展的实施意见》，经区政府第14次常务会议审议通过，完善监管体制机制。首次实行区长与分管副区长签订责任书制度，建立7个由区政府各分管负责人担任专委会主任、由区政府办公室副主任担任专委办主任的“1+X”安委会组织架构，制定下发专委会工作制度，明确监管责任。加大安全生产目标责任制过程考核力度，实行网上动态督办，开展平安建设（安全生产）“双学双比”活动，在区行政中心设立“实绩亮相台”，对重大隐患整治工作和重点项目实施挂图作战，营造良好氛围。建立“双随机”执法抽查机制，推动基层执法规范化，是年，开展“双随机”抽查62次，完成率100%。利用政务服务网平台，实行安全生产审批事项“最多跑一次”改革。至年底，以“最多跑一次”的方式办结各类审批事项200项，其中行政许可117项。

【隐患排查治理】 区安委办牵头开展水路货运、涉氨制冷、港内小船、危险化学品等专项整治，完成15家水产企业快速冻结装置改造升级、11艘“黑名单”船舶拆解取缔、8台危化储罐维检修等工作，强化重点行业领域安全生产。推进重大隐患挂牌督办制度落实，完成16个省、市、区级重大事故隐患的挂牌整治工作。强化企业隐患排查治理系统应用，推动实现隐患自查、自改、网上自报。是年，累计上报隐患数22947条，完成整改22809条，整改率99.4%。

【执法检查】 围绕节后复工复产、全国“两会”、夏季高温汛期、“十九大”等重点时段开展安全监管工作，全面排查危化、矿山、机械制造（船舶修拆造）、道路交通、建筑施工等重点行业安全生产情况。是年，累计开展安全生产监督检查5883家次，排查安全隐患9758项，实施行政处罚92起，停产整顿企业23家，关停6家，约谈警示企业30家次，行政拘留18人。

【基层基础建设】 在全区船舶修拆造行业组织开展“千名班组长能力提升行动”，举办班组长能力提升专题培训班，培训班组长377名。组织安监系统干部参加视频培训、网络学习，开展各镇（街道）安监站对口互查，提高基层安全监管能力。加大执法装备配备，为各镇街道安监站配备执法专用移动电脑、打印机、手机以及执法电瓶车30辆，解决基层车改后执法难的问题。推进规模以上工贸企业和小微企业安全生产标准化达标创建及复评工作，推进113家（次）企业参与购买社会化服务，签订合同123个，累计服务金额255.5万元。

【应急管理】 分析船舶企业生产安全事故发生规律，组织召开全区船舶安全管理研讨会，提升船舶修造企业生产安全事故防范能力。修订《舟山市定海区生产安全事故应急救援预案》和《舟山市定海区危险化学品事故应急救援预案》，提高应急救援预案的可行性和针对性。发挥安办综合协调职能，牵头处置岑港“7·20”石油长输管道泄漏抢修、金塘海域200吨二甲苯非法倒卖等应急事件，及时消除安全隐患。

【科技兴安】 完成规模以上船舶修造行业1608台电焊机防触电保护装置和1275台二次降压装置推广安装任务，在天禄能源试点建设危化品基地在线监测预警系统，实现危化品储罐区24小时不间断智能动态监测、预警，在寺庙、教堂、大型商场等推广安装“智慧用电”系统262套，在所有经营性矿山破碎系统危险区域推广“在线监控”系统，安装率100%，有效预防和减少各类生产安全事故发生。

【安全文化】 开展“安全生产月”系列活动，通过安全生产摄影比赛、微信公众号有奖竞答、安全体验馆互动等形式开展宣传教育活动，联合市安委办在省交工集团329国道舟山段改建工程项目部开展安全生产月启动仪式及现场咨询活动。订购和制作纸巾、折扇、手机扣、帽子等各类宣传纪念品，营造安全氛围；区安全生产培训中心举办各类安全培训班10期，培训各类人员846人。

【职业卫生】 实施安全生产和职业卫生一体化监管，开展职业病危害项目申报、基础建设和尘毒治理示范企业创建、职业病危害严重行业领域专项治理及“回头看”。是年，开展安全生产与职业卫生一体化执法258家次，完成150家用人单位职业卫生基础建设达标，45家企业职业病危害专项治理及项目申报，2家尘毒治理示范企业和1家职业卫生管理示范企业创建。

2017年定海区各类事故统计表

表27

指标 类别	事故次数		死亡（失踪）人数		受伤人数		沉船只数		其中一次死亡3人以上事故（次）	
	全年	比上年±%	全年	比上年±%	全年	比上年±%	全年	比上年±%	全年	比上年±%
企业工伤	8	−11.1	9	−10	0	持平			0	持平
道路交通	6	−71.4	7	−56.3	0	减少6人			0	持平
水上交通	0	减少4起	0	减少4人	0	持平	0	减少2艘	0	持平
生产经营性火灾	1	增加1起	0	持平	0	持平			0	持平
渔业水上事故	2	−33.3	1	持平	0	持平	0	持平	0	持平
不包括水上交通运输及经营性火灾合计	16	−51.5	17	−37	0	减少6人	0	减少2艘	0	持平

（撰稿：徐　艳）

责任编辑：王英伟

市场监督管理

概　述

2017年，区市场监督管理部门贯彻落实“十三五”规划，推进供给侧结构性改革，紧贴经济发展新常态，助推政府中心工作，服务新区发展建设。推进商事制度改革，不断完善“双随机、一公开”监管模式，创立商标品牌示范区，推进乡村农贸市场改造升级，促进市场主体发展。构建事中事后长效监管体系，开展各类专项整治行动，加强隐患排查和风险防控，牢守食品安全、药品安全、特种设备安全三大安全底线。打造放心消费样板，完善投诉举报受理机制，维护和谐消费环境，完成各项年度工作任务。

服务经济发展和民生

【证照办理改革】　以“最多跑一次”改革精神为指引，梳理确认含行政许可、行政确认、公共服务等在内的最多跑一次服务清单137项，进入行政审批窗口134项。先后推行“多证合一”、个体工商户当场办结和“同城通办”、偏远小岛群众“办事不出岛”、园区住所登记申报承诺、企业登记全程电子化等创新举措10余项。推广“双告知、双认领、一承诺”制度，3532条后置审批事项被推送至各审批部门，3500条被认领接收。将原有8个许可窗口统一重整为“商事登记综合受理”窗口，基本实现问题咨询“一口说清”、材料受理“一个窗口”，提高办事工作效率。

窗口人员为办事群众提供办理咨询

【品牌创强工程】　经过指导培育，全区公开企业产品标准自我声明61项，新增导入卓越绩效管理模式12家，金鹰公司亚麻纺纱机械装备通过“浙江制造”品牌认证，舟山市7412工厂成为全市唯一一家入围省政府质量奖授奖名单的企业。

【商标品牌战略】　定海区被省工商局确认为商标品牌示范区，“远洋渔业小镇”品牌集群建设逐步推进，小镇内的定海西码头水产品精深加工区已建成全市有影响力的品牌基地。龙源四方机械有限公司的“龙源四方及图”商标被认定中国驰名商标，定海旭旺养殖场的南美白对虾等4只产品被评为省级名牌产品。

【农贸市场提升改造】　以智慧支付为手段，在桔园、西园、昌东菜场建立融交易、支付、准入、检测、追溯与监管为一体的农贸市场食用农产品电子追溯系统，城区农贸市场覆盖快速检测体系90%以上，其中9家开放免费检测室，检测99292批次，检出不合格22批次，全部作销毁处理。推进乡村农贸市场改

执法人员开展元旦前夕农贸市场检查

造提升，马岙、西码头、白泉市场完成年度改造提升任务，被认定一星级或二星级文明规范农贸市场。桔园、西园、东门、白泉等4家农贸市场完成放心农贸市场创建考评。

【民生领域计量器具强制检定】 结合省政府的“对全省所有加油机实施计量检定”为民办实事工作任务，全覆盖检查辖区内12家加油站（点）、184把加油枪，实现辖区所有加油站检定率、计量诚信承诺覆盖率100%，“计量强制检定信息公开标识”和“计量强制检定标识”公开公示率100%。

5月20日标准计量日，检查加油站

【小微企业三年成长计划】 抓好“小微企业三年成长计划”，新增小微企业1131家，其中涉及八大产业的有230家，个转企96家，其中转公司制企业63家，公司制比例65.63%。办理动产抵押登记48件，借贷合同金额9.8亿余元。

【助力五大会战】 根据全市城乡环境综合整治大会战部署，完成主城区、主干道可视范围内44家废旧收购经营户的整治，取缔无照废品收购站23家，或关闭或转型废品收购站21家。扩大整治覆盖面，对全区所有非主城区、非主干道的废品收购经营户重新“洗牌”，89家无照废品收购站被全部取缔。全区有照废旧收购经营户归并缩减至16个点，尚有1个

城西所执法人员对改造后的盐仓废旧集中收购点进行挂牌

点还在建设中（盐仓废品集中堆场项目），是年，已完成一期工程。全方位掌握全区生产销售“四小车”经营户情况，引导经营者停止销售电动三轮车，全区83家“四小车”经营户库存的226辆电动三轮车全部退回。

维护市场经济秩序

【百日攻坚行动】 行动期间，围绕重点节假日及区域，组织开展以食药专项执法检查7项，办结各类食

城关所执法人员检查烧烤店食品安全台账

药械违法案件115起，罚没款134.1万元，其中4件食品药品案件依法移送公安机关立案侦查。

【汽车消费专项检查】 7月初，提前组织人员对汽车消费领域的市场主体进行全面摸底，建立书面档案；8月起在摸底的基础上，结合汽车消费投诉，确定检查重点，对买卖合同、宣传用语、售后配件等进行全面清查，查处销售三无配件、存在产品质量、虚假宣传等违法行为。出动检查人员213人，检查相关企业98家，立案查处9起，其中大要案5起，案件罚没款13.42万元，查获各类无强制认证的行车记录仪、汽车轮胎等存在质量安全隐患产品36件。

【打好伏季休渔三战】 集体约谈市场主办方和城区市场场长，主动联系海洋渔业部门，联手市场主办方做好市场经营户的政策宣传工作。在辖区各农贸市场、超市、饭店、大排档集中区域张贴禁渔通告300余份；通过逐户走访，向市场内的水产经营户和餐饮市场经营户发放保护幼鱼倡议书2000余份。

【高频监管施压违法理财类企业】 配合区政府协调处置华联财行倒闭引发的群众集体上访事件，对投资理财类企业擅自变更经营地址、擅自使用未登记的企业名称、发布虚假广告等行为进行高压打击。先后出动执法人员200余人次，收缴宣传资料20000余份，收缴涉及虚假宣传的铜牌奖状60余块，发出责令改正15份，全年办案理财类公司虚假广告、虚假宣传等违法案件8件，罚没款近70万元，36家企业在高压监管势态下主动关门停业，专项整治取得成效。

【严查酒类市场】 4月，以酒吧、KTV等夜场经营单位为重点检查对象，以洋酒、进口红酒、啤酒作为重点检查品种，对辖区内16家酒吧、KTV等酒类经营单位进行突击检查并全程特邀英国国际洋酒协会的鉴定师现场鉴定支持。查处无证从事食品经营活动经营户3家，销售无中文标签酒类经营户2家，销售侵犯注册商标专用权洋酒经营单位5家。根据检查时发现的线索顺藤摸瓜，对销售假冒洋酒的上级经销商进行检查，通过专项行动查获涉嫌侵犯注册商标专用权洋酒411瓶、各类无中文标签酒204瓶，立案9起，罚没款34.1万元。

特种设备安全监管

【提升特种设备使用登记率】 开展特种设备使用登记工作，登记数量呈现明显增长趋势，使用登记率达到90%以上。辖区内有各类特种设备6300多台（套），累计办理特种设备使用登记证5700多台（套），使用登记率从2016年初的约70%上升到90%以上。

【开展危险化学品产品和危险化学品相关特种设备安全综合治理工作】 健全特种设备安全监督管理联席会议制度，完善会商机制，督促危险化学品产品的生产和危险化学品相关特种设备的使用单位开展安全自查和隐患治理，进一步依法推动企业落实安全主体责任。加强摸排危险化学品相关特种设备安全风险。利用特种设备安全监察检验等信息管理系统，开展危险化学品相关特种设备安全风险排查梳理工作。在排查梳理的基础上，建立分层级管理的危险化学品相关特种设备安全风险数据库，实现与全市危险化学品安全风险预防大数据平台信息互通共享。

【开展特种设备隐患排查治理】 出台的《定海分局特种设备安全隐患排查和治理方案》，牵头和协调镇（街道）及开发区（园区）管理机构以及相关行业主管部门，开展特种设备安全隐患排查和治理。以学校、医院、车站等公众聚集场所及涉及重要会议、重大活动的宾馆等为重点场所，以大型游乐设施、起重机械、锅炉等为重点设备，组织开展安全隐患排查治理。探索建立特种设备安全风险分级管控和隐患排查治理双重预防机制，结合重大活动特种设备安保活动，部署开展监督抽查。

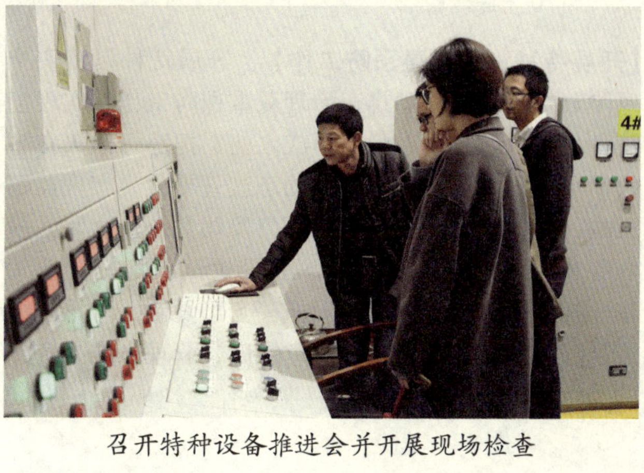

召开特种设备推进会并开展现场检查

【开展特种设备应急救援演练】 根据全区“安全生产月”整体活动部署，强化电梯安全救援能力建设，提高公众电梯使用安全意识，预防电梯安全事故发生，在玉兰花园小区组织指导电梯应急救援演练活动。模拟电梯突发故障导致困人事故，演示如何展开救援的正确方法。

【助推安全生产月】 以“全面落实企业安全生产主体责任”为主题，部署开展三项特种设备宣传教育活动，全力助推“安全生产月”。将6月12—18日定为2017年“电梯安全宣传周”。组织开展进“玉兰花园”小区、进“凯虹广场”“国道线路边”等“电梯安全现场咨询”活动，安全文明乘梯劝导“电梯护安”志愿活动，电梯安全校园公益宣讲活动，向群众深度普及电梯安全使用知识。针对辖区内氨制冷、危化、大型游乐设施等重点监控单位以及易发生群死群伤的人群集聚场所的特种使用单位，开展应急演练活动，通过应急演练提高应急处置水平，防患事故于未然。

安全生产月活动期间，马岙所开展特种设备专项检查

【开展特种设备双重预防工作】 开展特种设备安全风险分级管控和隐患排查治理双重预防工作，实现把特种设备风险控制在隐患形成之前、把隐患消灭在事故前面。不断完善特种设备动态监管平台，实现监察机构、检验机构、行业主管部门及相关企业之间的横向纵向互联互通、信息共享。推进试点标杆企业工作，探索总结有效做法，形成一套可复制、可推广的成功经验，把典型企业的规章制度、管理方法推广到同类企业中。

食品安全监管

【省级食品药品安全区创建】 开展省级食品药品安全区创建工作，在建立完善区、镇（街道）、村（社区）三级监管网络的基础上，建成社区食品安全工作站110个，搭建立体式科普宣传基地1个，社区科普宣传站20个，新建阳光厨房38家，落实食品安全责任险367户。

凯虹广场创建省级食品安全区大型宣传活动

【打造餐饮食品“安全示范街区”】 打造以定海凯虹广场为中心的餐饮食品安全“示范街区”，通过加强检测和量化分级评定两个手段，使该区域餐饮单位实现持证照率100%，从业人员持健康证率100%，量化分级B级以上100%（A级达58.1%），大中型餐饮和校园食堂阳光厨房建成率52.3%。

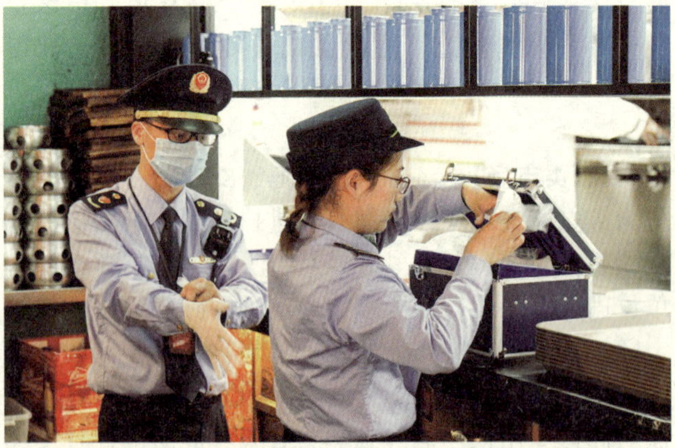

执法人员对凯虹商圈中的餐饮店进行现场抽检

【巩固食用农产品质量追溯体系】 城区有12家农贸市场（东门、南珍、西园、北门、昌东、畚金、桔

园、道头、城西、海龙、金叶、东湾），每个市场均成立食品安全管理领导小组办公室，每天对经营者的索证索票进行检查并收集索证索票凭证，建立经营者一户一档的索证索票台账，统一登记，实现城区农贸市场质量追溯体系90%以上。

【“阳光厨房”创建】 区域内大中型餐饮和校园食堂44家，建成阳光厨房23家，占52.3%，达到目标；其中大型餐饮及校园食堂6家全部建立阳光厨房，中型餐饮及单位食堂38家中17家建立阳光厨房占44.7%。以凯虹广场综合体建设为重点，新建15家阳光厨房，引领示范街区建设。

【规范“三小一摊”登记程序】 5月1日，《浙江省食品小作坊小餐饮店小食杂店和食品摊贩管理规定》开始实施；分局制订小食杂店、小作坊便民服务手册，指导培训各所开展“三小一摊”登记工作，实现申请人“网上办理、证照快递送达”办事流程，进一步简化工作流程，达到“最多跑一次”的目标效果。新规实施以来办理小食杂店登记1519家，小作坊登记13家。

【社区食品安全工作站建设】 开展社区食品安全工作站建设，根据“五个必有”和“五个统一”要求，对社区食品安全协管员实行“五员合一”建设。是年，建成社区食品安全工作站109个，覆盖全区所有镇（街道）和村（社区）。

昌国街道香园社区食品安全工作站接受群众咨询

【餐饮量化等级评定】 是年，量化分级评定工作延续上年提出的“五项”规定开展，要求逐月完成、统一上报。是年，全区内有2015家餐饮服务单位（其中食品生产经营登记证1198家），年度等级应评1326家，全部完成评定且全部公示，结果是A级142家，B级344家，C级840家，A、B级所占比例为36.7%，较上年提升近10个百分点，量化分级公示率一直维持在100%。

药品安全监管

【药店阴凉区（柜）全覆盖】 是年，实现零售药店“阴凉区”或“阴凉柜”全覆盖。将阴凉设施配备情况作为行政许可、GSP认证重要内容之一，结合日常监督检查、专项检查与GSP飞行检查，加大监督检查与处罚力度，在6—8月期间对定海辖区内零售药店开展阴凉储存药品的专项检查，全区101家药店全部配备阴凉柜或阴凉区，配备率100%。

【规范保健品会销】 建立会销保健食品备案登记制度和落实企业负责人约谈制度。要求保健食品会销企业（个人）在会销前向所在地市场监督所进行备案。目前落实登记备案企业15家。

【药械市场专项整治】 集中整治与日常监管相结合、治标与治本相结合、严格执法与科学管理相结合，整顿和规范药械、保化市场秩序。开展“学校医务室药品使用专项检查”“小药店、小诊所药品质量安全专项整治”“角膜塑形用硬性透气接触镜监督检查”“中药饮片质量提升专项整治”“第二类精神药品安全专项整治”“医疗器械使用单位专项检查”“无菌和植入性医疗器械检查”“美容美发机构化妆品专项检查”“规范化妆品产品专项治理工作”“保健品会销监管整治工作”等等专项整治行动，立案查处药械案件13起，保化案件5起，整顿和规范辖区药械、

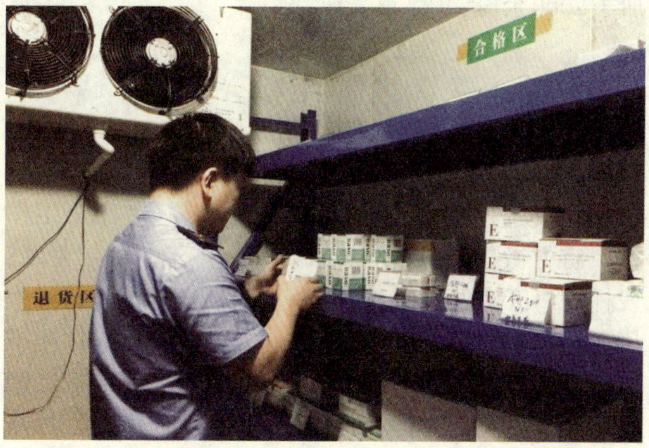

执法人员开展药品专项检查

保化市场秩序。

【药品不良反应监测】 邀请市局专家组织举办一期医疗器械不良事件培训班，对辖区重点单位监测人员进行了业务培训。与卫生局联合发文下达上报指标，优化监测机构设置及人员配备，提高上报数量和质量，扩大药械不良反应（事件）监测工作的覆盖面，进一步完善全区药品不良反应监测体系；把全区药品零售连锁企业和规模较大的医疗机构全部纳入监测体系中，明确相应职责，落实专门人员。是年，完成药品不良反应上报168例，完成全年任务数的129%，其中新的、严重的8例；医疗器械不良事件上报27例。

【家庭过期药品回收】 是年，新增过期药品回收定点单位4家，进一步增强百姓药品安全意识，过期家庭药品回收工作取得成效。定点单位对回收工作做到“三专”，即对回收过期药品实行专人负责、专册登记和专箱存放，联合稽查大队将过期药品进行集中销毁。至年底，全区过期药品回收点48家，参加市民人数超千人，回收过期家庭药品货值11000余元。

【药品安全宣传教育】 利用“3·15”消费者权益日服务活动、科技宣传周、药学服务进社区、“5·25全”国护肤日、安全用药月等宣传活动，采用悬挂横幅、设立现场咨询台、药学服务、发放宣传小册子及现场解答等形式，进行宣传，宣传内容涵盖药械保化法律法规、药械保化安全科普知识等。活动现场设置家庭过期药品回收点，向居民宣传药品定点回收政策及合法渠道。引导群众安全、合理用药，发放宣传小册子2000余份。

消费维权

【消费维权宣传】 利用“小金工作室”的舟山论坛版块、交通广播电台直播节目、QQ群、“小金工作室”官方微信、微博等新兴媒介宣传年消费年主题；发挥定海区消保委原有的维权义工队伍的消费评议作用，对去年创建申报的定海南洞艺谷景区和2017年准备创建的定海凯虹广场综合体进行评议；和定海新闻网和今日定海、FM998、FM97电台等合作，发挥新闻媒体的作用，制作多期消费提示。

【推进放心消费在浙江】 完成4家放心市场的创建，通过19家放心商店、21家放心网店、30家放心餐饮店的省局第三方交叉评估。新建绿色通道企业12家、新发展赔偿先付制度企业8家、新建金融消费维权服务站28家、新培育示范型金融服务站1家、新建消信单位消费维权服务站5家。

3月15日，第11届浙江省消费者信得过单位颁奖仪式

【暑期旅游市场专项整治】 规范暑假旅游旺季的市场秩序，优化辖区旅游市场环境，维护消费者合法权益，加大市场监管力度，加强暑期旅行社、食品餐饮等重点行业的监管力度，打击各类违法行为。整治期间，出动检查人员340余人次，检查旅行社、餐饮经营等市场主体150余家，查处违法案件9起，移送公安1起。

【完善投诉举报受理流转工作新机制】 将分散在办公室、监察室、消保科的投诉举报职能“一窗进”到举报投诉中心，经举报投诉中心统一登记，对所接收的政务咨询投诉举报按事项分析、研判后“一窗出”到各承办单位，畅通分局的举报投诉通道。全年办结投诉举报1367起，较上年增长了13.73%，涉及消费争议金额174.22万元，为消费者挽回经济损失99.6万元。

（撰稿：陈舟燕）

（本类目照片由市市场监管局定海分局提供）

责任编辑：王英伟

教　育

概　述

2017年，全区教育系统以五大发展理念为指导，围绕市、区中心工作和“创建省教育现代化基本达标区”的核心目标，补短板，攻难点，抓重点，显亮点，各项工作取得进展，有效推进全区教育现代化发展。

是年，区教育局直属事业单位9个，幼儿园38所，小学20所，初中6所，九年一贯制学校5所（含民工子女学校1所），完全中学2所，高中1所，镇（街道）成人文化技术学校11所。在校生34365名，其中在园幼儿8222名，小学生17375名，初中生7311名，普高生1457名。有教职工3308名，专任教师2643名，其中小学专任教师1189名，初中专任教师680名，高中专任教师154名，拥有高级职称教师483名。

各类教育发展

【学前教育】　加大对学前教育机构专业引领和服务指导力度，基本完成《定海区发展学前教育第三轮行动计划（2017—2020年）》（征求意见稿）。指导各类幼儿园规范课程建设和管理，先后开展学前教育师德师风建设、教师待遇落实情况等5个专项行动和为期2个月的全员专项行动。是年，有5所幼儿园提升等级，全区等级园率和等级园覆盖率均为100%；普惠性幼儿园比例和覆盖率分别为86.84%和88.95%。

【义务教育】　全区中小学均衡发展，初中差异系数为0.24、小学为0.35。学校班额严格控制在小学45人、初中50人以内，巩固“零择校”成果。保障外来进城务工人员随迁子女平等受教育权利，配合户籍制度改革，实行居住证积分量化申请入学，符合条件的进城务工随迁子女公办学校入学率达88.8%。稳步提升教学质量，全区中考的优秀率和平均分增幅位居四县区前列，初中毕业生升高中率为99.55%，其中普高率54.13%。

【高中段教育】　全区3所普通高中的高校录取率达96.9%（全省为93.5%），其中白泉高中上二段线人数达到72%，创历史新高。推进高中课程改革和高考招生制度改革，加快高中多样化课程建设进程，3所普高均建立起特色课程体系。全面实施必修课分层走班教学，做好学生成长记录、学分管理与综合素质评价等工作。组织熟悉高考政策的人员开展宣传和咨询服务，现场志愿填报辅导达500多人次。

【社区成人教育】　是年，投入近100万元改善区成校、区社区教育服务中心培训基地的办学条件。依托各级成校挂牌成立老年教育机构，以“银龄学堂”为载体进行实体办班。省学分银行定海分中心成立并运作，成功导入各类培训信息29176条。全区各成校（社区教育学院）举办各级各类培训658期，受训95007人次，培训后发证 2039本。马岙街道被评为2017年全国社区教育示范街道（乡镇），金塘成校被评为省现代化成校。

【特殊教育】　保障特殊群体平等接受义务教育的权利，全区适龄入学残疾儿童随班就读和送教上门50人，定海启智学校、康复中心等28人，外地学校就读

4人，入学率为100%。基本形成中轻度残疾儿童少年到普通学校随班就读、中重度到特教学校就读和中重度送教上门为补充的格局。特殊教育向两头延伸，全区3—5周岁持证残疾儿童27人，其中25人接受不同形式的学前教育，比例达到92.6%，15—18周岁持证残疾少年51人，27人接受不同形式的教育，比例达到52.9%。在城西幼儿园新建成1个资源教室，全区残疾儿童资源教室数达到5个。

教育基础设施建设

【各类创建】 推进省教育现代化基本达标区创建工作，在5月通过预评的基础上，针对问题清单做好整改提升，12月以930分的高分通过省厅专家组复评。区教育局在2017年省教育工作业绩考核中被市教育局推荐为优秀等级。是年，有30所学校创建成美丽学校，达标率为100%，其中优秀级17所（新增9所），优秀率为56.7%。定海三中顺利创建成省标准化学校，全区标准化学校比例达到93.5%。

12月14日，定海区迎接省教育基本现代化区评估

【教育布局】 围绕“十三五”规划，结合旧城和城中村改造的新形势，进一步完善全区各类学校和幼儿园的布点布局。完成白泉高中食宿楼、长白幼儿园、马岙幼儿园、商业局幼儿园、干𥕢幼儿园等建设项目，推进海滨小学、廷佐小学、石礁民工学校、城北幼儿园、和平路幼儿园、畚斗岙幼儿园等建设项目，全年完成固定资产投资0.73亿元。

12月13日，海滨小学工程结顶

【教育装备】 全区学校的教育教学装备再升级，均达省级要求。有17所中小学实现无线网覆盖，新增9所，占比51.5%；有556个班级配备电子白板，新增196个，占比77%；完成定海三中等21所学校常态化云录播教室建设项目，定海七中开设IPAD教学实验班，定海小学被评为省STEM教育项目培育学校。义

定海二中创客实验室

务教育学校拓展性课程实验室比例为40%，录播教室建有率为88%；高中学校学科教室（创新实验室）创建率为100%；5所初中学校列入2017年人机对话试点学校。举办校长信息化领导力和教师信息化处理能力提升等培训，提高广大教师信息化水平。

【民办教育引进】 根据教育多元化发展要求，完成《关于引进优质民办教育机构的调研报告》，针对调研意见推进引进、建设工作。完成原商业局幼儿园加固改造工程；与亮剑集团合作筹建定海区中小学综合实

践基地，完成60%工程量；和海亮教育集团、荣怀教育集团、上海益丹投资有限公司、杭州英特外国语学校等多家单位进行对接。

教师队伍建设

【师资结构】 通过高校现场招聘、面向社会公开招聘和“先试用后入编”三大举措引进和储备87名新教师；委托杭州师范大学定向培养10名应届高考毕业生。有94名校（园）长、教师参与交流调配，其中义务教育学校89名（普通教师71名、骨干教师18名），所有流动教师随迁人事关系。开展中小学教师

6月30日，区教育局召开“县管校聘”试点工作动员会

“县管校聘”改革试点工作，城区9个试点小学610名教职员工参与其中，15名教师通过跨校竞聘工作完成交流，促进区域内教师队伍的统管统用、合理调配。

【教师培训】 继续实施新教师“留城培养”“新苗

8月24日，全区2017届新教师结束暑期培训，集体宣誓

9月25日，区教师进修学校组织人员赴绍兴越城参观学习

奖”评选和学年度考评政策，新评选出第八届“新苗奖”获得者24人；通过“定海教育大讲坛”“名师经验分享会”“特级教师工作站”、校长学习论坛和骨干教师高级研修班，培育定海教育领军人才，认定新一轮区级骨干教师（优秀班主任）305名。近百人次在课堂教学、教学论文、技能创新、实践案例等省级评比中获奖。全区教师培训工作在省师训绩效考核中获优秀等第。

【师德师风】 加大正面典型宣传力度，引导教师争做“四有”好老师，做好学生“四个引路人”。开展

3月31日，召开中小学德育工作情况汇报会

以“身边的感动”为主题的师德师风征文活动和“向陈莹丽同志学习”的师德专题培训活动，观看现代越剧《海兰花》、电影《知心法官》等，强化职业道德锤炼。畅通举报投诉渠道，全年组织师德师风专项督查3次，开展纪律督查4次，及时制止有倾向有偿家教的课外辅导6起，批评教育教师7人次。利

用假期组织开展教师义教活动，开设4大类20多门课程，活动覆盖9个镇（街道）46个社区，办班233期，参与的教师及志愿者达403人，受益学生7000多人次。升级推进“名师有约”活动，全年举办活动22次，近300人次教师参加义教，近5000人次学生受益。

教育教学改革

【课程改革】 深入推进课程改革，深化小班化教育实验和组团式教育品牌创建。各中小学开设三大类拓展性课程500余门，东海小学《立体造型》、海滨小学《水色童年》等获浙江省中小学优秀拓展性课程，定海小学课程方案入选全省95个深化义务教育课程改革学校优秀案例集，檀枫小学入选全省课程改革试点学校并在现场会上交流，舟嵊小学举行“我们玩水墨”作品展览。举办第十六届“教研之春”活动，“幼小

6月2日，舟嵊小学举行“我们玩水墨”学生水墨作品展览

衔接”“课程顶层设计”等专题现场推进会，并在初中学校整体实施分层走班教学模式。出台“定海区纵深推进小班化教育三年行动计划”，并与南京、温州等兄弟县区开展小班化教育专题研讨，促进区域之间的交流合作。围绕“完善学校教育质量评价”深入开展组团式教育，在团内研训、团内青年教师培养模式、品牌项目探索上取得较好成效。

【德育工作】 坚持立德树人，拓宽德育工作新路子，围绕“核心价值我践行”德育主题教育系列活动，开展传统文化、传统美德、法治等教育，城西小学被教育部评为全国国防教育特色学校，定海小学被评为全国文明学校，城西幼儿园、山潭中心小学、小沙中学被评为第九批市级绿色学校。和团区委联合召开中国少年先锋队定海区第五届代表大会，评选出十佳少先队员和十佳少先队辅导员。

【素质教育】 持续推进素质教育，不断巩固区域优势。定海六中和白泉初中成功创建为省中小学心理健康教育示范点，全区心理健康教育机构达标率为

4月18日，定海小学迎来台湾国姓小学教育参访团

5月20日，举行全区中小学生艺术教育成果展示暨第三届媒体小先锋聘任仪式

60.6%。深入开展阳光体育运动，创建省校园足球特色学校3所，有省、市级认定的特色项目的学校比例达71.9%；组织举行全区性的中小学生田径运动会和球类、游泳、健美操等比赛以及第九届中小学生科技艺术节系列活动。定海区选手在省中小学艺术作品类项目中获9个一等奖，取得历史最好成绩。不断开拓学生的国际视野，开展教育对外交流工作，2017年接待香港胡陈金枝中学和台湾国姓乡教育交流团到定海区交流访问；组织定海二中、定

海五中、定海六中、定海小学的师生出国（境）外游学。

教育行政管理

【学校管理】 进一步规范学校办学行为，以分片分类相结合原则，将全区所有学校和幼儿园划分为8个督学责任区，聘请29位教育界资深人士为责任区督学，全面实行责任督学挂牌督导制度。重新修订《定海区学校发展性评价方案》，指导学校制订下一轮（2017—2019学年）发展规划，促进学校管理水平的提高。完成12位校长的经济责任审计和6个直属事业单位公款支出、公务消费专项审计，向43家被考核单位提出建议95条，促进系统党风廉政建设工作有效开展。

【群团组织建设】 落实广大教师尤其是幼儿园非在编教师的各类待遇，开展教职工疗休养，组织教师体

10月28日，举行定海区第十二届教职工运动会

检工作，协助做好教师工伤认定办理。教育工会全年发放慰问金76人次，累计金额18.1万元；49家单位参加职工医疗互助保障，参保率100%。开展各类教职工文体活动和生活技能培训，举行近千人参加的第十二届区教职工运动会，全区学校的教职工节庆文艺活动精彩纷呈。到2017年底，有23个基层工会获得市“五星级基层工会”称号，2所学校建设“妈咪暖心小屋”。11月7日，举行第十七届贝有添奖教奖学助学金、王颜林助学金、陈源森助学金（新增）颁发仪式，市、区相关领导以及台胞贝有添夫人张月霞，嘉宾王婉姑、贝朝崐、贝朝峰、陈源森等出席仪式。该届奖教奖学助学金奖教21名、奖学50名、助学480名，计60万元。

【党建工作】 以学习中共十九大精神为抓手，推进全面从严治党和“两学一做”学习教育常态化、制度化，全面开展“党员对标争创先锋”行动，先后组织《建设“四个舟山”，打好五大会战》专题报告学习

1月18日，区委教育工委召开全面从严治党工作部署会议

会、十九大报告学习会等活动，区教育局机关党支部重点开展“学思践悟十九大”十大系列活动，全体党员完成微心愿认领。开展“基层党建全面落实年”活动，实施“一把手”党建责任工程，8个基层党组织书记做现场述职，其他党组织书记进行书面述职；举办“勇立潮头话担当”微型党课比赛；完成32个基层党组织标准化认证工作，达标率100%，其中2个为优秀党支部；涌现出定海小学的“红色账本”、城东小学的“党员示范岗”等一批精品党建项目。

【教育宣传工作】 有机结合电视、报纸等传统媒体

9月26日，举行“名师有约”义教活动

和“两微一网”新型平台，先后策划“名师有约”“达人教师”“平凡教师的一天”等系列专题报道11次，重点宣传学校搬迁建设、居住证量化申请入学等群众普遍关心的教育热点问题。开展“时间流不走感动”照片征集、“教师风采”微视频征集活动，营造尊师重教的良好氛围。区教育网站日点击量最高突破8000次，官方微信微博关注人数27000余人。

【惠民服务】 提升教育公共服务能力，将16项内容纳入到“最多跑一次”目录，为群众提供便捷服务；在继续做好校园设施设备开放、“弹性到校、弹性离校”等惠民举措的基础上，新推出“午餐配送”服务。加强对家庭教育尤其是新居民家庭的的专业指导，7所中小学（幼儿园）通过舟山市示范性家长学校验评；开设新居民父母学堂，聘请市区家庭教育讲师团的专家进行教学；为新居民免费建立“家庭图书角”，引导新居民家庭养成阅读习惯。全面实施扶困爱心营养工程，减轻困难低收入的农民家庭的经济负担，爱心营养餐专项补助资金155.3万元，受助学生

1月3日，向新居民捐赠“家庭图书角”

3106人次，占在校生比例为6.24%；高中和学前教育资助做到应助尽助，2017年专项补助资金分别为43.86万元和5.85万元，分别占在校（园）生数的14.15%和0.24%。

（撰稿：戴　妮）

（本类目照片由区教育局提供）

责任编辑：吴宏军

科技气象

科技工作

【概况】　2017年，定海区科技工作以科研创新为突破口，加大研发投入，围绕传统产业改造提升和战略性新兴产业培育发展，在江海联运船舶设计制造、海洋装备工程、高端机械装备制造、电子信息技术、机器换人技术等领域，承担实施一批重大科技攻关项目和成果转化工程。是年，全区组织企业申报市级以上项目109项，立项96项。

【创新主体培育】　加强企业排摸，针对不同发展阶段的企业开展差异化服务，鼓励企业申报高新技术企业、省级科技型中小企业等，组织企业参加省、市高新技术企业、科技型企业申报管理培训班，进行针对性辅导；对基础比较薄弱的企业实施一对一上门指导服务。是年，组织50余家高新技术企业和重点科技型企业的科技与财务人员参加高新技术企业认定和财务管理培训班。新培育舟山海智机械有限公司等42家省级科技型企业，浙江畅想信息科技有限公司等14家高新技术企业，浙江金达电机电器有限公司等5家省级企业研究院、省级高企研发中心、省级农业企业研发中心。

【科技成果转化】　推进与中科院宁波材料所、浙江大学、厦门大学、浙江工业大学、浙江海洋学院等科技合作交流，推动浙江西峰水产和浙江大学、舟山长宏国际与浙江工业大学、舟山麦克斯韦物联网和厦门大学等开展技术合作和成果转化。

上海市激光技术研究所专家到浙江华业塑料机械有限公司开展螺杆激光表面修复成果对接服务

【打造定海众创空间】　借助苏州火炬创新创业孵化管理有限公司成熟的招商运营团队、新型的“互联网+园区”管理模式和“创客邦”等综合资源，打造舟山定海区“众创空间”。7月“众创空间”开业运营，签约客户24家，入驻企业21家，意向客户3家，主要涉及微信小程序、网约车平台、支付宝推广、网上商城等的互联网和科技型企业。

【培养企业科技人才】　是年，推荐金达电机田兴元高工等3名拔尖人才参加舟山市第八届专业拔尖人才和第四批资深拔尖人才选拔。李亚“海洋工程地质先进测试设备的研制及应用”等5个项目被成功列入2017年市级领军人才项目。组织定海区高新技术企业、科技型中小企业相关人才参加科技创新政策巡讲培训、人力资源系列主题活动，技术经纪人培训，创业私塾——财务管理专题培训等各类培训10余次，培训人员150多人次。

【科技大市场建设】 根据大市场建设规划，进一步完善科技大楼内定海区科技大市场新场地的整体规划设计，开展科技成果展示厅等重新规划布置。组织企业参加2017年浙江省科技成果竞价（拍卖）会，成功竞拍成果4项，技术需求1项，成果交易额400余万元，网上技术市场发布难题43项，科技大市场技术交易总额达3.04亿元。

是年，发挥海大研究院内联外引作用，深入开展与中船重工716所、上海激光技术研究所、北航VR/AR研究院、宁波博士科技公司等交流合作，与北航VR/AR研究院联合成立舟山定海VR/AR创新应用中心，借用省内外高校院所和中介机构专业力量服务定海区企业。全年累计服务企业200家次，帮助企业引进和转化成果30余项，实施院地合作项目8项。

【加大企业扶持】 是年，推荐麦克斯韦等3家科技初创期企业申报舟山市“科技创业企业”助飞计划，2家企业列入培育计划。加大创新券发放力度，发放创新券513.8万元，支持企业用创新券向科研机构、大学等购买科研服务。

【强化科技宣传】 围绕“科技强国、创新圆梦”主题，安排科技活动周，发放宣传资料5000份，科技咨

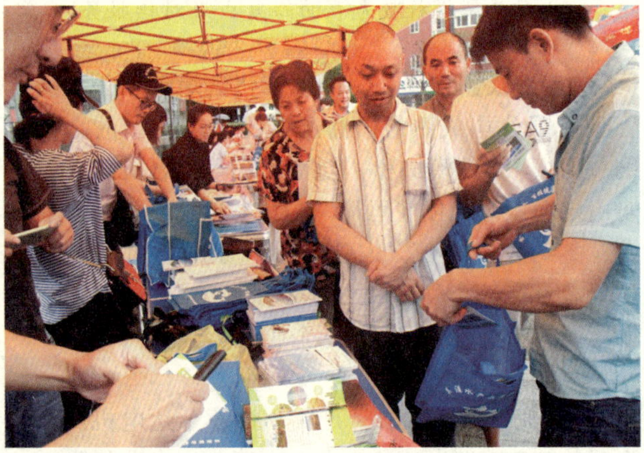

舟山市暨定海区第十五届科普节广场科普宣传

询服务约450人次。围绕“两美”定海、绿色石化、核电开发等内容，结合主题展览、科技惠农、中科院老科学家进校园、科普基地开放日等一系列的活动进行重点科普宣传，引导广大科技工作者、科普志愿者及企业共同参与科普工作。

【“送医下乡”义诊咨询活动】 12月9日，省科协组织省医学专家到定海区金塘镇中心卫生院开展下乡义诊咨询活动，分别在中心及下属柳行社区卫生服务站口腔科设点开展神经内科、骨科、康复科、颌面外科等7个项目的义诊，接诊群众100余人次。

举行“送医下乡”义诊活动

【专利示范企业培育】 加强知识产权管理，开展知识产权的宣传、保护和运用工作。2017年，定海区专利申请量2266件（其中发明专利申请量1070件），发明专利申请量同期减少2.5%。专利授权量1332件（其中发明专利授权量365件），发明专利授权量同期增长9.3%。定海区专利申请、授权量分别占全市的62.1%和69.4%。

【配合执法部门开展专利行政执法活动】 2017年，联合开展2次假冒专利行为专项行动，检查3家大型超市，2家药店，检查日用品、文具、玩具、电器、药品器械等产品1500余件，发现涉嫌假冒专利产品12件，立案4件，市场环境得到净化。

【加强防震减灾工作】 拓展工作空间，以“平安中国”防灾宣导千城大行动系列活动为支撑，为金塘中学、白泉初中的学生们分别放映《听说》、为城西小学的学生们放映《乐乐熊奇幻追踪》等3场防灾减灾公益电影，分别在定海北门、香园等2个社区放映《地震灾害预防》和《地震应急避险与自救》2场公益电影，丰富学生和社区干群的防灾减灾科普活动内容。向学生、社区家庭发放《公众防震ABC》科普知识画册及有关辅宣用品1300余份。

（撰稿：梅洁玲）

（本分目照片由区经信科技局提供）

气象工作

【概况】 定海区气象局主要承担定海区域气象监测、预报预警、公共服务、气象灾害防御、气候资源开发利用等职责。定海区行政服务中心设有综合窗口，负责定海区危化及易燃易爆建设项目的防雷装置设计审核与竣工验收、升放无人驾驶自由气球或系留气球活动许可等气象行政审批工作。2017年，区气象局遵循“以人为本，服务为民”理念，做好全区各类气象灾害的监测、预警、预报和服务工作，为政府部门组织防灾减灾提供气象信息，为全区重大社会活动

4月28日，全区三防水利气象工作会议召开

提供气象保障服务，推进定海区基层气象防灾减灾体系建设和基本公共气象服务均等化建设，各项工作取得成效。

【基层气象防灾减灾体系建设】 完善基层气象防灾

东海农场安装气象预警信息显示屏

减灾体系建设，新增岑港街道下属南岙等4个社区气象防灾减灾标准化建设。新公布定海区5家气象灾害防御重点单位，完成2017年度重点单位灾害防御准备认证。强化防雷安全监管，公布2017年全区防雷重点单位名单。双随机检查全区易燃易爆危险品场所的防雷安全工作，更新雷电预警信息接收名单，与区旅游局组成联合检查组，对定海区域内的2家AAA级景区进行气象安全检查。加强应急机制建设，在重要场所安装气象预警信息显示屏及应急广播设备等，推广传播气象预警信息。参与“智慧社区”建设，积极推广浙江“智慧气象”APP。

【气象设施建设】 定海国家基本气象站主要承担地面气象观测任务，建有气压、气温、湿度、风力、降水、蒸发、能见度等自动气象探测系统和云、天气现象、日照等人工观测系统及配套通信传输设备。另建

2月14日，区气象局新综合业务平台正式投入运行

有灰霾、酸雨、紫外线、二氧化碳、大气电场、闪电定位、土壤水分监测等自动气象探测系统。全区建有30个区域（各镇、街道或重要部位）自动气象站。

【重大灾害性天气】 2017年，天气气候异常，上半年天气相对平稳，下半年灾害性天气频发，梅汛期暴雨、高温干旱、强对流、台风暴雨等对全区经济社会发展和百姓生产生活造成严重影响，较大影响的灾害性天气和重大气候事件主要有：

年初遭遇最强暖冬 2017年冬季（2016年12月至2017年2月）为有观测记录以来最暖冬天，全区冬季平均气温8.8℃，比常年偏高1.7℃，与1999年冬季持平。于2016年12月27日入冬，相比常年推迟18天，为入冬第二晚年份，仅次于2007年的12月29

日。1月29日全区最高气温24.0℃，打破1月历史同期最高纪录，如同“冬日里的春天”。

出入梅早　梅雨量偏多　全区6月9日入梅，6月30日出梅，均较常年提早6天；梅雨期21天，与常年持平。梅雨量222.6毫米，比常年偏多14%，补充冬春以来的降水不足。梅雨期降水阶段性特征明显，出现两个阶段的降水集中期和一次暴雨过程。由于梅雨期降水量偏多，日照持续偏少，阴雨寡照天气对农作物生长造成较大影响，严重影响杨梅的产量和质量。

出梅后高温干旱严重　6月30日出梅后全区基本维持晴热少雨天气，7月和8月降水量较常年偏少77%和63%。由于副热带高压持续强盛，全区高温热浪天气严重，35℃及以上高温日数23天（破有气象记录以来最多日数17天），其中7月18—26日连续9天出现高温天气，破历史连续最长高温记录。持续晴热致使浅层土壤出现重旱，全区水库蓄水量降至45%以下。

8—9月强对流天气频发　8—9月全区强对流天气频发，多伴有8—10级雷雨大风和短时强降水天气。其中8月13—18日连续出现强对流天气，马岙一民居遭受雷灾，损失上万元；8月20日下午受强对流天气影响，全区出现8—10级雷雨大风，金塘一带伴有40毫米左右降水。

台风“泰利　是年，第18号台风“泰利”9月9日生成后一直向西偏北方向移动，于15日在东经124度转向，在东海活动期间有40小时移动速度缓慢，致东海渔场大风长时间维持。13日夜里到15日全区出现阵雨，定海海域出现9级偏北大风，台风“泰利”影响造成部分海上航线长时间停航。

台风“卡努”　是年，第20号台风“卡努”于10月16日凌晨3时在广东省徐闻县沿海登陆，其行走路径距定海一直在1500千米以上，但仍对定海造成严重影响。10月14—16日受冷空气和台风“卡努”倒槽双影响，全区出现暴雨到大暴雨，局部特大暴雨。14日08时至17日08时全区过程雨量普遍在200—300毫米，部分地区在300—400毫米，最大紫微社区435.3毫米。15—16日定海海域出现9—10级东北大风。由于该次降水持续时间长、强度强，造成部分公路、供电等中断，海塘、堤防等损坏；据区三防办统计，直接经济损失17573.3万元。

11月中下旬阴雨天气　11月11—30日，全区降水量为131.7毫米，比常年偏多159%；降水日数10天，比常年偏多3.1天。中、下旬全区日照时数50.0小时，比常年偏少40%。阴雨寡照天气，对晚稻收晒归仓、油菜幼苗生长等不利，草莓、蔬菜等病害偏重。

【气象科普】　3月23日是世界气象日，2017年世界气象日主题是“观云识天”。3月19日，区气象局向社会公众开放，发放《中国气象报》《气象灾害防御手册》等气象科普宣传材料，组织开展浏览科普展板、观看科普视频与《中国云图》、与气象工作者面对面交流等多种形式的气象知识科普宣传活动。

3月19日，区气象台“3·23”世界气象日对公众开放

5月27日，参加　“科技活动周”广场科普活动

（撰稿：李文蜜）

（本分目照片由区气象局提供）

责任编辑：王英伟

文化体育

概　述

2017年，定海区文化体育新闻出版局坚持立足大局谋举措，着眼不足补短板，顺应形势求创新，全力推进现代公共文化服务体系、全民健身服务体系和文化产业发展体系建设，大力弘扬传统海洋文化、发展海洋文化经济，取得较好的发展。

是年，定海区现代公共文化服务体系取得新进展，启动省公共文化服务重点区建设，制订《定海区公共文化服务重点区建设两年提升计划（2017—2019年）》。文体设施建设取得新突破，建成舟山定海国家登山健身步道61千米，被国家体育总局登山运动管理中心授予“国家登山健身步道示范工程”称号。公共文化服务能力取得新提升，创新推出“三个全民”公共文化服务平台、“海尚艺苑”公共艺术平台。文化产业取得新发展，“神行定海山”运动品牌列入省体育局潜力赛事项目库，中大街获评“省文化创意街区”称号。

是年，定海区文化体育新闻出版局浙江省首届“书香机关”评选活动中荣获“书香机关”称号，定海区文化市场行政执法大队获评2017年度全市文体工作先进单位。

文体设施与团队建设

【完善文体设施网络】　新建金塘沥港文化中心、干礁镇文化楼、干礁镇图书分馆，建成城市书房2家，新增图书流通点14家。建成舟山定海国家登山健身步道61千米，农民健身工程10个，安装更换全民健身路径172件，全年新增体育场地1.38万平方米。

国家登山健身步道

【提升基层文化设施效能】　实施镇（街道）综合文化站公共文化服务社会化运作模式，以马岙街道为试点，将综合文化楼以整体委托模式交由企业运营，通过打造公共文化产品（服务）提供平台、区域文化资源整合平台、文化团队发展管控平台、文化站职能转换平台四大平台，提供培训类、演艺类、赛事展示类、创作类、设施运营管理类五大类服务内容，提升文化楼效能。全年累计开展各类文体活动167期次，培育业余文体团队7支，招募文化志愿者40余名。

【加强文体队伍培育】　是年，新吸收5支优秀文艺团队进文艺团队联合会，选拔10支优秀文艺团队作为文化馆办团队，安排业务干部与其结对帮扶，定期开展辅导培训。新成立体育俱乐部1家。组织社会体育指导员参加省市级社会体育指导员培训，提升社会体育指导员技能水平。

群众文化活动

【打造公共文化服务新品牌】 打造“全民阅读·全民学艺·全民善行”文化品牌，通过整合全区公共阅读、文化培训、志愿服务三方面资源，设置信息管理、平台建设、激励设计等渠道，以“三个全民”APP为主要载体，打通阅读、学艺、志愿服务三个群体。“三个全民”APP集信息发布、活动报名、签到签退、福利兑换、成果展示等内容于一体，至年底，有注册用户12万余人。推出“海尚艺苑”公共艺术平台，通过名家讲学、地域交流、培训展览、探讨分享等多种形式，为群众提供“名家讲座”等四大版块的公共文化精准服务，打造新的艺术会客厅。全年开展“海尚艺苑”系列艺术沙龙活动15期次。

海尚艺苑启幕仪式

【举办文化品牌活动】 巩固提升“唱响定海”大型群众文化品牌，举办全区乡镇文化员才艺比赛、中国

2017唱响定海·驻定部队官兵才艺秀决赛

新歌声城市海选赛、业余文艺团队才艺比赛等“唱响定海”活动23场。

【深化文化惠民服务】 全年送戏和文化走亲110场、送书12486本、送电影1500场，组织文艺团队参与公益性服务活动60余场，优秀团队带头人下基层辅导30余次。加大文化馆免费开放力度和展览密度，全年举办定海区迎新春美术作品展、“诗咏定海”历代定海诗歌书法展、山水画沙龙师生作品展、三人摄影联展等展览20期，覆盖专业协会、业余团队、企事业单位、个人展览等众多层面。

文艺创作与辅导

【繁荣海洋文艺精品】 围绕区委区政府中心工作，开展文艺精品创作，其中《碧叶濯清涟》《治水献给十九大》等节目参加全市“五大会战”巡演。女声表演唱《军港之夜》参加央视“群英汇”栏目表演，并获荣誉返场。另外，全年有30件静态作品获国家级、省级各类奖项，其中渔民画《上洋夏至扪旺风》获全国农民画作品展最高奖优秀奖；摄影作品《东福山石屋村》入选2017中国丽水国际摄影节，《花港观鱼》《碳烤带鱼》入选浙江省第五届“群星”视觉艺术大展系列活动之优秀摄影作品展；书法作品《苏轼〈赠

渔民画《上洋夏至扪旺风》

别王文甫〉》入选浙江省第五届“群星”视觉艺术大展系列活动——优秀书法大展。

【改版“百姓课堂”文化公益培训】 每年设春、秋两个学期，春季班3—6月开设，秋季班9—12月开设，其余时间不定期推出特色培训。优化“百姓课堂”学员管理，新设网络开放报名、名单机选、现场确认、上课点到、结业证书颁发等环节，进一步

“百姓课堂”之沙瓶画培训秋季班

拓展文化公益培训惠及面，推动“百姓课堂”品牌可持续发展。全年开展培训500期次，上万人次城乡群众受益。

文化市场与产业

【文化产业稳步推进】 是年，对全区体育产业项目库进行数据补充和更新，为更全面掌握定海区体育产业发展现状打下基础。加大文化产业招商引资工作，

定海区文化企业参加第二届舟山市海洋文化衍生品展示会

引进舟山九立体育文化有限公司、舟山市阿顿健康咨询有限公司、舟山绰益职业培训学校3家企业落户定海海洋科学城，组织区内文化企业参加第二届舟山市海洋文化衍生品展示会。

【文化市场监管规范有序】 是年，对82项审批类项目进行“最多跑一次”流程配置，办结行政审批41件、联合踏勘3件，梳理和调整行政许可34项、行政处罚140项、其他行政权力37项。围绕十九大、两会、“平安金鼎”创建等重要节点、重点工作，相继开展“扫黄打非——护苗、净网、清源、秋风2017”、文化市场安全生产“大排查大整治”、护航十九大等专项行动。全年出动检查人员689人次，检查各类场所1406家次，立案查处违规经营场所16家次，罚没款20万元，吊销许可证1家次，依法取缔无证地摊6家次，阻止无证流动演出8家次。

图书馆事业

【深化图书惠民服务】 采购新书17322册，累计接待读者184505人次，借阅图书355520册次。通过图书流通点、文化超市平台，流通图书12135册，赠书200册。

【推广全民阅读】 全年组织2017全民读书节系列活

小麦姐姐讲故事

动140余场次，参与人数达10余万人次，同比增长36%。重点立足培养少年儿童阅读习惯，推出“我和

孩子共读21天”亲子阅读、小麦姐姐讲故事、英语巴士等阅读活动，科学培育阅读习惯。立足品质阅读，推出“名家有约”、“古韵定海”我们一起来朗读活动，通过邀请中国作协副主席叶辛、著名作家张抗抗、著名主持人曹可凡等举办名家讲座，和政府机关、作协、中小学等朗读爱好者朗诵经典作品的形式，营造“多读书、读好书”的社会风尚。

文物、博物

【加强文物保护工作】 是年，与各文物保护责任单位或责任人签订文物保护单位安全责任书，及时查处竹山门37号民居（一般文物）被拆除事件，开展文物安全巡查、安全状况大排查等工作，整改落实5处文物安全隐患。修缮完成市级文保单位御书楼，划拨海山许氏民居修缮专项资金65万元。

市文保单位御书楼维修后楼正面照

非物质文化遗产挖掘、保护与传承

【强化非遗传承保护】 加强非遗代表性传承人保护力度，开展传承人抢救性记录和传承人工作室建设工作，全年完成舟山锣鼓国家级传承人高如丰抢救性记录工作，建成舟山锣鼓国家级传承人高如丰、翁洲走书省级传承人黄素芬传承人工作室。完成第五批省级非遗传承人、第四批省级非物质文化遗产旅游景区（民俗文化村）及第四批市级传承基地申报工作，完成定海区第五批非物质文化遗产传承基地评审、公示。

【弘扬定海非遗文化】 举办定海区庆祝首个文化和自然遗产日活动。组织非遗团队、节目参与各级各类展示展演活动，获得省级及以上奖项10余项，其中夏雨缀的贝雕作品《大唐公主入藏》《辉煌的总理》在第12届中国（义乌）文化产品交易会、第七届中国（浙江）工艺美术品精品博览会获得金奖。编写并印制《舟山船模》。

贝雕作品《大唐公主入藏》

体育事业

【发展全民健身事业】 制定《舟山市定海区全民健身实施计划（2016—2020）》。完成国民体质监测1500人，国民体质合格率达到91.5%，逐年上升。举办定海区第四届羽毛球俱乐部杯等“活力定海”全民健身品牌系列赛事活动5场，协助指导开展区残疾人运动会、马岙街道“游园会”趣味运动会等活动，推动全民健身活动蓬勃开展。

“活力定海”2017年“中国体彩杯”
定海区第五届篮球锦标赛

【承办大型体育赛事活动】 承办浙江省第三届体育

大会跳棋、车辆模型、登山、哒哒球、保龄球、台球7个项目和第四届长三角户外运动休闲体验季定海站活动，历时半年，吸引华东三省一市1500余名运动员、教练员、领队参加。通过体育活动，进一步向外推介定海。组队参加省第三届体育大会轮滑、台球、国际跳棋等项目的比赛，取得台球中式团体第二、中式女子个人第三等成绩。

第四届长三角户外运动休闲体验季定海站活动

【做强“神行定海山”活动品牌】 在国家工商总局完成“神行定海山”商标注册。举办“神行定海山”第二届东海大峡谷、春季山地毅行徒步活动等“神行定海山”系列活动2场，吸引1500余名户外运动爱好者参与，徒步、登山等户外运动形成氛围。举办“神行定海山”2017年国家登山健身步道联赛总决赛等，吸引国内外1500余名运动员参与，CCTV5、人民网、新华社等数10家主流媒体宣传报道。

“神行定海山”2017年国家登山健身步道联赛总决赛

【竞技体育获佳绩】 是年，海滨小学女子沙滩排球队获得浙江省青少年沙滩排球冠军赛冠军，海山小学足球队获浙江省第八届中小学生校园足球联赛小学男子甲组五人制足球晋级赛暨总决赛省小学组三等奖，定海五中田径队队员饶欣雨获浙江省青少年田径锦标赛女子400米、800米第一名。陈怡嘉、刘昆昆分获浙江省第十四届少年儿童田径冠军赛四项全能、男子800米第一名。

海滨小学学生参加浙江省青少年沙滩排球冠军赛

（撰稿：方优维）

（本类目照片由区文化体育新闻出版局提供）

责任编辑：鲁学伟

定海山系列文化——名人故居（一）

序号	名人故居名称	地址	简介
1	董浩云故居	昌国街道西安社区将军桥下6号	清末民初建筑。由台门、正屋和围墙形成坐北朝南的独立院落。1997年12月被公布为市级文物保护单位。 董浩云（1912—1982），生于定海。香港董氏航运集团创始人，被誉为“现代郑和”，世界七大船王之一。故居为董浩云人生奋斗的第一个起点，对于激励后人有着重要的教育意义。
2	金家住宅	昌国街道人民北路181弄2号	清末民初建筑。1937年前，金性尧居住于此，抗战暴发迁上海。20世纪50年代被驻舟部队征用。建筑用材适中，布局严谨，有一定的建筑艺术与人文内涵价值。2001年6月被列为市级文物保护点。 金性尧（1916—2007），笔名文载道，中国古典文学学者、资深出版人、一代文史大家，与季羡林一起被誉为“南金北季”。
3	蓝府大院	昌国街道西大街89号	清代建筑，由前屋、正屋、后屋、东西厢房等组成独立院落，占地面积1208平方米，建筑面积960平方米， 蓝理在定海任总兵期间，为舟山的发展作出较大贡献。蓝府大院现存建筑保存较好，对研究舟山地方历史与老城区建筑演变有较高的历史文化价值。2001年6月被公布为市级文物保护点。 蓝理（1648—1719），福建人。清康熙二十二年（1683），随施琅平定台湾立首功。二十九年，任定海总兵。期间为修复普陀山、撰写《南海普陀山志》、定海展复等作出重大贡献。
4	刘鸿生故居	昌国街道东大街聚奎弄6号	主体建筑建于清光绪十四年（1888），1950年以后曾作为幼儿园使用，1998年有修缮，现有正屋、东西厢房、后罩房等建筑构成独立院落，占地面积约532平方米，建筑面积约376平方米。2010年11月，辟为“刘鸿生纪念馆”，对外开放。且该故居保存较好，是一处具有清式建筑风格的住宅，对研究定海城市变迁、民居建筑风格、社会人文、名人历史等方面有较高的价值。2003年1月被公布为区级文物保护单位。 刘鸿生（1888—1956），定海城关人，旅居沪上，号称“企业大王”。他平素关心家乡教育事业，1919年捐建定海公学（今舟山中学）。刘鸿生是著名的爱国实业家，曾为舟山的教育事业做过贡献。
5	陆厚义老宅	昌国街道留方社区昌国路17号	建于民国。此宅为其老母七十大寿而建，分正楼、后楼、侧楼等建筑。曾先后被日军、国军占用，20世纪50年代被驻舟部队征用。此建筑保存完整，规模较大，具有典型民国建筑风格，对研究当地建筑风格、城区演变、民国历史有较高的历史艺术价值。2001年6月被公布为市级文物保护单位。 陆厚义年轻时去上海学生意，艰苦奋斗，学得一口流利的英语，被外商聘为上海浦东“其昌栈”买办。
6	朱占山老宅	昌国街道东管庙社区东管庙弄1号	建于1923年。砖木结构，中西合璧。沿东大街建有木门楼5间，曾开设庐山居照相馆和回生堂药店。抗战时期曾为日海军俱乐部。内为洋式住宅，悬“五世同堂”金字匾。占地面积1009平方米，建筑面积1240平方米。格局完整，保存较好，规模较大，是定海城区典型的民国风格建筑之一，对研究当地民居建筑沿革、定海老城区演变、社会人文历史都有较高的历史与艺术价值。2001年6月被列为市级文物保护点。

下转第482页

新闻媒体

定海区新闻中心

【概况】 2017年，区新闻中心在区委区政府和区委宣传部的正确领导下，围绕中心工作开展全媒体宣传报道，进一步理顺媒体管理机制，打造新型主流媒体，守住守好舆论“主阵地”，为加快全区现代化建设营造良好的舆论环境。

是年，播发广播、电视新闻各2477篇，电视专题节目222期，刊发报纸148期，发布网站新闻24900余条，“定海山”微信推送365期，即时报推送稿件4631余篇，微博推送4529条，浙江在线网闻推荐新闻930余条。中心获得2017年度区级机关单位和镇（街道）综合考核第一类单位优秀称号、定海新闻网获浙江在线优秀支站、“定海山”微信公众号获舟山市首届互联网发展风云榜十佳“双微平台”等荣誉。

【完善媒体融合发展】 推动软硬件改造，加强全媒体融合力度。投资完成中心演播室改造工程，以DLP电子大屏为背景对各电视栏目包装进行全新改版。引进全媒体采编系统平台，建立报纸、电视新闻、电视专题、微信全媒体稿库，统一全媒体编辑流程，强化全媒体搜索、统计功能。完成媒资系统招标，开展媒资库存储服务器硬件、软件安装调试工作，开展图片库系统测试完善工作。新制定出台《定海区新闻中心全媒体新闻报料奖励办法》《“定海山”微信绩效考核办法》等，对业务部门人员进行局部优化调整，出台《采访部工作守则》等进一步完善全媒体流程。

【推出“十九大”主题报道】 围绕十九大，推出“喜迎十九大”“学习贯彻十九大，全力打好五大会战”专栏；融媒体推出“定海这五年”“喜迎两会·五年看变化”等系列报道，深入挖掘各条战线的基层党组织和党员，以十九大精神为引领会战攻坚、比学赶超，发挥先锋模范作用的典型事迹，重视体现人民群众的获得感和幸福感，刊播相关报道139篇。

【推出“聚焦五大会战”主题报道】 策划推出全媒体“聚焦五大会战”专栏之“丈量定海·见证跨越”“城市成长·同心同行”“深化五水共治·剿灭劣V类水”“城乡环境综合整治大会战”“定海故事”五大子系列。集中宣传五大会战战略部署以及工作推进中的好举措、好典型，刊播报道744余篇。在“定海山”官方微信上增设“聚焦五大会战”专栏，重点对五大会战推进中出现的漫天要价、阻碍施工等反面典型进行曝光。相关文章浏览量超过1万余人次。利用浙江在线网文、浙江新闻APP客户端等外围宣传，推送五大会战相关报道100余篇。

【凝聚舆论合力助推城中村（旧城）改造】 围绕《定海区2017年城市改造建设攻坚行动实施方案》中的“示范推进古城核心区保护性开发”和“着力打造特色街区”两大任务，在《今日定海》、“定海山”官方微信等平台开设“城市成长·同心同行”专栏，通过市民讨论、建设展望、走进重点项目等方式，大力宣传定海区在提升城市人居环境方面的举措，引导市民积极参与城市化建设。刊播大讨论10篇、相关报道270余篇，“定海山”微信点击量突破3万次。依托“海山聚焦”栏目，有针对性的刊发系列评论，引导市民配合开展城中村改造行动。

【推进“最多跑一次”宣传报道】 开设“最多跑一

次”专栏，重点推出“一把手”访谈系列报道，通过与行政服务中心、发改局、市场监管局等部门对接，主要关注不动产统一登记改革、投资项目审批、商事登记服务、公安服务等事务业务方面，联动开展采访报道，在今日定海、定海新闻等媒体刊播《金塘全力推进“最多跑一次”改革》等110余篇相关报道。在“定海山”微信公众号上开设“最多跑一次”系列专题，刊载“一把手”访谈18期，累计阅读量超10000人次，点赞超1000次。

【“做精”新闻报道矩阵】 推出以定海区“创新”“开放”“城市化”三大发展路径为重点新闻报道主题的季度系列报道，每月一主题。由中心主要领导带队下基层进行采访，团队协作式集中报道全区创新发展

“创新定海建设系列访谈”节目录制现场

成效，全面展示创新定海经济社会发展新成就，刊播相关报道68篇。邀请职能部门负责人、专家学者、相关企业负责人等走进演播室，推出“创新定海建设系列访谈”，解读创新定海建设进展情况，推出专题访谈3期。

【宣传典型引导社会舆论】 全媒体聚焦各行各业十年以上创业者的创业、坚守故事，刊播104余篇。深化“最美定海人”系列报道，宣传正能量的好人好事，刊播相关宣传报道80余篇。持续推进720度全景定海摄制，以醉美定海、重点项目等为主题，在定海山微信、定海新闻网推出“720°全景定海·小沙”等11期；《定海新闻》片尾拉滚每周推出一期，推出51期。加强《海山聚焦》栏目建设性舆论监督力度，对

“720°”航拍——金塘大河

出现的反面典型和市民的不文明行为，进行建设性舆论监督，确保媒体舆论监督的针对性和有效性，刊播54期。

【做好“礼让斑马线 停车讲秩序”宣传工作】 组织开展“礼让斑马线·停车讲秩序·共建花园城”动态性报道，围绕定海城区的斑马线劝导员开展人物报道，宣传典型案例，并加强评论性报道，刊播《定海首批不礼让斑马线被抄告曝光》报道30余篇。在“定海山”官方微信上每周一发布一批违法车辆的抄告信息，以微宣传的方式对“礼让斑马线”中出现的反面典型进行曝光，阅读量超7万人次，点赞量超700次，曝光车辆400余辆。加强与区文明办、区旅游局合作，发放小定海卡通形象，以此作为宣传载体，扩大社会知晓面。

【提升新媒体宣传力度】 对定海山微信公众号总体架构、组织流程、内容发布等进行重新策划，明确其第四媒体定位，特别是在内容发布上关注党委政府中心工作。至年末，定海山微信粉丝量超10万余人。在舟山市首届互联网发展风云榜上“定海山”微信公众号获舟山市首届互联网发展风云榜十佳“双微平台”。增设“为您读新闻”新栏目，每周一至周五语音播报国内外和定海新闻。《即时报》第一时间反馈定海各类新闻信息，实现新闻资讯快速滚动播报，发布3764条。完成浙江在线网闻推送674条，录用297条；浙江新闻APP推送600条，录用150条。

【培育精品栏目】 《定海与鸦片战争》入选2014—2016年度舟山市精神文明建设“五个一工程”、定海区第五届文学艺术成果政府奖铜奖。全面启动《千年定

海山》（暂名）大型系列纪录片采编工作，先后邀请浙江省考古研究所研究员、舟山首批考古人员等赴嵊泗列岛、福建厦门及白泉、马岙、岱山高亭等地进行实地取景拍摄，第一次完整、系统地讲述岛城数千年文明史，展现海岛人勇立潮头、敢于拼搏的大无畏精神，体现舟山海洋历史文化精髓。该片于11月19日起在电视大专题《印象定海》栏目播出。

“千年定海山”节目采访现场

【改革电视专题栏目】 原《定海党建》《法治定海》《道德天地》三档小专题内容新闻化，播放时间从原来的固定专题改为灵活的新闻档，保留《方言说法》栏目，全年推出50期。新开《品味定海》栏目，推介定海的美景美食名品，融入历史人文内涵，推出25期。《印象定海》和《定海经纬》大专题围绕地域人文、城市建设、剿劣、最多跑一次等主题，推出《老街记忆——司前街》等，播出32期。

（撰稿：刘　芳）

（本分目照片由区新闻中心提供）

广播电视

【概况】 2017年，定海乡镇广播电视总站努力提高新形势下广播电视工作科学化管理水平，围绕重点，服务大局，以保障广电安全运行、促进广电事业发展、推进广电惠民工程、提升广电公共服务能力，满足广大群众日益增长的广播电视文化需求为目标，不断发挥广播电视在新区时代定海现代化建设中的重要作用。

【体制变更】 是年底，舟山广播电视总台正式注销定海乡镇广播电视总站。根据舟山市机构编制委员会文件《舟山市机构编制委员会关于舟山广播电视总台事业单位清理规范方案的批复》精神，将定海乡镇广播电视总站的职责并入舟山广播电视网络传输中心，将原定海乡镇广播电视总站32名在编在职事业人员成建制划入舟山广播电视网络传输中心。

【安全保障工作】 年初，调整安全管理领导小组，与下设部门、站签订《安全生产目标管理责任书》，层层落实安全责任制；先后组织开展低压电工作业培训班、员工安全生产教育培训、广电安全播出和网络安全应急演练等活动；结合实际，突出重点，定期或不定期地对机房、网络等重点场所及设施设备进行检查，在重要时段广播电视安全播出保障期，实行领导带班、双岗值班，执行“零报告”制度，重要岗位和重要技术人员保持24小时通信畅通，应急抢修小分队24小时待命，有力确保“十九大”“一带一路”国际合作高峰论坛、第四届世界互联网大会和重大节假日期间的广播电视安全播出。全年未发生1起安全播出责任事故，网络运行状况良好 。

【广电业务发展】 是年，定海网络传输有线数字电视频道节目176 套，其中标清基本频道节目70套、标清付费频道节目44套、高清付费频道节目34套、电视测试节目17套、广播节目11套。受其他信息行业的冲击，广播电视用户逐年流失，年底定海辖区内有线数字电视用户141469户，比上年减少7226户。做好广播电视产品宣传推介工作，利用数字电视开机画面、电视周报、微信等平台进行宣传，在人流量集中区域张贴海报、发放宣传资料，通过各种途径让用户了解有线广播电视服务产品，同时先后推出“喜迎新春·放价送礼”“约会春天·暖价全城”“夏季大派送”等活动，使更多用户享用到既价格实惠又内容丰富、服务优良的广播电视文化节目。至年底，有付费频道用户58298户、互动用户25275户、宽带用户10059户。

【多元化产业发展】 依托广播电视网络平台优势，拓展服务功能。5月，应定海科技交通发展需要，启动建设小城镇交通科技应用项目，应用变频高速摄像和智能视频触发技术，对特定地点的车辆进行全天候24小时连续监控、抓拍，并通过互联网直接传输到监控中心，首批马岙、白泉、干䃺、金塘、岑港、定海长途客运站点已基本建设完毕，其中干䃺与定海长途客运中心已投入使用，6个项目共计54个点位。

继续做好定海社会治安监控项目，年内发展白泉镇繁强社区、干䃺镇变电所、船厂、马岙街道各社区礼堂、金塘镇西堠社区治安监控项目、盐仓街道昌洲社区、双桥街道紫微社区、定海城区西园、香园、蓬莱社区等项目27个，合计监控点600个左右，治安监控网络基本覆盖定海区所有镇、街道的社区。

【网络建设工程】 实施新建区域配套建设工程，开展对城区、农村的新建住宅小区、商务楼的有线电视预埋配套、线路接入等工程建设。是年签约中梁首府、新城惠民公寓、长峙岛九年制义务教育、白泉农民安置房、风华园二期、农工商地块二期、南山郡绿岛新村等新建区域33个，签约面积约106万平方米；完成盐仓经济适用房4、6期2期、新城红茅山、锦澜公寓、风华园一期、翡翠园、干䃺农居小区、甬东农民公寓、长峙红梅海苑、南山美庐二期、金塘锦浦公寓、汇景山庄、沥港花苑等31个工程项目的线路施工、设备安装、信号开通，面积130万平方米，覆盖用户13000户。

完成新建主干光缆15千米、1068芯千米；新建小区光缆80千米；新建主干管道富丽岛路（定沈路至新城大道）、滨海大道（体育路至富丽岛路）、定马复线道路管道、金塘疏港公路（浦口至南山段）等道路管道施工53 孔千米。

开展双向网络改造。对干䃺镇青龙社区、白泉镇小展村、双桥街道六井村、潮面村、岑港街道腚次村等区域的用户双向分配网络进行改造，完成双向分配网改造用户4150户。

配合小城镇综合治理，做好广电网络“上改下”整治工作。承担白泉、干䃺、马岙、金塘第一批小城镇环境综合整治项目，组织落实技术人员认真做好现场踏勘、方案设计、预算施工等工作，至年底完成金塘镇和建路、欣港路、平倭路；马岙街道白马街、楼门街、景陶路；白泉镇万金湖路、宝岛路；干䃺镇龙头老街、天籁路、东华路的整治工作。

【广电惠民】 确保广播“村村响”工程。巩固宣传阵地，完善农村应急广播体系长效机制建设，按照“建管用并举”原则，配合各镇（街道）、社区建立健全基本保障、服务管理、设施维护等方面的长期有效使用管理机制，在应急管理部门的统一协调下，发挥好农村应急广播的实际效用。各站落实人员对应急广播网络系统进行不定期的检查维护，特别是台汛期间，确保应急广播系统安全高效使用。

确保电视“村村通”工程。加强电视“村村通”设施的日常管理和维护，确保全部设备运行良好，停播率、故障率明显下降；继续实施有线数字电视“广电低保”工程项目，做好定海区低保家庭的核对工作，及时通知脱保户正常缴纳收视费，同时为新增低保户落实免费收视政策，较好地承担公共服务职能，年内有1964户低保家庭，免费享用有线数字广播电视基本服务。

【自办节目】 主动配合所在镇（街道）党委政府工作，继续做好宣传服务工作，利用广播电视宣传阵地，配合开展宣传教育，进一步推进定海区各级政府重大工作的开展。开办各类新闻专题类广播节目、电视字幕宣传80多档次。

【广电服务】 加强广播电视服务工作规范化管理，树立广播电视窗口良好形象。集中组织客服人员和营业窗口人员进行业务知识培训和测试，使员工熟练掌握与用户沟通技巧及服务知识，更好地为用户提供优质高效的服务。

举行专业技能比武活动，提升员工综合素质。年底，举办以BOSS系统综合业务办理技术、双向网络技术、数字电视安全播出技术为主要内容的职工专业技能比武活动，共101名员工参加比武。

建立考核监督机制。设立服务监督栏，公开服务承诺，真诚接受用户监督，全力保障用户权益，对用户的投诉做到事事有着落，件件有回音。是年，接听辖区内用户来电9.31万次，维修派单1.95万单。

【站房设施建设】 经过数年建设，7月，马岙广电站顺利完成搬迁工作。新站房是自主设计建设、拥有自主房屋产权的农村广电站，位于马岙街道办事处北侧，总用地面积2535平方米，总建筑面积2392平方米。

（撰稿：夏帮琴）

责任编辑：陈 瑶

卫生与计划生育

概　述

2017年，全区卫生计生工作围绕区委区政府总体部署，以持续做好“项目、规范、效率、惠民”为主线，固本强基、严于律己、狠抓医疗、重在服务，使全区基层首诊率和本地就诊率不断提升，多元化办医格局逐步完善，创新性“互联网+医疗”初显成效，系统干部队伍建设、党风廉政建设等方面都有新突破。

是年，区级管理的各类医疗卫生机构有237家，其中区政府举办的各级医疗卫生机构80家，包括公立医院2家（区中心医院、区安康医院），公共卫生机构4家（区疾控中心、区卫生监督所、区妇幼保健中心、定海医疗急救站），镇卫生院3家，街道社区卫生服务中心6家，社区卫生服务站51家；政府购买服务形式的一体化村卫生室14家，形成较完善的三级城乡社区卫生服务体系。民营医院5家，其它医疗机构152家。拥有编制床位597张，其中社区卫生服务中心（镇卫生院）227张，民营专科医院170张，区属医院200张。

定海区中心医院

公立医疗卫生计生机构有工作人员1049名，其中编内762名，编外287名；具有高级专业技术职称48人，中级专业技术职称274人，初级技术职称368人。

全年总诊疗1434090人次，门急诊1323991人次，同比增加192291人，增长16.99%。业务总收入16001.42万元，同比增加4968.07万元，增加45.03%。其中医疗收入6211.23万元，同比增加2317.16万元，增长59.5%；药品收入9790.19万元，同比增加2650.91万元，增长37.13%。

医疗事业

【医疗设备购置】 2017年，投入680万元用于购置各类医疗仪器设备，其中投入407万元为区中心医院购置较先进的医疗仪器血透机、DR等。

【推进社会资本办医】 继续推进社会资本办医，投资2000万元开办舟山宁舟光明眼科医院、投资2000万元开办宁波口腔医院定海分院、投资1000万元开办存德堂医疗综合诊所（以中医为主）、投资2500万元开办舟山拜尔口腔医院、投资3000余万元开办舟山爱

建设中的瑞金医院

尔光明眼科医院。上述医院、诊所先后开业，运行良好。按三级甲等综合性医院标准建设的上海瑞金医院舟山分院基础建设及内部布局有序推进。

【无偿献血】 是年，全区无偿献血计划任务2700人次，完成2978人次。其中400毫升666人，300毫升696人，完成率为110%；大于200毫升以上的比例为69%。实际参与人数为1964人，总血量595600毫升。

医政管理

【校验注册换证】 办理执业医师首次注册30人，变更注册279人次；护士延续注册34人，首次注册66人，变更注册113人次。完成医疗机构设置许可11家，执业登记注册13家，变更和延续注册205家，注销医疗机构17家。

【深化基本药物制度改革】 继续执行定海区《关于进一步加强基层医疗卫生机构药品配备使用管理工作的通知》和《定海区基本药物配送管理办法》，推进基药制度精细化运转，建立药品品规动态调整机制，允许基层医疗卫生机构使用一定金额的医保目录内不按基本药物管理的中标产品，采购金额不超过本单位药品采购总金额的50%，主要对接上级医院用药，重点为慢性病使用药物。

医教科研

【浙江医院专家支援定海】 2017年，浙江医院作为定海区中心医院对口支援单位，派驻医务人员协助区中心医院组织开展专家讲座、教学查房、技术支持、人员培训与进修、远程会诊等，帮助与提升中心医院重点学科、专科建设。浙江医院到区中心医院定期坐诊专家1人，组织开展讲座10次，教学查房12次，接诊患者数168人次。

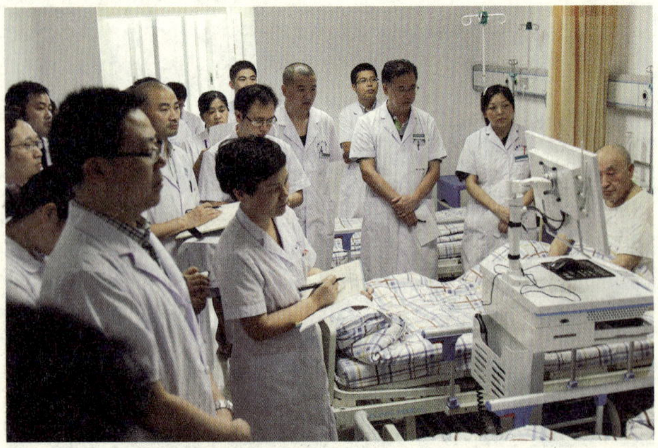

浙江医院到区中心医院教学查房

【医学论文】 是年，区中心医院在国家级杂志发表学术论文1篇，为周汉芳的《血清中中性粒细胞明胶酶相关脂质运载蛋白和脂联素对慢性心力衰竭患者心功能分级和心血管事件的预测价值》（2017年7月《中国卫生检验》）。

疾病防治

【计划免疫】 是年，13家预防接种门诊（含临城），取得省卫计委认定的规范门诊10家、星级门诊3家，全区规范化接种门诊覆盖率100%。报告完成基础免疫66613人次，接种率为99.83%。其中卡介苗99.78%（3672/3680）、脊灰疫苗99.85%（13338/13358）、乙肝疫苗99.80%（12491/12516）、百白破疫苗99.85%（13706/13726）、麻风疫苗99.88%（4986/4992）、A群流脑疫苗99.80%（10149/10169）、乙脑疫苗99.82%（4415/4423）、甲肝疫苗99.79%（3856/3864）。乙肝首剂及时率98.46%（3704/3762）。

完成加强免疫29060人次，接种率为99.78%。其中脊灰疫苗99.86%（4549/4559）、百白破疫苗99.78%（4090/4099）、麻腮风疫苗99.76%（4050/4058）、流脑A+C 99.74%（8358/8380）、乙脑疫苗99.79%（3774/3782）、白破疫苗99.79%（3856/3864）。

全区7周岁以下流动儿童13202人，完成常规免疫35259人次，接种率达99.89%。

【拓展健康教育模式】 2017年，定海健康教育微信公众平台依托网络传播优势，力求为居民提供内容科学、准确的健康资讯，提高公众防范意识，让公众了解最新健康信息。平台定期发送百姓关注的热点、季节性防病等健康知识，全年推送50组；新浪微博发送转发健康教育相关微博200条。制作编印人感染H7N9禽流感、寨卡病毒病防控知识等健康宣传资料6万份，接受省、市疾控提供的健康宣传材料2万余份。

医疗卫生业务培训

发放给各基层医疗卫生单位、街道社区、学校、企业、单位以及居民10万余份，力求通过广泛宣传动员，做到健康知识全民皆知。

妇幼保健

【概况】 2017年，全区有产妇3155人，活产儿3195人，围产儿死亡9例，围产儿死亡率2.81‰；无孕产妇死亡。

孕产妇保健管理覆盖率100%，早孕建卡率94.65%，系统管理率94.65%，新法接生率100%，高危孕产妇住院分娩率100%，剖宫产率41.16%，县级以上高危筛查率99.65%，产后访视率98.57%，产前筛查率88.84%，婚检率81.96%；7岁以下儿童保健覆盖率98.77%，3岁以下儿童系统管理率96.96%，新生儿两病筛查率99.84%，新生儿听力筛查率99.84%，6个月母乳喂养率92.50%，新生儿访视率100%。

【婚检及产前筛查】 婚前医学检查3003人，婚检率81.96%，疾病检出率54.71%，孕前优生健康检测率67.24%。产前筛查2803人，产前筛查率88.84%；检出高风险人数118人，高风险检出率4.21%。

【儿童专病管理】 重点监测管理营养性疾病儿童2602例、心脏出生缺陷儿童394例；专案管理高危儿1283例，确诊各类发育落后（包括全面发育、语言、运动发育落后等）120例、脑瘫1例，其中有60余例在妇保院儿童康复科进行康复干预。由于病例的早期发现，并得到及时有效干预和治疗，多数病儿病情有不同程度的改善或痊愈，取得疗效。

【新生儿疾病筛查】 新生儿遗传代谢病筛查4899人（均为多项筛查），筛查率99.84%，可疑病例召回率100%；确诊甲低12例、G—6—PD缺乏症6例，高苯丙氨酸血症1例。该19例病例得到及时正规的干预治疗。新生儿听力筛查4895人，筛查率99.76%，复筛率99.35%，确诊检查率100%，检出12例听力异常，均在积极干预治疗及定期随访中。

【高危孕产妇管理】 孕28周县级高危筛查3144例，高危筛查率99.65%。筛查出高危孕妇1919人，高危孕妇分娩1908人，全程追踪监护，管理率100%。

【外来流动孕产妇及儿童管理】 分娩外来流动产妇881例，建卡870例，建卡率98.75%，早孕检卡46.62%；系统管理率46.51%；住院分娩率99.77%，新法接生率100%，产后访视率98.76%，连续十五年无流动孕产妇死亡。

是年，全区有省外流动活产婴儿939人，新生儿访视率99.66%；3岁以下流动儿童2660人，系统管理1747人，系统管理率65.68%。5岁以下儿童死亡率2.13‰，婴儿死亡率2.13‰。

【重大公共卫生服务项目】 1—12月，住院分娩补助1085人，增补叶酸1442人。宫颈癌检查4804人，乳腺癌检查4998人，检查出HPV阳性806人，做TCT检查739人，阴道镜检查189人，病理C1N2—C1N364人，确诊宫颈癌8人。B超0级、3级以上应做钼靶257人，实做255人，确诊乳腺癌2人。对所有阳性人群进行及时反馈、随访并建议进一步检查治疗。10例癌症病人进行手术治疗，愈后良好。

【托幼机构卫生保健管理】 是年，保健人员健康体检率100%、集居儿童体检率99.85%。组织举办全区保健人员培训班1期、保育员培训班2期，全区各托幼机构83名保健人员、86名新上岗保育员、各镇（街道）儿保医生分别接受卫生保健相关专业知识培训。

社区卫生服务

【深化家庭医生签约服务】 继续开展预约签约门诊服务、严重精神障碍联合远程会诊，健康评估、健康咨询、健康讲座和健康宣传资料发放等服务。加强签约服务管理，团队178个，其中参与签约服务的全科医生127人。通过上门签约、门诊签约等多种形式规范签约98053人，规范签约率30.31%。继续推进在医保等政策支撑下的有偿签约服务，至年底，有偿签约18406人。

【推进基本公共卫生惠民服务】 基本公共卫生人均补助经费提升至50元。建立城乡居民健康档案303186人，建档率92.89%，建档合格率90.44%；加强慢性非传染性疾病管理，高血压病、糖尿病、严重精神障碍患者管理人数分别为30593人、8228人、1608人，规范管理率分别为65.31%、63.98%和81.03%。

爱国卫生

【卫生创建工作】 干𬶠镇、马岙街道通过省级卫生镇创建，小沙街道通过省级卫生镇复评，全区省级卫生镇创建率达57.14%；白泉镇通过国家卫生镇市级考核，进入省级考核阶段。小沙街道三龙社区等16个社区（村）被命名和重新确认为“浙江省卫生村”，白泉镇小展社区等15个村被命名和重新确认为市、区级卫生村；区水利围垦局等37家单位被命名或继续确认为省、市、区级卫生先进单位，环南街道卫海社区等15个社区被命名或继续确认为三、四、五星级卫生社区。

【健康促进与教育工作】 发放各类健康宣传资料15种10万余份；发送手机公益短信2万条；发送健康教育相关微博232条；微信平台发送健康相关知识50组；开展健康知识讲座577次，活动参与人员达2.2万余人；展出健康展板100余块次，宣传栏69期次；完成浙江省居民健康素养监测400份；在《今日定海》开辟健康教育专栏每月一期；深化健康促进内涵，至2017年底，全区有7家学校获得浙江省健康促进学校金牌，2家学校获得银牌，6家学校获得铜牌；积极开展各类健康细胞的创建工作，昌国街道合源社区等5个社区被命名为“市级健康示范社区”，城东街道桔北社区等12个社区被命名为“区级健康示范社区”；新创建市、区级示范家庭分别为50家和96家，新创建省、市、区级无烟单位14家。

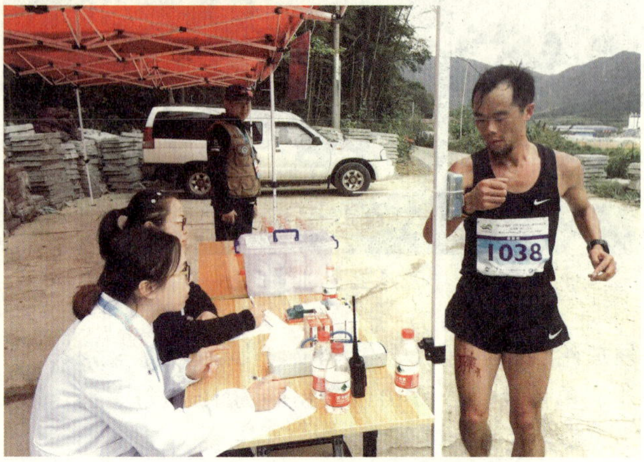

神行定海山卫生应急保障

【改水改厕工作不断推进】 新建或改建无害化卫生厕所1843户，卫生厕所普及率和无害化卫生厕所普及率分别达到97.92%和95.68%，分别比上年提高0.69%和2.76%；全区渔农村生活饮用水供水实行城乡一体化，改水受益率99.69%，农村饮水安全问题基本得到解决。开展农渔村生活饮用水的水质监测，监测水样80份，总合格率为71.25%；改水改厕以后，痢疾、甲肝等肠道传染病发病率明显下降，对维护群众健康发挥巨大作用。组织开展清垃圾、清污水、清死角、绿化环境等“三清一绿”行动，群众反映强烈的卫生健康问题得到缓解。

【病媒生物防制工作】 投放灭鼠药物18330千克，

卡努灾后消杀处理

灭蟑螂饵剂2511千克，灭蚊蝇药物6167.1千克，出动投药人次数8280人次，药物到位率和覆盖率均达到95%以上，四害密度达到国家病媒生物密度控制水平标准C级以上。农村镇街先后引入PCO公司（害虫防治公司），实现农村病媒生物市场化运作全覆盖，加强对PCO公司的监管，病媒生物防制得到依法管理。

卫生监督

【概况】 2017年，全区有公共场所经营单位1190家、集中式供水单位5家、二次供水单位26家、中小医疗机构227家、放射诊疗单位21家、学校42家、消毒产品生产单位1家、病媒生物防制服务单位2家，全年出动卫生执法人员、协管员3200余人次，检查公共场所、学校、医疗机构等单位7300余户次。

【行政许可审批】 完成各类审批1183件。其中，公共场所卫生许可办证354件；医疗机构执业许可18件；医疗机构执业许可证设置16件；医疗机构执业许可证变更和延续79件；放射诊疗许可证4件；母婴保健许可证4件；母婴保健技术服务人员合格证2件；医师执业注册331件（其中多机构备案17件）；护士执业注册280件；“麻醉药品、第一类精神药品购用印鉴卡”办理1件；医疗广告备案申请8件；医疗机构注销5件；公共场所注销36件；再生育审批45件。

【双随机监管】 完成国家级双随机工作任务84家，完结24家；监测84家，完成59家（经营单位因各种原因未正常营业）；省级双随机抽检单位完成101家，完结8家；发现问题单位76家，现场出具监督意见书，立案查处11件，其中简易5件、一般6件，并对结果进行网上公示。

【各类场所监督监测】 对公共场所无证单位数量、经营状态及有无执照等情况进行全面排查，查处无证经营单位39家，罚款6.33万元。开展观音桥小旅馆专项及小旅馆空气监测，检查旅馆52家，部分旅馆由于拆违原因，消毒间发生变动或消失，要求限期整改到位。对城区客房在40间以下的90家小旅馆开展空气直测，检测结果均符合卫生标准。开展婴幼儿浴室专项检查，现场对5家场所的室温、水温、CO2等指标进行直测，要求加强场所通风。每季度组织辖区需自检的公共场所单位委托第三方开展自检，自检率95%以上。检查文化娱乐场所43家，同时对顾客用品用具进行监督抽检，对5家违法情节较重的娱乐场所予以立案处罚。

监督检查水厂20家次、二次供水单位30家次，总体情况良好。全年抽检水样43份，其中出厂水5件、管网水21件、水源水7件、二次供水10件，合格40件，合格率93%。

9月初，根据“五水共治保供水”方案，完成4套饮用水在线监测设备采购、安装、调试、数据联网工作，耗资45万元，实现监测网络向镇（街道）延伸，基本实现辖区每个水厂都有管网水质在线监测点。

【量化分级评定】 在182家持证一年公共场所单位中，评出B级104家、C级77家、拟评A级1家。供水单位评出A级2家、B级2家、C级1家。学校综合评价评出A级1家、B级10家。

【传染病疫情报告及疫情控制监督】 检查全区幼托机构、中小学校50余家次，总体情况较好。针对部分学校和托幼机构出现的水痘、诺如病毒感染等疫情，联合区疾控中心、健康教育专业人员对部分学校及托幼机构开展联合督导。

先后2次对辖区内镇卫生院、社区卫生服务中心、专科门诊的禽流感、登革热等防控工作、发热门诊、肠道门诊设置、传染病疫情报告等情况进行督查，检查单位30家次，情况良好。

【医疗机构卫生安全专项整治】 完成医疗机构校验191家，其中放射诊疗机构校验12家。完成医疗机构依法执业检查128家。开展医疗机构医疗安全专项检查，为期1个月，检查单位10家。开展较大诊所的消防安全工作督导，检查单位8家，情况良好。

【医疗市场监管】 查实非法诊疗行为案件8件，罚没款24.852万元，对近3年查处过的非法行医点开展“回头看”行动，检查非法行医点80余户次。查处非法医疗美容案件10件（含2家医疗美容机构），罚款15.65万元、没收违法所得3.47万元，并没收医疗美容器械、药品。

出台《定海区打击非法行医投诉举报奖励办法（试行）》，鼓励群众举报。委托东方环保公司集中销毁2016年9月前打非查处没收的100余类药品器械，计200余箱重1500千克。

行风建设

【作风和效能监管】 组织召开全区卫计系统党风廉政建设大会，签订《党风廉政建设责任书》。开展所有卫生院院长集体廉政谈话，及时通报当前廉政风险并提出预警建议。新出台《定海区卫生计生系统效能建设督查工作制度》，常态化开展效能检查。

定期向社会通报公共场所卫生、医疗质量、医疗费用、行风评议等关乎群众健康和社会关注的信息。突出抓好处方点评制度，加强基本药物的监管，规范基本药物临床应用。组织开展专项处方点评检查，对检查结果进行汇总和综合分析评价，未发现不合理用药情况。为防止专门针对统计医生用药开单“统方”行为，在信息中心和中心医院分别安装反统方系统，对非正常“统方”设置技术上的屏障，维护行业纪律，未发现有统方行为。

【治理商业贿赂】 加大对重点项目资金的监督管理，重点关注药械采购、收受红包、“统方”等系统性行业性问题，健全完善药械采购集体议事决策、药品动态监测机制和处方点评机制等。坚决查处药品回扣、提成和收受红包等违规违纪行为。

红十字会

【加强基础设施建设】 新购买心肺复苏模拟人5具，加大基层救护培训基地设施建设。在“东海大峡谷”景区设置AED（自动体外除颤器）1只，加大旅游景区救护力度。

加强和推进依法治会，独立设置红十字会捐赠账户，财务列入一级预算，统筹安排人道救助专项经费，新增工作人员1名。

在区教师进修学校救护培训基地开展救护员培训两期，有285名教师取得救护员证书；各学校红会积极开展内容丰富的救护知识普及培训，校园红十字

5月7日，“5·8”世界红十字日纪念活动

在学校思想建设、道德建设、文化建设等方面发挥重要作用。

【继续开展医疗下乡活动】 配合市红会“流动医院”义诊6次，服务群众4500人次，发放药品总价值6万余元；与区卫计局、区科协等单位协作，开展“三下乡”“为老服务”等义诊26次，服务群众近5550人次，发放药品总价值约5万余元。

义诊进社区

【造血干细胞和器官捐献】 开展造血干细胞采样活动5次，有30人加入中华造血干细胞资料库，完成体检1人，采高分4人。新增人体器官（遗体组织）捐献志愿登记6人，成功实现1例遗体捐献和1例角膜捐献。

【现场应急救护培训】 开展普及培训80期5759人，完成年度计划的104.7%。开展救护员培训12期，有1005人取得救护员证书，完成年度计划的100.5%。

11月2日，现场救护培训

【开展扶贫帮困活动】 是年，申请“普济白血病”专项救助8名、“博爱圆梦项目”1名，发放救助款20.3万元。募集各类善款5130元，支出2672元。做好“红十字博爱送万家”等人道救助活动，救助困难群众110户，救助款物价值近12万元。

计划生育

【概况】 2017年，有出生人口2326人，计划外出生21人，计划生育率为99.10%。有育龄妇女7.67万人，其中已婚育龄妇女5.76万人。

有流动人口110078人，其中跨省流入98391人，省内流入11687人，流出人口12915人。有流入育龄妇女41833人，其中跨省流入育龄妇女36310人，省内流入育龄妇女5523人；跨省流出育龄妇女1778人。有各级计生协会156个（包括10个企业计生协、14个流动人口计生协），专职工作人员160人，协会理事1498人，个人会员21310人，会员小组569个，会员之家142个，协会志愿者2688人。

【政策审核】 全年审核先进集体单位265家，先进个人2114人。

【计划生育奖励政策】 确认渔农村奖扶对象2712人，新增692人，发放渔农村奖励扶助金260.35万元。确定城镇奖扶对象267人，发放奖励扶助金25.63万元。确定独生子女伤残死亡类特别扶助对象670人，并发症类特扶对象29人，发放特别扶助金490.8万元，发放各类资金776.78万元，比上年增长18.26%。

全年帮助困难计生家庭189户，发放公益金43.7万元。帮扶计划生育并发症人员，发放生活困难费及医疗费报销补助20.9万元。

【出生人口性别比】 是年，全区本地和流动出生4134人，男婴出生2119人，女婴出生2015人，出生人口性别比105，保持在正常范围，同比上升1个点，完成市2017年下达的出生性别比工作目标任务。

【流动人口计划生育宣传】 发放各类计生宣传资料5万余份，免费发放各类避孕药具上万份，走访慰问40余户流动人口困难家庭，发放慰问金近万元。

【开展生育关怀项目】 推进“生育关怀，致富发展”项目。申报省级项目2个，获得补助资金15万元；市级项目2个，获得补助资金1.5万元；区级项目7个，获得补助资金10万元。各级计生协走访计划生育困难家庭457户，发放慰问金28.7万元。

是年，通过“生育关怀，情暖夕阳”服务项目，采取一对一或一对二重点帮扶70位“情暖夕阳”家庭老人，在生活照料、精神慰藉、就医等方面提供服务。

【关怀计生特殊家庭】 开展“夏日送清凉”活动，为221户40周岁以上的失独家庭送去夏日生活用品。在城区依托第三方服务机构，与民非组织定海区老来福居家养老服务中心合作，通过发放服务抵用券的方式为城区生活自理能力相对弱的失独老人提供居家服务。服务内容包括购物、打扫、理发、洗衣、做饭、送餐、助浴、日托等家政服务；陪诊就医、常见病护理的医疗帮扶服务；水、电、气故障应急帮助服务。为失独家庭提供辅助生育或收养子女的补助，有2户失独家庭开展辅助生育，2户办理收养手续，补助资金20万元。投入19.3万元为全区666位计生特殊家庭父母购买特殊家庭健康保险，12户计生特殊家庭获得住院补助。

【加强主题宣传倡导】 依托“生育关怀大讲堂”项目，在各镇（街道）开展全面两孩计生政策解读、科学育儿方法指导、女性生殖健康和疾病预防、孕期营养保健等知识讲座13场，受益人群近1000人。

全区各级计生协会举办生殖健康和优生优育讲座

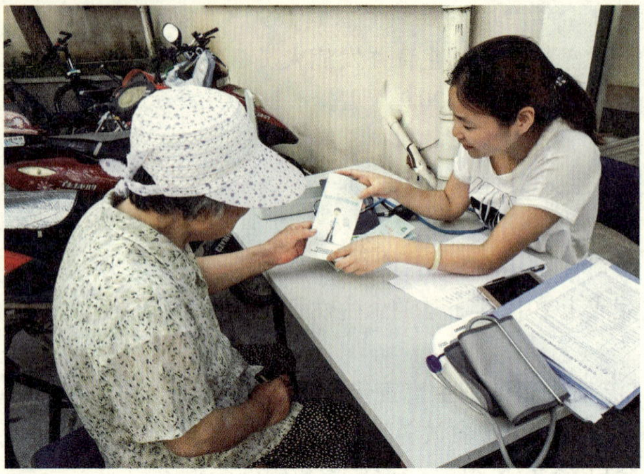

宣教卫计政策

106场次，开展全面两孩生育政策主题宣传活动595场次，发放各类计生宣传资料（宣传品）48603份，免费发放各类避孕药具5000余份。

开展“青春期健康教育进校园”“青春健康家长大讲堂”“暑期青春健康教育进社区”等活动。举办面向青少年的讲座和培训131场次，6551人次参与其中；面向家长的讲座和培训86场次，4085人次参与其中。

（撰稿：王瑜瑜）

（本类目照片由区卫计局提供）

责任编辑：吴宏军

人力资源和社会保障

概　述

2017年，人力资源和社会保障工作紧紧围绕“民生为本、人才优先”工作主线，着力促进就业创业、保障改善民生、壮大人才队伍、深化人事制度改革，构建和谐劳动关系，努力开创定海区人力社保事业发展新局面，为定海率先高水平全面建成小康社会打下坚实的基础。

是年，区人力资源和社会保障局获全省人力社保系统信访维稳工作成绩突出单位、人力社保系统中共十九大维稳安保工作突出贡献集体等称号。

就业培训

【就业精准帮扶】　依托基层公共就业服务平台，以就业政策宣传月活动为载体，进社区、进乡镇、进企业开展就业政策宣传。发放各类宣传资料8000余份，宣传纪念品15000余份；切实落实各项就业扶持政策，发放各类就业补贴630.13万元；办理灵活就业社保补贴372人。加强帮扶，积极促进残疾人、就业困难人员等重点人群就业，帮扶对象1342名，帮扶实现就业694名，其中残疾人82名，基本做到零就业家庭动态归零。

定海区春季人力资源交流会

【创业引领】　完成定海区伍玖文化创意中心的创业基地认定工作，落实拨付定海区大创园（基地）补助资金21万元。强化创业服务活动，依托创业导师团队，举办创业沙龙等各类创业服务活动7期，联合举办6期农村电商培训班，培训388人。举办定海区2017创业创新大赛活动，有41家团队及个人报名参赛。推荐创业者参加创业评选活动，宣传创业典型事迹，努力营造崇尚创业的社会氛围。

定海区创新创业大赛

【就业平台建设】　举办2场大型人力资源招聘会，提供岗位3863个，吸引求职人员3100人次。依托定海人力资源网、定海人力社保网“就业广场”等网上信息平台和社区就业服务平台发布各类就业信息489篇。在各级就业服务平台配置高拍仪和社保卡识别器，实现社保卡与就业失业证二合一。

社会保障

【社保扩面】　建立健全全民参保登记信息库和动态管理机制，做好各类社会保险扩面工作，至年底，城乡居民基本养老保险期末参保人数43748人，总参保率96.6%，45—59周岁城乡居民基本参保全覆盖；顺利完成2017年度城乡医保参保工作，参保人员213598人，参保率98.8%。

【养老保障】　全年办理被征地参保项目93个，新增参保3001人。受理被征地农民转轨4031人，转轨率84.98%。提前完成6800余名“老农保”清零目标。传统捕捞渔民参加城乡居保重选缴费档次，缴费人数全市第一。

召开农村社会养老保险清退工作动员培训会

【医保改革】　进一步加强医疗费用总额预算管理，执行中药饮片医保分类管理和国家基本医保药品目录，实现跨省异地就医直接结算。

【社保基金监督】　加强对“两定”机构医疗行为的监督，剔除不合理及违规费用35.9万元。开展全市门诊部、诊所专项检查。认真完成城乡养老保险内控制度自查工作。

人才工作

【人才开发】　编制发布《2017年紧缺人才需求开发目录》（以下简称《目录》），并以《目录》为纲，申报市紧缺专业人才引进计划，共有16个高端紧缺人才需求岗位入选。组织重点企事业单位参加省、市举办的各类招聘活动8次。实施外国人智力引进工程，为

定海区企业参加浙江、哈尔滨人才招聘会

定海区企业申报省级、国家级引智项目7个，同比增加75%，涉及外国专家15名，推荐1名外国专家申报“海外工程师”，获年薪补助5万元。引进各类人才504名，储备人才407名。

【人才服务】　建立“定海籍在外人才数据库”，收录各类人才898名，其中博士184名。落实各项人才政策，审核人才认定121人，购房补贴74人；受理45人的高层次人才证申请的初审工作；申报浙江省“万人计划”青年拔尖人才，定海区巨洋技术有限公司总经理方懂平入选舟山市推荐人员。是年，接受各类人事档案1408份，转寄444份，开展事业人员档案规范化管理工作。

【专业技术人才队伍建设】　是年，初定初级专业技术人员295人，其中助级285人，员级10人，事业108人，企业187人。组织建筑工程、教育专业的初级职称系列评审，评审通过符合条件的初级专业技术人员103人。推荐浙江省151人才工程第三层次培养人员1人。开展专业技术人员继续教育工作，有296家单位设置学习平台管理员，年度新增网上注册学习专技人

员342人，累计达到7000余人，年度核发继续教育登记证书2000余份。

【职业能力建设】 组织职业技能培训3519人次，新增高技能人才12277人。指导并批准5家民办职业培训学校申报办学资质。修改完善技能培训机构管理办法和技能培训鉴定规范，规范培训鉴定审批监督程序。联合区新闻中心大力宣传技能大师的典型事迹，弘扬当代工匠精神。

人事工作

【公务员/事业人员录用】 通过笔试、面试、体检、考察、公示等程序，新招录公务员50名，新招聘事业单位工作人员162名，招生（招聘）并轨模式农技人员分配8名、基层卫技人员分配5名。

【岗位管理】 进一步完善并形成“定海区事业单位岗位设置管理库”和“全区事业单位岗位聘用人员数据库”，建立岗位管理的动态管理机制。做好全区第三轮事业单位岗位设置方案调整与重新审批工作，重新审批68家事业单位岗位设置方案，全区新一轮岗位设置顺利完成。

【分级分类培训】 制定出台全区《关于实施全区公务员“学法用法三年轮训行动”计划的工作方案》，组织开展全区第一批“公务员学法用法三年轮训活动”，有382名公务员参加轮训，379名通过上机测试，通过率达96.9%。组织开展2017年全区新聘用事业单位工作人员岗前培训班，58名学员参加培训，在培训中，组织开展向宪法宣誓活动。

定海区公务员“学法用法”专题培训班

【人事管理改革】 贯彻落实关于职务与职级并行制度的相关政策，完成195 名参公人员有效年限认定审批和79名公务员职级晋升审批。加强监督检查力度，推进公务员平时考核。出台《舟山市定海区日常管理暂行办法》，加强全区干部队伍建设。

【军转干部服务管理】 以各项解困政策落实为重点，严格贯彻落实中央、省、市关于军转干部相关政策。利用节假日重点走访和慰问军转干部，组织开展自主择业军转干部健康体检与职业技能培训活动。编制计划分配军转干部和士官安置计划。完善自主择业军转干部的信息平台，完成69名人员的个人信息采集，完成率达94.5%。

【工资福利调整】 完成员额内法官、检察官基本工资的套改审核工作，并会同财政部门对员额内法官、检察官及司法辅助人员和行政人员的绩效考核奖金额度进行确定并上报舟山市批复。组织完成执法勤务机构警员职务序列人民警察基本工资标准的调整工作。

【退休干部服务管理】 组织45人次退休老同志参加早锻炼辅导班，组织509名退休人员实地参观金塘新农村建设。举办全区情况形势通报会与老年人权益保护知识讲座，向全区95名70、80周岁及90周岁以上的退休老同志赠送生日蛋糕，走访慰问26名因病住院的退休老同志和生活困难的干部职工。

劳动关系

【宣传指导】 以劳动监察两网化管理为基础，利用多种方式宣传劳动保障法律法规知识，全年累计发放劳动保障宣传资料8000余份、接受咨询2000余人次。以约谈的形式，指导企业依法规范用工，提高管理水平，全年指导走访企业300余家。

【劳动监察】 完成中共十九大维稳安保工作，在“十九大”期间定海区劳动关系领域未发生1起信访事件。开展工资支付专项检查，检查用人单位393家，

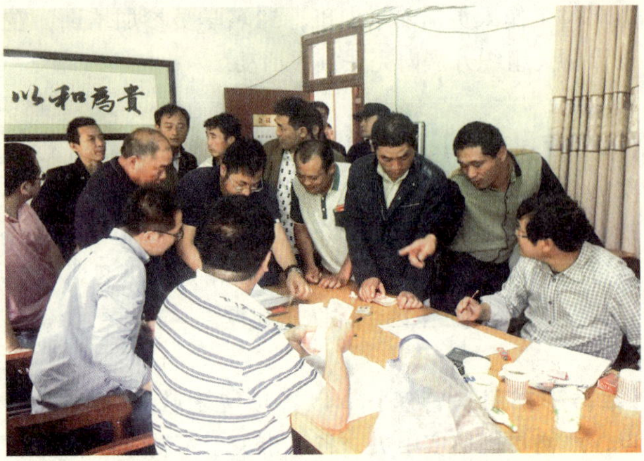

区劳动监察大队助力讨薪民工权益

召开“浙江无欠薪”行动任务布置会议

为588名职工追回工资415万元。开展拖欠农民工工资问题专项整治工作，将劳动保障监察工作重点从接待投诉举报前移到主动执法检查，检查用工单位78家，为35名职工追回工资25.82万元。推进用人单位书面审查和劳动保障诚信建设工作，完成用人单位书面审查777家，进一步规范企业的用工行为。全年受理投诉举报案件58件，结案58件，涉及工人150人，结案金额189万元。

【长效机制】 推进“双爱”活动综合试验区创建工作，确定白泉镇为示范乡镇，其他乡镇确定15%的企业为示范企业。深入开展“浙江无欠薪”行动，9月召开“浙江无欠薪”行动任务布置会议。会后，正式发布《定海区深入开展“浙江无欠薪”行动实施方案》《定海区深入开展“浙江无欠薪”专项治理方案》，“浙江无欠薪”行动稳步推进。

【劳动争议处理】 推进仲裁机构的实体化建设，整合成立定海区劳动人事争议仲裁委员会；推动仲裁机构向基层延伸，设立区劳动人事争议仲裁委员会金塘派出庭；会同区司法局做好区法律援助中心人事劳动争议仲裁院工作站的相关工作，劳动争议的处理机制更加完善。全区11个镇（街道）劳动争议调解中心、104家规模以上企业劳动争议调解组织更加规范。全年受理劳动争议仲裁案件157件，结案207件，结案标的894.4万元，镇（街道）劳动争议调解中心调处争议148件，结案金额887.8万元。

（撰稿：陶旭怡）

（本类目照片由区人力社保局提供）

责任编辑：陈　瑶

民 政

概 述

2017年，区民政部门贯彻中共十九大精神以及省、市民政工作会议精神，坚持以人民为中心的发展思想，坚守“保基本、兜底线、促公平、可持续”的政策导向，发挥民政在社会建设中的骨干作用，推进全区民政事业科学发展。

社会救助

【拓展低保覆盖面】 2016年，全区城乡低保标准统一为664元/月，月人均补差598.25元，达到省政府2016年新农村建设考核目标。10月开始，全区陆续实施“残疾人单独施保”和“支出型贫困家庭救助”，进一步拓展救助范围。至2017年12月止，全区有低保户2993户3815人，全年合计支出低保资金2950.57万元。

【规范救助对象动态管理工作】 至年底，受理申请新增低保家庭562户698人，核对走访入户率超90%；核出不符申请对象113户159人，检出率20%。全区民政救助对象年度核查采取镇（街道）核查与区民政局抽查相结合的方式，走访11个镇（街道），调查低保、低边家庭的基本情况、成员就业状况和经济收入水平，累计注销各类低保对象275户466人。

【提高医疗救助标准】 从2016年1月1日起，定海区贫困群体医疗救助标准再次提高，低保对象统一提高到70%，低保边缘对象（含因病致贫家庭）统一提高到60%，救助封顶线统一提高到80000元。2017年，全区医疗救助13.4374万人次，比上年同期增加5.519%；支出医疗救助金1473.1233万元，比上年统计增加15.0387%。贫困群体刷卡救助次均医疗救助费用从100.56元提高到109.63元，提升幅度为9.02%。

【健全临时救助机制】 实施《舟山市临时救助暂行办法》，扩大全区临时救助范围，确保全区户籍人口救助，将另外5类常住人口和流动人口也列为救助对象，提高救助标准和救助额度，深入“阳光共济”专项救助。至年底，为179户临时困难家庭发放救助金91.55万元。为166户困难家庭发放救助金275.5万元。

【提高助学标准】 加大困难家庭助学力度。2017年进一步规范全区困难家庭大学生助学，提高助学救助标准，新入学救助标准幅度比往年提高20%，在校生救助标准幅度比往年提高257%。召开贫困大学生助学工作联席会议，统筹协调全区各部门实施的教育救助方案，避免重复救助现象。

救灾救济

【规范“避灾工程”建设】 会同各镇（街道）、区住建部门对辖区避灾安置场所进行质量鉴定，下发避灾安置场所认定文件，确保避灾安置场所安全运行，确保管理到位，做到“严进严出、动态管理”，对鉴定后符合避灾条件的场所，通过《舟山晚报》等主流媒体及微信等新媒体平台向社会进行公布。至年底，全区有避灾安置场所85个，可避灾面积4.3215万平方米，可容纳约1.5055万人，覆盖所有城区、重要镇

白泉镇柯梅社区避灾安置场所指示牌

（街道）和外来务工人员较多的厂区、工地，镇（街）覆盖率100%，村（社区）覆盖率51.3%。

【提高避灾场所管理能力】 避灾场所实施规范化管理。加强避灾场所内部管理，落实避灾场所管理人员，就避灾场所产权单位、镇（街道）、民政、公安（社区民警）、卫生（社区医生）各部门联系人及联系方式制作成牌，上墙公示，进一步明确落实各部门管理人员，便于在台风来临时，第一时间到岗到位，实施各方面救助管理。根据《舟山市避灾安置场所运行办法》，台风灾害来临时，在全区范围内推行实施灾民登记制度，灾民进入避灾场所后必须登记，凭灾民生活救助登记卡领取生活用品。完成《定海区避灾安置场所灾民登记表》、定海区避灾安置场所灾民生活救助登记卡、避灾场所管理人员工作证等统一制作和各镇分发，为灾民登记制度实施做好准备。进一步落实避灾安置场所工作人员分工和职责。召开全区救灾工作会议，落实镇（街道）避灾场所管理人员工作职责与分工，通过镇（街道）自报每一个避灾场所负责人与联系人，民政局抽查、新闻媒体监督的形式落实该项工作。

【加强“备灾工程”建设】 基本形成以避灾安置场所物资储备点为基础、离岛乡镇救灾物资储备库为补充、区救灾物资储备库为支撑的救灾物资储备网络，提高灾时应急保障能力。至年底，全区有救灾物资储备仓库7家，仓储面积2230平方米，其中离岛乡镇救灾物资储备库7处，完成离岛乡镇救灾物资储备库的建设，实现离岛乡镇、离岛社区（村）全覆盖现储备，现有总价值约100万元的衣被、草席、应急包、食品、帐篷、折叠床、应急灯、发电机等生活保障类物资和橡皮艇、电动锯、柴油抽水泵等应急救援物资。是年，新增环南离岛救灾物资储备仓库2处，救灾物资储备仓库面积有2230平方米，设施设备、救灾物资、内部管理的规章制度全部到位，能满足舟山本岛避灾人员24小时基本生活需求。

社会福利

【提高老年人生活保障水平】 开展城乡居民基本养老保险工作 参保人数为43748人，参保率达96.56%，实现45—59周岁人员基本覆盖。养老金领取人数16246人，人均领取养老金223.5元/月。调整2017年度城乡居保基础养老金，从原来145元/月调整到160元/月，同步调整被征地农民养老保障待遇及一次性丧葬补助费标准，被征地农民基本养老保障参保人数为12660人，其中领取养老金人数5911人，人均养老金411.5元/月。推动传统捕捞渔民参加城乡居民基本养老保险重选缴费档次，累计723人，重选率47.13%，缴费金额3265.7万元。完成全区6800余名“老农保”参保人员的清退工作。

加大困难老年人社会救助力度 全年救助困难老年人2672人，发放各类救助款约1543.65万元。至年底，在册城乡低保老年人1594人，发放低保金等各类补助约1384.93万元。

改善老年人居住环境 住建部门全年改造农村困难家庭危房103户，总投资约250万元，解决部分困难老人的居住问题。

推进长寿保健补助金发放工作 至年底，90—99周岁老年人在册享受对象1157人，100周岁及以上老年人25人，全年发放长寿保健补助金149万元。

做好老年人意外伤害保险工作 出资10.38万元为3459名年满90周岁及以上享受高龄老人长寿保健补助金的老人，以及年满60周岁及以上低保户、低保边缘户、特困对象、重点优抚对象、失独老人等6类政府补贴对象购买老年人意外伤害保险。

开展敬老爱老慰问活动 “敬老月”期间，区老龄办慰问百岁老人、困难老人等111名老人，发放慰问金16.2万元。各成员单位开展走访慰问空巢老人、离退休职工等活动，掀起敬老爱老助老热潮。

【加大老年人医疗保障力度】 实施城乡居民基本医疗保险工作 宣传城乡医保政策，发放各类宣传资料20余万份。参保人数为213598人，比上年同期增加336人，参保率达98.78%。

强健康管理 60周岁及以上体检人数34325人，占60周岁以上参保人数的70%。65周岁及以上接受健康管理33556人、接受中医药健康管理服务20839人，老年人健康管理率、中医药健康管理率分别达83.59%和51.91%。

做好老年人责任医生签约工作 65周岁及以上与责任医生签约29389人，签约率达73.21%。全区14家公立养老机构住养人员签约服务全覆盖。区第三社会福利院住养的定海户籍精神障碍患者均实现责任医生签约服务工作，签约75人。

开展助残帮扶工作 残联部门给予基本生活保障工程老年人155人，给予困难残疾老人生活补贴1650人、重度残疾老人护理补贴2556人。实施残疾老人康复工程，免费发放助听器189台，髋（膝）关节置换手术补助 25个，白内障复明手术1例，假肢安装8条，助视器验配23台。

开展“送健康进社区”活动 区老年体协举办3期三易项目培训班；在26个社区开展讲座、义诊活动，接受服务的有 5200多人次。区老年电大各教学点第二课堂开展健康知识讲座30余场次，惠及1500余名老年人。

“人间重晚情，惠老欢乐行”全省巡演走进定海区虹桥社区老年电大教学点

【规范基层老年人协会管理】 指导各镇、街道做好基层老年人协会（分会）换届选举工作。大部分镇、街道于年底前完成换届。制作发放《老年人协会工作台账》，督促协会工作更加规范。组织开展第四期全区基层老年人协会（分会）骨干培训班进行专题培训，进一步提高基层老年人协会的工作能力。开展“银龄互助”工作，制作发放《定海区银龄互助台账簿》，指导各镇、街道做好该项基础工作。151个社区（村）老年人分会组织老年人开展互帮互助、以老助老的志愿服务活动，鼓励健康、低龄老年人帮扶空巢、高龄、病残、失能老年人，全年参加活动达3万余人次。

定海区广华颐养院老年电大教学点正式开班

【保障老年人合法权益】 营造老年维权良好氛围 全区司法系统将《老年人权益保障法》《继承法》《民法总则》等相关涉老法律法规作为重要内容纳入年度普法宣传计划，利用广播电视、三微一端等各种媒介，借助重阳节、法治宣传月、“三下乡”等活动，多形式宣传涉老法律法规。组织普法志愿者和区属律师团开展送法上门活动，开展专题老年人权益保护的法律服务30余次，发放宣传资料和普法宣传品1500余份，提供法律咨询60余人次。区妇联启动“Ta为她”法律服务月月行项目，开展系列法律咨询、宣传和援助等活动，为老年妇女提供帮助。区法院通过网格组织老年人参加讲座活动，提高老年人自我保护意识和维权意识。

排查化解涉老矛盾纠纷 全区司法系统依托基层网格平台，组织社区（村）调委会定期开展涉及老年人权益矛盾纠纷的排查，全年开展集中排查1266次。办理法律援助过程中，采用一般民事案件先调解后诉讼的方式，给予“温情裁决”。围绕区委区政府的中心工作，以区重点项目建设为着手点，服务竹山门、白虎山路等地块的旧城改造、“五水共治”等中心工作，发挥区人民调解委员的作用，为拆迁区块内老年群众提供析产分户、财产继承等调解服务。全年重点区块内人民调解330余件。

维护老年人合法权益　全区司法系统全年接待老年群众来电来访咨询431人次、受理老年群众法律援助案件41件。区法院对赡养、抚养、机动车交通事故责任纠纷等老年人为原告的案件，一律实行即时立案、即时送达，缓减免交诉讼费用，确保老年人打得起官司。抽调精干力量组成执行小分队，加大执行力度，实行夜间、假期执行，确保老年人的合法权益及时实现。对于行动不便的老年人，则由干警上门送去执行款。市市场监管局定海分局聚焦老年食堂，部署食品安全整治提升工作，对基层民政办、居家养老照料中心提供上门指导，进行食品安全法律法规培训等，确保老年人舌尖上的安全。整治非法会销，不定时进行随访检查，确保老年人消费安全。

【改善老年人文化生活质量】　策划“敬老月”活动　制定下发《舟山市定海区老龄工作委员会关于开展2017年“敬老月”活动的通知》(定老工委〔2017〕3号)，举办“海山红叶”舟山市第十七届老年文化艺术周开幕式暨文艺晚会、《定海区老龄事业发展成就展》大型展览、“关爱老年人·欢庆十九大”基层文艺巡演、区第三届老年人体育运动会等一系列主题性活动，打响“海山红叶”老龄工作品牌。

开展文化惠老活动　区老年体育团队参加市级以上比赛13次，获20项团体奖、10项冠军。区老体协志愿服务总队、分队组织志愿者到白泉敬老院、市福利中心等场所开展“文体惠老”慰问演出。省老年文艺志愿团队、市为老服务志愿总队—京剧小分队等团队为定海区部分敬老院、文化礼堂送戏13场。区教育部门发挥退休教师的余热，参加各类赛事和公益活动。文化部门全年送戏下基层110场、送培训385期(次)、送书11050本、送电影1498场，组织文艺团队参与公益性服务活动50余场，优秀团队带头人下基层辅导30余次，服务对象主要为包括老人在内的基层广大群众。

抓好老年教育事业发展　全年新增8个老年电大教学点，全区教学点88个。除常规社区、村教学点外，还创新发展草根演唱团美之声教学点、以及首个民办养老机构广华颐养院教学点。城东街道桔南社区电大教学点被评为省级示范教学点。成立11名成员组成的区老年电大讲师团，推动电大第二课堂的开展。

完善老年活动设施建设　全区建有各类各级老年活动中心（室）198个。结合市级偏远海岛老年活动室改造工作，升级改造马岙社区、桔北社区等19个老年活动室，发放资金89万元。

“海山红叶”舟山市第十七届老年文化艺术周开幕式暨文艺晚会

【落实老龄各项基础工作】　出台实施区级“十三五”规划　根据省、市有关老龄工作思路，结合定海实际，科学编制《定海区老龄事业发展“十三五”规划》，加大宣传力度，在《今日定海》头版头条刊登、《舟山晚报》专版刊登。

开展各类先进评选　开展市“十佳孝亲敬老之星”“十佳为老服务志愿团队”“十佳养老护理工作者”评选，7人及2个团队接受表彰。启动区第二届“十大健康老人”“十大惠老模范”评选，20人接受表彰。

营造敬老爱老良好氛围　借助报纸、广播、电视、网络等宣传媒介平台对“敬老月”和养老服务体系建设及相关敬老事迹进行专版专题宣传报道，全年发布《温情年夜饭温暖海岛老人心》《定海山粉丝慰问百岁老人》等报道118篇，营造全社会关爱老年人、重视老龄事业发展的氛围。

做好老年优待证发放工作　全年发放老年优待证3500本，其中70周岁以上的老年证1896本。

【完善养老服务基础设施】　总投资500万元，占地面积2200平方米，设置床位100张（投入使用床位79张）的环南街道敬老院改（扩）建工程于年初竣工并投入运营。投资500万元，占地面积477平方米、设置床位100张的干碗镇敬老院改扩建工程完成内部装修，年底之前可运营。是年，新建居家养老照料服务中心5家，分别为城东街道港南社区、桔北社区、小沙东风社区、双桥六潮社区居家养老照料服务中心。打造全区综合性养老服务综合体示范项目。总投资约500万元，建筑面积1893.7平方米，利用定海区颜家岐路19号（原舟山市海晶福利院）房屋，进行加固、装修及改造，添置相应配套的设施设备，集配送餐中心，日间照料中心、康复护理中心、医疗服务中心、老年活动中心、老年大学于一体的全区综合性养老服务综合体示范项目。有20家居家养老服务照料中心申报星级照料中心，虎山社区、涨次社区、东园社区等11家居家养老服务中心评上三星级以上照料中心，其中虎山、东园评为四星级，全区星级照料中心有53家。

【养老机构医养结合】 探索养老、医疗服务领域的深度合作，实现养老服务机构能以不同的形式为老年人提供医疗服务。

定海区第五福利院（金塘广华颐养院）项目　于9月正式建成并投入使用，总投资6500万元，占地面积约12837.1平方米，377张床位，位于金塘镇卫平社区45号，由定海广华医院来运营，系定海区首家公建民营的集养老、护理、医疗为主的三位一体的现代尊享式养老中心。

华康颐养园项目　位于白泉镇白泉村，建设单位为舟山顾氏骨伤医院有限公司，总投资6500万元，建筑面积8500平方米，总设置床位266张的，该项目将依托舟山顾氏骨伤医院的医疗条件，创新采取医疗、疗养和护理三重为一体的高水平养老服务体系。至年底，完成主体工程，进行附属工程的安装。

试点开展政府购买医疗服务工作　在区社会福利院和区第二社会福利院进行试点，福利院每年支付报酬，由广华医院派医护人员长驻福利院开展日常护理，满足院内老人医疗服务需求。目前乡镇卫生院的全科医生为养老机构的“三无”“五保”老年人提供医疗服务，签约率为100%。

加强基层医疗卫生机构与社区居家养老服务照料中心的合作　照料中心与社区卫生服务站签订《医疗合作协议》，由卫生院的医生到照料中心为老人提供诊疗和健康咨询服务，70%的照料中心完成签约。

【确保养老机构安全规范运行】 全区投资800多万元对纳入整改范围的11家养老机构按“一院一策”进行消防设施改造，金塘敬老院1号楼在施工中；白泉敬老院北蝉分院消防材料申报中；关停旧的干碗敬老院，新的敬老院在装修中，17名老人暂住在马岙敬老院。其他养老机构全部完成消防改造并通过消防许可。区民政局通过统一印发档案，完善档案目录。各养老机构规范内部管理制度、机构章程等相关，通过国家环境保护、卫生防疫等要求，完成8家养老机构设立许可，除金塘敬老院、北蝉敬老院外，全区有12家养老机构完成养老机构设立许可。

【加强福利企业监督检查工作】 全区有福利企业12家，分别是临城2家、甬东1家、环南2家、城东1家、小沙1家，双桥1家，马岙2家，白泉1家，干碗1家，主要从事纺织，机械加工，塑胶制品等。12家福利企业安置就业人员575人，其中残疾职工188人，占32.7%。《财政部、国家税务总局关于促进残疾人就业增值税优惠政策的通知》（财税〔2016〕52号）中规定，安置的每位残疾人每月可退还的增值税具体限额，由县级以上税务机关根据纳税人所在的区县（含县级市、旗）适用的经省（含自治区、直辖市、计划单列市）人民政府批准的月最低工资标准的4倍确定。根据舟山市人民政府令第40号文件，区福工办通知各福利企业上报2016年度社会福利企业社保补贴和超比例安置奖励，经审核发放社保补贴和超比例安置奖励82.89万元。

社会管理

【推进基层民主建设】 完成全区村（居）民委员会换届选举工作　全区有80个村委会、41个居委会完成换届，整个换届选举工作自2017年1月初在干碗试点，3月其他镇（街道）启动，于2017年5月中旬结束。经换届选举，推选出新一届村民代表4250人，选举产生村委会成员319人，其中主任79人（女性村主任6人）；推选出居民代表1495名，选举产生社区居委会成员233人，其中主任41人。

完成年度社区村书记、主任培训工作　协同区委组织部举办“2017年度社区村主任综合能力提升班”，116名社区村书记、主任参加为期6天的培训，内容涉及舟山自贸港区战略及其发展路径、基层实用法律法规简介、国土资源相关政策和农村实用政策讲解等。

完成全区4305名村民代表届内轮训工作　协同区委组织部、区司法局开展17期的培训，内容涉及《中华人民共和国村民委员会组织法》及与村民生产生活密切相关的法律法规等。

完成其他基层民主建设工作　完成区两代会和政协会议涉及基政科的3个提案和议案的答复工作；完成村（居）民委员会赋予统一社会信用代码的登记备案与信息核对工作，确保年底前为村（居）民委员会赋予统一社会信用代码。

【铺开“幸福社区”建设】　制定《关于推进“幸福社区”建设的实施意见》，由定海区人民政府发文，成立定海区“幸福社区”建设领导小组并由城乡联合会发文，落实组织机构，明确职责分工，完善工作机制，开展试点建设。自9月起，在昌国街道北园社区和城东街道桔南社区2个市级“幸福社区”建设试点的基础上，以城东街道桔北社区、马岙街道马岙社区和干礁镇龙潭社区为引领，进行扩面推广。引进专业社工机构——嘉兴青鸟社会工作发展中心，提升社区承载能力、创新服务能力、多元治理能力、群众参与能力，提升幸福社区创建力度。11月中旬，召开定海区“幸福社区”建设推进会，确保“幸福社区”建设工作有序推进。配合完成全市“美丽群岛·幸福社区”示范区建设推进会；做好全市“美丽群岛·幸福社区”扩面推广工作。

【深化“三社联动”】　指导昌国街道完成省级社区治理和服务创新实验区的中期评估。开展全区优秀社会工作者、社会工作先进社区和优秀社会组织评选工作，表彰优秀社会工作者25名、社会工作先进社区15个、优秀社会组织10家。完成2017年全国社会工作者职业水平考试工作，全区有128名新考生通过资格审核，比上年同期增长近60%。至年底，全区有执证社工212人。成立定海区社会工作者协会，开展前期会员征集、章程拟写等准备工作，完成注册登记，召开成立大会。继续做好“三社联动”其他工作，全年新增社区社工服务站20家；配合青洋社工中心开展“三社联动”项目督导。

【开展行业协会商会与行政机关脱钩工作】　根据省委办公厅、省人民政府办公厅关于印发《浙江省行业协会商会与行政机关脱钩实施方案》（浙委办发〔2016〕65号）精神，中共舟山市委办公室、舟山市人民政府办公室《关于印发〈舟山市行业协会商会与行政机关脱钩实施方案〉的通知》要求，2月区民政局会同相关部门，采用实地走访和座谈讨论等方式，调查分析全区带有行业协会的社会组织，梳理上报全区14家行业协会。3月走访相关单位，召开相关业务主管单位和行业主管部门负责人会议，明确脱钩试点主体是全区各行业协会商会的业务主管单位、行业主管部门与其主办、主管、联系、挂靠的行业协会商会。根据市民政局核准的14家试点单位，区脱钩领导小组办公室制定《定海区行业协会商会与行政机关脱钩实施方案》，成立脱钩联合工作组。组织部出台《全区性行业协会商会与行政机关脱钩后党建工作管理体制调整的通知》（定新工委〔2017〕4号），民政局出台《定海区行业协会商会负责人任职管理办法（试行）》（定民民〔2017〕6号），机关事务局印发《定海区行业协会商会脱钩改革有关行政事业单位办公用房管理实施办法（试行）》（定机关发〔2017〕18号），财政局印发《定海区行业协会商会与行政机关脱钩改革中加强国有资产管理的意见》的通知（定财行〔2017〕64号），各部门都按职能分工落实相关配套政策和措施。至年底，14家行业协会商会全部完成脱钩。所有试点行业协会商会都不再承担行政职能，实现行业协会商会与主管部门在职能、机构、人员、资产财务方面真正脱钩。试点的行业协会商会通过脱钩工作，完善协会商会的章程和有关制度，按照章程规定召开会员大会，民主选举产生会长、秘书长等领导成员。规范行业协会商会的运行机制、建立健全各项制度，行业协会商会的行为得到规范，行业协会商会实现健康发展。区民政局借脱钩工作之机，按照谁主管谁监管的要求，明确登记管理机关重点加强社会组织法人治理，加强源头管控，督促行业主管部门加强行业指导、服务和监管。脱钩后，定海区将通过项目委托、购买服务和政策扶持等方式加大对协会的帮扶力度，促进行业协会健康发展。

【开展社会团体清理规范工作】　成立社会组织清理规范工作领导小组，印发定海区社会团体清理规范工作方案。制定下发《中共舟山市定海区委定海区人民政府办公室关于开展社会团体清理规范工作的通知》

（定党政办发〔2017〕167号），对社会组织清理规范工作领导小组成员单位进行责任分工。8月15日，召开全区社会团体清理规范工作会议，动员部署社会团体清理规范工作，就规范干部兼职干部取酬、严肃工作纪律提出要求。8月23日各业务主管单位制定并上报具体整改方案，8月31日完成违规兼职、取酬问题的整改，9月15日完成有关整合注销工作，9月30日完成全区社团清理整顿工作。至年底，全区有797位党政机关干部在社会团体中兼职，兼职变更104人，备案693人。其中副科级214人，变更29人，备案185人；正科级108人，变更18人，备案90人；副处级干部15人，变更4人，备案11人；处级干部1人，备案1人；在职和离退休干部在协会兼职取酬15人，退酬93336元。清理期间社会团体注销6家。

【做好社会组织发展工作】 根据中共舟山市定海区委区政府办公室《关于加快社会组织培育发展和规范管理的实施意见》（定党政办发〔2015〕224号），与财政局联合印发《舟山市定海区社会组织扶持奖励办法》（定民民〔2017〕5号），重点扶持慈善救助、抢险救灾、拥军优抚、养老助残、社区治理、志愿服务、法律援助、未成年人关怀、文化娱乐类。每年举办1次优秀社会组织（每家奖励5000元）、优秀社会工作者（奖励800元）表彰活动；获得最佳公益项目获1万元；评估在AAAA级的奖励1万元，AAAAA级的奖励2万元；建立党组织当年给予5000元奖励，按党建示范点标准创建成区级党建示范点的给予一次性1万元的党建专项奖励扶持。城乡社区社会组织成立时对开办资金不作要求。公益服务类社区社会组织各类协会会员从50人降低到20人，探索建立“一业多会”机制，允许同一区域内成立2个以上业务范围相同或者相似的公益慈善类、社会服务类等社区社会组织。是年，培育金塘阳光志愿者协会、利民小而美志愿者协会、定海区社会工作者协会等9家社会团体，20家社工服务站。实施公益创投项目，由社会组织根据居民需求，组织筹划和承接社区服务项目，引导更多的社会组织主动去发现社区居民的需求，参与公益性服务。是年，全区5个项目参加市公益创投，1家单位参加政府购买服务，补助资金24.6万元。

社会事务

【加强婚姻登记工作】 至年底，全区办理结婚登记2861对（其中复婚 307对，补办153对），离婚登记1396对，补发结婚证874件，补发离婚证144件，出具无婚姻登记记录证明8份，登记合格率为100%。婚姻登记处于10月30日正式搬迁到解放西路230号4楼办公，面积300平方米。新址按照民政部发布的国家3A级婚姻登记机关标准进行打造，结婚登记和离婚登记以及收养登记分开办公。调取档案馆电子扫描信息档案，完成错误婚姻信息的核对和修改工作，提高婚姻登记服务质量。优化婚姻登记窗口“最多跑一次”服务。浙江婚姻登记系统在“浙江政务服务网”推出预约服务，将此项服务从电脑端延伸到手机端，做到“信息多跑路，群众少跑步”。

办理婚姻登记手续大厅

【加强殡葬管理工作】 3月20日，召开全区清明节殡葬管理工作会议，安排清明节期间群众祭扫安全工作，参加全国清明节电视电话会议。全区清明期间祭扫工作安全无事故。2017年，组织实施海葬8例，完成海葬纪念碑路标设置的实施海葬人员纪念碑刻字工作。岑港生命纪念堂完成主体工程建设、外墙装修、边坡治理等工程，纪念堂内部装修、环境绿化，及其它附属设施工程报区财政。6月，区纪委、民政、农林、国土等部门联合开展全区公益性墓地联合检查工作，检查发现各镇（街道）在公益性墓地建设管理中存在的规划不合理、违规出售墓穴、私自新（扩）建墓地、监管措施不力等问题。区民政局会同区纪委、农林、国土、规划、环保、物价等七部门联合下发《关于进一步规范和加强全区公益性墓地建设管理的通知》，区民政局和区纪委拟下发《公益性墓地联合检查整改清单》。

【推进地名服务管理工作】 完成全国第二次地名普查工作，通过省级检查验收。初步完成约100万字的《定海区地名志》送审稿的编撰工作，交于印刷厂排版印刷。完成《全国标准词典目录》定海部分，包括市属地内的49条条目编撰事项，初稿第一部分于2017年4月底完成，于8月通过省、市编撰小组的考核验收，内容主要包括居民点、政区、城镇交通等8个部分。

【做好大中型水库移民后期扶持工作】 是年，省移民办下拨大中型水库移民结余资金46万元，市级划拨100万元，共计146万元，安排给新螺头社区及叉河社区。省财政厅下拨给2017年大中型水库移民后期扶持直补资金113.88万元，定海区财政局补助2.4万元。舟山市定海区水库移民工作领导小组办公室发放2017年度定海区大中型水库移民后期扶持直补资金108.18万元，直补人数1803人，比2016年度核减21人。

【开展水库解困项目工作】 2017年，全区向省移办争取到小型水库扶助基金616万元。4月11日，区移民办与区财政局联合发文《舟山市定海区水库移民工作领导小组办公室 舟山市定海区财政局关于下达2017年度小型水库移民解困项目计划和项目资金的通知》（定移领办〔2017〕2号），明确2017年定海小型水库移民解困项目13个，安排小型水库移民扶助基金616万元，完工率100%；支出小型水库移民扶助基金411万元，资金支出率为67.8%。

双拥与优抚安置

【拓展双拥共建舞台】 做好建军90周年“海山增辉”系列庆祝活动，创新开展官兵才艺大赛、送戏进军营等文艺活动；开展军政迎春座谈会、“春节”“八一”走访慰问、舰艇开放日、国防教育军事体验日等活动。走访慰问全区困难优抚对象及军休干部350名，支出拥军优属慰问金142万元。

“海山增辉”驻军官兵才艺秀

【推进优抚安置工作】 首次实现退役士兵安置城乡一体化，完成退役士兵的接收安置工作，全年接收季退役士兵、复员士官131名（临城街道19名），确认政府安置对象112名，发放一次性经济补助金516万元。为23名转业士官安置提供事业单位岗位7个，国有企业岗位16个，安置率100%；为11名大学生退役士兵提供事业单位岗位1个。创新退役士兵教育培训模式和方法，组织62人退役士兵报名参加职业技能教育培训，专业涉及维修电工、数控车床等10个专业。组织开展全区部分重点优抚对象进行免费体检工作。调整重点优抚对象抚恤和生活补助标准，累计发放定期抚恤金、生活补助金及老年生活补助金678.9万元，惠及1182人；向全区158名重点优抚对象发放门诊医疗补助金35.23万元。

【提升军休服务水平】 启动区军休所管理机构用房改建工程，完成图纸设计。完成老干部住房维修工程，修复面积330平方米，提高军休人员生活质量。做好军休人员安置管理，落实军休人员待遇。

（撰稿：黄 瑛）

（本类目照片由区民政局提供）

责任编辑：王英伟

街道　镇

城东街道

【概况】　城东街道位于舟山本岛东南部，因地处定海城区东侧而得名，东至大洋岙玉栏桥，与临城街道三官堂村相接；西至环城东河，与昌国、环南等街道隔河相望；南至纺织厂路，与环南街道相连；北至长岗山山脊，与白泉镇依山为邻。区域面积11.8平方千米，其中山林面积9058亩，耕地面积327.5亩。辖檀树、紫竹、昌东、檀香、檀东、东园、港南、港北、桔北、桔南、畚金、颐景园、阳光园、鸿毛湾14个城市居民社区和洋岙社区（村）、小碶、长岗山、洞桥、胜利5个行政村。户籍人口20076户，51825人。

是年，实现社会总产值42059万元，其中农业总产值201万元，工业产值15515万元。全年工业性投入805万元，社会固定投资248040万元。实现财政收入15546.66万元，同比增加3.46%。其中，地方收入8317.23万元，同比增加9.18%；中央收入7229.43万元，同比减少2.42%。村级集体收入947.95万元，同比减少5.33%。

经济运行情况　做好招商引资工作，引入水利建筑、物流、置业公司等三产服务业，不断推动经济结构优化，引进市外企业18家，实际利用市外资金5.02亿元，其中实际到位注册资金4.68亿元，市外资金投资额0.34亿元，完成区级3亿元指标的167.4%。

基础设施建设　投资313万元完成总长1.03千米，宽4米的双拥路改造。投资300万元完成大洋岙檀东颐景山庄南侧道路改造工程。完成新桥公寓一户一停车位和梅园小区停车位改造。

社会事业发展　全年落实低保对象121户156人，低边对象51户91人，发放补助金129.5万元，实现动态管理、应保尽保、应退尽退。困难群众医疗救助与临时生活困难救助力度逐年提升，助学、助医、助困、助老、助残486人次，发放救助金76.78万元。城乡医保参保6105人次，完成率98.2%。新增东园、港南、桔北等3家社区级居家养老照料中心。新增健身点2处计700平方米，开展送戏下乡等文化服务153余次，获得各类文化体育奖项35项。

第十一届和谐城东文化节闭幕式

平安建设　做好全国“两会”、“一带一路”高峰论坛、中共十九大、国际海岛旅游大会、第四届世界互联网大会等重大会议活动时期信访维稳安保工作。是年，答复处理群众来信来访和上级交办转办的信访件76起，办结率100%。开展水路货运船舶整治、“两非”车辆整治、环境监管进网格和“美丽定海建设”环境整治等工作，是年，关闭废品收购点、集中堆放点35处，淘汰回收各类“两非”车辆889辆，占总排查车辆数的98.3%。“美丽定海建设”初步完成各类整治目标，通过上级督查。安全生产事故三项指标实现零增长。

基层党建　至年底，辖区有基层党组织80个，党员1916人，其中机关党员69人。推进“两学一做”常态化、制度化，全年开展各类学习宣讲50余次，覆盖党员群众5000人次，其中专题学习宣讲20次，各类主题活动30次。开展党建标准化阵地建设，建成党群服务中心3个，社区一站式便民服务大厅9个，党员活动点40个，建成先锋步道、党员议事角、庭院党小组、党员阳光驿站、党代表工作室等特色阵地。以“党建+民生”“党建+项目”“党建+文化”等模式打造“幸福党建”品牌，“青松俱乐部”“周末快乐营”等一批新服务项目涌现，“党建+三社联动”效应进一步放大。深化党风廉政建设，推动“两个责任”落实。落实“小微权力”规范运行，编撰《定海区城东街道村务管理政策汇编》。把握运用监督执纪“四种形态”，保持正风肃纪高压态势，全年廉政谈话38人次，立案查处违纪党员2人。

【城中村改造】　全面启动城中村改造工作。开展小洋岙工业园区百日攻坚行动。9月18日，完成全部24户私房户拆迁签约，10月9日，完成全部32户企业户签约，签约率达100%。11月，启动东山公园北侧旧城改造项目。12月30日，完成小碶村31户业主的拆迁签约工作，拆迁率100%。11月，启动小洋岙城中村改造，对杨家塘地块和双拥路地块532户拆迁户进行走访评估。

城中村改造工作“挂图作战”

【环境综合整治】　实行问题清单每周销号制，采用集中整治与注重长效相结合、属地管理与区域共建相结合、党员干部包片与群众参与相结合的方式，清理销号1854个问题，清理垃圾1200余吨，有效解决了城乡环境“三乱”问题。开展城乡环境综合整治百日攻坚行动和“双清”剿劣活动，组织机关干部、社区、村干部，市局联系单位干部、驻地官兵等200余人，拆除违法建筑21处计800余平方米，清理各类垃圾120余吨，拆除露天粪坑40多个，清理水体9处，城乡环境显著改观。对金叶菜场、东门菜场、青云桥、丁香桥周边等二类马路菜场进行集中整治，开展东河路、新桥路、东瀛路、东山路以及昌洲大道等主要道路沿线两侧的周边环境整治。巩固“日巡查+周检查+月督查”长效管理制度，开展巡查10次，发现问题95处，解决72处。街道城乡综合环境整治工作在全区“双学双比”城乡环境综合整治专场工作中获得第二名。

城乡环境综合整治百日攻坚行动

【无违建街道创建】　对辖区内20个社区（村）的违法建筑底数进行再排查，建立健全防违控违综合管理机制。拆除违法建筑149处，计5.30万平方米，完成全年拆违任务量的264.77%；完成“三改”29.10万平方米，完成率达549.13%；“无违建街道”创建工作顺利通过市级考核验收。

【剿灭劣Ⅴ类水】　打造大洋岙杨家20号池塘精品工程，辖区内5处小微水体均完成剿劣任务，6月底完成销号，10月通过省里验收。完成小洋岙支河300米河道的清淤工程，治理畚金小河，对街道45个排水口设置规范标识，实行“身份证”管理。全面落实河长制，所有河道、水库、山塘、溪坑、池潭均纳入了常态化、制度化管理轨道。

建成后的大洋岙杨家20号池塘

【社区（村）组织换届】 3月24日，正式启动村社组织换届选举工作。5月25日，全面完成5个村和14个城市社区组织换届选举。选举产生新一届社区（村）党组织班子成员96人，平均年龄40周岁，其中新任书记2人。4名优秀大学生村官经选举进入党组织班子。选举产生新一届村（居）委会班子成员101名，15个村社主任连任，新任主任4名。村经济股份经济合作社、村（居）监委、村（居）调解委、妇联等配套组织都在规定时间内完成换届。

村社组织换届选举动员会

【“四个平台”建设】 搭建以综合指挥室为龙头，综治工作平台、市场监管平台、综合执法平台、便民服务平台等四个平台共同协作的区、街道、社区（村）三级联动的基层治理体系。建立联席会议制度、研判流转机制等一系列工作制度，以全科网格员为主线，通过平台收集信息，进行快速流转分流处置，实现信息收集、交办、处置、督办的闭环管理，形成分类梳理、逐级分流、按责转办的常态化事务处理机制。

【“最多跑一次”改革】 开展街道便民服务中心规范化建设，建成完善的便民服务大厅138平方米，确保人员落实到位，制度上墙，进驻服务事项9大类23小项。全面梳理街道、城市社区和行政村“最多跑一次”事项服务事项，更新浙江政务服务网服务清单事项214条，办事指南、流程均可以在网站上检索查询。

【东门车站交通综合体特色街区】 累积招商登记250余家；世纪联华超市项目招引前期工作逐步推进，全力会同区属部门做好项目落地前的物业、设计、基础设施配套等工作；东门小公园完成工程量的80%。

【重大项目施工保障】 辖区内的重点工程共23项，其中续建项目14个，新建项目9个，属于区“实绩亮相”项目3个。建立领导包案的项目联系制度，每个项目设立专门工作组，由班子领导带队，负责项目实施。完成持续6年的东河南路断头路贯通工程攻坚任务，东河南路建成通车。小洋岙工业园区征收工作提前完成。东山公园北侧小区旧城改造项目按时完成，其余项目均有序推进。

【“幸福社区”创建工作】 桔北社区以“融情聚力·北有桔红”为主题，开展区级“幸福社区”示范点创建工作。打造“桔光之家”党建室、桔香花苑、乐享阁、乐疗阁、乐动阁，乐学阁等服务空间，组建“幸福花”好妈妈志愿服务团、“康乐行”健康护卫

桔北社区“幸福社区”志愿者服务活动

队、“一抹桔红”暖心党员服务团等7支志愿者团队，实施一抹桔红”党建项目、“老邻舍”服务项目、“桔光益彩”自治项目，开展各类活动16次，600余人次参加活动。

【党风廉政“五色清单”】 制定《2017年度城东街道党风廉政建设责任清单》，把95项主体责任，23项监督责任，分类成红、橙、粉、黄、蓝“五色清单”予以落实。通过《纪实手册》，实现全程记录，痕迹管理。

【张友华检查凯虹广场安全生产工作】 1月12日，市安监局局长张友华带领市安监局工作人员和消防人员对凯虹广场进行安全生产检查。检查组一行重点检查企业安全通道、消防防火门匝、消防指示牌、灭火器配备和员工安全培训情况等，认定凯虹广场安全生产工作总体较好，同时要求企业做好员工安全教育培训工作。

【项永丹到桔南社区调研危房改造工作】 3月6日，省建设厅厅长项永丹一行到桔南社区调研12幢危房解

项永丹调研桔南12幢危房解危工作

危工作。项永丹一行实地查看正在拆除门窗的危房住宅，对社区解危工作予以肯定，并希望街道和社区继续推进后续工作，顺利完成此次解危工作。

【辽宁省盘锦市兴隆区纪委考察党风廉政主体责任履职情况】 4月25日，辽宁省盘锦市兴隆区纪委书记

盘锦市兴隆区纪委考察党风廉政建设工作

王磊一行到城东街道考察党风廉政主体责任履职全程纪实等经验做法。街道党工委书记舒华介绍了具体做法和初步成效。双方开展交流，并就如何进一步加强党风廉政建设进行沟通探讨。

【徐爱华调研桔南社区“幸福社区”建设试点工作】 5月11日，市民政局局长徐爱华一行到桔南社区调研“美丽群岛·幸福社区”示范区建设试点工作。调研组实地了解桔南社区创建幸福社区的情况，并就下一步工作提出宝贵意见。

【俞东来调研小洋岙城中村改造工作】 11月30日，市委书记俞东来到街道调研城中村改造工作。俞东来一行实地察看小洋岙区块改造推进情况，听取定海区关于全区城中村改造推进情况的汇报。

俞东来调研小洋岙城中村改造工作

（撰稿：施 卉）
（本分目照片由城东街道提供）

环南街道

【概况】 环南街道位于舟山群岛南部，因定海城区主干道环城南路横穿辖区而得名。陆域北沿解放路与昌国街道相邻，南濒海港，东以新河路与城东街道为界，西以竹山门为界与盐仓街道毗邻。街道辖盘峙、大猫等大小岛屿28个，其中住人岛9个。东部的大峙岛、小峙岛与临城街道长峙岛相邻；南部的摘箬山岛南端是峙头洋国际海域洋道。五联社区的西蟹峙岛位处金塘洋面，是辖区最西端的岛屿。西南面的大猫岛与宁波市北仑区的大榭岛隔海相望。区域陆地面积24.02平方千米，海域面积54平方千米，海岸线长达66.78千米。街道辖有10个城市社区，1个城中村，3个农渔社区村，户籍人口15348户，36820人。

是年，实现企业总产值92.78亿元，工业总产值87.39亿元，较上年同期分别增长11.2%和12.3%。其中，规上工业总产值60.5亿元，较上年同期增长19.5%。完成全社会固定资产投资27.81亿元，较上年同期减少18.9%，其中完成工业固定资产投入8.19亿元，较上年同期增长76.1%。实现农业总产值2712万元，较上年同期增长6.1%。

经济发展情况 是年，有各类工业企业126家，实现工业总产值87.39亿元，较上年同期增长12.3%。其中，规模以上工业企业7家，全年实现工业产值60.52亿元，占街道工业总产值的69.25%。作为支柱行业，街道32家船舶修造企业全年实现产值84.63亿元，同比增加13%，占街道工业总产值的96.84%。

是年，和平路商业中心商贸综合体基本建成，宋都蓝郡国际一期、二期、二期（西侧）项目累计完成投资19.76亿元，全年完成投资2.76亿元。海滨新天地体验型24H生活街区完成合同签约1.3万平方米，签约品牌45个。东峙岛旅游示范岛加快建设，舟山市定海区东峙建设开发有限公司正式成立，小坑岗露营基地等主体旅游休闲设施及基础设施建设进展顺利。摘箬山岛海岛整治修复项目完成环岛道路东岙至北岙段路基建设工程，码头建造通过验收，累计完成投资891万元。

是年，新引进舟山恺融房地产开发有限公司、舟山新区聚星旅游开发有限公司、中化舟山危化品应急救援基地有限公司、中石化中海船舶燃料供应有限公司舟山分公司等企业，实际利用市外资金4.52亿元，其中市外资金投资额为3.08亿元。

生态农业持续向好，完成盘峙280亩精品果园建设，实现特色农业种植产值1800万元。533亩高位池精养塘、94亩大棚水产养殖完成部分改造和大棚搭建。盘峙大岙杨家湾畈高标准基本农田提升项目、大猫外沙碗垦造耕地项目完成验收入库，建设标准农田404亩，新增耕地指标150亩。

基础设施建设 是年，建筑施工绿色围挡全面推行，两处美丽转角建设相继完成。定海湾建设加速推进，定海体育公园开工奠基，东岳宫山电视塔灯光亮化工程启动实施。东山社区垃圾分类试点工作成效显著，整体投放率达60%以上。全年开展辖区户外广告、“两非”车辆等多个专项整治行动，共拆除违规户外广告牌348块，协同相关部门回收“两非”车121辆，对环城东路与东海东路路口8家店铺外立面进行改造，城市细节更加精致。

“最后一平米”攻坚克难，全年新增4幢D级危房解危签约工作进展顺利，成功整幢拆除D级危房5幢，进行维修加固4幢，新增停车位79个。

社会事业 是年，城乡居民医疗参保率达到98%以上。新增低保低边户57户，77人，累计发放特困救助等专项救助金26.4万元。完成廉租户申请208户。新增西园社区避灾点1处。街道敬老院建成并投入使用。市民政部门“守护夕阳”偏远小岛养老服务项目正式落地南部诸岛，成为全市唯一试点单位。不断提升社会服务，“三社联动”项目扎实推进。做好实施“全面二孩”政策的宣传落实及深化流动人口计生服务管理工作。廷佐小学完成改扩建工程。柳永文化广场对外开放。

成立“道头人家”志愿服务总站，同步启动“你我同行·爱涌道头”系列志愿服务活动，累计开展各类活动30余次，服务群众上万人次。圆满完成四次市文明指数测评工作。获批设立全市首个民间谜语传承基地。

【三改一拆】 “三改一拆”任务提前超额完成，旧住宅区、旧厂区、城中村改造11.72万平方米，拆除违法建筑156处，拆后土地利用面积2.44万平方米，拆后利用率98.2%。

【五水共治】 顺利完成剿灭劣Ⅴ类水体工作，生态文明建设向纵深推进，对盘峙、大猫等14处水体实施环境改造及水质提升。推进水利工程标准化创建，盘峙大小长礁海塘除险加固项目完成主体工程。严格落实河长制，建立健全街道、社区“民间河长”三级联动机制，做好“一河一档”工作。东岠岛美丽海岛社区创建稳步推进，农村生活污水治理和农村生活垃圾分类处理工作进展顺利。

【基层党组织建设】 至年底，辖有基层党组织数108个，党员2024名，其中农村党员278名，社区党员1180名，机关党员68名，企业党员345名。预备党员20名，入党积极分子40名。是年，深入学习贯彻中共十九大精神和习近平新时代中国特色社会主义思想，推进“两学一做”学习教育常态化制度化。全力打造基层党建样板工程，圆满完成街道党群服务中心的改造提升，绘制“一中心两复圈四加环”全域党建地图，突出民生服务党建品牌建设，形成“锋荟环南”民生党建集群。推行“一社（村）一品”建设，主动挖掘提升各基层党组织特色亮点，形成“阳光西苑”“党建5S服务站”等多个特色党建品牌阵地。切实推进项目党建方式方法创新，成立旧城改造项目临时党支部，提炼总结项目党建“六个化”工作法，在全区基层党建“双学双比”活动中荣获第一名。不断夯实基层党建基础，圆满完成社区（村）组织换届工作，选举产生新一届党组织委员62名，（村）居民委员会委员82名。建立健全党建创新、考核奖励机制，推行社区（村）重点（特色）工作申报制度，落实党建项目立项经费补助、党建精品项目年终评选机制。实行督查通报制度，突出党建品牌的实效性，对项目推进滞后的单位进行通报督促，并将奖惩结果作为年终考核的重要依据。明确一线、实干选人用人导向，先后抽调30余名街道年轻后备干部、部分中层干部充实到旧城改造等重点难点工作中。经民主推荐、班子考察，推选产生5名副科级后备干部。

【党风廉政建设】 领导干部带头履行主体责任，落实“一岗双责”。实施实践监督执纪“四种形态”，高标准贯彻执行中央八项规定。农渔村巡察“回头看”工作取得实效。加大效能督查力度，组建3个效能检查小组，每月不定期对工作纪律、值班到岗等方面进行检查，严肃追究违纪违规行为。成立街道专项督查考核领导小组，建立各科办每月重点工作申报及完成通报制度，加大对旧城改造、特色街区、“五水共治”、“无违建”创建等街道重点工作的监督检查力度，切实规范基层权力运行。

【宣传舆论先锋引导】 围绕“省市区党代会精神”、“中共十九大精神”等主题开展各类学习宣传活动。扎实落实《2017年党工委中心组理论学习计划》，夯实机关“周一夜学”实效，提高干部参与学习的积极性和主动性，为锻造有担当、有作为、有口碑的环南铁军队伍奠定坚实基础。依托文化礼堂、“海上讲习所”，配合原有宣传阵地，充实完善街道“常青藤”宣讲团力量，进学校、上船头、到工地、下田头，切实做到学习宣传贯彻落实的全覆盖。是年，开展“定海区第十三次党代会精神”“2017年政府工作报告解读”“十八届中央纪委七次全会公报”、十九大等学习宣讲活动50余次，受众5000余人。

【社会治理取得新突破】 精准化社会治理源头防控体系进一步完善，基层治理“四个平台”（综治工作、市场监管、综合执法、便民服务）全面建成，全科网格规范化试点建设稳步推进。“最多跑一次”改革进一步深化，“一窗受理、集成服务”模式全面推行，南部诸岛实现“办事不出岛”。圆满完成“全国两会”“一带一路高峰论坛”、十九大等重大活动和敏感节点的维稳安保任务。网络舆情快速预警和联动处置机制建立实施，重大决策社会稳定风险评估机制持续深化。社会治安防控体系进一步升级，新增18个高清监控设备。成功组建全市首支海岛义工巡逻队。全年受理群众来信来访257件（批）次，受理群众来信来访转办件66件，办结率100%。成功化解1起省交办积案。人民调解不断多元化，创新成立旧城改造党员调解室及港内小船海上“老娘舅”，成功调处各类重大疑难纠纷15起。司法所人民调解案例获全市2017年人民调解优秀案例一等奖。流动人口管理服务升级，引入“1+2+X”工作模式，设立流动人口动态监测点5家，启动居住证量化管理积分入学受理窗口，获评市级先进流管所。水路货运安全取得新进展，12座违规码头整治工作全部完成。全面实施老旧小区消防改造升级。在全区平安定海（安全生产）“双学双比”中荣获第一名。

【旧城改造力度空前】 强势推进环南（庆丰）工业

园区、沿港西路（竹山门）和城西路中段新增区块、工农路、念亩墩、周家塘郑家塘等7个区块的旧城改造项目，涉及土地面积约609.2亩，建筑面积约24万平方米，产权户1642户。沿港西路（竹山门）、工农路、念亩墩以及周家塘郑家塘区块均实现签约率100%。环南（庆丰）工业园区一期土地创新实施招标挂牌复合式出让。锦鸿雅苑等安置房项目建成竣工。

【成立环南街道机关退休干部党支部】 2月24日，召开退休党员大会，成立机关退休干部党支部，选举产生党支部书记。街道党工委副书记姚荣、党工委委员余贵梅到会指导。姚荣对机关退休干部党支部的成立及新当选的支部书记表示祝贺，感谢退休党员一直以来为街道发展建言献策、发挥余热，并希望老干部们能继续关注支持街道工作。机关退休干部党支部的成立，成为老党员凝心聚智、奉献环南的合力平台。

机关退休干部党支部成立现场

【开展“你我同行·爱涌道头”志愿服务活动】 3月4日，在西园小公园举行“道头人家”志愿服务总站成立暨“你我同行·爱涌道头”志愿服务活动启动仪式。志愿者代表徐晓艳和郑童岚宣读《倡议书》，街道党工委副书记姚荣，区文明办副主任徐燕红，街道党工委委员余贵梅、徐世君等向志愿者服务队进行授旗。启动仪式结束后，代表们参与签名活动。活动现场为居民提供量血压、理发、推拿等服务，居民反响热烈。环南街道志愿服务总站有来自各行各业的近500名志愿者组成，分为20支志愿者服务队伍，每月开展相关主题的志愿服务活动。

“道头人家”志愿服务总站成立暨“你我同行·爱涌道头”志愿服务活动启动仪式现场

【外地媒体实地采访环南街道“海上的士”管理成效】 3月17日，由中国新闻社、浙江日报、浙江之声等6家新闻媒体组成的“2017平安浙江千里行”采访组来到环南街道，实地采访“海上的士”管理成效。街道党工委副书记、办事处主任林建刚、市、区相关领导等陪同。林建刚就港内小船整治纳规的背景、意义、过程以及公司营运现状作了详细介绍，并畅谈港内小船今后转型升级发展规划。随后，采访组到港内小船锚泊码头进行实地查看，并随机采访了部分小船船主。记者们表示，环南街道在整治纳规港内小船工作上积极主动，成效明显，相信在公司化管理下，“海上的士”必将真正系牢安全带。

外地媒体实地采访港内小船船主

【召开环南街道2017年村和社区组织换届选举工作动员会】 3月27日，召开2017年村和社区组织换届选

2017年村和社区组织换届选举工作动员会现场

举工作动员会，全体机关干部、各社区（村）书记主任、党建工作负责人参加会议。区委组织部副部长孙艳青出席会议。会议宣读《关于成立环南街道村和社区组织换届选举工作领导小组的通知》和《环南街道2017年村和社区组织换届选举工作方案》，明确换届选举领导工作小组、各项日程安排和纪律要求。街道党工委书记朱彦波作动员讲话。他强调，要统一思想、提高认识，切实增强做好此次换届工作的政治责任感和使命感；要突出重点，把握关键，扎实开展村和社区组织换届工作。同时要求各社区（村）党组织书记切实扛起“第一责任人”的重担，加强领导，各科办要通力协作，形成合力，确保村和社区组织换届工作顺利完成，为开创环南现代化建设新局面奠定坚实的组织基础。最后，街道党工委就换届选举的政策、程序、重点工作等内容为工作人员作了业务培训。

【“双清”剿劣行动】 4月28日，定海区双清剿

盘峙社区剿劣双清现场

劣、百团联战行动如期打响。区政府副区长夏泉、环南街道党工委书记朱彦波和街道、社区干部、民兵小分队、巾帼剿劣护河队、青年“河小二”等50余人在盘峙社区的河道、水库边开展“双清”剿劣大行动。

【开展迎五四“立潮头、记初心、诉担当”主题演讲比赛】 5月4日，环南街道开展“勇立潮头青春先行”系列活动之“立潮头、记初心、诉担当”为主题的演讲比赛，以迎接“五四”青年节的到来。各科办的11名青年干部参加比赛。参赛选手们或热情洋溢，或妙语连珠，精彩的演讲深深感染着在场的每一位观众，不断博得观众的掌声和喝彩声。

“立潮头、记初心、诉担当”主题演讲比赛现场

【区人大调研环南街道少数民族工作】 9月12日，区人大常委会副主任王华杰、区人大常委会教科文卫与民宗侨工委主任叶立占等一行7人到环南街道调研少数民族工作情况。街道人大工委主任夏贤明、街道党工委委员徐世君及相关同志参与调研。调研组认真听取街道少数民族管理工作的基本情况、工作举措以及存在的困难。与会领导、街道相关科办及社区就少数民族流动人口的日常管理和服务工作进行交流。王华杰充分肯定街道在少数民族工作管理过程中所取得的成绩，并表示将对大家提出的意见、建议整理成稿，从定海实际出发，切实加强和改进少数民族工作的管理与服务，有效促进社会稳定，经济发展及民族和睦。

【环南街道党群服务中心完成升级改造】 环南街道党群服务中心坐落于定海城南商贸活跃、两新组织集

环南街道党群服务中心

聚的中心区——东海东路新天地4楼，总面积350平方米。该中心是环南街道党工委在推进“整乡推进、整县提升”工作实践中，结合街道自身实际需要所打造的集党群活动、党群服务于一体、开放互动的综合服务中心。以“锋荟环南”为主题，意引“先锋引领、群团荟萃”之意，盘活各方“锋荟”之力，致力建设党建共同体，使其成为服务辖区两新党建、服务党员、服务群众的重要平台。服务中心有2层，分别为红色驿站、服务驿站、活力驿站、成长驿站。辖区两新企事业单位、群团组织和老年人、青少年、妇女等党员居民、街道文体协会的各支团队均可通过预约参观党建展示，参加群团活动、互助交流、学习书吧、培训排练等各类活动。

【环南街道残疾人联合会第六次代表大会召开】 11月3日，环南街道残疾人联合会第六次代表大会召开。大会应到代表50名，实到代表47名。大会采用无记名投票方式和等额选举的办法，选举产生环南街道残联第六次主席团成员7名；选举产生出席定海区残疾人联合会第六次代表大会的代表8名，并召开新一届主席团第一次会议，推举谢存燕为街道残联执行理事会理事长。

街道残疾人联合会第六次代表大会现场

【全市首个市民体育公园落户环南工业园区】 12月23日，定海体育公园举行开工奠基仪式。该公园是全市首个市民体育公园，位于环南（庆丰）工业园区区块（一期）西侧，是舟山百里滨海大道重要节点和定海“五山绿道”最南端东山绿道的主入口，占地面积约2.3万平方米，计划投入资金35亿元，包括公共体育设施、公共服务设施、商业服务设施、公交首末站等，拟打造以“海立方”为造型的集多功能服务于一体的城市新地标。其中，占地1万多平方米的公共体育设施计划建造游泳馆、开放式大健身平台、篮球馆、羽毛球馆、台球馆等多个场馆以及室外五人制足球场、篮球场、田径跑道等。预计2021年中完工并投入使用，届时将有效提高定海城市品质和人民幸福指数。

定海体育公园开工典礼

（撰稿：金　蝉）

（本分目照片由环南街道提供）

昌国街道

【概况】 昌国街道位于舟山本岛中南部、定海城区北部，辖区东至长岗山森林公园与城东街道、白泉镇相接壤，南缘解放路与环南街道为邻，西至茅岭墩与盐仓街道相接，北至叉河岭与盐仓街道相连，陆域面积约16.06平方千米，下辖文昌、开源、合源、香园、北园、东管庙、翁山、留方、西安、虎山、西管庙、西山、金寿13个城市社区居委会，东湾、城北2个农村社区和茅岭村、义桥村2个村委会，常住人口约8.27万人，其中户籍人口29866户，54500人。

街道历史悠久，人文荟萃。辖区有多处省、市级重点文物保护点及10余所从幼教到大学各级各类学校。保存有明清时期的中大街、西大街、东大街、留方路等历史建筑；有始建于后晋天福五年（940年）号称“翁洲第一古禅林”的祖印寺；有建于清康熙二十八年（1689年），藏有康熙御笔题写的“定海山”匾额及康熙帝画像等重要文物的御书楼；有蓝理、安子介、朱葆三、刘鸿生、董浩云等名人故居及大量史迹；有诠释舟山“物华天宝、人杰地灵”的辉煌历史的舟山名人馆；还有舟山市重要商业中心之一的解放路、人民中路、人民北路、昌国路和娱乐休闲特色街市芙蓉洲路、总府路。

是年，重要经济指标全部完成，财政收入增幅指标超额完成，总收入2.72亿元，同比增幅27.4%，其中地方收入1.58亿元，同比增幅17%，完成考核指标的137.4%。完成工业总产值4.3亿元，同比增幅15.6%。

经济发展情况　是年，引进符合招商引资条件的企业63家，注册资金12.21亿元。实现利用市外资金投资额5.14亿元，浙商回归省外到位资金1.01亿元。对重点项目进行持续跟踪，包括自来水厂、上李家地块挂牌拍卖后的注册投资动向。注册办理舟山市拓城置业有限公司、舟山融翰置业有限公司等2家投资上亿元的企业。

社会事业　是年，城乡居民医保总参保率98.6%。交付保障房179套，交付安置房222套。有城乡低保对象179户222人，城乡低保边缘对象60户122人，城乡低保相对2016年减少30户。走访慰问低保、低保边缘、残疾人等困难群体481人，临时救助7人，资助困难大学生13名，发放各类救助金额34万元。募集慈善款25万元，发放慈善款7.75万元。全年领取生育登记服务卡345本。办理申领失业保险金签到5028人，办理失业登记146人，审核灵活就业社保补贴申请175人，办理异地退休人员认证43人，完成就业援助对象认定198人，办理城镇医疗保险6715人。

【党员干部队伍建设】　是年，开展“四讲联动”“领导干部带头讲”“社区（村）书记普遍讲”等各类互动学习80余场。各社区完成党建标准化阵地打造，设置“一点一特色”党风教育基地17处。强化“领头雁”能力培训，集中进行能力培训。开展社会工作实务能力提升项目实训班等各类培训10余场，60余名社区干部参加培训，其中7人成长为社工项目负责人。抽调60余名党员干部赴各拆迁区块，组建6个临时党支部，主动投身建设浪潮，为提升城市品位，打造“美丽昌国”发挥积极作用。

【党风廉政】　建立街道党风廉政建设责任制领导小组，贯彻落实党风廉政建设责任制、“三书两报告”等制度。强化教育监管，加大源头防控，完善《昌国街道2017年惩防体系工作方案》《昌国街道实施“三重一大”制度的若干意见》等制度，进一步规范领导班子决策行为，提高民主决策水平。为强化纪律保障，严守拆迁底线，专门成立重点项目正风工作小组，在各个拆迁区块建立纪律保障组，设立群众举报投诉和干部约谈室，助力拆迁改造。

【社会治理】　围绕平安建设主题，组织开展“十个一”活动。为加强社区矫正对象、戒毒康复人员管理，组织社区服刑人员参加社区服务和教育学习10余次。采集上报街道网格事件信息12964件，办结率100%。全年累计受理群众来信来访132件批，1606人次。与17个社区（村）及辖区49家企事业单位签订综治工作目标责任书。成为首批获得浙江省“平安金鼎”称号的街道，辖区内10个社区（村）获得平安金鼎。在“全国两会”“一带一路”国际峰会、金砖国家峰会、国际海岛旅游大会和十九大等重大会议时间节点，做好稳控工作。

【精神文明建设】　是年，向区文明办推选好人模范30余位，荣获舟山市第六届道德模范奖1名，定海区道德标兵2名，定海区好人2名。在文明指数测评中皆获市、区亚军。西安社区、北园社区、合源社区、香园社区在四季度“我靓我家·社区擂台赛”中分获第一。以“争做道德少年，文明礼仪先行”为主题，开展未成年人思想道德建设各类活动30余次。街道志愿者注册总人数约1.5万人，骨干志愿者约1200人，孵化各类服务型社会组织20余支，培育的“草根型”社会团体60余个，社会组织成员1700余名。开展“健康夕阳行”敬老助老服务、“青春能量集中营”青少年成长行动、“转角遇阳光”特殊群体关爱行动等各类志愿服务活动200余次。努力营造书香文化氛围，挖掘各类市民团队，培育各类文体小组100余个。

【宣传工作】 全面开展“不忘初心、牢记使命”主题学习教育活动。加大剿灭劣Ⅴ类水、特色街区打造、文明创建、旧城改造等重点工作的宣传报道和信息报送力度，组织宣讲团参加拆迁安置政策培训，并选取典型案例进行广泛宣讲。抓好街道网络舆情队伍建设，调整网宣成员32名，妥善处理重大舆情事件3起。做好宣传报道和信息报送，在《舟山日报》《舟山晚报》刊登52篇，《今日定海》录用97篇，新闻报道100余条。推动“好声音+青春”草根宣讲团队化和项目化运作，创新“网上+网下”，每月研讨主题、制作课件，做到村社、街区、古城、拆迁指挥部全覆盖，宣讲200余次，惠及20000余人。

【旧城改造成绩斐然】 是年，定海区涉及15个旧城区块改造。在区委、区政府统一部署下，昌国街道有9个区块改造项目纳入全区实绩亮相考核。是年，街道征拆1446户，征拆面积达18.21万平方米，占整个定海区已完成拆迁区块面积的34.87%。所有区块皆百分百签约，全部实现“三个一”，即一个月内完成调查摸底、一个月内完成签约、一个月内完成腾空。

沿港西路（竹山门）区块，该区块总用地面积约1.7万平方米，涉及产权户49户。至6月14日，完成定海沿港西路（竹山门）区块昌国段全部个人产权户签约，签约率100%，顺利完成旧城改造既定目标。

上李家区块，该区块总用地面积约1.9万平方米，建筑总面积约6500平方米，涉及征迁户39户，其中道路区块涉及集体土地房屋征收22户，安置区块涉及集体土地房屋征收17户。至6月16日，完成全部签约工作，签约率100%。

西山路改造区块，该区块总用地面积约3.8万平方米，涉及产权户33户，其中个人产权户25户（含个人住宅18户，店面房7户），企事业单位8家。至7月4日，签约率100%，提前完成既定目标。

环城北路段管网建设工程，该区块总用地面积约154.54平方米，涉及个人产权户7户，沿街商业用房9间。7月20日正式启动签约工作，当日签约率即100%。其中商铺签约工作仅用时48分钟，创造全市征迁项目中签约速度最快的记录。

白虎山路改造区块，该区块总用地面积4.8万平方米，建筑面积5.7万平方米，涉及产权户466户。8月开展调查摸底及入户评估工作。至10月7日，完成全部产权户签约，签约率100%，正式启动旧城改造工作。

白虎山路增拆区块，该增拆区块建筑面积5520平方米，包括环城西路36号和西门外湾地块20—27号，涉及被征收户57户。10月26日正式启动征收工作，从调查摸底到整体签约完成仅用时2周。截止11月14日，签约率达100%，顺利开展旧城改造。

西山路西侧改造区块，该区块总用地面积10.9万平方米，其中建筑面积3.99万平方米，涉及产权户244户。区块南起竹山隧道东口，北至茅岭墩与盐仓交界处，西山路以西区域以及西山路以东，城西河路以西，解放西路以北，东海明苑金馨家园小区以南区域。12月25日，启动签约工作。

念亩墩改造区块，该区块总建筑面积约5317平方米，涉及产权户47户。至12月27日，提前1天完成签约任务，签约率100%，正式启动该区块旧城改造。

太平弄改造区块，该区块总建筑面积约3.5万平方米，涉及产权户501户，改造范围东至前太平弄、南至解放西路、西至环城西路、北至昌国路区域内。12月29日，启动签约工作。

【蟠洋山路打通断头路】 该区块总建筑面积800平方米，南起蟠洋山路130弄1号，北至蟠洋山路117号，交汇海院路东段，涉及个人产权户11户。至11月6日，签约率100%，提前4天完成任务，正式启动道路拓宽改造工作。

【推进水利工程标准化建设】 红卫水库清淤工作全部完成，正进行除险加固工程。该水库总集雨面积1.94平方千米，正常蓄水55米，总库容85万立方米，正常库容76.1万立方米，设计洪水位55.89米，水库防洪影响面积10000余亩，防洪影响人口10000人左右。完成草子坑山塘管理用房建设总体工程的40%。完成城北社区白泉流域白露岙山塘剿劣治污工程、城北社区大西岙白泉流域东岙溪坑剿劣治污工程、义桥村定海三院北侧池塘清淤工程。辖内新设置小微水体牌12块，河长牌18块，库长牌2块。

【芙蓉洲路完成特色街区建设】 完成芙蓉洲路特色街区改造计划，其配套停车场征迁地块房屋拆除、内街油污管网改造工程、电力改造工程、昌国路与芙蓉洲路入口景观改造工程建设、店招和立面改造等全部完成，成为有阳光、新鲜空气的扁平化城市综合体，将特色美食商业街区融入当地的文化、旅游产业发展布局中，实现商旅文联动发展。

【商联大酒店完成主体结构建设】 协助完成商联大酒店项目贷款和酒店地下设施建设事项协调工作，工程建设稳步推进，主体结构已建成，计划于2018年底开业。该酒店建筑面积约2000平方米，拟按四星级酒店标准建设，项目用地面积8008平方米，建筑面积33578.1平方米，容积率2.5，总投资2亿元。项目的建设符合土地利用规划，有利于完善城市基础设施和旅游环境，提升定海区旅游及商务接待能力，进一步改善区域投资环境，提升城市品位。

【危房解危进展顺利】 是年，街道48幢D级危房已签约并腾空45幢，解危21167平方米，完成改造签约和选房安置412户。同时，为快速推进昌国新村1-3号、4-6号剩余48户签约户工作，抽调经验丰富干部，积极做好危房户政策解读工作，集中进行拔钉。科学规划，充分利用拆后重建土地，将西管庙新村3幢危房拆后改造成公共停车场，拆后重建面积约2500平方米。

【城乡环境综合整治】 完成竹山隧道周边、环城东路800米区块、气象台路（义桥菜场）环境、文化路城北加油站段等区块的综合整治。统一改造各个区块沿线店牌店照风格，对拆后土地进行绿化补种，对跨门经营、沿路墙门破损、户外广告乱挂乱贴等进行集中整治。开展城乡环境卫生大整治，结合卫生城市创建省级卫生街道复评、社区文明秀等行动，对餐饮集中区域、菜市场、菜点周边、背街小巷和城乡结合部等地段集中整治。全年治理脏乱道路面积35000平方米，清理卫生死角220处，清理阴（明）沟4511米， 清除垃圾600吨，拆除违建169处，建筑面积约7.4万平方米。完成康乐新村、茅岭墩、西山下等5个点位的边坡治理。

【推进老旧小区准物业改造】 是年，在香园、北园、合源、开源小区准物业化管理运行的基础上，继续推进剩余社区准物业化管理团队建设，解决城市社区老旧小区无物业管理难题，进一步完善社会准物业管理方案，扩充服务管理内容，满足辖区居民日常生活需求。

【香园社区获评全国最美志愿服务社区】 2月，香园社区从全国数百个候选对象中脱颖而出，被中央文明办评为“全国最美志愿服务社区”。该社区志愿服务气氛浓厚，常年举行各类志愿活动，现有专业志愿者团队19支，注册志愿者825人，占社区常住人口的15%。持续组织长者服务、青少年服务、矫正人员、军民融合发展等各类志愿服务项目，惠及群众3000余人。

【圆满完成村和社区党组织换届选举】 3月，昌国街道完成村和社区组织换届选举工作。通过党员和群众代表联合推荐方式产生候选人建议名单，经街道党工委资格审查，并上报区28部门联审后，确定候选人名单，进而选出新一届村和社区党组织成员93人，新一届村（居）委会成员95人，其中村委会成员18人，居委会成员77人。聘任社区专职工作者132人。

昌国街道召开2017年村和社区组织换届选举工作动员会

【昌国街道荣获平安金鼎】 是年，街道因连续十二年被评为“平安街道”，荣获平安建设金鼎。北园、香园、开源、西安、留方、东管庙、西管庙、金寿、东湾、城北等10个社区为2005—2016年度平安金鼎社区（村）。近年来，昌国街道在区委区政府的领导下，不断深化道德法治宣传教育，强化经济建设法治保障，加大社会管理服务力度，夯实法治建设基层基础，取得了新的成效。

昌国街道因连续十二年被评为“平安街道”荣获金鼎

【虎山居家养老服务中心投入使用】 8月，虎山居家养老服务中心正式运营。该服务中心建筑面积400平方米，内设健康小站、棋牌室、阅览室、健身康复室、日间照料室等，集服务、娱乐、休闲功能于一体。中心定时为社区老年人提供医疗、健身、理发、娱乐、修脚、阅览、配送餐等服务。让老人老有所养、老有所学、老有所乐、老有所为、老有所帮，感受到敬老、尊老、爱老、助老的良好氛围。实现西片区老人全覆盖，为老人提供便捷、舒心的居家养老服务。

志愿者在虎山居家养老服务中心为老人提供服务

【通过省级首批社区治理和服务创新实验区中期评价验收】 10月27日，省评估组对昌国街道“省级社区治理和服务创新实验区”创建工作进行督查。街道通过积极探索符合当地实际、赋有当地特色的社区建设工作模式，突出居民需求，以基层党组织与党员力量为基本依托，强化多元力量与资源的整合利用，通过党建引领、民主协商、项目运作、协同共治，形成了社区治理与服务的新机制，激发社区活力。

省评估组听取汇报

【昌国街道连续十二年举办书香节】 是年，开展以“品书香古韵，建花园昌国”为主题的书香节活动。活动围绕“书香四溢”“书香门第”“书香怡情”三个篇章展开，设计活动11项，引导辖区居民塑造品格、

“古韵书香，幸福昌国”之古诗词吟诵会在岛上书店举行

学习文化、陶冶情操、提升素质。自2005年首次举办书香节，该活动已持续开展12年。每年活动主题均紧扣区宣传思想文化工作要点，坚持年年有创新、届届有亮点。十余年来，全域联动、全民互动让书香节的影响力持续扩大，并已经成为凸显新区城市昌国独特魅力的“金名片”。

【香园社区获评为全国综治先进集体】 9月19日，在北京召开的全国社会治安综合治理表彰大会上，香园社区被评为2013—2016年度全国社会治安综合治理先进集体。近年来，香园社区认真贯彻落实省、市、区关于深化社会治安综合治理要求，全力维护社会和谐稳定。

（撰稿：蒋冰燕）

（本分目照片由昌国街道提供）

盐仓街道

【概况】　盐仓街道地处舟山本岛西南部，辖区东接昌国、环南等街道，西靠双桥街道，南濒大海，北连小沙、马岙、干礅等街道（镇），面积33.4平方千米，下辖叉河、虹桥、昌洲、兴舟、新螺头、塔山、惠舟7个社区（村、居委会），户籍人口7588户19707人，流动人口11559人，耕地面积4791亩，粮食播种面积2310亩。境内鸭蛋山码头有轮渡连接宁波白峰，是舟山本岛通往大陆的海上“蓝色公路”，翁洲大道、兴舟大道、昌洲大道（329国道）、定马复线、鸭老线、茅叉线等主干公路纵横穿越，具备较完整的水陆交通网络。辖区有舟山最大的水库——虹桥水库，总库容量1438万立方米，正常库容量1015万立方米。

是年，街道实现工业总产值34.66亿元，其中规上工业总产值17.79亿元，同比增长8.8%；完成限额以上批发和零售销售额12.47亿元；完成固定资产投资22.7亿元；实现税收收入2.67亿元，同比增长20.5%，其中实现地方收入1.44亿元，同比增长25.4%；实现中央收入1.23亿元，同比增长15.3%；农村居民人均收入30800元，增长8.8%。

经济发展情况　是年，街道有企业226家，其中工业企业151家（规模以上10家），三产企业56家，建筑企业19家，实现企业总产值47.21亿元。引导兴舟大道南侧沿街企业“退二进三”转型升级总数70家。龙文精密设备股份有限公司成为全市首批“新三板”挂牌上市企业。7412工厂年产值突破10亿元大关。虹达橡胶国内市场占有率稳定在70%左右。2号地块、7412工厂新建车间、宏华机械仓库3宗土地成功挂牌出让，合计面积6.2万平方米，其中2号地块土地成交价4.256亿元，创盐仓新高，也是全区首宗通过网上挂牌出让的土地。配合定海区电子商务园区引进电商24家。

是年，各社区（村）14个股份经济合作社量化资产总额10527.02万元，社员股东数16163人，非社员股东数434人。粮食总产量572.8吨，实现收益1150.65万元，其中经营收入1002.36万元，补助收入70.08万元。建立蔬菜、瓜果、药材等特色种养植基地200亩。“定海山”茶叶集聚加工园区落户叉河。叉河“快乐农+”体验园上线特色农产品5类30多种。依托市级“菜篮子”工程，叉河社区400余亩蔬菜基地配套整修工程通过市级验收。农村土地经营承包权确权工作完成土地测量3800亩。虹桥、共裕2个省定集体经济薄弱村成功摘帽。

社会事业　是年，“最多跑一次”改革纳入街道重点任务清单，街道、社区两级便民服务体系全面建立，实现“最多跑一次”办结服务事项94项，全年累计受理便民服务事项5500件。城乡居保医保总参保率均达98.9%，城乡居民养老保险累计参保6426人，有低保户167户199人，低边户180户378人，发放救助金76.54万元，惠及困难群众504户1037人。推出就业岗位200多个，受理各类劳资纠纷8起，帮助农民工讨回工资47.85万元，获评省级劳动争议调解综合示范街道。定海区中心医院盐仓分院挂牌成立，成功创建卫生先进单位3家。成功创建市级规范化国土资源所，并承办全市国土所规范化建设现场会。进一步完善盐仓文化教育中心功能布局，圆满完成首届“最美盐仓人”评选颁奖活动，成功举办双拥文化节、阅读书香节、社区文化艺术节等活动。

【党员干部队伍建设】　是年，“两学一做”学习教育常态化制度化深入推进，年中召开专题党建工作会议，表彰先进基层党组织、优秀共产党员、优秀党员家庭户和优秀联户干部等各类先进51个。“1+5”景观主题公园全面植入党建+元素，“一社一品”基层党建工作特色初步形成，完成4个社区党建阵地示范点打造。“干部学堂”全年组织专题轮训16场次，在全区中共十九大精神学习专项督查中获得优异成绩。实行

盐仓街道2017年党建工作会议

年轻干部挂职“私人定制”，选派16名年轻干部到重大项目中锻炼。出台社区村综合考评细则和干部底线管理细则，全面推行“堡垒指数”管理。

【党风廉政建设】 是年，全面从严治党主体责任、意识形态工作责任制，制定出台《盐仓街道党工委2017年纪检监察工作要点》《党政“一把手”“五不直接分管”制度》等文件，与街道班子成员、各科办、社区（村）签订《党风廉政建设责任书》31份。召开班子会议研究全面从严治党和党风廉政建设工作7次，确定议题11项，听取党建工作汇报5次。党工委书记找班子领导谈心谈话16人次，纪工委书记找中层干部谈心谈话32人次，集中走访扶贫救助对象进行抽查44户，予以干部诫勉谈话6人，立案查处违反组织纪律案件1件，给予纪律处分1人。梳理作风效能检查整改问题8个，发放函询单9份，提醒告诫书7份，分管领导签字背书2次，问题全部整改到位。是年，街道“三公经费”支出同比下降64.3%。

【双拥工作】 是年，街道党政领导在春节和“八一”建军节期间，走访慰问驻军部队官兵，送去慰问金、慰问品26万元，发放优抚金59.9万元。双拥领导小组组织工会、机关干部看望辖区内10户重点优抚对象，对年迈多病的重点优抚人员指定专人负责，对其医药费按规定给予报销。完成4名新兵的征集工作。驻盐部队大力支持街道慈善工作，全年慈善捐款9万元，并与辖区内8户特困家庭建立帮扶结对。军民共建结对45对，组建军警民联防协作队伍开展巡逻123次，开展“五水共治”联合治水8次。

【城市建设】 是年，街道按照“一心、两带、三轴、四片”总体规划，坚持一张蓝图绘到底，城市功能品质显著提升。首次参与城中村改造，提前2天完成盐河路南段区块征收，征收产权户44户；按期完成庄家湾区块征收，征收产权户168户，签约率均达100%，征收总面积10万平方米。329国道改造提升工程岑白段盐仓片、72省道定海至盐仓段改建工程、500千伏输变电工程等合计完成征用土地700多亩，拆迁房屋47户，迁移坟墓200多座，完成“最后一平米”攻坚任务5项。爱尚里商厦、舟山西部商业中心、新天地广场、消防中心站等重点项目竣工或完成主体工程，螺头小湾岗造地工程通过市区验收入库，邻里广场、千岛绿洲·创客之家、定马复线拆迁安置小区、虹桥小船岙农民公寓房开工，建胜路南段、盐经六路延伸段通车或完工。“1+5”主题公园建设全面推进，翁洲大道特色街区、海龙路街心法治公园、林家湾支河滃沁公园、双拥公园顺利竣工开放，总兵路党建主题公园景观施工完成90%，富都公园按期动工，完成工程进度的25%，匈牙利馆景观亮化工程完工，林家湾河道亮化工程完成70%。

【三改一拆】 创建“西城亮剑”党员干部微信群，实行“失信经营户黑名单”制度，拆除违法建筑150处，面积5.2万平方米。一批存在时间久、拆除难度大的问题点位顺利拆除，全程做到“零事故”“零补偿”。受理各类违建举报、投诉、交办件280件，全部予以办结。

拆除违法建筑

【五水共治】 是年，盐仓大河获评全省“最美家乡河”。盐仓联勤海塘配套加固工程全面完工，虹桥水

整治清理新螺头许家池塘

库水源地治理一期工程稳步推进，盐仓主河生态治水工程基本完工，成为全市样板河。按照“一点一策”措施，完成13个劣Ⅴ类水体的清淤治理工作，剿劣率达100%。3月，荣获全市“五水共治”“大禹杯”。

【“四个平台”建设】 率先在全市建成综合信息指挥室和综治工作、市场监管、综合执法、便民服务四个平台，落实专人合署办公，全年受理流转群众诉求742件，群众满意率达95%以上。全市“四个平台”建设现场会在街道成功召开。配齐配强“全科网格员”46名，明确网格必采信息、辅采信息、重点信息清单19项，全年采集上报各类信息4846件，受理率达100%。

全市“四个平台”建设现场会

【“法治盐仓”建设】 是年，确定“法治盐仓”4项工作任务、7项重点行动。进一步深化新居民代表会议制度、军警民联防协作机制，推进立体化防控体系建设，实施人防“巡更工程”、技防“智慧安防”

“法治定海”建设暨综合工作会议

工程，在辖区主要道路和复杂场所安装视频监控120个。深入开展“清障护航”专项行动，安全生产“一岗双责、党政同责”有效落实，圆满完成中共十九大等重大会议维稳安保任务，荣获2005—2016年市级平安建设金鼎街道，新螺头和兴舟等社区荣获区级2005—2016年平安建设金鼎社区。

【市政协委员调研全科医生签约工作】 1月11日，市

调研组讨论分析会

农工党副主委鲍红璐一行，到街道社区卫生服务中心，专题调研中心开展推行家庭医生签约服务情况。调研组对家庭医生服务签约设置、服务包括的内容以及签约人群等相关内容进行讨论，分析存在的主要困难和问题，提出改进工作的意见和建议。

【新春慰问送温暖】 春节前夕，做好走访慰问工作，发放慰问金14余万元，其中区慈善总会配套资金10万元、区民政局下达的自然灾害补助资金1.7万元和街道慈善分会2.527万元，惠及664人。

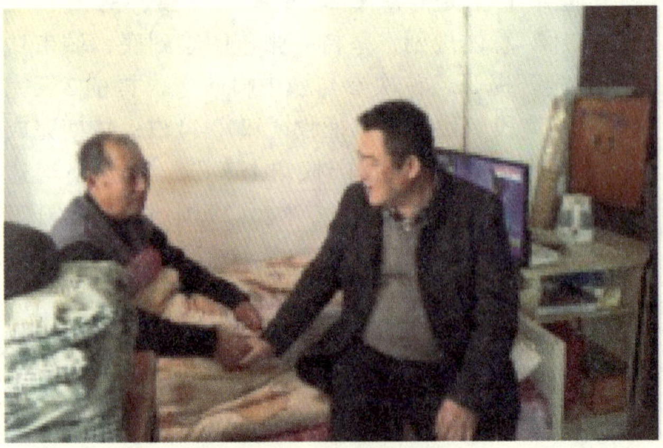

街道领导慰问困难群众

【定海匈牙利国际广场正式启用】 1月19日，位于盐仓街道翁洲大道和盐河路交叉口的定海匈牙利国际广场正式启用，广场内的匈牙利馆也正式向市民开放。区委常委、常务副区长毛铁年，匈牙利驻沪总领事馆文化和教育领事辛莉薇，匈牙利驻沪总领事馆领事安德烈·拉尤西等出席启用仪式。

【冯皋营调研指导基层武装工作】 2月4日，市委常委、舟山警备区政委冯皋营在区人武部部长汪勇健的陪同下，到街道调研基层人武工作。街道办事处主任朱彦波、人武部部长吕一鸿分别汇报盐仓街道经济发展和人武部工作开展情况。冯皋营指出，在新的一年里，街道要克服困难、发挥优势、找准短板，继续努力，把武装工作推向新高度。

冯皋营指导街道武装工作

【冯敏刚调研街道“四个平台”建设】 2月14日，市委组织部副部长、市编委办主任冯敏刚调研街道“四个平台”建设情况，区委副书记周军刚、街道党工委书记邬学文陪同。调研组听取“四个平台”运行情况的介绍，并就平台运行保障、综合指挥室定位、网格

“四个平台”建设座谈会

员职责、信息系统融合、全科网格建设、部门联动处置等内容进行深入探讨。

【学雷锋志愿服务月活动】 3月，街道联合城西市监所、盐仓卫生院、驻地部队、盐仓义工、德商银行等

志愿者为居民免费理发

10余家单位共同启动“奉献社会·有你有我”学雷锋志愿服务月活动。为居民提供家电维修、送医送药、理发、法律咨询、农技推广、种籽发放、就业招聘、爱心招募、有奖竞猜等20多种志愿服务项目，接待500余人次。

【盐仓商贸建设开发管理处撤销】 根据2017年3月13日《定海区机构编制委员会关于撤销区盐仓商贸建设开发管理处的通知》精神，决定撤销区盐仓商贸建设开发管理处，核销区盐仓商贸建设开发管理处事业编制8名。

【“送法进校园”活动】 3月21日，街道司法所走

开展法律讲座

进城西小学开展“送法进校园”活动。博爱法律公益咨询中心律师郑铁乔为学生作《我们身边的那些法律事儿》主题法律讲座，并向学校赠送《青少年法律读本》等法律书籍200余本。

【新居民志愿服务站护绿队正式成立】 3月23日，新居民志愿服务站护绿队成立。该队伍由20多名新居民组成，主要开展辖区内爱绿护绿活动。成立大会结束后，志愿队随即开展活动，在翁洲大道沿路清理绿化带垃圾并为树木加土。

护绿队为翁州大道沿路树木加土

【鞠建林调研“四个平台”建设工作】 3月28日，省“最多跑一次”改革专题组组长、省编办主任鞠建林率队到街道调研“最多跑一次”改革和基层治理体系“四个平台”建设情况。调研组一行实地考察盐仓街道综合指挥室及便民服务中心“四个平台”建设进展情况。

市委调研组调研水源地工作

【张明超调研虹桥水库水源地治理工作】 3月30日，市委常委、组织部长张明超一行到街道调研虹桥水库水源地整治工作。张明超现场向各部门了解水源地整治情况，在听取街道汇报后，对水源地工作提出相关要求。

【集中整治辖区内户外广告】 3月底，城管中队开展辖区内的户外广告排查整治活动。经过10余天的拆除行动，拆除户外广告15处，以及329国道、翁洲大道、定马公路及复线、鸭老线的灯杆广告500余块。

【省督导组督查社区村换届工作】 4月14日，省司法厅法制宣传处副处长徐立忠率领省村和社区组织换届工作督导组到街道虹桥社区实地督查指导换届选举工作。在听取街道汇报后，督导组与参会的社区两委及党员代表开展座谈。

督导组与社区两委及党员代表座谈

【“以文化人”公益培训暨军嫂课堂开班】 4月12日，街道“以文化人”公益培训暨军嫂课堂开课。培训内容包括舞蹈、瑜伽、太极拳、书法、葫芦丝演奏、花样跳绳、旗袍礼仪等课程，邀请市、区专业老师进行现场授课，从4月开始到12月结束，每周一期。旨在丰富军嫂的业余文化生活，进一步提高军嫂义工艺术团的整体水平。

【违法建筑“歼灭战”百日行动】 5月中下旬，城管中队按照违法建筑“歼灭战”百日行动工作方案部署，在完成三大类违法建筑清零行动和拆后综合治理工作的基础上，对洋岙岭、石明堂等地区的违法建筑进行集中拆除，总面积达900多平方米。在拆除过程中，对主要道路沿线的乱堆乱放现象也进行集中清理，清理乱堆乱放点12处，装车30余车。

【全市国土资源所规范化建设现场会在街道召开】 6月2日，市国土资源局在街道召开“全市国土资源所规范化建设”现场工作会，副市长姜建明、市政府副秘书长应亿军、市国土资源局局长虞国平、定海区区长侯富光、省国土厅人事处副处长王翠青出席会议，全市各县（区）、乡镇（街道）相关负责人参加会议。与会代表实地参观街道国土资源所规范化建设成果，观看有关视频。区政府和街道的代表分别作经验介绍，各县（区）、乡镇（街道）代表作表态发言，最后，副市长姜建明作重要讲话。

全市国土资源所规范化建设现场会

【省督察组督查“一打三整治”行动】 6月6日，省督察组一行对街道涉渔社区（村）进行检查走访。督查组实地检查螺头渔港停泊渔船，并与渔老大代表亲切交谈，了解渔船的作业方式及渔民的生活收入等基本情况。针对减船转产及为海产保鲜对渔船改造等相关政策，征询当地渔民的意见和建议。

省督察组现地查看螺头渔港

【召开街道第一次妇女代表大会】 6月20日，街道第一次妇女代表大会召开，街道党工委书记邬学文、区妇联副主席唐宏燕出席。各社区（村）、企事业单位妇女代表62人参加会议。大会选举产生街道第一届妇女代表大会执行委员会委员15名及参加区第十四妇女代表大会的代表10名。在执行委员会第一次会议上，选举产生盐仓街道妇联主席1名、副主席2名、兼职副主席1名。

盐仓街道第一次妇女代表大会

【召开街道商会理事会】 7月28日，街道商会理事会召开，31家盐仓商会企业参加。街道办事处主任余世炯致辞。理事代表为街道的发展出谋划策，对未来经

召开街道商会理事会

济的发展表示乐观，对盐仓城市副中心的发展和商业化发展模式进行深入探讨。理事会作为商会企业家互通有无、互利共赢的良好平台，有利于街道经济社会的的发展。

【召开消防理论与实操知识培训会】 7月28日，召开消防理论与实操知识培训会，邀请定海区消防大队讲

消防员讲解灭火器使用

解理论知识和演练实操技能。街道全体机关干部、各社区、民间信仰场所负责人、劳动密集型企业安全分管负责人、船舶修造企业安全负责人等100余人参加。

【推进老农保清退工作】　8月，街道劳动保障站“三到位”（宣传培训到位、信息核查到位、档案规范到位）全力推进老农保清退工作。深入社区（村），做好老农保清退政策解释工作，通过微信公众号、广播、网格信息平台、公示栏张贴及时告知，并组织工作人员业务培训；在原有老农保档案信息基础上，对参保人员的姓名、性别、户籍地址、二代身份证号码及缴费记录等信息逐村、逐户、逐项核实，实现老农保参保人员清零的目标。严格按照档案管理要求，核实基本信息，做好原老农保业务档案管理和归档工作，确保信息完整、规范、正确。

【区政协委员盐仓街道工作室揭牌】　8月23日，召开定海区政协委员盐仓街道工作室2017年度全体会议暨揭牌仪式，区政协副主席方家慧出席会议并揭牌。该工作室是在区政协的组织和指导下，由原定海区政协委员盐仓街道联络室升级而成，标志着街道基层政协工作得到完善，成为畅通基层政协委员反映社情民意渠道的平台。

区政协副主席方家慧为工作室揭牌

【省委督查组督查环境卫生综合整治情况】　8月24日，省委第九督查组一行到街道督查街道环境卫生整治的工作成果。督查组查看沿路的环境卫生之后，对海富街马路市场整治和违章拆除情况进行验收，并进一步了解海富街未来的改造计划。

【广盛·邻里之家项目正式动工】　广盛·邻里广场项目北面临近翁洲大道，西面为规划道路，占地面积为10242平方米，项目总面积约20720平方米，地上总建筑面积约16387平方米，地下建筑面积4334平方米，设置底层裙房为农贸市场和商业用房，二层及以上为公寓式酒店，2017年9月开工，预计于2018年7月完工。

【新居民驾驶员计划生育协会成立】　10月24日，召开新居民驾驶员计划生育协会第一次代表大会，30余名新居民驾驶员参加。以举手表决的形式，等额选举产生第一届新居民驾驶员计生协协会会长、副会长以及秘书长，并举行现场授牌仪式，新当选的计生协会会长葛进元作表态发言。

为新居民驾驶员计划生育协会授牌

【街道代表队在区第三届老年人体育运动会中喜获佳

绩】 10月29日，在定海区第三届老年人体育运动会暨区老年体协成立三十周年庆祝活动中，街道代表队在比赛中发扬团结、拼搏的精神，经过激烈比拼，分别在夹球过盆、赶球障碍跑、快乐保龄球比赛中荣获第一、第二和第三名的好成绩。

【安徽省驻舟山市流动人口区域协作工作站落户盐仓】 11月30日，安徽省驻舟山市流动人口卫生计生区域协作服务站、安徽省驻舟山市流动人口计生协联合会揭牌成立，首家省级区域协作工作站正式落户盐仓。该工作站位于街道新居民服务管理中心，面积约120平米，中心内设服务大厅、办公房、B超室、会议室等功能区，主要为辖区内流动人口提供计划生育“三优”宣传、政策指导、证件办理等项目。

揭牌仪式现场

【央视综合频道一套栏目组到街道拍摄】 11月30日，央视综合频道一套“我的家乡我的宝”栏目组，到街道拍摄盐仓大河、林家湾河、坝桥河等河道。拍摄的主题为“给百姓一条美丽的家乡河”。节目12月中旬在央视综合频道一套播出。

【省清淤考核组考核盐仓大河清淤情况】 11月29日，省清淤考核组一行到街道盐仓大河考核清淤情况。考核组一行冒雨仔细查看河道的治理情况，并作详细记录。

（撰稿：史　记）

（本分目照片由盐仓街道提供）

小沙街道

【概况】 小沙街道位于舟山本岛西北部，包括原小沙镇和长白乡两部分，东临马岙街道，南靠双桥街道，西接岑港街道，北与岱山县双合村（两头洞）隔海相望，其中长白岛南部建有长白渡口，配套小沙海丰码头，是长白对外客货航运的主要通道。街道陆域面积57.8平方千米，境内岸线总长35千米。下辖光华、庙桥、毛峙、东风、大沙、青岙、增辉、三龙、前湾、后岸10个社区（村）。至年底，有耕地面积17320亩，粮食播种面积9730亩，粮食总产量3714.2吨，户籍人口20675人。

是年，实现社会总产值232.6亿元，同比增长12.4%，实现工业总产值221.5亿元，同比增长13.1%，其中规上工业产值220.6亿元，同比增长16.3%；完成固定资产投资17.1亿元，同比增长11.8%，其中工业性投入6.4亿元，技改投入5.96亿元。完成区域税收总收入2.77亿元，其中地方性税收收入1.75亿元，同比增长26.9%。实现进出口总额4.6亿美元，同比增长27.8%；农渔民人均可支配收入比上年增长8.8%

经济发展情况　是年，太平洋海工国内首艘液化天然气存储及再气化船开工建设。增洲造船建造的全国首艘20000吨江海直达散货船下水试航。金鹰公司成为全市第二家通过“浙江制造”品牌认证企业。金鹰三元锂电池正极材料项目于12月正式投产，2017年完成投资8000万元。恒安水产日处理量1000吨污水处理中心建设完成并纳管。加快推进临港产业产能释放，太平洋海工、长宏国际、中天重工等规模重点企业产值缓中趋稳。

是年，实际利用市外资金4.75亿元，完成考核指标的118.8%。引进舟山市超辉船舶服务有限公司、舟山树人绿化有限公司等市外企业7家。利用大型船企外协单位众多的优势，积极引导外协单位落户小沙，全年共注册落户船舶外协单位6家，另有4家在小沙设立了分公司。超前谋划长白岛招商地块，初步完成长白岛发展规划，主体定位为临港产业岛，力争承接新区大项目落地。

农业基础设施建设　是年，新型农业社会化服务体系不断健全，东风社区网创服务驿站、农合联农业生产服务中心、各类农渔业专业合作社开始规模化运营。小沙卫丰农产品专业合作社实现全市首家粮食生产加工QS质量认证。长白岛对虾生态化养殖销售基地项目一期（160亩）建成并投产，产值400万元。高标准农田建设、水稻产业提升、中闸泵站、大满东闸泵站等农业基础设施建设稳步推进。重点打造舟山定海国际杨梅博览园建设工程，已完成一期土地流转100亩，移栽30余种杨梅品种，建设规模化、集约化、生态化的现代特色农业功能区。

社会保障事业　是年，城乡居民社会养老保险、城乡居民基本医疗保险参保率达95.2%和98.15%。新增东风社区居家养老服务照料中心。长白居家养老服务照料中心成为定海区第一批四星级居家养老服务照料中心。慰问困难群众、清理社会团体、改造升级敬老院消防、残疾人两项补贴和慈善救助等工作有序开展，全年募集善款107万元，位列全区第一。

文化惠民事业　是年，成功举办第八届“人文小沙”艺术节、社区巡演、群艺下乡、小白马文化走亲等群众喜闻乐见的文体活动。利用“凤凰网—风直播”平台，试水艺术节闭幕式，参与观看量31.7万人。投入百万元完成小沙公园改造提升。完成定海区图书馆小沙分馆建设，整理图书7000余册。完善农家书屋建设模式，实现“群众身边的图书馆”全覆盖。新建前湾文化礼堂，评定四星级文化礼堂1家、三星级文化礼堂5家。注重榜样引领，评选表彰十大魅力人物及美丽村民代表。

第八届人文小沙艺术节闭幕式

综合治理事业　成功夺得“平安金鼎”，圆满完成“全国两会”“一带一路”高峰论坛、十九大等重点时段的维稳安保任务。严格落实项目维稳责任，完善大陆引水三期工程大沙调蓄水库、宁波—舟山港主通道工程等重大项目稳定问题工单制和责任倒查机制。围绕重点工作，实施法治护航“精准化服务、组团式保障”专项行动。严厉打击“法轮功”“全能神”“善心汇”等邪教组织。深化辖区治安管控力度，实现辖区平安稳定“三个不发生”。完成大沙社区21个动态视频监控设施安装工作，逐步缩小监控盲区。完善“四个平台”（综治工作、市场监管、综合执法、便民服务）和综合指挥室建设，探索“互联网+社会治理”的有效途径，深化“两网融合”。扎实开展“七五”普法工作。全年排查调处各类矛盾纠纷209起，涉及调解金额681.62万元，调解成功率100%。

落实“最多跑一次”　是年，改造升级小沙便民服务中心，加紧建设长白便民服务中心，新增增辉社区、庙桥社区便民服务中心。实施“书记坐班海岛、群众办事不出岛”活动。自“最多跑一次”改革实施始，街道办理涉及计划生育、劳动保障、民政审批、城乡建设等事项70849件，最大限度实现群众“最多跑一次”和“办事不出岛”的目标，增强群企获得感。

【党建学习】　党工委理论学习中心组集中学习9次，外出调研1次，征订理论用书60余本。邀请区政协主席车志宽为党员上“两学一做”专题党课，开展千人党课学习会，支部书记累计上党课28次，宣讲团开展各类宣讲12次。机关及社区开展“十九大精神学习会”及专家辅导教学十余次，推进党员学习教育常态化制度化。

区政协主席车志宽上“两学一做”专题党课

【党风廉政建设】　常态化开展“咬耳扯袖”廉政教育，推行党风廉政建设纪实制度，按照不同责任主体分别制定党工委主体责任、主要负责人第一责任、班子成员“一岗双责”三张责任清单，分类印制不同版本的《纪实手册》，全面记录履责情况及过程，并通过季度、半年、年终定期进行“四检查一考核”的精细化管理模式，做到履责有痕迹。在重要工作节点、

《小沙清风》一览

重要节假日向干部推送廉政短信和微信提醒。开展“关爱式”廉政教育，是年累计推出以“清风有约·崇廉尚洁”为主题的内部刊物《小沙清风》4期。

【创办“小沙新声”青年论坛】 面向街道内85后青年干部开办“小沙新声”青年论坛，激发青年干部活力。每期论坛围绕青年成长、时事问题等确定一个中心论题，选取5名青年干部发表意见和想法，开展讨论交流，营造“比学习、比工作、比进步”的浓厚氛围。

“小沙新声”青年论坛

【人大代表联络站】 推进实体联络站和网上联络站常态化运行，开展接待活动10次，参与接待代表32人次，接待群众60余人次，收集意见建议35条。

【政协委员工作室正式挂牌成立】 区政协委员小沙街道工作室有市政协委员1名、区政协委员委员8人，主要结合委员的职业特点，通过“群众接待日”“社情民意信箱”等形式收集社情民意，开展“送医疗服务、送法律咨询、送科普教育、送文化讲座、送技术指导、送慈善爱心”等活动，帮助群众解决实际问题。

区政协委员小沙街道工作室挂牌

【村级组织换届选举】 制定换届选举工作方案，成立5个工作组及10个换届指导组，选出新一届社区党组织成员54人，新一届村委会成员38人，其中实现交叉任职23人，新当选书记1人，新当选村主任4人。

村级组织候选人集体谈话会现场

【志愿服务】 开展党员圆梦微心愿等活动5次，网格走访5次，圆微心愿27个，惠及群众8000余人。组织青年志愿者到三毛祖居开展“情暖端午”志愿服务活动，免费为游客讲解三毛的遗物、作品、各个时期的照片及中外人士缅怀三毛的文章。与国家电网团委联合开展以“爱心播种希望，奉献点亮青春”为主题的学雷锋活动，为小沙中心小学的19名贫困学生挑选购买近200册课外图书。

【微信公众号上线】 正式开通“遇见小沙”微信公众号，分为看小沙、最新资讯、我爱小沙三个板块，看小沙分为小沙介绍、优秀企业两模块；我爱小沙分为网创驿站、便民服务、传奇轶事三大模块。是年累计推送“剿灭劣五类水，小沙街道放大招”等微信内容20期。

【国际杨梅博览园项目】 该项目计划总投资4068万元，面积1130亩，以“博览杨梅、浓郁小沙”为定位，集食、住、行、游、购、娱等功能为一体，打造杨梅展销馆、杨梅博物馆、玻璃温室、观景平台等，预计引进国内外杨梅品种45个。年内完成项目一期90亩土地流转及场地平整工作，移栽杨梅树500株，二期土地9.8亩移栽橘子树600株。

【全国第三次农业普查】 按照上级要求，街道54个普查小区完成农户调查6213户，规模农业经营户46家，农业经营单位72家。

【推广“智慧用电”系统】 在辖区内选取17家安全隐患重点单位，投入4万元，委托第三方科技公司为其安装智慧式用电安全管理服务信息系统20套。对电气引发火灾的主要因素进行不间断数据跟踪与统计分析，实时发现电气线路和用电设备存在的安全隐患，并自动传送相关信息，管理人员通过手机APP、电脑端实时掌握电气安全情况。

【太平洋海工维修世界最大起重船】 港珠澳大桥最终接头安装的起重船“振华30”在太平洋海工码头进行维护保养。

【三改一拆】 是年，累计拆除违建5.28万平方米，完成全年任务量的239%，“三改”完成率达334%，切实形做到违法建筑“清零”，并通过复耕、绿化美化、规划建设等方式，及时利用拆后场地，利用率超90%。为提高土地利用率，美化当地环境，街道综治办联合派出所、城建办等单位拆除伍佰岙原砖窑厂的废弃烟囱。

【五水共治】 实地排摸辖区内76条河道，剿灭劣V类小微水体16处，并通过验收。实现“河长制”APP巡查管理机制、河道保洁巡查机制全覆盖。完善水利基础设施，区域内排洪水、防涝水要求进一步达标。

【小城镇环境综合整治】 梳理整治项目55项，统筹规划1.96平方千米治理区域。年内开工率45%，完成小碶线污水管网工程、华海线饮用水管网改造、大沙建筑垃圾中转站等11个建设项目，累计完成投资2500万元。

【土地整治项目】 是年，实施东风村垦造耕地、伍佰岙建设用地复垦、前湾社区“旱改水”质量提升等土地整治项目。

【地质灾害防治】 是年，前湾、三龙和增辉等社区经市国土局定海分局批准、区财政局配套资金的6个应急治理项目全部完成解危工作。

【海丰码头提升工程】 完成120个车位的码头内部停车场和870个车位的外部停车场建设，开展周边边坡治理、场地平整、三线落地、路口绿化，打通停车场人行出口通道，进出口道路实现人车分离和双向分道通行，实行实名制购票。

【新建长白幼儿园】 该园总建筑面积约1200平方米，其中教学楼占地600平方米，内部设有5个教室，以及多功能活动场所、卫生保健室、办公室、塑胶场地等。幼儿园按照省二级幼儿园标准建造，配有空调、液晶电视、特色墙等全套配套设施。

长白幼儿园开园

【建设升级便民服务中心】 投入120余万元对街道便

民服务中心进行提档升级，按照五星级标准新建增辉、庙桥2个社区便民服务站，主动补齐服务短板，升级原有8个社区服务站。

【消防安全隐患排查】 10月17—18日，消防工作站全体机关干部会同派出所、社区工作人员，开展出租房消防安全隐患排查。重点检查消防安全器材、电线、货物堆放情况等。累计投入人员258人次，检查出租房258户842间，签订《消防安全责任书》201户。

【“两非”车辆整治】 配合上级部门积极开展非法营运、非法上路的“两非”车辆整治行动，累计排摸出相关车辆674辆，签订《道路交通安全承诺书》642份，签订率达95%，累计奖励回收车辆150辆。

【休渔期专项法治宣传】 休渔期间，在社区的宣传栏、墙体等处张贴法制宣传报、警示标志语等，累计张贴海报40余张，标语20余条。展板宣传2次。组建渔老大、渔嫂宣讲团，走村入户，集中解读与渔船民切实利益相关的法律法规，累计开展各类宣讲5次，人数超过100人次。发放伏休管理宣传资料、《浙江省渔业管理条例》等宣传册100余册。开展“送法上船头”“送法到渔民”专项普法宣传活动2次，发放各类资料300余册。

【无障碍项目进家庭】 是年，申报无障碍进家庭项目12户，主要涉及卫生间、厨房间、坡道等改造工作，累计投入无障碍补助资金62000余元。

【渔农村危旧房改造】 是年，开展危旧房改造28户，其中新建12户，修缮16户。街道积极做好危房审查、巡查、验收及资金发放工作，一户一档建立档案，累计发放补助资金46.4万元。

【省级美丽宜居示范村创建】 光华社区完成2016年度创建申报相关的项目设计、招投标和综合环境整治等工作，加紧施工中。

【小沙旅游名片】 配合首届“三毛散文奖”，重新装修三毛祖屋，增设实木花架、复古自行车等，另整修村道500米，新增停车场1个。挖掘东风社区康养基地、民宿、驿站等旅游文化元素，设计养生游路线。

（撰稿：何金艳）

（本分目照片由小沙街道提供）

岑港街道

【概况】 岑港街道位于舟山本岛西部，东南、东北与双桥街道、小沙街道接壤，西南有西堠门大桥连接金塘镇，北濒灰鳖洋。境内有岑港大桥、响礁门大桥和桃夭门大桥3座跨海大桥，为舟山连接大陆的交通枢纽和桥头堡；有一条长6千米呈“S”型内港——岑港渔港，东起老塘山港、西至响礁门，是著名的避风良港；有富翅岛、里钓山、中钓山、外钓山、五峙山列岛、大菜花山、小菜花山、老虎山、墨斗山等18个小岛，其中富翅岛、里钓山、外钓山为住人岛屿，五峙山列岛是浙江省唯一的鸟类自然保护区。街道陆域面积64.9平方千米，耕地8946亩。辖桥头、司前、涨次、烟墩、坞垴、马目、南岙、册北、桃夭门9个社区（村），有197个村民小组，户籍人口7151户、18750人；常住人口6300户、17087人；农村从业人员12576人，其中第一产业2755人，第二产业5519人，第三产业4302人；外来人员4858人。财政总收入23502万元；农民人均纯收入27034元，比上年增长10%；固定电话装机2300部，接入互联网2050户，自来水用户6300户；生活用燃气用户6300户；有线电视入户7000户。

经济发展情况 是年底，有企业300家，其中工业企业78家，企业从业人员5502人。工业总产值96.14亿元；28家服务业企业创产值22亿元；有销售收入2000万元以上的工业企业23家，产值93.94亿元，比上年增长20.2%，其中产值上亿企业11家。全社会固定资产投资51.15亿元，其中工业性投入12.56亿元。其中光汇石油储运基地及码头项目投资7.74亿元；舟山实华原油码头有限公司投资0.88亿元；企业上缴税金16038万元，其中舟山实华原油码头有限公司、舟山南洋之星船业有限公司分别纳税3391.8万元、1320.9万元。全年实际到位市外注册资金8.42亿元，市外资金投资额9.91亿元，浙商回归引进到位资金10.15亿元。

是年，实现渔农业总产值1.296亿元，同比增长8%。农作物播种面积13833亩，其中粮食作物种植面积8937亩，总产量3223.3吨，其中谷物播种面积4913

亩，总产量2061.4吨，豆类播种面积2067亩，总产量470.1吨；油料播种面积894亩，总产量173.7吨；蔬菜播种面积2708亩，总产量3914.1吨；果用瓜播种面积1088亩，总产量1083吨。果园面积6490亩，总产量3757.8吨；其中柑橘园2577亩，产量1821.2吨；杨梅园2716亩，产量130.1吨。有15户种植大户。饲养生猪31233头，出栏22433头。年内出栏家禽41604只。有14户畜禽养殖大户。水产养殖面积3540亩，产量1098吨，产值2460万元；有渔业船舶10艘，290载重吨，总功率1120千瓦，领取柴油补贴115万元。海洋捕捞产量123吨，产值909万元。有山林55898亩，生态公益林43767亩，其中国家级18924亩，省级5128亩；育林587亩；农业机械总动力9037千瓦。流转土地3769亩。农村土地经营承包权确权工作完成土地测量4324亩。通过竞争性立项，成为舟山市第一批创建的3个重点农业乡镇之一。投资250万元完成烟墩高标准农田建设（控制性工程）结余资金工程，烟墩省级区域性现代生态循环农业示范项目全面建成。

社会事业　有1所九年一贯制义务教育学校——岑港中心学校，年底在校学生469人，教职工56人。册子中心小学年底在校学生52人，教职工10人；是年7月，该小学少年门球队在浙江省青少年门球锦标赛中，荣获季军。省二级甲级幼儿园、浙江省食品安全示范学校——岑港中心幼儿园，在校幼儿221名，教职工35人。省二级乙级幼儿园——册子中心幼儿园，在校幼儿33名，教职工11人。市四星级成校——成人文化技术学校（社区教育学院）1所，专职教师3名，兼职教师11名；是年，举办渔农民“双证制”（成人高中）教育培训班1期，招收学员13名，毕业10名；开展保育员、美容师职业技能培训班计2期，获证81人，开展生活垃圾分类知识培训。社区卫生服务中心1所，册子分中心1所，社区卫生服务站（室）7个，执业（助理）医师12人，核定床位16张，中心与站实行一体化管理，全面实施国家基本药物制度，做好农民健康体检，建立农民健康档案，开展健康宣教。

综治工作　群众工作中心高效运作。每月召开工作例会，全方位排查矛盾纠纷、不稳定因素和信访信息，综合多种调解资源，统筹化解社会矛盾纠纷，受理调解各类矛盾纠纷34起，调解成功34起；接待受理群众反映、办理事项165件，已答复、办结165件；组织开展学生安全教育、禁毒流动课堂、消防安全讲座等活动，发放宣传资料1万余份。抓好社会治理信息化建设工作。推广平安通信息采集工作，提高工作实效，打造便民服务新模式。至年底，采集信息2902条，其中矛盾纠纷类87条，治安、安全隐患类204条，民生服务类1027条，其他类1574条。完成基层治理体系“四个平台”（综治工作、市场监管、综合执法、便民服务）建设，打造“互联网+综合治理”模式，开辟综合治理新渠道，至年底，处理网格信息2368条、12345平台派单111件、浙江省统一政务咨询投诉举报平台工单10起，开展联合执法5次。抓好重点工程推进、“一带一路”峰会、“十九大”等特殊敏感时期的各项稳控工作。是年，获得“平安金鼎”。

计生工作　是年，齐全计生“三优中心”的软硬件设施，利用“生育文化园”、“三优中心”继续开展“全面二孩”等宣传活动；全面实行计划生育政务公开、村务公开和办事公开，办理一孩生育服务登记卡63人，二孩生育服务登记卡49人，依法审批再生育1例，落实农村部分计生家庭普通奖扶178人，特别奖扶67人；全面兑现村民自治公约中出台的优先优惠政策，落实四项手术奖励11人，计1100元，发放独生子女考上大学奖励5200元，优生检测奖励750元，独生子女父母奖励费29975元；慰问101位原计生基层工作者，每人发放400元慰问金；对10户计生困难户、4位后遗症病人、10位贫困母亲，发放700—1000元不等的资助金；实现流动人口计生服务均等化管理，为流动人口办理证、照计16本。全年出生137人，其中女婴67人，计生率100 %。死亡184人，其中女74人。

【集体经济薄弱村脱贫】　是年，通过街道帮扶及社区（村）深挖潜力，坞坵、双螺、紫窟等3个股份经济合作社实现集体经济总收入10万元，经营性收入5万元的目标，完成脱贫任务。

【低保低边兜底保障】　完善低保低边发现、申请、入户调查、民主评议、审核审批、张榜公示、动态管理等环节和程序，强化家庭收入核算，做好定期核查，把资金送到最需要帮助的群体手中。扩大低保低边覆盖面，执行残疾人单独施保和支出型贫困家庭施保政策，主动发现，主动联系，主动施保。至年底，有低保户273户、受保障人口363人。新增27户，其中支出型9户，残疾人单独施保5户。有低保边缘户66户，受保障人数112人。

【救灾救济防灾】 是年，发放救济金39.1万元，救济277户，其中临时救助9.4万元，慈善救助13.5万元，上级各类慰问4.35万元；市、区、街道干部帮扶结对144户困难户，每户帮护资金1600元以上。增设6个社区避灾点和3个街道级避灾中心，并与超市签订救灾物资应急供货协议。

【规范敬老院管理】 敬老院坚持以人为本，各项制度上墙，各项工作规范，真正实现规范化运作。有五保户25名，在院供养20名，护院挂钩5名，集中供养率100%；年供养金41.3万元；定期组织社会志愿者，为他们提供各类服务，丰富老人们的精神文化生活；投入资金70万元，进行消防安全设施改造。

【居家养老】 60周岁以上老年人5517人，其中90周岁及以上高龄老人124人，长寿保健补助金发放实现城乡一体化；9个社区均建成居家养老照料中心，其中，涨次社区居家照料中心为四星级；建立居家养老志愿者服务队14支，志愿者人数210人。

【小岭隧道维修改造】 8—10月，定海公路部门投入260万元，对小岭隧道的墙体、消防应急设施、照明、排水设施等进行大面积维修改造。

维修改造后的小岭隧道

【岑港农贸市场外围墙改造】 8月，投资20余万元，对岑港农贸市场外围墙进行改造，拆除5间平房，建大门和外墙，提升周边环境。

改造后的岑港农贸市场大门

【惠残助残】 做好残疾人“两项补贴”，惠及困难残疾人3033人次，重度残疾人护理补贴5419人次，资金228.76万元；落实残疾人社会保险补贴 11.39万元；开展“助行、助听、助明”三大工程，免费做白内障复明手术5人，免费配发助视器3副，安装假肢1人，配送助听器32副，赠送轮椅、助行器等辅助器具 53件，精神病人免费服药81人；开展上门评残服务，为9名长期卧病在床的进行残疾鉴定；完成1057名残疾人信息的录入和更新；召开街道残疾人联合会第七次代表大会；“慈善一日捐”活动募集善款62.55万元。

【岑港生命纪念堂主体工程竣工】 是年底，定海区首个殡葬改革试点建设项目——岑港生命纪念堂主体工程完工，开始内部装璜、场地绿化等工作。该纪念堂位于涨次社区，总投资1885.07万元，总用地面积6368平方米，总建筑面积约3300平方米。建设3层生命纪念堂1幢，容量6000格位，1层服务楼1幢，祭祀亭1个，焚烧房2个。

岑港生命纪念堂外观

【无违建街道创建】 是年，街道9个社区所有的一户一档和一楼一档基本信息都录入到定海区防违控违综合管理信息系统；完成“一拆”49345平方米，完成任务的224.30%；完成“三改”132300平方米（其中完成旧厂区改造98400平方米，旧住宅区改造33900平方米），完成任务的294%；完成拆后利用56305平方米（其中建设15处34335平方米，复垦7处18770平方米，规划1处3200平方米），拆后利用率达到98.35%；完成市级督办交办件违建建筑面积300平方米，区级督办交办件违建建筑面积587平方米。

拆迁后的寨山

【群众文化体育节开幕】 9月下旬，在岑港中心学校田径场举办“勇担使命铸铁军·拼搏赶超创辉煌”2017年“炫动岑港”群众文化体育节开幕式暨文艺晚会。演出期间表彰重点工程项目首个签约户和文化礼堂示范团队。逾千名干部、群众观看演出。

【排舞培训与比赛】 5月底，分别在涨次社区文化礼堂、桃夭门社区文化礼堂举办2017“炫动岑港”排舞培训，培训文体骨干约100人。6月初，组织涨次、烟墩等6个社区排舞队参加区级比赛，其中5个社区的排舞队获评农村区十强，涨次社区轻舞飞扬排舞队的《伊娜的天堂》和烟墩社区大风车排舞队的《中国美》获评全区十强。

【文物保护和申报非遗】 是年，配合上级有关部门，开展街道不可移动文物测绘工作。加强丁光训祖居和烟墩烽火墩等2处区级文物保护点的日常巡查。10月中旬，投入1万元，拍摄册子鮸鱼捕捞和鮸鱼十吃视频，并以此完成第四批市级非遗传承基地申报工作，为册子鮸鱼的捕捞和加工技艺留下珍贵的视频资料。

【举办岑港街道门球邀请赛】 7月下旬，在南岙社区门球场举办2017年岑港街道门球邀请赛，马岙、金塘、桃夭门和册子小学少儿门球队等四支球队参赛，桃夭门社区门球队夺得第一名。

【成立烟墩农村用水户协会】 11月27日，在烟墩社区成立烟墩农村用水户协会，建立健全农业水价综合改革组织和机制，提高地区农田水利工程持续、高效发挥效益。烟墩村灌溉区作为全省农业水价综合改革的先行试点，在全区率先探索建立水价改革制度。烟墩灌区是区域性现代生态循环农业示范区，改革区有效灌溉面积1200亩；龙舌水库为主要灌溉水源，灌溉方式以提水灌溉为主，主要种植水稻作物。

【永安海塘配套加固工程】 3月20日，总投资1963.89万元的永安海塘配套加固工程开工。工程涉及毛湾大闸除险加固和泵站建设。泵站位于毛湾大闸上游约380米处，排涝流量为10立方米//秒，依次由前池、进水池、泵房、配电房、出水建筑物、河道护岸连接段等组成。至年底，完成工程量的35%。

【五水共治】 是年，总投资约150万元，治理17处（2条河道和15个池塘）劣V类小微水体。采取清除淤泥、修建进出水渠、砌筑边坡、新建污水处理池、种植水生植物、设置喷泉式曝气机等治理方法。所有剿劣工程均于6月完工，并于10月通过省级验收。对178处小微水体树立小微水体河长牌，方便群众监督。街道75条河道全面落实河长制，在河道巡查中使用手机APP记录巡查信息，每月对河长的巡查情况进行统计和通报，使河长制落到实处；每条河道配备保洁员，并对保洁工作进行考核奖励。

【历史文化村建设】 投入20万元，完成里钓山历史文化村村口建设的主体工程；投入20万元，修缮里钓山村礼堂；投入10万元，修复改造长500米、宽2米的古村道。

【开通运营“岑港潮”政务微信公众号】 8月8日，“岑港潮”政务微信公众号开通运行。至年底，发布重点工程、抗台、十九大等相关信息5期，阅览点击量近1000次。“岑港潮”政务微信公众号成为政府的信息发布、舆论引导和互动服务平台。

【国家、省级文明村创建】 册北社区、烟墩社区以“重聚力、重结合、重宣教、重投入”四重建设为抓手，结合社区实际，坚持把文明村创建与新农村建设结合起来，以线串点，以点带面，着力形成创建合力。册北社区获评国家级文明村，烟墩社区获评省级文明村。

【小城镇环境综合整治】 6月8日，举行“做文明人、办文明事、建文明街”岑港街道小城镇环境综合整治全民大行动启动仪式。至年底，在新司前街、镇府路等沿路设置停车位80余个，非机动车位90余个；在新卫生院旁建设面积近5000平方米的露天临时停车场，可容纳各类车辆近百辆；排除交通隐患，安装和维修减速带200余米、道路路口整治标志30余块，划分关键路口导流线，摆放反光锥形桶50余只；新安装50处监控。

小城镇环境综合整治启动仪式

【重点工程政策处理】 宁波至舟山港主通道项目（包括富翅大桥）起于富翅岛，向东经富翅大桥后设置岑港互通，穿越司前、涨次、烟墩、马目和坞垢5个社区，绕避定海工业园区后入海，以桥梁跨越长白航道，于双合码头附近登陆。该项目涉岑港区域的政策处理工作于8月23日全部完成，征收土地1302亩、迁移坟墓472座、拆迁房屋148户，其中烟墩社区寨山自然村整村拆迁。329国道舟山岑白段改建工程涉岑港区域政策处理工作于5月27日完成，征收土地328亩、迁移坟墓262座、拆迁房屋31户。大皇山矿山完成矿山红线范围内265座坟墓、100户房屋和1880亩土地的签约。至年底，宁波至舟山500千伏电力通道、舟山至鱼山220千伏电力通道、绿色石化马目原油库等工程项目政策处理均基本结束。

建设中的富翅门大桥

【重点项目建设】 光汇石油储运项目南岛库区完成55个储罐安装，库区管网完成总工程量的85%，北岛库区土建工程开工建设，码头工程水工全部完成；实华原油码头扩建项目现场水工、输油管道全部完成，附属工程开始施工；外钓应急油品储运项目油库库区附属护岸、场平、工作船与登陆艇码头建成，罐体总体工程完成验收，库区二标段（办公楼及附属设施）完成总工程量的70%；浙江石化马目原油库项目完成场平、桩基等工程，进行罐体安装；输油管道项目和新奥天然气管道项目政策处理工作基本完成；宁波至舟山500千伏电力通道工程（岑港段）分别完成西堠门大跨域、桃夭门大跨域、响礁门大跨域塔基基础工程建设的100%、80%、100%，其中西堠门大跨域3号塔基完成架塔工程量的33%；舟山至鱼山220千伏电

新公交场站外观

力通道全部完成基站建设；烟墩工业区块环境整体提升工程已完成桩基工程、污水压力管铺设，完成总工程量的30%；投资1000万元的新公交场站主体工程竣工。

【落实“最多跑一次”改革】 把“最多跑一次”改革纳入街道重点任务清单，提升便民服务大厅功能。全面建立街道、社区两级便民服务体系。主抓“办事不出岛”，涉及事项67项，在册子、富翅、里钓等3个岛屿设立代办服务点，代办服务事项200多项。

【村级组织换届选举】 选举产生新一届社区村领导班子，新进两委班子31人，其中新当选书记3人，新当选村主任4人。

【“一社一品”基层党建】 制定出台《岑港街道关于开展基层党建“整乡推进、村村提质”工作的实施方案》，各社区（村）结合实际制定各具特色的党建品牌，作为2017年度各基层党组织书记领办项目。如桥头社区党员“一家亲”工作室、烟墩社区社企共建党群连心桥、南岙社区探索创建“党建+”模式等。是年底，打造完成桥头、涨次、烟墩、南岙、桃夭门等5个社区的党建阵地品牌。

【推进党风廉政建设】 派驻街道纪工委委员入驻项目指挥部，全程监督重点工程项目政策处理情况。纵深推进农渔村巡察“回头看”工作全覆盖。构建作风建设新常态，开展效能督查25次，追究效能责任1人次。全年对扶贫、环境保护、公车使用等重要敏感领域开展专项监督5次，对发现的问题及时督促整改落实。

【建立重点工程临时党支部】 实施“支部建在项目上、党旗插在阵地上、党员冲在火线上”的项目党建工作法。5月，在5个重点工程项目成立5个项目党小组，9个社区（村）党员干部全部纳入临时党支部，组建党员突击队、攻坚队，切实推进各项政策处理工作。通过“七一”大会，表彰重点项目政策处理中涌现出来的“政策处理先锋党员”13人。

【党员教育管理】 落实“三会一课”、党员骨干轮训等制度，利用各社区党员微信群、QQ群，定期推送党建书目、时政热点，实现随时随地学、轻轻松松学。实施党员积分量化考评管理工作。新发展党员20名，取消预备党员1名，处理违纪党员4名。加强党内关爱，是年发放各类慰问金及补助款30.7万元，慰问党员干部113人。发放党员先锋指数奖励金12.6万元。对辖区内78名党龄五十年以上的老党员颁发光荣奖杯。

【召开党员代表会议暨党工委会议】 3月7日，召开2017年代表会议暨党工委工作会议。党工委副书记、办事处主任乐志军作《勇立潮头、走在前列，全力开启宜居宜业的岑港现代化建设新征程》工作报告。报告指出，2017年，党工委的总体工作思路是：深入贯彻落实习近平总书记在浙江（舟山）视察时的重要讲话精神，积极响应区委“勇担使命，实干强区”的号召，精准发力，补齐短板，创新突破，全力开创宜居宜业的现代化岑港建设新局面。

2017年代表会议暨党工委工作会议

（撰稿：罗伏邦）

（本分目照片由岑港街道提供）

马岙街道

【概况】 马岙街道地处舟山本岛西北部，东邻干碗镇，西接小沙街道，南靠盐仓街道，北濒岱山县。拥有近六千年的独特海洋文化史，享有“海上文物之乡”“海洋文化发祥地”“中国海岛第一村”之美誉，被列入浙江省历史文化保护区。境内三面环山，盆状地形，中部为10平方千米的海积平原，北部有长7千米的深水海岸线。街道办事处驻白马街16号。街道总面积25平方千米，辖三江、五一、马岙、团结、三星、北海6个社区，有110个村民小组，户籍人口4292户， 12330人。

是年，街道实现社会总产值115.08亿元，实现财政总收入4.72亿元，其中地方收入2.47亿元，农民人均纯收入同比增长8%。

经济发展情况 是年，街道有企业91家，职工4862人，其中工业企业72家，职工4012人。实现工业产值102.1亿元，同比增长21%，其中16家规上企业实现产值98.7亿元，同比增长21.3%。石油化工、建筑建材、船舶修造等行业保持稳定增长。出口贸易呈明显上升态势，实现外贸出口交货值同比增长35.1%。招商引资成效明显，全年新注册企业20家，实际利用市外资金3.18亿元，其中外地企业7家，注册资金5130万元，浙商回归资金5000万元。世纪太平洋股权变更项目顺利推进。森森集团股份有限公司池塘智能化网络模块设计开发项目和农名百百家庭农场农旅结合高效种植技术示范项目被列入区级科技计划项目。

是年，街道农作物总播种（复种）面积12795.0亩。粮食种植面积5822亩，占播种面积的45.5%，产量2393.8吨；蔬菜种植面积4034亩，占总播种面积的31.5%，产量4869吨；谷物播种面积4002亩，占总播种面积的31.28%，产量1883.9吨。蔬菜大棚837只，种植面积295亩。果园面积3242亩，水果总产量2362.6吨。生猪饲养量1.6万头，白鹅2.05万羽，其他禽类9.4万羽，实现肉类总产量1283吨，禽蛋332.5吨。

是年，旅游景区接待游客9.3万余人次，实现营业收入183万元。

基础设施建设 是年，完成招投标项目20个，共计909.2万元；完成街道和区预决算98个。投资2200多万元新建的马岙中心幼儿园正式投入使用，新扩班3个。马岙敬老院厨房改造及消防设施完成建设并达到卫生及消防安全标准，于8月取得敬老院设立许可。北海、三江社区养老服务中心完成三星级创建，居家养老服务质量进一步提升。新建马岙社区居家养老服务照料中心，推进马岙社区定海区首批“幸福社区”项目创建工作。完成林氏宗祠保护、唐家古民居修复、四合院改造等项目，三江排涝泵站完成总工程量的95%。小城镇环境综合整治工作全面完成。与区旅投公司共同出资组建舟山千年马岙文化旅游开发有限公司，进一步加强“全景马岙”建设支撑平台。

社会事业 是年，推进“最多跑一次”改革，完善街道便民服务中心及6个社区便民服务站软硬件设施，梳理“最多跑一次”事项94项，社区事项67项。马岙成校获得全国社区教育示范乡镇、新区市民提升工程先进集体等荣誉称号。深入农渔民素质提升工程，累计举办成人双证制高中学历38期1520人次；各类就业培训班4班，获得职业证书84本；企业职工培训45期1350人次。加强困难救助动态管理，街道有五保户25户，低保户97户122人，低保边缘户112户218人，全年累计发放低保金114.95万元，低保边缘31.64万元，各类救灾救助金139.77万元，残疾人“两项补贴”102.37万元。有序开展被征地农民社保转轨工作，总参保人数3993人，新增社保转轨189人，实现转轨3181人。深化低收入农渔户奔小康工程，扶持9个扶贫基地建设，帮助解决创业就业、脱贫致富76人。做好政策性农村住房保险和困难群众危房改造，完成投保3576户，危房改造5户。

【党建工作】 是年，以“大抓党建，抓大党建”的思路落实“整乡推进、整县提升”工作，基本形成“一中心八基地N个活动点”党建阵地格局。其中，以街道党群服务中心为主站，以舟山世纪太平洋化工有限公司党群服务中心、森森集团党建示范点、马岙社区四合院党群服务中心、三星社区“党建长廊”等为主要分站，辐射带动、全域提升。以综合性服务为主，每季度安排主题活动10次，运作半年以来累计参与3000多人次。

组织全体街道干部观看中共十九大开幕式，聆听习近平总书记关于全面从严治党的工作部署，并先后组织开展4次十九大专题学习和2次十九大知识测试问答。结合两学一做常态化制度化专题教育，组织观看《打铁还需自身硬》电视专题片，传达学习贯彻《中共中央关于部分纪检监察干部违纪案件及其教训警示的通报》文件精神，多次开展党风廉政建设和反腐败斗争专题宣讲。按照“书记抓、抓书记”的要求，制定马岙街道基层党建工作责任清单，建立党组织书记基层党建项目领办制，签订党建工作目标责任书，倒逼党建工作出成效。全面落实街道班子领导接访制度，全年受理群众纪检监察举报信访件6件，办

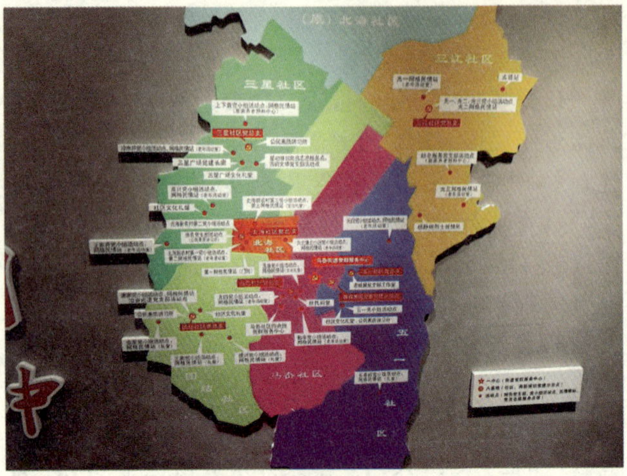

马岙街道1+8+N党建阵地分布图

结6件。以村级组织换届为契机，将6个社区党支部全部升格为党总支，成立23个网格+特色党支部，进一步理顺优化党组织架构。在选举中树立鲜明的选人用人导向，选举产生社区党总支委员31名，村委会委员22名，交叉任职11人，女委员16人，35周岁以下9人，大专以上学历20人，性别、年龄、学历结构都得到进一步优化。

【探索党建+社会治理新模式】 深化“党建+社会治理”，通过党内生活规范化、党建阵地标准化、党群服务特色化，进一步激发基层党员群众开展“互助自治”的积极性，使“支部建在网格上，服务融入网格中”形成常态，最终实现守法崇德全域化、全民化。研究制订《马岙街道党员志愿服务实施方案》，通过项目化认领及积分制奖励，在先期已组建

马岙街道志愿服务助力小城镇环境综合整治

的7支网格自治团队中，吸纳优秀党员成立6个特色党支部；形成6种党建服务类型，围绕十九大精神宣讲、剿灭劣V类水等中心工作开展志愿行动20余次，有效带动周边群众的参与热情，逐步实现街道志愿服务全覆盖。

【干部队伍建设】 是年，印发《马岙街道社区村干部行为规范》手册，通过“十要十不准”“四必到四必访”等5类社区干部基本行为准则和“四个意识”“五议两公开”“三会一课”等22项社区干部应知应会，“两学一做”教育、党员积分量化管理等社区党建工作相关文件9份，社区党组织工作清单、农渔村“小微权利”清单等工作清单5项，以及社区“三重一大”事项报告制、街道建设工程管理办法等内容，进一步加强社区干部底线管理。深化党员发展、年轻干部成长指数等“红色指数”系列管理模式，探索“指数管理+实岗压担”党员干部培养模式，加快年轻干部成长成才步伐，累计培养机关年轻干部19名、社区后备干部24名。严格执行《舟山市机关工作人员作风和效能问责办法》，推进机关作风效能建设，制订效能建设检查实施方案，利用多种效能作风检查形式，重点对机关办（科）、社区及其工作人员工作纪律、工作效率、廉政勤政、执行上级指示等情况开展督促检查，同时加强对检查结果的处理和通报。全年进行日常工作效能检查12次，批评教育4人。

【社会综合治理】 圆满完成十九大维稳安保工作。推进“最多跑一次”改革，完善街道便民服务中心及6个社区便民服务站软硬件设施，梳理“最多跑一次”事项94项，社区事项67项。深入推进全科网格暨网格员队伍建设，设立网格民情站，全年采集网格信息3178条，累计提供便民服务663人次，其中办事代理142次、上门服务62次，群众总体满意率达99%以上。统筹街道综合信息指挥室及“四个平台”（综治工作、市场监管、综合执法、便民服务）建设，分流民情工单158件，办结率98.9%。活用文化礼堂、道德红黑榜，进一步完善道德评价体系，深化全民道德模范社区建设。充分发挥“爱心联盟”民间道德协会作用，进一步激发潜藏在人民群众中的道德力量。

【环境整治】 是年，关停“低小散”企业3家，五一轮窑场拆后利用旧木材市场项目建设完成。持续推进“三改一拆”工作，全年拆除违建5.3249万平方米，完成“三改”26万平方米，整治蓝色屋面6.5万平方米，完成基本无违建县区创建乡镇验收工作。关停拆除低小散畜禽养殖场12家，拆除栏舍面积5831平方米。全面完成剿灭劣Ⅴ类水任务，完成池塘清淤37处1万立方米、劣Ⅴ类河清淤疏浚道9条2.7万立方米，东直河、牛叉盘河及直沟河实施生态治理，完成黄河里、吴家等池塘治理提升精品工程。马岙污水处理中心与西北污水厂并网完成主管网铺设2.5千米。投入70余万元新增生活垃圾处理设备和家庭分类桶，生活垃圾分类在每个社区1个自然村试点的基础上实现全覆盖。

【小城镇环境综合整治】 是年，按照整洁、整齐、有序的要求，整治立面12万平方米，改造店招店牌501间；整治“线乱拉”2.2千米，整治入户线360户，整理架空线路9.6千米；改造道路主面积3.43万平方米，完成主路面及支路污水管网建设，其中白马街完成主路面、人行道、花坛绿化改造，规划路外停车位60个，路内停车位70余个；实行“路长制”管理，白马街、楼门街及兴马街均实行大车限行，集镇区域内主要拥挤道路实行时间段单向通行，新增大小停车场5个，增加停车位500个；完成一星级农贸市场改造，规范摊位和公示栏的设置。集镇区内车乱停、道乱占、摊乱摆现象得到有效治理，城镇面貌明显改善。

【历史文化村落保护与利用】 马岙社区是浙江省第三批历史文化村落保护利用重点村之一，该社区聘请浙江大学建筑设计研究院编制《舟山市定海区马岙社区历史文化村落保护与利用规划》，按照“更新性保护、传承性利用”理念，统筹推进“物遗”与“非遗”的保护利用。至年底，实际投入资金3000万元，涉及房屋拆除、管网铺设、垃圾整理、古建筑保护、基础设施建设、重要节点打造、量化工程、道路整治、河道改造工程、绿化工程、建筑立面改造、非物质文化遗产保护等12个主项20余个子项。其中投资750.19万元完成国家级登山健身步道50千米及配套设施建设。重塑400米长、面积1800余平方米的马岙历史文化壁画长廊，通过远古篇、传说篇、开拓篇、民俗篇、生活篇等5个篇章展现马岙5000年的悠久历史文化。投资80多万元，采用古代榫卯工艺搭建面积约140平方米的陶艺馆，增设“水井文化”及“石窗文化”，修缮杨家池古井。利用文化礼堂平台，陆续开展“七岁学童开蒙礼”、木偶戏、越剧、祈福迎新晚会、翁洲走书等大小文体活动30余场，受众达3000余人。推广生活垃圾分类，投入资金120万元，新建垃圾处理站1座，添置处理设备2台，每户发放家庭型分类垃圾桶共600余个，放置户外大型收集型分类垃圾桶100余个，并增配垃圾分类片组长7名，指导农户进场垃圾分类。建立卫生长效动态保洁机制，实行“定人定岗+绩效考核”模式，加大交通干线、主要街巷、旅游景点等重点区域的保洁力度。开展池塘整治工程，社区内池塘清淤整修10个，河道清淤疏浚5条。关停小散畜禽养殖场5家。完成茂盛溪坑路、五四路及楼门街污水管道铺设，受益农户500余户。开展环境卫生百日攻坚行动，整治环境问题140余处，清理垃圾90余吨。10月21—22日，在马岙社区青青世界举办首届七彩油纸伞、热气球文化旅游节，吸引大量游客前来观光，打响马岙社区的旅游知名度。

马岙街道迎接历史文化村落省级验收

【智慧小镇建设】 由街道出资200万元，以政府购买社会服务的形式，由中国电信负责建设“一中心一平台三体系”，即数据中心、综合管理平台、功能模块化体系、信息采集标准体系、事件处理流程标准体系，加强城镇秩序、公共服务、社会治安、环境卫生等方面的管理，实现“数据集成、资源共享、精准服务”目标。其中重点打造Wi-Fi覆盖、视频监控、微信服务、智慧城管、智慧停车、智慧水利6大功能模块运转，整合解决城镇社会管理和服务中“慢散乱”问题。系统一期于2017年12月投入运行，主要聚焦城镇管理难题，将“智慧小镇”平台与“四个平台”打通运行，借助集镇区内安装的85个Wi-Fi布点、26个视频监控摄像头等硬件设施，将占道经营、车乱停等近150类城镇管理问题统一纳入“智慧小镇”系统中，实现信息汇总、综合研判、流转督办、考核管理跨部门一体化处理，有效提高城镇管理效率。发现并解决各类问题28件，问题解决率和群众满意率均为100%。未来，将进一步打造“智慧农业”“智慧旅游”等模块，助力马岙建设省级特色农业强镇和风情乡村，加快实现农旅结合。

马岙街道智慧小镇管理平台

【三江排涝泵站建设】 该项目是2016年马岙加快推进“五水共治”的一项任务，总投资约1750万元，计划建设单泵额定功率为200千瓦的6台水泵。至年底，完成总工程量的95%。

【村级组织换届】 3月25日起，开始社区党组织换届选举工作，4月6日结束。根据6个社区党组织党员人数和工作需要，经过差额选举，产生31名党总支部委员会委员。4月11日起，开始村委会换届选举工作，由6个社区村召开现任村民代表会议，通过《村民选举委员会推选办法》，产生44名村民选举委员会成员，村党总支部书记均通过法定程序推选为选委会主任。同时通过《村民（社员股东）代表推选办法》和《村民选举办法》并发布公告。

【美丽田园风情小镇建设】 作为创建国家AAA级旅游景区的重要内容，该项目主要做好现代农业园区布局调整、设施改造和环境提升，建设集特色农业、田园风光、生态旅游、农事体验于一体的综合性农乐园。2017年底完成园区布局规划，基本包括智慧农业、采摘农业和观光农业三大区块。深化3家生猪保留场美丽生态牧场建设，美化农田设施管理用房6000余平方米，建造农田景观风车1座。园区基础设施改造和环境面貌提升全面启动，计划投资1136万元用于河道整治及灌排渠道、机耕路、节制闸、泵站等设施的新建或改建。下一步，街道将加快转变农业发展方式，丰富种养品类，培育特色产业。拓宽农产品营销渠道，鼓励引导农户在田头、网络、品牌等方式上做文章。同时，深度挖掘传承马岙悠久的稻作文化，谋划打造千年马岙稻香谷和千年马岙稻香节。

【乡村文化站社会化运营】 是年，探索“4+5+4”街道文化站社会化运营模式，“星动马岙”积分系统在网注册人数889人，参加各类活动人数逾6000人次。其中，举办演出、赛事10项，513余人次参赛，4700多人次参加观看；举办小小主持人、少儿书法、少儿陶艺、少儿渔民画、少儿趣味英语、成人舞蹈、成人合唱、成人瑜伽、成人戏曲、成人健身操及老年健康教育、老年人防诈骗等10余种项目培训讲座164期次，总参训人数4106人次；图书馆阅读4086人次，借书283人次；成立业余文体团队7支，团队成员69人；招募文化志愿者（义工）41名，志愿者服务74人次。

【土地整治】 是年，街道全面落实土地整治工作。北海社区北一建设用地复垦项目建设面积70.38亩，复垦后新增耕地约67.5亩，其中水田30.76亩，旱地36.74亩；北海社区半塘里建设用地复垦项目建设面积11.58亩，复垦后新增耕地约9.6亩，其中水田4.75亩，旱地4.86亩；三星社区“旱改水”质量提升项目建设面积131.12亩，提升水田面积约121.44亩；三星社区化成禅院后垦造耕地项目建设面积约6.44亩，复垦后新增耕地6.18亩，其中旱地6.18亩。

三星社区“旱改水” 质量提升项目施工现场

【省政协到三星社区调研土地确权和宅基地确权情况】 6月15日，省政协一行到三星社区，就土地确权和宅基地确权情况进行调研，市政协副主席张伟平、市妇联主席於颖颖等陪同调研。街道办事处主任贺孝磊、社区党总支书记袁友法汇报股份制改革承包土地确权办证工作。省政协一行针对土地确权中遇到的问题与社区村民代表、村委会工作人员进行交流。省政协一行对社区在 “三权”改革工作中所取得的成绩表示肯定，并希望社区不断探索创新，做好产权明晰工作，通过确权、赋权、活权、保权等措施，保护农民集体资产权益，调动农民发展现代农业和建设社会主义新农村的积极性。

马岙街道汇报三星社区土地确权情况

【举行第七届“古韵马岙”文化艺术节暨“星动马岙”大型群文活动启动仪式】 6月22日晚，马岙街道举行第七届“古韵马岙”文化艺术节暨“星动马岙”大型群文活动启动仪式。晚会紧扣“做马岙之星，扬古韵新风”主题，采用篇章式结构，分序《古墩恋》《小镇·欣欣向荣》《新村·青青世界》《家园·和和美美》3个篇章和尾声《白马啸》5个部分。晚会还穿插知识竞赛、志愿者现场招募等互动环节，吸引马岙群众了解并参与“星动马岙”群文活动，通过获得积分成为“马岙之星”，从而营造人人参与、人人奉献的文化氛围。

第七届“古韵马岙”文化艺术节启动仪式

【浙江音乐学院教授张卫忠调研马岙文化站公共文化服务社会化运营项目】 8月8日，浙江音乐学院教授张卫忠调研马岙文化站公共文化服务社会化运营工作。张卫忠实地查看街道文化教育中心整体建设情况和运营现状，随后召开座谈会听取马岙文化站和梦潮文化公司关于公共文化服务社会化运营项目的汇报，并就如何做好该项目展开讨论。

【十九大精神专题党课重温入党誓词主题活动】 10

全体党员干部重温入党誓词

月22日晚，开展十九大精神专题党课暨“不忘初心、牢记使命”重温入党誓词主题活动。通过书记解读党章，全体党员干部学习党章，重温入党誓词，鼓舞全体党员干部“不忘初心、牢记使命”，深刻领会学习贯彻“十九大”精神。

【浙江省疾控中心业务指导团队指导工作】 11月9日，马岙街道邀请浙江省疾控中心业务指导团队莅临社区卫生中心指导工作。为村民普及关于食品安全的各类知识，讲解如何选购高质量且经济的食物，来更好地提高社区村民的生活质量。团结社区组织村民参加，反响热烈。

浙江省疾控中心业务指导团队授课现场

（撰稿：陈文杰）
（本分目照片由马岙街道提供）

双桥街道

【概况】 双桥街道地处定海城西，东邻盐仓，北靠小沙，西接岑港，与金塘、宁波北仑隔海相望，是舟山连岛大桥主出入口，陆域面积50.21平方千米。至2017年底，下辖临港、浬溪、紫微、南山、桥头施和石礁6个新农村社区，户籍人口19046人，街道办事处驻地紫河路1号。双桥街道拥有深水岸线5.4千米，境内有小（一）型水库2座，主要山塘12座，主河道3条，总长13.3千米，总蓄水能力690万立方米；一线海塘1条（联勤海塘双桥段），全长5.4千米。

是年，街道实现规上工业产值45.2亿元，规上工业增加值3.4亿元，完成固定资产投资（包括粮油产业园区）26.7亿元，其中工业性投入9.1亿元；完成区域税收总收入1.33亿元，其中街道本级完成总税收9817万元。2017年双桥街道村级集体收入462.6万元，同比增加5.9%。

经济发展情况 是年，有各类企业407家（不含小规模土石方公司），其中工业企业142家，汽车商贸城企业19家，集装箱运输企业69家，集装箱车辆520辆，海运企业20家，单船注册5艘，运力20万吨。工业企业实现税收5903万元，同比增长35.4%；汽车商贸城企业实现税收1120万元；集装箱企业实现税收1764万元，同比减少11.87%。海运企业实现税收665万元，同比减少57.13%。建筑企业实现税收3381万元，同比增长205.37%。

是年，新引进企业6家，实际利用市外资金4.34亿元，其中市外资金投资额3.5亿元。浙商回归产业到位资金0.69亿元。

基础设施建设 是年，双桥街道社区卫生服务中心进场施工；畈潮拆迁安置小区进行主体工程建设；329快速通道拆迁安置小区完成前期报批工作；双桥敬老院完成老大楼装修及消防工程改造。提前完成329快速通道双桥段、昌洲隧道复线政策处理，征收土地370亩、拆迁房屋34户、迁移坟墓302座。全面完成周家岙一期、东高岭“旱改水”、周家岙二期、青龙山等土地整治项目。完成水利建设投入3100万元，建成前门畈河桥梁附属工程、中央小农水项目等6个工程，完成野鸭山闸、联勤新闸、联勤中心闸的竣工验收，12个入省级名录水利设施标准化创建全面完成。完成桥头施蚂蝗山水库东侧地质灾害治理工程，治理边坡面积3500平方米，解除水库上游近200户村民通行安全隐患。完成双桥街道建筑垃圾中转站建设、主干道沿线19处果农自产自销亭改造、“东岳宫池塘景观提升”工程量的60%。完成黄泥碶碶门整体改造、双桥农贸市场及周边环境整治等6个小城镇建设改造项目深化设计。

社会事业 是年，做好贫困群体帮扶工作，发放低保金和救济金457.5万元。全面落实两孩政策及计划生育家庭奖励扶助政策，全年发放奖励扶助、医疗补助、慰问资金58.36万元。做好被征地农民养老保障转轨职工养老保险、城乡居民养老保险工作，新增被征地农民参保名额126个。做好城乡医保政策宣传参保工作，全街道参保率达98.25%。协调完成4个社区集体经济发展项目立项，经济薄弱村全面消除。农村土地承包经营权确权登记外业测绘完成90%。协调处置存在欠薪隐患企业，成功处理劳动纠纷22起，调处成功金额约220万元。积极开展食品与卫生百日攻坚行动，取缔无证快餐点2处，落实农村聚餐保险制度。深化街道改革创新，基本完成“四个平台”规范化建设，办件3888件。扎实推进“最多跑一次”改革工作，完成便民服务中心标准化建设，落实“最多跑一次”事项94项，完成率88.7%。

【党建工作】 深入推进“两学一做”，全年各支部开展各类学习教育活动450余次，其中十九大精神学习72次，省第十四次党代会精神学习43次。围绕“党建+”，初步形成“一社一品”党建亮点，通过打造“七彩党建”，助推双桥建设发展。严肃党内组织生活，提升党组织凝聚力和战斗力，严格落实“三会一课”制度，全年开展主题党日活动340余次，专题党课45次。加强党员日常管理，发挥党员先锋模范作用，推行党员积分量化制度，深化“评星定级、公开亮相”制度，实行1年2次党员先锋指数测评，所有党员公开挂星亮相，对600多户农村党员家庭户重新悬挂“党员家庭户”牌，明确党员家庭十不准标准。坚持德才兼备、以德为先的标准，结合“青蓝工程”，继续实施班子成员、社区主要领导1对1，多对1联系后备干部制度，帮助后备干部快速成长。针对社区干部业务能力素质参差不齐，后备干部长效培养机制不完善等问题，紧抓社区村级换届契机，选优配强社区村级班子，6个社区选出支委班子30名，选出村委会班子成员30人，两委交叉兼职8人。结合“干部能上能下机制”，调整3名社区专职工作者。重新调整社区村后备干部，有正职后备5名，两委后备11名。全年发展党员14名。

【综治工作】 平安双桥建设扎实推进。深化社会治安动态视频监控建设，安装高清监控32个，社区监控198个，实现辖区重要路口、主要村道、人口集聚区和重要公共场所全覆盖。积极做好安全生产及消防工作，对辖区120余家企业进行安全生产检查，发放整改通知书15份，行政处罚1家，全部完成整改，排治222家出租房消防隐患。法制双桥建设显著深化，健全大调解体系，成功调处矛盾纠纷181件，办理信访案件77起，社会总体较为平稳，临港社区荣获省级“民主法治社区”称号。道德双桥建设持续深入，开展清河净水、“两非”车辆、礼让斑马线等各类志愿宣传服务活动，发放宣传资料、物品等3000余份。

【五水共治】 投入200余万元完成14处劣V类小微水体整治。编制完成3条主河道“一河一策”方案，全面落实河长制，两级河长巡河率均达100%。投资133万元整治关停畜禽养殖场4家。

【三改一拆】 是年，拆除违法建筑55处，占地面积7.2万平方米，建筑面积5.7万平方米，完成全年任务163%。“三改”面积12.9万平方米，完成全年任务322%。

【美丽乡村加速呈现】 “定海十景”绿色围挡成为靓丽风景线。狭门村列入2017年定海区A级景区村庄培育创建计划。紫微村获评浙江省美丽乡村特色精品村。东海大峡谷生态森林公园通过AAAA级旅游景区景观质量评价，获评2017年浙江省生态文化基地。

【重点项目加快推进】 “三农”农副产品综合批发市场年度投资2.2亿元，完成13万平方米主体工程及配套桥梁建设，配套道路抓紧建设中，预计2018年6月可正式对外营业。舟山群岛游客服务中心年度投资7000万元，完成主体工程建设并通过验收，配套设施建设稳步推进，计划2018年正式对外营业。良海粮油一期项目和为其配套的5000吨级公用码头、散粮输送带、供热设施、园区配套道路一期等项目基本完成。精功农业提升改造项目顺利完成并投产运行，实现贸易额约2400万元。和润物流40万吨仓储（二期）项目、江海粮食物流60万吨仓储项目加快建设。

【产业转型升级加速】 海运物流、机械制造等行业转型升级稳步推进，华亿塑机、利柯机械等6家企业获评省级科技型企业，东海电机获2017年度“定海区政府质量奖”。落实企业帮扶制，帮助东海电机等企业申报区级科技项目7个，协助豪舟建材、台意德塑机等3家企业推进两证补办。加强“低小散”行业整治提升，拆除紫微砖窑厂，完成南善桥、小山干区域企业污水整治，建设生态湿地1座，铺设管网2.8千米。

【农业现代化水平不断提高】　打造整洁田园、建设美丽农业，完成双小线景观带和紫圆葡萄生产基地示范建设，新增市级家庭农场1家、区级家庭农场2家。是年，全街道农作物总面积为29814亩，其中种植粮食为11627亩，总产3225.2吨，种植蔬菜为14025亩，总产18492吨，瓜果种植面积为2922亩，总产3644吨。

蔬菜基地

【文体事业多彩纷呈】　继续深化“四季双桥”文化品牌建设，推进党员文体骨干“双培养”工程，积极组织文化体育节、十九大精神文艺巡回演出、“唱响定海”海选综艺show等群众性文体活动。深化文化礼堂建管用育工作，临港社区文化礼堂被评为 “四星级”文化礼堂，桥头施等5座文化礼堂被评为“三星级”文化礼堂。加强非遗文化传承保护，挖掘培养木偶戏传承人，双桥中心小学木偶戏传承基地获评省级社科普及示范基地，浬溪社区成功创建区级舟山锣鼓非遗传承基地。

【老天福禅寺举行开光法会】　2月27日，双桥街道老天福禅寺举行开光法会，4000余名信众参加。双桥街道专门成立交通组、安保组、维稳组、后勤组、食品安全组等保障该次大型活动的顺利进行，确保群众和场所的安全和稳定。

老天福禅寺开光法会

【“三八”健步走活动】　3月8日，双桥街道妇工委在岑港黄金湾水库举行“健康女性 乐享低碳”健步行活动。30余名女职工沿着黄金湾水库步行6千米，用实际行动践行绿色低碳的环保理念。

“三八”健步走活动合影

【学习十二届全国人大五次会议政府工作报告】　3月15日，为学习好、领会好、宣传好、贯彻好全国“两会”精神，双桥街道集中收听观看十二届全国人大五次会议开幕式，听国务院总理李克强作政府工作报告，一起回顾2016年工作情况，听取2017年工作总体部署、2017年重点工作任务。

【非遗文化活动展演】　3月24日，在紫微社区开展非遗文化活动展演。表演木偶戏、木偶雕刻工艺、剪纸手艺等节目，展示双桥非物质文化遗产面貌及保护情况。

【举办美丽乡村之“魅力新镇·古韵双桥”摄影活动】 3月25日，由双桥街道主办，双桥街道文化站承办的美丽乡村之“魅力新镇·古韵双桥”摄影比赛活动正式拉开序幕。该活动旨在展示双桥独特的自然和人文风光，以及近年来取得的经济社会发展成就，让更多的人了解双桥、走进双桥。现场吸引40余名摄影爱好者参与。评选一等奖1人，二等奖2人，三等奖3人。

摄影大赛一等奖获奖作品——双桥大地

【举行年轻干部论坛暨微型党课比赛】 3月29日晚，举办2017年度年轻干部论坛暨“勇立潮头话担当——我为定海代言”微型党课比赛，11名选手参加比赛，诠释勇立潮头、不忘初心、砥砺前行的精气神和凝聚力。赛后，前五名选手被推荐参加区委宣传部组织的微型党课培训。

【“百人集结”开展剿灭劣Ⅴ类水大行动】 4月28日，双桥街道开展“双清”剿劣集中行动，街道机关干部、巾帼护河队、青年团员、驻地官兵、社区老党员等100余人兵分三路，集中清理石礁社区田岙弄总排水沟和石礁主河道。同时，采用挖机开挖拓宽排水沟渠，确保排水畅通、灌溉便利。

“百人集结”开展剿灭劣Ⅴ类水大行动

【中央财政小型农田水利重点县建设项目完成区级验收】 5月2日，区水利围垦局对2016年中央财政小型农田水利重点县双桥建设项目工程进行区级完工验收。该工程含山塘整治及灌区改造工程，包括万立方米以上山塘整治4座，灌区改造2处。 验收组通过检查工程现场，听取各参建单位工作报告，查阅工程资料，同意通过区级验收。

【举办第六届“四季双桥”文化体育节】 5月26日，第六届“四季双桥”文化体育节启动，11月15日闭幕，为期6个月。期间举办2017“唱响定海”综艺show镇级海选、“快乐健步走 护水志愿行”全民徒步巡河活动、双桥“最美”系列人物评选等文体活动26场，开办腰鼓、舟山锣鼓等课程，学习效果反馈良好。

“四季双桥”文化体育节开幕式

【闸门工程顺利通过竣工验收】 5月25日，双桥街道野鸭山闸建设工程、联勤新闸建设工程和联勤中心闸重建工程等3个中型水闸建设工程，顺利通过舟山市水利水务围垦局组织的竣工验收。野鸭山闸、联勤新闸和联勤中心闸的最大排涝流量分别为171立主米/秒、115立主米/秒、140立主米/秒，双桥的排洪泄涝能力得到极大完善。

【举行妇女代表大会】 6月20日，举行双桥街道第一次妇女代表大会，街道各行各业各条战线上的61名妇

双桥街道第一次妇女代表大会

女代表参加会议。大会选举产生妇联第一届执行委员会委员15名，出席定海区第十四次妇女代表大会代表10名，并成功发起“我为创建海上花园城市”签名倡议活动。

【省“千人万项”专家组对水利标准化开展“回头看”】 6月，省“千人万项”专家组到双桥街道，对2016年已经完成标准化创建的蚂蝗山水库、狭门水库进行“回头看”，区水利局农村水利管理站站长李贤东、副站长龚浩哲陪同检查。通过实地查看工程现场、运管平台，询问管理人员，检查台账资料以及手机巡查演示等形式进行考核。

【微信公众号上线】 6月，正式开通官方微信公众号“双桥视野”。该平台主要宣传双桥经济社会发展，展现双桥风土人情，及时发布便民资讯。居民只需通过微信搜索“双桥视野”或“zsdhsq”进行关注，即可了解街道相关信息。

【联勤海塘护塘河治理工程通过完工验收】 7月5日，举行舟山市定海区舟山群岛水系联勤海塘护塘河治理工程完工验收会议。验收工作组通过察看工程现场，听取各参建单位的情况汇报后，一致同意本工程完工验收，工程质量等级评定为合格。该工程于2016年3月开工，2017年5月完工。该项目包括整治河长11.7千米，清淤11.7千米，新建护岸8千米，清淤量9万立方米，水系沟通4处等。

【开展启蒙礼传承教学活动】 7月，利用农村文化礼堂开展暑期春泥计划活动，活动分为萌童学礼、敬拜孔子、国学诵读、领略经典、朱砂启智，开笔习书等板块，礼敬中华优秀传统文化。

启蒙礼传承之朱砂启智

【上级领导到双桥调研】 7月11日，区委常委、常务副区长毛铁年带队来双桥调研“最多跑一次”改革工作情况。毛铁年一行首先来到临港社区便民服务中心，实地了解各项业务办事流程及改革工作推进落实情况。在随后召开的座谈会上，听取汇报并提出意见。

7月13日，市委常委、公安局局长魏明一行到双桥街道开展调研慰问。魏明一行首先来到双桥街道听取工作汇报，随后走访慰问困难老党员，并实地查看双桥汽车城，了解了舟山游客服务中心建设进度。

7月18日，市委副书记、市长、新区党工委副书记温暖，市人大常委会副主任兼总工会主席周松宽，区委副书记、区长侯富光一行到舟山群岛新区三农农副产品综合批发市场，现场慰问坚守高温一线的建筑工人，向大家的辛勤付出表示感谢，同时要求加快工程进度，保证建设质量，注意生产安全。

8月，市文保站站长战国辉、区文体局副局长方立一行到双桥墩头“两黄祠堂”，开展文物文保实地勘察。“两黄祠堂”是舟山市重点文保单位之一，近年来四周村民都在祠堂周围改建新房，为确保祠堂不被建房影响，街道文化站会同城建科工作人员勘察及制定一系列方案，确保两黄祠堂得到有效、规范的保护。

9月7日，市农委副主任王文辉一行到双桥调研农业工作。街道分管农业的副主任、社区书记、农办工作人员、种植大户代表和农户代表参会。在听取汇报和交流讨论后，王文辉指出，在现阶段稳定和完善土地承包关系的前提下，稳步开展土地流转工作，就要消除土地抛荒，保障种植大户在二轮承包到期后土地流转的权益，为此需要建立健全流转机制，加强和规范流转管理，多做群众工作，才能深入开展好农村土地流转工作，使土地发挥最大作用，让农民切实受益。

9月14日，区人大常委会主任余河通一行调研美丽乡村建设，先后到双桥墩头两黄宗祠、侯家槐花井、里廻峰寺、狭门民居古村、白龙王庙等地走访调研并开展座谈交流。余河通希望能搞好规划，挖掘历史文化底蕴，讲好故事演好戏，打造具有紫微特色的美丽乡村。

9月19日，省农业厅、市农林与海洋渔业局、区农林与海洋渔业局一行6人到双桥调研农民负担工作。在听取街道农负工作开展情况及各村财务概况后，调研组对农负工作表示肯定，重点强调基层政府必须要遵守农村集体资产管理的相关条例，保持警钟长鸣，坚持不懈地开展农民负担工作，防止其反弹。

12月29日，市城市管理局局长俞连军一行到双桥街道考察城市管理工作，了解基层中队建设情况，他要求基层中队进一步加强执法力度，提高执法权威，提升办案素质，加快推进执法保障标准化、行政执法正规化和内务卫生规范化建设。

【王建华荣获“全省敬老养老助老模范人物”称号】 8月8—9日，在杭州召开的全省老龄重点工作推进会议上，石礁社区王建华，因其突出的敬老养老表现，在社会上产生的广泛影响，被授予“全省敬老养老助老模范人物”的荣誉称号，并在会上接受表彰。

【高标准农田建设项目顺利验收】 8月23日，舟山群岛新区农业综合开发现代园2014年双桥高标准农田建设项目单项工程顺利验收。该工程建设内容为建设黄泥闸，设计流量为106立方米/秒。

【召开区委巡察整改专题民主生活会】 9月1日，召开区委巡察整改专题民主生活会。针对区委第一巡察组反馈的巡察意见和整改要求，街道班子成员深入查摆问题、剖析原因、提出整改措施，严肃认真地开展批评和自我批评。区委副书记周军刚出席会议，并提出“五个坚持、五个强化”要求。

【学习贯彻十九大精神系列活动】 10月30日，街道举行系列学习活动，深入学习领会、认真贯彻落实中共十九大精神。青年党员干部针对报告指出“青年兴则国家兴，青年强则国家强”等内容，畅谈感受，交流学习心得体会。11月8日晚，邀请区理论宣讲名嘴工作室带班名师郝理金解读十九大报告内容。郝理金详细介绍十九大召开的盛况，解读十九大报告中提出的重大理论观点、重大战略思想、重大工作部署。

【召开民主议事会第四次会议】 11月10日，召开民主议事会第四次会议。街道办事处主任陈晖就2016年以来的工作计划进行汇报，议事会成员就街道产业发展、环境治理等方面的实际问题提出建议、意见。

民主议事会第四次会议

【召开双桥街道残疾人联合会第四次代表大会】 11月20日，召开双桥街道残联第四次代表大会，听取和审议街道残疾人联合会第三届主席团工作报告，选举产生街道残疾人联合会第四届主席团委员及定海区残

街道残联第四次代表大会

疾人联合会第六次代表大会代表，并成功召开第四届主席团委员会第一次会议。

【双桥农产品省农博会获奖】 12月，2017年浙江农业博览会在杭州隆重举行，双桥街道康美菌业有限公司展出的康美牌雪杉耳荣获优质奖。

（撰稿：袁碧莹）

（本分目照片由双桥街道提供）

金塘镇

【概况】 金塘镇位于舟山群岛西南部，东邻册子岛，间隔册子水道，经西堠门大桥与册子岛相连；西南为金塘水道，与宁波市镇海区、北仑区隔港相望；西有金塘大桥与宁波市镇海区相接；北连灰鳖洋，为北往上海、青岛，南达温台、闽粤之必经航道，是南北海运和远东国际航线之要冲。拥有60.32千米海岸线，其中20米以上深水岸线14.5千米，15米以上深水岸线27千米。区域面积88.2平方千米，辖仙居、柳行、河平、大浦、新丰、山潭、东堠、西堠、穆岙、和建、沥平、大观12个社区，有户籍人口16522户，41135人，其中建成区户籍人口33144人。

是年，实现地区生产总值45.2亿元，实现工农业总产值68.2亿元，完成固定资产投资62.6亿元，实现财政总收入5.4亿元，其中地方财政收入3.79亿元，财政总支出2.3亿元，农渔村居民人均可支配收入31545元。

经济发展情况 2017年，有工业企业861家，其中塑料机械企业748家。实现工业总产值64.6亿元，其中规上工业产值20.8亿元，实现自营进出口额4983万美元。

集装箱物流业高速发展，国际中转、属地报关等业务和长江经济带海关区域通关一体化运作顺畅，金塘跨海大桥集卡通行费2.5折优惠、省内高速基本费率5—7折优惠等政策实效明显。国际卫生港创建加快推进，西非、俄罗斯、中东等13条固定国际航线运营稳定，抵达“一带一路”沿线35个国家，集装箱吞吐量达102万标准箱，港口货物吞吐量达1851.19万吨。金塘塑机螺杆行业发展呈近10年最好形势，实现年产值50.89亿元。中国金塘螺杆小镇创建有序推进，举办“新外贸、新未来”跨境电子商务发展峰会，实施技改项目22个。金塘塑机螺杆行业协会、螺杆质量检测中心、螺杆电子商务平台全面运转，螺杆创意研发中心竣工，西堠邻里中心主体框架基本完工。西堠工业园区实现产值18.8亿元，入园企业52家。加快海岛乡村旅游发展，启动仙人山景区二期配套工程、柳行民俗文化中心项目建设，金塘跨海大桥展览馆被评定为AA级景区，“海上周庄”大鹏岛启动前期规划设计。推进现代农业园区建设，创建区级家庭农场1家，完成东堠20亩优质果品园开发项目、仙人山精品茶园一期项目建设，美丽田园景观农业建设面积达600亩。粮食播种面积9818亩，实现粮食总产量3304.1吨，完成“金塘山”特色农产品品牌创建。实际利用市外资金34.9亿元，引进外资2000万美元，新增市外注册企业8家，在全市率先应用“PPP+EPC”模式与世界500强企业中国电建集团签订中澳现代产业园基础配套设施建设协议。

基础设施建设 是年，北围公路、金塘文化中心配套道路完工，大丰经一路等“断头路”、沥港安置小区配套道路等“瓶颈路”完成改建，炮台山至沥港互通公路、大浦至上岙公路完成工程可行性报告编制，500千伏联网输变电工程金塘段进入全面立塔阶段。水利设施投入5156万元，完成海塘、闸门标准化建设，肚斗岙至出海口综合治理工程（一期）完成工程量70%，小流域农业生态工程项目（大浦口泵站）完成工程量50%，大陆引水三期金塘岛引水工程完成初步设计稿编制。金塘污水处理中心一级A提标完成改造并投入运行，建成小型污水处理厂2座、污水提升泵站1座，新建污水主管网500米、支管网4千米，沥港至西堠污水主管网移交第三方单位运维。

社会事业 是年，民生项目投入2.5亿元，完成沥港小学扩建、大丰幼儿园迁建等项目。区第五福利院揭牌运营，在全市首创“公建民营、医养结合”运营管理模式，总投资5400万元的天然气站场完工，建成“菜篮子”直供店2家。农村（集体）产权交易平台运转平稳，农村土地承包经营权确权登记颁证工作完成初步外业测绘。精准帮扶困难群众，发放低保金、救济金、困难救助金475万元，完成困难群众危房改造。推动文体事业发展，打造平倭小镇，传承抗倭历史，柳行小学申报为非遗传承教育基地，建成河平社区、新丰社区文化礼堂，开展群众文化艺术节、李子文化节、“民俗大巡游”等系列活动80场次。改进社会治理方式，基本完成“四个平台”（即综治工作、市场监管、综合执法、便民服务四个平台）建设，推进“雪亮工程”建设，接入治安、店安、社区监控327路，完成高速卡口高清监控安装、客运中心人脸识别系统安装，开展打黑除恶专项整治，矛盾纠纷和不安定因素调处成功率达99%以上，捧得全市“平安金鼎”。

【中澳现代产业园建设】 是年，澳牛进境加工项目涉及的屠宰场与隔离场之间3千米间距、隔离场与隔离场之间3千米间距及隔离场检验消毒处理时间等制约问题实现政策突破，完成隔离场场地平整、隔离场和屠宰场风险评估，完成投资5.5亿元。

中澳现代产业园建设现场

【北部围涂工程完工验收】 该工程是省重点建设项目，投资23.2亿元，围垦面积11000亩，建设7条围堤。是年，北部围涂工程整体实现完工验收，整个工程等级Ⅲ、防潮标准50年一遇。

【上岙至金塘互通疏港主体工程完工】 简称“北围公路”，属省“十二五”交通规划建设项目，是金塘北部围垦区域对外的主通道，起点位于东堠顾家岭，终点接北部鱼龙山围垦区，按一级公路标准设计，设计速度80千米/小时，线路全长4463米，设计隧道3座，概算投资4.27亿元。是年，完成投资1亿元，工程完工。

【大浦口集装箱码头二阶段建设基本完成】 该项目是省重点建设项目，二阶段工程建设3个7万吨—10万吨级集装箱泊位及相应的堆场和配套辅助建筑。是年，完成投资2.13亿元，围堤及陆域形成工程基本完成。

大浦口集装箱码头二阶段建设工程

【金塘物流园区建设】 该项目是省重点建设项目，位于大浦口港区后方，计划总投资9.6亿元，用地面积355亩，主要建设仓库面积8.8万平方米，堆场、综合管理大楼及相关配套设施。是年，完成投资7131万元，完成一期附属工程建设。

金塘物流园区

【中国金塘塑机螺杆创意研发中心竣工】 该项目位

塑机螺杆创意研发中心

于西堠工业园区北侧，计划总投资1亿元，总建筑面积约20720平方米，打造集设计研发、产品展示、检验检测、信息咨询、电子商务和金融服务等功能于一体的产业服务平台。是年，工程竣工，引进北京化工大学聚合物加工技术研究所等研究单位8家。

【500千伏联网输变电工程（金塘段）建设】　该工程计划总投资20亿元，新辟500千伏输变电线路通道，铺设镇海至大鹏山岛海底电缆等。11月28日，世界最高输电铁塔金塘樟树岙段开始组立，500千伏联网输变电工程西堠门大跨越进入全面立塔阶段。

樟树岙段380米输电铁塔组立现场

【大陆引水三期金塘岛引水工程建设】　该工程计划总投资1.2亿元，起点岚山加压泵站，终点龙王堂水库，建设宁波陆上输水管道、跨海输水管道、金塘陆上输水管道及附属建筑物等，全长29.22千米。是年，完成初步设计稿编制。

【舟山金塘全产业招商推介会在甬举行】　12月6日，舟山金塘全产业招商推介会在宁波举行，邀请及吸引全国各地客商企业180余家、各级新闻媒体22家，现场签约项目14个，与宁波物流协会签署合作备忘录，与定海驻北京、上海、天津、广东等地商会签署长期合作战略。是年，金塘全产业链招商完成签约总投资超100亿元。

舟山·金塘全产业招商推介会

【大浦口集装箱码头作业】　12月8日，大浦口集装箱码头年吞吐量首次突破百万标箱。是年，集装箱吞吐量达102万标准箱，同比增长20.2%，增速30%以上，其中陆路箱1.75万标箱，新增“一带一路”国际航线4条。

【三改一拆】　是年，拆除违法建筑10.2万平方米，完成全年任务的150%，拆违总量列全区首位，拆后土地利用率达87.9%，完成旧厂房等改造20.6万平方米，完成全年任务的260.8%。

【五水共治】　是年，投入1750万元完成沥港老塘河和沥港横直河及山潭长河上游段水体治理，清理小微水体377个，完成整治精品工程10个，在全市率先完成小微水体剿灭“劣Ⅴ类水”工作。

【沥港小城镇环境综合整治规划入选省优秀方案】
沥港作为金塘城镇建设的核心区，小城镇环境综合整治覆盖面积约250公顷，其中重点整治区域面积约51.5公顷，《金塘沥港小城镇环境综合整治规划》对标《浙江省小城镇环境综合整治技术导则》，结合沥港实际，从地面保洁、水体保洁、建筑立面、线乱拉、房乱建、低小散块行业等方面规划三年整治内容。根据省小城镇环境综合整治行动领导小组办公室公布第一批达标（2017年）考核乡镇的小城镇环境综合整治规划方案名单，金塘沥港小城镇成为舟山市唯一一个中心镇类型入选省优秀规划的方案。

【定海区第五福利院挂牌成立】　9月26日，定海区第五福利院暨广华金塘颐养院揭牌仪式举行，为定海首家“公建民营、医养结合”的新型养老机构。该福利院总投资6500万元，建筑面积12837平方米，建有7层颐养用房2幢，可提供床位377张，其中护理型床位占80%以上，集生活、医疗、健身、娱乐等功能于一体，为入住老人提供体检评估、健康档案定制、康

区第五福利院揭牌仪式

复计划制定实施等配套服务及护工、特级护理人员等专业服务。是年，有护理人员20人，自费入住老人122人。

【全市首个儿童之家成立】 1月11日，金塘儿童之家挂牌成立，投入资金20万元，打造集学习阅览、才艺展示、谈心谈话、亲情联络、爱心积分兑换、许愿、体育活动等七大功能的活动中心，组建巾帼爱心妈妈团、一米阳光护苗团、“1+1”社区关爱团、老板娘爱心帮帮团、成长助力青年义工团等5支志愿者团队，提供学习辅导、生活关怀、爱心帮扶等服务，关爱辐射辖区留守儿童近百人。

儿童之家揭牌仪式

【金塘阳光志愿者协会完成注册】 5月20日，金塘阳光志愿者协会正式完成注册，8月18日，设立定海区首个镇级志愿者之家，提供贫困帮扶、心理疏导、纠纷调解、家电维修等服务，服务范围覆盖12个社区、88个网格。是年，协会有成员105人，其中固定成员

金塘阳光志愿者协会成立大会

41人，组织开展服务“五大会战”、建设“四个舟山”等志愿活动90次。

【华业塑机入选省“隐形冠军”企业】 浙江华业塑料机械有限公司是专业从事塑机螺杆研发、设计、生产、销售的高新技术企业，产销量居国内同行业首位。根据省经信委公布的2017年浙江省“隐形冠军”企业及培育企业名单，华业为舟山市唯一一家入选企业。

【金星螺杆制造入选2017年省级专利示范企业】 浙江金星螺杆制造有限公司是专业从事塑机螺杆研发、设计、生产、销售的高新技术企业，是国内较大的塑料机械专用螺杆和机筒的生产基地与配套中心之一，有行星螺杆挤出机、注塑机废料处理装置等产品研发专利26项。根据省经信委、省知识产权局公布的2017年省专利示范企业认定名单，金星入选省级专利示范企业。

【“最多跑一次”义务监督团成立】 从社会人士中

“最多跑一次”义务监督团业务培训

选聘熟悉政策、知晓业务、热爱公益、具有社会责任感的义务监督人员，在全市率先成立义务监督团，倒逼“最多跑一次”工作落实。是年，选聘人大代表、先进个人、退休干部等人员15人，开展监督检查5次，发现问题4项并全部整改到位。

【金塘国有资产租赁权首次公开拍卖】 7月19日，金塘首次国有资产租赁权拍卖会在舟山信达产权交易中心举行，推出厂房、店面房、场地等标的8个，设租金底价97.2万元，最后成交标的拍价139.3万元，溢价率达43.3%。是年，通过租赁权公开拍卖，盘活国有资产实现收入309.4万元。

【社区组织换届完成】 严把人选关、程序关、纪律关，平稳完成12个社区新一届社区两委班子选举。是年，产生新一届社区党组织成员63名，村委会成员43名。

【党建阵地建设】 是年，基本形成柳行“红街柳巷”、新丰“红色党建”等一社区一品牌特色党建，个协“微公益微党建”、华业“五度融合”螺炘华园等两新党建，开工建设螺杆小镇党群服务中心。

【“金塘李”获农业部农产品地理标志认证】 金塘李为浙江省传统名果，被列入定海区重点扶持的主导优势农产品，是金塘最具特色的农产品，现有栽培面积3500余亩，遍及辖区12个社区。10月，在中国第三次农产品地理标志登记专家评审会上，“金塘李”顺利通过评审，成为首个获农业部农产品地理标志认证的金塘农产品。

【金塘李花节举办】 3月29日，以“春回金塘·李花绽放”为主题的李花节在山潭社区树弄广场举行，节目内容涵盖李花摄影大赛、李花写生画展、李树认领、特色农产品展销、文艺表演等活动，吸引游客、当地群众、摄影爱好者等3000余人。

金塘李花节

【柳行社区村上榜第五届“全国文明村镇”】 柳行社区有舟山群岛“第一巷”之称，历史人文底蕴深厚，根据中央精神文明建设指导委员会公布第五届全国文明城市、文明村镇、文明单位和第一届全国文明校园名单，柳行社区村入选“全国文明村镇”。是年，依托文化礼堂、社区党建示范基地等平台开展道德宣讲、文明礼仪培训、党员廉政教育等活动29次，有村规民约39条，实行社区法治化治理，文明建设成效显现。

【金塘志愿服务项目获省志愿服务项目大赛铜奖】 金塘阳光志愿者协会志愿服务项目——“阳光海鸥”关爱海岛留守家庭行动于2010年启动实施，以辖区老人、儿童、妇女等海岛留守家庭成员和外来务工子女为服务对象，采取定点服务、上门服务、社区服务等形式提供帮扶，累计开展心理疏导、受灾救助等志愿活动218次，参与人员近4000人次，服务时数超过10000小时，受益人数达8000余人。9月27日，该志愿服务项目荣获浙江省志愿服务项目大赛铜奖。

【金炫太极健身气功协会获国际武术比赛奖项】 金

金炫太极健身气功协会获奖

塘金炫太极健身气功协会成立于2016年，免费提供太极拳、气功、刀法等健身培训及节庆活动表演、春泥计划未成年人带教等服务，有成员100余人。11月，该协会在2017年第二届中国普陀国际武术比赛中荣获集体项目第一名及7个单项奖。

（撰稿：钱　涛）

（本分目照片由金塘镇提供）

白泉镇

【概况】 白泉镇地处舟山本岛中北部，东接普陀区展茅街道，西南连定海主城区，南靠临城街道，北邻舟山海洋产业集聚区，距定海主城区和临城新区皆为6千米。镇政府驻宝岛大道31号。镇域面积82平方千米，其中林地面积67165亩，耕地面积13436亩。下辖白泉、金山、繁强、柯梅、河东、米林、平湖、皋泄、小展、洪家、新港、星塔、星马13个农村社区与万金湖1个社区居委会，有351个村民小组，户籍人口13343户、38761人，其中农业人口34266人。

是年，全镇实现社会总产值同比增长3%，规上工业总产值同比增长5.8%。完成全社会固定资产投资同比增长8%。财政总收入2.2亿元，增长29%，其中地方财政收入1.1亿元，增长14%。渔农民人均纯收入3万元，增长6%。

经济发展情况　是年，逐步丰富以一体化商贸综合体为支撑、镇区商圈为补充的商业发展体系，完成舟山商贸城股权转让，加快瑞金广场施工进程。招商引资态势良好，签订甲骨文社区投资协议，计划投入3亿元，深入推进软件基地创新发展，全年招商引资实际利用市外资金6.11亿元，浙商回归引进到位资金0.62亿元，新注册市外企业12家。成功引入华丰船舶修造、舟山永祥进出口公司两家企业。房地产规模效应初显，玉泉花苑二期、华亿锦泉苑、弘业城市花园等楼盘交付使用，累计完成销售1506套，占总房源的94.5%。

至年底，有工业企业157家，其中规上工业企业13家，产值超亿元企业3家，产值同比增长7.5%，新增规模以上工业企业2家。实施500万元以上项目30个，投入3.9亿元实施6个工业企业技改项目。培育科技型小微企业，发放经费补贴150余万元。加快“退二进三”步伐，完成恒欣纺织公司股权转让，鼓励东方印染厂迁建入园。整治淘汰落后产能，关停“低小散”企业4家，改造小型高污染燃料锅炉35只。

是年，实现农业产值3.5亿元。全镇涉种、养、加工等专业合作社与家庭农场51家，年产值1200万元。粮食播种面积7925亩，粮食总产量2500吨，其中晚稻播种面积1800亩，晚稻总产量781吨。蔬菜种植面积9670亩，产量19340吨，钢制蔬菜大棚1237套，市级无公害蔬菜基地6个，基地总面积2605亩。林果种植面积18252亩，果用瓜种植面积2191亩，水果年产量9755吨，年产值8536万元。晚稻杨梅栽培面积12920亩，皋泄香柚栽培面积2010亩，草莓播种面积384亩，年产值1536万元。葡萄种植面积550亩，年产值2250万元。全镇渔船总数55艘，总功率11971.8千瓦，捕捞产量14770吨，产值9890万元。

基础设施建设　是年，总投资1.04亿元的河东区块路网工程完成施工。总投资3.2亿元的核心区块路网工程，完成投资额的90%，其中，规划十一号路、规划三十号路2条道路完工，规划三十四号路完成总工程量的78%。总投资约2950万元的核心区块污水支管网工程，累计完成10.8千米，占总工程量的90%。落实省市重点交通项目，在全区率先完成329国道舟山段改建工程（岑白段）政策处理工作。

白泉岭下水库综合治理（示范）工程顺利通过水利部分完工验收，清淤扩容38万方，投入资金2000万元；白泉主河生态综合治理全面完工，针对7千米河道进行绿化景观环境提升，完成主河清淤26万立方米，投入资金1500万元；舟山市白泉钓浪海塘配套加固工程一期（白泉大闸）工程完成主体工程，完成总工程量的98%；白泉岭下水库综合整治绿化景观提升工程完成70%，舟山市白泉钓浪海塘配套加固工程二期分为两个部分，其中泵站部分、海堤部分分别完成总工程量的35%与20%；定海区舟山群岛水系白泉毛洋周至出海口段综合治理工程一期分为三个部分，其中河道部分、老碶头闸门分别完成工程量的35%与40%，绿化部分完成施工招投标。

社会事业　是年，新增城乡居民社会养老保险参保65人，新增城乡居民养老保险参保209人，新增被征地农民养老保险参保32人。加强再就业培训和就业援助，新增就业岗位97个，办理从事灵活就业困难群体社会保险补助87人。弱势群体救助，发放社会救助资金260余万元、低保低边金463.5万元、残疾人临时困难补助314万元，改造困难群众危房15户，发放改造金26.4万元。提升居家养老服务，新建洪家、星马、新港3个居家养老服务中心。高端医疗引领服务，推进上海瑞金医院舟山分院扫尾工程、华康医院新建工作。白泉文化公园基本完成文化公园项目建设。新增文化礼堂2个，举办各类中小型文体活动上百次。成立全市首个舟山锣鼓传承人工作室，打造提升特色民俗文艺团队9支，获得“浙江省第五批体育特色乡镇”称号。

【甬舟铁路枢纽站落户白泉】 是年，市甬舟铁路建设指挥部通过深入研究并广泛征求意见，经市党政联席会议讨论，明确白泉作为甬舟铁路终点站。甬舟铁路西起宁波枢纽东站，终点设于白泉镇，全长约80千米，将成为“义甬舟开放大通道”的支撑性运输通道。

【小城镇环境综合整治】 是年，全面实施以“一定位、两目标、三整治、四提升”为主要内容的小城镇环境综合整治行动，以“丰饶魅力中心镇、复合宜居副中心”为定位，将2.13平方千米的集镇区作为重点整治区域，实施整治项目35个，总投资约1.5亿元。重点打造一条“人文化”城市街区、建设一个“规范化”道路管理体系、改造一条“生态化”景观河道、实施一批“人性化”政策处理，成立全市首个乡镇级交通安全管理站，新建公共停车场2个，新增停车泊位720个，启动运用车载4G抓拍系统和18套自动抓拍监控系统。创建二星级农贸市场，投资约2700万元完成外万金湖路、里万金湖路、宝岛路综合建设工程，同步铺设电力、通信管道14.46千米。提升改造镇域8条道路店面，安装自动卷帘门951间，统一整改店牌店招935间，镇区环境得到显著提升。

里万金湖路统一店牌店招

【社会综合治理】 是年，加强“平安白泉”建设，持续推进法治、平安、全民守法等创建工作。抓好信访群体和重点人员的稳控工作，全力做好中共十九大、第四届世界互联网大会等重大会议期间安保工作，全年接信访案件81件，集体接访38批次、570人，实现答复率100%。办理新区“12345”社会公共服务与监督热线836件，平安浙江APP爆料97起，实现答复率100%。深化“四个平台”（综治工作、市场监管、综合执法、便民服务）建设，开展全科化网格创建工作，新增网格4个，全镇14个社区配备网格信息员80位，投入300余万元新增视频监控85处。综合指挥室正式投入使用，接入“综治视联网”“公共安全视频监控系统”“舟山市网格平安综合信息系统”和“新区社会公共服务和监督平台”。创新安全管理方法，在全区乡镇层面率先采用第三方购买方式，邀请安全专家15人次开展安全检查服务。落实安全生产责任制，与辖区内社区与企业签订《安全生产目标责任状》60余份，在出租房、城区老旧民房等地，安装独立式感烟报警器600余只。

白泉镇综合指挥室正式投入使用

【基层党建工作】 至年底，辖区有基层党组织100个，其中9个党委、7个党总支、84个党支部，党员2069名。是年，深入推进“两学一做”学习教育常态化制度化，利用理论中心组学习、周一“夜学”、支部主题党日等契机，组织全体干部学习中共十九大精神、省党代会精神以及市区有关会议精神等200余次。推行“三上四线”临时党支部工作法，先后建立329国道舟山段改建工程白泉政策处理组、小城镇环境综合整治和剿灭劣Ⅴ类水临时党支部3个，设先锋党小组12个，服务群众1500余人次，排查与调解拆迁补偿、遗产继承等纠纷30余件。创建河东社区“七彩社工”志愿服务队、新港社区“海上党建”特色品牌、皋泄社区党员义务联防队、商会党委文艺队，开展各类志愿服务活动800余次，帮扶困难群众5000余人，党员参与人数达1500余名。顺利完成2017年白泉镇村和社区组织换届工作，遴选出92名党员、干部进入社区“两委”班子。

【三改一拆】 是年，完成原纺织厂改翻建项目、沿街立面改造等“三改”类项目22.58万平方米，完成年度任务的313.6%。拆除违法建筑122处，7.68万平方米，完成年度任务的213.3%，拆后利用面积8.53万平方米。

【五水共治】 在全市率先完成“剿灭劣V类水”专项行动，19个“劣V类”小微水体全部销号，累计投入资金465万元。6月5日，全市剿灭劣V类水工作现场推进会在白泉镇举行。开展白泉主河、白泉新河、电厂新河3条河道及白泉岭下水库、金林水库2个湖库的清淤工程。落实河长责任制，明确镇域54条河道的镇村两级河长，启用河长巡河APP，督促河长做好现场巡河工作。

白泉剿灭劣V类水成果之方岭池塘

【329国道舟山段改建工程（岑白段）政策处理】 是年，落实调产安置、房票安置、货币安置等征迁政策，完成土地征收462.24亩、房屋拆迁37户、坟墓迁移264座、祠堂拆迁2处、宕口拆除1家、山塘处理2座。保障大东岱岗隧道白泉段、竹尖岗隧道及金林便道的施工建设，金林便道隧道于11月底顺利贯通。

【农居小区建设】 是年，加快推进5个农村住房改建项目，基本完成潮面村级农居小区、区级农居小区二期2个项目，叶家山地块、金山移民安置小区二期均完成工程量的55%，北蝉地块完成工程量的65%。

【荣获“浙江森林城镇”称号】 是年，白泉镇被浙江省关注森林组织委员会授予“浙江森林城镇”称号，成为全区首家，也是舟山市2017年唯一获评的镇(街道)。

【我们的村晚】 1月3日，浙江省第三届“我们的村晚”农村文化礼堂文艺演出暨舟山·宁波文化走亲活动在白泉镇北蝉文化广场举行。舟山和宁波的渔农村村民，表演演唱、舞蹈、越剧等节目，为当地村民送上一台精彩纷呈的文化大戏。

“我们的村晚”农村文化礼堂文艺演出

【开展“学雷锋”主题活动】 3月3日，白泉镇团委、白泉市场分局等单位联合开展“学雷锋、乐奉献、志愿行”主题活动。活动现场免费提供理发、家电维修、基础诊疗与健康咨询等服务，并设立禁毒知识、平安知识等宣传展板，分发各类宣传资料累计800余份，惠及群众200余人。

【开展“植树造林护大河”活动】 3月11日，白泉镇团委在柯梅社区产业桥一带开展植树绿化志愿活动。活动主题为“相约春天共植希望，青年携手护岸护绿”，镇机关、公安分局、烟草公司、工勤营、农商银行、人保财险等单位志愿者70余人参与该次活动，栽植树苗300余棵。

【白泉镇交通安全管理站成立】 3月17日，召开交通安全管理站（以下简称“管理站”）成立大会，三车管理队、路口劝导队、三乱整治队、学校护校队、新居民宣传队、机关志愿队6支队伍参与成立大会。管理站组成人员为镇机关、交警中队、综合执法分局、公管站等有关单位的骨干成员。集中整治镇区交通安全，着力打造“畅、安、舒、美”的道路环境。

【开展“双清”剿劣集中大行动】 4月28日，白泉镇

开展“双清”剿劣集中大行动

开展以“水体清淤、环境清洁”为主题的剿劣集中大行动，主要针对皋泄支河河面漂浮物、河岸垃圾及河底淤泥等进行清理。侯富光、余河通、车志宽、林世军、林剑彪等区领导带头，与镇党员干部、部队官兵、青年志愿者、巾帼护河志愿者近200人参与该次剿劣行动。

【原仔猪市场顺利拆除】 5月4日，会同白泉综合执法分局、国土所等相关部门，对原仔猪交易市场进行全面拆除。白泉镇原仔猪交易市场建于20世纪90年代初，地处白泉路缤纷天地广场旁，占地2.7亩，违法建筑面积约1500平方米。

【白泉镇原生态舟山锣鼓喜获成果】 6月9—11日，由省文化厅主办的“非遗薪传”——浙江传统音乐展演展评活动在浙江音乐学院举行，全省有22个节目参加该次展演展评活动。白泉镇原生态舟山锣鼓《海乡鼓韵》是舟山市唯一参演的器乐节目，最终荣获“非遗薪传”——浙江传统音乐展演展评活动“薪传奖”，高如丰被授予“浙江传统音乐传承特别贡献奖”。12月6日，2017“唱响定海”·农村文化礼堂创作节目暨种文化成果展演总决赛在舟山市艺术剧院举行，白泉镇原生态舟山锣鼓获得金奖。

【“七一”表彰大会暨省党代会专题党课】 7月1日，白泉镇召开庆祝建党96周年“七一”表彰大会暨省党代会专题党课，全体机关党员，各社区书记、村委会主任、股份经济合作社董事长，各企事业单位党组织书记，有关市区属单位负责人，共192人参会。会上通报与表彰2016年度8个先进党组织、8个先进集体、30名优秀共产党员、50名先进生产（工作）者、15名单项先进；区委常委、白泉镇党委书记林剑彪作省党代会专题党课。

【万金湖社区成立挂牌仪式】 7月14日，新成立万金湖社区党总支，并举行万金湖社区挂牌仪式，34名党员出席。

万金湖社区成立挂牌仪式

【上级领导到白泉镇调研】 5月16日，省水利厅党组副书记、副厅长徐国平率领省防指办相关人员，到白泉镇米林社区调研基层防汛体系建设工作。徐国平一行实地查看社区防汛值班室、防汛物资仓库和村级防汛宣传栏。

7月13日，舟山群岛新区决策咨询委员会主任周克非一行到白泉镇调研甬舟铁路建设工作。先后参观舟山锣鼓工作室、小城镇环境综合整治现场、缤纷天地广场以及甬舟铁路落户初步选址地，并召开座谈会，听取白泉甬舟铁路建设相关情况汇报，共同探讨未来白泉铁路建设的规划布局。

8月2日，省妇联副主席张丽萍、省妇联宣传部副部长陈晔一行调研白泉镇基层妇联组织工作，舟山市妇联主席於颖颖，区委副书记周军刚，区委常委、白泉镇党委书记林剑彪等陪同调研。张丽萍、陈晔一行先后参观平湖社区“网格型+功能型”妇女小组——“红娘子微心”工作室、全国巾帼现代农

业科技示范基地——传奇庄园。

8月9日，全国人大环资委副主任委员夏宝龙带队到舟山调研，夏宝龙一行考察了白泉镇方岭下池塘等地，对该镇在“五水共治”等方面取得的成绩给予了充分的肯定。省人大常委会副主任袁荣祥，省人大环资委主任委员施利民，市领导俞东来、温暖、钟达等陪同调研。

【开展2017年国民体质监测工作】 8月，2017年国民体质监测工作全面展开，区体育局的工作人员对白泉镇20—69周岁的100余名居民体质状况进行监测。主要监测身体形态、机能、素质三方面指标，进一步完善该镇国民体质监测系统和数据库。

【防汛抗台工作】 9月13日，为应对第18号强台风“泰利”，白泉镇召开紧急防汛防台工作会议。10月15日，受秋季台风“卡努”和冷空气的双重影响，白泉镇降水量达到430—506毫米。10月16日凌晨3时，紧急集合全体机关干部，赴各社区（村）开展防汛防台工作，并于是日8时正式启动防汛Ⅲ级应急响应，参与抢险的镇级人员300余人，投入运输设备50余台，总物资达100余万元。

【白泉镇入选全国综合实力千强镇】 10月上旬，中国城市经济学会中小城市发展委员会等单位发布“2017年度全国综合实力千强镇前100名”榜单，白泉镇入选千强镇。

【组织观看中共十九大开幕会】 10月18日，白泉镇党政人大班子领导、机关干部、青年代表、社区干部等，通过电视、网络、手机等途径观看中共十九大开幕会，认真聆听习近平总书记代表十八届中央委员会所作的工作报告。

组织观看中共十九大开幕会

【央视十九大特别节目到白泉镇拍摄】 11月20日，中央电视台综合频道《我有传家宝》十九大特别节目“我的家乡，我的宝——舟山寻美记”上集《绿水青山篇》栏目组到白泉镇传奇庄园踩点拍摄。传奇庄园负责人王佳佳在节目中讲述自家三姐妹创业过程，以及庄园在“绿水青山就是金山银山”科学论断下的未来规划。

【“两非”车辆综合整治工作】 开展“两非”车辆（非法营运、非法上路的车辆）整治行动。通过走访，向沿街经营商铺宣传相关政策，并对电动三轮车进行排查与登记。至2017年底，回收“两非”车556辆，发放相关宣传册10000余份。

（撰稿：王婷婷）

（本分目照片由白泉镇提供）

干碶镇

【概况】 干碶镇位于舟山本岛中北部，东南与白泉镇接壤，西南与盐仓街道相邻，西北与马岙街道以山为界，北与岱山县秀山乡隔海相望。镇域面积23.5平方千米，有山林18145亩，耕地4197.46亩，其中水田2766.29亩，旱地1431.17亩，辖东升、新建、龙潭、青龙、双庙、西码头、滨港7个社区（村、居委会），户籍人口3840户，10286人。

是年，全镇实现工业总产值42.6亿元，同比增长12.06 %；农渔业总产值1.07亿元；财政收入1.3亿元，同比增长53.9%；渔农民人均可支配收入增长8.7%。

经济发展　是年，全镇有企业120家，其中工业企业108家；实现企业总产值55亿元，其中工业总产值42.6亿元；有规上工业企业16家，实现规上产值24.3亿元，占全镇工业总产值的57.8%。完成固定资产投资29.3亿元，其中工业投资24.2亿元；新引进市内外企业9家，实际利用市外资金3.19亿元，浙商回归引进项目投资省外到位资金0.41亿元。农渔业保持健康稳定发展，实现渔农业总产值1.07亿元。农作物播种面积4936亩；粮食作物种植面积1872亩，总产量474吨；其中谷物播种面积538亩，总产量2088吨；豆类播种面积738亩，总产量107.6吨；油料播种面积668亩，总产量1216吨；蔬菜播种面积1423亩，总产量1565.3吨；果用瓜播种面积186亩，总产量421吨；果园面积4358亩，总产量1450吨；其中柑桔园738亩，产量522吨，杨梅园3011亩，产量178吨。年内出栏家禽32987只。有渔业船舶40艘，3653载重吨，总功率6172千瓦。海洋捕捞产量9035吨，海水养殖面积57公顷，产量225吨。新兴服务业快速发展，不断培育海岛特色旅游、民宿、农家乐等特色产业经济。全镇有农家乐经营户40家，其中四星级农家乐1家，三星级农家乐4家。新建社区成功创建AAA级景区，并荣获“中国最美村镇50强”，年旅游人次达35万人。

重点项目建设　舟山国家远洋渔业基地建设成效显著，获评国家科技兴海示范基地。兴港路拓宽、规划一路、丰产畈新河等工程相继开建。兴业公司、大洋兴和等项目建设完成。大洋世家、宇培物流、国家海洋食品工程技术研究中心等项目相继落户。远洋渔业特色小镇建设如火如荼，渔人广场、远洋水产品交易中心等建设快速推进，在全省特色小镇考核中获评良好。新建生态村逐步完善景区配套设施，提升整体旅游环境，累计投资2800余万元，先后完成民宿、水库坝下景观、桃源广场等18个重点项目的开发建设，营造舒适和谐的旅游氛。全面发展体验型旅游，合作院校累计27所，接待大学生达5万余人次，团队30余批。

【小城镇环境综合整治】　按照“龙潭老底片，城镇新客厅”的目标定位，以“一加强三整治”为抓手，

改造后的浙派民居

扎实开展“六大专项”整治行动，全力推动小城镇环境综合整治工作。坚持以规划为引领，编制完成《干䃢镇小城镇环境综合整治规划》。在全市乡镇率先建立环卫保洁一体化市场化运作机制，提升镇域环卫水平，成功创建省级卫生乡镇。开展各类专项执法行动，加大对占道经营、乱设摊点等问题的整治力度。推进天籁路等路段“三线落地”工程和雨污水管网建设，改造沿街立面，有效提升道路两侧整洁程度。实施东华线小公园及浙派民居打造、龙潭老街改造和小镇入口景观绿化等项目，逐步呈现美丽街角效果。干䃢镇小城镇环境综合整治顺利通过省级验收，并成功入选省级样板镇。

【五水共治】　继续深化落实“河长制”，探索实施政府购买服务工作模式，实现镇域河道及小微水体日常保洁全覆盖，委托专业机构进行重点河道水质治理，投资30余万元完成对全镇河道的清淤疏浚工作。完成全镇14处劣V类小微水体的剿劣任务，并通过省级验收。不断强化防洪排涝体系建设，着手设计锡杖塘配套加固工程，全面完成丰产塘配套加固工程并投入使用。

河道清淤

【城建国土专项工作】　强力推进“三改一拆”，拆除违法建筑面积2.63万平方米，改造旧住宅区17.24万平方米，改造旧厂区2.51万平方米；违建拆后利用面积2.35万平方米，通过市无违建乡镇创建考核。整治主干道两侧蓝色屋面36处，约12万平方米；土地整治成效明显，完成青龙社区近百亩垦造耕地项目；农村土地综合整治项目按计划完成，新增旱地

拆除违章建筑

20亩，水田2亩。完成2017年度地质灾害点“一年清零”任务。

【民生事业】 农居小区工程建设完成，并顺利完成安置分配。敬老院建设工程全部完工，并交付使用。镇中心幼儿园扩建工程于4月正式开工，完成主体工程建设。垃圾分类工作持续开展，建成区中心地段全部更换分类垃圾桶。开展城乡居民医疗和养老保险参保工作，参保率分别为99.5%和99.3%，开展被征地农民基本养老保障参保和“转轨”工作，累计办理转轨手续382人。全面消除经济薄弱村，深入推进农渔村土地承包经营权确权登记工作，完成实测面积2636.4亩，涉及农户2237户，完成工作总进度的40%。积极推进居家养老服务，着力打造立体化居家养老服务体系。发展教育文体事业，配合办好“神行定海山”品牌活动，干礁中心学校获评市优秀美丽校园。

【综治工作】 打造现代化社会治理体系，通过平安浙江APP、“12345”、平安通等平台广泛收集社情民意，妥善办理各类群众诉求近3000条。加强社会管理综合治理工作保障，与各社区（村）等单位签订社会管理综合治理目标责任书17份。着力抓实人民调解，化解矛盾纠纷，排查矛盾纠纷121起，化解121起，化解率100%。加强安全生产执法检查力度，开展重点领域安全生产监督检查62次，排查安全隐患110余项。落实快速冻结装置安全专项治理，改造单冻机等设备，有效提高安全生产能力。强化消防安全管理，完成全镇小微企业及各单位消防大检查，并签订责任书，完成出租房安全检查445家，企业74家。开展智慧式用电隐患管理系统推广工作，在镇部分企事业单位安装18台智慧式用电管理系统。加强交通安全管理，新增10余个路口交通警示桩、6套抓拍系统和2套来车预警系统。

来车预警系统

【村级组织换届】 圆满完成试点工作，换届选举产生新一届社区党（总）支部委员35名，其中党（总）支部书记7名；村（居）委会委员22名，其中村（居）委会主任7名；董事会成员24名，其中董事长8名；村监会成员26名，其中村监会主任6名。在全区率先完成社区（村）两委换届选举，两委班子年龄、文化、性别结构进一步优化，组织凝聚力和战斗力不断提升。

村级组织换届现场计票

【思想文化建设】 全面贯彻学习中共十九大精神，践行社会主义核心价值观，加强意识形态建设，成立“薪火”宣讲团，培育红色文体队伍，组织基层巡回宣讲，开展“最美系列人物”评选表彰。扩充市民巡访团队伍，组织开展重点项目建设集中巡访。探索“文化礼堂+”模式，组织开展“魅力干𬒗”等系列文体活动。构建全镇“三级”公共文化服务体系，完善文化体育基础设施，以镇文化教育中心作为主阵地，为群众提供综合性培训及公益讲座10余期。

【探索政府购买服务模式提升保洁水平】 探索建立环境卫生保洁一体化工作机制，采用向社会公开招标，以政府购买服务形式，引入欣美保洁服务（舟山）有限公司，由该公司专门负责镇域内主要道路沿线两侧环境卫生，并统一至镇内百余家企业装运垃圾，改变以往企业各自装运、二次污染严重的弊端，做到日产日清。镇政府不定期督查公司工作开展情况，一旦发现问题，立即下达《限期整改通知书》，对未及时整改到位的酌情给予经济处罚。干𬒗镇环卫一体化获得2017年度区政府工作创新奖。

环卫保洁市场化运作

【黄润秋考察新建社区环境卫生整治情况】 3月21日，国家环境保护部副部长黄润秋到干𬒗镇新建社区考察环境卫生整治情况。时任市长温暖、社区书记余金红陪同考察。黄润秋沿进村道路依次察看了溪涧沟渠、火车广场、农家餐馆等卫生情况，听取环境整治、开发生态旅游所取得的成果，以及垃圾分类试点工作等相关情况汇报，并对新建社区美丽乡村建设做出肯定。

黄润秋考察新建社区环境卫生整治情况

【任振鹤调研新建社区】 3月29日，省委常委、组织部部长任振鹤调研干𬒗镇新建社区。任振鹤听取社区党建工作情况介绍，实地考察基层党建示范点、“两学一做”教学点——新建文化大礼堂，走访南洞艺谷火车广场、农家乐、民宿等区块。对新建社区美丽乡村建设和基层党建工作取得的成绩表示充分肯定，要求广大党员干部要坚守绿水青山就是金山银山的工作理念，坚持把群众对美化生活的向往作为奋斗的目标。省委组织部副部长、办公室主任赵雄文等参加调研。市委书记、新区党工委书记、管委会主任俞东来，市长、新区党工委副书记温暖，市委常委、组织部部长张明超，市委常委、秘书长刘永艺陪同调研。

【维和部队防爆队员凯旋】 3月21日，中国第四支赴

维和部队防爆队员凯旋

利比里亚维和警察防暴队队员傅岸彬、米壮壮身着警服、头顶蓝盔回归西码头边防派出所。边防派出所的全体战士列队欢迎，并送上鲜花。傅、米2人从2016年3月离开舟山远赴利比里亚执行维和任务，于2017年3月完成任务回国。

【第四届长三角运动休闲体验季浙江定海站开幕】 4月15日，2017年第四届长三角运动休闲体验季浙江定海站在干礁镇南洞艺谷开幕，三省一市4个代表队200多运动员参加了开幕式。浙江省体育局副局长李华，上海市体育总会副主席严家栋，江苏省体育局副局长王志光，安徽省体育局副局长甄国栋，市、区领导方维、侯富光、鲍瑞安，共同按下活动启动球宣布活动正式开幕。

第四届长三角运动休闲体验季浙江定海站开幕

【"神行定海·休闲南洞"篝火晚会】 4月15日晚，"神行定海·休闲南洞"篝火晚会拉开序幕。一场别开生面、趣味无限、极富海岛文化特色的民俗活动比赛在南洞火车尾部小广场举行。2017年第四届长三角运动休闲体验季定海站的参赛者们参加活动。活动项目有捡花蛤、抛缆、爬桅、海滩拔河等。比赛中，参赛者们欣赏到了独具海岛特色的跳蚤舞、舟山船拳、渔歌号子等非遗项目表演。参赛者们一起围着篝火观看演出、参与比赛，既增加了彼此之间的友谊，又充分体验到独具海岛特色的定海民俗文化。

"神行定海·休闲南洞"篝火晚会

【舟山海岛民宿学院正式成立】 4月18日，舟山海岛民宿学院成立仪式暨海岛民宿论坛在南洞艺谷正式启动。近百名市内外的市旅游协会民宿分会和区旅游协会成员、民宿等旅游行业从业者、定海旅游粉丝等参加活动。活动现场，市、区领导郭文杰、吴红卫出席活动并致辞。区旅游局局长张臣达、新建社区书记余金红为活动揭牌。在海岛民宿论坛上，各行业代表围绕"畅享海岛生活"主题开展主旨演讲与交流。

舟山海岛民宿学院揭牌

【"双清"剿劣集中大行动】 4月28日，组织机关

"双清"剿劣集中大行动

社区干部、辖区团员青年、党员突击队、驻地官兵、巾帼护河队等近百人，前往长春岭灌渠开展“双清”剿劣大行动。区委常委、区委组织部部长邵辉参加该次大行动。长春岭灌渠全长2000余米。队员们手持铁锹、扫把等工具沿灌渠清扫河岸，捡拾河道垃圾、漂浮物，全面打响全民参与的剿劣战，打造宜居宜业的新家园。

【定海图书馆南洞图书流通点开放试运营】 5月17日，定海图书馆南洞图书流通点开放试运营。南洞图书流通点位于干䃎镇新建社区南洞87号，面积90平方米，可同时容纳40名读者。室内免费Wi-Fi，图书1200余册。该流通点图书由定海区图书馆和各界爱心人士共同捐赠。正式运营后，将根据读者的需求以及运营实际情况，逐渐调换更新。届时，南洞图书流通点不仅为当地百姓和游客提供免费阅览和休闲好去处，也将进一步提升南洞艺谷文化服务功能，增添浓郁书香氛围。

定海图书馆南洞图书流通点开放试运营

【全市小城镇环境综合整治工作现场会】 7月11日，全市小城镇环境综合整治工作现场会在干䃎举行。全市各镇、街道、相关部门百余人参加。现场会上，镇党委书记谢海良详细介绍干䃎镇开展该项工作的具体情况和工作举措。与会人员走访查看天籁路沿线商铺、供销社大楼立面改造，浙派民居改建、邻里广场、东方红小公园、龙潭老街入口牌坊等工程建设。市、区领导蔡洪、侯富光、周军刚、林剑彪、夏泉参会，并对干䃎镇小城镇环境综合整治工作表示肯定。

全市小城镇环境综合整治工作现场会

【泰国驻沪总领事巴丽彩一行参观考察新建社区】 7月14日，泰国驻沪总领事巴丽彩一行在市外侨办副主任庄海波、市友协办主任张尔翼、干䃎镇镇长陈益、新建社区书记余金红等人陪同下考察新建社区新农村建设情况。一行人参观考察群岛美术馆、廊桥、火车广场、新建文化大礼堂等地，巴丽彩对新建社区新农村建设取得的成果赞不绝口。

巴丽彩总领事参观考察新建社区

【建设企业文明施工推进会】 为加强全镇企业建筑

建设企业文明施工推进会

工程环境治理，提升现场文明施工水平，确保干𥕢镇域更洁净、空气更清新、环境更优美，8月14日，干𥕢镇召开建设企业文明施工推进会。国家远洋渔业基地指挥部副总指挥、区政协副主席林志刚、镇党委书记谢海良、镇党委副书记李明华、区属有关单位、水产品产业园区建设处、政策处理处、基础公司、镇机关干部、社区干部及各建设企业近百人参加会议。

【广西防城港市社科联调研远洋渔业特色小镇建设】 8月18日，广西壮族自治区防城港市社科联副主席苏世成带领课题组来到干𥕢，调研走访定海远洋渔业特色小镇建设情况。市社科联副主席王文涛、区委宣传部副部长、区社科联主席曾莉群等陪同调研。一行人首先到国家远洋渔业基地指挥部观看宣传片，随后实地查看万吨级远洋渔业码头、惠群冷链物流、水产品交易中心等场所，详细了解国家级远洋渔业基地建设规划、运作流程及远洋渔业冷链物流相关情况。

广西防城港市社科联调研远洋渔业特色小镇建设

【“两非”车辆综合整治宣传】 为响应“两非”车辆综合整治工作，组织全镇机关干部、社区干部开展网格大走访活动，面对面向村民再次宣传“两非”车辆综合整治相关工作。各网格组走村入户，挨家挨户发放《致干𥕢镇全体村民一封信》暨“两非”车辆综合整治告知书，详细介绍何为“两非”车辆、整治“两非”车辆的原因、存在的风险等内容，并解释相关政策。

镇级农居小区抽签定房现场会

【镇级农居小区多层公寓式住房抽签定房现场会】 9月4日，召开镇级农居小区多层公寓式住房抽签定房现场会。现场会有80套房源，户型分为100平方米和80平方米，抽签对象为干𥕢镇行政区域内符合条件的农村村民，且具有申购资格的家庭户。36户申购户于是日下午全部完成抽签定房。

【陈金彪到干𥕢镇调研】 8月28日，省委常委、秘书长陈金彪到干𥕢镇调研。陈金彪一行实地调研定海远洋渔业小镇建设、龙潭社区小城镇环境综合整治，并慰问困难党员家庭。市、区领导温暖、刘永艺、庄继艳、周军刚等陪同调研。

陈金彪在干𥕢镇调研

【2017“海韵干𥕢”文化艺术节暨“最美系列人物”颁奖晚会】 9月18日晚，在镇文体广场举办题为“喜迎十九大·共筑中国梦”2017“海韵干𥕢”文化艺术节暨干𥕢镇“最美系列人物”颁奖晚会。晚会分

文化艺术节暨“最美系列人物”颁奖

为人文之美、和善之美、海韵之美3个篇章。灯光璀璨的舞台上，干䃎镇广大文艺者表演的精彩节目依次登台献映，穿插展播“最美”系列人物事迹视频，给观众呈现了一场崇德向善的文化盛宴。该次活动为大力培育和践行社会主义核心价值观，弘扬中华美德，传播道德风尚发挥了积极作用。

【多种渠道收看中共十九大开幕会】 10月18日，中

收看十九大开幕式

国共产党第十九次全国代表大会在北京人民大会堂开幕。干䃎镇广大党员干部、群众通过多种形式收看中共十九大开幕会，聆听习近平代表十八届中央委员会向大会作报告。镇机关设立2个主会场，在下辖社区及企事业单位等10余地点设置分会场。镇机关干部和辖区道德典型、先进代表、最美人物、知联会成员等百余人在镇主会场观看，其他分会场由各社区及企事业党支部组织定点定时收看。此外，对于因事因故不能参加集中收看的，要求他们通过手机、广播、互联网等多种途径收听收看直播盛况，并将收看照片、视频发至工作微信群、QQ群，共同见证、感受这一盛会。

【“神行定海山”2017年国家登山健身步道联赛总决赛开赛】 11月12日，“神行定海山”2017年国家登山健身步道联赛总决赛在定海干䃎开跑。全国各地1600余名参赛选手及登山运动爱好者集聚南洞艺谷，展开竞速组、团队接力组、徒步体验组、家庭亲子组4个组别的比拼。赛前，国家体育总局登山管理中心领导向定海授“国家登山健身步道示范工程”铜牌，标志着全国首条海岛国家登山健身步道正式建成。

“神行定海山”2017年国家登山健身步道联赛总决赛

【干䃎镇文化礼堂创作节目斩获金奖】 12月6日晚，由区委宣传部、区文体局主办的“唱响定海”·2017定海农村文化礼堂创作节目暨种文化成果展演总决赛在舟山剧院举行，全区11支队伍从初赛的33支农村文化礼堂队伍中脱颖而出，成功晋级决赛。通过激励角逐，干䃎镇新建社区《新建，一个美丽家园》获得金奖，西码头社区《渔家姑娘在海边》、青龙社区《情歌赛过春江水》分别获得银奖。该3个文化礼堂创作节目都由社区文艺骨干、社区工作人员自编自导自

干䃎镇文化礼堂创作节目斩获金奖

演完成，充分展示了社区村民的良好精神风貌。

【小城镇环境综合整治迎检市级年终考核】 12月15日，由市镇治办牵头组成的考核组15人到干䃎进行小城镇环境综合整治年终市级考核。考核组分组对干䃎环境卫生、车乱开、道乱占、低小散等专项内容进行实地检查，并审核台账。

小城镇环境综合整治迎检市级年终考核

【央视《我有传家宝》拍摄录制】 央视大型文化收藏类节目《我有传家宝》栏目组一行到干䃎镇新建社区南洞艺谷景区开展“我的家乡，我的宝——舟山寻美记”系列特别节目的嘉宾现场访谈录制。

央视《我有传家宝》栏目组在干䃎拍摄录制

该栏目组从12月初起，先后在干䃎新建社区、金塘、白泉传奇庄园、岑港万花谷等地采访拍摄，主要涉及舟山渔民画、金塘螺杆生产、嵊山海水淡化等内容。该节目将分为绿水青山、面朝大海上下两集，预计总片长为100分钟。

（撰稿：陆瑜佳）

（本分目照片由干䃎镇提供）

责任编辑：鲁学伟

上接第398页

定海山系列文化——名人故居（二）

序号	名人故居名称	地址	简介
7	乐家园	昌国街道南珍社区广生弄9号	建于1938年，由主楼、侧屋、侧楼等组成独立院落，以青砖围墙绕，建筑形制独特，格局完整，外表装饰有典型民国建筑风格，对研究城市变迁、当地民居建筑风格、社会人文都有一定的历史价值。2010年6月被公布为市级文物保护单位。 房主乐俊廷（1898—1967）于1949年迁居香港，2006年乐俊廷后人将此屋产权赠与舟山市红十字会。
8	孙举人住宅	环南街道太保庙弄25号	晚清建筑，原有多进房屋，多个院落，现存1进3间。占地面积约186平方米，建筑面积约120平方米。此建筑虽为局部，但仍包涵一定的历史文化价值，对研究当地的民间建筑与科举文化有一定意义。2001年6月被公布为市级文物保护单位。 孙尔瓒（1873—1948），清光绪二十九年（1904）中举，乃定海最后一名举人。
9	潘尚林老宅	环南街道千岛社区盘峙村小盘峙南岙24号	1925年由在上海经商的民族资本家潘尚林所建。由正屋、厢房和墙门组成三合院，占地面积460平方米，建筑面积339平方米。正屋5间，穿斗式用九桁，设前廊，檐柱柱头置单翘斗拱，单檐硬山顶。东西厢房各3间，穿斗式硬山顶。其装饰采用传统方法结合现代材料，具有民国建筑之风格。 潘尚林热心于家乡公益事业，曾出资维修定海老城区内的状元桥。
10	潘尚林住宅	环南街道卫海社区人民南路252号	建于1930年。1949年蒋介石曾在此处召开过会议。原为二层楼，20世纪80年代加高一层，形成三层结构的独立院落，占地面1031平方米，建筑面积1400平方米。进口硬木制作门窗，天花堆塑成各种形状的几何图案。正门外表具有欧式风格，门外两侧为多立克柱式，上部山花罗马风格茛莨叶纹。2001年6月被公布为市级文物保护点。
11	三毛祖居	小沙街道庙桥社区陈家村庙桥陈家60号	1921年由三毛祖父陈宗绪建造，占地面积482平方米，建筑面积310平方米，大致为坐西朝东、南北厢房、台门穿堂的独立院落，正屋单檐硬山顶，用桁八根，穿斗式。厢房均面阔2间，单檐硬山顶，上盖小青瓦。2000年12月28日起，辟为三毛文学陈列室，对外开放。1998年5月被公布为区级文物保护单位。 三毛（1943—1991），原名陈懋平，后改名陈平，著名作家。多部散文集在中国及东南亚一带享有较高声誉。1989年4月，回故乡探亲，自称“小沙女”。
12	丁光训祖居	岑港街道册子桃夭门社区丁家岙71—79号	建于1803年，占地面积2024平方米，建筑面积1216平方米。由第二进与第三进三合院落及台门等组成规模较大的院落，是一处有纪念意义的名人祖居。2003年1月被公布为区级文物保护单位。 丁光训（1915—2012），1980年起担任中国基督教爱国运动委员会主席和中国基督教协会会长，曾任全国政协副主席。

（区文体局供稿）

人　物

全国五一劳动奖章获得者简介

【程斌】　男，1977年11月出生，1995年参加工作，高中学历，中共党员，浙江舟山人，浙江华业塑料机械有限公司生产总监。他兢兢业业、尽心尽力，在管理创新取得较好的成效。带领的分厂率先打破常规管理模式，实施“7S”生产现场管理，使车间的管理工作迈出系统化、规范化的第一步。为了配合公司ERP项目顺利实施，提高生产进度的信息，加强与公司各部门之间的信息沟通，根据车间实际情况，结合ERP项目要求，推出工序流程卡，准确反映出生产工人工时和产品生产进度，使公司的管理再上新台阶。他勤奋好学，知难而进，无论在工作上、生活中，总是以党员的标准严格要求自己，不断学习和掌握先进知识，工作中勇挑重担。他在平凡岗位上演绎着自己的平凡人生，做出了不平凡的贡献，谱写着感人的诗篇。

主要荣誉：2003—2006定海区劳动模范、浙江省五一劳动奖章、定海区优秀共产党员、浙江省劳动模范、全国五一劳动奖章。

（撰稿：刘　磊）

浙江省五一劳动奖章获得者简介

【韩海东】　男，1977年1月出生，1996年参加工作，大专学历，中共党员，浙江舟山人，浙江舟山中集国际集装箱货运有限公司总经理，浙江省青企协常务理事，舟山市第六、七届人大代表。2006年，面对舟山大桥经济的发展，他率先在舟山成立集装箱运输公司。经过十年的发展，公司业务涵盖运输、仓储、堆场、代理、报关等各个环节，成为舟山市最大的民营物流企业。先后被评为国家AAA级物流企业，浙江省重点服务业企业，浙江省十大集卡运输企业，舟山市优秀物流企业，舟山市服务业名牌企业等。同时，他致富不忘家乡，积极参加各类公益光彩事业，帮助弱势群体。他利用现有资源，发挥带头作用，带领农渔民投身到集装箱运输行业中，发起成立舟山市定海区集装箱运输行业协会，做好政府参谋，并让广大农渔民共同致富。充分利用担任政协委员、人大代表的平台，参政议政，为舟山的经济建设和人民生活水平提高积极建言献策。

主要荣誉：舟山市定海区劳动模范、定海区优秀共产党员、浙江省五一劳动奖章。

（撰稿：刘　磊）

舟山群岛新区五一劳动奖章获得者简介

【黄胜海】　男，1968年12月出生，1995年参加工作，大专学历，中共党员，浙江舟山人，舟山中天重工有限公司行政管理部经理兼工会主席、党支部书记。他始终把关心职工工作生活作为第一要务，特别是在船舶修造企业处于严峻的经济形势下，能充分发挥工会组织“沟通与桥梁”作用，主动作为，竭力为公司分忧。他不仅时刻关注员工思想动态，积极做好安抚引导工作，还多次组织篮球友谊赛、青年联谊会等，并开设娱乐健身活动场所，不断增强企业的凝聚力和员工的归属感。

主要荣誉：舟山市总工会优秀工会干部、舟山群岛新区五一劳动奖章。

【林芬】　女，1972年11月出生，1990年参加工作，大专学历，中共党员，浙江舟山人，森森集团股份有限公司行政人资总监。自进入公司从事管理工作20年来，她积极承担各类科技项目的申报、各项规章制度的起草制定和行政部门工作事务协调等相关工作，工作兢兢业业，认真负责。为真正让职工得实惠，她提议成立森森互助互济基金、森森教育基金等，为职工解除了后顾之忧，赢得员工们的支持和好评。

主要荣誉：优秀共产党员、先进工作者、先进女职工工作者、舟山群岛新区五一劳动奖章。

【陈本平】 男，1957年9月出生，1997年参加工作，高中学历，经济师，浙江舟山人，舟山市东海电机实业有限公司总经理。他能顺应改革形势，始终以质量求生存，以扩大生产规模求发展为工作准则，不断完善内部经营管理机制，积极开展科技创新活动，吸收科技人才。多年来，凭借过人的胆识和独特的经营手段，他把年产值几百万元的小企业引领发展成为企业总资产2500万元，年产值4000多万元，利税400万元，职工90多人的微电机规模企业，该企业也先后获得“浙江省科技型企业”“国家级高新技术企业”的荣誉称号。

主要荣誉：舟山群岛新区五一劳动奖章。

（撰稿：刘　磊）

第二届定海区道德标兵简介

【包国华】 女，1974年1月出生，大学学历，高级教师，定海五中副校长兼教导主任。她积极参与课程改革，加强学习并带动身边的同事和工作室研究员、学员共同进步，先后担任省级及以上不同类型的公开课、研讨课、观摩课、比赛课等10多节，完成省市区级专题讲座、点评等教学教研任务达40多次。她积极拓展学习平台，加大培训力度，先后入选“浙派名师名校长工程”和“舟山市特殊支持培养人才发展项目”。此外，她积极关注薄弱地区的教学工作和海岛农村教师的专业成长，多次送教下乡或进行专业指导。她坚持为定海区新教师进行上岗培训指导，为年轻教师的快速成长和岗位适应助力。在20多年的教育生涯中，她立足岗位、热爱事业，敬业奉献，用执着和激情守望自己的职业理想，用敬业和实干提升自己的职业形象，在平凡的工作中感悟师德的真谛，诠释师德的内涵，书写了自己不平凡的教育人生。

主要荣誉：浙江省中小学师德楷模；定海区先进生产工作者；最美教师；定海区道德标兵。

【葛平安】 男，1984年7月出生，小沙街道社区卫生服务中心长白分中心负责人。2006年参加工作后，他以院为家，无怨无悔完成医院日常备勤和值班，将全部心血倾洒在长白小岛上。作为责任医生，他管理着100多名的慢性病患者、残疾人和困难人群，只要病人打电话给他，不管是下班在寝室或是已经回家，他都积极的为病人解释甚至直接回到岗位诊治。他是卫生服务中心的“万能胶”。长白地处偏远，单位日常运作，无论是水电、空调、网络都由他负责维修。同事工作和生活上的不便，全都找他帮忙。他悉心照顾整个家庭，孝老敬亲的故事也为乡邻津津乐道。他在平凡的工作岗位上默默地做出了不平凡的业绩，用自己的一言一行谱写了一曲动人的生命之歌，用自己的实际行动诠释了一名普通医务人员的“大爱”精神。

主要荣誉：定海区先进工作者；舟山市公共卫生比赛二等奖；舟山市定海区第四届职业技能大比武基层卫生综合技能竞赛三等奖；定海区道德标兵。

【黄耀棉】 男，1981年6月出生，壮族，广西河池人，舟山纳海油污水处理有限公司操作部主任。黄耀棉工作踏实，业务能力强，富有大型油库的管理经验，2007年12月，他作为专业技术人才被引进到舟山纳海油污水处理有限公司工作。9年多来，他全身心投入到化工工艺和环保事业上，是一个不可多得的技术型危化企业管理者。他作为一名从外地引进的技术人才，远离家乡，多年来放弃节假日与家人团聚的机会，始终奋斗在工作第一线。2012年，身怀六甲的妻子先回老家待产，黄耀棉本已安排好行程准备回家陪妻子待产，但因公司油污水项目改造工程突然出现技术上的瓶颈难点，而他作为该项目的主要负责人为了不影响工程的进展，只好一拖再拖回家的行程，直至妻子生下儿子他都没能第一时间陪在母子身边。而当他匆匆赶回老家探亲时仅仅待了2天又匆匆赶回公司，继续日夜扑在工程改造项目上。

主要荣誉：上海绿地能源集团“先进个人”；定海区劳动模范；定海区第二届优秀现代服务业人才；浙江省五一劳动奖章；定海区道德标兵。

【蒋茶青】 女，1956年2月出生，白泉镇金山村人。

蒋茶青幼年丧父，有两个哥哥，哥哥们先后患病均由蒋茶青一人照顾，大嫂又患精神疾病，自进门以来到大哥去世，40余年一直由她照顾，蒋茶青的母亲也由她照顾直至病故，享年90余岁，整整20年。其丈夫近几年也因患肺部疾病，一度卧床不起，需蒋茶青照顾。她从最美好的青春年华开始，40年来一直在照顾患病的家人，不管多苦多累，照顾哥嫂，护理老人是她每天必做的家务。俗话说“久病床前无孝子”，可蒋茶青做到了“久病床前有孝女”，她从无怨言，只是尽自己最大的努力把家人照顾到最好。

主要荣誉：舟山好人；舟山市最美家庭；浙江好人；定海区道德标兵。

【潘信宽】　男，汉族，1957年3月出生，舟山市大昌建筑股份有限公司副总经理。这位从紫微社区走出去的大昌集团副总可以说是老人们共同的儿子，那些得到他照顾的老人们，一提起他的名字，都会竖起大拇指。他给老人们带来的温暖不仅来自物质，更来自他那颗滚烫的赤子之心！他于2008年牵头筹资76万元，在当地新建了一幢500多平方米的两层楼老年活动中心，以供老年人休闲娱乐。他每年都会赞助老年协会一定资金，慰问社区660多位老人。从2009年开始，潘信宽每年花在助老上的资金不下二三十万元，让社区老年人们老有所养，老有所乐。除了助老，潘信宽这些年来一直坚持热心助困。面对遭遇困境的人，他总是慷慨解囊。特别是累计出资十余万元资助一家困难家庭，帮助解决全家生活开支以及家中3个子女大学毕业等全部费用，让困难家庭重见阳光，让濒临失学的孩子顺利完成学业。除此之外，他坚持捐款帮助社区文艺团队购买服装、乐器等。

主要荣誉：双桥镇网格道德模范热心公益文明之星；定海好人；定海区道德标兵。

【彭淑希】　男，1977年8月出生，湖南益阳人，绿城物业公司舟山公司玉兰花园服务中心保安。3月14日下午1点左右，家住昌国街道合源新村的洪阿姨不慎掉入水井中，正在玉兰花园小区执勤的保安彭淑希闻讯，立刻找了一根竹竿跑到井边，试图把洪阿姨拉上来，但洪阿姨在水下已经没有了反应。情急之下，彭淑希不顾个人生命安危，沿着井壁爬了下去。水下漆黑一片，洪阿姨整个人都浸泡在水下，救援非常困难。经过反复折腾，在冰冷的井水中浸泡近20分钟的彭淑希已经筋疲力竭。最后，他用尽全身的力气一把拽住洪阿姨，让她踩在自己的身体将她往上顶，这才慢慢把她救了出来。后经医院检查，洪阿姨所幸无生命危险。

主要荣誉：舟山市公安局定海分局2017年“见义勇为奖”；定海区道德标兵。

【王锦棠】　男，1945年7月出生，昌国街道虎山社区居民，他是一名社区“老娘舅”，也是基层政策宣讲员，市民巡访团骨干成员。他熟知社情民意，善于调解纠纷，还摸索出一套独特的宣讲方法。王锦棠兢兢业业地为社区居民服务了17年，做义工2.1万小时，处理大小案例4200余件。足迹遍布网格内各个角落，充分发挥了老娘舅贴近基层、贴近群众、熟知社情民意的优势，切实维护基层社会的和谐稳定。

主要荣誉：舟山市道德模范提名奖，定海区道德标兵。

【武夏琴】　女，1963年8月出生，盐仓街道虹桥社区居民。武夏琴在6岁时，过继给舅舅做女儿，舅舅是聋哑人，舅妈有腿疾，为了照顾养父母，成绩优异的她放弃了高考。在旁人眼里，武夏琴或许只是一名普普通通的农村妇女，但对于一家人而言，武夏琴就是顶梁柱，她用自己弱小的身躯为整个家撑起了一片天。她数年来对亲生父母、身体残疾的养父母、公公婆婆6位老人奉亲尽孝，尤其对养父母更是不离不弃、相伴左右，用实际行动诠释了什么是百善孝为先。

主要荣誉：首届全国文明家庭；浙江省道德模范；定海区道德标兵。

【徐成栋】　男，1990年1月出生，浙江余姚人，定海区公安分局西码头边防派出所社区民警。徐成栋勤奋工作，大胆创新，他担任社区民警工作仅用一年的时间，就实现辖区实有人口、出租房屋、场所行业等信息采录率达100%。他结合社区内中青年人喜欢使用微信交流的特点，摸索创建了“徐成栋微信警务室”微信工作群，通过“线上+线下”模式，利用微信群把辖区各单位的负责人和辖区群众集中在一起，构建警民互动平台，制定“五微工作法”。自2015年底“徐成栋微信警务室”成立至今，向群众传送防盗、防诈骗等治安防范常识信息300余条，征集群众意见建议56条，收集打击破案线索7条，形成警企、警民治安防范工作良性互动交流的局面，有力维护了社区治安稳定。2012年至今，他走访帮扶低保户、残疾人、留守老人23人，联合社会各界捐款20000余元，帮助纳入社会保障体系2人。他相继开展“就业咨询服务”“上门送宝服务”“民生直通车服务”等活动，为63名无技术群众提供就业机会，有效缓解民工就业难的现象。他还是青龙社区的“农业生产助理员”，为当地的水果种植销售尽心尽力。

主要荣誉：浙江边防总队十佳社区民警；感动干disclosure·魅力人物；舟山边防支队三等功；定海公安分局优秀人民警察；舟山市公安局十佳社区民警；定海区道德标兵。

【徐厚军】 男，1970年12月出生，定海金塘人，1.45米的个头却有一手修电器的好手艺。他不仅拥有高超的技巧、和蔼可亲的服务态度，而且维修价格公道，碰上年纪较大、行为不便的老年人，还免费提供上门服务，即使在最热的夏天，只要顾客一个电话，只要条件允许，他都会在半小时内赶到，即使有时白跑一趟，他也不会多收额外的费用；每一个到店内维修的顾客找他维修，他都会向顾客承诺几天内可以修好，碰到确实无法修理的，也会如实告知，绝不忽悠顾客。他热心公益，从1994年起，徐厚军每年都会参加学雷锋活动。1997年，他加入青年志愿者队伍。2007年，他成为金塘个协支部便民服务队的一员，经常参加各类志愿服务，并随着这支便民服务队将服务送到南山、大鹏岛等偏远地方。他说诚实守信、热心公益是一名商家最起码的素质，即使生意做得再大，他都会一如既往地保持下去。

主要荣誉：定海区先进个体户；定海区优秀志愿者；定海区首届十佳义工；定海区道德标兵。

【虞爱文】 女，1969年3月出生，金塘镇大丰街人。原在宁波北仑国际集装箱码头有限公司（NBCT）工作，2008年加入公司义工俱乐部，先后多次被评为俱乐部优秀义工。在NBCT工作期间，虞爱文和其他义工手携手，心连心，以行动践行着义工俱乐部“服务员工、服务企业、服务社会”的宗旨，用关爱诠释着“参与、互助、奉献、进步”的义工精神。2010年8月，调入甬舟公司码头工作，她又把义工爱心火炬传递到金塘，温暖着金塘敬老院这个特殊家园里每个老人的孤独、寂寞的心，带给他们如亲人般的关怀和问候。

主要荣誉：舟山市十佳网络义工；美丽金塘人；舟山好人；浙江志愿服务先进工作者；金塘志愿服务个人先锋；浙江省文明家庭；定海区道德标兵。

【郑文波】 男，1972年7月出生，定海区城东街道居民。郑文波从事推拿按摩医疗工作十多年，他一边工作不断提高技能，一边热心公益参与爱心事业，基本上每天早上5点去海山公园、竹山公园、文化广场、街道、社区等地方为广大市民提供无偿推拿服务，走遍了包括嵊泗、岱山、普陀城区以及各乡镇、社区，主动创造义工环境，在义工活动中，带领店里推拿师，注重形象，服装、设备的配备标准化，深受人们欢迎与赞誉。多年来他持之以恒，年平均为民服务40次左右，最高峰年时无偿推拿服务达72次，累计被服务人员达到27000人次左右。他的义举，弘扬了我为人人的道德风尚正能量。通过精心培养，热情传授，并积极鼓励全体员工在岗学习，他的医疗按摩所已安置残疾人22人，占总人数的80%，安置下岗职工5人。

主要荣誉：定海区十佳义工；中国百名优秀青年志愿者；舟山优秀青年；定海区道德标兵。

【钟耿平】 男，1964年12月出生，环卫工人。他思想崇高，见义勇为热心肠，抱朴寡欲守清平。自2011年起，他在负责清扫的海滨公园内，7次下海，救起落水者7人，劝返轻生者近10人。他爱岗敬业，别人早中晚三班轮流，他却是一天三时段都在保洁，清扫、清洗外加剔除路面的口香糖等粘着物。他拾金不昧，每每从公园各处捡到市民不慎掉落遗失的手机、钱包等，他不曾有过丝毫动心，一一上交。

主要荣誉：浙江省道德模范；舟山市见义勇为“二等功”；浙江省优秀城市美容师；定海区道德标兵。

（撰稿：翁超慧）

责任编辑：吴宏军

文件目录选编

2017年中共舟山市定海区委部分文件目录

表28

文 号	标 题
定委发〔2017〕2号	中共舟山市定海区委关于批转舟山市定海区政府民生实事项目代表票决工作的实施方案（试行）的通知
定委发〔2017〕10号	中共舟山市定海区委关于中国共产党舟山市定海区委员会巡察工作的实施意见
定委发〔2017〕11号	中共舟山市定海区委 舟山市定海区人民政府关于表彰2016年度先进集体和先进生产（工作）者的通报
定委发〔2017〕12号	中共舟山市定海区委 舟山市定海区人民政府关于表彰2016年度“树标杆、补短板、求突破、走前列”大行动好项目、好干部的通报
定委发〔2017〕13号	中共舟山市定海区委 舟山市定海区人民政府关于表彰定海区全民守法示范社区及2016年度全区政法综治工作先进集体和先进个人的通报
定委发〔2017〕14号	中共舟山市定海区委 舟山市定海区人民政府关于表彰2016年度全区信访工作先进集体和先进个人的通报
定委发〔2017〕16号	中共舟山市定海区委 舟山市定海区人民政府中国人民解放军浙江省舟山市定海区人民武装部关于表彰2016年度全区武装工作先进单位和先进个人的通报
定委发〔2017〕17号	中共舟山市定海区委 舟山市定海区人民政府关于认真做好2017年村和社区组织换届工作的实施意见
定委发〔2017〕18号	中共舟山市定海区委关于表彰2016年度科级领导干部考核优秀人员的通报
定委发〔2017〕19号	中共舟山市定海区委 舟山市定海区人民政府关于表彰2016年度定海区工业发展先进单位的通报
定委发〔2017〕20号	中共舟山市定海区委关于表彰2016年度定海区优秀党委（党组）理论学习中心组的通报
定委发〔2017〕21号	中共舟山市定海区委 舟山市定海区人民政府关于表彰舟山市定海区第一届农渔村资深实用人才、第五届农渔村优秀实用人才的决定
定委发〔2017〕22号	中共舟山市定海区委 舟山市定海区人民政府关于表彰舟山市定海区第一届资深专业人才、第六届优秀专业人才的决定

续

文号	标题
定委发〔2017〕23号	中共舟山市定海区委　舟山市定海区人民政府关于表彰2016年度新农渔村建设先进集体、新农渔村工作优秀指导员的通报
定委发〔2017〕24号	中共舟山市定海区委　舟山市定海区人民政府关于命名2016年度平安社区（村）和表彰平安金鼎社区（村）、2005—2016年度建设平安定海工作优秀社区（村）、先进单位、个人三等功、先进个人的通报
定委发〔2017〕25号	中共舟山市定海区委　舟山市定海区人民政府关于转发《中共舟山市委 舟山市人民政府关于抓好五大会战的通知》的通知
定委发〔2017〕26号	中共舟山市定海区委　舟山市定海区人民政府关于给予方思宏等43名同志记三等功奖励的决定
定委发〔2017〕27号	中共舟山市定海区委关于调整部分区属单位党组织设置的通知
定委发〔2017〕28号	中共舟山市定海区委　舟山市定海区人民政府关于支持金塘镇小城市培育试点工作的若干意见
定委发〔2017〕29号	中共舟山市定海区委 舟山市定海区人民政府关于表彰定海区行业发展引领企业和创新成长型企业的通报
定委发〔2017〕30号	中共舟山市定海区委 舟山市定海区人民政府关于实施舟山市定海区人才新政20条的意见
定委发〔2017〕31号	中共舟山市定海区委关于成立中共舟山市定海区海洋科技产业园管理处党组的通知
定委发〔2017〕32号	中共舟山市定海区委关于调整部分区属单位党组织设置的通知
定委发〔2017〕33号	中国共产党舟山市定海区委员会工作规则
定委发〔2017〕35号	中共舟山市定海区委关于进一步完善街道民主议事会议制度的意见
定委发〔2017〕36号	中共舟山市定海区委关于同意《关于实施街道民生实事项目民主议事会议成员票决制工作的意见（试行）》的批复
定委发〔2017〕37号	中共舟山市定海区委 舟山市定海区人民政府关于表彰舟山市定海区第二届道德标兵的通报

2017年舟山市定海区人民政府部分文件目录

表29

文　号	标　题	规范性文件统一编号
定政发〔2017〕1号	舟山市定海区人民政府关于印发《舟山市定海区深化综合行政执法工作实施方案》的通知	LDHD00-2017-0001
定政发〔2017〕2号	舟山市定海区人民政府关于印发《舟山市定海区全民健身实施计划（2016—2020年）》的通知	
定政发〔2017〕3号	舟山市定海区人民政府关于表彰2016年定海区政府质量奖获奖企业的通报	
定政发〔2017〕4号	舟山市定海区人民政府关于表彰2016年度政府工作创新奖获奖项目的通报	
定政发〔2017〕5号	舟山市定海区人民政府关于印发《舟山市定海区海洋行政执法工作实施方案》的通知	LDHD00-2017-0002
定政发〔2017〕7号	舟山市定海区人民政府　舟山市定海区人民武装部关于表彰2016年度军地情报信息工作先进单位和先进个人的通报	
定政发〔2017〕8号	舟山市定海区人民政府关于公布第五届定海区文学艺术成果政府奖获奖作品名单的通知	
定政发〔2017〕9号	舟山市定海区人民政府关于表彰第八届定海区群众文化政府奖获奖单位和个人的通报	
定政发〔2017〕10号	舟山市定海区人民政府关于印发《定海区推进行政审批服务“最多跑一次”改革实施方案》的通知	LDHD00-2017-0003
定政发〔2017〕11号	舟山市定海区人民政府关于表彰2016年度全区招商引资工作先进集体和个人的通报	
定政发〔2017〕12号	舟山市定海区人民政府关于2016年度安全生产目标管理责任制考核情况的通报	
定政发〔2017〕13号	舟山市定海区人民政府关于2016年安全度汛责任制考核情况的通报	
定政发〔2017〕14号	舟山市定海区人民政府关于 2016年度消防安全责任制考核情况的通报	
定政发〔2017〕15号	舟山市定海区人民政府关于表彰2016年度定海区服务业发展奖的通报	
定政发〔2017〕16号	舟山市定海区人民政府关于表彰 2016年度定海区服务业明星企业的通报	
定政发〔2017〕17号	舟山市定海区人民政府关于表彰 2016年度定海区固定资产投资考核优秀单位的通报	
定政发〔2017〕18号	舟山市定海区人民政府关于表彰2016年度定海区科学技术进步奖的通报	
定政发〔2017〕19号	舟山市定海区人民政府关于印发《舟山市定海区安全生产委员会及其专业安全生产委员会组织设置和工作规则》的通知	

续

文 号	标 题	规范性文件统一编号
定政发〔2017〕20号	舟山市定海区人民政府关于表彰2016年度定海慈善奖的通报	
定政发〔2017〕21号	舟山市定海区人民政府关于进一步发展壮大工业经济的若干意见	LDHD00-2017-0004
定政发〔2017〕22号	舟山市定海区人民政府关于印发《舟山市定海区生态文明建设示范区建设规划（2016—2025）》的通知	
定政发〔2017〕23号	舟山市定海区人民政府关于提请审议定海区部分街道行政区划调整方案的议案	
定政发〔2017〕24号	舟山市定海区人民政府关于印发舟山市定海区盐业体制改革实施方案的通知	
定政发〔2017〕26号	舟山市定海区人民政府关于开展第二次全国污染源普查的通知	
定政发〔2017〕27号	舟山市定海区人民政府关于表彰定海区第十二届农村优秀教师的通报	
定政发〔2017〕28号	舟山市定海区人民政府关于印发《定海区土壤污染防治工作方案》的通知	LDHD00-2017-0005
定政发〔2017〕30号	舟山市定海区人民政府关于推进“幸福社区”建设的实施意见	LDHD00-2017-0006
定政发〔2017〕31号	舟山市定海区人民政府关于给予区消防大队荣记集体三等功的决定	
定政发〔2017〕32号	舟山市定海区人民政府关于2017—2019年镇（街道）财政管理体制的实施意见	

2017年中共舟山市定海区委舟山定海区人民政府办公室部分文件目录

表30

文　号	标　题	规范性文件统一编号
定党政办发〔2017〕3号	中共舟山市定海区委区政府办公室关于做好2016年政府信息公开工作检查的通知	
定党政办发〔2017〕5号	中共舟山市定海区委区政府办公室关于开展节前安全生产（消防）检查的通知	
定党政办发〔2017〕9号	中共舟山市定海区委区政府办公室关于印发舟山市定海区居住证量化管理实施意见（试行）的通知	LDHD01-2017-0001
定党政办发〔2017〕10号	中共舟山市定海区委区政府办公室关于印发舟山市定海区居住证量化管理实施细则（试行）的通知	LDHD01-2017-0002
定党政办发〔2017〕11号	中共舟山市定海区委区政府办公室关于表彰2016年度全区优秀政府网站的通报	
定党政办发〔2017〕12号	中共舟山市定海区委区政府办公室　政协舟山市定海区委员会办公室关于表彰区政协五届五次会议以来提案办理工作先进单位和先进个人的通报	
定党政办发〔2017〕15号	中共舟山市定海区委区政府办公室关于切实做好春节期间森林消防工作的通知	
定党政办发〔2017〕20号	中共舟山市定海区委区政府办公室关于进一步加强耕地占补平衡管理工作的实施意见	LDHD01-2017-0003
定党政办发〔2017〕21号	中共舟山市定海区委区政府办公室关于印发《定海区2017年城市改造建设攻坚行动实施方案》的通知	
定党政办发〔2017〕22号	中共舟山市定海区委区政府办公室关于印发《中国（舟山）海洋科学城定海园区建设实施方案》的通知	
定党政办发〔2017〕24号	中共舟山市定海区委区政府办公室关于印发《定海区突出环境问题整治工程区领导包案任务分解方案》的通知	
定党政办发〔2017〕25号	中共舟山市定海区委区政府办公室关于印发《定海区开展“双学双比”活动实施方案》的通知	
定党政办发〔2017〕26号	中共舟山市定海区委区政府办公室关于印发《定海区重点攻坚项目管理办法（试行）》的通知	
定党政办发〔2017〕28号	中共舟山市定海区委区政府办公室关于完善区领导重点课题调研制度的通知	
定党政办发〔2017〕29号	中共舟山市定海区委区政府办公室关于表彰2016年度办公室先进工作者的通报	
定党政办发〔2017〕30号	中共舟山市定海区委区政府办公室关于开展实绩亮相活动的通知	
定党政办发〔2017〕31号	中共舟山市定海区委区政府办公室关于印发《2017年区委理论学习中心组学习计划》的通知	

续

文 号	标 题	规范性文件统一编号
定党政办发〔2017〕32号	中共舟山市定海区委区政府办公室关于成立舟山市定海区村和社区组织换届工作领导小组的通知	
定党政办发〔2017〕33号	中共舟山市定海区委区政府办公室关于调整完善区领导联系制度的通知	
定党政办发〔2017〕34号	中共舟山市定海区委区政府办公室关于成立舟山市定海区镇（街道）“四个平台”建设完善基层治理体系工作领导小组的通知	
定党政办发〔2017〕36号	中共舟山市定海区委区政府办公室关于认真做好《定海年鉴(2017)》编纂工作的通知	
定党政办发〔2017〕37号	中共舟山市定海区委区政府办公室关于印发《定海区2017年污水管网建设工作方案》的通知	
定党政办发〔2017〕38号	中共舟山市定海区委区政府办公室转发《关于集中清理国土资源历史遗留积案与健全国土资源非诉行政案件“裁执分离”机制有关问题的会议纪要》的通知	
定党政办发〔2017〕39号	中共舟山市定海区委区政府办公室关于进一步做好定海区环保违规建设项目清理工作的实施意见	
定党政办发〔2017〕40号	中共舟山市定海区委区政府办公室关于成立区长白岛南外塘外涂围垦工程前期工作领导小组的通知	
定党政办发〔2017〕41号	中共舟山市定海区委区政府办公室关于印发《定海区2017年政府民生实事项目及责任分解》的通知	
定党政办发〔2017〕42号	中共舟山市定海区委区政府办公室关于印发《定海区残疾人事业发展“十三五”规划》的通知	
定党政办发〔2017〕43号	中共舟山市定海区委区政府办公室关于组织开展2017年定海区“3.12”义务植树活动的通知	
定党政办发〔2017〕44号	中共舟山市定海区委区政府办公室关于成立区振兴实体经济（传统产业改造）工作领导小组的通知	
定党政办发〔2017〕45号	中共舟山市定海区委区政府办公室关于成立区“两山”建设领导小组的通知	
定党政办发〔2017〕46号	中共舟山市定海区委区政府办公室关于印发《定海区行业协会商会与行政机关脱钩实施方案》的通知	
定党政办发〔2017〕47号	中共舟山市定海区委区政府办公室关于公布第十六批区级重大火灾隐患整改单位的通知	
定党政办发〔2017〕48号	中共舟山市定海区委区政府办公室关于印发《2017年度区委区政府领导重点突破工作项目清单》的通知	
定党政办发〔2017〕49号	中共舟山市定海区委区政府办公室关于做好区人大代表建议和政协提案办理工作的通知	

续

文 号	标 题	规范性文件统一编号
定党政办发〔2017〕50号	中共舟山市定海区委区政府办公室关于印发定海区2017年度审计项目计划的通知	
定党政办发〔2017〕53号	中共舟山市定海区委区政府办公室关于2016年度区级机关单位和镇（街道）综合考核结果的通报	
定党政办发〔2017〕54号	中共舟山市定海区委区政府办公室关于成立区农业水价综合改革试点工作领导小组的通知	
定党政办发〔2017〕55号	关于认真做好区委区政府领导领办件和区人大重点建议、区政协重点提案办理工作的通知	
定党政办发〔2017〕56号	中共舟山市定海区委区政府办公室关于印发《定海区开展剿灭劣Ⅴ类水提升水环境质量行动方案》的通知	
定党政办发〔2017〕57号	中共舟山市定海区委区政府办公室关于全面深化河长制工作的实施意见	
定党政办发〔2017〕58号	中共舟山市定海区委区政府办公室关于表彰2016年度定海区“五水共治”工作先进集体、先进个人的通报	
定党政办发〔2017〕59号	中共舟山市定海区委区政府办公室关于下达定海区2017年度“五水共治”项目实施计划的通知	
定党政办发〔2017〕60号	中共舟山市定海区委区政府办公室关于印发《2017年城市改造建设攻坚行动宣传工作方案》的通知	
定党政办发〔2017〕61号	中共舟山市定海区委区政府办公室　政协舟山市定海区委员会办公室关于印发《中共舟山市定海区委　舟山市定海区人民政府政协舟山市定海区委员会2017年度重大协商工作计划》的通知	
定党政办发〔2017〕62号	中共舟山市定海区委区政府办公室关于印发《中共舟山市定海区委2017年民主协商计划》的通知	
定党政办发〔2017〕63号	中共舟山市定海区委区政府办公室关于下达定海区2017年度土地整治工程计划任务的通知	
定党政办发〔2017〕64号	中共舟山市定海区委区政府办公室关于印发《定海区地质灾害综合治理清零专项行动实施方案》的通知	
定党政办发〔2017〕65号	中共舟山市定海区委区政府办公室关于建立定海区村和社区组织换届区领导联系制度的通知	
定党政办发〔2017〕66号	中共舟山市定海区委区政府办公室关于调整区属部门与区政协各专门委员会对口联系的通知	
定党政办发〔2017〕68号	中共舟山市定海区委区政府办公室关于调整进入区级平台招标工程建设项目规模标准的通知	
定党政办发〔2017〕69号	中共舟山市定海区委区政府办公室关于印发《2017年全区党风廉政建设和反腐败工作组织领导与责任分工》的通知	

续

文 号	标 题	规范性文件统一编号
定党政办发〔2017〕70号	中共舟山市定海区委区政府办公室关于建立区国土资源非诉行政案件强制执行联席会议制度的通知	
定党政办发〔2017〕71号	中共舟山市定海区委区政府办公室关于印发舟山市定海区海洋科技产业园管理处主要职责内设机构和人员编制规定	
定党政办发〔2017〕72号	中共舟山市定海区委区政府办公室关于印发舟山市农林与海洋渔业局（区海洋行政执法局）主要职责内设机构和人员编制规定	
定党政办发〔2017〕74号	中共舟山市定海区委区政府办公室关于印发《定海区2017年“区委书记大接访活动”工作方案》的通知	
定党政办发〔2017〕75号	中共舟山市定海区委区政府办公室关于转发定海海洋农商银行普惠金融提升工程五年行动计划（2016—2020年）实施方案的通知	
定党政办发〔2017〕76号	中共舟山市定海区委区政府办公室关于《2017年“法治定海”建设工作实施方案》的通知	
定党政办发〔2017〕77号	中共舟山市定海区委区政府办公室关于印发《2017年度区领导重点调研课题》的通知	
定党政办发〔2017〕78号	中共舟山市定海区委区政府办公室关于建立“五水共治”暨剿灭劣V类水专项督查组的通知	
定党政办发〔2017〕79号	中共舟山市定海区委区政府办公室关于印发《舟山市定海区绿色石化和新奥能源配套项目工程建设指挥部工作方案》的通知	
定党政办发〔2017〕81号	中共舟山市定海区委区政府办公室关于印发《舟山市定海区领导干部报告个人有关有关实施细则》和《舟山市定海区领导干部个人有关事项报告查核结果的处理办法》的通知	
定党政办发〔2017〕83号	中共舟山市定海区委区政府办公室关于全区剿灭劣V类水工作实行区属部门联系镇（街道）及重点社区（村）制度的通知	
定党政办发〔2017〕84号	中共舟山市定海区委区政府办公室关于开展涉水排污单位排查整治行动的通知	
定党政办发〔2017〕85号	中共舟山市定海区委区政府办公室关于成立定海区“最多跑一次”改革工作领导小组的通知	
定党政办发〔2017〕86号	中共舟山市定海区委区政府办公室关于印发《中共舟山市定海区委全面深化改革领导小组2017年工作要点》的通知	
定党政办发〔2017〕88号	中共舟山市定海区委区政府办公室关于印发2017年度定海区县域经济体制综合改革工作计划的通知	
定党政办发〔2017〕89号	中共舟山市定海区委区政府办公室关于印发《2017年度政法综治工作重点项目安排》的通知	
定党政办发〔2017〕90号	中共舟山市定海区委区政府办公室关于印发落实区政协六届一次会议对《政府工作报告》意见建议相关任务责任分解方案的通知	

续

文 号	标 题	规范性文件统一编号
定党政办发〔2017〕91号	中共舟山市定海区委区政府办公室关于转发《中共舟山市定海区委宣传部2017年定海区宣传思想工作要点》的通知	
定党政办发〔2017〕92号	中共舟山市定海区委区政府办公室关于认真做好2016年退役士兵安置工作的通知	LDHD01-2017-0006
定党政办发〔2017〕93号	中共舟山市定海区委区政府办公室关于组织开展全区“双清”剿劣集中大行动的通知	
定党政办发〔2017〕94号	中共舟山市定海区委区政府办公室关于表彰2016年度全区优秀调研成果的通报	
定党政办发〔2017〕95号	中共舟山市定海区委区政府办公室关于成立区第一次海洋经济调查工作领导小组的通知	
定党政办发〔2017〕96号	中共舟山市定海区委区政府办公室关于印发《定海区2017年“三战”工作实施方案》的通知	
定党政办发〔2017〕98号	中共舟山市定海区委区政府办公室关于废止《舟山市定海区城镇新建住宅小区供电配套设施建设指导意见（试行）》的决定	LDHD01-2017-0007
定党政办发〔2017〕99号	中共舟山市定海区委区政府办公室关于支持人民法院基本解决执行难工作的意见	
定党政办发〔2017〕100号	中共舟山市定海区委区政府办公室关于调整区管人才工作领导小组成员的通知	
定党政办发〔2017〕101号	中共舟山市定海区委区政府办公室关于印发《定海区机关工作人员网络行为规范》的通知	
定党政办发〔2017〕103号	中共舟山市定海区委区政府办公室关于印发《舟山市定海区劳动模范评选和管理办法（试行）》的通知	
定党政办发〔2017〕104号	中共舟山市定海区委区政府办公室关于印发《定海区2017年城乡环境综合整治大会战实施方案》的通知	
定党政办发〔2017〕106号	中共舟山市定海区委区政府办公室关于印发《定海区2017年花园式国际人文港城建设十大专项行动实施方案》的通知	
定党政办发〔2017〕107号	中共舟山市定海区委区政府办公室关于下达定海区2017年固定资产投资考核目标的通知	
定党政办发〔2017〕108号	中共舟山市定海区委区政府办公室关于下达2017年全区工业、商贸经济考核指标的通知	
定党政办发〔2017〕110号	中共舟山市定海区委区政府办公室关于调整全区“树标杆、补短板、求突破、走前列”大行动领导小组及其办公室成员和建立全区“五大会战”领导小组及其办公室成员的通知	
定党政办发〔2017〕112号	中共舟山市定海区委区政府办公室关于印发《定海区全科网络及网格员队伍建设实施办法（试行）》的通知	

续

文 号	标 题	规范性文件统一编号
定党政办发〔2017〕113号	中共舟山市定海区委区政府办公室关于进一步加强紧急信息报送工作的通知	
定党政办发〔2017〕114号	中共舟山市定海区委区政府办公室关于成立区海洋生态建设示范区创建领导小组的通知	
定党政办发〔2017〕116号	中共舟山市定海区委区政府办公室关于印发《舟山市定海区区级部门派驻镇（街道）机构管理办法（试行）》的通知	
定党政办发〔2017〕117号	中共舟山市定海区委区政府办公室关于全区第一场“双学双比”优胜单位的通报	
定党政办发〔2017〕119号	中共舟山市定海区委区政府办公室关于转发《舟山市人民政府办公室关于推进责任医生签约服务加快分级诊疗制度建设的实施意见》的通知	LDHD01-2017-0004
定党政办发〔2017〕120号	中共舟山市定海区委区政府办公室关于公布2017年定海区第一批重点攻坚项目名单的通知	
定党政办发〔2017〕121号	中共舟山市定海区委区政府办公室印发《关于推进“两学一做”学习教育常态化制度化的实施方案》的通知	
定党政办发〔2017〕122号	中共舟山市定海区委区政府办公室关于成立区国资公司房产出售审价工作领导小组的通知	
定党政办发〔2017〕123号	中共舟山市定海区委区政府办公室关于成立区推进国税、地税征管体制改革工作领导小组的通知	
定党政办发〔2017〕124号	中共舟山市定海区委区政府办公室关于印发《2017年度定海区区级机关单位综合考核评价办法》的通知	
定党政办发〔2017〕125号	中共舟山市定海区委区政府办公室关于调整区防汛防旱防台指挥部成员的通知	
定党政办发〔2017〕126号	中共舟山市定海区委区政府办公室印发《2017年度定海区镇(街道)“三重工作”及综合考核评价办法》	
定党政办发〔2017〕127号	中共舟山市定海区委区政府办公室关于成立劳动人事争议仲裁委员会的通知	
定党政办发〔2017〕128号	中共舟山市定海区委区政府办公室关于建立镇（街道）“最多跑一次”改革区政府领导联系制度的通知	
定党政办发〔2017〕131号	中共舟山市定海区委区政府办公室关于开展2017年“慈善一日捐、济困献爱心”活动的通知	
定党政办发〔2017〕132号	中共舟山市定海区委区政府办公室关于下达2017年度定海区镇（街道）地方税收收入预期目标的通知	
定党政办发〔2017〕133号	中共舟山市定海区委区政府办公室关于划转海洋行政执法行政处罚、行政强制事项的通知	LDHD01-2017-0005

续

文　号	标　题	规范性文件统一编号
定党政办发〔2017〕134号	中共舟山市定海区委区政府办公室关于转发舟山市2017年度政府集中采购目录及采购限额标准的通知	
定党政办发〔2017〕135号	中共舟山市定海区委区政府办公室关于开展纪念建党96周年暨“七一”系列活动的通知	
定党政办发〔2017〕136号	中共舟山市定海区委区政府办公室关于认真学习贯彻省第十四次党代会精神的通知	
定党政办发〔2017〕138号	中共舟山市定海区委区政府办公室关于推进中小学教师“县管校聘”管理改革的实施意见	
定党政办发〔2017〕139号	中共舟山市定海区委区政府办公室关于印发舟山市定海区危险化学品安全综合治理实施方案的通知	LDHD01–2017–0008
定党政办发〔2017〕140号	中共舟山市定海区委区政府办公室关于进一步加强政府信息公开网站内容保障的通知	
定党政办发〔2017〕141号	中共舟山市定海区委区政府办公室关于印发《舟山市定海区工会改革实施方案》《舟山市定海区共青团改革实施方案》《舟山市定海区妇联改革实施方案》《舟山市定海区科协改革实施方案》的通知	
定党政办发〔2017〕142号	中共舟山市定海区委区政府办公室关于成立区甬舟铁路建设工作领导小组及指挥部的通知	
定党政办发〔2017〕143号	中共舟山市定海区委区政府办公室关于2017年上半年度“中国定海”政府门户网站内容保障情况的通报	
定党政办发〔2017〕144号	中共舟山市定海区委区政府办公室关于印发2017年定海区领导联系重点建设项目安排表的通知	
定党政办发〔2017〕147号	中共舟山市定海区委区政府办公室关于定海区政府信息公开网专项检查的通报	
定党政办发〔2017〕148号	中共舟山市定海区委区政府办公室关于进一步规范浙江政务服务网办事指南的通知	
定党政办发〔2017〕150号	中共舟山市定海区委区政府办公室关于印发《舟山市定海区新的社会阶层人士统战工作联席会议制度》的通知	
定党政办发〔2017〕152号	中共舟山市定海区委区政府办公室关于印发定海区全面改造提升传统制造业实施方案（2017—2020年）的通知	
定党政办发〔2017〕153号	中共舟山市定海区委区政府办公室关于印发舟山市定海区“千名干部进百企”服务季活动实施方案的通知	
定党政办发〔2017〕155号	中共舟山市定海区委区政府办公室关于印发《定海区非法上路、非法营运车辆综合整治工作实施方案》的通知	LDHD01–2017–0009
定党政办发〔2017〕156号	中共舟山市定海区委区政府办公室转发《中共浙江省委办公厅 浙江省人民政府办公厅关于天台县依法依规严肃处理九兴公司违建偷排问题情况的通报》的通知	

续

文号	标题	规范性文件统一编号
定党政办发〔2017〕157号	中共舟山市定海区委区政府办公室关于印发舟山市定海区环境保护联动执法工作实施方案的通知	
定党政办发〔2017〕158号	中共舟山市定海区委区政府办公室关于进一步完善专业招商工作机制的通知	
定党政办发〔2017〕160号	中共舟山市定海区委区政府办公室关于进一步做好行政规范性文件清理工作的通知	
定党政办发〔2017〕161号	中共舟山市定海区委区政府办公室关于全区重点项目推进“双学双比”优胜单位的通报	
定党政办发〔2017〕162号	中共舟山市定海区委区政府办公室关于印发《全区消防安全隐患集中排查整治行动方案》的通知	
定党政办发〔2017〕164号	中共舟山市定海区委区政府办公室关于印发《定海区水利工程运行维修养护管理办法》的通知	LDHD01-2017-0010
定党政办发〔2017〕167号	中共舟山市定海区委区政府办公室关于开展社会团体清理规范工作的通知	
定党政办发〔2017〕168号	中共舟山市定海区委区政府办公室关于做好2017年度镇(街道)科技特派员工作的通知	
定党政办发〔2017〕169号	中共舟山市定海区委区政府办公室关于成立区迎接中央环境保护督察工作领导小组的通知	
定党政办发〔2017〕172号	中共舟山市定海区委区政府办公室关于印发定海区老龄事业发展“十三五”规划的通知	
定党政办发〔2017〕173号	中共舟山市定海区委区政府办公室关于转发《舟山市进一步加强饮用水水源保护实施方案》的通知	
定党政办发〔2017〕174号	中共舟山市定海区委区政府办公室关于印发《舟山市定海区个人住宅国有划拨用地补交出让金标准》的通知	LDHD01-2017-0011
定党政办发〔2017〕175号	中共舟山市定海区委区政府办公室关于印发《定海区重点环境问题整治工作区领导包案任务分解方案》的通知	
定党政办发〔2017〕176号	中共舟山市定海区委区政府办公室关于成立区社会保险监督委员会的通知	
定党政办发〔2017〕178号	中共舟山市定海区委区政府办公室关于印发区住房和城乡建设局主要职责内设机构和人员编制规定的通知	
定党政办发〔2017〕179号	中共舟山市定海区委区政府办公室关于印发区城市管理局(综合行政执法局、环境保护局)主要职责内设机构和人员编制规定的通知	
定党政办发〔2017〕180号	中共舟山市定海区委区政府办公室关于印发《定海区影响重点工作和重大项目建设推进行为问责办法》的通知	

续

文号	标题	规范性文件统一编号
定党政办发〔2017〕181号	中共舟山市定海区委区政府办公室关于加快发展农渔村集体经济的若干意见	
定党政办发〔2017〕183号	中共舟山市定海区委区政府办公室关于进一步加强政府网站管理的通知	
定党政办发〔2017〕185号	中共舟山市定海区委区政府办公室关于转发舟山市水利工程建设三年行动计划（2017—2019年）的通知	
定党政办发〔2017〕186号	中共舟山市定海区委区政府办公室关于印发《定海区加快创新发展三年行动计划》的通知	
定党政办发〔2017〕187号	中共舟山市定海区委区政府办公室关于印发舟山市定海区全省一体化投资项目在线审批监管平台工作实施方案的通知	
定党政办发〔2017〕188号	中共舟山市定海区委区政府办公室关于印发《定海区妇女发展规划（2016—2020年）》和《定海区儿童发展规划（2016—2020年）》的通知	
定党政办发〔2017〕189号	中共舟山市定海区委区政府办公室关于印发《舟山市定海区2017年水源地农村生活污水治理实施方案》的通知	
定党政办发〔2017〕190号	中共舟山市定海区委区政府办公室关于印发《定海区海洋生态建设示范区创建方案》的通知	
定党政办发〔2017〕191号	中共舟山市定海区委区政府办公室关于下达2017年度定海区高标准农田计划任务的通知	
定党政办发〔2017〕192号	中共舟山市定海区委区政府办公室关于印发定海区社会治安动态视频监控系统建设三年规划（2017年—2019年）的通知	
定党政办发〔2017〕193号	中共舟山市定海区委区政府办公室关于成立定海区人民政府教育督导委员会的通知	
定党政办发〔2017〕194号	中共舟山市定海区委区政府办公室关于全区基层党建“双学双比”优胜单位的通报	
定党政办发〔2017〕196号	中共舟山市定海区委区政府办公室关于成立区城中村（旧城）改造工作领导小组的通知	
定党政办发〔2017〕197号	中共舟山市定海区委区政府办公室关于进一步加强当前消防安全工作的通知	
定党政办发〔2017〕198号	中共舟山市定海区委区政府办公室关于印发《定海区推进基层综合性文化服务中心建设实施方案》的通知	
定党政办发〔2017〕199号	中共舟山市定海区委区政府办公室关于成立茅岭村专项工作领导小组的通知	
定党政办发〔2017〕200号	中共舟山市定海区委区政府办公室关于区委常委开展"基层党建工作月"专题调研的通知	

续

文 号	标 题	规范性文件统一编号
定党政办发〔2017〕201号	中共舟山市定海区委区政府办公室关于印发《定海区农村生活垃圾分类处理三年行动实施方案（2017—2019年）》的通知	
定党政办发〔2017〕202号	中共舟山市定海区委区政府办公室关于印发《定海区电子废物、废轮胎、废塑料、废旧衣服、废家电拆解等再生利用行业清理整顿工作方案》的通知	
定党政办发〔2017〕203号	中共舟山市定海区委区政府办公室关于切实做好2018年度党报党刊发行工作的通知	
定党政办发〔2017〕205号	舟山市定海区委区政府办公室关于调整区政府民生实事项目代表票决工作领导小组名称和组成人员的通知	
定党政办发〔2017〕207号	中共舟山市定海区委区政府办公室关于印发舟山市定海区食品安全“十三五”规划的通知	
定党政办发〔2017〕208号	中共舟山市定海区委区政府办公室关于印发舟山市定海区政府民生实事候选项目征集、筛选管理办法（试行）的通知	
定党政办发〔2017〕209号	中共舟山市定海区委区政府办公室关于印发《定海区公共文化服务重点区建设三年提升计划（2017—2019年）》的通知	
定党政办发〔2017〕210号	中共舟山市定海区委区政府办公室关于成立区矿产资源管理工作领导小组的通知	
定党政办发〔2017〕211号	中共舟山市定海区委区政府办公室关于成立区国有土地管理工作领导小组的通知	
定党政办发〔2017〕212号	中共舟山市定海区委区政府办公室关于认真学习贯彻中国共产党第十九次全国代表大会精神的通知	
定党政办发〔2017〕214号	中共舟山市定海区委区政府办公室关于成立区国家园林城市创建工作领导小组的通知	
定党政办发〔2017〕215号	中共舟山市定海区委区政府办公室关于调整区古城保护与利用工作领导小组的通知	
定党政办发〔2017〕216号	中共舟山市定海区委区政府办公室关于转发市府办转发市检察院加强公益诉讼协作配合工作的若干意见（试行）的通知	
定党政办发〔2017〕217号	中共舟山市定海区委区政府办公室关于建立区公益诉讼联席会议制度的通知	
定党政办发〔2017〕218号	中共舟山市定海区委区政府办公室关于作废中共舟山市定海区委舟山市定海区人民政府落实党风廉政建设责任制领导小组等印章的通知	
定党政办发〔2017〕220号	中共舟山市定海区委区政府办公室关于印发2017年定海区十类重大工业项目（企业）推进工作实施方案的通知	
定党政办发〔2017〕221号	中共舟山市定海区委区政府办公室关于重新公布区级治安保卫重点单位的通知	

续

文号	标题	规范性文件统一编号
定党政办发〔2017〕225号	中共舟山市定海区委区政府办公室关于开展2017年度政府工作创新奖评选的通知	
定党政办发〔2017〕226号	中共舟山市定海区委区政府办公室关于调整2017年固定资产投资考核二类考核单位考核目标的通知	
定党政办发〔2017〕227号	中共舟山市定海区委区政府办公室关于印发《定海区松材线虫病防控方案（2017—2019）》的通知	
定党政办发〔2017〕231号	中共舟山市定海区委区政府办公室关于成立区文物管理委员会的通知	
定党政办发〔2017〕232号	中共舟山市定海区委区政府办公室关于成立区公共文化服务重点区建设工作领导小组的通知	
定党政办发〔2017〕233号	中共舟山市定海区委区政府办公室关于平安定海（安全生产）“双学双比”优胜单位的通报	
定党政办发〔2017〕234号	中共舟山市定海区委区政府办公室关于定海区领导干部土地管理和耕地保护责任离任审计的实施意见	
定党政办发〔2017〕236号	中共舟山市定海区委区政府办公室关于成立区迎接国家海洋督察工作领导小组的通知	
定党政办发〔2017〕237号	中共舟山市定海区委办公室关于印发《定海区委区政府主要领导交办事项督查督办工作制度》的通知	
定党政办发〔2017〕238号	中共舟山市定海区委区政府办公室关于做好新一轮扶贫结对帮扶工作的通知	
定党政办发〔2017〕240号	中共舟山市定海区委区政府办公室关于定海区竹山门37号民居（一般文物）被擅自拆除事件的通报	
定党政办发〔2017〕241号	中共舟山市定海区委区政府办公室关于按现行标准公布定海区征地补偿标准的通知	
定党政办发〔2017〕242号	中共舟山市定海区委区政府办公室关于成立区摘箬山基础设施建设工程指挥部的通知	
定党政办发〔2017〕243号	中共舟山市定海区委区政府办公室关于印发定海区烟墩工业区块综合治理工作方案的通知	
定党政办发〔2017〕245号	中共舟山市定海区委区政府办公室关于印发《定海区2017年度落实全面从严治党主体责任检查考核办法》的通知	
定党政办发〔2017〕246号	中共舟山市定海区委区政府办公室关于印发《2017年度意识形态工作责任制落实情况考核方案》的通知	
定党政办发〔2017〕247号	中共舟山市定海区委区政府办公室关于开展2017年度综合考核工作的通知	

续

文　号	标　题	规范性文件统一编号
定党政办发〔2017〕248号	中共舟山市定海区委区政府办公室关于进一步加快农渔业发展的若干意见	LDHD01-2017-0012
定党政办发〔2017〕249号	中共舟山市定海区委区政府办公室关于调整区小城镇环境综合整治行动领导小组的通知	
定党政办发〔2017〕250号	中共舟山市定海区委区政府办公室关于印发《定海区信访工作责任制实施细则》的通知	
定党政办发〔2017〕251号	中共舟山市定海区委区政府办公室关于“双学双比”活动（金塘专场）的通报	
定党政办发〔2017〕252号	中共舟山市定海区委区政府办公室关于印发定海区服务业发展“十三五”规划的通知	
定党政办发〔2017〕253号	中共舟山市定海区委区政府办公室关于印发定海区海洋农副食品制造业（粮油和水产品加工业）改造提升实施方案（2017—2020年）的通知	
定党政办发〔2017〕254号	中共舟山市定海区委区政府办公室关于成立区实行最严格水资源管理制度工作领导小组的通知	
定党政办发〔2017〕255号	中共舟山市定海区委区政府办公室关于印发定海区创建国家园林城市实施方案的通知	
定党政办发〔2017〕256号	中共舟山市定海区委区政府办公室关于成立区加快创新发展工作领导小组的通知	
定党政办发〔2017〕257号	中共舟山市定海区委区政府办公室关于成立区加快创新发展工作领导小组的通知	
定党政办发〔2017〕258号	中共舟山市定海区委区政府办公室关于转发舟山市2018年度政府集中采购目录及标准的通知	
定党政办发〔2017〕259号	中共舟山市定海区委区政府办公室关于印发《中共舟山市定海区委关于实践监督执纪“四种形态”的办法（试行）》的通知	
定党政办发〔2017〕260号	中共舟山市定海区委区政府办公室关于印发《中国共产党舟山市定海区委员会2017—2021年巡察工作规划》的通知	

（撰稿：张琪辉　周啸峰）

责任编辑：吴宏军

索　引

主题索引

0—9

A

B

D

E

F

G

J

M

N

R

S

T

W

Z

图表索引

舟山新城城区图
五步岭水库
龙潭山
陈家岙
军廷庙
天福庵
新城隧道
高云水库
基督教堂
中湾社区
金岛菜场
象山
贝家塘
净业禅寺
高云佳苑
老碶烈士陵园
浙江大学舟山校区
张家岭
碶头山
伊顿华府
舟山中学
尚东城
锦澜公寓
汇景山庄
市教育局考试中心
永华村
惠民桥村
沧海新村
吴榭社区
海防村
晨洲船业
剑桥府邸
永华新村
宁波海事法院舟山海事法庭
市残联
钱王庙
市气象局
长升新村
翁山公园
舟山教育学院
市教育局
南海实验学校
金枫花园
翁洲新村
西荡村
昌国食品
浙江国际海运职业技术学院
市公安交警支队
未来城
中运和谐花苑
恒大晶筑城
新城公交总站
凯迪大酒店
田螺峙社区
新晨丽景园
市园林局新城管理处
市综合行政执法局
中基大厦
蓝焰燃气
舟山检验检疫局
中浪海景大厦
邦泰大厦
临城街道
(市新城管委会)
舟山海关
香格里拉大酒店(建)
市公安局
市检察院
市文化馆
市图书馆
市博物馆
城市展示馆
舟山群岛文化公园
舟山体育馆
舟山群岛新区
舟山市
临城人民法庭
东方润园
金色华庭
横塘村
桃湾新村五区
合兴社区
金鸡山
舟山广播电视大学
舟山管涌学院
保亿风景
融信新新家园
中国(舟山)大宗商品交易中心
南洋国际大酒店
市市场监督管局
中浪国际大厦C座
中浪国际大厦A座
市中级法院
市民政局
新城商会大厦
花园国际大酒店(建)
港航国际大厦
市烟草专卖局大楼
舟山银监分局
建设大厦
中昌国际大厦
市国土资源局
银泰百货
财富君廷大酒店
高佳庄百合店
喜来登绿城酒店
长峙阳光学校
长峙社区
长峙中心小学
绿城房地产
丹枫社区
香芸园
香枫园
香樟园
绿城房地产公司
玲珑苑
翡翠苑
马鞍村
文体中心
外长峙
红楠海苑
凤华园
长峙海院
浙江海洋大学
长峙渡口
新城大桥
茶山岛
(蛇山岛)
岙山岛
定海区

洞岙社区
洞岙水库
定海区
普陀区
中段里
老屋里
上南山
洞岙社区卫生服务站
缸兆岭
大坑岗
南山
童家山
孔岙
寺基里
松山
孔家
龙岙
张家
郑家墩
陆公山
林家
里九房
颐景御府
新湖御景国际公寓
芧山北苑
南山郡花园（在建）
荷花社区
荷花港
庄家垟
外九房
舟山第一初中
中央御城
芧山南苑
后岸新村
洋普庙
市社会福利中心
威和船舶设备
张家岭
张家墩
炮台山
绿岛社区
绿岛社区卫生服务站
东荡村
东荡市
东荡集贸市场
海印印业
柴家井
胜山村
双阳村
绿岛新村二区
中国移动舟山分公司
新城公安分局
绿岛华府
舟山一小
舟山第一小学
富丽岛建材城
二眼碶
海苗水产
临城工业园区
桂花城社区
桂花城
恒丰船舶机械
海力生集团
九眼碶
万三村
海神电器
新花村
万一村
舟山广安医院
海之格水产
双阳
科来华国际广场
世豪大酒店
格林豪泰舟山新城店
千岛街道
新金谷大酒店
海城水产
舟渔绳网厂
浙江东海酒业公司
科来华国际家居广场
市船舶用品交易市场
海洋水产食品检测中心
普陀海洋高科创业中心
普陀大海洋生物技术
浦西陶瓷建材市场
欣津大酒店
安普骨伤医院
舟渔职业技校
中弄村
中兴社区
浦西医院
舟渔渔轮厂
明珠园
舟渔职业技术学校
芦西
阳光地带
普陀三中
中国水产舟山海洋渔业公司
舟山渔港
平阳浦
沈家门港
浦西大桥
小干国际商务区
污水处理厂
小山
小干马峙岛
329国道
大地沙
向家
虞家湾
陆家
磁家山
张家
郑家
小西岸
大西岸
普陀新城管委会
青礁山
姚家湾
吉祥禅院
郑家湾
蒋家
浦岙社区
茶茶岭
山头黄
陈家
吴家
朱家
张家山
泉水岙
黄雉村
李家塘
任家
庙面前
金家桥
勾山中心卫生院
勾山
曙光社区
浦东小区
浦东社区
和力塑业
水岸丽都花园
和津广场
浅水湾花园
职教中心机械分校
东港街道
百喜苑
浦西社区
浦西新村
振翔大酒店
观音堂
滨海星城
隆鑫酒店
平阳浦社区
板桥头
夏家
夏新村
舟山顾氏骨伤医院
黄子湾
平阳
沈家
郑家
留岙
海洋生物园区
大干社区
沈家门东港浦西区

高塘门
定胜徐家
前高田
天鹅山庄
钱家
里庙湾
虹桥庙
铁土岭
古虹桥遗址
毛家
外庙湾
市殡仪馆
清陵
抗英义士包祖才墓
擂鼓山
抱鸡山下
青岭
青岭北路
李家
新城庙
青荷佳苑
青岭路
329国道
定胜
青岭下
夏家
窑里
虹桥社区卫生服务站
下柯家
周家
文桥村
霸桥王
武家山嘴
市农业技术培训学校
财政税务干部学校
雅香岭
区第六中学
321省道
虹桥社区
蔡家墩
浮碇庙
茅岭脚下
革命烈士纪念碑
市妇幼保
上湾
邵家
蔡家路
舟山烈士陵园
定海区
凉水井
万峰禅院
梵宫池
海山公园
茅岭北
周家
惠舟新村
泥鳅山
量子岗
张家
灵峰寺
万峰庵岗
惠舟社区
茅岭下
草籽坑
西管庙社区
灵仙庙
茅岭墩
草子坑
大石头跟
市林科所
林家湾
定海社会福利院
定海老年公寓
定海儿童福利院
福利院
白虎山
舟山市汽车客运中心
椅子山
西管庙
海山隧道
城西菜场
城西小学（在建）
定海职业中学凯灵分校
大石头跟
区新闻中心
区安全生产监督局
滕坑湾
老碶头
马跃岗
西山社区
清凉庵
西山路
金寿社区
虎山社区
钱家
翁洲大道
宫郡花苑
清凉庵新村
金平公寓
西山下
市二医院
海湾新村
馒头山
西园饭店
交通大酒店
新杨卜
墩头上
金鹰山公寓
海湾
晓峰
西园
子墩寿新村
黄金墩
花园墩
董建华祖墓
东海明园
寿
浦发银行舟山分行
桥头山
晓岭岭下
天福禅寺
永兴宾馆
解放西路
金鹰公寓
海舟公寓
庄家湾
竹山隧道
竹叶园
海山社区
龙海路
兴舟社区
海灵新村
柳永纪念馆
西园社区
盐仓派出所
塔山社区
里湾
竹山门
老客运中心
世茂酒店
盐仓街道
兴舟大道
金鹰公寓
兴舟村
凉子里
海龙村
环城南路
晓峰社区
潘家
娄家
爱龙电器
忠烈齐仰碑
竹山公园
茅岭村
抗英阵亡将士墓群
竹山门
竹山社区
盐仓村
半塘里
獭山
沿港西路
镇海航标处
定海航标基地
舟山鸦片战争遗址公园
浙江凯灵船厂
千岛海鲜
定海国际旅游度假
小竹山岛
盘峙北水道
定
大长础
外长坑
定海岙
吕家
大蛇岙
大岙
盘峙岛
小五奎山岛